CW01481522

DE GAULLE ET CHURCHILL
La mésentente cordiale

collection tempus

FRANÇOIS KERSAUDY

DE GAULLE ET CHURCHILL

La mésentente cordiale

Perrin
www.editions-perrin.fr

AVANT-PROPOS

Depuis la première parution de cet ouvrage, plusieurs historiens en Grande-Bretagne, en France et aux États-Unis l'ont appelé « le meilleur livre jamais écrit sur les relations entre de Gaulle et Churchill » — ce qui après tout est probablement vrai, puisque c'est aussi le seul... Et pourtant, quoi de plus fascinant que la complicité, les brouilles et les réconciliations entre les deux plus grands hommes du XXe siècle, personnages de légende au caractère entier et à l'idéal intransigeant ? Dans sa critique de la version originale anglaise de cet ouvrage, naturellement intitulée *Churchill and de Gaulle*, Theodor Zeldin écrivait : « On peut presque entendre les voix des deux hommes aboyer au détour de chaque page ! » Ces voix devraient s'entendre mieux encore en français, puisque c'est dans cette langue que s'exprimaient, lors de leurs rencontres, ces deux grands hommes unis par l'amour de la France. Qu'importe au bout du compte si ce n'était pas le même français, ni d'ailleurs le même amour, ni surtout la même France ? Mais ayant achevé ce livre, le lecteur sera nécessairement amené à considérer d'un œil différent les *Mémoires de guerre* du général de Gaulle et ceux de Winston Churchill...

De nombreux témoins des événements rapportés dans cet ouvrage ont bien voulu nous faire part de leurs souvenirs, et nous désirons remercier tout spécialement Lord Mountbatten of Burma, Lady Diana Cooper, sir John Colville, le général Billotte, le colonel Valluy, MM. Geoffroy de Courcel, Georges Bidault, René Massigli, Maurice Dejean, Gaston Palewski, Claude Bouchinet-Serreulles, Jacques Vendroux, Pierre-Olivier Lapie et le comte de Lagarde. Nous désirons également exprimer notre gratitude aux directeurs et aux employés des vingt Archives énumérées en page 487 pour l'assistance qu'ils ont bien voulu nous prêter. Cette gratitude s'étend aux services français de la BBC, à l'Institut Charles-de-Gaulle, aux Services d'Information et de Relations publiques des Armées, ainsi qu'à l'administration et au personnel d'une bibliothèque extrêmement précieuse et périodiquement guettée par la faillite ; beaucoup de nos lecteurs auront reconnu la bibliothèque de Documentation internationale contemporaine de Nanterre.

Il va de soi que nous n'avons pu avoir accès à toutes les archives, ni à tous les témoignages. Toute personne qui serait en mesure de nous apporter un complément d'informations sur les sujets abordés ci-après est assurée à l'avance de la gratitude de l'auteur.

FRANÇOIS KERSAUDY

Le lecteur trouvera en fin de volume les notes numérotées par chapitres et la liste des abréviations.

INTRODUCTION

Ce n'est pas un homme comme les autres qui devient Premier lord de l'Amirauté britannique en octobre 1911. Ses origines illustres et la carrière courte mais brillante de son père sont bien connues dans la Grande-Bretagne de l'époque ; on sait aussi qu'il s'est illustré en tant que jeune officier dans plusieurs campagnes militaires en Inde, au Soudan et en Afrique du Sud, que c'est un brillant orateur et un écrivain de talent, enfin qu'il a derrière lui une décennie d'activité politique comme député conservateur, puis libéral, de la Chambre des communes, sous-secrétaire d'État aux Colonies, président du *Board of Trade* et ministre de l'Intérieur. Mais tous ceux qui connaissent Winston Spencer Churchill ou ont collaboré avec lui au cours des premières années de sa carrière savent qu'il réunit également plusieurs qualités assez exceptionnelles : un très haut degré de courage moral et physique, une énergie sans limites, une imagination surprenante doublée d'une mémoire phénoménale, un dévouement total au pays et à ses institutions, enfin une passion pour les événements exceptionnels et le désir ardent d'y être mêlé un jour. Or, en 1911, alors que la tension ne cesse de s'accroître en Europe, il est clair que de tels événements se préparent, et que le nouveau Premier lord de l'Amirauté aura l'occasion d'y jouer un rôle...

Une fois entré à l'Amirauté, Winston Churchill ne perd pas de temps pour préparer la marine au conflit qui s'annonce. Après avoir espéré jusqu'au dernier moment que ce conflit pourrait être évité, Churchill finit par en reconnaître le caractère inévitable, et il agit dès lors avec une fougue et un esprit de décision surprenants. Le 28 juillet 1914, sans attendre les décisions du Cabinet britannique, il ordonne à la première escadre de rejoindre son port de guerre en mer du Nord. Cinq jours plus tard, la Grande-Bretagne est en guerre, et les membres du gouvernement de Sa Majesté restent interloqués devant l'imagination et l'impulsivité que déploie le Premier lord de l'Amirauté dans l'exécution de ses tâches — et de celles des autres par la même occasion. Il est vrai qu'à partir de là, Winston Churchill va se battre sans relâche jusqu'à la fin de la guerre — et même quelque temps après.

Dès le mois d'octobre 1914, le Premier lord de l'Amirauté a déjà pris le commandement de la défense aérienne du pays, et envoyé en France trois escadrilles de l'aviation navale, un bataillon d'artillerie et des autos blindées. Il a traversé la Manche une demi-douzaine de fois pour inspecter les lignes de défense et fortifier le moral des troupes, enfin il a débarqué dans Anvers assiégé, d'où il a envoyé au Premier ministre un télégramme pour solliciter la permission de démissionner de l'Amirauté, afin de diriger personnellement la défense d'Anvers...

Rentré à Londres, Winston Churchill redouble d'efforts pour donner à la stratégie britannique un caractère résolument offensif. Lorsqu'un plan, une invention, une initiative nouvelle paraissent propres à donner aux Alliés un quelconque avantage sur le champ de bataille, le Premier lord de l'Amirauté s'en saisit sans retard, et n'a de cesse qu'ils ne soient adoptés. En novembre 1914, Churchill organise personnellement plusieurs raids effectués par des aviateurs de la marine sur les hangars de Zeppelin à Friedrichshafen ; quelques semaines plus tôt, il a insisté auprès de ses collègues et des responsables militaires pour que l'on construise des « tracteurs comportant de petits abris blindés et équipés de chenillettes [1] » ; ces premiers tanks seront construits à l'Amirauté sous sa supervision personnelle. Entre-temps, Churchill est également intervenu en faveur d'un plan d'attaque contre l'île allemande de Borkum, qu'il a rapidement abandonné en faveur d'un projet plus audacieux encore, consistant à forcer les Dardanelles pour pénétrer en mer Noire et tendre la main à la Russie ; Churchill y voit le moyen longtemps recherché de raccourcir une guerre qui s'est enlisée dans la boue et les tranchées du nord de la France. Malheureusement, les attaques navales contre les positions turques dans le détroit des Dardanelles, puis les opérations de débarquement sur la presqu'île de Gallipoli échouent les unes après les autres ; Winston Churchill, qui a tout fait pour assurer le succès de l'entreprise, est rendu responsable de son échec et contraint de démissionner de l'Amirauté.

Relégué dans une glorieuse sinécure, la chancellerie du duché de Lancaster, Churchill n'a rien d'autre à faire après mai 1915 que d'apposer sa signature sous les nominations de magistrats locaux. Pourtant, il est impossible de le tenir longtemps éloigné de la conduite de la guerre, et on le voit bientôt bombarder le Premier ministre, le *War Office* et son successeur à l'Amirauté d'innombrables mémorandums portant sur la consolidation du front oriental, l'amélioration de la production des tanks, la création d'un corps d'aviation indépendant, la reprise de l'attaque contre les Dardanelles, et même sur « une offensive immédiate contre la Turquie et la Bulgarie, menée par une force franco-britannique renforcée de 150 000 Russes armés par l'Angleterre avec des fusils japonais [2] »...

Lorsqu'il apprend que le gouvernement britannique s'apprête malgré tout à évacuer les Dardanelles, Churchill démissionne de la chancellerie, et dès le mois de novembre 1915, on le retrouve sur le front de France, où il sert avec le grade de commandant dans les *Grenadier Guards*. Il restera six mois dans les tranchées boueuses des Flandres, sous le feu incessant des canons allemands, et tous ceux qui s'y trouvent avec lui s'accorderont pour dire que Churchill est fasciné par la guerre et méprise totalement le danger [3]. Au printemps de 1916, le commandant Churchill revient à la Chambre des communes pour attaquer la politique de guerre par trop hésitante du gouvernement. Mais les partis politiques ne le soutiennent pas, le Parlement non plus, et il est en butte aux attaques incessantes de la presse depuis l'échec des Dardanelles ; il lui faudra encore attendre quatorze mois avant d'être nommé ministre de l'Armement dans le gouvernement Lloyd George. Mais à ce poste, il va de nouveau déployer les impressionnantes qualités qu'on lui connaît déjà ; non content de porter la production de munitions et d'équipement de guerre à un niveau sans précédent, d'organiser la construction de tanks à une très grande échelle, de parcourir incessamment les champs de bataille et d'envoyer au Premier ministre un déluge de conseils et de recommandations, le nouveau ministre de l'Armement recommence à établir des plans stratégiques hardis visant à accélérer la défaite de l'Allemagne. Si ces plans ne sont pas toujours pris au sérieux par le gouvernement de Sa Majesté — ce qui est parfois préférable du reste — l'extraordinaire énergie et l'esprit d'initiative de M. Churchill n'en resteront pas moins un atout décisif pour le gouvernement Lloyd George jusqu'à la fin de la Grande Guerre.

Une fois la paix revenue, Churchill devient ministre de la Guerre et de l'Air, et, à ce titre, il va diriger l'intervention britannique contre les bolcheviks en Russie. Puis, après avoir été pendant trois ans ministre des Colonies, il rejoint le parti conservateur et devient chancelier de l'Échiquier. Mais après 1929, il entre en conflit avec son parti au sujet de l'Inde, et en 1931, il démissionne du *Shadow Cabinet* conservateur. A partir de là, et jusqu'à la fin des années trente, Churchill sera un personnage solitaire sur la scène politique anglaise. Pourtant, l'évolution des événements en Europe va bientôt lui donner une nouvelle cause à servir ; il ne s'agit de rien de moins que de défendre la Grande-Bretagne, et même l'ensemble de la civilisation européenne, contre le péril mortel du nazisme allemand.

Il est vrai que Churchill s'est rendu compte bien plus tôt que ses compatriotes des dangers que fait courir au pays la politique de désarmement poursuivie par le Premier ministre Ramsay Mac-Donald, à un moment où les idéologies totalitaires ne cessent de progresser en Europe. Le Premier ministre ayant annoncé aux Communes le 29 juin 1931 qu'il s'efforcerait d'obtenir une « réduction globale » du niveau des armements en Europe, et qu'ensuite la Grande-Bretagne « irait encore plus loin dans la voie du désarmement », Winston Churchill intervient immédiatement pour faire remarquer que la Grande-Bretagne est d'ores et déjà extrêmement vulnérable, avec une armée « réduite au minimum » qui ne représente plus qu'une « force de police améliorée » et une aviation qui ne constitue que le huitième de celle de la France [4].

Les attaques de Churchill contre la politique pacifiste de M. Mac-Donald se font plus virulentes à mesure qu'Adolf Hitler se rapproche du pouvoir absolu. Le 23 mars 1933, Churchill déclare qu'au cours des quatre dernières années, la politique étrangère de MacDonald a « considérablement rapproché la Grande-Bretagne de la guerre », tout en la rendant « plus faible, plus pauvre, et plus vulnérable » ; quant à la conférence du désarmement à Genève, Churchill la qualifie de « comédie solennelle et prolongée » [5]. Cette même année, après que sir John Simon eut lancé un appel en faveur d'un accord international sur le désarmement, Churchill répond que la Grande-Bretagne a déjà désarmé « jusqu'au bord de l'abîme — que dis-je, jusque dans l'abîme lui-même [6] ». En juillet 1934, il résumera tout cela en une phrase aussi éloquente que sarcastique : « Au cours de ces dernières années, nous avons assisté à une détérioration constante des relations entre les nations, à une progression constante de l'animosité, à un accroissement rapide et continu des stocks d'armement [...] et tout cela en dépit des interminables flots d'éloquence, de péroraisons, de sentiments élevés et de banquets qui ont marqué notre époque [7]. »

A partir de là, Churchill ne cessera plus de faire appel au gouvernement pour qu'il renforce les défenses de la Grande-Bretagne, pour qu'il double et même quadruple les effectifs de l'aviation, crée un ministère de la Défense et un ministère de l'Approvisionnement, modernise la flotte, renforce les alliances de la Grande-Bretagne sur le continent, et apporte son soutien à la Société des Nations. Dans d'innombrables discours et articles, il dénonce les purges et les persécutions raciales en Allemagne, le réarmement allemand, la remilitarisation de la Rhénanie, l'annexion de l'Autriche, l'invasion de la Tchécoslovaquie et la menace contre la Pologne. Dans des articles et des discours plus nombreux encore, il démontre que l'Allemagne est en train de réarmer à une vitesse vertigineuse. En 1934, il prévient ses compatriotes et son gouvernement que l'aviation allemande représente déjà les deux tiers de celle de la Grande-Bretagne ; en 1935, que les Allemands ont atteint la parité avec la Grande-Bretagne ; en 1936, que l'aviation allemande a déjà une supériorité de 50 % sur la *Royal Air Force* ; enfin, en 1938, qu'elle représente exactement le double de l'aviation anglaise. Mêlant habilement l'éloquence, la persuasion, l'ironie et les sarcasmes, Churchill dénonce sans relâche les lenteurs du réarmement britannique, et en appelle régulièrement aux députés comme à l'opinion publique. Lors d'un débat sur les crédits de défense en novembre 1936, il déclare à la Chambre des communes : « Lors de son discours de la nuit dernière, le Premier lord de l'Amirauté nous a dit : " Nous réexaminons constamment la situation. " Celle-ci, nous a-t-il assuré, est absolument fluide. Cela, je suis sûr que c'est vrai. Tout le monde voit bien ce qu'est la situation ; le gouvernement n'arrive pas à se décider, ou alors il ne peut amener le Premier ministre à se décider. C'est ainsi qu'il poursuit sa démarche singulière, bien décidé à être indécis, résolu à l'irrésolution, fermement engagé à laisser dériver les choses, solidement partisan de la fluidité, puissamment ancré dans son impuissance [8]. »

Mais tout cela est en vain ; Ramsay MacDonald s'est irrévocablement engagé dans la voie du pacifisme, son successeur Stanley Baldwin craint que le réarmement ne compromette la position électorale du parti conservateur, et Neville Chamberlain se croit en mesure d'éviter la guerre en s'entendant directement avec les dictateurs. C'est ainsi que les trois Premiers ministres parviennent à repousser toutes les attaques dirigées contre leur politique en niant les erreurs passées et les négligences présentes, en contestant les statistiques d'armement qui leur sont défavorables, et en présentant Churchill comme une sorte d'enfant terrible aux propos alarmistes, à l'éloquence creuse et aux humeurs belliqueuses. Au cours des années trente, Churchill sera donc tenu éloigné du gouvernement, tout en restant au Parlement une figure solitaire dont les diatribes éloquentes sont suivies avec un mélange d'admiration, d'amusement et d'indifférence par ses collègues et par une opinion publique qui n'a pas encore compris toute la gravité de l'heure. Comme le notera plus tard Philip Guedalla : « Les avertissements répétés de M. Churchill étaient devenus quelque chose d'aussi familier que la voix du muezzin annonçant l'heure de la prière [9]. »

Si éprouvante qu'ait pu être cette longue traversée du désert — le major Morton écrira même qu'« il ressemblait tout à fait à un enfant dont le jouet est cassé [10] » — il faut bien reconnaître que Churchill n'est ni entièrement découragé ni complètement isolé. D'une part, il reste persuadé d'avoir clairement compris le sens des événements passés et leurs conséquences futures. Dès 1921, après tout, il a prévenu ses compatriotes que « l'effrayante rancune, la crainte et la haine qui séparent actuellement la France et l'Allemagne ne sauraient manquer, si l'on n'y prend garde, d'entraîner en l'espace d'une génération la répétition du conflit qui vient juste de se terminer [11] ». Et onze ans plus tard, en 1932, il a prononcé ces paroles plus prophétiques encore : « Tous ces groupes de jeunes Allemands vigoureux qui parcourent les rues et les routes d'Allemagne animés du désir de se sacrifier pour la mère patrie [...] veulent des armes, et lorsqu'ils auront ces armes, croyez-moi, ils exigeront qu'on leur restitue les territoires et les colonies qu'ils ont perdus, et cela ne manquera pas de faire trembler jusque dans leurs fondations — et même d'anéantir — tous les pays dont j'ai parlé... et même quelques autres pays dont je n'ai pas parlé [12]. »

Churchill est certain d'avoir compris les véritables desseins d'Hitler, avec tout ce qu'ils impliquent ; et comme en 1915, il ne doute pas un seul instant de sa capacité à mobiliser les énergies de son pays, et à le diriger au milieu de la tempête qui se prépare. Du reste, d'autres que lui partagent cette conviction, et à mesure que le temps passe, un nombre croissant de citoyens va prendre contact avec cette personnalité apparemment solitaire. Le premier d'entre eux est sans doute le major Morton, qui a connu Churchill au cours de la Première Guerre mondiale. A présent, le major Morton travaille au « Centre de renseignements industriels », un organisme créé pour surveiller le développement industriel de l'Allemagne, et il va bientôt remettre à Churchill des données et des statistiques très précises sur l'état du réarmement allemand [13]. A partir de 1935, un fonctionnaire du *Foreign Office*, Ralph Wigram, va également fournir à Churchill toutes les données concernant la production aéronautique allemande qui parviennent à son ministère — et que le gouvernement lui-même refuse de prendre au sérieux. Quelques mois plus tard, l'amiral Chatfield, Premier lord de la Mer, entame avec Churchill une longue correspondance sur les faiblesses et les problèmes de la *Royal Navy* [14]. A partir de mai 1936, le chef d'escadrille Tore Anderson, directeur d'un centre d'entraînement de la RAF, va également livrer à Churchill des renseignements et des statistiques concernant les graves insuffisances de personnel, d'équipement et d'entraînement relevées au sein de l'aviation britannique. Quelques mois plus tard, c'est le général de brigade Hobart, inspecteur général du *Royal Tank Corps*, qui demande à s'entretenir avec Churchill de questions importantes et confidentielles. Bien entendu, celui-ci se sert de tous ces renseignements pour dénoncer aux Communes l'incurie de la politique du gouvernement en matière de défense.

D'autres personnalités civiles et militaires vont également informer Churchill, de façon moins confidentielle, et même s'efforcer de mettre ses talents à contribution. C'est ainsi que le nouveau ministre de l'Air, sir Philip Cunliffe-Lister, demande au Premier ministre Stanley Baldwin en juillet 1935 si Churchill peut faire partie du sous-comité de recherches sur la défense aérienne [15]. Baldwin donne son accord, et Churchill est associé aux travaux du comité, ce qui lui permet d'acquérir de nombreuses informations sur la défense aérienne — et sur les faiblesses inhérentes à de tels comités. Au cours des années qui suivent, plusieurs hauts fonctionnaires vont s'efforcer de lui démontrer que le réarmement s'effectue dans des conditions satisfaisantes. C'est ainsi que le chef de l'état-major général lui transmet un mémorandum sur le programme de construction des chars, et le ministre de l'Air s'offre à lui faire visiter les nouvelles installations de radars [16]. Churchill se montre toujours intéressé, mais relève également bien des lacunes ; il n'y a aucun char mi-lourd en construction, et ni les usines ni les stations radar ne sont convenablement protégées contre les bombardements aériens. En tout cas, grâce à ces informations et à ces visites, Churchill amasse une somme considérable de connaissances sur les ressources et l'état des défenses de son pays.

Il existe une autre raison pour laquelle Churchill n'est pas aussi isolé qu'il y paraît lors de sa longue traversée du désert ; c'est que ses adversaires politiques, y compris les Premiers ministres qui ont fait de leur mieux pendant onze ans pour le tenir éloigné du gouvernement, n'ont jamais méconnu les indéniables qualités de Winston Churchill — et ils ont toujours agi en conséquence. C'est ainsi qu'en 1929, le major Desmond Morton, à qui Churchill a demandé certaines informations secrètes sur l'état des défenses du pays, est allé voir le Premier ministre Ramsay MacDonald pour s'enquérir de ce qu'il convenait de faire. « Dites-lui tout ce qu'il veut savoir — tenez-le au courant de tout », lui a répondu le Premier ministre ; il a même donné cette permission par écrit, et elle a toujours été confirmée par ses successeurs [17]. Si l'on considère que ces informations confidentielles sont utilisées par Churchill pour dénoncer les lacunes de leur politique, on comprend qu'une telle concession ait dû leur coûter très cher. Et pourtant, elle ne sera jamais annulée, et ce pour une raison très simple ; à Downing Street, on connaît bien Churchill, et on se rend compte de l'atout inestimable que représenterait sa collaboration en cas de guerre. En novembre 1935, Stanley Baldwin écrivait déjà à un ami : « Au cas où une guerre viendrait à éclater — et rien ne permet de dire que cela n'arrivera pas —, il faut que nous le gardions en réserve pour qu'il soit notre Premier ministre de guerre [18]. » Même Chamberlain, qui décrit Churchill comme « un collègue de travail bigrement difficile à vivre [19] », ne doute pas que la guerre le ramènera sur le devant de la scène. « Plus la guerre approche, écrit-il à l'été de 1939, plus ses chances augmentent, et vice-versa [20]. »

Hélas ! Chamberlain croira jusqu'au tout dernier moment qu'il est possible d'éviter la guerre. Il dira même à ses amis que « l'entrée de Winston Churchill au Gouvernement équivaudrait à une déclaration de guerre à Berlin [21] ». Et c'est ainsi qu'à l'été de 1939, Winston Churchill, qui a maintenant soixante-cinq ans, contemple avec effarement et fascination le péril mortel qui menace la paix de l'Europe. Au cours de trente-cinq années de carrière politique, il a acquis une expérience du gouvernement plus riche et plus variée que n'importe quel Premier ministre dans toute l'histoire britannique ; pendant dix ans, sans le soutien d'aucun parti politique, il s'est efforcé d'éviter que son pays ne se présente désarmé face à l'agresseur ; pendant trente ans, il a connu avec précision l'état des ressources et des défenses de son pays, et il considère qu'il possède seul l'énergie, l'imagination et l'audace nécessaires pour les galvaniser. Mais au moment où Hitler prépare l'invasion de la Pologne, Winston Churchill n'est encore qu'un simple député à la Chambre des communes...

*
**

En octobre 1912, un sous-lieutenant de 22 ans sort de l'Académie militaire de Saint-Cyr. L'un de ses instructeurs a inscrit dans son livret : « Moyen en tout, sauf par la taille [22]. » C'est là un commentaire fort peu perspicace, car il n'y a rien de moyen chez Charles-André-Joseph-Marie de Gaulle. Ses instructeurs les plus objectifs, tout comme ses camarades de promotion, ont pu constater qu'il a une très vaste culture historique, une mémoire phénoménale et une passion pour la carrière militaire. En outre, son père, l'austère et érudit Henri de Gaulle, lui a légué « une certaine idée de la France », faite tout entière de respect et de dévotion pour les gloires passées et les intérêts présents de la mère patrie. « En somme, je ne doutais pas, écrira plus tard Charles de Gaulle, que la France dût traverser des épreuves gigantesques, que l'intérêt de la vie consistait à lui rendre, un jour, quelque service signalé et que j'en aurais l'occasion [23]. »

En 1913, le sous-lieutenant de Gaulle rejoint le 33e régiment d'infanterie, stationné à Arras et commandé par le colonel Philippe Pétain, un officier encore inconnu que ses conceptions assez hérétiques en matière de stratégie ne semblent pas promettre à une brillante carrière *. Le 2 août 1914, lorsque la Première Guerre mondiale éclate, de Gaulle a été promu au grade de lieutenant et sert au 1er bataillon du 33e régiment d'infanterie. Sur les champs de bataille sanglants de la Meuse, dans les tranchées boueuses du front de Champagne, parmi les ruines dévastées de Verdun, le lieutenant, puis le capitaine de Gaulle se bat avec un remarquable courage et sera blessé trois fois. La troisième fois, le 2 mars 1916, à Douaumont, il est grièvement atteint alors qu'il mène sa compagnie dans une charge à la baïonnette. En France, on le croit mort, et le général Pétain, devenu entre-temps une figure illustre de l'armée française, lui décerne la Légion d'honneur à titre posthume, avec une brillante citation **. Mais le capitaine de Gaulle n'est pas mort ; il a été capturé par les Allemands et restera jusqu'à la fin de la guerre dans un camp de prisonniers en Allemagne.

Au cours de son emprisonnement à Friedberg, puis à Ingolstadt, de Gaulle ne reste pas inactif ; entre ses nombreuses tentatives

---

* La doctrine militaire en vigueur avant la Première Guerre mondiale met l'accent sur le rôle offensif de l'infanterie comme facteur essentiel de la stratégie. Le colonel Pétain, lui, ne cesse de souligner le rôle crucial des positions fortifiées et des préparations d'artillerie dans toute initiative stratégique.

** « Le capitaine de Gaulle, commandant de compagnie, réputé pour sa haute valeur intellectuelle et morale, alors que son bataillon, subissant un effroyable bombardement, était décimé et que les ennemis atteignaient la compagnie de tous côtés, a enlevé ses hommes dans un assaut furieux et un corps à corps farouche, seule solution qu'il jugeait compatible avec son sentiment de l'honneur militaire. Est tombé dans la mêlée. Officier hors de pair à tous égards [24]. »

d'évasion infructueuses, il suit avec une très grande attention l'évolution de la guerre, et fait à ses compagnons de captivité des conférences sur les derniers développements de la stratégie militaire *. L'un de ceux-ci a particulièrement retenu son attention ; c'est l'entrée en ligne des chars de combat à partir du printemps de 1917.

L'armistice de novembre 1918 met fin à l'exil involontaire du capitaine de Gaulle. En mai 1919, il va combattre avec l'armée polonaise contre les Soviétiques, puis il enseignera la tactique d'infanterie à l'école d'officiers de Rembertow, près de Varsovie ; mais à la fin de l'année 1921, il est rappelé en France et chargé d'enseigner l'histoire militaire à Saint-Cyr. En 1922, de Gaulle entre à l'École supérieure de guerre, où il ne passera pas inaperçu ; c'est que l'enseignement de l'École s'inspire presque exclusivement des leçons de la Première Guerre mondiale : il faut se battre sur des positions préparées à l'avance, avec le soutien massif de l'artillerie et en s'inspirant d'une stratégie presque uniquement défensive. Or de Gaulle lui, ne cache pas son scepticisme à l'égard de ces théories — ce qui ne le rend guère populaire auprès des officiers de l'École de guerre. C'est pourquoi, lorsqu'il sort de l'École avec des notes très brillantes en 1924, le capitaine de Gaulle est envoyé loin de Paris, à l'état-major de l'armée du Rhin.

Pourtant, ce jeune capitaine assez peu ordinaire bénéficie d'une protection au plus haut niveau : celle du vainqueur de Verdun. Depuis 1913, Philippe Pétain a toujours admiré les remarquables capacités de Charles de Gaulle, dont l'attitude face aux doctrines périmées de l'École de guerre lui rappelle sa propre croisade solitaire contre les périlleuses doctrines en vigueur avant la Première Guerre mondiale. C'est ainsi que de Gaulle sera rappelé de Mayence à l'automne de 1925, et nommé au cabinet du vice-président du Conseil supérieur de la Guerre, qui n'est autre que le maréchal Pétain lui-même. Ce poste n'a rien d'une sinécure, mais il va du moins rapprocher de Gaulle des instances suprêmes de décision militaire. Ensuite, après avoir assumé le commandement du 19e bataillon de chasseurs à Trèves, puis servi deux ans à l'état-major du Levant, le commandant de Gaulle est affecté au secrétariat du Conseil supérieur de la Défense nationale. Il y restera six ans, et écrira plus tard dans ses *Mémoires* : « De 1932 à 1937, sous quatorze ministères, je me trouvai mêlé, sur le plan des études, à toute l'activité politique, technique et administrative, pour ce qui concernait la défense du

---

* Parmi les autres prisonniers se trouvent le futur maréchal de l'armée soviétique Toukhatchevski, ainsi que le commandant Catroux, que nous rencontrerons maintes fois au cours de ce récit.

pays. [...] Les travaux que j'avais à faire, les délibérations auxquelles j'assistais, les contacts que je devais prendre, me montraient
l'étendue de nos ressources, mais aussi l'infirmité de l'État [25]. »

Depuis ce point d'observation privilégié, le lieutenant-colonel de
Gaulle voit en effet beaucoup de choses inquiétantes : une paralysie
presque totale au niveau du gouvernement, conséquence des faiblesses constitutionnelles et des intrigues parlementaires ; une
armée désuète, bureaucratique, fossilisée, dont les doctrines, l'entraînement et l'armement n'ont guère évolué depuis 1870, et moins
encore depuis 1918 ; enfin, un état-major qui a une foi aveugle dans
sa stratégie défensive et dans la solidité de ses fortifications. Tout
cela au moment où Adolf Hitler vient de lancer son pays dans une
gigantesque entreprise de réarmement, avec l'intention déclarée de
fouler aux pieds le traité de Versailles. Il est donc évident que la
France va au-devant d'un péril mortel si elle ne prend pas des
mesures immédiates pour rétablir en sa faveur l'équilibre des
forces. Mais comment y parvenir ? Après une longue période de
méditation et d'observation, le lieutenant-colonel de Gaulle, lui, va
proposer une solution détaillée qu'il résumera dans un livre intitulé
Vers l'armée de métier [26], publié en mai 1934.

C'est un livre remarquable à bien des égards ; écrit dans un français très pur et très classique, il commence par évoquer l'extrême
vulnérabilité des frontières nord-est de la France, qui, au cours des
âges, a toujours permis à l'envahisseur d'atteindre le cœur de la
France par le chemin le plus direct. « Cette trouée dans l'enceinte
est l'infirmité séculaire de la patrie [...] Dans ce mortel boulevard,
nous venons d'ensevelir le tiers de notre jeunesse [...]. Cette nation,
si mal protégée, du moins se tient-elle en garde ? Vingt siècles
répondent que non [27] ! »

Le XXe siècle ne fait pas exception : la France ne peut être défendue uniquement par des fortifications, le système de la levée en
masse à l'heure du péril ne correspond plus aux exigences de la
guerre moderne, et la durée de service actif n'a cessé de décroître,
passant de trois ans à un an en moins d'une décennie. La faiblesse
des institutions et la tendance marquée des Français à se diviser
viennent couronner cet édifice déjà instable. Quel est donc le
remède ?

« Une armée de métier », répond de Gaulle ; une armée de
100 000 hommes, jeunes, compétents, dévoués à leur tâche ; et
c'est une tâche bien exaltante : il s'agit de rendre à l'armée française la mobilité et la force de manœuvre qu'elle a perdues dans les
tranchées de la Grande Guerre. L'instrument de cette stratégie réso-

lument offensive : six divisions d'un type nouveau, blindées, che-
nillées et entièrement motorisées, qui constitueraient le fer de lance
de l'armée française. Chaque division serait composée de trois brigades : une brigade de 500 chars blindés pour conquérir le terrain,
une brigade d'infanterie motorisée pour l'occuper, une brigade
d'artillerie pour couvrir les deux autres ; le tout secondé par un
régiment de reconnaissance et des bataillons du génie, des transmissions et du camouflage. Pour tout dire, une formation d'élite,
composée de professionnels, ayant une grande mobilité, une puissance de feu dévastatrice, et la possibilité de percer n'importe quel
front en une attaque-surprise. Voici donc l'épée qui défendra cette
nation vulnérable à l'heure du danger. Il faut que la France s'en
saisisse sans plus tarder *.

Le lieutenant-colonel de Gaulle ne ménage aucun effort pour
faire adopter ses vues, et il est aidé dans son entreprise par
quelques amis dévoués, comme le lieutenant-colonel Émile Mayer,
le colonel Lucien Nachin et l'avocat Jean Auburtin. Il a également
plusieurs alliés parmi les députés, dont Marcel Déat, Philippe Serre
et Léo Lagrange, et l'appui de certains journaux de droite comme
de gauche, tels l'*Écho de Paris*, *le Temps* et *l'Ordre*. Par ailleurs, il
bénéficie du soutien actif de Paul Reynaud, ancien ministre des
Finances et politicien extrêmement influent, qui promet de défendre son projet à la tribune de la Chambre. Enfin, le ministre de la
Guerre à cette époque n'est autre que le maréchal Pétain. Avec le
concours de toutes ces personnalités, on peut penser que le projet
du lieutenant-colonel de Gaulle finira par s'imposer.

Il n'en est rien. D'une part, le maréchal Pétain, qui a maintenant
78 ans, n'est plus guère accessible aux idées nouvelles ; d'ailleurs,
ses relations avec de Gaulle ne sont plus très bonnes, et elles ne
vont pas tarder à se dégrader encore **. Paul Reynaud, lui, défend
le projet d'armée de métier devant la Chambre, et, le 15 mars, il
dépose même une proposition de loi tendant à « la création immé-

---

* Il n'y a rien de réellement nouveau dans cette proposition. Le colonel Estienne en
faisait une très semblable dès 1914, en réclamant la construction de 400 véhicules blindés
à une époque où le tank n'avait pas encore vu le jour. Après la guerre, les généraux
Estienne et Doumenc en France, le général Fuller et le capitaine Liddell-Hart en Grande-
Bretagne ont perfectionné la doctrine de la guerre des blindés, et le général de Gaulle s'est
inspiré de leurs travaux — les Allemands aussi, du reste.
** En 1938, de Gaulle fait publier un essai historique, *La France et son armée*. Cet
ouvrage comprend certaines pages que de Gaulle avait écrites dix ans plus tôt pour un
livre de commande que le maréchal Pétain voulait faire paraître sous son propre nom. En
1940, le maréchal Pétain n'aura toujours pas pardonné cet « affront » au général de
Gaulle.

diate d'un corps spécialisé de dix divisions de ligne [...] formé de militaires servant par contrat, et qui devrait être complètement mis sur pied au plus tard le 15 avril 1940 ». Mais la gauche rejette l'armée de métier parce qu'elle pourrait devenir l'instrument d'un coup d'État venant de la droite, la droite est influencée par la commission de l'armée et par les conceptions de l'état-major, et le centre s'inquiète des dépenses supplémentaires que tout cela entraînerait. La proposition de loi est donc rejetée, et elle sera vite oubliée.

Pourtant, c'est encore l'état-major qui constitue l'obstacle le plus redoutable à l'adoption du projet d'armée de métier. Il est composé essentiellement d'hommes âgés, pour qui l'unique terme de référence reste la Grande Guerre, avec ses fronts continus, ses tranchées boueuses et ses lentes offensives d'infanterie sous le couvert massif de l'artillerie. Ces hommes-là n'ont que faire du projet conçu par de Gaulle ; il risquerait de créer une scission au sein de l'armée, d'affecter le moral de l'infanterie, d'affaiblir les défenses statiques, et — ce qui est peut-être le plus grave — de compromettre leur propre carrière. Pour ce qui est des chars, ils estiment que l'armée française en a bien assez, et qu'ils sont utilisés comme ils doivent l'être, c'est-à-dire en accompagnement d'infanterie, tout comme en 1918. Telles sont les vues du général Weygand, qui a succédé au maréchal Pétain à la tête de l'armée française ; elles sont partagées par le successeur de Weygand, le général Gamelin, et par les divers ministres de la Guerre. Mais si les conceptions du lieutenant-colonel de Gaulle ne trouvent guère d'écho à l'état-major, elles n'ont pas non plus d'impact sur l'opinion publique ; il se vendra en tout et pour tout 700 exemplaires de *Vers l'armée de métier*. En Allemagne, par contre, le livre aura nettement plus de succès.

Avec une persévérance étonnante, de Gaulle n'en continue pas moins à défendre ses idées et à mettre en garde ses compatriotes au cours des années qui suivent. Le Parlement, la presse, la TSF, les partis, tout est mis à contribution pour éclairer le public et convaincre les autorités avant qu'il ne soit trop tard. A la fin de 1935, l'Allemagne a déjà une division blindée, et s'apprête à en constituer plusieurs autres. Au début de l'année suivante, Hitler a réoccupé la Rhénanie, sans susciter la moindre réaction du côté français. Bientôt, l'Allemagne a trois divisions blindées, la *Wehrmacht* et la *Luftwaffe* se développent à une cadence vertigineuse, l'Autriche est annexée au printemps de 1938 et la Tchécoslovaquie se trouve directement menacée. Mais en France, on refuse toujours de moderniser l'armée qui monte la garde derrière le bouclier illusoire et incomplet de la ligne Maginot. Pourtant, peu après la désastreuse conférence de Munich, on se décide tout de même à créer deux divisions de chars. Mais ce ne sont que des chars légers, il n'y en aura que quatre bataillons, et l'ensemble du projet devra d'abord être soumis à des « études complémentaires ». L'aviation n'est guère mieux lotie, et le général Bergeret, sous-chef d'état-major, déclarera à cette époque : « Je veux être pendu si nous sommes en état de faire la guerre avant 1942 [28]. »

A la fin de 1937, de Gaulle est promu au rang de colonel et reçoit le commandement du 507e régiment de chars stationné près de Metz. De là, il continue à correspondre avec les défenseurs de son projet, et il considère la situation internationale avec une inquiétude croissante. Sur l'avenir, il exprime des vues pessimistes et parfois étrangement prophétiques. C'est ainsi qu'en juillet 1937, il déclare à son beau-frère Jacques Vendroux : « La France aura d'autant moins les moyens de se défendre qu'elle sera pratiquement seule à supporter le premier choc ; les Anglais ne sont pas prêts ; on n'est pas du tout sûr de pouvoir compter sur les Russes ; quant aux Américains, toujours temporisateurs, ils resteront d'abord des spectateurs, complaisants il est vrai ; notre territoire sera une fois de plus envahi ; quelques jours peuvent suffire pour atteindre Paris ; il faudra donc ensuite repartir de la Bretagne ou des massifs montagneux, voire de l'Algérie, et lutter pendant de longs mois pour aboutir, avec nos alliés, à une victoire finale. Mais au prix de quels sacrifices [29] ! »

Les années passent ; de Gaulle voit l'Allemagne appliquer les mesures qu'il a lui-même essayé de faire adopter en France, et que ses compatriotes ont rejetées sous des prétextes futiles. Pourtant, le colonel de Gaulle poursuit sa croisade en faveur de l'arme blindée, et se prépare à affronter le rude conflit qui s'annonce. Il semble ne jamais avoir douté qu'il aurait un rôle important à y jouer, et parmi ceux qui l'entourent, beaucoup partagent cette impression. C'est ainsi que, dès 1927, le général Matter, directeur de l'Infanterie, voit en lui « un futur généralissime de l'armée française [30] ». Quant à Weygand, Gamelin et même Daladier, ils sont parfaitement conscients des capacités exceptionnelles de l'homme dont ils combattent les théories. Enfin, il y a le capitaine Chauvin, qui avait confié à de Gaulle en 1924 : « Mon cher, [...] j'ai ce curieux sentiment que vous êtes voué à un très grand destin. » A quoi le capitaine de Gaulle avait répondu modestement : « Oui... moi aussi [31]. »

Il est vrai que de Gaulle n'a jamais sous-estimé ses propres capacités. Rappelons sa déclaration : « En somme, je ne doutais pas que la France dût traverser des épreuves gigantesques, que l'intérêt de la vie consistait à lui rendre, un jour, quelque service signalé et que j'en aurais l'occasion [32]. » Mais à l'été de 1939, le colonel de Gaulle commande un régiment de chars destiné à être réparti entre plusieurs formations d'infanterie, et il ne semble pas être en mesure de faire beaucoup pour son pays...

1

Francophilie et anglophobie

Pour bien comprendre le récit qui va suivre, il faut savoir que Winston Churchill s'est toujours fait, lui aussi, « une certaine idée de la France ». Il est vrai que son grand-père maternel, Leonard Jerome, est issu d'une famille huguenote qui a émigré en Amérique au début du XVIIIe siècle, et que sa mère Jennie, ayant connu dans son adolescence tous les fastes du Second Empire, en a gardé un souvenir ébloui. A l'évidence, l'attachement de son fils pour la France remonte-à l'enfance, peut-être même au temps où sa nurse le promenait en voiture sur les *Shams Elizzie*, comme il les appelait alors [1]. En tout cas, Winston n'oubliera jamais ce jour de l'été 1883 où il avait traversé la place de la Concorde en compagnie de son père. Il n'avait alors que neuf ans, mais il évoquera encore cet épisode soixante-trois ans plus tard : « J'étais un enfant observateur, et je remarquai que l'un des monuments était recouvert de voiles noirs. J'en demandai aussitôt la raison à mon père, et il me répondit : " Ce sont les monuments des provinces de France. Deux d'entre elles, l'Alsace et la Lorraine, ont été enlevées à la France par les Allemands pendant la dernière guerre. Les Français en sont très affligés et espèrent les reprendre un jour. " Je me souviens très bien m'être dit à ce moment-là : " J'espère bien qu'ils les reprendront " [2]. »

Arrivé à la trentaine, Winston Churchill n'a guère amélioré sa connaissance de la langue française, qui reste assez rudimentaire et devra toujours beaucoup à l'initiative personnelle. Mais il connaît l'histoire de France aussi bien qu'un Français ; d'esprit romanesque, il admire sincèrement la contribution de la France aux libertés et à la sagesse humaines ; il admire plus encore les héros de l'histoire de France, en tout premier lieu Jeanne d'Arc et Napoléon.

Mais surtout, Churchill, jeune ministre de la Couronne, assiste à l'été de 1907 aux manœuvres de l'armée française. Il a certes déjà vu de nombreuses manœuvres en Angleterre et en Allemagne, il en verra beaucoup d'autres par la suite, et pourtant, ce sont les manœuvres de l'armée française qui l'ont fasciné. Il est vrai qu'il rencontre à cette occasion plusieurs officiers français qui vont devenir célèbres, et que nous sommes aux beaux jours de l'Entente cordiale. Mais il y a autre chose, et Churchill lui-même tentera de s'en expliquer : « En ce temps-là, les soldats portaient des tuniques bleues et des pantalons rouges, et ils manœuvraient encore en ordre serré. Lorsque, au plus fort de ces manœuvres, je vis les grandes formations françaises enlever une position au son de *la Marseillaise*, il m'apparut que ces vaillantes baïonnettes qui avaient conquis les Droits de l'Homme sauraient aussi les défendre, et que les libertés de l'Europe seraient bien gardées [3]. » Jusqu'à la fin de sa vie, Winston Churchill fera souvent allusion à cet événement, et ce n'est pas un hasard s'il écrit en juin 1944 : « *Dès 1907 **, dans les bons et dans les mauvais jours, j'ai été un ami sincère de la France [4]. [...] »

En effet, lors de la crise d'Agadir en 1911, la France n'a pas d'ami plus sûr au sein du gouvernement britannique que Winston Churchill lui-même. Premier lord de l'Amirauté à la veille de la guerre, il se prononce en faveur d'un resserrement de l'alliance franco-britannique. Mais c'est sans conteste la Grande Guerre qui scellera à jamais l'attachement de Winston Churchill pour la France ; la bravoure et la ténacité du fantassin français, les glorieuses et sanglantes victoires de la Marne et de Verdun, la fraternité d'armes entre Français et Britanniques sur d'innombrables champs de bataille, tout cela ne peut manquer d'enflammer son imagination romanesque — d'autant plus qu'il en est lui-même le témoin durant les six mois qu'il passe au front. En outre, Churchill côtoie à cette occasion plusieurs hautes personnalités françaises, dont le général Foch, commandant suprême des armées alliées en 1918, qu'il décrira ainsi : « Ses attitudes, sa grande allure, ses gestes vigoureux et souvent très suggestifs qui n'échappaient au comique que par la puissance de son expression, enfin la hardiesse de ses idées lorsque quelque chose avait éveillé son intérêt, tout cela me fit une vive impression. Qu'il lançât des armées ou des idées, il ne cessait jamais de combattre... Il n'avait rien d'un homme calme. Il était au contraire impétueux, passionné, persuasif, mais aussi clairvoyant et surtout indomptable [5]. »

---

* Souligné par nous.

Pour Churchill, le général Foch représente un aspect de la France : « Cette France dont la grâce et la culture, l'étiquette et le cérémonial ont répandu leurs bienfaits dans le monde entier — le pays de la chevalerie, de Versailles, et surtout de Jeanne d'Arc [6]. » Mais la France, c'est aussi Clemenceau, le Tigre, que Churchill admire plus encore : « Pour autant qu'un seul homme, extraordinairement grandi, puisse jamais incarner une nation, Clemenceau incarnait la France. On se plaît à symboliser les nations par des animaux — le lion britannique, l'aigle américain, l'aigle russe à deux têtes, le coq gaulois. Mais le vieux tigre, avec son bonnet étrange et élégant, sa moustache blanche et son regard de feu, serait pour la France une bien meilleure mascotte que n'importe quel animal de basse-cour. Il paraissait issu tout droit de la Révolution française à son plus sublime moment [7]. »

Premier lord de l'Amirauté en 1915, commandant en 1916, ministre de l'Armement en 1917, Churchill établit avec ces deux hommes des relations privilégiées ; il continuera à leur rendre visite longtemps après la guerre, et lorsque plus tard Churchill évoquera la France, ce sera toujours celle de Jeanne d'Arc, de Napoléon, de Foch et de Clemenceau.

La France de l'entre-deux-guerres trouvera en Churchill un défenseur aussi vigoureux qu'éloquent. Son sens inné de l'équité lui donne la conviction que la France, « pauvre, mutilée et affaiblie », a pleinement droit à une sécurité pour laquelle elle a sacrifié près de deux millions de ses enfants. Or, la Grande-Bretagne et l'Amérique l'ont abandonnée après le traité de Versailles. En juillet 1921, Churchill déclare aux Premiers ministres de l'Empire britannique : « Il est bien évident [...] que nous avons des devoirs envers la France, car elle a renoncé à revendiquer des positions stratégiques fortes le long du Rhin, comme ses maréchaux lui conseillaient de le faire [...]. Nous lui avons promis que si elle renonçait à ces positions stratégiques, l'Angleterre et l'Amérique viendraient l'appuyer en cas de nécessité [...]. Mais il faut reconnaître qu'en raison de la défection de l'Amérique, le traité a été pratiquement invalidé, et que la France s'est retrouvée sans garantie anglo-américaine ni frontière stratégique sur le Rhin. De ce fait, une crainte profonde s'est installée au cœur des Français, et cela est bien compréhensible [...]. Si un moyen se présentait d'apaiser cette crainte, je crois que nous devrions le prendre très soigneusement en considération [8]. »

Pour Churchill, seul un traité par lequel la Grande-Bretagne s'engagerait à défendre la France en cas d'agression serait à même d'apaiser les craintes françaises. Et pendant tout l'entre-deux-guerres, au gouvernement comme dans l'opposition, à la Chambre des communes comme dans les clubs conservateurs, dans ses discours publics et sa correspondance privée, Churchill, inlassablement, s'efforce de resserrer les liens entre son pays et la France. Le 4 mai 1923, alors que l'occupation de la Ruhr par la France est très impopulaire en Angleterre, il déclare : « Nous ne devons pas permettre que notre attachement à cette grande nation qu'est la France se trouve altéré par une simple péripétie de la politique française. Nous ne devons tourner le dos ni à nos amis ni à notre passé [9]. » Chancelier de l'Échiquier à partir de 1924, Churchill conduit les négociations visant à établir le montant des dettes de guerre françaises envers l'Angleterre ; or il présente aux Français des condition extrêmement modérées, et il s'en expliquera le 16 septembre 1925, lors d'un dîner au club conservateur de Birmingham : « Dans cette affaire, nous n'avons pas cherché à extraire le plus d'argent possible. Nous avons pensé que notre devoir était de prendre en compte non seulement les capacités de paiement de nos débiteurs, mais encore les circonstances dans lesquelles ces dettes ont été contractées [10]. »

Jusqu'en 1931, Churchill se prononce en faveur d'une réconciliation entre la France, l'Allemagne et l'Angleterre, dans laquelle il voit le seul véritable gage de sécurité contre une nouvelle guerre. En 1931, il déclare encore : « Nous devons employer notre influence à réduire l'antagonisme séculaire [...] qui sépare la France et l'Allemagne [11]. » Mais à mesure qu'Hitler se rapproche du pouvoir et que le parti travailliste britannique continue à prôner une politique de désarmement aux dépens de la France, Churchill revient à sa préoccupation première. « L'intérêt de la paix en Europe, déclare-t-il, ne serait nullement servi par un affaiblissement de l'armée française, et la Grande-Bretagne n'a aucun intérêt à s'opposer à la France [12]. »

Deux ans plus tard, le 14 mars 1933, il répète à la Chambre des communes : « Considérant l'atmosphère qui règne actuellement en Europe, peut-on vraiment s'attendre à ce que la France réduise de moitié son aviation, pour ensuite l'amputer encore du tiers ? Lui donneriez-vous un tel conseil ? Et si elle vous écoutait et qu'elle agissait ainsi, est-ce qu'en cas de guerre vous vous engageriez à ce que notre pays se porte à son secours ? [...] J'ai lu aujourd'hui dans les journaux que le Premier ministre venait de lancer un ultimatum ou un appel pressant à la France pour qu'elle désarme. Qu'il s'agisse de l'armée ou de l'aviation, vous prenez des risques injustifiables en donnant à l'heure actuelle un tel conseil à une nation amie [13]. » De même, l'année suivante : « Je ne puis que recommander la plus grande prudence au gouvernement de Sa Majesté lorsqu'il presse le gouvernement français de réduire ses forces par rapport à celles de l'Allemagne. Du reste, je suis convaincu que la France, qui est à l'heure actuelle l'État le plus pacifique de l'Europe [...] ne commettrait jamais [...] un acte d'agression ouverte contre l'Allemagne, en violation des dispositions du traité et contre l'avis de la Grande-Bretagne, avec laquelle elle entretient des relations aussi amicales [14]. »

Pendant les cinq années qui suivent, Churchill va développer ce thème. Les Français sont « épris de paix », « pacifistes jusqu'à la moelle », « libéraux », « démocrates », et du reste, assure-t-il, « la sécurité de l'Angleterre est liée à celle de la France » [15]. Ce dernier argument explique d'ailleurs comment Winston Churchill peut concilier son attachement pour la France avec son très vif patriotisme. C'est qu'il a compris très tôt qu'une France forte est indispensable à la sécurité de l'Angleterre [16]. A une époque où l'effort de réarmement britannique est très inférieur à celui de l'Allemagne, Churchill ne voit le salut que dans une coopération très poussée entre son pays et la France ; et c'est avec une remarquable éloquence qu'il s'emploie à en convaincre ses compatriotes : « La France et la Grande-Bretagne, déclare-t-il le 18 novembre 1936, ont trouvé le chemin de la liberté par des voies bien différentes... Mais tant qu'elles feront cause commune, il sera bien dangereux de les provoquer et bien difficile de les abattre. L'alliance de ceux qui incarnent la tradition et perpétuent l'héritage de la flotte de Nelson et des armées de Napoléon ne sera sûrement pas une proie facile. Et si à ces vertus martiales s'ajoutent les conceptions souveraines de justice et de liberté, alors certes, elle sera invincible [17]. »

En mars 1938, alors que les nuages continuent à s'accumuler sur l'Europe [18], Churchill défend son idéal avec une vigueur accrue : « La Grande-Bretagne et la France doivent faire cause commune pour assurer leur protection. C'est là que réside la seule sécurité pour ces deux pays. Proclamez-le bien haut, n'en faites pas mystère ! [...] A ce stade, il n'y a guère d'autre solution qu'une alliance défensive avec la France, comportant des obligations bien précises pour les deux pays et tout un ensemble de dispositions concernant la coopération entre états-majors [19]. » Trois semaines plus tard, Churchill écrira dans le *Daily Telegraph* : « Si la France tombait, tout s'écroulerait. Alors l'hégémonie des nazis sur l'Europe, et même sur une partie du monde, serait sans doute inévitable [20]. »

En août 1938, le gouvernement britannique annonce aux

Communes que des accords d'états-majors en vue d'une défense combinée seront conclus avec la France [21]. Au printemps de 1939, après bien des atermoiements, un accord prévoyant la plus étroite coopération militaire, navale et aérienne est enfin signé entre la Grande-Bretagne et la France. Winston Churchill ne cache pas sa satisfaction, et il déclare franchement aux Communes le 24 mars 1939 : « Certains semblent dire qu'il est très généreux de notre part d'aller au secours de la France. Mais je vous assure qu'au point où en sont les choses, nous avons besoin de l'aide de la France tout autant que la France a besoin de la nôtre [22]. »

Il est vrai que Churchill a une foi inébranlable dans la force de l'armée française, et qu'il continuera à croire à la « supériorité incontestable de l'armée française » longtemps après qu'elle aura cessé d'être incontestable. Après tout, c'est l'armée qui a gagné la Grande Guerre, l'armée de Foch et de Clemenceau ; elle est maintenant commandée par le général Gamelin, un excellent officier qui est aussi un ami de Churchill. Enfin, il y a maintenant la fameuse ligne Maginot, qui paraît invulnérable. Du reste, Churchill prend dans une certaine mesure ses désirs pour des réalités : si la sécurité de l'Europe et celle de la Grande-Bretagne reposent sur la force de l'armée française, il faut absolument que cette armée soit la meilleure de toutes, et par conséquent elle l'est sûrement ! La foi de Churchill dans l'armée française se trouve d'ailleurs renforcée par ses visites en France ; ainsi, en septembre 1936, il assiste aux manœuvres de l'armée française, et il écrit à son épouse : « Pendant toute la journée, j'ai accompagné le généralissime Gamelin [...]. Les officiers de l'armée française m'ont impressionné par leur sérieux et leur compétence. On sent bien que la force de la nation réside dans son armée [23]. » Sir Basil Liddell-Hart, qui rencontre Churchill à cette époque, notera également dans son journal : « Winston a de nouveau affirmé que l'armée française était la seule sauvegarde de l'Europe. Il pense qu'elle est bien plus forte qu'on ne le croit à l'état-major britannique. D'après lui, l'état-major a toujours sous-estimé les Français [24]. »

En 1938, l'armée française est toujours pour Churchill « la meilleure d'Europe [25] », et son ami le major Morton écrira plus tard : « C'était son obsession. Je me souviens qu'avant la guerre, je lui avais donné, avec la permission des autorités, des informations complètes sur l'état lamentable des équipements [...] de l'armée et de l'aviation françaises, et je lui avais indiqué les conséquences qui ne manqueraient pas d'en découler. Eh bien, il ne voulait rien entendre, et nous avons eu plus d'une querelle à ce sujet. Lorsque, au cours de l'hiver 1938-39, je lui prédisais — documents et calculs à l'appui — qu'en cas d'attaque par les forces allemandes, la France serait submergée en moins d'un mois, il écumait de rage. Et pourtant, en ce qui concerne tous les autres pays du monde, il acceptait toujours nos prédictions, alors qu'elles étaient fondées sur des éléments et des calculs identiques [...]. La " Gloire impérissable de la France " était pour lui une obsession [26] ! » Sir Henry Channon notera également dans son journal les propos du cousin de Winston Churchill : « Charlie Londonderry nous raconta ensuite comment son avenir politique avait été brisé [...] après qu'il eut soutenu lors d'une discussion à table avec Winston que la France était dans un état lamentable et qu'on ne pouvait compter sur elle. Winston, en francophile fanatique, s'était mis en colère, et il ne l'a pas pardonné à Londonderry alors, et encore moins plus tard... [27] »

Pendant l'entre-deux-guerres, Churchill entretient des relations privilégiées avec de nombreux politiciens français, dont Édouard Herriot, Paul Reynaud, Pierre-Étienne Flandin, Paul-Boncour et Édouard Daladier ; il a une très grande sympathie pour Léon Blum, et aussi pour Georges Mandel. Avec toutes ces personnalités, il correspond régulièrement, et, lorsqu'ils sont à la présidence du Conseil, Flandin, Blum et Daladier lui communiquent périodiquement des renseignements sur l'état des forces françaises et allemandes. Churchill vient d'ailleurs en France à intervalles réguliers, et l'une de ses visites à Paris en mars 1938 sera décrite dans un rapport de sir Eric Phipps à lord Halifax : « La visite de Winston Churchill a pris l'aspect d'un tourbillon. La plupart des aspects de la vie politique française lui ont été présentés durant les repas — et entre les repas [...]. Son français est des plus curieux, et parfois même carrément incompréhensible. Ainsi l'autre nuit, voulant dire " *We must make good* ", il s'est écrié devant Blum et Boncour " Nous devons faire bonne " ! (pas même " bon "). Boncour en est resté ébahi, et il se peut même qu'il ait pris cela dans un sens inconvenant [28]. »

Bien que Churchill s'abstienne à dessein de toute ingérence dans la vie politique française, il ne dédaigne pas à l'occasion de donner quelques conseils. Ainsi, en mars 1938, il s'efforce de dissuader Flandin de faire tomber le gouvernement du Front populaire [29]. En septembre de cette année-là, alors que Georges Mandel et Paul Reynaud ont démissionné du gouvernement Daladier en signe de protestation contre son attitude face à la crise tchécoslovaque, Churchill vient à Paris tout exprès pour les engager à reprendre leurs démissions. Il est vrai qu'en France, certains en prennent ombrage. Ainsi, le 2 octobre, alors que Churchill est rentré à Londres, sir Maurice Hankey note dans son journal : « La visite éclair de Winston Churchill en France [...] et le fait qu'il n'ait rencontré que des membres du gouvernement français comme Mandel, qui sont opposés à la politique de paix, ont été des plus inconvenants. Bonnet, le ministre des Affaires étrangères français, s'en est plaint et a demandé ce que nous dirions si les principaux hommes d'État français se mettaient à agir de même. Il s'est également plaint de ce que Churchill et Spears l'appellent de Londres pour s'informer de la situation [30]. »

Churchill s'informe également des questions militaires, et là encore, il va donner quelques conseils à ses amis français. D'ailleurs, il a tout de même décelé quelques failles dans l'appareil militaire français, et il s'en ouvre à Léon Blum dès 1937. Ce dernier racontera plus tard : « Il m'a dit : — Est-ce que vous êtes content de votre aviation ? Je lui ai répondu : — Mais je crois que oui, cela ne va pas mal. Il m'a dit alors : — Ce n'est pas ce que je crois savoir ; je crois que vos appareils ne valent pas ceux qu'on est en train de construire en Allemagne ; vous devriez voir cela de près [31]. »

En mars 1938, il revient à Paris et annonce à Léon Blum que « l'obusier de campagne en service dans l'armée allemande passe pour être supérieur en portée [...] et en puissance de feu au 75, même modifié [32] ».

A cette époque, Churchill s'entretient également avec Paul Reynaud, qui tente de le convaincre de l'efficacité des divisions blindées. C'est alors que Churchill entend parler pour la première fois du colonel de Gaulle et de ses théories sur l'utilisation des divisions blindées : « Il me dit, écrira-t-il, qu'un certain colonel de Gaulle avait écrit un livre très critiqué sur la puissance offensive des véhicules blindés modernes [33]. » Mais Churchill n'a guère suivi l'évolution des doctrines sur l'emploi de l'arme blindée, et il s'attend à ce que la prochaine guerre ressemble en tous points à la dernière — sans oublier les tranchées qui, déclare-t-il, « ne manqueront pas d'être utilisées dès le commencement des hostilités en Europe [34] ». Du reste, ses amis les généraux Gamelin, Georges et Giraud ne prennent pas au sérieux la nouvelle doctrine sur l'emploi des chars, et Churchill a confiance en ses amis. Ainsi, il ne saisit pas l'importance des théories du colonel de Gaulle, et n'exprime pas le désir de le rencontrer.

Pendant le printemps et l'été de 1939, Churchill, bien qu'un peu préoccupé par la vulnérabilité de la ligne Maginot dans le secteur des Ardennes [35], garde toute sa confiance à l'armée française. En mai, il déclare que l'armée française « sans être la plus grande, est la meilleure armée qui existe à l'heure actuelle [36] ». En juin, il affirme au journaliste américain Walter Lippmann que l'armée allemande ne pourrait en aucun cas percer les défenses françaises [37]. Jusqu'en mai 1940, Churchill va garder une confiance inébranlable dans la supériorité de l'armée française, la compétence de ses chefs et la valeur de ses soldats. Après cela, les événements sembleront lui donner tort ; et pourtant, ce sont les événements qui devront s'incliner devant les convictions de Winston Churchill...

*
**

Les dispositions de Charles de Gaulle envers l'Angleterre ne sont en rien comparables à celles de Winston Churchill envers la France. Il est vrai que le père de Charles, Henri de Gaulle, n'est pas un anglophile, et que pour lui comme pour beaucoup de ses contemporains, le terme de « perfide Albion » n'est nullement dénué de sens. « Perfide ? a-t-il coutume de dire, l'adjectif me paraît à peine suffisant [38]. » Charles de Gaulle, qui doit à son père la plus grande partie de son éducation, ne peut qu'être influencé par cette attitude — et le fait qu'une de ses grand-mères soit irlandaise n'est pas de nature à arranger les choses... D'ailleurs, son intérêt passionné pour l'histoire de France lui montre fréquemment la Grande-Bretagne comme l'ennemi héréditaire, dont les victoires coïncident bien trop souvent avec des désastres pour la France. Dans ses *Mémoires*, il écrira : « Rien ne m'attristait plus profondément que nos faiblesses et nos erreurs [...] [39]. » Et le premier exemple qu'il en donne est celui de Fachoda — un incident depuis longtemps oublié en Angleterre, mais qui a profondément marqué toute une génération de Français. C'est d'ailleurs pour cette raison, et pour quelques autres, qu'une anglophobie aiguë sévit parmi les officiers français au début du XXe siècle.

Charles de Gaulle connaît mal l'Angleterre. Il n'y est jamais allé, et s'il comprend assez bien l'anglais, il ne le parle pas couramment. Il a certes approuvé l'Entente cordiale, mais à la différence de Churchill, il n'a pas été très favorablement impressionné par la fraternité d'armes entre Anglais et Français pendant la Première Guerre mondiale. Après tout, répète-t-il souvent, il n'y avait pas d'Anglais à la bataille de la Marne ; et d'ajouter que les Britanniques se sont dispersés un peu hâtivement lors des grandes offensives allemandes de 1918 [40]... A tout cela, il faut joindre un élément très personnel ; près d'un quart de siècle plus tard, de Gaulle écrira dans une lettre privée : « Une jeune fille, qui était presque ma fiancée, fut tuée à Lille [...] par un obus anglais en 1917. [...] Je puis même vous dire, en confidence, que cela a été la cause d'un des plus grands chagrins personnels de ma vie [40 bis]. » Depuis longtemps accoutumé aux dures réalités de la guerre, de Gaulle n'en a sans doute pas tenu rigueur aux Britanniques... mais sa sympathie à leur égard ne s'en est certainement pas trouvée accrue.

En ce qui concerne l'immédiat après-guerre, de Gaulle est du même avis que Churchill : la France a été abandonnée par ses alliés. « Encore, écrira-t-il plus tard, la malveillance des puissances anglo-saxonnes, utilisant l'inconsistance de notre régime, nous amenait-elle, par la suite, à renoncer aux garanties et aux réparations qu'on nous avait consenties en échange du contrôle du Reich et de la frontière du Rhin [41]. » Pour de Gaulle, les principaux responsables en sont Lloyd George [42], la perfide Albion et les États-Unis — sans doute dans cet ordre. Il lui arrive d'ailleurs de prêter aux Britanniques des intentions plus machiavéliques encore. Il écrira ainsi que, pendant l'entre-deux-guerres, « l'Angleterre ménageait Berlin pour que Paris eût besoin d'elle [43] ». Enfin, il ne faut pas oublier que Charles de Gaulle a servi comme officier d'état-major au Levant ; or le Levant est à l'époque un foyer d'intrigues et le théâtre d'une confrontation larvée entre la France et la Grande-Bretagne. On dit même à l'époque que tout officier français en poste au Levant devient nécessairement antianglais, et il est vrai que le commandant de Gaulle en est revenu animé d'une très grande méfiance à l'égard de la politique et des intrigues de la Grande-Bretagne au Proche-Orient...

Charles de Gaulle ne doute certes pas que la Grande-Bretagne aiderait la France à l'heure du danger, mais il croit aussi qu'elle ne fera rien qui ne soit conforme à ses intérêts. En 1934, il écrit même dans son livre *Vers l'armée de métier* : « Moyennant la suprématie maritime reconnue aux Britanniques, au prix d'immenses sacrifices coloniaux, à la condition de ne parler point de certaines îles normandes et pourvu que nous acceptions une sorte de contrôle, il nous est permis de compter sur la neutralité anglaise, jalouse dans nos jours prospères, mais bienveillante dans nos malheurs et qui peut même faire place à l'alliance des intérêts [44]. » Mais en attendant, « c'est à la France seule qu'il incombait de contenir le Reich [45] ».

Au cours de l'entre-deux-guerres, de Gaulle ne cherche pas à établir des contacts outre-Manche, même lorsque de tels contacts pourraient sembler naturels. Ainsi, bien qu'il admire beaucoup les écrits du capitaine Liddell-Hart ou du général Fuller, et qu'il s'en inspire souvent, il ne rencontrera aucun de ces grands théoriciens de l'arme blindée. Enfin, alors que Churchill a le plus grand respect pour l'armée française, de Gaulle, lui, n'a aucune illusion sur l'armée britannique ; en juillet 1937, il dira à son beau-frère Jacques Vendroux : « La France aura d'autant moins les moyens de se défendre qu'elle sera pratiquement seule à supporter le premier choc ; les Anglais ne sont pas prêts... [46] »

A la fin des années trente, le colonel de Gaulle n'est pas réellement anglophobe ; du moins, il est loin d'être aussi anglophobe que Churchill est francophile. Mais il n'en nourrit pas moins la plus grande méfiance à l'égard de la politique étrangère et coloniale de la Grande-Bretagne ; convaincu qu'un État est « le plus froid des monstres froids », Charles de Gaulle semble voir dans l'État anglais un monstre encore plus froid que les autres... Il va sans dire qu'un tel état d'esprit ne manquera pas d'influencer son attitude lors des événements dramatiques qui vont suivre.

2

Tempête

Le 15 mars 1939, l'invasion de la Tchécoslovaquie par les Allemands va enfin convaincre Neville Chamberlain qu'Hitler n'est pas un gentleman. A partir de ce moment, l'ombre de la guerre s'étend à chaque nouvelle initiative prise en Europe : garantie donnée à la Pologne, crise de Dantzig, pacte germano-soviétique, concentrations de troupes allemandes à la frontière polonaise. Et pourtant, Chamberlain reste convaincu jusqu'au tout dernier moment qu'une guerre peut être évitée, et que Winston Churchill peut être tenu éloigné du pouvoir. Mais à l'été de 1939, la presse anglaise est d'un autre avis, et l'opinion publique aussi : tous demandent le retour de Churchill. Lorsque Hitler déclenche enfin son attaque contre la Pologne, Chamberlain n'a plus le choix ; le 3 septembre, la Grande-Bretagne déclare la guerre à l'Allemagne, et Churchill est nommé Premier lord de l'Amirauté. Ce même jour, la France entre en guerre à son tour.

Ayant retrouvé le poste qu'il occupait un quart de siècle plus tôt, Churchill se met à l'œuvre sans retard, et tout comme en 1914, il a quelques idées personnelles sur les moyens de remporter la victoire : en premier lieu, un plan baptisé « Catherine », visant à pénétrer dans la Baltique à l'aide de navires de guerre blindés et à l'épreuve des torpilles. Un autre plan prévoit l'interruption des approvisionnements allemands en minerai de fer ; il s'y ajoute une multitude de plans et projets n'ayant qu'un rapport très lointain avec la guerre sur mer, depuis la remise en état des obusiers lourds et la réorganisation de l'aviation jusqu'à la mise au point d'engins spéciaux pour creuser des tranchées. Mais le Premier lord de l'Amirauté est avant tout un homme d'action ; au début de novembre, nous le trouvons en France, où il s'entretient avec son homologue M. Campinchi et avec ses amis Paul Reynaud, Léon Blum, Georges Mandel et Alexis Léger. Il se rend dans l'Est pour inspecter les ouvrages de défense, visite le quartier général du corps expéditionnaire britannique *, s'informe de la stratégie française et du moral des troupes. De cette visite, Churchill gardera l'impression que le haut commandement français a tout misé sur une stratégie purement défensive, et que le moral du soldat français est étonnamment bas.

Cette impression n'est pas sans fondement : les politiciens et les généraux français, ayant conservé le souvenir des effroyables massacres de la Grande Guerre, ont perdu toute confiance dans les capacités offensives de leur armée. Le 6 septembre, alors que le gros de l'armée allemande se trouve engagé en Pologne, le généralissime Gamelin lance une offensive prudente, et les troupes françaises occupent 8 kilomètres de territoire allemand. Mais le 12 septembre, l'offensive est interrompue, les vingt villages occupés sont évacués, et les troupes françaises regagnent leurs positions derrière la frontière ; elles y attendront de pied ferme une attaque allemande qui devrait ressembler à celle de Verdun, et que l'on pense arrêter de la même façon qu'en 1916. Le haut commandement français a certes reçu des rapports détaillés sur la victoire-éclair de l'armée et de l'aviation allemandes en Pologne, mais les conceptions stratégiques du général Gamelin n'en ont pas été influencées ; elles resteront obstinément défensives et antédiluviennes jusqu'en mai 1940. Du reste, il n'y a pas réellement de plan d'opérations contre l'Allemagne, hormis cette simple recette qui date de la Grande Guerre : « On s'enterre et on les attend. » C'est ainsi que sept mois après la déclaration de guerre, le nord de la France demeure étonnamment calme et extraordinairement vulnérable.

Depuis son poste de commandement dans le Bas-Rhin, le colonel de Gaulle observe les événements avec une consternation croissante. Il commande à présent la brigade de chars de la Ve armée française — quelques douzaines de chars légers destinés à accompagner l'infanterie. Là encore, on ne tient pas compte des leçons de la campagne de Pologne ; et pourtant, en janvier 1940, le colonel de Gaulle a fait parvenir à quatre-vingts des plus importantes personnalités civiles et militaires un mémoire dans lequel il répète ses arguments précédents : l'ennemi attaquera avec une puissante force blindée soutenue par l'aviation, et l'armée française sera vaincue, à moins qu'elle ne rassemble immédiatement tous ses chars en plusieurs divisions blindées autonomes, seules capables d'enrayer

---

* Celui-ci comprend déjà quatre divisions stationnées sur la frontière franco-belge.

l'offensive allemande. Mais nul ne prête attention aux théories du colonel de Gaulle, excepté ceux qui n'arrivent pas à les imposer et ceux qui sont décidés à les combattre. Le colonel de Gaulle cherche même à convaincre une délégation de parlementaires britanniques venue visiter le front ; à l'issue des manœuvres, il leur déclare : « Messieurs, cette guerre est perdue. Il faut donc en préparer et en gagner une autre avec la machine [1]. » Les parlementaires britanniques, tout comme leurs collègues français, refusent de le prendre au sérieux.

Pour le colonel de Gaulle, il y a cependant une lueur d'espoir : le 21 mars, le gouvernement Daladier est renversé, et deux jours plus tard, Paul Reynaud est investi à une très faible majorité *. Le nouveau président du Conseil aimerait nommer de Gaulle secrétaire du Comité de guerre, mais cela s'avère impossible pour des raisons politiques **, et de Gaulle, déçu une fois encore, retourne au front. Pourtant, il rend d'abord visite au général Gamelin, et ce dernier l'informe qu'il a l'intention de créer deux nouvelles divisions blindées. Le colonel de Gaulle se verra confier le commandement de l'une d'entre elles, la 4e. Ce serait là une bonne nouvelle, si la 4e division blindée n'était aussi faible et aussi dénuée d'autonomie que les trois autres ; du reste, cette division ne doit être créée que le 15 mai... De Gaulle ne peut que rejoindre son poste et attendre la suite des événements.

En dépit des hautes fonctions qu'il occupe, Winston Churchill n'a guère plus de succès que le colonel de Gaulle lorsqu'il essaye de modifier la stratégie de son gouvernement ; ses plans d'opérations les plus hardis ont été rejetés les uns après les autres. Pour certains d'entre eux, c'était sans doute préférable, mais d'autres étaient mieux conçus, comme le minage des voies navigables allemandes ou l'interruption des approvisionnements du Reich en minerai de fer par le minage des eaux territoriales norvégiennes. Du reste, Churchill voyait dans ce deuxième plan, baptisé *Wilfred*, le plus sûr moyen d'amener la victoire. Au cours de l'hiver, il a envoyé au Premier ministre des dizaines de mémorandums à ce sujet, et il a harangué le Cabinet de guerre à d'innombrables reprises. Pourtant, même à ce stade, Neville Chamberlain espère voir revenir la paix avant que la guerre ne commence pour de bon. Il s'oppose donc obstinément à toute opération par trop martiale, et le plan *Wilfred*, ajourné à plusieurs reprises, perd peu à peu de son

---

* Une voix...
** Daladier, qui reste ministre de la Guerre dans le nouveau gouvernement, s'oppose formellement à la nomination du colonel de Gaulle — et le soutien du parti de Daladier est indispensable au gouvernement Reynaud.

utilité. Lorsqu'il est enfin mis en œuvre, on s'aperçoit que les Allemands ont conçu de leur côté une entreprise infiniment plus hardie et mieux organisée : le 9 avril, en quelques heures, ils occupent l'ensemble du littoral norvégien, depuis Oslo jusqu'à Narvik.

Les Britanniques vont monter en toute hâte une expédition pour aider la Norvège et en chasser les Allemands. Mais lors de la campagne qui s'ensuit, les troupes alliées, peu entraînées, inférieures en nombre et en armement, mal soutenues par leur aviation, se voient contraintes d'évacuer la Norvège du sud au début du mois de mai. Du côté anglais, les interventions énergiques et souvent désordonnées du Premier lord de l'Amirauté ont certes ajouté à la confusion ; mais pour les Anglais, qu'ils soient civils ou militaires, il est évident que le désastre de Norvège est imputable avant tout aux insuffisances et à la désorganisation de leur appareil militaire, et seules des années de pacifisme et de négligence peuvent expliquer une défaite de cette ampleur. Or, un seul homme est resté au pouvoir suffisamment longtemps pour en porter la responsabilité : c'est le Premier ministre lui-même. Les 7 et 8 mai, à la Chambre des communes, Neville Chamberlain est donc violemment attaqué par les représentants de tous les partis, et lors du vote qui clôture les débats, la majorité gouvernementale se trouve réduite à 81 sièges — 60 députés conservateurs se sont abstenus, 30 ont voté avec l'opposition...

Chamberlain ne se méprend pas sur la signification de ce vote : c'est un désaveu éclatant de sa politique. Désormais, il est clair que seul un gouvernement d'unité nationale regroupant tous les partis pourra diriger l'Angleterre pendant la période de guerre. Mais les travaillistes et les libéraux accepteront-ils de participer à un gouvernement Chamberlain ? La réponse semble bien être négative. C'est pourquoi le 9 mai, Winston Churchill et lord Halifax sont convoqués à Downing Street, où le Premier ministre leur fait part de son intention de démissionner. Chamberlain préférerait voir Halifax lui succéder, mais il n'ignore pas que cela poserait des problèmes ; Halifax le sait aussi, et il le dit ; Churchill ne dit rien, et il est désigné par accord tacite. Le lendemain, Chamberlain conseille donc au roi de faire appel à Churchill pour lui succéder. Pour Winston Churchill, ce ne sera pas une sinécure : ce matin-là, les Allemands ont envahi la Belgique et la Hollande ; la drôle de guerre vient de se terminer.

Churchill décrira lui-même ses sentiments au soir de ce jour où le roi lui demande de former un gouvernement : « Lorsque j'allai me coucher, vers 3 heures du matin, je ressentis un profond soulagement. J'avais enfin le pouvoir de donner des directives dans tous les domaines. J'avais l'impression de ne faire qu'un avec le destin, et il me semblait que toute ma vie passée n'avait été qu'une préparation à cette heure et à cette épreuve. [...] J'estimais n'être pas dépourvu d'expérience, et j'étais sûr de ne pas échouer. Quelle que fût donc mon impatience d'en arriver au lendemain matin, je dormis d'un bon sommeil et n'eus besoin d'aucun rêve pour me réconforter. La réalité vaut mieux que les rêves [2]. »

Mais Churchill ne peut naturellement se défaire d'une certaine appréhension, ainsi qu'il l'a confié ce soir-là à son garde du corps, l'inspecteur Thompson : « J'espère qu'il n'est pas trop tard. J'ai bien peur que si. Il ne nous reste qu'à faire pour le mieux [3]. » Il est vrai que la situation est très grave. La Grande-Bretagne n'est pas prête pour la guerre, et la majeure partie de son armée, commandée par lord Gort, est entrée en Belgique avec la Ire armée française pour tenter d'enrayer l'offensive allemande. Le 12 mai, les armées alliées occupent des positions défensives le long de la Dyle et de la Meuse, où elles font face à vingt-deux divisions allemandes, dont trois blindées. Mais c'est plus au sud que la partie va se jouer : le 14 mai, après avoir franchi les Ardennes et la Meuse, sept divisions de Panzer enfoncent les positions françaises à Sedan et Dinant. Soutenues par des bombardiers en piqué, suivies par l'infanterie motorisée, elles répandent la dévastation dans les rangs des IIe et IXe armées françaises, qui refluent en désordre. Plus au nord, les divisions françaises, belges et britanniques, déjà durement accrochées, se trouvent maintenant menacées sur leurs arrières par la rupture du front de Sedan. Le 15 mai à 6 heures du matin, Daladier prévient Paul Reynaud : « Nos troupes se débandent. On a vu un général de corps d'armée en fuite sur la route. La bataille est perdue [4]. » Une heure et demie plus tard, à Londres, on annonce à Churchill que Paul Reynaud est au téléphone. Le président du Conseil a déjà appelé la veille pour demander des renforts d'aviation ; mais cette fois, le ton est différent. Churchill racontera dans ses *Mémoires* :

« L'appareil était sur ma table de chevet, M. Reynaud s'exprimait en anglais et semblait fort ému :

— Nous sommes battus, me dit-il.

« Comme je ne répondais pas immédiatement, il répéta :

— Nous sommes battus, nous avons perdu la bataille.

— Cela n'a certainement pas pu arriver si vite, répondis-je.

« Mais il reprit :

— Le front est percé près de Sedan, ils passent en masse avec des chars et des voitures blindées. (Tel était le sens de ses paroles, sinon les termes mêmes qu'il employa.)

« Je déclarai alors :

— L'expérience a montré qu'au bout d'un certain temps une offensive s'éteint d'elle-même. Je me souviens du 21 mars 1918. Dans cinq ou six jours, ils seront obligés de s'arrêter pour attendre leur ravitaillement, et ce sera alors le moment de la contre-attaque. J'ai appris cela dans le temps, de la bouche même du maréchal Foch.

« Sans aucun doute, c'était bien ce que nous avions toujours vu dans le passé et ce que nous aurions dû revoir à présent. Néanmoins, le président du Conseil revint à la phrase par laquelle il avait commencé, et qui, certes, ne se révéla que trop fondée : " Nous sommes battus, nous avons perdu la bataille. " Je lui dis alors que j'étais prêt à aller m'entretenir avec lui [5]. »

Dans la soirée du 15 mai, les avant-gardes allemandes atteignent Montcornet après une percée de 100 kilomètres. Au nord, les Hollandais ont capitulé, tandis qu'au centre la IXe armée française s'est pratiquement désintégrée à l'ouest de Dinant. Pourtant, Winston Churchill, fort de son expérience de la Grande Guerre, persiste à ne voir dans tout cela qu'un revers temporaire. Au matin du 16 mai, le sous-secrétaire d'État aux Affaires étrangères sir Alexander Cadogan note dans son journal : « Réunion du Cabinet ce matin ; les nouvelles de France sont de plus en plus sombres. En fin de compte, Dill nous a exposé le plan de retraite pour les troupes engagées en Belgique. Churchill s'est fâché tout rouge. Il a dit que nous ne pouvions laisser faire, que cela pourrait mettre toute notre armée en péril. Puis il s'est levé d'un bond et a déclaré qu'il se rendrait en France — il était ridicule de croire que la France pourrait être conquise par cent vingt tanks. Il a ajouté qu'il partirait après le déjeuner, et a demandé à Neville Chamberlain de s'occuper de la boutique [6] ! » De fait, à 3 heures de l'après-midi, Churchill s'envole pour Paris, accompagné des généraux Dill et Ismay. Il vient de demander une réunion urgente du Conseil suprême.

Dès leur atterrissage au Bourget, Churchill et Ismay sont frappés par le pessimisme qui règne à tous les niveaux ; on leur dit même que les Allemands peuvent être à Paris « dans quelques jours au plus [7] ». Une fois au Quai d'Orsay, Churchill et ses compagnons voient de grands feux allumés dans les jardins : ce sont les archives qui brûlent... Reynaud, Daladier, Baudouin et le général Gamelin sont tous présents, et Churchill note que « leurs visages expriment le plus grand dépit [8] ». Le général Ismay, lui, se souvient que « Churchill domina la séance dès son entrée dans la pièce. Il n'y avait pas d'interprète, et il parla en français pendant toute la réunion. Son français n'était pas toujours correct, et il avait parfois du mal à trouver le mot juste. Mais nul ne pouvait se méprendre sur le sens de ses paroles. " La situation paraît assez mauvaise, commença-t-il, mais ce n'est pas la première fois que nous nous trouvons ensemble dans une mauvaise passe, et nous nous en sortirons. Où en sont les choses [9] " ? » Le général Gamelin est invité à répondre, et il va peindre un tableau très sombre de la situation militaire : les Allemands avancent sur Amiens et Arras à une vitesse effarante. Arrivés là, ils pourront atteindre la côte ou foncer vers Paris. Leurs colonnes blindées ont déjà ouvert une large brèche d'est en ouest, qui a effectivement coupé en deux les armées alliées, et le saillant ainsi formé est large de 50 kilomètres. Le général Gamelin en conclut que les armées du nord vont sans doute devoir battre en retraite.

« Lorsque Gamelin eut achevé son triste récit, note le général Ismay, le Premier ministre lui donna une grande claque sur l'épaule — ce qui le fit sursauter — et il lui dit : " De toute évidence, ce sera la bataille de la Bulge *. " (Faute d'un équivalent français, il prononça " Boulge ".) " Eh bien, mon général, quand et où allons-nous contre-attaquer, par le nord ou par le sud ? " Gamelin lui répondit d'un air abattu qu'il n'avait pas les moyens de contre-attaquer et que de toute façon, ses troupes se trouvaient en situation d'infériorité, tant du point de vue des effectifs que de l'équipement, de la stratégie et du moral [10]. »

« Il s'arrêta, raconte Churchill, et un très long silence s'ensuivit. Je demandai alors :

— Où sont les réserves stratégiques ? et continuant en français, que j'emploie indifféremment, dans tous les sens du mot : Où est la masse de manœuvre ?

« Le général Gamelin se tourna vers moi et, avec un hochement de tête et un haussement d'épaules, me répondit :

— Il n'y en a aucune.

« Un nouveau silence prolongé tomba sur nous. Dehors, des nuages de fumée s'élevaient des grands feux allumés dans les jardins du Quai d'Orsay, et par la fenêtre, j'apercevais de vénérables

---

* Du saillant.

fonctionnaires poussant des brouettes d'archives dans les flammes... [11] »

« Il n'y en a aucune »... Churchill reste interloqué. « Je dois avouer, écrira-t-il plus tard, que ce fut une des plus grandes surprises de mon existence [12]. »

Pourtant, le Premier ministre ne perd rien de sa sérénité ; les Allemands, assure-t-il, n'ont pas encore traversé la Meuse en force, leurs unités mécanisées ne peuvent être partout à la fois, il est sans doute prématuré d'ordonner une retraite en Belgique, et il faut certainement passer à la contre-attaque. Le général Gamelin répond qu'il faudrait pour cela des forces mécanisées, et aussi des avions de combat pour protéger l'infanterie. « Les Français, dit-il, ont commencé la bataille avec 650 chasseurs ; ils n'en ont plus que 150. » A plusieurs reprises, Gamelin et Reynaud demandent davantage de chasseurs, et Churchill leur répond que l'Angleterre n'a plus que trente-neuf escadrilles pour assurer la protection de l'Angleterre. Bien que la RAF ait déjà subi de lourdes pertes au-dessus de la France, le Cabinet de guerre britannique a décidé ce matin-là d'envoyer quatre escadrilles en renfort. Revenant sur l'offensive allemande dans le nord, Churchill déclare que la question est de savoir si elle va s'essouffler. Le général Dill ajoute que les Allemands vont sûrement manquer d'essence, mais Daladier répond qu'ils apportent leur essence avec eux [13].

Le général Gamelin revient constamment sur le sujet de l'appui aérien. Si les blindés ennemis pouvaient être arrêtés par une action aérienne, une attaque sur les flancs de l'ennemi aurait sûrement de bonnes chances de réussite. Churchill ne cesse de répondre dans son français improvisé que les chasseurs anglais ne peuvent être utilisés à cet effet. « Mon Général, on ne peut pas arrêter les chars avec des avions de chasse. Il faut des canons — Poof ! Mais si vous voulez nettoyer le ciel, je demanderai de mon Cabinet [14]. »

De fait, le Premier ministre va demander au Cabinet de guerre britannique d'envoyer en France dix escadrilles supplémentaires au lieu de quatre. A l'issue de la conférence, il se rend à l'ambassade de Grande-Bretagne et envoie le télégramme suivant : « Je serais très heureux si le Cabinet pouvait se réunir tout de suite pour examiner les faits suivants : situation grave au dernier degré... Je considère que les trois ou quatre prochains jours seront décisifs pour Paris, et probablement pour l'armée française. Mon avis personnel est que nous devrions envoyer demain les escadrilles de chasseurs demandées (soit six de plus) et tâcher d'avoir la maîtrise de l'air au-dessus du saillant pendant les deux ou trois prochains jours [...]

pour donner à l'armée française une dernière chance de retrouver son courage et son énergie. Notre position devant l'Histoire ne serait pas bonne si nous rejetions la demande des Français et si leur défaite en résultait. J'insiste à nouveau sur la gravité mortelle de l'heure et répète l'opinion exprimée plus haut... La réponse doit me parvenir avant minuit afin d'encourager les Français. Téléphonez à Ismay à l'ambassade en hindoustani [15]. »

A Londres, ce télégramme énergique emporte la décision. Dès 23 h 30, la réponse arrive à Paris : « Oui. » Churchill décide alors d'aller lui-même annoncer la bonne nouvelle à Paul Reynaud ; il est près de minuit... Le président du Conseil se montre surpris de cette visite intempestive, mais ravi d'apprendre la nouvelle. Churchill le persuade de faire venir Daladier, et Paul Reynaud s'exécute après quelque hésitation. Tard dans la nuit, Reynaud, Daladier et Baudouin vont assister à l'une des célèbres harangues de Churchill. Et Paul Baudouin notera :

« Extraordinaire d'énergie véhémente, couronné comme un volcan par la fumée de ses cigares, M. Churchill indique à son collègue que si la France est envahie, vaincue, l'Angleterre continuera de se battre en attendant le concours total et prochain des États-Unis. " Nous affamerons l'Allemagne. Nous démolirons ses villes. Nous brûlerons ses récoltes et ses forêts ! " Jusqu'à une heure du matin, il chevauche une vision apocalyptique de la guerre. Il se voit, du fond du Canada, dirigeant, par-dessus une Angleterre rasée par les bombes explosives, par-dessus une France dont les ruines seront déjà froides, la lutte par avions du Nouveau Monde contre l'Ancien dominé par l'Allemagne. Il est certain de l'entrée en guerre rapide des États-Unis. L'impression qu'il produit sur Paul Reynaud est très forte. Il lui donne confiance. Il est le héros de la lutte jusqu'au bout [16]. »

Il est vrai que Paul Reynaud s'en trouve fortement encouragé. Le lendemain, il se sent même suffisamment fort pour prendre une décision longtemps différée : il va relever Daladier de ses fonctions et assumer lui-même la charge de ministre de la Guerre. Il va également nommer Georges Mandel ministre de l'Intérieur, faire appel au maréchal Pétain pour occuper la vice-présidence du Conseil, et faire remplacer le général Gamelin. Qui serait en mesure de lui succéder ? Le général Weygand peut-être. Certes, il a 73 ans, et ne passe pas pour être un génie militaire. Mais il a été le chef d'état-major de Foch un quart de siècle plus tôt, et cela peut encourager les troupes, qui en ont bien besoin. Du reste, on ne voit pas d'autre solution... Le général Weygand est donc rappelé de Syrie.

Est-ce suffisant pour enrayer l'avance allemande ? Rien n'est moins sûr, car la France se bat avec les généraux et l'armée de la Grande Guerre. A Rethel, Saint-Quentin, Charleroi, les tanks allemands balayent tout sur leur passage, et les troupes alliées sont en pleine retraite. Accompagnant l'infanterie, opérant par petites unités, privés d'équipement radio, les tanks français lancent plusieurs contre-attaques, mais subissent de lourdes pertes et sont bientôt engloutis dans la retraite générale. C'est ainsi que disparaissent les 1re, 2e et 3e divisions cuirassées. Reste la 4e, qui n'est pas encore constituée mais a déjà un chef : le colonel de Gaulle.

Le 15 mai, de Gaulle est convoqué au quartier général pour y recevoir ses instructions : un front défensif va être formé sur l'Aisne et l'Ailette afin de barrer la route de Paris. Il s'agit pour la 4e division blindée d'opérer dans la région de Laon et de contenir l'ennemi le plus longtemps possible, afin de permettre la mise en place du front défensif. De Gaulle devra opérer seul, il sera directement subordonné au général Georges *, et recevra les tanks nécessaires... dès que possible.

Le colonel de Gaulle était loin d'imaginer que ses théories seraient mises à l'épreuve dans de telles conditions d'improvisation. Il n'en établit pas moins son quartier général près de Laon, et au matin du 17 mai, ayant reçu trois bataillons de tanks, il lance une offensive vers le nœud routier de Montcornet, au nord-est de Laon. Le 19 mai, il reçoit deux autres escadrons de chars neufs, non rodés, avec des équipages peu entraînés, et il lance une seconde attaque sur la Serre, au nord de Laon. Ces deux opérations sont couronnées de succès : elles prennent les Allemands par surprise et leur infligent des pertes cruelles. Le général Guderian, commandant les chars allemands, écrira plus tard : « Le 19 mai, quelques-uns des chars de De Gaulle ont réussi à pénétrer jusqu'à 1,5 km de mon poste de commandement avancé... et j'ai passé quelques heures difficiles, avant que les visiteurs menaçants ne changent de direction [17]. » De fait, la 4e division, dont les effectifs réduits sont constamment bombardés par l'aviation, vient de faire demi-tour. Sur ses arrières, les défenses françaises sont maintenant consolidées. Du reste, la 4e division va être appelée d'urgence sur un autre front.

Sur la Somme, la situation est en effet très grave. Les colonnes allemandes, au lieu de poursuivre leur route vers le sud, ont viré vers l'ouest et menacent à présent Amiens et Abbeville ; au nord,

---

* Commandant en chef du front nord-est.

les troupes françaises, anglaises et belges se trouvent pratiquement isolées par l'avance allemande, et pourtant, aucune offensive n'a encore été lancée contre la tête de pont ennemie. Le 19 mai, le général Gamelin a bien ordonné aux armées du nord de se frayer un chemin vers le sud et d'attaquer les divisions blindées allemandes sur la Somme ; mais l'ordre est annulé par le général Weygand, qui lui succède le lendemain. Lorsque, le 21 mai, Weygand lui-même donne l'ordre d'attaquer, le front allié est déjà en pleine décomposition : de nombreuses unités ne reçoivent pas l'ordre, d'autres sont hors d'état de l'exécuter ; quant à lord Gort, il envisage déjà une retraite sur Dunkerque.

A Londres, Churchill reçoit des informations confuses et contradictoires sur le déroulement des opérations militaires. Il ne peut que recommander à lord Gort de suivre les directives émanant du haut commandement français, et dispenser à Weygand conseils et encouragements. Mais lord Gort ne reçoit guère d'instructions du haut commandement français, et Weygand ne tient pas compte des avis britanniques. D'ailleurs, la liaison entre Français et Britanniques est des plus difficiles, et Churchill ne cesse de tonner contre « la liaison qui ne liaise pas ». Il retourne à Paris le 22 mai et, lors d'une nouvelle séance du Conseil suprême, il se déclare d'accord avec le plan Weygand visant à opérer une jonction entre les armées du sud et celles du nord. Pourtant, il exprime son inquiétude au sujet des carences du commandement français dans le Nord [18]. C'est que le général Billotte est mort dans un accident, et le général Blanchard vient de le remplacer ; mais les liaisons se font très mal entre lord Gort et le général Blanchard.

L'offensive sur les flancs de l'ennemi entre Amiens et Arras est lente à se développer ; les Allemands ont déjà atteint Abbeville et capturé Boulogne le 25 mai, et ils viennent de repousser une contre-attaque anglo-française au nord d'Arras. Entre-temps, vingt divisions françaises, sous le commandement du général Frère, se sont massées derrière la Somme ; parmi elles, la 4e division cuirassée du général de Gaulle, qui a parcouru 180 kilomètres d'est en ouest en moins de cinq jours. Le 25 mai, elle reçoit l'ordre d'attaquer une tête de pont allemande au sud d'Abbeville ; et le lendemain, de Gaulle, nommé général à titre temporaire, lance l'attaque sur Abbeville avec cent quarante chars et six bataillons d'infanterie. Cette fois encore, il réussit à percer les lignes ennemies, et capture 500 prisonniers. Mais une fois de plus, le succès initial ne peut être exploité faute de renforts et de couverture aérienne. Le 30 mai, la 4ᵉ division se retire vers le sud, pour se regrouper près de Beauvais.

A ce moment, la campagne dans le Nord est virtuellement perdue. Par l'ouest, le sud et le nord, les divisions blindées allemandes convergent vers les armées alliées regroupées autour de Dunkerque. Le 28 mai, l'armée belge capitule. La veille, le *War Office* a ordonné à lord Gort d'« évacuer le plus grand nombre d'hommes possible », en se frayant un chemin jusqu'à la côte ; les troupes du général Blanchard, n'ayant pas reçu les mêmes ordres, ne suivent que lentement, et cinq divisions françaises sont prises au piège près de Lille. Le 30 mai, les divisions britanniques, sévèrement étrillées, ont toutes gagné le périmètre défensif de Dunkerque, et la moitié de la Iʳᵉ armée française est parvenue à les rejoindre. Une gigantesque opération navale va maintenant être montée pour évacuer l'ensemble des troupes de Dunkerque ; Churchill lui-même revient à Paris le 31 mai pour assister à une nouvelle réunion du Conseil suprême. Alors que dans le Nord, les armées alliées sont engagées ensemble dans une lutte désespérée, le Premier ministre veut éviter tout malentendu entre Anglais et Français : « L'évacuation, répète-t-il sans cesse, doit se faire bras dessus, bras dessous [19] ! »

Au début de juin, alors que l'évacuation de Dunkerque bat son plein, les armées alliées du front sud se sont regroupées derrière l'Aisne et la Somme. Qu'arrivera-t-il si leurs lignes sont percées ? Il faudra abandonner Paris. Et ensuite ? Il y a bien un plan d'évacuation sur Tours ; un autre plan prévoit la constitution d'un « réduit breton ». Ce n'est pas encore la fin ; c'est déjà le début de la fin.

3

Naufrage

La première semaine de juin s'achève et, sur les champs de bataille du nord de la France, le sombre voile de la défaite enveloppe inexorablement les armées alliées. Il est vrai que l'évacuation de Dunkerque a réussi au-delà de toute espérance : 340 000 soldats français et britanniques ont pu être embarqués, mais ils ont dû laisser derrière eux la plus grande partie de leur matériel et de leur armement. L'armée française a déjà perdu le tiers de ses effectifs, et le reste est terriblement désorganisé. Les Britanniques, eux, n'ont plus en France que deux divisions durement éprouvées. Le 6 juin, cent divisions allemandes attaquent sur la Somme et sur l'Aisne. Plus à l'ouest, Rouen et Le Havre sont directement menacés. L'Angleterre elle-même est devenue extrêmement vulnérable ; elle n'est plus défendue que par 500 canons, 450 tanks, 29 escadrilles de chasse et trois divisions d'infanterie. Quatorze autres divisions sont « en cours d'instruction » — elles n'ont que des fusils et quelques mitrailleuses.

A Londres, Winston Churchill est tenu constamment informé de la situation en France. Pendant toute la journée et jusque tard dans la nuit, depuis son bureau, son train et même son lit, il expédie des centaines de notes et de directives au Comité des chefs d'état-major et aux divers ministères ; il s'agit de créer une nouvelle armée avec les débris de l'ancienne, de transformer toute l'île en une forteresse, et de donner à chaque Anglais le moral d'un combattant. Par ses interventions constantes, ses innombrables plans d'opérations défensives et même offensives, enfin et surtout par ses remarquables discours, Churchill parvient à galvaniser l'énergie de ses concitoyens. Le 4 juin, au lendemain de l'évacuation finale de Dunkerque, il déclare à la Chambre des communes :

« Nous irons jusqu'au bout. Nous nous battrons en France, nous nous battrons sur les mers et sur les océans, nous nous battrons dans les airs avec une confiance et des moyens sans cesse croissants. Nous défendrons notre île à n'importe quel prix. Nous nous battrons sur les plages, nous nous battrons sur les terrains d'atterrissage, nous nous battrons dans les champs et dans les rues, nous nous battrons dans les collines. Jamais nous ne nous rendrons ! Et même si notre île, ou une grande partie de celle-ci, devait se trouver conquise et affamée — ce à quoi je ne crois pas un seul instant — alors notre Empire d'outre-mer, armé et protégé par la flotte britannique, poursuivrait la lutte jusqu'au jour où le Nouveau Monde, avec toutes les ressources de sa puissance, s'avancerait pour porter secours à l'ancien [1]. »

Mais Churchill n'oublie pas non plus qu'il a une obligation morale envers la France : « Notre position devant l'histoire ne serait pas bonne si nous rejetions la demande des Français et si leur défaite en résultait », écrivait-il au Cabinet de guerre le 16 mai [2]. Depuis lors, il n'a nullement changé d'avis. Avant même la fin de l'évacuation de Dunkerque, il a donné des ordres pour qu'un nouveau corps expéditionnaire britannique soit constitué et envoyé en France dès que possible ; il a également ordonné que deux escadrilles de chasse supplémentaires soient stationnées en France, laissant ainsi 27 escadrilles seulement pour assurer la défense des vingt-sept îles Britanniques.

Et pourtant, Winston Churchill a maintenant perdu son inébranlable confiance en l'armée française [3], et il commence même à douter sérieusement des capacités de ses chefs. Cela lui coûte beaucoup, car Churchill adore la France et déteste reconnaître qu'il s'est trompé. Mais il a vu le généralissime Gamelin, pour qui il avait une admiration sans bornes, abandonner tout espoir de vaincre six jours seulement après le début de l'offensive allemande [4] ; une semaine plus tard, il a été forcé d'admettre que le général Billotte « s'était montré singulièrement inefficace [5] », puis il a commencé à s'inquiéter de l'« inexplicable manque de maîtrise du général Blanchard [6] » ; au début de juin, il a été scandalisé par l'attitude de l'amiral Abrial à Dunkerque, il s'est fait une piètre opinion du général Vuillemin, commandant en chef de l'aviation française, et il a été très frappé par le pessimisme et l'incompréhension dont fait preuve le général Weygand, nouveau généralissime des armées françaises ; le vieux maréchal Pétain lui est apparu comme l'incarnation du défaitisme, et même Paul Reynaud semble avoir perdu courage, même s'il demande sans cesse qu'on lui envoie davantage de soldats et d'aviateurs britanniques. Le 6 juin au matin, Churchill téléphone au général Spears, qui est son officier de liaison et son représentant personnel auprès du commandement français : « Est-ce qu'il existe un véritable plan de bataille ? » demande-t-il. « Que feront les Français si leurs lignes sont enfoncées ? Le projet de réduit breton est-il sérieux ? Existe-t-il une autre solution ? » Et le général Spears notera : « De toute évidence, sa confiance dans le commandement français était très ébranlée [...]. Il était visiblement déçu, perplexe et plutôt mécontent [7]. » La veille, Churchill a écrit au Premier ministre canadien MacKenzie King : « Je ne sais pas s'il sera possible de maintenir la France dans la guerre [8]. »

Le 5 juin, à la faveur de la dégradation de la situation militaire, Paul Reynaud parvient à remanier son gouvernement — et à en écarter M. Daladier. A son quartier général près de Beauvais, le général de Gaulle est de plus en plus convaincu que si cette guerre est perdue, une autre guerre peut être gagnée à partir de l'Empire français. Au matin du 6 juin, il apprend que Paul Reynaud vient de le nommer sous-secrétaire d'État à la Défense nationale, et le convoque à Paris. Le Général se met en route sur l'heure.

Cet après-midi-là, rue Saint-Dominique, de Gaulle a un long entretien avec Paul Reynaud, à qui il expose ses conceptions sur la conduite de la guerre : « Sans renoncer à combattre sur le sol de l'Europe aussi longtemps que possible, il faut décider et préparer la continuation de la lutte dans l'Empire. Cela implique une politique adéquate : transport des moyens vers l'Afrique du Nord, choix de chefs qualifiés pour diriger les opérations, maintien de rapports étroits avec les Anglais, quelque grief que nous puissions avoir à leur égard. Je vous propose de m'occuper des mesures à prendre en conséquence [9]. »

Paul Reynaud donne son accord, évoque la possibilité d'une résistance en Bretagne, puis dit au Général : « Je vous demande d'aller à Londres au plus tôt. Au cours des entretiens que j'ai eus, les 26 et 31 mai, avec le gouvernement britannique, j'ai pu lui donner l'impression que nous n'excluions pas la perspective d'un armistice. Mais, à présent, il s'agit, au contraire, de convaincre les Anglais que nous tiendrons, quoi qu'il arrive, même outre-mer s'il le faut. Vous verrez M. Churchill et vous lui direz que le remaniement de mon cabinet et votre présence auprès de moi sont les marques de notre résolution [10]. » De Gaulle devra également essayer d'obtenir du Premier ministre une participation accrue de la RAF aux opérations en France. Il demandera enfin des précisions quant aux délais nécessaires pour rééquiper les unités britanniques échappées de Dunkerque, et les engager de nouveau sur le continent [11]. « J'étais heureux, écrira Paul Reynaud, de montrer aux Anglais un général à l'esprit offensif [12]. »

Au matin du 9 juin, le général de Gaulle s'envole donc pour Londres, accompagné de son aide de camp, Geoffroy de Courcel, et de M. Roland de Margerie, chef du cabinet diplomatique du président du Conseil. Dès leur arrivée à Londres, les trois hommes sont conduits au 10, Downing Street. C'est là que le général de Gaulle rencontre pour la première fois Winston Churchill.

Le personnage que Churchill a devant lui ce matin-là ne ressemble en rien aux officiers français qu'il a connus dans le passé. Mais l'homme ne lui est pas tout à fait inconnu ; Churchill se souvient sans doute du colonel de Gaulle, dont Paul Reynaud lui avait dit en mars 1938 qu'il « avait écrit un livre très critiqué sur la puissance offensive des véhicules blindés modernes [13] ». En outre, le Premier ministre a certainement été informé des récents exploits accomplis par le Général à la tête de ses blindés ; car Churchill suit de très près l'évolution de la bataille de France, et la nouvelle d'un succès au milieu de tous les communiqués de défaite n'a pas pu échapper à son attention. Enfin, le *Times* a publié deux jours plus tôt un article sur le nouveau sous-secrétaire d'État à la Défense nationale : « Assez agressivement " de droite ", homme de théories, apôtre presque fanatique de l'utilisation massive des engins blindés, il est également méthodique et lucide. C'est un homme d'action autant qu'un homme d'abstraction [14]. »

Il y a autant d'éléments concrets que d'abstractions dans les propos que tient ce jour-là le général de Gaulle à M. Churchill. Le gouvernement français, déclare-t-il, est décidé à poursuivre la lutte, à partir de l'Afrique s'il le faut. Churchill accueille ces paroles avec satisfaction, mais ajoute qu'il ne croit plus à la possibilité d'une victoire en France. Une division canadienne sera néanmoins envoyée en Normandie, et la 51ᵉ division écossaise restera en France, de même que les débris de la brigade mécanique qui a participé aux récents combats. Mais le Premier ministre ne peut indiquer à quel moment les unités britanniques rescapées de Dunkerque pourront retourner à la bataille [15], et surtout, il refuse catégoriquement d'envoyer en France de nouvelles escadrilles de chasse.

Il est clair que le général de Gaulle est très déçu par les résultats de cette première entrevue ; Churchill a visiblement perdu tout espoir de voir l'armée française l'emporter sur l'envahisseur. Par contre, de Gaulle a été très frappé par la personnalité du Premier ministre. « L'impression que j'en ressentis, écrira-t-il, m'affermit dans ma conviction que la Grande-Bretagne, conduite par un pareil lutteur, ne fléchirait certainement pas. M. Churchill me parut être de plain-pied avec la tâche la plus rude, pourvu qu'elle fût aussi grandiose. L'assurance de son jugement, sa grande culture, la connaissance qu'il avait de la plupart des sujets, des pays, des hommes, qui se trouvaient en cause, enfin sa passion pour les problèmes propres à la guerre, s'y déployaient à leur aise. Par-dessus tout, il était, de par son caractère, fait pour agir, risquer, jouer le rôle, très carrément et sans scrupule. Bref, je le trouvai bien assis à sa place de guide et de chef. Telles furent mes premières impressions [16]. »

Si l'on en croit l'ambassadeur Corbin, qui le tient « de sources proches du Premier ministre », de Gaulle a également produit une impression très favorable sur Churchill [17]. C'est en effet très vraisemblable ; contrairement à tous les officiers supérieurs français que le Premier ministre a rencontrés au mois de mai, de Gaulle fait preuve d'un étonnant sang-froid et d'une imperturbabilité totale. De plus, il n'a même pas évoqué la possibilité d'une défaite ou d'un armistice. Il n'a parlé que de continuer la guerre par tous les moyens possibles, en Bretagne, dans le Massif central, sur la ligne Maginot, dans l'Empire même si nécessaire.

Pourtant, de Gaulle occupe une position subordonnée ; il a parlé au nom de Paul Reynaud, et Churchill sait que le président du Conseil français oscille constamment entre la fermeté et l'irrésolution. Il sait aussi, par ses conversations téléphoniques avec le général Spears et les rapports de son ambassadeur, que le défaitisme fait des ravages au sein du gouvernement français, et la détérioration constante de la situation militaire ne peut que le favoriser ; l'ennemi vient d'atteindre la Seine en aval de Paris, et menace à présent la capitale ; le lendemain 10 juin, Mussolini déclare la guerre à la France. Churchill décide de se rendre à Paris cet après-midi-là pour une nouvelle réunion du Conseil suprême. Le fait que la capitale soit menacée par l'ennemi ne suffirait pas à l'en dissuader, mais on apprend presque aussitôt que le gouvernement français lui-même évacue la capitale, et que le quartier général des forces françaises s'installe à Briare. Churchill décide donc de se rendre à Briare dans l'après-midi du 11 juin, pour tenter de faire partager sa détermination aux dirigeants français.

Au cours de l'après-midi du 10 juin, alors qu'ils s'apprêtent à évacuer la capitale, Paul Reynaud et le général de Gaulle ont une entrevue orageuse avec le général Weygand, qui s'est déclaré fermement en faveur d'une capitulation. A minuit, de Gaulle et

Reynaud partent en voiture pour Orléans ; ils y parviennent à l'aube du 11 juin, et apprennent à leur grande surprise que Winston Churchill doit atterrir à Briare cet après-midi-là. Tous deux en déduisent que le général Weygand a invité le Premier ministre de sa propre autorité, et ils sont outrés ; Paul Reynaud décide sur-le-champ de faire remplacer le commandant en chef, et de Gaulle va rendre visite au général Huntziger, considéré comme un successeur possible [18]. Il rejoindra ensuite le président du Conseil à Briare, plus exactement au château du Muguet, où doit se tenir la réunion improvisée avec les Britanniques.

Cet après-midi-là, Churchill, accompagné par Eden, le général Ismay et le général John Dill, chef de l'état-major général, atterrit sur un petit aérodrome près de Briare. « Il y avait là quelques Français, écrira Churchill, et un colonel arriva bientôt en voiture. J'arborais l'air confiant et la mine souriante que l'on estime être de rigueur lorsque les choses vont très mal, mais l'officier était sombre et peu sensible à mes efforts. Je compris immédiatement à quel point la situation s'était aggravée depuis notre dernier séjour à Paris une semaine auparavant. Peu après, on nous conduisit au château où nous trouvâmes M. Reynaud, le maréchal Pétain, le général Weygand et le général d'aviation Vuillemin, ainsi que quelques autres dont le général de Gaulle, qui venait d'être nommé sous-secrétaire d'État à la Défense nationale. Le train du quartier général se trouvait tout près de là, et quelques membres de notre délégation y furent logés. Le château n'avait qu'un seul téléphone, qui se trouvait dans le cabinet de toilette. Il fonctionna sans arrêt, non sans de longues attentes et d'interminables répétitions qu'il fallait hurler [19]. »

La conférence débute à 19 heures, et après quelques échanges de politesses, Churchill prend la parole : « M. Winston Churchill déclare qu'il a tenu à se rendre en France pour étudier la situation militaire et les meilleurs plans possibles pour assurer la continuation de la lutte. Cette lutte, la Grande-Bretagne la continuera dans tous les cas et rien ne l'arrêtera. Il espère qu'une attaque allemande se produira contre le Royaume-Uni, entraînant ainsi une stabilisation sur le front français. En toute hypothèse, et quels que soient les dommages que l'Allemagne accomplira dans les îles Britanniques, le gouvernement reste confiant dans l'avenir et résolu à continuer. Il se préoccupe de rééquiper ses armées. Dès maintenant, l'Angleterre envoie de nouvelles troupes en France. Une division d'infanterie se trouve déployée dans les environs du Mans. Les Canadiens qui débarquent cette nuit sont d'excellentes troupes, très bien armées, nanties de 72 canons. Ainsi les forces anglaises se trouveront portées à 4 divisions. [...] De plus, nous pouvons compter sur la 1ʳᵉ division de chasseurs qui arrive de Narvik sans avoir subi de pertes, accompagnée de quelques bataillons de la Légion étrangère et de chasseurs polonais. Ces unités seront employées où le commandement français le voudra. Si l'armée française peut tenir jusqu'au printemps 1941, ce seront de 20 à 25 divisions britanniques qui se trouveront de nouveau à sa disposition, utilisables où on voudra, en des têtes de pont continentales, par exemple [20]. »

Paul Reynaud remercie le Premier ministre, puis demande au général Weygand d'exposer la situation militaire. Le généralissime s'exécute, et brosse un tableau assez effrayant ; l'attaquant, dit-il, est trois fois supérieur en nombre aux forces françaises, les dernières lignes de défense sur la basse Seine, l'Oise, l'Ourcq et la Marne ont déjà été attaquées, et même dépassées par endroits. Les hommes sont littéralement épuisés et tombent endormis sur leurs positions. On se trouve sur une véritable lame de couteau, sans savoir de quel côté l'on peut tomber. Il n'y a plus un seul bataillon en réserve, et on ne peut garantir que les lignes tiendront encore demain. L'armée française, conclut le généralissime, se bat sans aucune défaillance. Mais elle est dominée par un armement supérieur. « C'est bien légèrement que l'on est entré en guerre en 1939, sans se douter de la puissance de l'armement allemand [21]. »

Churchill avait exprimé le désir d'entendre l'avis de son vieil ami le général Georges ; Weygand le fait venir, et Georges ne fait que confirmer les paroles du généralissime : les armées du nord-est ont perdu plus du tiers de leurs divisions, ainsi que toute la cavalerie mécanisée et une bonne partie des divisions cuirassées. Il n'y a plus de renforts, et on se trouve « littéralement sur une corde raide », à la merci d'une attaque déterminée de l'ennemi sur un point quelconque du dispositif [22].

Churchill a la plus grande confiance dans le général Georges, et il a été très frappé par le pessimisme de son exposé. Mais le Premier ministre est venu pour galvaniser l'énergie des dirigeants français, et il ne se décourage pas si facilement. Au cours des deux heures qui suivent, il va trouver toute une série d'arguments en faveur de la résistance. « Au cours de la dernière guerre, il y a eu aussi des moments où tout semblait perdu » ; « Les armées allemandes doivent être épuisées, elles aussi, et leur pression pourrait diminuer d'ici 48 heures [23] » ; « Il serait peut-être possible de préparer une contre-attaque britannique dans la région de Rouen » ; « Si l'on parvient à gagner quelques semaines, de nombreuses troupes britanniques pourront être envoyées par Cherbourg » ; « Si la capitale est défendue maison par maison, elle pourra immobiliser de très nombreuses divisions ennemies » ; « Qu'en est-il de la guerre de guérilla ? » ; « Il y a certainement un moyen efficace de lutter contre les tanks » [24], etc. A un moment donné, le général Weygand l'interrompt pour lui demander ce qu'il ferait si les Allemands parvenaient à envahir l'Angleterre. Churchill répond qu'il « n'a pas examiné la question de très près », mais qu'« en gros il se proposerait d'en couler le plus possible pendant leur traversée, puis de *frapper sur la tête* ceux qui parviendraient à se traîner à terre [25] ». Du reste, « la RAF ne manquera pas de briser l'attaque de l'aviation allemande dès qu'elle se déclenchera », mais « quoi qu'il arrive, nous continuerons le combat, toujours, *all the time, everywhere*, partout, pas de grâce, *no mercy*. Puis la victoire [26] ! ». Et M. Eden écrira : « Churchill, emporté par son élan, se met à parler français. A la fin d'une de ces tirades, Reynaud murmure distraitement : " Traduction [27]. " »

Au fond, peu importe ; ce serait une prestation extraordinaire en n'importe quelle langue, et personne ne peut se méprendre sur le sens des paroles du Premier ministre. Mais à son grand dépit, Weygand, Pétain, Georges et même Reynaud soulèvent toutes sortes d'objections : l'armée française n'a plus aucune réserve ; il ne saurait y avoir aucune comparaison entre cette guerre et la précédente, il faudrait que les escadrilles de la RAF soient basées en France pour être efficaces, le projet de réduit breton est illusoire parce qu'il n'y a là-bas ni fortifications ni ressources ; il n'est pas question de résister dans Paris ; quant à une guerre de guérilla, elle entraînerait la dévastation du pays [28]. Mais Weygand et Reynaud n'en demandent pas moins que toutes les escadrilles britanniques soient immédiatement lancées dans la bataille. « Voilà le point crucial, dit Weygand, car nous en sommes au moment décisif. C'est donc une erreur de conserver une seule escadrille en Grande-Bretagne. » Mais Churchill répond aussitôt : « Ce n'est pas le point crucial, et ce n'est pas non plus le moment décisif. Ce moment arrivera lorsque Hitler lancera sa *Luftwaffe* contre la Grande-Bretagne. Si à ce moment-là nous réussissons à conserver la maîtrise du ciel et à garder ouvertes les routes maritimes — et nous y parviendrons certainement — alors nous regagnerons pour vous tout ce qui a été perdu. » Peu avant son départ pour Briare, Churchill avait été prévenu par le maréchal de l'Air Dowding, commandant en chef de la chasse britannique, que la défense aérienne de la Grande-Bretagne serait compromise si de nouvelles escadrilles étaient envoyées en

France. Les vingt-cinq escadrilles basées en Grande-Bretagne constituent donc un minimum vital, et Churchill refuse catégoriquement de céder aux injonctions de ses interlocuteurs français.

Lorsque la conférence se termine, Churchill n'est visiblement pas satisfait ; il n'a pas réussi à dissiper le défaitisme ambiant, et le général Georges lui a même dit au cours d'un bref entretien que l'armée française avait presque cessé d'exister et qu'à son avis, l'armistice était inévitable [29]. Le sort de la flotte française préoccupe également au plus haut point le Premier ministre, même si l'amiral Darlan lui a promis solennellement qu'elle ne serait jamais livrée à l'Allemagne. De Gaulle, lui aussi, est terriblement déçu par les résultats de cette conférence où l'on n'a pas évoqué une seule fois la perspective de continuer la lutte à partir de l'Afrique du Nord. Pourtant, la prestation magistrale de Churchill a forcé son admiration, et éveillé ses soupçons : « M. Churchill, écrira-t-il, parut imperturbable, plein de ressort, mais se tenant vis-à-vis des Français aux abois sur une cordiale réserve, saisi déjà, et non peut-être sans une obscure satisfaction, par la perspective terrible et magnifique d'une Angleterre laissée seule dans son île et que lui-même aurait à conduire dans l'effort vers le salut [30]. »

Quant à Churchill, il a remarqué la présence du Général dès son entrée dans la salle [31], et a tourné les yeux vers lui à plusieurs reprises au cours de la conférence. « Le Premier ministre, notera Spears, semblait chercher quelque chose qu'il n'avait pu trouver sur les visages des autres Français. Le fait qu'il ait recommencé plusieurs fois à étudier l'expression du général de Gaulle m'a fait penser qu'il y avait trouvé ce qu'il cherchait. » En fait, de Gaulle a dû apparaître à Churchill tel que le général Spears le décrira ce jour-là : « Seul de ses compatriotes, il fait montre d'un flegme tranquille, comparable à celui des Britanniques. Un homme étrange d'aspect, immensément grand ; assis à cette table, il domine tout le monde, comme lorsqu'il est entré. Pas de menton, un long nez pendant, un peu éléphantesque, une moustache très courte qui ne fait qu'une ombre au-dessus d'une petite bouche dont les lèvres épaisses ont tendance à faire une légère moue avant de parler, un front haut, un peu fuyant, un crâne pointu surmonté de cheveux noirs assez rares plaqués en une raie impeccable. Sous leurs paupières lourdes les yeux sont très rusés. Lorsqu'il est sur le point de parler, sa tête oscille légèrement en un mouvement de pendule, pendant qu'il cherche ses mots [32]. »

En fait, de Gaulle n'est intervenu qu'une fois au cours des débats, pour évoquer une question technique ayant trait à l'emploi des blindés légers. Mais lors du dîner qui suit la conférence, de Gaulle — sans doute sur instruction de Paul Reynaud — a été placé à côté de Churchill [33], et les propos qu'ils échangent ne laissent aucune place au défaitisme ; de Gaulle, lui, se prononce nettement en faveur de la guérilla [34], et tous deux s'accordent pour dire qu'il ne saurait être question de capituler. « Notre conversation, notera le Général, fortifia la confiance que j'avais dans sa volonté. Lui-même en retint, sans doute, que de Gaulle, bien que démuni, n'était pas moins résolu [35]. »

En effet, Churchill écrira dans ses *Mémoires* : « Le général de Gaulle [...] était un homme jeune et énergique et il m'avait fait une impression très favorable [36]. » De retour à Londres dans l'après-midi du 12 juin, Churchill écrit au président Roosevelt pour lui décrire la situation : « La nuit dernière et ce matin, je me trouvais au quartier général français, où les généraux Weygand et Georges m'ont exposé toute la gravité de la situation [...]. La question est de savoir ce qui se passera si le front français est percé, si Paris est pris, et si le général Weygand fait savoir officiellement à son gouvernement que la France ne peut plus poursuivre ce qu'il appelle " une résistance organisée ". Je crains que le vieux maréchal Pétain ne s'apprête à engager son nom et son prestige afin d'obtenir un traité de paix pour la France. Reynaud, lui, est partisan de continuer la lutte, et il est secondé par un certain général de Gaulle, qui est jeune et pense que l'on peut faire beaucoup. [...] Le moment est donc venu pour vous de renforcer la position de Paul Reynaud autant que vous le pouvez, afin de faire pencher la balance en faveur d'une résistance française aussi acharnée et aussi prolongée que possible [37]. »

De toute évidence, Churchill espère amener le Président à engager dans la bataille tout le poids de son prestige, au moment où le commandement militaire français commence visiblement à vaciller. D'ailleurs, tout ce qui serait de nature à renforcer le moral des Français lui semble devoir être tenté. Avant de quitter Briare, il a dit à Paul Reynaud : « Au cas où la situation prendrait un tour entièrement nouveau, je dois vous demander d'informer le gouvernement britannique avant de prendre toute décision pouvant affecter le rôle de la France au cours de la seconde phase de cette guerre. Les membres du gouvernement britannique se rendront immédiatement à tout endroit que vous voudrez bien leur indiquer afin d'examiner cette nouvelle situation avec leurs homologues français [38]. » On comprend aisément ce que M. Churchill entend par « une nouvelle situation » ; celle-ci va d'ailleurs se présenter beaucoup plus tôt qu'il ne le croit.

Dans l'après-midi du 12 juin, Paul Reynaud se rend à Cangé, où doit se tenir le Conseil des ministres. La réunion débute à 19 heures, et prend la forme d'un débat assez confus, au cours duquel Weygand, appuyé par le maréchal Pétain, insiste pour que l'on demande immédiatement l'armistice ; Paul Reynaud, lui, est partisan de continuer la lutte en Afrique du Nord, et il semble avoir le soutien de la majorité du gouvernement. Après tout, il a bien été décidé lors du Conseil suprême du 28 mars que la Grande-Bretagne et la France ne négocieraient pas d'armistice ni de paix séparés sans s'être consultées et mises d'accord au préalable. Malgré cela, plusieurs ministres hésitent à se prononcer, et Paul Reynaud propose en fin de compte que l'on demande à M. Churchill de revenir en France le lendemain, afin qu'il puisse exposer ses vues sur la question. Cette proposition est acceptée [39]. Il s'ensuit un débat plus confus encore sur la question de savoir si le gouvernement doit se replier sur le « réduit breton », et l'on se sépare sans prendre de décision.

Au matin du 13 juin, Winston Churchill reçoit le message de Paul Reynaud l'invitant à se rendre à Tours, où le gouvernement s'est maintenant replié. A 11 heures du matin, le Premier ministre est déjà parti pour la France à bord de son Flamingo jaune, escorté de douze chasseurs *Hurricane*. Il est accompagné par lord Beaverbrook, lord Halifax, le général Ismay et sir Alexander Cadogan, le sous-secrétaire d'État aux Affaires étrangères. C'est la cinquième fois que Churchill se rend en France depuis le 10 mai. « Arrivés au-dessous de Tours, écrira-t-il, nous nous aperçûmes que l'aérodrome avait été soumis la nuit précédente à un violent bombardement, mais notre appareil et toute notre escorte purent atterrir en douceur malgré les cratères de bombes. Nous sentîmes d'emblée que la situation s'était encore dégradée. Personne ne vint à notre rencontre, personne ne semblait nous attendre. Nous empruntâmes une voiture de service au commandant de la base et entrâmes dans la ville, nous dirigeant vers la Préfecture où, disait-on, le gouvernement français s'était installé [40]. »

Après un long moment, Paul Reynaud arrive également à la Préfecture, et la conférence peut débuter. Le sous-secrétaire des Affaires étrangères Paul Baudouin est le seul autre Français présent, mais il sera bientôt rejoint par Roland de Margerie. Du côté anglais, le général Spears s'est joint aux cinq personnalités présentes. Paul Reynaud ouvre le débat et, à la stupéfaction de ses interlocuteurs britanniques, il déclare qu'« au Conseil des ministres qui s'est tenu le soir précédent, le général Weygand a dit que la situation de l'armée française était désespérée et qu'il fallait demander immédiatement un armistice ». « La majorité des ministres, ajoute M. Reynaud, a repoussé ce point de vue [...] mais si Paris tombe, ce qui semble inévitable, la question devra être soulevée à nouveau [41]. » Le président du Conseil lit ensuite le texte de la lettre qu'il a adressée au président Roosevelt le 10 juin, et il déclare qu'il a l'intention d'en envoyer une seconde, plus pressante encore. « Si la réponse de Roosevelt ne contient pas l'assurance d'une aide immédiate, poursuit-il, le gouvernement ne continuera pas le combat. [...] L'armistice ou la paix constitueront alors la seule alternative [42]. »

Les Britanniques écoutent, abasourdis, sans parvenir à comprendre clairement si Paul Reynaud exprime son opinion ou celle de son gouvernement. Le président du Conseil ne leur facilite pas la tâche lorsqu'il ajoute : « Le gouvernement n'a pas perdu de vue le fait qu'un engagement solennel a été conclu, interdisant toute paix séparée. Mais quelle est l'attitude du gouvernement britannique en face de la situation présente ? La France, comme le disait le général Weygand, a été complètement sacrifiée. Il ne lui reste rien. Devant cette évidence simple et terrible, ce serait une affreuse déception pour le gouvernement et le peuple français si la Grande-Bretagne se refusait à comprendre et à admettre que la France est physiquement incapable de continuer. Est-ce qu'on s'attend à ce qu'elle continue à se battre, si le seul résultat serait de livrer sa population au despotisme allemand et à la corruption nazie ? Doit-elle être abandonnée aux mains de spécialistes de l'écrasement des populations conquises ? La Grande-Bretagne comprendra-t-elle la véritable position dans laquelle se trouve maintenant la France [43] ? »

Paul Reynaud est-il vraiment en train de demander aux Anglais de délier la France de ses engagements du 28 mars ? Si l'on se souvient des propos qu'il a tenus la veille sur la poursuite de la lutte en Afrique du Nord, c'est là une volte-face stupéfiante. Mais aucun des interlocuteurs présents ne se méprend sur le sens de la question posée par le président du Conseil. Paul Baudouin notera que Reynaud a déclaré : « Il est maintenant matériellement impossible de continuer cette lutte. La Grande-Bretagne accepterait-elle de délier la France de son engagement [44] ? » Paul Baudouin, étant partisan de la capitulation, a tout intérêt à produire cette version des paroles de Reynaud. Seulement, toutes les personnalités britanniques présentes ont entendu la même chose ; le général Ismay écrit : « Paul

Reynaud [...] demande que la Grande-Bretagne relève la France de son engagement, eu égard aux sacrifices qu'elle a consentis et au caractère désespéré de sa situation [45]. » De même, sir Alexander Cadogan : « [Reynaud] a dit que l'armée française était brisée, et nous a demandé de le libérer de l'engagement de ne pas conclure de paix séparée [46]. » Quant à Churchill, il notera : « Reynaud nous a demandé si, en considération des sacrifices et des souffrances consentis par la France, nous accepterions de la relever de son engagement de ne pas conclure de paix séparée [47]. »

Il est extrêmement pénible au Premier ministre de répondre à une telle question. Lui, le grand ami de la France, vient de s'entendre dire que les intérêts de son pays et ceux de la France ont cessé de coïncider ; cela, il n'arrive pas à l'accepter : « Je comprends pleinement, commence-t-il, ce que la France a enduré et ce qu'elle continue de subir. J'en suis profondément ému, et ne sous-estime pas les terribles malheurs qui l'accablent. Le tour de l'Angleterre viendra bientôt, et elle est prête. [...] Si notre armée n'avait pas été détruite dans le nord, vous auriez peut-être pu résister, car nous aurions alors joué un rôle important dans la bataille défensive qui a commencé le 5 juin. Mais nous ne pouvons pas être à vos côtés à cause des revers que nous avons subis, pour avoir accepté la stratégie du haut commandement dans le nord. » Puis son ton change : « Le peuple britannique n'a pas encore subi l'impact de l'attaque allemande, mais il n'en mésestime pas la force. Cela ne le décourage aucunement. Loin d'être effrayé, il est impatient de donner une correction à Hitler. Il n'a qu'une pensée : gagner la guerre et détruire l'hitlérisme. »

« Winston, écrit le général Spears, s'emballe peu à peu, ses yeux lancent des éclairs, ses poings sont serrés comme s'ils tenaient le manche d'une lourde épée. Le tableau qu'il évoque le fait littéralement bafouiller de rage. " Nous devons nous battre, nous nous battrons, et c'est pourquoi nous devons demander à nos amis de poursuivre la lutte [48]. " » Une courte pause, puis : « Il faut nous donner du temps. Nous vous demandons de continuer à lutter aussi longtemps que possible, sinon dans Paris, du moins derrière Paris, en province ou dans l'Empire. Nous pensons qu'une telle résistance pourrait durer très longtemps, surtout si la France peut compter sur une promesse américaine de soutien. Il est possible, cependant, que Hitler soit pour quelque temps le maître absolu des peuples de l'Europe, mais cela ne durera pas, cela ne saurait durer. Toutes ses victoires n'ébranleront pas les forces naturelles de toutes les nations, grandes ou petites, qui peuvent se trouver passagèrement sous son joug. Si la France, avec sa marine magnifique, avec son Empire, avec ce qui reste de son armée, mène contre l'Allemagne la grande guérilla, la guerre des communications, si la lutte continue, si l'Allemagne échoue dans cette destruction de l'Angleterre qui lui est indispensable, si elle est repoussée dans deux ou trois mois, si le pouvoir de son arme aérienne à cette époque est affaibli, brisé, dompté, alors, après des mois de souffrance, viendra le moment où le régime hitlérien tremblera. Surtout si les États-Unis donnent une forme plus directe à l'aide qu'ils portent aux Alliés et s'ils se décident à déclarer la guerre à l'Allemagne, il est bien possible que le moment de la victoire ne soit pas si éloigné qu'il semble aujourd'hui. Quoi qu'il arrive, le gouvernement britannique entend continuer la guerre ; nous sommes convaincus que nous briserons Hitler et son régime ; nous ne changerons pas nos buts de guerre ; nous poursuivrons toujours la destruction de ce système ; nous n'écouterons aucune proposition de paix qui viendra de lui. Autrement, ce serait de nouveau Munich, puis l'occupation de Prague. Non, la guerre continuera, elle ne peut finir que par notre disparition ou notre victoire [49]. »

« Winston se tait, écrit le général Spears, puis, regardant Reynaud droit dans les yeux, il ajoute : " Voilà ma réponse à votre question [50]. " »

Paul Reynaud fait alors remarquer que le Premier ministre n'a pas vraiment répondu à sa question : « Dans la question que j'ai posée tout à l'heure, je n'ai pas demandé ce que ferait l'Angleterre : M. Winston Churchill m'a toujours dit que jamais il ne céderait et que la résolution du peuple britannique était indomptable, et je suis convaincu, pour ma part, que ce peuple ne cédera pas avant d'avoir connu des souffrances égales à celles que connaît actuellement le peuple français. Mais ce que j'ai demandé, c'est ceci : si un gouvernement français (qui ne comporterait pas ma personne) venait dire au gouvernement britannique : " Nous savons que vous allez continuer la guerre, et, si nous pensions qu'avec le temps, nous aurions une chance de refaire la France, nous serions à vos côtés pour continuer la lutte [...] mais les États-Unis ne peuvent pas prendre position maintenant, de longs mois avant l'élection présidentielle, et aussi, M. Roosevelt peut mourir. S'il est donc tout naturel que la Grande-Bretagne continue, étant donné que, jusqu'ici, elle n'a pas beaucoup souffert, nous, gouvernement français, nous ne pensons pas que nous puissions abandonner notre peuple sans lui faire au moins entrevoir une lumière au fond du tunnel, et nous ne voyons pas cette lumière. Nous nous trouvons, alors, en présence de ce cas de conscience : devons-nous continuer sans espoir et devons-nous quitter la terre de France ? (Car il est trop tard, maintenant, pour organiser le réduit breton et le gouvernement français ne pourrait s'y maintenir.) Une fois l'armée française hors de combat, nous n'aurions plus le moyen d'empêcher les Allemands d'occuper la totalité du territoire et ce serait très grave, car Hitler pourrait, alors, créer en France un pouvoir à prétentions légales et le pays se trouverait livré à la propagande la plus perfide. Si un gouvernement français hypothétique, raisonnant comme je viens de le faire, jugeait n'avoir pas le droit d'abandonner ainsi la France à l'Allemagne, alors le gouvernement britannique n'estimerait-il pas que la France, qui aura sacrifié le meilleur et le plus beau de sa jeunesse, serait justifiée à conserver le bénéfice de la solidarité franco-britannique, tout en étant autorisée par l'Angleterre à faire une paix séparée ? " Voilà la question que j'ai posée [51]. »

M. Churchill se met donc en devoir d'expliquer les choses plus clairement encore : « En aucun cas la Grande-Bretagne ne perdra son temps en reproches et en récriminations. Mais cela ne veut absolument pas dire qu'elle consentirait à une paix établie en violation de l'accord si récemment conclu. » Puis il ajoute, sans doute pour atténuer la rigueur de ses propos : « Nous pensons que la première chose à faire est d'exposer au président Roosevelt la situation telle qu'elle est actuellement, et de voir ensuite quelle sera sa réponse [...]. Avant donc de nous poser des questions décisives, il faut en appeler à Roosevelt. Le gouvernement français s'en chargera et nous l'appuierons par télégramme. C'est la première chose à faire avant de répondre à la question si grave qui a été posée par M. Paul Reynaud [52]. » Et le Premier ministre conclut, avec des larmes dans les yeux : « J'ai déjà dit que nous nous abstiendrons de faire des reproches et des récriminations. La cause de la France nous sera toujours chère, et si nous gagnons la guerre, nous la rétablirons dans toute sa puissance et sa grandeur. Mais on ne saurait pour autant demander à la Grande-Bretagne de renoncer à l'engagement solennel qui lie les deux pays. »

« Il se tait, écrit Spears, mais continue de fixer Reynaud d'un air très dur, attendant sa réponse [53]. »

Paul Reynaud n'insiste pas. Il parle longuement de la nécessité d'une intervention américaine ; il s'ensuit un débat prolongé et assez insignifiant, mais Churchill, pour renforcer ses arguments, prévient ses interlocuteurs que si la France est occupée par l'Allemagne, elle ne sera pas épargnée par le blocus britannique. Quant à

Paul Reynaud, il n'évoque pas une seule fois la possibilité d'une poursuite de la lutte en Afrique du Nord...

Enfin, Churchill exprime le désir de s'entretenir avec ses collègues. « *Dans le jardin* », précise-t-il. On suspend donc la séance, et tous les Britanniques quittent la salle. C'est pendant cette interruption de séance que le général de Gaulle arrive à la Préfecture.

De Gaulle a passé la journée du 12 juin au château de Beauvais, où il travaille avec le général Colson au plan de transport en Afrique du Nord. Tard dans la soirée, il est allé voir Paul Reynaud, et il a soulevé de nouveau la question de l'Afrique du Nord. Les deux hommes se sont revus le lendemain matin, alors que Paul Reynaud, sans doute sous l'influence de sa maîtresse, Mme de Portes, et de Paul Baudouin, décidait de transférer le siège du gouvernement à Bordeaux. De Gaulle a insisté pour que Paul Reynaud donne au moins au commandant en chef l'ordre de préparer le repli sur l'Afrique du Nord, et vers midi, le président du Conseil s'est exécuté. Mais pas plus dans la soirée du 12 juin que le lendemain matin, Paul Reynaud n'a dit au général de Gaulle qu'une autre conférence avec Churchill allait se tenir cet après-midi-là. Pourtant, le Général en sera informé *in extremis* :

« J'étais à Beauvais au début de l'après-midi, écrira-t-il, quand M. de Margerie, chef du cabinet diplomatique de M. Paul Reynaud, m'appela au téléphone. " Une conférence va s'ouvrir dans un instant, à la Préfecture de Tours, entre le Président du Conseil et M. W. Churchill qui vient d'arriver avec plusieurs de ses ministres. Je vous en préviens en hâte comme j'en suis moi-même prévenu. Bien que vous ne soyez pas convoqué, je suggère que vous y veniez. Baudouin est à l'œuvre et mon impression n'est pas bonne. " Telle fut la communication de M. de Margerie.

« Je roulai vers Tours, sentant bien tout ce qu'il y avait d'inquiétant dans cette réunion inopinée, dont le président du Conseil, auprès de qui je venais de passer plusieurs heures, n'avait cru devoir me parler. La cour et les couloirs de la Préfecture étaient remplis d'une foule de parlementaires, fonctionnaires, journalistes, accourus aux nouvelles et qui formaient comme le chœur tumultueux d'une tragédie près de son terme. J'entrai dans le bureau où se trouvait M. Paul Reynaud encadré par Baudouin et Margerie. La conférence était suspendue. Mais M. Churchill et ses collègues revenaient tout justement. Margerie m'indiqua rapidement que les ministres britanniques, s'étant concertés dans le parc, allaient donner leur réponse à cette question posée par les Français : " Malgré l'accord du 28 mars 1940, qui exclut toute suspension d'armes séparée, l'Angleterre accepterait-elle que la France demandât à l'ennemi quelles seraient, pour elle-même, les conditions d'un armistice [54] ? " »

Au moment où de Gaulle, assis dans le fauteuil de sir Alexander Cadogan, voit toutes les personnalités britanniques rentrer dans la pièce, il est déjà victime d'une méprise, car les ministres britanniques ne vont *pas* donner de réponse à la question qui leur a été posée. Ainsi que nous l'avons vu, cette réponse a déjà été donnée par M. Churchill lui-même, et elle est très explicite : il n'est pas question de libérer la France de ses engagements. De Gaulle l'ignore, et c'est là qu'est l'origine du malentendu. Dans ses *Mémoires*, le Général décrira la suite en ces termes :

« M. Churchill s'assit. Lord Halifax, lord Beaverbrook, sir Alexander Cadogan, prirent place, ainsi que le général Spears qui les accompagnait. Il y eut un moment de silence écrasant. Le Premier ministre prit la parole en français. D'un ton égal et triste, dodelinant de la tête, cigare à la bouche, il commença par exprimer sa commisération, celle de son gouvernement, celle de son peuple, quant au sort de la nation française. " Nous voyons bien, dit-il, où en est la France. Nous comprenons que vous vous sentiez acculés. Notre amitié pour vous reste intacte. Dans tous les cas, soyez sûrs que l'Angleterre ne se retirera pas de la lutte. Nous nous battrons jusqu'au bout, n'importe comment, n'importe où, même si vous nous laissez seuls. "

« Abordant la perspective d'un armistice entre Français et Allemands, dont je pensais qu'elle le ferait bondir, il exprima, au contraire, une compréhension apitoyée. Mais soudain, passant au sujet de la flotte, il se montra très précis et très rigoureux. De toute évidence, le gouvernement anglais redoutait à tel point de voir livrer aux Allemands la flotte française qu'il inclinait, tandis qu'il en était temps encore, à marchander son renoncement à l'accord du 28 mars contre des garanties quant au sort de nos navires. Telle fut, en fait, la conclusion qui se dégagea de cette affreuse conférence [55]. " »

Pour une fois, le compte rendu que nous donne le général de Gaulle n'est pas du tout exact. D'une part, il n'a pas prêté attention aux premières paroles de Churchill lors de la reprise de la conférence : « Rien dans la conversation que je viens d'avoir avec mes collaborateurs n'a changé nos vues. Lord Halifax et lord Beaverbrook ont donné leur approbation aux déclarations que j'ai faites tout à l'heure, et il y a tout lieu de penser que le Cabinet se rangera à notre opinion [56]. » Le général de Gaulle ne peut savoir que

Churchill fait allusion au refus d'une paix séparée qu'il a exprimé précédemment. Évidemment, le fait que le Premier ministre s'exprime en un mélange typiquement churchillien d'anglais et de français d'écolier, avec un cigare éteint dans la bouche, n'a sans doute pas facilité non plus la compréhension. Mais si M. Churchill a exprimé une « compréhension apitoyée », c'est bien sûr pour les épreuves que traverse la France, et non pas pour la perspective d'un armistice. Enfin, de Gaulle a écrit : « Mais soudain, passant au sujet de la flotte, Churchill se montre très précis et très rigoureux » ; là aussi, il y a une confusion dans l'esprit du Général : M. Churchill n'a pas abordé le problème de la flotte française au cours de cette conférence. Quant à la question d'un marchandage concernant la flotte et l'accord du 28 mars, elle ne se posera que plusieurs jours plus tard, et dans un contexte très différent.

Il est intéressant de remarquer que les préjugés particuliers qui animent les deux hommes ont beaucoup contribué à ce malentendu. Ainsi, l'affection et la compassion de Churchill pour la France ont été interprétées comme une approbation donnée aux défaitistes, et la méfiance tenace du général de Gaulle à l'égard de la Grande-Bretagne lui a fait entrevoir un marchandage là où il n'y en avait pas. Pourtant, quatre ans plus tard, le général de Gaulle dira encore au Premier ministre canadien MacKenzie King : « C'est [...] à ce moment-là que j'ai eu l'impression que la Grande-Bretagne lâcherait la France dès qu'elle se trouverait elle-même menacée [57]. »

La conférence se termine à 17 h 30, après que Churchill a insisté une nouvelle fois sur la nécessité de se mettre en rapport sans délai avec le président Roosevelt. On convient de se retrouver de nouveau dès réception de la réponse du Président, et Churchill ajoute : « Hitler ne peut pas gagner. Attendons avec patience son effondrement [58]. »

De toute évidence, Churchill a été terriblement déçu par l'attitude de Paul Reynaud : le président du Conseil s'est uniquement raccroché à l'espoir d'une aide américaine, et il n'a pas parlé une seule fois de continuer la guerre en Afrique du Nord. Pour Churchill, toutes les phrases solennelles de M. Reynaud ne sauraient dissimuler le fait qu'il a déjà fait un pas vers la capitulation. Dès le début de la conférence, le Premier ministre semble avoir recherché une personnalité énergique parmi ses interlocuteurs français. Lors de l'interruption de séance, dans le jardin de la Préfecture, il a demandé au général Spears ce qu'il pensait du général de Gaulle, et Spears a répondu que c'était un homme « absolument sûr [59] ». Le Premier ministre a sans doute gardé cette idée à l'esprit, si l'on en juge par ce qui va se passer après la conférence : « Alors que je traversais le couloir plein de monde qui menait à la cour, écrira Churchill, je vis le général de Gaulle qui se tenait près de l'entrée, immobile et flegmatique. Le saluant, je lui dis à mi-voix, en français : " L'Homme du Destin ". Il resta impassible [60]. »

L'aide de camp du Général, qui se tient à ses côtés, n'entendra pas ces paroles prophétiques [61]. Et de Gaulle, lui, a-t-il entendu ? « Non, je n'ai pas entendu », dira plus tard le Général. Et il ajoutera : « Vous savez, Churchill, c'est un romantique [62]. » Après tout, Churchill a parlé à mi-voix, et une certaine distance sépare la bouche du Premier ministre de l'oreille du Général. Mais Churchill, étant justement « un romantique », a sans doute vu devant lui le modèle même du héros de légende, celui qui reste simple, réservé, impassible et résolu au milieu de la panique générale. Winston Churchill a souvent pris ses désirs pour des réalités ; il s'est rarement trompé.

A ce moment précis, le général de Gaulle, lui, n'est absolument pas d'humeur romantique, ainsi que le constatera le général Spears : « Alors que je me tenais sur le pas de la porte, de Gaulle apparut. Il me prit à part, et me dit que Baudouin était en train de raconter à qui voulait l'entendre, et notamment aux journalistes, que Churchill avait montré la plus grande compréhension à l'égard de la situation de la France, et qu'il aurait dit (j'ai noté les mots exacts) que l'*Angleterre comprendrait si la France faisait un armistice et une paix séparés*. " Churchill avait-il vraiment dit cela ? " me demanda le général de Gaulle [...]. Je lui affirmai que le Premier ministre n'avait certainement pas fait une telle déclaration à l'issue de la conférence, puisque, au cours de celle-ci, il avait expressément déclaré le contraire. Lorsque l'idée avait été lancée par Paul Reynaud, Churchill avait dit, en français, " Je comprends " (*I understand*) au sens de " Je comprends ce que vous dites " et non pas au sens de " Je suis d'accord ".

— Eh bien, c'est pourtant ce que prétend Baudouin, répond le Général. Il fait courir le bruit que la France est maintenant libérée de ses engagements envers l'Angleterre. C'est regrettable.

— Je vais voir si je peux rattraper le Premier ministre avant qu'il ne prenne son avion, dis-je.

« Après quoi je courus vers ma voiture et me lançai à la poursuite du groupe anglais. A l'aérodrome, tous les avions étaient prêts à décoller ; le spectacle lamentable des hangars détruits et de la piste d'envol défoncée par les bombes apparaissait en toile de fond. Je mis Churchill au courant des déclarations de Baudouin, et il me confirma de la façon la plus catégorique qu'il n'avait jamais donné à personne la moindre indication qui puisse être prise pour un consentement à ce que les Français signent un armistice séparé.

— Quand j'ai dit " je comprends ", cela voulait dire " *I understand* ". *Understand* se dit " comprendre " en français, non ? Eh bien ! Pour une fois que j'emploie le mot juste dans leur langue, il ne faut tout de même pas s'imaginer que je voulais lui donner un sens totalement différent. Dites-leur que mon français n'est tout de même pas si mauvais que cela [63]. »

« Je comprends » ; Churchill a dit cela plusieurs fois au cours de la conférence, afin d'indiquer qu'il comprenait les paroles de Paul Reynaud avant qu'elles ne soient traduites. Paul Baudouin semble avoir fort bien exploité le double sens de ce mot. Quant à de Gaulle, il considère visiblement que l'on a montré beaucoup trop de compréhension dans toute cette affaire.

A la fin de la conférence de Tours, le général de Gaulle est très amer, et il ne s'en cache pas : « J'allai à M. Paul Reynaud et lui demandai, non sans vivacité : "Est-il possible que vous conceviez que la France demande l'armistice ?" — "Certes, non ! me dit-il, mais il faut impressionner les Anglais pour obtenir d'eux un concours plus étendu *." Je ne pouvais, évidemment, tenir cette réponse pour valable. Après qu'on se fut séparé, au milieu du brouhaha, dans la cour de la Préfecture, je rentrai atterré à Beauvais, tandis que le président du Conseil télégraphiait au Président Roosevelt pour l'adjurer d'intervenir, faisant comprendre que, sans cela, tout était pour nous bien perdu [...]. Il me paraissait acquis que tout serait bientôt consommé. De même qu'une place assiégée est bien près de la reddition dès lors que le gouverneur en parle, ainsi la France courait à l'armistice, puisque le chef de son gouvernement l'envisageait officiellement [64]. »

De Gaulle, lui, envisage de démissionner. Mais le ministre de l'Intérieur, Georges Mandel, s'emploie immédiatement à l'en dissuader : « [...] Nous ne sommes qu'au début de la guerre mondiale. Vous aurez de grands devoirs à remplir, Général ! Mais avec l'avantage d'être, au milieu de nous tous, un homme intact. Ne pensez

---

* Il est vrai que lors de la réunion du Cabinet deux heures plus tard, Paul Reynaud se déclarera partisan de poursuivre la lutte. On a beaucoup écrit au sujet de la tactique de Paul Reynaud, qui semble hésitant devant ses alliés britanniques et farouchement résolu devant ses collègues du Cabinet. Quels que soient les mérites de cette attitude ambivalente, il est clair qu'elle n'a réussi ni à encourager les partisans de la résistance ni à décourager les avocats de la capitulation.

qu'à ce qui doit être fait pour la France et songez que, le cas échéant, votre fonction actuelle pourra vous faciliter les choses [65]. » De Gaulle, impressionné, se laisse convaincre.

Le lendemain 14 juin, les Allemands entrent dans Paris, tandis que le gouvernement français poursuit sa retraite vers Bordeaux, où de Gaulle parvient en fin d'après-midi « après un sombre voyage sur la route encombrée par des convois de réfugiés ». Il se rend immédiatement auprès de Paul Reynaud et lui déclare sans ambages : « " Depuis trois jours, je mesure avec quelle vitesse nous roulons vers la capitulation. Je vous ai donné mon modeste concours, mais c'était pour faire la guerre. Je me refuse à me soumettre à un armistice. Si vous restez ici, vous allez être submergé par la défaite. Il faut gagner Alger au plus vite. Y êtes-vous, oui ou non, décidé ? " " Oui ! " répondit M. Paul Reynaud. — " Dans ce cas, repris-je, je dois aller moi-même tout de suite à Londres pour arranger le concours des Anglais à nos transports. J'irai demain. Où vous retrouverai-je ? " Et le président du Conseil : " Vous me retrouverez à Alger [66]. " »

De Gaulle quitte Bordeaux dans la nuit et se dirige vers la Bretagne, où il va passer la journée du 15 juin, à Rennes d'abord, puis à Brest. De là, il part pour l'Angleterre à bord du contre-torpilleur *Milan*. Au cours de la traversée, le Général reste sombre et silencieux, mais à un moment donné, il demande au capitaine du navire : « Seriez-vous prêt à vous battre sous les couleurs britanniques ? » Le capitaine répond par la négative, et de Gaulle ajoute peu après : « Croyez-vous qu'il soit drôle, aujourd'hui, de s'appeler le général de Gaulle [67] ? »

Le Général aurait sans doute été plus sombre encore s'il avait pu savoir qu'entre-temps, Paul Reynaud, tombé de nouveau sous l'influence des défaitistes de son Cabinet, avait envoyé à Churchill un télégramme demandant l'accord du gouvernement britannique à une demande par la France des conditions d'armistice allemandes. Plus encore, Paul Reynaud a laissé entendre qu'il démissionnerait en cas de refus de la part des Britanniques...

Le général de Gaulle atteint Londres à l'aube du 16 juin. Peu après son arrivée au Hyde Park Hotel, il reçoit la visite de Jean Monnet et de l'ambassadeur Corbin ; ceux-ci commencent par l'informer du télégramme envoyé par Paul Reynaud au gouvernement britannique, et ajoutent : « Nous n'avons pas encore connaissance de la réponse que feront les Anglais et qu'ils doivent adresser ce matin. Mais nous pensons qu'ils vont accepter, moyennant des garanties concernant la flotte. On approche donc des derniers moments. D'autant que le Conseil des ministres doit se réunir à Bordeaux dans la journée et que, suivant toute vraisemblance, ce Conseil sera décisif. » Mais MM. Corbin et Monnet ont également une proposition à faire au Général : « Il nous a semblé, déclarent-ils, qu'une sorte de coup de théâtre, jetant dans la situation un élément tout nouveau, serait de nature à changer l'état des esprits et, en tout cas, à renforcer M. Paul Reynaud dans son intention de prendre le chemin d'Alger. Nous avons donc préparé avec sir Robert Vansittart, secrétaire permanent du Foreign Office, un projet qui semble saisissant. Il s'agirait d'une proposition d'union de la France et de l'Angleterre qui serait solennellement adressée par le gouvernement de Londres à celui de Bordeaux. Les deux pays décideraient la fusion de leurs pouvoirs publics, la mise en commun de leurs ressources et de leurs pertes, bref la liaison complète entre leurs destins respectifs. Devant une pareille démarche, faite dans de pareilles circonstances, il est possible que nos ministres veuillent prendre du champ et, tout au moins, différer l'abandon. Mais encore faudrait-il que notre projet fût adopté par le gouvernement britannique. Vous seul pouvez obtenir cela de M. Churchill. Il est prévu que vous déjeunerez tout à l'heure avec lui. Ce sera l'occasion suprême, si toutefois, vous approuvez l'idée [68]. »

De Gaulle examine avec attention le texte qui lui est présenté. Il écrira plus tard dans ses *Mémoires* : « Il m'apparut aussitôt que ce qu'il avait de grandiose excluait, de toute manière, une réalisation rapide. Il sautait aux yeux qu'on ne pouvait, en vertu d'un échange de notes, fondre ensemble, même en principe, l'Angleterre et la France, avec leurs institutions, leurs intérêts, leurs Empires, à supposer que ce fût souhaitable [...]. Mais, dans l'offre que le gouvernement britannique adressait au nôtre, il y aurait une manifestation de solidarité qui pourrait revêtir une réelle signification. Surtout, je pensai, comme MM. Corbin et Monnet, que le projet était de nature à apporter à M. Paul Reynaud, dans la crise ultime où il était plongé, un élément de réconfort et, vis-à-vis de ses ministres, un argument de ténacité. J'accepterai donc de m'employer auprès de M. Churchill pour le lui faire prendre à son compte [69]. » En attendant de rencontrer le Premier ministre, de Gaulle se met en devoir de régler avec les autorités britanniques compétentes la question des transports vers l'Afrique du Nord.

Depuis son retour de France, Churchill n'a nullement renoncé à encourager les Français dans la voie de la résistance. Ainsi, il a donné des ordres pour que les renforts britanniques continuent à débarquer en France, alors que, de toute évidence, la bataille est déjà perdue. Les chefs d'état-major britanniques s'en inquiètent, et le général Ismay demande au Premier ministre : « Faut-il vraiment se presser ? Ne pourrait-on retarder discrètement leur départ ? » Mais Churchill ne veut rien entendre : « Certainement pas. L'histoire nous jugerait très sévèrement si nous devions faire une telle chose [70]. »

Mais le Premier ministre sent bien qu'il faut également aux Français un encouragement moral. Au soir du 13 juin, il a rédigé un message que le Cabinet britannique va envoyer à Paul Reynaud ; il se termine par ces mots : « Nous n'abandonnerons jamais la lutte avant que la France n'ait retrouvé sa sécurité et toute sa grandeur [71]. » Le 13, le 14 et le 15 juin, Churchill envoie également un flot ininterrompu de télégrammes au président Roosevelt, pour lui rappeler que seule la promesse d'un soutien actif des États-Unis pourra encore inciter les Français à résister [72].

Pourtant, l'attention du Premier ministre est de plus en plus monopolisée par les dangers qui menacent les îles Britanniques. Car l'Angleterre est maintenant soumise à des bombardements massifs, ses défenses restent extrêmement faibles, et elles seront bien plus vulnérables encore si la flotte française tombe aux mains des Allemands. Telles sont les préoccupations de Churchill lorsque, le 15 juin, on lui parle pour la première fois du projet d'union franco-britannique.

Churchill, nous le savons, a bien d'autres préoccupations, et pour être francophile, il n'en est pas moins réaliste ; d'après le capitaine Margesson, il a accueilli ce projet avec le plus grand scepticisme [73] — ce que Churchill lui-même confirmera plus tard : « Ma première réaction fut défavorable. Je soulevai de nombreuses objections, et ne me montrai pas du tout convaincu [74]. » John Colville, l'un des secrétaires du Premier ministre, ajoutera : « Churchill n'avait pas prêté grande attention à cette proposition. Sa préoccupation essentielle était que la flotte française ne tombât pas aux mains des Allemands si la France capitulait [75]. »

Dans le journal de M. John Colville, on peut d'ailleurs lire à la date du 15 juin : « Sommes arrivés aux Chequers à 21 h 30, à temps pour le dîner. Il y avait là Winston, Duncan et Diana Sandys, Lindemann et moi-même. Cela a été une soirée tout à fait extraordinaire. Avant de passer à table, j'ai été informé par téléphone que la situation se dégradait rapidement et que les Français préparaient une nouvelle demande d'autorisation de conclure une paix séparée, rédigée cette fois en termes plus explicites. J'ai fait part de la nouvelle à Winston, qui s'en est montré extrêmement affecté. Le début du dîner a été lugubre ; de temps en temps, le Premier ministre lançait une question technique à Lindemann, qui absorbait tranquillement son dîner végétarien. Les Sandys et moi gardions le silence, car nos quelques efforts pour entretenir la conversation s'étaient révélés vains. Pourtant, le champagne, le cognac et les cigares ont fini par faire leur effet, et tout le monde est devenu plus loquace, et même bavard. Winston, pour nous remonter le moral — et remonter le sien par la même occasion — a lu les messages qu'il avait reçus de la part des Dominions, et les réponses qu'il leur avait adressées, ainsi qu'à Roosevelt : " Maintenant, nous allons certainement connaître une guerre sanglante, a-t-il dit, mais j'espère que notre peuple saura résister aux bombardements. Les Allemands commencent à sentir leur douleur. Mais il est tout de même tragique que notre victoire de la dernière guerre ait été réduite à néant par un tas de dégonflés. " [...] Winston et Duncan Sandys marchaient de long en large dans le jardin de roses au clair de lune [...]. J'ai passé le plus clair de mon temps à téléphoner, à chercher Winston parmi les buisson de roses et à écouter ses commentaires sur le déroulement de la guerre. Je lui ai dit que nous avions reçu des informations plus complètes au sujet de l'attitude des Français et qu'ils semblaient perdre pied. " Dites-leur, m'a-t-il dit, qu'ils nous laissent leur flotte, et que nous ne l'oublierons jamais, mais que s'ils se rendent sans nous consulter, nous ne leur pardonnerons jamais. Nous les traînerons dans la boue pendant un millénaire ! " Puis, craignant un peu d'être pris au sérieux, il a ajouté : " Ne le faites pas tout de suite, hein ! " Il était en pleine forme, déclamait des poèmes, et s'étendait sur l'aspect dramatique de la situation [76]. »

Le déjeuner du Premier ministre avec le général de Gaulle devait avoir lieu aux Chequers le 16 juin à midi. Mais ce matin-là, Churchill a enfin reçu le texte exact du télégramme de Paul Reynaud au sujet de la demande d'armistice, et il a convoqué le Cabinet pour 10 h 15, afin que celui-ci puisse rédiger une réponse. Le déjeuner avec le général de Gaulle aura donc lieu immédiatement après, au Carlton Club. A l'issue du Conseil de cabinet, on envoie à Bordeaux le télégramme suivant :

« Notre accord proscrivant toute négociation séparée en vue d'un armistice ou de la paix, a été signé avec la République française et non avec un gouvernement ou un homme d'État en particulier. Cet accord engage donc l'honneur de la France. Néanmoins À CONDITION, MAIS À CONDITION SEULEMENT, QUE LA FLOTTE FRANÇAISE SOIT IMMÉDIATEMENT DIRIGÉE VERS LES PORTS ANGLAIS PENDANT LES

NÉGOCIATIONS, le gouvernement de Sa Majesté donne son plein consentement à une démarche française tendant à connaître les conditions d'un armistice pour la France. Le gouvernement de Sa Majesté, étant résolu à continuer la guerre, ne se considère comme associé en aucune façon à la susdite demande de conditions d'armistice [77]. »

Lorsque Churchill arrive enfin au Carlton Club pour déjeuner avec le général de Gaulle, l'ambassadeur Corbin, Jean Monnet, Anthony Eden et le général Dill, il ne pense plus du tout à la déclaration d'union franco-britannique. Sir John Colville se souviendra d'ailleurs que « ce projet n'avait même pas été évoqué aux Chequers, et Churchill, qui aimait bien faire part aux autres de ce qu'il considérait comme important, avait visiblement tout oublié de cette affaire, ou bien il ne l'avait pas prise au sérieux [78] ».

Là-dessus, Winston Churchill et le général de Gaulle se rencontrent pour la quatrième fois. Au déjeuner, la conversation porte naturellement sur le sort de la flotte française, qui constitue la principale préoccupation du Premier ministre ; et de Gaulle lui déclare : « Quoi qu'il arrive la flotte française ne sera pas volontairement livrée. Pétain lui-même n'y consentirait pas. D'ailleurs, la flotte, c'est le fief de Darlan. Un féodal ne livre pas son fief. Mais pour qu'on puisse être sûr que l'ennemi ne mettra jamais la main sur nos navires, il faudrait que nous restions en guerre. Or je dois vous déclarer que votre attitude à Tours m'a fâcheusement surpris. Vous y avez paru faire bon marché de notre alliance. Votre résignation sert les gens qui, chez nous inclinent à la capitulation. " Vous voyez bien que nous y sommes forcés, disent-ils. Les Anglais eux-mêmes nous donnent leur consentement. " Non ! C'est tout autre chose que vous avez à faire pour nous encourager dans la crise effroyable où nous sommes. »

Et le Général écrira : « J'entretins alors M. Churchill du projet d'union des deux peuples. "Lord Halifax m'en a parlé, me dit-il. Mais c'est un énorme morceau ! " — " Oui ! répondis-je, aussi la réalisation impliquerait-elle beaucoup de temps. Mais la manifestation peut être immédiate. Au point où en sont les choses, rien ne doit être négligé par vous de ce qui peut soutenir la France et maintenir notre alliance [79]. " »

Présenté de cette façon, le projet paraît tout de suite plus attrayant au Premier ministre. Au fond, tout ce qui peut encourager les Français à continuer le combat vaut la peine d'être tenté, et Churchill n'est pas homme à refuser de faire un beau geste — surtout s'il n'engage pas à grand-chose... « Après quelque discussion, écrira le Général, le Premier ministre se rangea à mon avis [79]. »

Au cours des quelques heures qui suivent, les deux hommes vont engager une véritable course contre la montre pour empêcher M. Paul Reynaud de démissionner, son gouvernement de capituler et l'armée française de déposer les armes. Churchill convoque immédiatement le Cabinet de guerre, et se rend à Downing Street pour en présider la réunion. De Gaulle l'accompagne, après avoir téléphoné à Paul Reynaud pour l'avertir qu'une déclaration d'union franco-britannique lui serait communiquée avant la fin de l'après-midi. Paul Reynaud a accueilli la nouvelle avec enthousiasme, mais a ajouté qu'il fallait faire très vite, le gouvernement devant se réunir dans l'après-midi [80].

La réunion du Cabinet britannique commence à 15 heures. De Gaulle et l'ambassadeur Corbin ont été introduits dans une petite pièce attenante à la salle des séances, et le Général écrira : « La séance du Cabinet britannique dura deux heures, pendant lesquelles sortaient, de temps en temps, l'un ou l'autre des ministres pour préciser quelque point avec nous, Français [81]. » Devant ses collègues, Churchill se prononce énergiquement en faveur du projet. « Le texte du document passa de main en main, écrira-t-il, et chacun le lut avec une profonde attention. Tous les problèmes qu'il posait sautaient aux yeux, mais en fin de compte, il apparut que le principe d'une déclaration d'union recueillait l'approbation générale. Je déclarai que j'avais d'abord été opposé à cette idée, mais qu'en cette période critique, il ne fallait pas qu'on puisse nous accuser de manquer d'imagination. De toute évidence, une déclaration sensationnelle était nécessaire pour maintenir les Français dans la lutte [82]. » « Pendant ce temps, note John Colville dans son journal, de Gaulle est venu se pavaner dans la salle des séances, et Corbin aussi. La réunion du Cabinet s'est transformée en une sorte de promenade, Winston commençant un discours dans la salle des séances et le terminant dans une autre pièce ; tout le monde s'est montré plein de prévenances pour de Gaulle, et on lui a même dit qu'il serait commandant en chef. (Winston a marmonné " je l'arrangerai * ") [83]. »

Peu avant 16 heures, de Gaulle téléphone une nouvelle fois à Paul Reynaud, après quoi il communique au Cabinet britannique les paroles du président du Conseil. « A 15 h 55, écrira Churchill, nous apprîmes que le Conseil des ministres français se réunirait à

---

* En français dans le texte.

17 heures afin de prendre une décision sur la poursuite de la lutte. En outre, M. Reynaud avait informé le général de Gaulle que si avant 17 heures, un avis favorable avait été donné à la proposition d'union, il serait en mesure de faire front [84]. » Cette communication, jointe à l'influence personnelle de M. Churchill, finit par emporter la décision. Le Cabinet, après avoir introduit plusieurs amendements, en arrive à la conclusion que « le texte de la déclaration, après amendement, ne présente aucun problème insurmontable, et il convient de donner suite à cette proposition puisqu'elle peut permettre aux Français qui sont résolus à se battre de consolider leurs positions ». En outre, le Cabinet donne son accord pour qu'un message soit transmis téléphoniquement à M. Reynaud, afin que celui-ci puisse avoir connaissance du contenu de la déclaration avant le Conseil des ministres, qui doit se tenir à 17 heures. Enfin, le Cabinet « invite le Premier ministre, M. Attlee et sir Archibald Sinclair à rencontrer M. Reynaud dès que possible, afin d'examiner avec lui le projet de déclaration et les questions qui y sont liées [85] ».

Dans la chambre attenante, la longue attente du général de Gaulle va se terminer. « Soudain, écrit-il, tous entrèrent, M. Churchill à leur tête. " Nous sommes d'accord ! " s'exclamaient-ils. En effet, sauf détails, le texte qu'ils apportaient était celui-là même que nous leur avions proposé. J'appelai aussitôt par téléphone M. Paul Reynaud et lui dictai le document. " C'est très important ! dit le président du Conseil. Je vais utiliser cela à la séance de tout à l'heure. " En quelques mots, je lui adressai tout ce que je pus d'encouragement. M. Churchill prit l'appareil ; " Allô ! Reynaud ! de Gaulle a raison ! Notre proposition peut avoir de grandes conséquences. Il faut tenir ! " Puis, après avoir écouté la réponse qui lui était faite : " Alors, à demain ! à Concarneau [86]. " »

A Downing Street, il règne maintenant un climat de soulagement, d'optimisme et de sympathie mutuelle. De Gaulle, qui ne croit pas vraiment à ce projet d'union, a persuadé Churchill, qui n'y croit pas non plus, et tous deux ont réussi à le faire adopter par le gouvernement britannique et le président du Conseil français. De Gaulle et Churchill ont à juste titre l'impression d'avoir considérablement renforcé la position de M. Reynaud, en lui donnant le moyen de convaincre ses collègues du gouvernement de la possibilité matérielle et morale de poursuivre la lutte. Peu avant de repartir pour Bordeaux, le Général a une dernière conversation avec Churchill. Jean Monnet est également présent, et il demande une fois de plus au Premier ministre d'envoyer en France toutes ses escadrilles de chasse, afin qu'elles puissent « participer à la bataille finale ». Mais Churchill refuse tout net : « Je lui répondis que c'était hors de question, écrira-t-il. Même à ce stade des événements, il [Monnet] reprit les arguments habituels — " La bataille décisive " — " C'est maintenant ou jamais " — " Si la France s'effondre, tout s'effondre ", etc., mais je ne pouvais rien faire pour lui donner satisfaction sur ce point. Mes deux visiteurs se levèrent alors et se dirigèrent vers la porte, Monnet marchant devant. Lorsqu'ils arrivèrent au seuil, de Gaulle, qui jusque-là n'avait guère ouvert la bouche, fit demi-tour, avança de deux ou trois pas dans ma direction, et me dit en anglais : " Je crois que vous avez parfaitement raison. " J'ai eu l'impression que, sous son attitude impassible, il possédait une surprenante sensibilité à la douleur. En présence de cet homme très grand et flegmatique, je ne pouvais m'empêcher de penser : " Voilà le Connétable de France. " Cet après-midi-là, il repartit pour Bordeaux à bord d'un avion britannique que j'avais mis à sa disposition [87]. »

Quant au général de Gaulle, il écrira : « Je pris congé du Premier ministre. Il me prêtait un avion pour rentrer tout de suite à Bordeaux. Nous convînmes que l'appareil resterait à ma disposition en prévision d'événements qui m'amèneraient à revenir. M. Churchill lui-même devait aller prendre le train pour embarquer sur un destroyer afin de gagner Concarneau. A 21 h 30, j'atterrissais à Bordeaux [88]. »

Sur l'aérodrome de Bordeaux, deux des collaborateurs du Général, Jean Auburtin et le colonel Humbert, l'attendent pour le mettre au courant des résultats du Conseil des ministres : Paul Reynaud a démissionné, et le maréchal Pétain a été invité à former un nouveau gouvernement. De toute évidence, le maréchal Pétain va demander l'armistice. C'est la fin *.

Depuis la conférence de Tours, de Gaulle ne se fait plus guère

---

*. Paul Reynaud a bien lu la déclaration d'union au Conseil, et il en a fait ressortir toute l'importance. Mais il n'y a pas eu de réaction favorable au sein du gouvernement. Certains ministres ont déclaré que la France serait transformée en Dominion britannique, tandis que la majorité paraît avoir considéré cette déclaration comme inutile. Paul Reynaud, très déçu, a néanmoins proposé que l'armée soit seule à capituler, tandis que le gouvernement quitterait la France pour continuer la guerre. Weygand et Pétain se sont violemment opposés à cette solution. Par contre, une majorité du Cabinet a semblé approuver la proposition de M. Chautemps, tendant à ce que l'on s'enquière des conditions d'armistice présentées par l'Allemagne. Paul Reynaud a alors déclaré que s'il s'agissait de suivre une telle politique, on ne pourrait compter sur lui, et le président Lebrun devrait faire appel au maréchal Pétain pour former un nouveau gouvernement. Lorsque le Conseil prend fin à 19 heures, le gouvernement de M. Reynaud a démissionné. Cette nuit-là, peu après 22 heures, le président Lebrun chargera le maréchal Pétain de former un nouveau gouvernement.

d'illusions quant à la détermination de Paul Reynaud. Pourtant, il s'attendait réellement à ce que la déclaration d'union permette au président du Conseil de l'emporter sur les partisans de la capitulation. La nouvelle de sa démission a donc dû être pour de Gaulle un coup très dur. Pourtant, le Général n'est pas entièrement pris au dépourvu. Le 13 juin, il avait confié à son ami Auburtin : « Plus j'y songe, plus je crois que la seule solution, c'est le retrait en Afrique du Nord [...]. A l'abri de la mer, nous pourrons reconstituer un matériel abondant, que nous fourniront l'Angleterre et l'Amérique [...]. En un ou deux ans nous pourrons disposer d'une écrasante supériorité de matériel [...]. Nous pourrons ainsi reconquérir la métropole, à partir de l'Empire [...]. En tout cas, jamais je ne signerai l'armistice. Ce serait contraire à l'honneur et à l'intérêt français [89]. » Enfin, on se souviendra de la dernière conversation du Général avec Winston Churchill, et de ses propos au sujet de l'avion qui devait le ramener à Bordeaux : « Nous convînmes que l'appareil resterait à ma disposition en prévision d'événements qui m'amèneraient à revenir [90]. » Quoi qu'il en soit, de Gaulle, apprenant la nouvelle de la démission de Paul Reynaud, n'a pas un instant d'hésitation : « Ma décision, écrira-t-il, fut prise aussitôt. Je partirais dès le matin [91]. »

Ce soir-là, de Gaulle rend visite à Paul Reynaud, qu'il trouve « comme soulagé d'un fardeau insupportable [92] ». Il lui fait part de sa décision de partir pour l'Angleterre, et, plus tard dans la nuit, le président du Conseil lui fera parvenir cent mille francs, prélevés sur les fonds secrets. De Gaulle se rend ensuite à l'hôtel où est descendu l'ambassadeur de Grande-Bretagne, sir Ronald Campbell, et lui annonce qu'il va se rendre à Londres. Le général Spears, qui est également présent, décide de l'accompagner, et peu avant minuit, il téléphone à Churchill. On ignore si le général de Gaulle craignait réellement d'être arrêté, comme l'affirmera le général Spears, mais Churchill se souvient que Spears « a exprimé des inquiétudes au sujet de la sécurité du Général [...]. Il avait apparemment été averti qu'au point où en étaient arrivées les choses, il valait mieux que de Gaulle quitte la France ». Et Churchill ajoute : « J'acceptai volontiers [93]. »

Le lendemain 17 juin, à 7 heures du matin, de Gaulle et son aide de camp le lieutenant Geoffroy de Courcel viennent chercher le général Spears ; avant de partir pour l'aéroport, de Gaulle s'arrête au quartier général de l'état-major, rue Vital-Carles. M. Jean Mistler, alors président de la commission des Affaires étrangères à la Chambre des députés, se souvient de l'y avoir vu, dans le bureau du général Laffont : « De Gaulle s'est assis sur le bureau du général. Je le vois encore, les bras levés, dire, non pas d'un ton prophétique, non pas avec passion, mais tranquillement, comme si la chose allait de soi... le 17 juin 1940 : " Les Allemands ont perdu la guerre. Ils sont perdus et la France doit poursuivre le combat [94]. " »

C'est évidemment une déclaration qui peut étonner au milieu du mois de juin 1940. Mais quelles que soient ses vues sur l'avenir, le Général refuse instinctivement de baisser les bras. « Les vaincus, a-t-il déclaré quelques jours plus tôt, sont ceux qui acceptent la défaite [95]. » Et de Gaulle, songeant à l'honneur de la France, à la ténacité de l'Angleterre et aux ressources de l'Amérique, n'accepte pas la défaite. C'est pourquoi ce 17 juin à 10 heures du matin, le Général vole vers l'Angleterre. Pour prouver que la France n'a pas perdu la guerre, il n'a que sa foi et sa résolution ; mais en Angleterre, il a aussi un allié tout-puissant : le Premier ministre en personne.

La veille, à 22 heures, alors qu'il s'apprêtait à prendre le train pour Southampton, Churchill a été informé de la démission de Paul Reynaud. A 23 h 30, il apprend que le maréchal Pétain va former un gouvernement, et il comprend immédiatement ce que cela signifie pour la France ; il n'y a plus aucune raison de se rendre à Concarneau. Mais Churchill n'abandonne pas encore la partie. Cette nuit-là, il décide de téléphoner au maréchal Pétain. A 2 heures du matin, après une attente interminable, il finit par le joindre. Le général Hollis, qui était avec Churchill à ce moment-là, raconta la suite : « Je n'ai jamais entendu Churchill s'exprimer en termes aussi violents. Il pensait que le vieux maréchal, insensible à tout le reste, réagirait peut-être à cela. Mais ce fut en vain [96]. »

Au matin du 17 juin, le Premier ministre ne se fait plus aucune illusion ; la Grande-Bretagne est maintenant seule. Churchill, il est vrai, ignore la peur. D'ailleurs, il est pleinement conscient des énormes avantages stratégiques que procurent à la Grande-Bretagne sa situation d'insularité, la puissance de sa flotte et la maîtrise de ses aviateurs. Mais il n'arrive pas à admettre que la France — « sa » France — puisse du jour au lendemain disparaître du camp de la liberté où elle a tenu une place aussi éminente. Et le peuple anglais ? Comment réagira-t-il lorsqu'il apprendra qu'à l'heure du plus grand péril, son seul allié va lui faire défaut ? On imagine difficilement qu'un coup plus violent puisse être porté au moral d'un peuple. C'est à tout cela que songe Winston Churchill lorsque, au début de l'après-midi, de Gaulle et le général Spears arrivent à Downing Street, après un vol agité au-dessus de la

Manche. « Winston, écrira le général Spears, était assis au soleil dans le jardin. Il se leva pour saluer son hôte, et son sourire reflétait la chaleur et l'amitié [97]. »

C'est leur cinquième rencontre ; aucun des deux hommes ne l'oubliera. Ainsi, l'intuition de Churchill à Tours s'est révélée exacte. A ce moment précis, il voit en la personne du Général l'image même de la France invaincue qui vient tendre la main à l'Angleterre ; plus tard, Churchill ne pourra jamais évoquer cet instant sans que les larmes lui viennent aux yeux. C'est bien une France invaincue que de Gaulle veut incarner, et il a trouvé en Churchill un homme qui l'a pleinement compris : « [...] Cet exceptionnel artiste, écrira le Général, était certainement sensible au caractère de ma dramatique entreprise [98]. » Et il ajoutera : « Naufragé de la désolation sur les rivages de l'Angleterre, qu'aurais-je pu faire sans son concours ? Il me le donna tout de suite [...] [99]. »

Il est vrai que Winston Churchill va tendre à de Gaulle une main ferme et secourable. Faute de cela, toutes les entreprises du Général auraient été vaines, ainsi qu'il le reconnaîtra lui-même plus tard [100]. Même lorsque le Premier ministre cessera d'être un ami, même quand il sera presque un ennemi, de Gaulle n'oubliera jamais qu'aux jours sombres de 1940, Winston Churchill a apporté à la France une aide décisive.

4

La Croix de Lorraine

A l'aube du 18 juin, la plus grande incertitude règne dans le camp allié. La France va sans doute capituler, mais elle ne l'a pas encore fait ; l'Angleterre n'a pas encore été attaquée, mais cela ne saurait tarder. Beaucoup de Français pensent que l'Angleterre sera bientôt submergée par les hordes nazies, et c'est là un puissant argument en faveur de la capitulation. Du reste, les Anglais ne croient pas non plus que leur pays pourra résister indéfiniment aux coups de boutoir de l'Allemagne nazie, mais ils y voient une raison de plus pour se battre avec acharnement.

Le général de Gaulle, qui vit son deuxième jour d'exil en Angleterre, ne s'est pas laissé gagner par l'incertitude ambiante. Il connaît les hommes de Bordeaux et ne doute pas qu'ils capituleront, mais il a pu mesurer la détermination des Britanniques, et il est convaincu qu'ils tiendront. C'est pourquoi, le 17 juin, il a demandé à Churchill la permission de lancer par la voie des ondes un appel à la France. Le Premier ministre a accepté d'emblée * ; il partage l'opinion du général de Gaulle sur le gouvernement de Bordeaux, et il est pleinement conscient de la valeur morale que revêt l'entreprise du Général au moment où la France va disparaître du camp allié...

Les membres du *War Cabinet*, eux, n'ont pas encore pris conscience des réalités de la situation en France, et ils se montrent nettement moins compréhensifs. Au matin du 18 juin, alors que Churchill est absent, ils conviennent de ce qui suit : « Le général de Gaulle étant *persona non grata* auprès de l'actuel gouvernement

---

* Il a été convenu que cet appel ne serait lancé que lorsque le gouvernement de Bordeaux aurait demandé l'armistice. Au soir du 17 juin, ce sera chose faite.

français, il n'est pas souhaitable qu'il lance un appel tant que subsistera la possibilité que le gouvernement français prenne des initiatives conformes aux intérêts de l'alliance [1]. » Mais cet après-midi-là, le général Spears, après s'être assuré du soutien de Churchill, entreprend de faire revenir les membres du *War Cabinet* sur leur décision. Spears se montre persuasif, le soutien de Churchill s'avère décisif, et le compte rendu de la réunion mentionne seulement que « les membres du *War Cabinet*, ayant été consultés à nouveau un par un, ont donné leur accord [2] ».

Ce soir-là, à 18 heures, le général de Gaulle lance son appel à la France. C'est un appel aux armes ; c'est aussi un reproche explicite adressé aux nouveaux dirigeants de la France, qui négocient avec l'ennemi avant que la partie ne soit réellement perdue. Par-dessus tout, c'est un acte de dissidence, et le général de Gaulle le sait mieux que tout autre : « A mesure que s'envolaient les mots irrévocables, je sentais en moi-même se terminer une vie, celle que j'avais menée dans le cadre d'une France solide et d'une indivisible armée. A quarante-neuf ans, j'entrais dans l'aventure, comme un homme que le destin jetait hors de toutes les séries [3]. »

Pour le général de Gaulle, c'est en effet un saut dans l'inconnu et un drame personnel ; depuis une terre menacée d'invasion, un général de brigade à titre temporaire se dresse contre l'autorité d'un maréchal de France. Aux premiers hommes qui répondent à son appel, de Gaulle ne cachera d'ailleurs pas l'extraordinaire difficulté de son entreprise : « Je n'ai ni fonds ni troupes. Je ne sais pas où est ma famille. Nous commençons à zéro [4]. » Et pourtant, à partir d'un petit appartement situé au 3e étage de Saint Stephen's House, au bord de la Tamise, le général de Gaulle va entreprendre d'édifier une France invaincue. Cette entreprise se heurte d'emblée à de redoutables obstacles. Ainsi le *Foreign Office* empêchera pendant plusieurs jours le général de Gaulle de renouveler ses appels à la France [5] ; lord Halifax craint en effet que la Grande-Bretagne ne compromette ses relations avec le maréchal Pétain en soutenant trop ouvertement le général de Gaulle *. Mais il y a aussi les hésita-

---

* Lorsque de Gaulle reçoit à nouveau la permission de parler à la BBC, c'est à la condition expresse que le texte de son discours soit soumis à l'avance au *Foreign Office*. Mais les fonctionnaires du *Foreign Office* ne tardent pas à s'apercevoir qu'ils ont affaire à forte partie. L'un d'entre eux, lord Gladwyn, se souvient que le 26 juin, à 20 h 30, de Gaulle devait adresser aux Français un discours important : « 19 heures, écrit lord Gladwyn, et toujours pas de texte. Mon supérieur, sir Alexander Cadogan, partit en me laissant des consignes très strictes. Peu après, le texte arriva. Je le trouvai remarquable, mais dus reconnaître qu'il enfreignait plusieurs des consignes dont je devais assurer le respect. Je ne fis qu'un minimum de corrections — prenant en cela de très gros risques

tions sans fin du *Vansittart Committee*, qui a été mis sur pied pour
« examiner et coordonner tous les plans se rapportant à la poursuite
de la résistance en France [7] » mais qui en fait coordonne fort peu et
ne décide rien du tout ; il y a les ravages du défaitisme et les intrigues
du gouvernement de Bordeaux, qui détournent de la France Libre
de nombreuses personnalités françaises comme Paul Reynaud, le
général Noguès, Georges Mandel, André Maurois, Jean Monnet,
le général Mittelhauser, Marcel Peyrouton et bien d'autres ; il y a le
scepticisme de l'*Establishment* anglais, qui hésite à soutenir un
mouvement dans lequel on ne trouve aucun des politiciens français
traditionnels, et la malveillance active de certains Français exilés,
qui dénoncent l'entreprise du général de Gaulle comme un coup
d'État fasciste ou un complot communiste ; il y a les difficultés
énormes que rencontre la France Libre pour recruter des soldats,
des aviateurs et des marins parmi les vainqueurs de Narvik et les
vaincus de Dunkerque, face à l'obstruction résolue du *War Office*,
qui ressemble parfois étonnamment à du sabotage systématique [8] ;
il y a les intrigues antigaullistes et antianglaises de la Mission
navale française à Londres qui, selon le MI.5, auraient amplement
justifié l'arrestation de plusieurs membres de cette mission — et
pourtant, l'Amirauté comme le *War Cabinet* se montreront étrangement réticents à prendre les mesures qui s'imposent [9] ; il y a aussi
l'*Intelligence Service*, qui entreprend de recruter des agents parmi
les Français venus rejoindre le général de Gaulle [10] ; il y a enfin le
bombardement de la flotte française à Mers el-Kébir, qui provoquera au début de juillet la quasi-interruption de tout recrutement
dans les rangs de la France Libre.

Tels sont les obstacles auxquels se heurte le général de Gaulle au
moment où la France a signé l'armistice, tandis que les Allemands
ont occupé la plus grande partie de la France et que le vieux maréchal s'est attribué tous les pouvoirs dans la zone libre. De Gaulle
vit par ailleurs une tragédie personnelle : sa mère est très malade, et
elle mourra le 16 juillet. Quelques jours plus tôt, le Général a été

— et me précipitai à l'hôtel Rubens, où l'on me fit savoir que le Général n'avait pas fini
de dîner. Il sortit peu avant 20 heures, manifestement de fort méchante humeur, et en
me toisant : " Qui êtes-vous ? " Je lui expliquai que je n'étais qu'un fonctionnaire subal-
terne, mais qu'en raison de l'arrivée tardive du texte, j'avais dû prendre sur moi de proposer quelques " légères modifications ". " Donnez-les-moi ! "... Un lourd silence, puis :
" Je les trouve ridicules, dit le Général. Parfaitement ri-di-cules. " Je me vis contraint de
lui faire remarquer qu'il était maintenant 20 h 5, que le retard n'était pas de mon fait, et
que, pour tout dire, s'il n'acceptait pas les " modifications ", il ne pourrait prononcer son
discours. Cet ultimatum produisit son effet [...]. " Eh bien, dit-il, j'accepte. C'est ridicule,
mais j'accepte. [6] " »

cité à comparaître devant un tribunal militaire français pour « crime de refus d'obéissance en présence de l'ennemi et de délit d'excitation de militaires à la désobéissance [11] ». Il sera jugé par contumace... et condamné à mort.

En dépit de tout cela, le général de Gaulle persévère dans son entreprise, car il a l'inébranlable conviction d'agir dans l'intérêt de la patrie. « Croyez-moi, dit-il à Christian Fouchet le 19 juin, c'est nous qui jouons la bonne carte, la carte de la France. On a toujours raison de jouer sur la France [12]. » De fait, dès la fin du mois de juillet, les efforts du Général ont déjà produit quelques effets ; ayant parcouru les camps militaires de Trentham Park, Aintree, Haydock, St. Albans et Harrow Park, où sont regroupés les soldats, aviateurs et marins français qui attendent d'être réembarqués pour la France, de Gaulle et ses compagnons parviennent à recruter des vétérans de Norvège et de Dunkerque, la plus grande partie de la 13e demi-brigade de la Légion étrangère, 200 chasseurs alpins, une compagnie de tanks et quelques éléments appartenant à des unités spécialisées. S'y ajouteront bientôt plusieurs dizaines d'aviateurs, des centaines de marins issus des unités combattantes et de la marine marchande, des Français de l'étranger et des volontaires isolés qui parviennent à s'échapper de France. A la fin du mois de juillet, quelque 7 000 hommes ont rallié la France Libre ; il y a parmi eux des officiers de grande valeur comme le capitaine Tissier, le lieutenant-colonel Magrin-Verneret, le capitaine Kœnig, le capitaine de Rancourt, le commandant Pijeaud, le capitaine de corvette d'Argenlieu, et le vice-amiral Muselier. Ils seront les principaux organisateurs des Forces Françaises Libres.

A l'époque, ces forces sont bien réduites, leur équipement est insuffisant et leur moral plutôt bas. Mais ni le *War Office* ni l'Amirauté britannique ne paraissent pressés d'y remédier ; c'est qu'ils n'ont aucune confiance dans ces *Free French*, et négligent totalement leur importance politique. Pourtant, la France Libre à ses débuts bénéficie d'un puissant soutien : celui du général Spears, qui travaille sans relâche pour vaincre les réticences de l'administration britannique, les préjugés de l'*Establishment* et la mauvaise volonté du *War Office*. Il va se faire à cette occasion de très nombreux ennemis parmi ses compatriotes — plus tard, il s'en fera encore davantage parmi les Français Libres... Au début de juillet, enfin, un autre officier a rejoint la France Libre ; c'est le capitaine Dewavrin. Sous le nom de « Passy », il organisera et commandera les services de renseignement du général de Gaulle.

Aucun politicien français de renom n'ayant rallié l'Angleterre, de

Gaulle reste le chef solitaire d'un mouvement qui refuse l'armistice et d'une France qui refuse la défaite. Par la force des choses, il va donc devenir un chef politique autant qu'un chef militaire, et lorsque le professeur Cassin, qui est devenu son conseiller juridique, s'enquiert du statut à donner au nouveau mouvement, le général de Gaulle lui répond en toute simplicité : « Nous sommes la France [13]. » A l'été de 1940, il est vrai, rares sont les politiciens britanniques enclins à reconnaître le mouvement du général de Gaulle comme véritable représentant de la France ; mais le Premier ministre Winston Churchill est de ceux-là.

Depuis le 18 juin, l'attention de Churchill a été de plus en plus sollicitée par la dégradation de la situation militaire ; après l'annonce par le maréchal Pétain des négociations d'armistice avec l'Allemagne, les unités de l'armée française qui combattaient encore ont commencé à se dissoudre, et il a fallu improviser d'urgence l'évacuation vers l'Angleterre de quelque 200 000 soldats alliés. Dès lors, il ne fait plus de doute que tout le poids de la machine de guerre nazie va se porter contre l'Angleterre ; or l'île n'est défendue que par quelques divisions désorganisées et mal armées, 500 canons de campagne, 450 tanks et 25 escadrilles d'aviation ; la *Royal Navy* elle-même, engagée partout à la fois, risque d'être débordée. Churchill redouble d'efforts pour mobiliser toutes les ressources de l'île, en improviser de nouvelles, inspecter les éléments du dispositif de défense, établir des plans de contre-offensive et galvaniser les énergies du peuple anglais. Pourtant, rien de tout cela ne détourne entièrement son attention des affaires françaises...

Churchill n'est pas surpris par l'armistice du 22 juin, qu'il dénonce dès le lendemain avec la dernière vigueur : « Le gouvernement de Sa Majesté considère que les termes de l'armistice qui vient d'être signé, en violation des accords solennellement conclus entre les gouvernements alliés, placent le gouvernement de Bordeaux dans un état d'assujettissement complet à l'ennemi et le privent de toute liberté et de tout droit de représenter de libres citoyens français. En conséquence, le gouvernement de Sa Majesté ne peut considérer le gouvernement de Bordeaux comme celui d'un pays indépendant [14]. »

Mais depuis un certain temps déjà, le Premier ministre anglais cherche un moyen d'atténuer le choc psychologique que provoquera chez ses compatriotes la capitulation de la France [15]. Or le général de Gaulle lui offre précisément ce moyen ; il se propose même de constituer un Comité national français, pour lequel il demande la reconnaissance du gouvernement britannique. Le 23 juin, devant le

War Cabinet, Churchill défend cette proposition avec la plus grande énergie. « Le général de Gaulle, déclare-t-il, est un excellent soldat qui a une bonne réputation et une forte personnalité. C'est sans doute l'homme qu'il faudrait pour constituer un tel comité [16]. » Et ce soir-là, la BBC diffuse le communiqué suivant : « Le gouvernement de Sa Majesté a pris note du projet de formation d'un Comité national français provisoire, qui représenterait pleinement les éléments français indépendants résolus à poursuivre la guerre afin de remplir les obligations internationales contractées par la France. Le gouvernement de Sa Majesté déclare qu'il reconnaîtra un Comité français de cette nature et qu'il traitera avec lui sur toute matière relative à la poursuite de la guerre, tant que le Comité continuera à représenter les éléments français qui sont résolus à lutter contre l'ennemi commun [17]. »

Mais les choses ne sont pas aussi simples ; à ce stade, Churchill, comme le général de Gaulle lui-même, attend toujours l'arrivée en Angleterre d'un politicien français de renom, qui soit décidé à prendre en main les destinées du mouvement. A ses collègues du *War Cabinet*, le Premier ministre a d'ailleurs déclaré : « Avant d'approuver le projet de constitution d'un Comité national et de lui accorder une reconnaissance officielle, il faudrait sans doute savoir quelles sont les personnalités françaises disposées à en faire partie... [18] » Mais le triste épisode du *Massilia* et l'échec de la mission Duff Cooper * montrent bientôt que de telles personnalités ne se manifesteront pas. Alors, en dépit de l'hostilité des militaires britanniques, de la désapprobation de l'ambassadeur Corbin et des objections de lord Halifax [19], Churchill décide d'agir. Le soir du 27 juin, il convoque le général de Gaulle à Downing Street et lui déclare : « Vous êtes tout seul — eh bien, je vous reconnais tout seul [20] ! » Et dès le lendemain matin, le communiqué suivant est diffusé : « Le gouvernement de Sa Majesté reconnaît le général de Gaulle comme chef de tous les Français Libres, où qu'ils se trouvent, qui se rallient à lui pour la défense de la cause alliée [21]. »

Toute limitée que soit cette reconnaissance, elle va enfin donner une base légale aux relations du général de Gaulle avec le gouvernement britannique, et permettre la conclusion d'accords bilatéraux

---

* Le navire *Massilia* quitte la France le 21 juin avec à son bord vingt-quatre députés, un sénateur et plusieurs ministres décidés à poursuivre la guerre à partir de l'Afrique du Nord. Parmi eux, Mandel, Daladier et Campinchi. Le navire arrive à Casablanca le 24 juin, mais ses passagers sont arrêtés et gardés à bord pendant plusieurs semaines en rade de Casablanca. Une mission britannique conduite par M. Duff Cooper et par lord Gort arrivera le 26 juin au Maroc, mais ne pourra obtenir la libération des prisonniers, ni même entrer en contact avec eux. Les passagers du *Massilia* seront finalement renvoyés en France.

entre les deux alliés. Pour Churchill, cette reconnaissance est un acte de foi en un homme solitaire, et en une abstraction qui s'appelle la France Libre ; la suite des événements montrera la sagesse de cette décision, que Churchill regrettera pourtant plus d'une fois durant les cinq années à venir...

Pour l'heure, Churchill a d'autres préoccupations... et une hantise : le sort de la flotte française au lendemain de l'armistice. Entre les mains de Hitler, une telle flotte rendrait la Grande-Bretagne et ses approvisionnements maritimes terriblement vulnérables. Il est vrai que l'amiral Darlan, Paul Baudouin, et même le maréchal Pétain ont donné aux Anglais l'assurance que la flotte ne tomberait jamais aux mains des Allemands. Seulement, les Anglais ont reçu dans le passé l'assurance que le gouvernement français ne signerait jamais d'armistice séparé, que 400 pilotes allemands capturés seraient envoyés en Angleterre, et que les Alliés seraient informés au préalable des termes de l'armistice — or, aucune de ces promesses n'a été tenue. En outre, le gouvernement français n'est plus désormais un gouvernement libre, et l'article 8 de l'armistice franco-allemand dispose que la flotte française sera désarmée *sous contrôle allemand ou italien*. Il est vrai que ceci s'accompagne d'une promesse allemande de ne pas en faire usage pendant toute la durée de la guerre — mais s'il est déjà difficile à ce stade de croire en la parole du gouvernement français, il est bien sûr impossible de croire en la parole de Hitler...

Étant donné l'immense respect que Churchill porte à la France et à ses soldats, c'est une terrible décision qu'il va maintenant devoir prendre. « Une décision odieuse, écrira-t-il plus tard, la plus pénible et la plus monstrueuse que j'aie jamais eu à prendre [22]. » Pourtant, c'est une question de vie ou de mort, et le 3 juillet, une flotte britannique commandée par le vice-amiral Somerville attaque la flotte française au mouillage en rade de Mers el-Kébir. De nombreux marins français périront en ce jour tragique *.

Churchill ne s'inquiète pas trop de la réaction du maréchal Pétain, mais celle du général de Gaulle le préoccupe davantage. De fait, le Général réagit très violemment en apprenant la nouvelle du carnage de Mers el-Kébir [23] ; mais lorsque le général Spears lui rend visite quelques heures plus tard, le chef de la France Libre s'est déjà ressaisi. Et Spears racontera : « Son calme était très frappant, son objectivité étonnante. Il avait visiblement beaucoup

---

* En même temps, tous les navires de guerre français réfugiés dans les ports britanniques sont occupés par surprise, et les navires français au mouillage à Alexandrie sont immobilisés. A Dakar, le cuirassé *Richelieu* est torpillé et endommagé.

réfléchi. Ce que nous avions fait, me dit-il, était sans doute inévitable de notre point de vue. Oui, c'était inévitable, mais quant à lui, il devait décider s'il allait continuer à collaborer avec nous, ou s'il quitterait la scène pour se retirer au Canada comme un simple citoyen. Il n'avait pas encore arrêté sa décision, mais il le ferait avant le lendemain matin. Là-dessus, j'allai informer le Premier ministre de la magnifique dignité dont de Gaulle avait fait preuve [24]. »

Churchill est très impressionné ; il le sera plus encore lorsque le général de Gaulle, après avoir mûrement réfléchi, prononcera cinq jours plus tard le discours suivant : « Dans la liquidation momentanée de la force française qui fait suite à la capitulation, un épisode particulièrement cruel a eu lieu le 3 juillet. Je veux parler, on le comprend, de l'affreuse canonnade d'Oran [...]. Je dirai, d'abord, ceci : il n'est pas un Français qui n'ait appris avec douleur et avec colère que des navires de la flotte française avaient été coulés par nos alliés. Cette douleur, cette colère, viennent du plus profond de nous-mêmes. Il n'y a aucune raison de composer avec elles et, quant à moi, je les exprime ouvertement. Aussi, m'adressant aux Anglais, je les invite à nous épargner et à s'épargner à eux-mêmes toute représentation de cette odieuse tragédie comme un succès naval direct. Ce serait injuste et déplacé ...]. Ensuite, m'adressant aux Français, je leur demande de considérer le fond des choses du seul point de vue qui doive finalement compter, c'est-à-dire du point de vue de la victoire et de la délivrance. En vertu d'un engagement déshonorant, le gouvernement qui fut à Bordeaux avait consenti à livrer nos navires à la discrétion de l'ennemi. Il n'y a pas le moindre doute que, par principe et par nécessité, l'ennemi les aurait un jour employés, soit contre l'Angleterre, soit contre notre propre Empire. Eh bien ! je dis sans ambages qu'il vaut mieux qu'ils aient été détruits. J'aime mieux savoir, même le *Dunkerque*, notre beau, notre cher, notre puissant *Dunkerque*, échoué devant Mers el-Kébir, que de le voir un jour, monté par des Allemands, bombarder les ports anglais, ou bien Alger, Casablanca, Dakar. En amenant cette canonnade fratricide, puis en cherchant à détourner contre des alliés trahis l'irritation des Français, le gouvernement qui fut à Bordeaux est dans son rôle, dans son rôle de servitude.

« En exploitant l'événement pour exciter l'un contre l'autre le peuple anglais et le peuple français, l'ennemi est dans son rôle, dans son rôle de conquérant.

« En tenant le drame pour ce qu'il est, je veux dire pour déplorable et détestable, mais en empêchant qu'il ait pour conséquence l'opposition morale des Anglais et des Français, tous les hommes clairvoyants des deux peuples sont dans leur rôle, dans leur rôle de patriotes [...]. Quant à ceux des Français qui demeurent encore libres d'agir suivant l'honneur et l'intérêt de la France, je déclare en leur nom qu'ils ont, une fois pour toutes, pris leur dure résolution. Ils ont pris, une fois pour toutes, la résolution de combattre [25]. »

Pour Churchill, ce discours prouve bien que le général de Gaulle est un allié digne de foi, ce qui ne fait guère de doute, et un grand ami de l'Angleterre... ce qui est peut-être une conclusion hâtive. Une fois encore, bien sûr, Churchill prend ses désirs pour des réalités : la France de Vichy vient de rompre ses relations diplomatiques avec la Grande-Bretagne après l'affaire de Mers el-Kébir, mais grâce au général de Gaulle, l'indomptable chef de tous les Français Libres, les liens privilégiés avec la France seront maintenus malgré tout, et l'amitié restera intacte. Cette représentation des choses est nécessaires à un grand francophile comme Churchill ; elle est également indispensable au moral du peuple anglais, et Churchill, propagandiste de génie, le sait mieux que tout autre.

Pourtant, de Gaulle n'aime pas la publicité. Au début, il refuse même de se laisser photographier, et il déclare au général Spears : « Je ne veux pas que la presse fasse de moi une vedette [26]. » Il dit également, avec le plus grand sérieux : « Churchill me lancera comme une savonnette [27] » — et c'est en effet de cela qu'il s'agit ; le 18 juillet, un agent de publicité, Richmond Temple, est chargé par le gouvernement anglais de « faire connaître le nom du général de Gaulle dans le monde entier, surtout en Grande-Bretagne et dans l'Empire britannique [28] ». En ce qui concerne la Grande-Bretagne, ce n'est plus nécessaire : le général de Gaulle y est déjà fort bien connu. La presse a relaté les circonstances de son arrivée, elle a publié des extraits de ses appels aux Français, et elle a largement décrit ses efforts pour reconstituer une nouvelle armée française en exil. D'ailleurs, l'aventure de cet homme solitaire qui a refusé la défaite et poursuit la lutte aux côtés de l'Angleterre suscite l'admiration du peuple anglais. Un Français, Robert Mengin, le constatera dès la fin du mois de juillet. « Comment, lui disent ses amis anglais, vous n'êtes pas gaulliste ? mais alors vous êtes pétainiste ? non ? Enfin, vous n'êtes pas avec nous ! vous ne pouvez pas être avec nous si vous n'êtes pas avec le général de Gaulle [...]. Si ? Oh ! comme les Français sont compliqués [29] ! »

Le général de Gaulle lui-même n'est pas insensible à la sympathie, à l'estime et à l'admiration qui entourent sa personne et son mouvement : « [...] On ne saurait imaginer, écrira-t-il, la généreuse gentillesse que le peuple anglais lui-même montrait partout à notre égard. Toutes sortes d'œuvres se fondaient pour aider nos volontaires. On ne pouvait compter les gens qui venaient mettre à notre disposition leur travail, leur temps, leur argent. Chaque fois qu'il m'arrivait de paraître en public, c'était au milieu des plus réconfortantes manifestations. Quand les journaux de Londres annoncèrent que Vichy me condamnait à mort et confisquait mes biens, nombre de bijoux furent déposés à Carlton Gardens par des anonymes et plusieurs douzaines de veuves inconnues envoyèrent l'alliance de leur mariage afin que cet or pût servir à l'effort du général de Gaulle [30]. »

Il est vrai que l'exemple vient de haut ; le roi George VI, comme tous les membres de sa famille, ne manque aucune occasion de manifester son soutien aux Français Libres et à leur chef. Le 24 août, il vient en personne rendre visite à la nouvelle armée française. Quatre jours plus tôt, Winston Churchill avait prononcé aux Communes un discours mémorable : « Nous éprouvons la plus profonde sympathie à l'égard du peuple français, et l'ancienne fraternité qui nous liait à la France n'a nullement cessé d'exister. Elle s'incarne et se perpétue grâce au général de Gaulle et à ses héroïques compagnons. Ces Français Libres ont été condamnés à mort par Vichy, mais le jour viendra, aussi sûrement que le soleil se lèvera demain, où leurs noms seront glorifiés et gravés sur la pierre dans les rues et dans les villages d'une France qui aura retrouvé sa liberté et sa gloire d'antan au sein d'une Europe libérée [31]. »

Mais l'action de Churchill en faveur du général de Gaulle ne se limite pas à un soutien verbal devant le Parlement ; si de Gaulle a pu recruter des hommes et commencer à les équiper, il le doit avant tout à l'intervention énergique du Premier ministre auprès de ses généraux et de ses amiraux qui, eux, sont plus que réticents. Pendant tout l'été, Churchill se tient constamment informé de tout ce qui concerne la France en général, et la France Libre en particulier ; qu'un fonctionnaire du *Ministry of Supply* n'accède pas assez rapidement aux désirs du général de Gaulle, qu'un département du *War Office* paraisse faire obstacle aux projets des Français Libres, et la colère du Premier ministre s'abat impitoyablement sur le malheureux responsable. Du reste, il faut parfois moins encore pour déclencher une intervention de Churchill : « Je ne puis, écrit-il à lord Halifax, me résoudre à laisser un grand nombre de Français influents qui sont partisans du gouvernement Pétain mener dans les milieux militaires et les cercles français de ce pays une campagne de propagande active et efficace dirigée contre l'ensemble de la

politique d'aide au général de Gaulle, que nous avons publiquement et fermement proclamée [32]. »

Et le 12 juillet, il écrit au général Ismay : « Veuillez porter ce qui
suit à la connaissance des chefs d'état-major : " La politique
constante du gouvernement de Sa Majesté vise à constituer de forts
contingents de soldats, de marins et d'aviateurs français, à encourager ces hommes à se porter volontaires pour combattre avec nous, à
pourvoir à leurs besoins, à encourager leur dévouement au drapeau,
etc., et à les considérer comme les représentants d'une France qui
poursuit la guerre. Les chefs d'état-major ont le devoir d'appliquer
efficacement cette politique [...]. Une occasion d'aider les Français
s'offrira le 14 juillet, lorsqu'ils déposeront une couronne devant la
statue de Foch. Il faudra faire en sorte que cette cérémonie soit un
grand succès [33]. " » De même, il écrira au ministre de l'Information
au début du mois d'août : « Il importe de poursuivre sans arrêt les
émissions en français du général de Gaulle, et de faire relayer par
tous les moyens possibles notre propagande française en Afrique.
On me dit que les Belges seraient disposés à nous aider au
Congo [34]. » Le 5 août, il déclare au *War Cabinet* : « Depuis la
défection du gouvernement de Bordeaux, nous nous sommes attachés à établir, aussi loin que possible à l'intérieur de l'Empire français, l'administration d'un gouvernement français favorable au
gouvernement de Sa Majesté et hostile à l'Allemagne. Le général
de Gaulle et les Forces Françaises Libres actuellement en Grande-
Bretagne visent le même objectif, et il est normal que nous les
assistions dans leur tâche par tous les moyens [35]. »

Au secrétaire d'État à la Guerre, il écrit à la même époque : « Il
est devenu extrêmement important et urgent de compléter l'équipement des trois bataillons, de la compagnie de chars, du QG, etc. [du
général de Gaulle]. Il apparaît clairement que des dispositions ont
été prises à cet effet, mais je vous serais très reconnaissant de bien
vouloir accélérer leur mise en œuvre par tous les moyens dont vous
disposez, et de me faire savoir en quoi la situation s'est améliorée
depuis la communication de la note du major Morton hier [36]. » Et le
18 août, il écrit à M. Hugh Dalton, du *Ministry of Economic Warfare* * : « Faites en sorte que le général de Gaulle soit consulté au
sujet de tous les tracts que nous lancerons à l'avenir sur la France
ou les colonies françaises [37]. » Et à la fin du mois d'août, au général
Ismay : « Si l'Inde française désire avoir avec nous des relations
commerciales, il faut qu'elle se rallie au général de Gaulle. Sinon,

* Ministère de la Guerre économique.

pas de commerce ! Dans une affaire comme celle-ci, il ne s'agit pas de se montrer complaisant. Veuillez informer le secrétaire d'État aux Indes en conséquence [38]. » Il est aisé d'imaginer l'exaspération de tous ceux qui reçoivent ces exhortations répétées. Et pourtant, ils n'ont guère le choix ; le général de Gaulle est un ami du Premier ministre et un ami de l'Angleterre, on ne pourra donc jamais faire assez pour lui...

L'intervention du Premier ministre va d'ailleurs se révéler décisive dans une affaire qui est capitale pour l'avenir de la France Libre ; immédiatement après la reconnaissance du général de Gaulle comme chef de tous les Français Libres, des négociations franco-britanniques se sont ouvertes en vue de la conclusion d'un accord portant sur le recrutement, l'organisation et les conditions de service des volontaires français en Grande-Bretagne. Mais ces négociations s'avèrent extrêmement délicates : le statut diplomatique du général de Gaulle est sans précédent, ses exigences ne sont pas minces et sa volonté de représenter la France déconcerte le *Foreign Office*. Témoin privilégié de ces tractations, le général Spears écrira plus tard : « Les négociations sur le texte des accords entre le gouvernement de Sa Majesté et le général de Gaulle furent menées avec une âpreté exaspérante par le professeur Cassin, conseiller juridique du général de Gaulle, si bien que même les membres du *Foreign Office* les mieux disposés finirent par se lasser des manifestations d'humeur de nos invités [39]. »

Il faudra reprendre les négociations à trois reprises, il y aura six protocoles d'accord, et tout cela durera un mois. Mais à la fin de juillet, les principaux points sont acquis : la force des volontaires français, qui « comprend des unités navales, terrestres, aériennes et des éléments techniques et scientifiques, sera organisée et utilisée contre les ennemis communs [...]. Cette force conservera, dans toute la mesure possible, le caractère d'une force française en ce qui concerne le personnel, particulièrement pour ce qui a trait à la discipline, la langue, l'avancement et les affectations [...]. Le Gouvernement de Sa Majesté fournira à la force française — dès que cela sera réalisable — le complément de matériel indispensable pour doter ses unités d'un équipement équivalent à celui des unités britanniques du même type. »

Quant au général de Gaulle, il déclare qu'il « accepte les directives générales du Commandement britannique », mais il n'en conserve pas moins « le commandement suprême de la force française ». Il y a également une importante clause financière : « Toutes les dépenses engagées pour la constitution et l'entretien de la force française [...] seront provisoirement à la charge des ministères intéressés du Gouvernement de Sa Majesté dans le Royaume-Uni. » Mais bien entendu, il ne saurait être question de charité : « Les montants payés à ce titre seront considérés comme des avances et comptabilisés à part [40]. »

Pourtant, une difficulté persiste qui retarde encore la conclusion de l'accord, et elle est de taille : après la défaite de la France, les forces armées britanniques ont recruté de nombreux officiers, soldats et techniciens français appartenant aux trois armes. Cette procédure a donné entière satisfaction aux ministres anglais concernés, qui refusent à présent au général de Gaulle le moindre droit de regard et la moindre autorité sur les hommes ainsi recrutés, et sur ceux qui viendraient à l'être. Les discussions sur ce sujet ayant tourné court, l'affaire est soumise à l'arbitrage du Premier ministre... qui tranche en faveur du général de Gaulle ; les ministres britanniques sont informés qu'il est souhaitable que « les recrues éventuelles rallient leurs forces nationales respectives [41] ».

Lorsque le texte définitif de l'accord franco-britannique est enfin adopté, c'est à Downing Street, et non au *Foreign Office*, que sont apposées les signatures le 7 août 1940. Le document ainsi paraphé et l'échange de lettres qui lui fait suite entreront dans l'histoire sous le nom d'« accords de Gaulle-Churchill * ».

Pendant tout le mois de juillet et le début du mois d'août, alors que la bataille d'Angleterre fait rage au-dessus des côtes de la Manche et qu'un débarquement allemand semble imminent, le Premier ministre anglais et le chef de la France Libre se rencontrent à maintes reprises et s'entretiennent longuement de l'évolution du

---

* Cet échange de lettres est d'une grande importance, et reflète souvent les préventions que nourrit le général de Gaulle à l'égard de la politique britannique : « Envisageant, d'une part, écrira le Général, l'hypothèse où les vicissitudes de la guerre amèneraient l'Angleterre à une paix de compromis, considérant, d'autre part, que les Britanniques pourraient, d'aventure, être tentés par telle ou telle de nos possessions d'outre-mer, j'insistai pour que la Grande-Bretagne garantît le rétablissement des frontières de la Métropole et de l'Empire français [42]. »

Le 7 août, Churchill écrit au Général : « [...] Le gouvernement de Sa Majesté est résolu, lorsque les armes alliées auront remporté la victoire, à assurer la restauration intégrale de l'indépendance et de la grandeur de la France. » Mais dans une autre lettre du même jour, il précise : « [...] L'expression " restauration intégrale de l'indépendance et de la grandeur de la France " ne vise pas d'une manière rigoureuse les frontières territoriales. Nous n'avons été en mesure de garantir ces frontières à aucune des nations combattant à nos côtés ; mais, bien entendu, nous ferons de notre mieux. » Ceci éveille immédiatement les soupçons du Général, qui répond assez sèchement : « Je prends acte, Monsieur le Premier ministre, que telle est l'interprétation que le Gouvernement britannique attribue aux expressions relatées ci-dessus. J'espère que les circonstances permettront un jour au Gouvernement britannique de considérer ces questions avec moins de réserve [43]. »

conflit. « De Gaulle, notera son ordonnance Claude Bouchinet-Serreulles, a ses grandes et ses petites entrées à Downing Street, où il est convié pour des entretiens de caractère privé et personnel. Churchill qui, avec de Gaulle, parle français avec volubilité, dans un baragouin très séduisant mais imagé, souvent difficile à saisir, est impressionné par la puissance d'intelligence de son interlocuteur, l'étendue de ses conceptions stratégiques, l'identité de leurs vues et de leurs façons de sentir [41 bis]. » Du reste, de Gaulle se rend régulièrement aux Chequers, la résidence de campagne où le Premier ministre reçoit ses invités. Dans cette atmosphère plus décontractée qu'à Londres, Winston Churchill peut, l'espace d'un week-end, tenir ses hôtes sous le charme de sa remarquable personnalité. Il est vrai qu'en ces occasions, le général de Gaulle ne manquera jamais d'être impressionné par l'extraordinaire sens de l'histoire et la farouche résolution de ce lutteur devenu homme d'État. Dans ses *Mémoires*, le Général décrira l'une de ses conversations avec Churchill ; en ce début d'août, elle porte une fois encore sur la bataille d'Angleterre :

« Je le vois encore [...] tendre les poings vers le ciel en criant : " Ils ne viendront donc pas ! " — " Êtes-vous si pressé, lui dis-je, de voir vos villes fracassées ? " — " Comprenez, me répondit-il, que le bombardement d'Oxford, de Coventry, de Canterbury, provoquera aux États-Unis une telle vague d'indignation qu'ils entreront dans la guerre ! " Je marquai là-dessus quelque doute, en rappelant que, deux mois auparavant, la détresse de la France n'avait pas fait sortir l'Amérique de sa neutralité. " C'est parce que la France s'effondrait ! affirma le Premier ministre. Tôt ou tard les Américains viendront, mais à la condition qu'ici nous ne fléchissions pas. C'est pourquoi je ne pense qu'à l'aviation de chasse. " Il ajouta : " Vous voyez que j'ai eu raison de vous la refuser à la fin de la bataille de France. Si elle était, aujourd'hui, démolie, tout serait perdu pour vous, aussi bien que pour nous ! " — " Mais, dis-je à mon tour, l'intervention de vos chasseurs, si elle s'était, au contraire, produite, aurait peut-être ranimé l'alliance et entraîné, du côté français, la poursuite de la guerre en Méditerranée. Les Britanniques seraient alors moins menacés, les Américains plus tentés de s'engager en Europe et en Afrique. "

« Monsieur Churchill et moi tombâmes modestement d'accord pour tirer des événements qui avaient brisé l'Occident cette conclusion banale mais définitive : en fin de compte, l'Angleterre est une île ; la France, le cap d'un continent ; l'Amérique, un autre monde [44]. »

Pourtant, il ne faut pas croire que le Premier ministre britannique et le chef de la France Libre se réunissent uniquement pour évoquer les drames du passé et en tirer des conclusions banales. En ce début du mois d'août, ils examinent en effet un plan d'opérations qui porte le nom code de *Scipion*, et sera bientôt rebaptisé *Menace* — un plan dont l'importance sera considérable et les conséquences incalculables. Depuis que le général de Gaulle a formé l'embryon d'une nouvelle armée et d'une nouvelle France, il n'a jamais cessé de penser aux moyens de les faire rentrer toutes deux dans la guerre. A cet égard, l'Afrique lui est apparue d'emblée comme le meilleur théâtre d'opérations. Là-bas, en effet, la France possède de vastes territoires ; il faut les défendre contre les Allemands, et aussi contre Vichy ; il faut même les défendre contre l'Angleterre et l'Amérique, qui pourraient être tentées de « s'en assurer elles-mêmes pour leur combat et pour leur compte [45] ». De plus, ces territoires africains constitueraient une excellente base pour la France Libre, qui cesserait dès lors d'être un mouvement en exil pour devenir une administration indépendante et souveraine établie en territoire national. Enfin, l'Afrique apparaît comme un tremplin idéal pour la reconquête de l'Europe...

A vrai dire, de Gaulle avait d'abord envisagé une opération destinée à rallier l'Afrique du Nord. Mais au mois de juillet, surtout après Mers el-Kébir, les conditions qui y règnent sont peu propices aux desseins du Général. En Afrique-Équatoriale, par contre, la situation est déjà plus favorable ; avec l'assistance de lord Lloyd, ministre des Colonies, de Gaulle prépare donc le ralliement du Tchad, du Cameroun et du Congo ; ces opérations seront mises en œuvre à la fin du mois d'août par quelques hommes décidés comme Hettier de Boislambert, Pleven, Parant, le capitaine de Haute-clocque * et le colonel de Larminat. Mais l'Afrique-Occidentale, avec sa grande base navale de Dakar, est de loin l'objectif stratégique le plus important. A la fin du mois de juillet, le général de Gaulle, avec l'assistance du général Spears et du major Morton, a conçu un plan de ralliement pacifique du bloc ouest-africain et de son importante base navale : « Mon projet initial, écrira-t-il, écartait donc l'attaque directe. Il s'agissait de débarquer, à grande distance de la place, une colonne résolue qui progresserait vers l'objectif en ralliant, à mesure, les territoires traversés et les éléments rencontrés. Ainsi pouvait-on espérer que les forces de la France Libre, grossissant par contagion, aborderaient Dakar par les terres. C'est à

* Le futur général Leclerc.

Konakry que j'envisageais de débarquer les troupes. On pourrait, de là, marcher sur la capitale de l'Afrique-Occidentale en utilisant une voie ferrée et une route continues. Mais, pour empêcher l'escadre de Dakar d'anéantir l'expédition, il était nécessaire que celle-ci fût couverte du côté de la mer. C'est à la flotte anglaise que je devais le demander. Je m'étais ouvert de ce projet à M. Churchill dans les derniers jours de juillet [46]. »

Churchill est parfaitement conscient de l'importance cruciale de Dakar pour l'effort de guerre britannique. Que la base tombe aux mains des Allemands, et toutes les communications maritimes de la Grande-Bretagne avec le Moyen-Orient, l'Inde et l'Australie se trouveraient à la merci de la flotte allemande ; quant aux colonies anglaises de l'Ouest africain, elles seraient directement menacées. Si, au contraire, les Britanniques eux-mêmes pouvaient mettre la main sur Dakar, la bataille de l'Atlantique prendrait évidemment une tout autre tournure. D'ailleurs, Churchill a une autre raison de s'intéresser à Dakar ; depuis l'évacuation de Dunkerque, il n'a cessé d'échafauder des plans d'attaque sur plusieurs points du littoral européen occupé. Ces plans se sont révélés irréalisables, mais Churchill persiste à croire qu'une opération offensive est nécessaire pour soutenir le moral de ses compatriotes. Au début de juillet, Churchill s'est déjà intéressé à Dakar ; dans un rapport au *Foreign Office*, le consul britannique en poste à Dakar avait en effet estimé que la flotte britannique devrait s'y livrer à une démonstration de force, si possible avant le 10 juillet, et qu'une opération de ce genre pourrait produire l'effet escompté sans grande effusion de sang [47]. Bien entendu, le Premier ministre s'est aussitôt enthousiasmé pour cette idée, mais ses chefs d'état-major ont exprimé un avis différent : « Opération militairement impraticable [48] ! » ont-ils décrété... Les choses en sont là quand le général de Gaulle soumet au Premier ministre le plan *Scipion* pour la capture de Dakar.

Pour Churchill, c'est un plan qui vient à point, et qui confirme ses propres vues sur la question. Il le transmet immédiatement aux chefs d'état-major et au *War Cabinet*, en soulignant qu'il l'approuve sans réserves et « ne veut pas d'objections techniques de la part des chefs d'état-major [49] ». Il y en aura tout de même, et elles ne viendront pas seulement des chefs d'état-major ; après un entretien avec de Gaulle, Spears et Morton, l'amiral Dudley Pound, Premier lord de la Mer, annonce que l'opération nécessiterait l'emploi de très nombreux éléments de la *Royal Navy* pendant une période de temps prolongée. Churchill a le plus grand respect pour

le jugement de l'amiral Pound, mais lorsqu'il est question de stratégie, ce n'est pas l'imagination qui lui fait défaut — et le 6 août, le
général de Gaulle est convoqué à Downing Street :

« Je le trouvai [...] comme d'habitude, écrit le général de Gaulle,
dans cette grande pièce de Downing Street qui, de par la tradition,
sert à la fois de bureau au Premier ministre et de salle de réunion au
Gouvernement de Sa Majesté. Sur l'immense table qui remplit la
pièce, il avait fait déployer des cartes devant lesquelles il allait et
venait en parlant avec animation.

" Il faut, me dit-il, que nous nous assurions ensemble de Dakar.
C'est capital pour vous. Car, si l'affaire réussit, voilà de grands
moyens français qui rentrent dans la guerre. C'est très important
pour nous. Car la possibilité d'utiliser Dakar comme base nous
faciliterait beaucoup les choses dans la dure bataille de l'Atlantique. Aussi, après en avoir conféré avec l'Amirauté et les chefs
d'état-major, puis-je vous dire que nous sommes disposés à
concourir à l'expédition. Nous envisageons d'y consacrer une
escadre considérable. Mais cette escadre, nous ne pourrions la laisser longtemps sur les côtes d'Afrique. La nécessité de la reprendre
pour contribuer à la couverture de l'Angleterre, ainsi qu'à nos opérations en Méditerranée, exige que nous fassions les choses très
rapidement. C'est pourquoi nous ne souscrivons pas à votre projet
de débarquement à Konakry et de lente progression à travers la
brousse qui nous obligerait à maintenir, pendant des mois, nos
navires dans ces parages. J'ai autre chose à vous proposer. " Alors,
M. Churchill, colorant son éloquence des tons les plus pittoresques,
se mit à me peindre le tableau suivant : " Dakar s'éveille un matin,
triste et incertaine. Or, sous le soleil levant, voici que les habitants
aperçoivent la mer couverte au loin de navires. Une flotte
immense ! Cent vaisseaux de combat ou de charge ! Ceux-ci s'ap-
prochent lentement en adressant par radio, à la ville, à la marine, à
la garnison, des messages d'amitié. Certains arborent le pavillon
tricolore. Les autres naviguent sous les couleurs britanniques, hol-
landaises, polonaises, belges. De cette escadre alliée se détache un
inoffensif petit bateau portant le drapeau blanc des parlementaires.
Il entre au port et débarque les envoyés du général de Gaulle. Ceux-
ci sont conduits au gouverneur. Il s'agit de faire comprendre à ce
personnage que, s'il vous laisse débarquer, la flotte alliée se retire
et qu'il n'y a plus qu'à régler, entre lui et vous, les conditions de sa
coopération. Au contraire, s'il veut le combat, il risque fort d'être
écrasé. "

« Et M. Churchill, débordant de conviction, décrivait et mimait, à

mesure, les scènes de la vie future, telles qu'elles jaillissaient de
son désir et de son imagination : " Pendant cette conversation entre
le gouverneur et vos représentants, des avions français libres et britanniques survolent pacifiquement la ville, jetant des tracts de sympathie. Les militaires et les civils, parmi lesquels vos agents sont à
l'œuvre, discutent passionnément entre eux des avantages qu'offri-
rait un arrangement avec vous et des inconvénients que présenterait, par contre, une grande bataille livrée à ceux qui, après tout,
sont les alliés de la France. Le gouverneur sent que, s'il résiste, le
terrain va se dérober sous ses pieds. Vous verrez qu'il poursuivra
les pourparlers jusqu'à leur terme satisfaisant. Peut-être, entre-
temps, voudra-t-il, ' pour l'honneur ' tirer quelques coups de canon.
Mais il n'ira pas au-delà. Et, le soir, il dînera avec vous en buvant à
la victoire finale *. "

« Dépouillant la conception de M. Churchill de ce que son éloquence y ajoutait d'ornements séduisants, je reconnus, après
réflexion, qu'elle s'appuyait sur des données solides. Puisque les
Anglais ne pouvaient distraire longtemps vers l'équateur des
moyens navals importants, il n'y avait à envisager, pour me rendre
maître de Dakar, qu'une opération directe. Or celle-ci, à moins de
prendre le caractère d'une attaque en règle, devait forcément com-
porter quelque mélange de persuasion et d'intimidation [...]. Je
conclus que, si nous étions présents, il y aurait des chances pour
que l'opération prît le tour d'un ralliement, fût-il contraint, à la
France Libre. Si, au contraire, nous nous abstenions, les Anglais
voudraient, tôt ou tard, opérer pour leur propre compte. Dans ce
cas, la place résisterait vigoureusement [...]. [...] Et quand bien
même Dakar, écrasée d'obus, devrait finalement se rendre aux Britanniques, avec ses ruines et ses épaves, il y avait à craindre que
l'opération se soldât au dommage de la souveraineté française.

« Après un court délai, je revins chez M. Churchill pour lui dire
que j'acceptais sa suggestion [51]. »

A partir de là, de Gaulle et Churchill ont donc un plan commun ;
il est fondé sur un mélange de persuasion et d'intimidation, et sera
accepté par les chefs d'état-major le 7 août, sans grand enthou-

---

* De ce point de vue, le jugement porté par Neville Chamberlain sur Winston
Churchill en 1928 est du plus grand intérêt : « Ses décisions ne sont jamais fondées sur
une connaissance précise de la question, ni sur un examen attentif et prolongé du pour et
du contre. Ce qu'il recherche d'instinct, c'est l'idée générale et de préférence originale,
susceptible d'être exposée dans ses très grandes lignes. Qu'elle soit réalisable ou non,
bonne ou mauvaise, elle le séduira, pourvu qu'il se voie en train de la recommander avec
succès à un auditoire enthousiaste... lorsqu'il échafaude un projet, il s'emballe si fougueu-
sement qu'il lui arrive bien souvent de perdre le contact avec la réalité [50]. »

siasme d'ailleurs. Après cela, les services de planification britanniques vont mettre au point le détail des opérations, et dès le début, Churchill intervient avec fougue dans leurs travaux. Le 8 août, il écrit au Comité des chefs d'état-major :

« Il semblerait extrêmement important pour les intérêts britanniques que le général de Gaulle puisse prendre Dakar au plus tôt. Si ses émissaires nous informent que la ville peut être prise sans effusion de sang, tout sera pour le mieux. Dans le cas contraire, il faudra constituer une force polonaise et britannique et lui donner toute la protection navale nécessaire. L'opération une fois commencée devra être menée jusqu'au bout. Pour lui donner un caractère français, il faut utiliser de Gaulle, et bien sûr c'est son administration qui sera installée après le succès de l'opération. Mais nous devons l'encourager et lui procurer l'appoint de forces nécessaires. Les chefs d'état-major ont à établir un plan pour la capture de Dakar. Doivent être considérés comme disponibles pour mener à bien cette opération :

« a) Les forces du général de Gaulle et tous les navires de guerre français qui pourront être rassemblés ;

« b) Une force navale britannique assez considérable pour dominer les navires de guerre français dans le secteur, tout en couvrant le débarquement ;

« c) Une brigade polonaise convenablement équipée ;

« d) La brigade de Royal Marines gardée en réserve pour les îles de l'Atlantique, mais qui pourrait être utilisée au préalable pour aider de Gaulle à débarquer, ou à défaut des commandos tirés des forces de sir Roger Keyes ;

« e) Un appui aérien adéquat opérant à partir de porte-avions ou d'une colonie de l'Ouest africain anglais [...].

« Une fois Dakar prise, nous n'envisageons pas d'y maintenir des forces britanniques. L'administration du général de Gaulle une fois mise en place devra se maintenir avec une aide britannique limitée à un approvisionnement modéré, et bien sûr à la protection contre toute opération navale lancée à partir de la France occupée [...]. En tout état de cause, il faudra prendre le *Richelieu* et le remettre en état, en le maintenant sous pavillon français [...]. Dans l'établissement de ce plan, le temps revêt une importance cruciale. Nous n'en avons déjà perdu que trop. Des navires de transport britanniques devront être utilisés chaque fois que ce sera nécessaire, il suffira de les faire naviguer sous pavillon français [...]. La question de savoir si la France nous déclarera la guerre, et si nous pouvons courir ce risque, relève de la compétence du Cabinet [52]. »

Cette note porte la mention POUR ACTION IMMÉDIATE, et dès le 10 août, le sous-comité de planification des trois armes a déjà établi un plan directif, baptisé *Menace*, qui sera également approuvé par les chefs d'état-major. Peu après, le vice-amiral John Cunnigham et le major-général Irwin se voient nommer commandants en chef de l'expédition ; le 12 août, Churchill les invite tous deux aux Chequers, les harangue longuement, et rédige lui-même leurs instructions. Il va sans dire que les chefs d'état-major et les responsables de la planification voient d'un très mauvais œil les interventions répétées et intempestives du Premier ministre ; le maréchal de la RAF sir John Slessor, alors directeur de la planification, écrira plus tard : « Depuis le début, les services de planification étaient très hostiles à l'opération *Menace*, mais WSC [Churchill] exerça sur nous une pression très sévère (et à mon avis indue), allant même jusqu'à rendre visite au Comité pour nous forcer la main. En fait, tout le monde eut bientôt les nerfs à vif, et nous le mîmes en colère en lui disant que l'opération ne pourrait réussir qu'avec la coopération franche et loyale de l'ennemi, ce qui ne nous paraissait pas être une base très sûre pour l'établissement des plans [53] ! »

En fait, l'opération *Menace* à son stade initial va connaître bien d'autres obstacles que la réticence des responsables de la planification ; le général de Gaulle et le général Spears ne tarderont pas à s'en apercevoir, et ce dernier notera : « Les grandes lignes de l'opération et les délais d'exécution une fois fixés au cours de réunions entre le général de Gaulle, moi-même et les deux commandants en chef de l'expédition [...] ni le général de Gaulle ni moi-même ne fûmes tenus au courant de l'évolution des travaux. Nous ne reçûmes que les informations nécessaires au général de Gaulle pour lui permettre de donner à ses troupes les ordres qui s'imposaient. Pour le reste, tout était entre les mains des services de planification [54]. »

Mais il y a pire ; à mesure que les préparatifs avancent, les forces britanniques prévues pour l'opération se trouvent considérablement réduites ; au lieu de la formidable armada de cent navires imaginée par Churchill, on ne trouve en fin de compte que deux anciens cuirassés, quatre croiseurs, un porte-avions, quelques destroyers et trois transports de troupes avec deux bataillons d'infanterie de marine. Le général de Gaulle, lui, ne peut réunir que trois avisos, deux chalutiers armés, quatre cargos et deux paquebots hollandais qui transporteront quelque 2 000 hommes, dont un bataillon de la Légion et une compagnie de fusiliers marins. Quant à la brigade polonaise prévue pour participer à l'opération, elle disparaîtra sans raison apparente au stade initial de la planification...

L'incertitude règne également en ce qui concerne la date prévue pour le déclenchement de l'opération : « Nous espérions attaquer le 8 septembre, écrira Churchill, mais il s'avéra que la force principale devrait d'abord faire relâche à Freetown pour se réapprovisionner en combustible et se regrouper avant l'assaut. Le plan prévoyait que les transports de troupes français, naviguant à 12 nœuds, atteindraient Dakar en seize jours. Toutefois, on s'aperçut que les cargos transportant le matériel lourd ne pourraient faire que 8 ou 9 nœuds, et ce fait ne fut signalé que trop tardivement pour qu'un transbordement du matériel dans des navires plus rapides puisse offrir quelque avantage. En tout, un retard de dix jours sur la date fixée apparut inévitable ; cinq jours pour l'erreur de calcul touchant la vitesse des navires, trois jours pour des problèmes de chargement imprévus, deux jours pour le réapprovisionnement en combustible à Freetown. Décidément, nous devions nous contenter du 18 septembre [55]. » En fait, malgré les interventions répétées du Premier ministre, la date de l'attaque sera encore repoussée au 19 septembre, et d'autres retards vont encore intervenir avant le départ de l'expédition.

Bien d'autres points faibles ne tarderont pas à se manifester, et certains ne seront pas sans rappeler la désastreuse confusion qui présida à la campagne de Norvège. Ainsi, tout le monde, de Gaulle et Churchill compris, s'accorde pour dire que l'opération doit être menée à bien par la négociation et sans effusion de sang ; Churchill a même précisé aux chefs d'état-major que « tout devra se dérouler dans une atmosphère de kermesse [56] ». Mais, si incomplets que soient les renseignements sur les conditions politiques à Dakar, l'attitude du gouverneur général Boisson, commandant la place, permet au moins de penser que Dakar ne se rendra pas sans combat ; or, si à la suite de l'échec des négociations, une attaque se révèle nécessaire, les attaquants auront perdu tout le bénéfice de la surprise lorsqu'ils se présenteront devant les défenses côtières de Dakar. D'ailleurs, on manque singulièrement d'informations quant à la nature exacte de ces défenses : combien de batteries ? leurs calibres ? leurs positions ? On ignore même la topographie exacte des plages de débarquement autour de Dakar ; quant aux renseignements sur l'état de la mer au large de ces plages, le contre-amiral Maund écrira qu'ils étaient du genre de « la mer sera peut-être mauvaise, ou peut-être pas [57] ». En tout cas, les renseignements sur Dakar donnés aux deux commandants de l'expédition datent d'avant la guerre — d'avant la Grande Guerre, s'entend !... On a bien reçu en juin 1940 des renseignements plus récents sur les effectifs de la garnison de Dakar, mais ils sont restés enfouis dans les archives du *War Office* et n'ont pas pu être utilisés [58]. Ceci explique que les défenses côtières et les effectifs de la garnison de Dakar aient été fortement sous-estimés par les responsables de la planification...

A tout cela, il convient d'ajouter une certaine faiblesse au niveau de l'organisation ; les communications radio entre les navires alliés participant à l'expédition sont défectueuses, le personnel des transmissions manque d'entraînement, les commandants de l'expédition ne connaissent pas leurs hommes, ces hommes n'ont pas l'entraînement nécessaire pour effectuer des opérations de débarquement, et au moment du départ, on oubliera même de nombreuses pièces d'équipement. Du reste, il y aura peu avant ce départ quelques indiscrétions assez inquiétantes ; ainsi on entendra dans plusieurs restaurants de Londres et de Liverpool des officiers français porter un toast « A Dakar [59] ! ». Il y a aussi un officier français qui se montre très bavard lors de ses entretiens avec des personnes du sexe opposé, ce qui ne laisse pas d'inquiéter les Anglais [60]. Mais les Anglais eux-mêmes ne témoignent pas d'une réserve à toute épreuve ; leurs officiers ont rassemblé des renseignements sur Dakar dans les agences de voyage de Londres avec un manque de discrétion assez stupéfiant, tandis que les dockers de Liverpool parlent à qui veut les entendre des objectifs précis de l'expédition [61], et qu'à deux reprises, des caisses destinées à l'embarquement s'écrasent au sol, libérant des centaines de tracts tricolores ainsi libellés :

AUX HABITANTS DE DAKAR et FRANÇAIS DE DAKAR ! JOIGNEZ-VOUS À NOUS POUR DÉLIVRER LA FRANCE [62].

En dépit de toutes ces erreurs, le général de Gaulle reste confiant dans le succès de l'opération ; il est vrai qu'il a été fortement encouragé par le ralliement du Tchad à la France Libre le 26 août, par celui du Cameroun le lendemain, et celui du Congo le surlendemain. Le 30 août, il déjeune avec le Premier ministre à Downing Street, et l'atmosphère est résolument à l'optimisme. Le lendemain, l'expédition quitte enfin Liverpool ; le général de Gaulle, le général Spears et le capitaine de frégate d'Argenlieu ont pris place à bord du paquebot hollandais *Westerland*. Avant d'embarquer, le général de Gaulle a laissé une lettre pour le général Catroux, qui vient de rallier la Croix de Lorraine et doit arriver incessamment à Londres.

Cette lettre est révélatrice de l'état d'esprit du chef de la France Libre : « Quand vous recevrez cette lettre, écrit-il, je serai parti pour Dakar avec des troupes, des navires, des avions et... l'appui des Anglais [...]. J'ai pleine confiance dans la victoire finale. Les Anglais s'y sont mis à fond et, heureusement pour nous et pour eux, M. Winston Churchill est intégralement " l'homme de la guerre ". La partie se joue entre Hitler et lui [63]. »

Mais les choses ne vont pas tarder à se gâter. Les navires alliés n'atteignent Freetown que le 17 septembre, et c'est pour apprendre qu'une semaine auparavant, six croiseurs français ont quitté Toulon et franchi le détroit de Gibraltar sans être interceptés par la flotte britannique. Ensuite, ayant longé la côte africaine, ils sont parvenus sans encombre à Dakar le 14 septembre. Mais cinq jours plus tard, renforcés par un septième croiseur, le *Primauguet*, ils quittent Dakar pour faire route au sud ; de toute évidence, ils ont pour mission de ramener le Congo et le Cameroun sous l'allégeance de Vichy. Cette fois, cependant, ils sont interceptés par la flotte de l'amiral Cunningham et contraints à rebrousser chemin. Pour les deux colonies d'Afrique-Équatoriale qui viennent de rallier la France Libre, c'est là une excellente nouvelle. Mais pour l'expédition alliée, c'est un coup très dur ; car des sept croiseurs qui ont fait demi-tour, cinq ont rejoint Dakar, renforçant ainsi la base avec des officiers, des marins et des artilleurs loyaux à Vichy. Informé de l'arrivée des croiseurs, Churchill comprend immédiatement l'ampleur du danger : « Je ne doutai pas, écrira-t-il plus tard, que l'entreprise dût être abandonnée. » Le 16 septembre, le *War Cabinet* se range à l'avis de Churchill, et envoie aux chefs de l'expédition les instructions suivantes :

« Le gouvernement de Sa Majesté a décidé que la présence de croiseurs français à Dakar rendait impossible l'exécution de l'opération [...]. Il semble que la meilleure solution consisterait, pour le général de Gaulle, à débarquer à Douala, afin de consolider la situation au Cameroun, dans l'Afrique-Équatoriale et au Tchad, et d'étendre son influence jusqu'à Libreville. Pour le moment, la fraction anglaise des troupes demeurerait à Freetown. Ce plan serait à mettre immédiatement en application, à moins que le général de Gaulle n'ait de fortes objections à présenter [64]. »

Mais de Gaulle a en effet de fortes objections à présenter, et les deux commandants de l'expédition se joignent à lui ; tous trois insistent pour poursuivre l'opération, et cette farouche résolution ne laisse pas d'impressionner le Premier ministre ; dans l'après-midi du 18 septembre, le *War Cabinet* va donc donner son accord. Mais lorsque, au matin du 23 septembre, l'escadre anglo-française se présente devant Dakar, rien ne rappelle l'imposant spectacle imaginé par Winston Churchill un mois et demi plus tôt ; en effet, tout est recouvert d'un épais brouillard, et les navires alliés ne peuvent même pas être vus du rivage. Pourtant, le plan n'en est pas moins mis à exécution ; à 6 heures du matin, le général de Gaulle lance un appel aux marins, aux soldats et aux habitants de Dakar. Deux petits avions français *Luciole* s'envolent du porte-avions *Ark Royal* et atterrissent sur l'aérodrome de Dakar pour y débarquer des émissaires ; d'autres avions anglais et français survolent la ville en jetant des tracts et des banderoles tricolores. Sur le moment, on ne signale aucune réaction de la part de la garnison, et l'opération semble réussir...

Soudain, les batteries antiaériennes de Dakar ouvrent le feu sur les avions alliés, et les canons du *Richelieu* leur font écho. Les trois officiers français qui ont été déposés sur l'aérodrome de Dakar sont aussitôt arrêtés. Entre-temps, deux vedettes arborant le drapeau tricolore et le drapeau blanc ont pénétré dans la rade ; d'autres émissaires du général de Gaulle sont à bord, avec à leur tête le capitaine de frégate d'Argenlieu. Mais dès qu'ils posent pied à terre, ces hommes sont menacés d'arrestation et contraints à se réembarquer sous un feu nourri. Là-dessus, les batteries côtières et les canons du *Richelieu* commencent à bombarder l'escadre alliée, et le croiseur *Cumberland* est sérieusement endommagé. Les navires anglais répliquent, et il s'ensuit une longue canonnade.

Au cours de l'après-midi, on décide de tenter un débarquement dans le petit port de Rufisque, mais là encore, le brouillard règne en maître, le premier échelon de débarquement se heurte à une farouche résistance, et la tentative est finalement abandonnée. Durant les deux jours qui suivent, la canonnade se poursuit par intermittence, causant des pertes de part et d'autre sans amener de résultat décisif. En raison de l'état défectueux du matériel de transmissions, les communications entre les navires de la France Libre et les bâtiments anglais s'avèrent de plus en plus difficiles. Au soir du 25 septembre, le croiseur britannique *Resolution* est sérieusement endommagé, et la reddition de Dakar est toujours aussi improbable. Le général de Gaulle et l'amiral Cunningham, s'étant longuement consultés, décident donc d'abandonner l'entreprise, et l'escadre alliée remet le cap sur Freetown.

On imagine aisément l'état d'esprit du général de Gaulle durant les jours qui suivent. La défaite laisse un goût très amer, et le chef de la France Libre est bien près d'abandonner définitivement la partie ; au soir du 25 septembre, le général Spears écrit dans son journal : « Il est tellement obnubilé par la crainte d'encourir le reproche d'avoir attaqué des Français que son jugement s'en trouve entièrement altéré [65]. » Effectivement, de Gaulle envisage alors plusieurs solutions, et le suicide semble bien avoir été l'une d'elles [66]. A d'autres moments, il songe à partir pour l'Égypte avec ses hommes pour combattre les Italiens et « effacer l'impression produite par Dakar [67] ». Le 1er octobre, Spears note également dans son journal : « [De Gaulle] s'inquiète beaucoup de l'impression produite par Dakar, et il craint pour Winston [68]. »

Il est vrai que l'échec de Dakar a produit dans le monde une impression désastreuse, et, comme on pouvait s'y attendre, la propagande allemande et celle de Vichy vont exploiter à fond l'événement. Mais la presse britannique est presque aussi féroce dans ses critiques ; jusqu'à la fin du mois de septembre, le *Daily Mail*, le *Daily Herald*, le *Manchester Guardian*, le *New Statesman*, le *Daily Telegraph*, le *Times*, l'*Observer* et le *Daily Mirror* vont tirer à boulets rouges sur le gouvernement, sur le général de Gaulle et sur tous les responsables de l'expédition. Ainsi, le *Daily Mirror* parle de « grossière erreur de calcul », mais aussi de « fougue désordonnée », « retraite précipitée », « irréalisme », « demi-mesures », et il ajoute : « Avec Dakar, nous avons sans doute touché le fin fond de l'imbécillité [69]. » Une bonne partie de ces critiques virulentes et injustes sera reprise avec délectation par la presse américaine, et répercutée dans le monde entier...

En dépit de tout cela, de Gaulle n'a guère d'inquiétude à avoir pour le Premier ministre ou pour lui-même, car Churchill est plus combatif que jamais, et moins disposé que jamais à abandonner un ami dans la détresse ; le 8 octobre, il déclare aux Communes : « Nous ne tenions pas plus que le général de Gaulle à nous laisser entraîner dans un conflit sanglant ou prolongé avec les Français de Vichy. Je ne doute nullement que le général de Gaulle ait eu raison de croire que la majorité des Français était favorable à la France Libre. Je dirais même qu'il a fait preuve à cette occasion d'un jugement très sûr, et que son comportement dans ces circonstances aussi extraordinairement difficiles n'a fait qu'accroître la considération que nous lui portions. Le gouvernement de Sa Majesté n'abandonnera certainement pas la cause du général de Gaulle avant qu'elle ne se confonde avec la cause de la France, ce qui ne saurait manquer de se produire. » Après avoir exposé les principales raisons de l'échec de l'expédition, Churchill va prendre rudement à partie ses détracteurs : « La critique est souvent utile lorsqu'elle est constructive, rigoureuse et bien informée. Mais le ton que l'on relève dans certains organes de presse — heureusement peu nombreux — lorsqu'ils évoquent l'épisode de Dakar, et d'autres questions plus graves encore, est si hargneux et si venimeux qu'il en serait presque indécent même s'il s'adressait à l'ennemi [70]. »

La presse anglaise n'est pas entièrement convaincue par les explications de Churchill, mais les contre-attaques mordantes du Premier ministre ne restent pas sans effet. Peu à peu, les critiques adressées au général de Gaulle s'estompent, les attaques contre le gouvernement disparaissent, et l'intérêt se reporte sur d'autres aspects de la guerre. En Afrique, le général de Gaulle a été fortement encouragé par l'énergique intervention du Premier ministre. Du reste, il a retrouvé entre-temps toute sa combativité, et s'apprête à partir pour une tournée d'inspection en Afrique-Équatoriale ; avec le colonel Leclerc, il prépare la prise de Libreville et le ralliement de l'ensemble du Gabon, opération qui sera couronnée de succès un mois plus tard.

Il n'en demeure pas moins que l'échec de Dakar va porter à la France Libre un coup extrêmement sérieux ; il anéantira tout espoir de rallier l'Afrique-Occidentale et l'Afrique du Nord dans un avenir prévisible ; il dissuadera de nombreux Français de se joindre au général de Gaulle, et en encouragera bien d'autres dans leur hostilité à la France Libre... Par ailleurs, beaucoup d'Anglais, ayant entendu dire que les indiscrétions commises par les Français avant le départ de l'expédition étaient à l'origine de l'échec de Dakar, vont en conclure que les Français Libres sont indignes de confiance. Tout cela est parfaitement injustifié *, mais pour beaucoup de membres du *War Office* et de l'Amirauté, ce sera un excellent prétexte pour exclure les Français Libres de la planification des opérations à venir. Pourtant, c'est aux États-Unis que cet échec aura les répercussions les plus sérieuses ; le président Roosevelt, qui s'était passionné pour l'entreprise [71], est désagréablement surpris lorsqu'elle tourne court. Son peu d'estime pour le général de Gaulle [72], qu'il considérait déjà comme une créature des Anglais, va s'en trouver considérablement renforcé ; à l'avenir, l'échec de Dakar lui servira de prétexte pour demander l'exclusion des Français Libres de toutes les opérations alliées en Afrique... et ailleurs.

---

* En effet, Vichy n'a reçu aucun renseignement sur l'opération *Menace*. Ainsi que nous l'avons vu, les croiseurs de Vichy, dont l'arrivée intempestive compromettra l'opération, sont venus reconquérir le Cameroun et le Congo, et non défendre Dakar.

Alliance

Churchill a été très déçu par l'échec de Dakar ; et pourtant, comme il l'a déclaré aux Communes le 8 octobre, il n'a nullement perdu confiance en de Gaulle ; plus encore, il a été vivement impressionné par la farouche détermination dont le chef des Français Libres a fait preuve au cours de l'opération. D'ailleurs, à la différence de beaucoup de journalistes mal informés, Churchill connaît la véritable raison de l'échec de Dakar : c'est l'intervention de l'escadre de Vichy, qui a pu passer sans encombres le détroit de Gibraltar à la suite d'une grave erreur de l'Amirauté britannique. Enfin, les rumeurs selon lesquelles le général de Gaulle aurait imposé l'opération de Dakar au gouvernement de Sa Majesté sont entièrement dénuées de fondement, et Winston Churchill le sait mieux que tout autre. Si l'échec de Dakar a eu bien des conséquences désastreuses, il n'a pourtant entraîné aucune détérioration dans les relations entre le Premier ministre britannique et le chef de la France Libre.

Churchill n'a pas ménagé ses efforts pour accroître l'influence et l'autorité du général de Gaulle, mais il se rend bien compte qu'il a créé là une sorte de fiction ; car enfin, en dépit de sa stature et de sa résolution, le général de Gaulle ne peut en aucun cas prétendre représenter le gouvernement de la France, ni parler au nom de la France entière. Or Churchill ne peut se résoudre à perdre tout contact avec cette France captive et son gouvernement asservi. Il est vrai qu'il a de bonnes raisons pour cela : la flotte française et la plus grande partie de l'Empire sont restées sous l'autorité du gouvernement de Vichy ; par ailleurs, Churchill a écrit dès le 25 juillet à son ministre des Affaires étrangères : « Je voudrais susciter à Vichy une sorte de conspiration, tendant à ce que certains membres

de ce gouvernement, peut-être avec la complicité de ceux qui resteraient, passent en Afrique du Nord, afin de pouvoir mieux servir les
intérêts de la France sur ces rives, d'où ils disposeront de plus de
liberté d'action. Je suis prêt à proposer à cet effet des facilités de
ravitaillement et divers autres avantages... [1] »

Mais chez Churchill, le sentiment se mêle souvent au pragmatisme — surtout lorsqu'il s'agit de la France. Et Hugh Dalton, qui
s'entretient avec lui le 3 septembre, écrira dans son journal :
« Churchill [...] est très contrarié par les difficultés de communications avec la France. Il m'a dit : " Je ne peux même pas trouver un
Américain pour porter une lettre au général Georges. Oh, ce serait
une lettre très courte. Je dirais seulement, comme Thiers : ' On pensez toujours ! on parlez jamais !... ' Il comprendrait. Je n'aurais pas
besoin d'en dire plus [2]. " »

En dépit de cette formulation quelque peu hasardeuse, le général
Georges aurait sans doute compris l'allusion. Mais il n'a plus l'âge,
ni d'ailleurs la volonté, de participer à cette conspiration à
laquelle pense le Premier ministre. Quant à la possibilité de fournir
des denrées alimentaires à la France en échange d'un sursaut d'indépendance de la part de Vichy, elle donnera bien lieu à un dialogue prolongé entre le *Foreign Office* et le ministre des Affaires
étrangères de Vichy, Paul Baudouin, par l'intermédiaire de l'ambassade de Grande-Bretagne à Madrid. Mais Vichy n'offrira rien
de tangible en échange d'un assouplissement du blocus britannique,
et, si sentimental soit-il, le Premier ministre de Sa Majesté n'est
pas homme à faire des concessions sans demander de contre-
parties...

Le général Catroux, arrivé en Angleterre le 17 septembre pour
rejoindre la France Libre, se rendra rapidement compte de l'étonnant mélange de sentimentalité et de pragmatisme qui anime le Premier ministre : « Churchill, écrira-t-il, avait parlé de De Gaulle de
la façon la plus chaleureuse et reconnaissante, en vantant la force
de son caractère et son sentiment de l'honneur. Il m'avait dit qu'il
n'oublierait jamais qu'il avait été fidèle à la Grande-Bretagne à
l'heure la plus critique et qu'il n'avait pas varié, même après la
douloureuse affaire de Mers el-Kébir. » Mais Churchill a également
dit à Catroux ce jour-là : « En définitive, en ce moment, c'est à
Londres que je crois que vous seriez le plus utile. Le mouvement de
la France Libre a besoin d'être conduit, et je pense que vous
devriez en prendre la direction [3]. »

Ces propos peuvent être interprétés de différentes manières ;
lord Lloyd, avec qui le général Catroux s'entretient peu après, lui

expliquera que « la gratitude et l'attachement de Winston Churchill envers de Gaulle ne faisaient pas question, mais que l'avenir du mouvement le préoccupait. Il en avait fait sa chose [...]. Il avait escompté que, sous l'action du Général, la France Libre deviendrait rapidement une force et une réalité. Or son espérance avait été déçue. Non seulement les adhérents de la France Libre se comptaient, mais on ne voyait dans leurs rangs aucune personnalité notoire de la politique, des armées, des milieux intellectuels, propre à donner du relief, du poids et du dynamisme au mouvement. On en pouvait conclure que la personnalité du Général n'était pas assez forte, et son rayonnement pas assez puissant pour susciter le grand phénomène d'attraction qu'on attendait. Un autre que lui, plus connu du grand public et plus familier des milieux internationaux, pourrait mieux sans doute y réussir [4] ».

Ceci est l'interprétation de lord Lloyd, et on peut penser qu'elle reflète davantage ses propres vues que celles du Premier ministre. Quant à de Gaulle, à qui le général Catroux rapportera cette conversation, il en déduira que Churchill « veut diviser pour régner [5] ». En fait, il y a une autre explication, qui est beaucoup plus vraisemblable : la France Libre est déchirée cette époque par des querelles intestines et des rivalités personnelles ; Churchill, qui n'ignore rien de ce qui se passe à l'intérieur du mouvement, a tout simplement pensé que l'arrivée du général Catroux pourrait remettre de l'ordre dans tout cela, en attendant le retour du général de Gaulle. Après tout, le Premier ministre a bien dit à Catroux : « *En ce moment* *, c'est à Londres que je crois que vous seriez le plus utile [6]. » D'aucuns diront tout de même que Churchill se mêle là de ce qui ne le regarde pas... mais Churchill n'a jamais cessé de se mêler de ce qui ne le regardait pas !

Entre-temps, à Madrid, l'ambassade de Grande-Bretagne a maintenu des contacts officieux avec Vichy, et, le 13 septembre, l'ambassadeur sir Samuel Hoare a transmis au *Foreign Office* un message de Paul Baudouin proposant l'établissement d'un *modus vivendi* colonial [7]. Quinze jours plus tard, l'ambassadeur transmet un second message de Vichy ; il est conçu en ces termes : « Si la Grande-Bretagne ne veut pas jeter complètement le gouvernement français dans les mains allemandes, elle doit permettre au ravitaillement venant des colonies françaises de passer en France non occupée. Au cas où ce ravitaillement serait autorisé, le gouvernement français serait disposé à procéder aux arrangements nécessaires en

---

* Souligné par nous.

matière de contrôle et garantirait que ni ce ravitaillement ni son équivalent en France ne seraient saisis par les Allemands. Au cas où les Allemands essaieraient de s'en emparer, le gouvernement français serait transféré au Maroc et la France s'unirait à nouveau à la Grande-Bretagne contre l'Allemagne [8]. »

Cette fois, les autorités britanniques commencent à montrer quelque intérêt ; elles répondent qu'elles seraient disposées à étudier les propositions de Vichy, ajoutant toutefois : « Il doit être entendu une fois pour toutes que le gouvernement de Sa Majesté ne peut retirer son soutien au mouvement du général de Gaulle et doit lui donner toute l'aide qu'il demande pour maintenir son autorité dans les colonies françaises qui se sont ralliées à sa cause [...]. Il faudrait bien préciser que le gouvernement de Sa Majesté attache la plus haute importance à l'arme du blocus, qui doit continuer à opérer contre l'ennemi. Le gouvernement ne pourrait envisager, à cet égard, un adoucissement que s'il était absolument sûr que le gouvernement français aurait la possibilité et la volonté d'agir indépendamment des ordres allemands ou italiens, pour ce qui concerne ses territoires d'outre-mer, et qu'il serait, en outre, prêt à adopter, dans ses transactions avec le gouvernement de Sa Majesté, une attitude de coopération qu'il n'a pas montrée jusqu'ici [9]. »

Ce dialogue indirect avec Vichy n'a pas été mené à l'insu du général de Gaulle, qui se trouve alors à Lagos. En fait, Churchill l'a tenu au courant par télégrammes de l'évolution des tractations, et, le 3 octobre, de Gaulle lui a fait parvenir les commentaires suivants :

« 1° Le général de Gaulle a noté avec le plus grand intérêt que, pour la première fois dans une communication officielle, le gouvernement de Vichy avait envisagé telles circonstances dans lesquelles la France officielle pourrait reprendre la guerre aux côtés de la Grande-Bretagne.

« 2° Étant donné les faits accomplis et la politique suivie par le gouvernement de Vichy, une telle démarche doit être considérée comme l'indice d'un désarroi politique confinant au désespoir plutôt que comme une franche reconnaissance d'une erreur nationale et internationale démesurée.

« 3° En tout cas, il est nécessaire de souligner le point suivant :

« Même si le gouvernement de Vichy se transportait un jour en tout ou en partie en Afrique du Nord et proclamait qu'il veut reprendre la lutte, il ne pourrait avoir assez d'autorité et d'efficacité pour diriger la guerre. Après avoir subi aussi complètement la loi de l'ennemi et désarmé l'Empire, il ne lui resterait pas le prestige nécessaire pour conduire et entraîner ceux qu'il appellerait aux armes.

« 4° Quels que soient les arrangements que le gouvernement britannique pourrait être amené à consentir au gouvernement de Vichy en ce qui concerne les relations économiques de la France non occupée avec l'Empire français, il ne faut pas se dissimuler que ces arrangements entraîneraient un redressement, au moins momentané, de l'influence de Vichy sur les colonies, influence qui, actuellement, est en liquidation. Il serait, semble-t-il, préférable de proposer au gouvernement de Vichy un ravitaillement direct par les œuvres d'assistance des États-Unis, moyennant un contrôle à établir. Dans ce cas, et conformément à une proposition antérieure du général de Gaulle, il serait utile que les arrangements de ravitaillement fussent réputés avoir été consentis à la demande du général de Gaulle [10]. »

En fait, les assurances reçues ultérieurement de Vichy ne satisferont pas le gouvernement britannique, dans la mesure où elles ne laissent prévoir aucun changement radical de la politique française. L'ambassadeur de Grande-Bretagne est donc chargé de faire savoir à son homologue français que « bien que déçu par la teneur de la réponse, le gouvernement de Sa Majesté est prêt à continuer les conversations dans la ligne indiquée par sa dernière communication [11] ».

Lord Halifax informe le général de Gaulle de ce nouvel échange de messages, et il ajoute : « Nous sommes désagréablement impressionnés, mais non surpris par la réponse du gouvernement de Vichy. Mais puisqu'il semble ne pas vouloir rompre, nous tâcherons de tirer ce que nous pourrons de la situation. Nous croyons bon de poursuivre l'échange de vues avec Vichy dans l'espoir qu'il croira de son intérêt de s'arranger avec nous, tout en nous rendant compte qu'il est sous la botte allemande et ne peut être considéré comme libre, quoi qu'il fasse [12]. »

C'est bien là ce qui chagrine le Premier ministre Winston Churchill. En outre, il vient d'apprendre, de source assez mal informée, que le gouvernement de Vichy s'apprête à mettre la flotte et l'Empire à la disposition de l'Allemagne. Le 20 octobre, Churchill écrit donc au président Roosevelt : « Si la flotte française de Toulon était livrée à l'Allemagne, ce serait pour nous un coup très sévère. Vous prendriez sans nul doute une sage précaution, Monsieur le Président, en exprimant dans les termes les plus vifs à l'ambassadeur de France la désapprobation avec laquelle les États-Unis ne manqueraient pas d'accueillir une telle trahison de la cause de la démocratie et de la liberté. Les gens de Vichy tiendraient le plus grand compte de cet avertissement [13]. »

Churchill fait également parvenir au maréchal Pétain un message où il lui dit entre autres : « Nous ne pouvons comprendre pourquoi aucun des dirigeants français ne passe en Afrique pour y faire cause commune avec nous. » Mais au soir du 20 octobre, le Premier ministre n'est pas réellement convaincu que tout ait été tenté pour dissuader le vieux maréchal de s'engager plus avant sur la pente glissante de la collaboration. Et le peuple français, que pense-t-il de tout cela ? Les heures passent, et Churchill poursuit ses méditations ; le général Ismay, qui est présent ce soir-là, nous décrira la suite : « Nous étions seuls dans la *Hawtree Room*, aux Chequers, et minuit venait juste de sonner à l'horloge. M. Churchill semblait fatigué, et je me réjouissais déjà à l'idée de me coucher tôt, lorsque soudain il s'est redressé d'un bond et s'est exclamé : " Je crois que j'y arriverai ! " Coups de sonnette, entrée des secrétaires, et il s'est mis en devoir de dicter sa première allocution aux Français. Il n'avait pas de notes, et pourtant, pendant deux heures environ, les mots ont continué de s'écouler en un flot lent et continu. Le résultat aurait représenté un tour de force quels que soient les critères et les circonstances — mais là c'était vraiment un triomphe extraordinaire de l'esprit sur la matière [14]. »

Churchill, lui, écrira plus modestement : « Je m'étais donné beaucoup de mal pour préparer une brève allocution, car elle devait être prononcée en français. Je ne fus pas satisfait de la traduction littérale qui m'avait d'abord été soumise, et qui ne rendait pas l'esprit de ce que je pouvais dire en anglais et ressentir en français ; mais M. Dejean, qui faisait partie de l'état-major des Forces Françaises Libres à Londres, me fournit une bien meilleure version et, après l'avoir répétée plusieurs fois, je la prononçai dans un sous-sol de l'Annexe, au milieu du fracas d'un raid aérien [15]. »

Il est vrai que le résultat de tous ces efforts est assez impressionnant ; au soir du 21 octobre, les Français qui écoutent la BBC seront médusés d'entendre le discours suivant, prononcé en français avec des intonations typiquement churchilliennes :

« Français !

« Pendant plus de trente ans, en temps de paix comme en temps de guerre, j'ai marché avec vous et je marche encore avec vous aujourd'hui sur la même route. Ce soir je vous parle, au sein même de vos foyers, où que vous soyez, et quel que soit votre sort. Je répète la prière qui entourait vos louis d'or : " Dieu protège la

France. " Ici, chez nous, en Angleterre, sous le feu du Boche, nous n'oublions pas quels liens et quelles attaches nous unissent à la France : nous continuons à lutter de pied ferme et d'un cœur solide, pour que la liberté soit rétablie en Europe, pour que le peuple soit traité avec justice dans tous les pays, en un mot pour faire triompher la cause qui nous a fait ensemble tirer l'épée. Quand des honnêtes gens se trouvent déconcertés par les attaques et les coups que leur portent les coquins et les méchants, ils doivent faire bien attention de ne pas commencer à se quereller entre eux. C'est ce que l'ennemi commun essaie toujours de provoquer et naturellement, quand la malchance s'y met, bien des choses arrivent qui font le jeu de l'ennemi [...]. Ici, dans cette ville de Londres que Herr Hitler prétend réduire en cendres et que ses avions bombardent en ce moment, nos gens tiennent bon. Notre aviation a fait plus que de tenir tête à l'ennemi. Nous attendons l'invasion promise de longue date. Les poissons aussi. Mais bien sûr, nous n'en sommes encore qu'au commencement. Aujourd'hui, en 1940, comme toujours, nous avons la maîtrise des mers. En 1941, nous aurons la maîtrise de l'air. N'oubliez pas ce que cela veut dire. Herr Hitler avec ses chars d'assaut et ses autres armes mécaniques et aussi grâce aux intrigues de sa cinquième colonne avec les traîtres, a réussi, pour le moment, à conquérir la plupart des races les plus belles de l'Europe et son petit complice italien, plein d'espoir et d'appétit, continue à trotter craintivement à son côté. Tous deux veulent découper la France et son Empire. L'un veut la cuisse, et l'autre l'aile.

« Non seulement l'Empire français sera dévoré par ces deux vilains messieurs, mais l'Alsace-Lorraine va une fois encore repasser sous le joug allemand — et Nice, la Savoie et la Corse de Napoléon seront arrachées du beau domaine de la France. Mais M. Hitler ne songe pas seulement à voler le territoire des autres peuples et à en distraire quelques morceaux pour les lancer à son petit chien. Je vous dis la vérité et il faut que vous me croyiez. Cet homme de malheur, ce monstrueux enfant de la haine et de la défaite est résolu à rien de moins qu'à faire entièrement disparaître la nation française, qu'à désagréger sa vie même et par conséquent à ruiner son avenir. Il se prépare par toutes sortes de moyens sournois et féroces, à tarir pour toujours les sources de la culture et de l'inspiration françaises dans le monde. S'il est libre d'agir à sa guise, toute l'Europe ne sera plus qu'une Bochie uniforme, offerte à l'exploitation, au pillage et à la brutalité des gangsters nazis. Si je vous parle aussi carrément, excusez-moi, mais ce n'est pas le moment de mâcher les mots [...].

« Français ! Armez vos cœurs à neuf avant qu'il soit trop tard [...]. Jamais je ne croirai que l'âme de la France soit morte ni que sa place parmi les grandes nations du monde puisse être perdue pour toujours. Tous les complots et tous les crimes de Herr Hitler sont en train d'attirer sur sa tête et sur la tête de ceux qui appartiennent à son régime un châtiment que beaucoup d'entre nous verront de leur vivant. Il n'y aura pas si longtemps à attendre. L'aventure n'est pas encore finie. Nous sommes sur sa piste ; et nos amis de l'autre côté de l'océan Atlantique y sont aussi. Si Herr Hitler ne peut pas nous détruire, nous, nous sommes sûrs de le détruire avec toute sa clique et tous leurs travaux. Ayez donc espoir et confiance, Tout se rétablira.

« Maintenant, nous autres Britanniques, que pouvons-nous vous demander aujourd'hui, dans un moment si âpre et si dur ? Ce que nous vous demandons, au milieu de nos efforts pour remporter la victoire que nous partagerons avec vous, c'est que, si vous ne pouvez pas nous aider, au moins vous ne nous fassiez pas obstacle. En effet, vous devez renforcer le bras qui frappe pour vous. Nous croyons que les Français, où qu'ils soient, se sentiront le cœur réchauffé et que la fierté de leur sang tressaillira dans leurs veines chaque fois que nous remporterons un succès dans les airs, sur mer, ou, plus tard — et cela viendra — sur terre. N'oubliez pas que nous ne nous arrêterons jamais, que nous ne nous lasserons jamais, que jamais nous ne céderons et que notre peuple et notre Empire tout entier se sont voués à la tâche de guérir l'Europe de la pestilence nazie et de sauver le monde d'une nouvelle barbarie. Parmi les Français, ceux qui se trouvent dans l'Empire colonial et ceux qui habitent la France soi-disant inoccupée peuvent, sans doute, de temps à autre, trouver l'occasion d'agir utilement. Je n'entre pas dans les détails. Les oreilles ennemies nous écoutent. Les autres, vers qui l'affection anglaise se porte, d'un seul mouvement, parce qu'ils vivent sous la stricte discipline, l'oppression et l'espionnage des Boches, je leur dis : Quand vous pensez à l'avenir, rappelez-vous les mots de ce grand Français que fut Thiers. Il les prononça après 1870, à propos de l'avenir " Y penser toujours ; n'en parler jamais. "

« Allons, bonne nuit, dormez bien, rassemblez vos forces pour l'aube — car l'aube viendra. Elle se lèvera brillante pour les braves, douce pour les fidèles qui auront souffert, glorieuse sur les tombeaux des héros. Vive la France ! Et vive aussi la marche en avant des peuples de tous les pays qui veulent reconquérir le patrimoine qui leur appartient de plein droit [16]. »

Les Français qui ont entendu cette allocution ne l'oublieront pas, ainsi qu'on s'en apercevra quatre ans plus tard. En ce qui concerne le maréchal Pétain, Churchill n'avait pas de raisons de s'inquiéter ; en dépit d'une lucidité quelque peu altérée, le vieux maréchal n'a pas entièrement perdu de vue les intérêts de la France. En fait, il espère obtenir pour son pays les conditions les plus favorables possibles en jouant un jeu assez compliqué entre l'Angleterre et l'Allemagne — et Hitler lui-même va s'en apercevoir lorsqu'il rencontrera le Maréchal trois jours plus tard. Un autre homme, le professeur Louis Rougier, aura un aperçu de la stratégie poursuivie par le Maréchal lorsqu'il lui rendra visite le 20 septembre pour lui demander... la permission de se rendre en Angleterre, afin de tenter d'obtenir un allégement du blocus britannique. Aussi surprenant que cela puisse paraître — du moins à ceux qui ne le connaissent pas —, le vieux maréchal trouve l'idée excellente, et fait délivrer au professeur les sauf-conduits nécessaires...

Le professeur Rougier arrive à Londres le 22 octobre, et il est reçu deux jours plus tard par le Premier ministre. Ce dernier reste très préoccupé par la difficulté de communiquer avec la France, l'absence totale de réactions à ses appels au soulèvement en Afrique du Nord, et les rumeurs qui font état d'un pacte imminent entre Vichy et l'Allemagne ; c'est donc avec une certaine chaleur que M. Churchill reçoit le professeur Rougier. Les deux hommes vont discuter de la possibilité d'un compromis, aux termes duquel Vichy s'engagerait à ne pas tenter de reprendre par la force les colonies ralliées à de Gaulle, et à ne céder à l'Axe ni les ports de Provence ni les bases d'Afrique du Nord et d'Afrique-Occidentale ; quant aux Britanniques, ils s'engageraient à ne pas prendre par la force les colonies françaises restées fidèles à Vichy. C'est en fait le « statu quo colonial » dont il était déjà question dans la correspondance passant par Madrid. Mais Churchill ajoute que si une colonie se ralliait spontanément à la France Libre, « nous ne pourrions désavouer de Gaulle, car c'est le seul officier français qui soit venu à nous, en nous offrant de continuer la lutte à nos côtés ». Enfin, le Premier ministre laisse entendre qu'il ne serait pas opposé à une atténuation du blocus, « au cas où la France résisterait aux menaces allemandes et organiserait un centre de résistance en Afrique du Nord [17] ». Mais pendant ce temps, en France, le maréchal Pétain a rencontré Hitler à Montoire, et des rumeurs alarmantes commencent à circuler au sujet des résultats de cette entrevue...

Au matin du 25 octobre, un rapport en provenance de Madrid indique que Laval et l'amiral Darlan se sont efforcés d'obtenir que la flotte française et les bases d'Afrique du Nord soient cédées aux Allemands. Churchill déclare alors en Conseil de cabinet : « Si la flotte et les bases navales devaient passer sous le contrôle allemand, notre propre flotte devrait faire face à de très graves problèmes, et la situation pourrait bien devenir dramatique [18]. » Churchill demande au président Roosevelt et au roi George VI d'écrire au Maréchal pour l'exhorter à résister aux exigences allemandes ; il va même plus loin, et envoie aux chefs d'état-major britanniques la note suivante : « Les journaux font état de rumeurs selon lesquelles Vichy pourrait céder ses bases, ou une partie d'entre elles, à l'Allemagne et à l'Italie. Dans cette éventualité, il nous faudrait prendre des mesures immédiates. Que le comité de planification interarmes établisse sans délais un plan pour la capture de Dakar. Il s'agirait d'une opération importante et purement britannique [...]. Il me semble qu'un débarquement de 50 ou 60 tanks hors de portée des canons de la forteresse permettrait d'emporter très rapidement la décision. Il faut bien voir qu'il serait absolument intolérable que Dakar devienne un solide point d'appui pour les sous-marins allemands. Le facteur temps revêt une importance cruciale, et plus vite un plan sera établi, mieux cela vaudra. Pour les moyens à employer et les détails d'exécution, nous verrons plus tard [19]. »

En d'autres termes, le Premier ministre vient d'être repris par sa passion pour les exercices de stratégie théorique. Mais ce ne sera pas sa seule réaction instinctive aux rumeurs apparaissant dans la presse à cette époque. Le 25 octobre, en effet, une nouvelle fort inquiétante en provenance de Berne a été reprise par la presse londonienne ; d'après celle-ci, un traité de paix séparée aurait été signé entre Pétain et Hitler à Montoire. Lorsque le professeur Rougier arrive à Downing Street le lendemain pour une seconde entrevue avec Churchill, il le trouve dans un état de fureur à peine contrôlée : « Je vais envoyer l'aviation britannique bombarder Vichy, hurle le Premier ministre, je ferai un *broadcast* au peuple français pour lui dire que je poursuivrai son gouvernement de traîtres partout où il se déplacera [20]. »

Le professeur Rougier, qui est moins impulsif — ou qui connaît mieux le maréchal Pétain —, parvient à convaincre Churchill que cette nouvelle en provenance de Berne n'est sans doute qu'une tentative d'intoxication psychologique de la part des Allemands. Churchill finit par se calmer, et les discussions reprennent ; le résultat en sera consigné dans un protocole d'accord rédigé deux jours plus tard, et corrigé par Churchill lui-même. On trouve dans ce document, outre le fameux *modus vivendi colonial*, un engagement de

la part de Vichy de saborder la flotte française plutôt que de la laisser
tomber aux mains des Allemands et des Italiens, et de ne jamais
livrer à l'Axe les ports de Provence et les bases navales d'Afrique
du Nord et de l'Ouest ; en échange, les autorités britanniques
veilleront à ce que la BBC s'abstienne de toute attaque verbale
contre le maréchal Pétain, et pourraient même atténuer quelque peu
le blocus « au cas où la France, soit passivement, soit activement,
aiderait à la victoire britannique [21] ».

Ce document reflète certes les points de vue des deux interlocuteurs quant aux termes d'un accord possible, mais il ne constitue
en aucun cas un accord engageant les parties, et encore moins un
traité entre la Grande-Bretagne et Vichy. Par contre, il est très
significatif des préoccupations du maréchal Pétain à cette époque ;
il s'agit pour lui de garder la balance égale jusqu'à nouvel ordre
entre l'Allemagne et la Grande-Bretagne, et d'obtenir dans l'intervalle une atténuation du blocus britannique, susceptible de profiter
aux Français. Ce document reflète également fort bien les objectifs
de Churchill ; c'est qu'il stipule qu'« au cas où le gouvernement
français céderait des bases aériennes et navales aux totalitaires, la
Grande-Bretagne ne répondrait plus du sort futur de la France et de
son empire ». A quoi Churchill ajoutera de sa propre main : « Dans
cette éventualité, la Grande-Bretagne fera tout ce qui est en son
pouvoir, pour frapper le gouvernement qui s'est rendu coupable
d'une aussi vile trahison. » Autant pour les objectifs purement
« prophylactiques » ; mais Churchill ajoute aussi en marge du
document : « Si le général Weygand brandissait l'étendard de la
rébellion en Afrique du Nord, il pourrait compter à nouveau sur
l'appui inconditionnel des gouvernements et des peuples de l'Empire britannique, ainsi que sur une part de l'aide apportée par les
États-Unis d'Amérique [22]. »

En effet, Churchill espère toujours voir l'Afrique du Nord prendre
les armes contre l'Allemagne et rejoindre le camp allié ; c'est pourquoi il envoie peu après un message au général Weygand, l'invitant
à « brandir l'étendard de la rébellion en Afrique du Nord », et à
envoyer à Gibraltar un officier pour informer les Britanniques de ce
dont il a besoin en matière d'équipement pour reprendre la lutte
contre l'Axe. Comme on pouvait s'y attendre, le général Weygand
refuse sèchement [23].

Le *Foreign Office* tient essentiellement à ce que le général de
Gaulle ne soit pas informé de la teneur des entretiens du Premier
ministre avec le professeur Rougier. Par contre, le général de Gaulle
est régulièrement tenu au courant du dialogue indirect qui s'est

instauré avec Vichy via Madrid, des offres faites à Weygand par Churchill, et des tractations de Vichy avec Hitler. Le 31 octobre, lord Halifax écrit au général de Gaulle : « Nous ne savons toujours pas ce qui a été concédé par le gouvernement de Vichy dans ses négociations avec Hitler [...]. La situation demeure obscure, mais il semble vraiment y avoir quelque chance pour qu'aucune décision irrémédiable n'ait encore été prise, actuellement, par le gouvernement de Vichy ; du moins, l'étendue de ses concessions à l'Allemagne est-elle encore indéterminée. Désirant éviter tout acte de provocation qui pourrait faire pencher la balance contre nous, particulièrement en ce qui concerne la question primordiale de la flotte et des bases navales et aériennes, nous éviterons toute condamnation publique du gouvernement de Vichy, en supposant une trahison minimum de sa part, jusqu'à ce que les rumeurs mentionnées ci-dessus se trouvent vérifiées [24]. »

Le général de Gaulle, qui vient de créer le Conseil de défense de l'Empire, commence à prendre ombrage de la poursuite des pourparlers britanniques avec Vichy ; le 2 novembre, il écrit au Premier ministre :

« Le Général de Gaulle et le Conseil de défense de l'Empire français comprennent les raisons qui peuvent amener actuellement le Gouvernement britannique à ménager dans la forme le Gouvernement de Vichy aussi longtemps qu'il ne sera pas prouvé que le Gouvernement de Vichy a fait à l'Allemagne et à l'Italie des concessions nouvelles, propres à influer défavorablement sur la situation militaire de l'Empire britannique. [...] Toutefois, le Général de Gaulle et le Conseil de défense de l'Empire français, au nom des Français Libres, croient devoir faire observer au Gouvernement britannique que leur politique et leur attitude vis-à-vis de Vichy, s'inspirant de raisons spécifiquement françaises, diffèrent d'une manière assez sensible de la politique et de l'attitude actuelles du Gouvernement britannique.

« Le fait même que le Gouvernement de Vichy existe dans les conditions où il se trouve, représente aux yeux des Français Libres une atteinte sans justification possible à l'honneur et aux intérêts de la France. Le général de Gaulle et le Conseil de défense de l'Empire ne font aucune objection à ce que le Gouvernement britannique adresse des encouragements à certaines autorités françaises jusqu'à présent dociles à Vichy, mais dont il n'est pas impossible de penser qu'elles cherchent un jour à s'en affranchir, telles que les généraux Noguès et Weygand [...]. En tout cas, si un tel retournement de ces autorités devait se produire et entraînait de leur part une prise de contact avec le Gouvernement britannique et une demande d'être appuyées par ce Gouvernement, le Général de Gaulle et le Conseil de défense de l'Empire estiment qu'aucun accord ne saurait être conclu sans leur participation directe et leur consentement formel, quelles que puissent être les objections que, pour des raisons personnelles, les autorités françaises repentantes ne manqueraient sans doute pas d'élever [25]. »

Churchill se trouve maintenant dans une situation difficile ; il ne sait pas ce qu'il faut penser de la position de Vichy et, comme il vient de l'écrire à son ministre des Affaires étrangères : « Il vaudrait mieux pour nous que Pétain ait franchement accepté les conditions les plus humiliantes posées par l'Allemagne — auquel cas le peuple français renverserait sans doute son gouvernement — ou alors qu'il les ait franchement rejetées. Mais, actuellement, nous nous retrouvons avec les inconvénients des deux situations, sans en avoir les avantages [26]. » D'un autre côté, le général de Gaulle, qui poursuit activement ses opérations en Afrique, aurait besoin d'une aide active de l'Angleterre, mais Churchill est indécis : « Nous hésitons, à y prendre part, écrit-il, tant que nous ne saurons pas plus clairement où nous en sommes avec Vichy [27]. » Malheureusement, au début de novembre, l'incertitude est toujours aussi grande à cet égard. On vient d'apprendre que Vichy essaye de faire revenir en Méditerranée les deux navires de guerre *Richelieu* et *Jean-Bart* ; pour l'Angleterre, c'est là une menace certaine, et Churchill va prendre sans retard des mesures pour l'empêcher. Par ailleurs, on rapporte que Laval et l'amiral Darlan essayent de pousser Vichy à déclarer la guerre à la Grande-Bretagne ; là-dessus, Churchill demande au président Roosevelt d'envoyer un nouveau message, propre à intimider le maréchal Pétain...

Malgré tout, ce n'est pas uniquement Vichy qui cause des préoccupations au *Foreign Office* à ce moment. Car outre la lettre plutôt ferme qu'il a écrite le 2 novembre au Premier ministre, le général de Gaulle a lancé une semaine plus tôt son « Manifeste de Brazzaville », qui a été accueilli avec ébahissement par le *Foreign Office*. En fait, les diplomates britanniques ont été très choqués par ce discours, dont certains passages ressemblent fort à une déclaration de guerre contre Vichy, et ils ont demandé à la presse anglaise de ne pas en rendre compte. Peu après, le *Foreign Office* apprend que le général de Gaulle a remis au consul des États-Unis à Léopoldville un message pour le président Roosevelt ; après lui avoir annoncé la création du Conseil de défense de l'Empire, le Général lui fait savoir qu'il dispose de suffisamment d'effectifs pour assurer la protection des

Antilles, de la Guyane française et de Saint-Pierre-et-Miquelon en coopération avec la flotte américaine, et que le Conseil de défense de l'Empire assumerait la responsabilité de l'administration de ces territoires, au cas où les Américains décideraient de les occuper. De Gaulle ajoute que le Conseil de défense de l'Empire est également disposé à négocier un accord permettant aux États-Unis d'utiliser toutes les bases aériennes et navales françaises de l'hémisphère occidental [28].

Cette initiative, prise sans la moindre consultation des autorités britanniques, va faire bondir les honorables membres du *Foreign Office*. Bien entendu, de Gaulle a délibérément évité d'informer les Britanniques au préalable, afin de leur montrer que le Conseil de défense de l'Empire est entièrement indépendant, et se réserve de négocier avec les grandes puissances sans rendre de comptes à personne. Mais au *Foreign Office*, sir Alexander Cadogan considère tout cela d'un très mauvais œil, et il note dans son journal :

« Mardi 5 novembre. Entretien avec H. Strang, R. Campbell, et Mack au sujet de notre attitude générale et de notre politique future envers Vichy. J'espère que nous pourrons faire passer de Gaulle à l'arrière-plan. Je crois que c'est un perdant, et certains indices permettent de penser que le Premier ministre est en train de perdre un peu de sa confiance en Spears ! [...]

« Vendredi 8 novembre. Télégramme ridicule en provenance de Brazzaville, indiquant que ce c... de de Gaulle envisage de " sommer Weygand de prendre parti ". C'est exactement ce qu'il ne faut pas faire en ce moment. Ai rédigé une réponse en ce sens, et l'ai envoyée au Premier ministre. (Je crois que sa confiance en de Gaulle — et en Spears — a enfin été ébranlée.) [29] »

Sir Alexander Cadogan parvient finalement à persuader Churchill d'envoyer une lettre au général de Gaulle pour lui demander de rentrer à Londres. Mais contrairement à ce que pense Cadogan, la confiance que témoigne le Premier ministre au général de Gaulle n'a nullement été ébranlée ; car Churchill comprend parfaitement les raisons de l'attitude du Général : « De Gaulle, écrira-t-il, voyait naturellement d'un très mauvais œil toutes tractations de notre part avec Vichy. Il estimait que nous avions un devoir de loyauté envers lui seul. Pour soigner son image de marque auprès du peuple français, il lui paraissait également indispensable d'adopter envers " la perfide Albion " une attitude fière et hautaine, alors qu'il n'était qu'un exilé, vivant parmi nous et tributaire de notre protection. Il lui fallait se montrer intraitable avec les Anglais, afin de prouver aux Français qu'il n'était pas à la solde de l'Angleterre. » Et

Churchill d'ajouter : « On peut vraiment dire qu'il a poursuivi cette politique avec persévérance [30]. »

Le 10 novembre, en tout cas, le Premier ministre envoie à de Gaulle la lettre suivante : « Je désire vivement m'entretenir avec vous. La situation entre la France et la Grande-Bretagne a considérablement évolué depuis votre départ. Un très fort mouvement en notre faveur se développe à travers toute la France, car on s'aperçoit que nous ne serons pas vaincus et que la guerre va se poursuivre. Le gouvernement de Vichy est, nous le savons, extrêmement inquiet de la pression très énergique exercée sur lui par les États-Unis. D'autre part, Laval, et aussi Darlan, qui aspire à la revanche, essaient de contraindre la France à nous déclarer la guerre et prennent un malin plaisir à provoquer de petits incidents navals. Nous fondons des espoirs sur Weygand en Afrique et on ne saurait surestimer les heureuses conséquences qu'entraînerait son ralliement. Nous nous efforçons de parvenir à un *modus vivendi* avec Vichy, afin de réduire au minimum les risques d'incidents et de permettre aux éléments qui, en France, nous sont favorables, d'accroître leur force. Nous avons déclaré tout net au gouvernement du Maréchal que, s'il bombarde Gibraltar ou commet quelque acte d'agression, nous bombarderons Vichy ou tout autre lieu où il chercherait à s'installer. Jusqu'à présent, nous n'avons pas reçu de réponse. Vous voyez combien il est important que vous soyez ici. J'espère donc que vous pourrez régler l'affaire de Libreville et rentrer en Angleterre le plus tôt possible. Tenez-moi au courant de vos projets [31]. »

L'affaire de Libreville est réglée le 12 novembre, et le général de Gaulle va se rendre au Gabon trois jours plus tard. Le 17 novembre, enfin, il quitte l'Afrique.

De Gaulle rentre en Grande-Bretagne au moment où le pays sort victorieux de la gigantesque confrontation aérienne qui l'a opposé à l'Allemagne. Pourtant, le Général trouve les Anglais tendus et mélancoliques. Il s'aperçoit également qu'en son absence, la France Libre a été considérablement affaiblie par une série de conflits personnels entre les hommes auxquels il avait confié la direction des affaires avant son départ ; de toute évidence, une réorganisation s'impose. Par ailleurs, le Général, reprenant ses contacts avec les principales personnalités britanniques, va saisir toutes les occasions de leur expliquer qu'il est inutile de traiter avec Vichy. Il confie ainsi à Hugh Dalton que le maréchal Pétain « a été gagné par la sénilité, le pessimisme et l'ambition — une combinaison fatale [32] ». Sir Alexander Cadogan est également présent lors d'un entretien qui réunit le Général et lord Halifax, et il notera dans son journal : « Nous avons amené la conversation sur Weygand, mais de Gaulle ne veut pas en entendre parler — de Noguès non plus, d'ailleurs. Il pense qu'il est inutile de traiter avec Vichy. Nous ne pouvons leur faire que de petites concessions, qui n'aboutiront qu'à retarder leurs " grandes décisions ", et dans l'intervalle, ces tractations avec Vichy risquent d'indisposer la grande majorité du peuple français [33]. »

Bien entendu, lord Halifax n'est pas de cet avis, et le Premier ministre non plus. En dépit des préoccupations que lui causent la campagne de Libye et l'attaque italienne contre la Grèce, Churchill ne manque aucune occasion d'établir des contacts avec la France, voulant ainsi faire contrepoids à l'influence des collaborateurs, et encourager Vichy à s'opposer le plus possible aux exigences allemandes ; par le canal de Madrid, il a fait savoir aux autorités françaises que « les activités du général de Gaulle en Afrique centrale ne menaçant en aucune façon l'intégrité de l'Empire français, le gouvernement britannique espère que le gouvernement français ne prêtera pas son concours à une opposition au général de Gaulle dans cette région. En effet, les autorités britanniques seraient alors amenées à soutenir de Gaulle, et cela ne manquerait pas de provoquer entre les forces britanniques et celles du gouvernement de Vichy une confrontation que le gouvernement de Sa Majesté tient essentiellement à éviter [34] ». Ce message singulier a sans doute provoqué une certaine perplexité à Vichy, mais Londres recevra en fin de compte toutes les assurances recherchées [35], et un *modus vivendi* précaire sera maintenu en dépit de tout.

En fait, Churchill est tenu au courant de ce qui se passe à Vichy par le chargé d'affaires canadien, M. Dupuy, que le Premier ministre appelle d'ailleurs : « Ma petite fenêtre sur l'Allier. » Les informations apportées par ce diplomate confirment dans l'ensemble les assurances transmises par le professeur Rougier [36], et l'arrestation de Laval le 13 décembre semble indiquer que la politique de Vichy s'oriente dans la bonne direction. Pourtant, M. Dupuy rapporte également certains propos du vieux maréchal qui peuvent sembler incongrus, contradictoires, ou même franchement inquiétants. Le rapport suivant est un modèle du genre :

« M'étant enquis du sort réservé aux bases françaises de la Méditerranée, je me suis entendu répondre textuellement ceci : " J'ai donné l'ordre de les défendre contre n'importe quel attaquant. " — " Donc, ai-je dit, vous ne les céderez jamais aux Allemands. " — " Cela dépend, m'a-t-il répondu. Si au cours des négociations on m'offre une compensation satisfaisante, il se pourrait que j'y sois obligé. " — " Mais cela reviendrait à prendre parti pour l'Allemagne et contre l'Angleterre ! " ai-je objecté. A quoi il m'a répondu : " Passivement oui, mais pas activement. " Puis, il a ajouté qu'une victoire de l'Angleterre était très souhaitable, et qu'il ne ferait jamais rien qui soit susceptible de nuire à la cause alliée. Comme je lui faisais remarquer que cela paraissait contredire totalement ses paroles précédentes, il s'est borné à répéter la distinction qu'il faisait entre collaboration active et collaboration passive. Je n'ai pas pu en apprendre davantage. Il a tout de même ajouté que jusqu'à présent, les Allemands n'avaient pas fait de propositions précises [37]. " »

Tout cela n'a rien de rassurant. Et pourtant, Churchill persiste à croire que quelqu'un en France — ou en Afrique du Nord — prendra les armes contre l'envahisseur et rejoindra les Alliés. Pour le Premier ministre, cet homme-là pourrait bien être le général Weygand lui-même ; il est vrai que Weygand a déjà catégoriquement rejeté toutes les propositions qui lui ont été faites en ce sens, mais l'imagination romantique de M. Churchill continue de lui dépeindre un Weygand héroïque, brandissant l'étendard de la révolte et ouvrant toutes grandes aux Alliés les portes de l'Afrique du Nord... Le 21 décembre, M. Dupuy fait à Churchill un compte rendu détaillé de son séjour à Vichy, et un compatriote du chargé d'affaires, J.-L. Ralston, assiste à cette entrevue. Il notera dans son journal :

« Churchill a paru prendre à son compte les impressions de M. Dupuy. Il a déclaré qu'il était tout prêt à apporter son aide et qu'il voulait que cela se sache. Pourtant, il faudrait qu'il soit informé longtemps à l'avance, parce que plusieurs semaines seraient nécessaires pour apporter l'aide requise. Il n'avait pas l'intention, a-t-il dit, de pénétrer par la force dans un port d'Afrique du Nord. Il faudrait que nous soyons sûrs d'être bien accueillis [...]. Nous devons aider Weygand à maintenir les Allemands hors d'Afrique [38]. » « En ce qui concerne de Gaulle, écrit encore M. Ralston, Dupuy pense qu'il faudrait lui dire de ne pas exercer ses activités aux dépens des Français, et de se contenter de combattre les Italiens. » Mais le Premier ministre accueille très mal cette proposition : « Churchill a répondu qu'il n'avait nullement l'intention de " ligoter " ses amis et de s'en faire ainsi des ennemis, dans l'espoir que ses ennemis deviendraient un jour ses amis [39]. »

Tout ceci reflète fort bien l'attitude et la mentalité du Premier ministre ; si désireux soit-il de s'assurer de la coopération passive et active de Vichy, il n'oublie pas pour autant ses obligations envers la France Libre. Au cours de cette période, le général de Gaulle est d'ailleurs fréquemment reçu aux Chequers ; lors de ces visites, Churchill et lui s'entretiennent de l'évolution de la guerre, des leçons de l'histoire, de l'avenir de l'Allemagne, et même de leurs propres problèmes politiques. « Vous savez, dira ainsi le Premier ministre au Général, ce que c'est qu'une coalition. Eh bien ! le Cabinet britannique en est une [40]. » De Gaulle rentre toujours de ces week-ends très impressionné par l'imagination fertile, le sens de l'histoire et l'énergie débordante de son hôte. « Quel grand artiste », répète-t-il fréquemment. Churchill, lui, n'est pas moins impressionné par la hauteur de vues, l'imperturbabilité et la vaste culture de ce général singulier. Mauvais conspirateur comme toujours, Churchill a fini par mettre son invité au courant des entretiens avec le professeur Rougier [41]...

Au moment où l'année 1940 touche à sa fin, les deux hommes ont quelques raisons d'être satisfaits de l'action qu'ils ont menée ensemble depuis les sombres journées de juin 1940. Si la France a été submergée par les hordes nazies, la Grande-Bretagne, elle, résiste victorieusement, et l'âme de la France, incarnée par le général de Gaulle, poursuit la lutte à ses côtés ; plus que toute autre chose, c'est ce symbole qui rapproche deux dirigeants férus d'histoire et conscients de l'immense influence que peut exercer un idéal sur l'esprit des hommes. Mais l'année 1941 n'est vieille que de quelques heures, lorsque survient un grave incident qui va mettre durement à l'épreuve les liens d'amitié unissant le général de Gaulle et Winston Churchill : le vice-amiral Muselier, chef des forces navales de la France Libre, vient en effet d'être arrêté et emprisonné par les autorités britanniques...

Tout s'est passé très vite — un peu trop vite peut-être. L'*Intelligence Service* est entré en possession de quatre documents provenant du consulat de Vichy à Londres, et qui semblent indiquer que le vice-amiral Muselier a bel et bien trahi la France Libre. Ainsi, ce serait lui qui aurait fait parvenir à Vichy, par l'intermédiaire de l'ambassade du Brésil, les plans de l'expédition de Dakar ! Un autre document semble prouver que Muselier s'apprêtait à livrer aux autorités de Vichy le sous-marin *Surcouf*, tandis qu'un troisième indique qu'il a reçu deux mille livres pour saboter le recrutement du personnel des forces navales de la France Libre [42]. Dans la nuit du 31 décembre au 1er janvier, on soumet au Premier ministre les preuves relevées contre Muselier, et sa réaction ne se fait pas attendre. Sir Alexander Cadogan note dans son journal : « Bien entendu, le Premier ministre veut le faire pendre sur-le-champ. J'ai fait remarquer que cela pourrait avoir de fâcheuses répercussions sur le mouvement du général de Gaulle, et j'ai suggéré que nous commencions par consulter de Gaulle, qui se trouve en ce moment à la campagne. A. Eden s'est déclaré d'accord avec moi [...]. H.H. [Hopkinson] a téléphoné pour dire que le Premier ministre avait donné l'ordre à Morton de s'assurer immédiatement de la personne de Muselier et compagnie. J'ai répondu qu'il faudrait que le Premier ministre en parle d'abord à A. [Eden]. A. a téléphoné un peu plus tard. Le Premier ministre insiste. J'ai dit d'accord, à condition qu'il ait bien conscience de ce que cela implique [43]. » C'est ainsi que le vice-amiral Muselier a été tiré de son lit peu avant l'aube et conduit en prison. Plusieurs de ses hommes ont également été arrêtés. Pour faire bonne mesure, Churchill envisage même de déclarer la guerre au Brésil... [44].

Anthony Eden, qui vient de remplacer lord Halifax en tant que ministre des Affaires étrangères, va devoir se charger de mettre le général de Gaulle au courant de ce qui s'est passé. Le Général accueille la nouvelle avec incrédulité, et s'indigne de la façon dont les Anglais ont mené cette affaire. Deux jours plus tard, il exige la libération immédiate du vice-amiral ; le 5 janvier, il transmet au général Spears un mémorandum démontrant que tous les documents qui incriminent le vice-amiral ont été falsifiés. A ce stade, l'infortuné Muselier se trouve toujours en prison, traité comme un criminel notoire et poursuivi par la colère du Premier ministre. Le 4 janvier, sir Alexander Cadogan a noté dans son journal : « Alexander * m'a téléphoné ce matin pour me dire qu'il faudrait adoucir quelque peu les conditions de détention de Muselier. J'ai répondu que j'étais d'accord, et que j'aurais voulu qu'il soit remis entre les mains de l'Amirauté. Mais quand Alexander s'est rendu compte que le Premier ministre était intervenu dans cette affaire, il a commencé à faire machine arrière et a dit qu'il fallait être très prudents ! J'ai dit que j'étais tout à fait prêt à prendre la responsabilité de faire améliorer les conditions de détention de Muselier, mais je me suis aperçu par la suite qu'Alexander avait téléphoné au Premier ministre pour lui demander si l'Amirauté pouvait prendre en charge Muselier, et le Premier ministre avait répondu " Non ! ". C'est incroyable de voir à quel point tous ces gens ont peur du Premier ministre. (Moi aussi, j'en ai peur, parce qu'il est impulsif et qu'on ne peut pas compter sur lui.) Après cela, lorsque l'amiral

---

* A.-V. Alexander, Premier lord de l'Amirauté.

Dickens est venu me voir, je lui ai dit que je ne pouvais rien faire de plus. Muselier a été transféré de Pentonville à Brixton, ce qui est déjà mieux, et j'ai téléphoné à A. Maxwell pour lui demander de veiller à ce que Muselier soit traité là-bas aussi bien que possible [45]. »

Le 8 janvier, alors que le général de Gaulle vient de sommer les Anglais de libérer le vice-amiral — faute de quoi les relations entre la France Libre et la Grande-Bretagne seraient immédiatement rompues —, on lui annonce que toute l'affaire n'est qu'un déplorable malentendu, que les documents sont effectivement des faux, et que les coupables ont avoué ; ce sont deux hommes qui étaient entrés dans les services de sécurité de la France Libre sur la recommandation des Britanniques. Ces deux hommes, Howard et Collin, avaient des griefs personnels contre le vice-amiral, et ils avaient imaginé de le compromettre en rédigeant des faux documents à en-tête du consulat de France à Londres. Il ne reste donc plus qu'à libérer le vice-amiral Muselier avec toutes les excuses du gouvernement de Sa Majesté ; quant au Premier ministre, il présentera lui-même ses excuses au général de Gaulle dès le lendemain...

L'entretien promet d'être agité ; après tout, de Gaulle est l'offensé, et Churchill n'a-t-il pas dit à Eden : « Quand j'ai tort, je suis toujours furieux [46] » ? Mais les choses ne sont pas aussi dramatiques qu'il y paraît : le général de Gaulle n'est pas homme à chercher des querelles aux Anglais lorsque l'honneur de la France n'est plus en jeu ; du reste, il considère personnellement le vice-amiral Muselier comme « un insupportable touche-à-tout [47] ». Churchill, lui, est sans doute incapable de se mettre en colère contre le général de Gaulle à ce stade ; plus tard, il sera tout aussi incapable de ne *pas* se mettre en colère contre lui... mais n'anticipons pas : l'entrevue du 9 janvier, en tout cas, sera un modèle de retenue et de bonnes manières :

« Le Premier ministre commence par déclarer qu'il est absolument navré de ce qui s'est produit. Le commandant Howard et l'adjudant Collin ont reconnu avoir falsifié les documents.

« Le général de Gaulle répond qu'il se rend bien compte de la lourdeur de la tâche qui incombe au Premier ministre et au gouvernement de Sa Majesté. Bien sûr, il aurait mieux valu qu'il fût consulté avant ces arrestations. Il a toujours soupçonné Howard et Collin. Cependant, eu égard à la très grande importance des intérêts en jeu, il n'a aucunement l'intention de réserver une suite quelconque à cette affaire.

« Le Premier ministre aurait aimé consulter le général de Gaulle avant de procéder à ces arrestations. Mais le Général était absent de Londres, et l'amiral Muselier et ses compagnons risquaient de s'échapper [...]. Le Premier ministre demande si le Général a des propositions à faire concernant les poursuites qui seront intentées contre Howard et Collin.

« Le général de Gaulle répond qu'il se désintéresse complètement de leur sort [...]. Il espère que la confiance la plus complète régnera à l'avenir, et que des consultations préalables pourront avoir lieu entre le gouvernement de Sa Majesté et lui-même lorsque de telles affaires se représenteront.

« Le Premier ministre se déclare d'accord. Il aurait aimé que le général de Gaulle lui fît part plus tôt des soupçons qu'il nourrissait à l'égard de Howard et Collin. Pour conclure, M. Churchill déclare que l'attitude du général de Gaulle dans cette affaire, comme dans toutes les autres, lui a donné le sentiment d'une amitié et d'une camaraderie qu'il apprécie au plus haut point. Il ne lui reste plus qu'à demander au Général de considérer ce regrettable incident comme terminé.

« Le général de Gaulle répond qu'il y est tout disposé [48]. »

De Gaulle a sans doute pardonné ; il n'a certainement pas oublié. « Je ne cache pas, écrira-t-il, que ce lamentable incident, en mettant en relief ce qu'il y avait toujours de précaire dans notre situation à l'égard de nos alliés, ne manqua pas d'influencer ma philosophie quant à ce que devaient être, décidément, nos rapports avec l'État britannique [49]. » En d'autres termes, le général de Gaulle commence à voir d'un très mauvais œil les activités de la bureaucratie britannique et de l'*Intelligence Service* *. En effet, il reste persuadé que ce sont les services de renseignement britanniques qui ont introduit Howard et Collin à Carlton Gardens — ce qui est d'ailleurs inexact [51] — et il a donné l'ordre de congédier sans préavis tous les sujets britanniques travaillant pour la France Libre, y compris les femmes de ménage... Il faudra des trésors de diplomatie franco-britannique pour faire rapporter cet ordre.

Pourtant, l'attention du chef de la France Libre et celle du Premier ministre de Sa Majesté vont bientôt être accaparées par des événements autrement plus importants. En ce début de 1941, les lignes d'approvisionnement maritimes de la Grande-Bretagne sont directement menacées par les attaques sous-marines allemandes : la bataille de l'Atlantique a commencé. Par ailleurs, les attaques

---

* Le 6 janvier, de Gaulle écrit à son épouse : « Les Anglais sont des alliés vaillants et solides, mais bien fatigants [50]. »

aériennes ininterrompues de l'ennemi en Méditerranée ont obligé les Anglais à dérouter leurs convois sur la route du Cap ; dans les déserts de Tripolitaine, les troupes alliées se trouvent confrontées à l'*Afrika Korps* de Rommel ; enfin, la situation dans les Balkans est extrêmement préoccupante, et les Britanniques se voient contraints d'envoyer des troupes du Moyen-Orient pour participer à la défense de la Grèce. Au milieu de tout cela, le Premier ministre ne cesse d'intervenir pour conseiller, superviser et aiguillonner les responsables civils et militaires.

Pendant ce temps, les Français Libres combattent aux côtés de leurs alliés au Soudan, en Égypte, en Éthiopie et en Érythrée. Le 1er mars, une colonne motorisée de la France Libre, partie du Tchad, a occupé l'oasis de Koufra, dans le sud de la Libye. Quant au général de Gaulle, il s'efforce d'amener Djibouti et la Somalie française dans l'orbite de la France Libre ; mais le ralliement pacifique de la colonie s'est révélé impossible et, par manque de moyens de transport, de Gaulle s'est vu obligé de remettre à plus tard l'« Opération Marie », qui prévoyait la prise de Djibouti par trois bataillons des Forces Françaises Libres sous la direction du général Legentilhomme. Il reste la solution du blocus pour forcer la colonie à se rendre, mais cela ne peut se faire sans l'aide de la Grande-Bretagne ; or les autorités militaires britanniques au Moyen-Orient ne veulent pas entendre parler d'un blocus, le *Foreign Office* n'y est pas favorable non plus, et Djibouti continue d'être ravitaillée sans grande difficulté.

En fait, le général de Gaulle soupçonne — à tort d'ailleurs — que derrière ce refus de coopération se cache un sinistre complot britannique pour mettre la main sur la colonie après la guerre. Ce qui est vrai, par contre, c'est que Londres essaie comme par le passé de ménager Vichy dans toute la mesure du possible — et le général de Gaulle va s'en apercevoir une fois encore lorsqu'il tournera son attention vers un autre théâtre d'opérations potentiel : celui du Levant.

Là encore, les Français Libres avaient misé sur un ralliement pacifique de la Syrie et du Liban ; en novembre 1940, le général Catroux avait pris contact avec l'ambassadeur Puaux, haut-commissaire au Levant, ainsi qu'avec le général Fougère, commandant en chef. Mais ces démarches n'avaient pas abouti et, à la fin du mois de décembre, M. Puaux avait été remplacé par le général Dentz, un partisan acharné de Vichy, tandis que le commandement des troupes passait au général de Verdilhac. Aussitôt après, tous les éléments gaullistes du Levant étaient poursuivis et emprisonnés, et l'on voyait s'envoler du même coup tout espoir de ralliement paci-fique de la Syrie et du Liban. Pourtant, à la consternation du géné-ral de Gaulle, les Britanniques ont continué depuis lors à entretenir d'excellentes relations avec l'administration française au Levant ; au début de février 1941, le navire français *La Providence*, qui doit ramener en France 200 officiers et soldats coupables d'avoir essayé de rejoindre les Alliés, reçoit des Britanniques l'autorisation de faire route directement de Beyrouth à Marseille, sans s'arrêter à Haïfa. Lorsque le général de Gaulle proteste auprès du *Foreign Office*, il reçoit cette réponse désarmante de naïveté : « Le général Dentz nous a garanti qu'il n'y avait à bord aucun partisan de la France Libre [52]. »

Il y a pire encore ; le général de Gaulle ne tarde pas à s'aperce-voir que le Levant n'est même pas soumis au blocus... L'approvi-sionnement en provenance de France arrive sans encombre en Syrie et au Liban, tandis qu'en sens inverse, la laine, le coton et même la soie — très utile pour faire des parachutes — sont acheminés vers la France, et aboutissent le plus souvent en Allemagne. Les autori-tés britanniques du Caire et de Palestine informent de Gaulle qu'un blocus « ferait souffrir la population du Levant, et dresserait l'opi-nion des pays voisins contre nous et contre la France Libre [53] ». De Gaulle proteste, imité en cela par le général Spears, devenu chef de la mission britannique auprès des Français Libres. « Pour de Gaulle comme pour moi, écrira Spears, cette attitude constituait une véritable tragédie [54]. »

La tragédie est loin d'être terminée ; au début de février, on apprend que deux agents allemands, von Hintig et Roser, sont allés à Damas en voyage d'affaires et ont pris contact avec plusieurs per-sonnalités syriennes assez peu connues dans le monde des affaires. A Vichy, ce même mois, l'amiral Darlan, antibritannique notoire, devient vice-président du Conseil, ministre des Affaires étrangères et ministre de l'Intérieur. Pourtant, tout cela n'amène pas le moindre changement dans l'attitude britannique vis-à-vis de l'ad-ministration française au Levant. Il est vrai que le consul général de Grande-Bretagne à Beyrouth est marié à une Française, et qu'il est fort bien traité par le général Dentz [55] ; d'ailleurs, le commandant en chef britannique au Moyen-Orient, déjà fort absorbé par les campagnes de Libye et d'Abyssinie, obligé en outre d'envoyer des renforts en Grèce, préfère de beaucoup maintenir au Levant un confortable *modus vivendi*. Mais le général de Gaulle, lui, com-mence à se demander sérieusement si, au Moyen-Orient, les

Britanniques ont vraiment l'intention de collaborer avec la France Libre contre Vichy.

A la mi-avril, alors que des troubles menacent d'éclater en Irak, que les troupes britanniques battent en retraite devant les armées allemandes en Grèce, et que la *Luftwaffe* commence à s'attaquer au canal de Suez, il y a lieu de craindre que les Allemands ne cherchent très rapidement à mettre la main sur les aérodromes syriens. Cela n'a pas échappé à certains officiers britanniques, dont le maréchal de l'Air sir Arthur Longmore, mais lorsque, au cours d'une conférence au Caire le 15 avril, le général de Gaulle presse le général Wavell de donner son accord à un plan d'invasion de la Syrie par les Forces Françaises Libres, et lui demande un appui matériel sous forme de tanks, moyens de transports et couverture aérienne, le commandant en chef britannique au Moyen-Orient refuse tout net. De Gaulle et le général Spears en appellent à Anthony Eden ; celui-ci, redoutant quelque peu les conséquences d'une telle opération sur les relations de Londres avec Vichy, renvoie la balle dans le camp des militaires, en écrivant aux chefs d'état-major : « Si nous pouvons rassembler une force suffisante pour être sûrs de réussir, je suis prêt à risquer une dégradation de nos relations avec Vichy [56]. » Les chefs d'état-major répondent qu'« une action des Français Libres contre l'administration de Vichy en Syrie est absolument hors de question, car à l'heure actuelle, le général Wavell n'a ni les tanks ni les avions nécessaires, et, même s'il les avait, il les affecterait à d'autres théâtres où ils sont encore plus nécessaires [57] ». Après quoi les chefs d'état-major renvoient la question au *Foreign Office*, en suggérant que l'on « trouve une solution diplomatique à ce problème ». En fin de compte, le *Foreign Office* charge le consul général de Grande-Bretagne à Beyrouth de prévenir le général Dentz qu'il y a lieu de craindre une opération aéroportée allemande contre la Syrie — à quoi le général Dentz répond le 29 avril qu'il a ordre de s'opposer par la force à toute agression [58]. Les Français Libres ont pourtant appris qu'il avait déclaré peu de temps auparavant qu'il obéirait à tous les ordres venus de Vichy sans exception, mais les Anglais ont sans doute cru qu'il s'agissait là d'une boutade... Pour couronner le tout, les Anglais eux-mêmes viennent de signer un traité commercial avec le général Dentz, assurant ainsi au Levant administré par Vichy un approvisionnement régulier. Des négociations sont également en cours pour la conclusion d'un traité de commerce analogue avec Djibouti, dont le général de Gaulle demande en vain le blocus depuis plusieurs mois...

Au début du mois de mai 1941, les autorités civiles et militaires britanniques au Levant sont plus décidées que jamais à traiter les hommes de Vichy comme d'honorables *gentlemen*. Elles reçoivent donc un choc très rude lorsque la révolte antibritannique en Irak éclate ; en effet, le chef de la révolte, Rashid Ali, demande l'aide d'Hitler... et les Allemands négocient immédiatement avec l'amiral Darlan un accord aux termes duquel la plus grande partie du matériel de guerre entreposé en Syrie sera envoyée aux insurgés irakiens ; en outre, la *Luftwaffe* sera autorisée à utiliser les aérodromes syriens. Le général Dentz reçoit des ordres en conséquence, et, à la consternation des Britanniques, il y obéit sans discuter. Dès le 12 mai, des avions de transport allemands commencent donc à atterrir sur les aérodromes syriens...

A Brazzaville, le général de Gaulle enrage ; si on en est arrivé là, c'est uniquement en raison des négligences coupables du commandement britannique. Mais de Gaulle reste sans voix lorsque le général Catroux lui fait savoir qu'en dépit des derniers événements, le commandant en chef britannique a rejeté une fois de plus son plan d'attaque en Syrie. « Une intervention en Syrie, a déclaré le général Wavell, entraînerait une dispersion de nos forces, et donc une défaite... Il vaut mieux perdre la Syrie que de risquer d'être battus sur les autres théâtres faute d'avoir à notre disposition des forces suffisantes [59]. » Le 9 mai, de Gaulle reçoit également du général Spears le télégramme suivant : « En raison des événements récents, il va être impossible d'assurer le transport des troupes françaises libres avant un mois au plus tôt. Ceci veut dire qu'aucune opération n'est envisagée pour elles actuellement [...]. Le commandant en chef me charge de vous dire que, bien qu'il soit personnellement toujours heureux de vous voir, il ne voit pas la nécessité que vous veniez au Caire maintenant ou prochainement. Il y aurait même pour vous quelque désavantage à le faire. L'Ambassadeur partage cette manière de voir [60]. »

Il est vrai que le général Wavell est maintenant obligé d'envoyer des troupes en Irak, et qu'il ne lui reste guère d'effectifs pour lancer une offensive en Syrie. Mais le général de Gaulle, lui, ne voit qu'une seule chose : la monumentale erreur stratégique et politique que représenterait un abandon de la Syrie aux Allemands. Du reste, le Général est plutôt mal disposé envers les Anglais à cette époque ; au cours des semaines qui ont suivi l'affaire Muselier, il s'est fréquemment répandu en invectives contre les Anglais en général, et contre l'*Intelligence Service* en particulier [61]. Après cela, la politique britannique vis-à-vis de Vichy, de Djibouti et de la Syrie n'a fait qu'accroître ses soupçons et son exaspération *. Au mois d'avril, lors d'une visite d'inspection au Tchad, il a demandé au gouverneur Lapie :

« Vous avez des Anglais ici ? »

Lapie : « Oui, mon Général. »

De Gaulle : « Combien ? »

Lapie « Dix-sept. »

De Gaulle : « C'est trop ! »

Peu après, le gouverneur Lapie reçoit un télégramme lui ordonnant de les expulser [66]...

Ce mois-là, sir Miles Lampson, ambassadeur de Sa Majesté au

---

* On notera que durant toute cette période, le général Spears a continué à défendre énergiquement la cause de la France Libre et à condamner formellement la politique de la Grande-Bretagne à l'égard de Vichy. Dans un mémorandum intitulé *Les Français Libres, Vichy et nous*, Spears écrit :

« Nos laborieux efforts pour amadouer le gouvernement de Vichy pourraient faire penser à ceux d'une personne bien intentionnée qui voudrait donner de la laitue à un lapin, alors que celui-ci est poursuivi par une hermine qui vient d'entrer dans sa cage. C'est pour le moins un gâchis de laitue, car même si le lapin était reconnaissant — ce qui ne paraît guère vraisemblable — il resterait malgré tout à la merci de l'hermine. Or Vichy est entièrement à la merci des Allemands. Comment peut-on en douter ? Nos complaisances n'y pourront rien changer, pas plus d'ailleurs que les efforts de conciliation déployés par Vichy [...]. En attendant, grâce à Vichy, l'Empire français aide puissamment les Allemands. Des tonnes d'approvisionnement en provenance des colonies sont débarquées à Marseille, rassemblées et distribuées au gré de la commission d'armistice, tandis que nous restons là à offrir patiemment de la laitue au lapin de Vichy, et que l'hermine allemande lui permet de temps en temps d'en grignoter un peu, estimant sans doute qu'il n'en sera en fin de compte que plus comestible [62]. »

Dans un autre aide-mémoire, le général Spears écrit : « Si nous soutenons le général Weygand, qui sera forcément rendu au moins partiellement responsable de la défaite de la France, nous ne pouvons le faire qu'au détriment du général de Gaulle. Il me semble que nous devrions choisir une fois pour toutes entre les deux hommes. Mais si nous choisissons le général de Gaulle, il faut lui apporter un soutien sans faille. S'il sent que nous restons fidèles à l'idéal d'une France libre, nous pouvons compter sur sa loyauté [...]. Il fera un allié loyal, à condition que nous restions nous-mêmes fidèles à l'idéal que nous défendions lorsqu'il est venu lier son sort au nôtre [63]. »

En avril 1941, le général Spears voue toujours à de Gaulle une sincère admiration. C'est ainsi qu'il écrit à un membre de la Mission Spears à Londres :

« J'ai vraiment beaucoup admiré le général de Gaulle au cours de ce voyage. Il n'arrête jamais de travailler, garde toujours son sang-froid, ne perd jamais de vue son objectif, et s'est révélé étonnamment habile dans le domaine militaire [64]. »

Le général Catroux, lui, est nettement moins bien considéré par Spears :

« Il peut donner des conseils fort sensés, sur un ton pontifiant qui leur donne encore plus de poids. Le fait qu'il ne se déclare jamais en désaccord avec les autorités civiles et militaires britanniques l'a rendu très populaire parmi nos compatriotes. Par contre, il est incapable d'organiser quoi que ce soit. Son état-major est parfaitement risible. Il est composé de fonctionnaires qui ont trouvé refuge dans les bureaux somnolents d'où ne sort aucun plan et aucune mesure concrète. Je suis convaincu que de Gaulle a raison en estimant que si le nom de Catroux constitue un atout important pour le mouvement, il est impossible en revanche de lui confier des tâches importantes ou difficiles [65]. »

Caire, s'entretient à plusieurs reprises avec de Gaulle, et il notera dans son journal que le Général « semble enclin à critiquer ce qu'il considère comme un manque de décision dans la politique britannique à l'égard de la Syrie, etc. ». Le 15 avril, sir Miles Lampson ajoute : « De Gaulle a affirmé sur un ton assez agressif que nous avions eu deux occasions de prendre la Syrie, mais que nous les avions laissées passer toutes les deux [...]. En ce qui concerne Vichy, il a déclaré que le gouvernement britannique aurait dû depuis longtemps perdre toutes ses illusions, après ce qui s'était passé [67]. »

Pourtant, lorsque le Général reçoit le télégramme du 9 mai faisant état du nouveau refus britannique opposé à ses plans d'attaque en Syrie, il estime que le moment est venu de prendre quelques mesures de rétorsion. Le 12 mai, il écrit au général Catroux : « Étant donné la politique négative que nos alliés britanniques ont cru devoir adopter en Orient pour ce qui nous concerne, j'estime que la présence au Caire d'une personnalité aussi considérable que la vôtre et d'un haut-commissaire pour y représenter la France Libre ne se justifie plus [...]. Je vous prie de quitter Le Caire dès que possible [...]. Veuillez aviser les Britanniques, au Caire, de cette décision. Il n'y a aucune raison pour que vous leur dissimuliez le motif de votre départ [...]. Vous ne serez naturellement pas remplacé dans vos fonctions actuelles [68]. »

La veille, le général de Gaulle a convoqué le consul général de Grande-Bretagne à Brazzaville, et lui a parlé sans ambages ; après quoi le consul général a envoyé au *Foreign Office* le rapport suivant : « Il me semble que de Gaulle est extrêmement fatigué. Il a évoqué le temps où, en France, on avait négligé ses avertissements, pour ne faire appel à lui que peu avant l'armistice, alors qu'il était déjà trop tard. Il a l'impression de n'avoir pas été plus heureux en essayant d'expliquer à la Grande-Bretagne ce qu'était la France Libre. Dans bien des milieux, on ne s'intéresse qu'au nombre d'unités que la France Libre peut engager dans la bataille. Matériellement, cela ne compte que fort peu, et si la Grande-Bretagne attache tellement peu d'importance à l'aspect moral du mouvement qu'au lieu de l'aider à se développer par tous les moyens possibles, elle l'affaiblit par ses complaisances envers Vichy, alors, lui, le général de Gaulle, devra essayer de déterminer ce que sera son devoir essentiel envers la France, dont il est le garant. Il a ajouté que c'était sur lui seul que retombait toute cette responsabilité, et que le fardeau était en train de lui devenir insupportable. Le Général a déclaré ensuite qu'il ne parvenait absolument pas à comprendre l'attitude du gouvernement de Sa Majesté envers Pétain et Weygand, dont l'égoïsme, la trahison, la déchéance morale et l'indignité lui paraissaient si notoires que personne ne pouvait les ignorer. Il a ensuite exprimé tout le respect et l'amitié qu'il portait au Premier ministre, l'un des hommes, a-t-il dit, qui eux se rendaient bien compte de l'importance morale de son mouvement [69]. »

Non seulement le Premier ministre se rend bien compte de l'importance morale de la France Libre, mais il vient aussi de s'apercevoir qu'il est inutile de traiter avec Vichy. Il est vrai que les avances répétées faites au général Weygand et au maréchal Pétain ont été repoussées les unes après les autres, et le Premier ministre commence à perdre patience ; le 12 février, il écrit au *Foreign Office* : « Nous avons fait à Weygand des offres considérables, qui sont restées sans réponse. Il est clair que seules des forces mises en mouvement par la pression des nazis sur Vichy pourront le faire sortir de son immobilité. Pour le moment, nous ne devons plus apparaître en position de demandeurs. Weygand ne doit recevoir aucun approvisionnement jusqu'à ce qu'il ait répondu par une voie ou par une autre au télégramme que je lui ai envoyé. Ces gens-là n'ont jusqu'à présent montré aucune trace de noblesse ou de courage, et ils n'auront qu'à se serrer la ceinture jusqu'à ce qu'ils finissent par entendre raison * [70]. »

Il faut bien reconnaître que le tempérament de Churchill a gardé quelque chose d'enfantin ; plus il est déçu par Vichy, plus il se sent attiré par de Gaulle, et naturellement, tout le monde doit suivre le mouvement. Quatre jours plus tard, il écrit au ministre de la Guerre économique : « D'accord pour les tracts publiés conjointement [destinés à la propagande en France et en Belgique], mais tout est subordonné à l'existence d'une liaison étroite entre vous et le ministère de l'Information d'une part, et de Gaulle d'autre part. Nous ne devons pas trop brider de Gaulle. Nous n'avons jamais reçu la moindre marque de faveur ou même de courtoisie de la part de Vichy, et le mouvement de la France Libre reste la base de notre politique. Je suis sûr que si vous vous concertez avec de Gaulle ou les siens, tout ira bien. J'estime que c'est de loin le meilleur Français actuellement dans l'arène, et je désire qu'on en prenne soin le plus possible [71]. »

Et dès le lendemain, apprenant la nomination de l'amiral Darlan aux postes de vice-président du Conseil et ministre des Affaires

---

* Ce sont les Américains qui vont prendre le relais auprès de Vichy, sans plus de succès que les Anglais du reste.

étrangères, il écrit au *Foreign Office* : « Je considère ces événements avec appréhension et méfiance. Nous n'avons eu qu'à nous plaindre de Vichy. De notre point de vue, il eût été préférable d'avoir Laval plutôt que Darlan, qui est un homme dangereux, aigri, ambitieux, mais sans l'étiquette odieuse qui s'attache au nom de Laval. Je pense qu'il est important actuellement d'être ferme avec ces gens-là et d'imposer le blocus chaque fois que nous aurons des navires disponibles. Pendant ce temps, nous devrions cesser de battre froid au général de Gaulle et au mouvement des Français Libres, qui sont les seuls à avoir fait quelque chose pour nous, et envers qui nous avons pris des engagements très solennels [72]. »

Et six jours plus tard, sur le même sujet, il écrit à sir Alexander Cadogan : « Tout cela montre que nous devrions apporter un soutien croissant au général de Gaulle [...]. Nous devrions discuter patiemment avec les Américains pour les persuader de ne pas envoyer de ravitaillement à la France non occupée ou à l'Afrique du Nord [...]. Je suis convaincu que Darlan est un escroc ambitieux. Lorsqu'il se démasquera et que la faiblesse de Weygand apparaîtra au grand jour, cela ne pourra que renforcer le crédit du général de Gaulle [73]. »

La lune de miel va se poursuivre pendant tout le mois de février et le début du mois de mars ; avant de partir pour l'Afrique et le Moyen-Orient, de Gaulle est invité une fois de plus à passer un week-end aux Chequers. Il écrira dans ses *Mémoires* : « Le 9 mars, à l'aurore, M. Churchill vint me réveiller pour me dire, en dansant littéralement de joie, que le Congrès américain avait voté le " Lease-Lend Bill ", en discussion depuis plusieurs semaines. Il y avait là, en effet, de quoi nous remplir d'aise, non seulement par le fait que les belligérants se trouvaient désormais assurés de recevoir des États-Unis le matériel nécessaire au combat, mais aussi parce qu'en devenant, suivant le mot de Roosevelt " l'arsenal des démocraties ", l'Amérique faisait un pas de géant vers la guerre. Alors, voulant, sans doute, profiter de ma bonne humeur, M. Churchill formula sa deuxième communication : " Je sais, dit-il, que vous avez des griefs à l'encontre de Spears, en tant que chef de notre liaison auprès de vous. Cependant, je vous demande instamment de le garder encore et de l'emmener en Orient. C'est un service personnel que vous me rendrez. " Je ne pouvais refuser et nous nous quittâmes là-dessus [74]. »

Lors de son séjour à Brazzaville et au Caire, de Gaulle va également recevoir de nombreuses marques d'encouragement de la part du Premier ministre. C'est ainsi que le 4 avril, il reçoit le télégramme suivant ; « Nous sommes très reconnaissants du concours que les Forces Françaises Libres nous ont apporté dans la victorieuse campagne d'Afrique. Sans le désastre de Bordeaux, la Méditerranée tout entière serait maintenant un lac anglo-français, et tout le rivage africain serait libre et engagé dans la bataille pour la cause de la Liberté. Vous qui n'avez jamais hésité ni failli dans le service de la cause commune, vous possédez la plus complète confiance du gouvernement de Sa Majesté et vous incorporez l'espérance des millions de Français et de Françaises qui ne désespèrent pas de l'avenir de la France et de l'Empire français [75]. »

En fait, ce télégramme avait été amendé par le *Foreign Office* avant son expédition. Le général de Gaulle aurait apprécié davantage encore la version originale ; au lieu de : « Sans le désastre de Bordeaux », Churchill avait écrit : « Sans la trahison de Bordeaux [76] »...

On peut évidemment se demander pourquoi de Gaulle, qui bénéficie du soutien total du Premier ministre, ne parvient pas malgré tout à obtenir la coopération des Britanniques lorsqu'il cherche à agir en Somalie ou en Syrie. C'est d'autant plus étonnant que Churchill lui a écrit le 22 avril : « Je lis toujours vos télégrammes avec la plus grande attention, et je fais absolument tout ce qui est en mon pouvoir pour vous venir en aide [77]. » Pourtant, la réponse à cette question est fort simple : en Grande-Bretagne comme sur les théâtres d'opérations extérieurs, Churchill est loin d'exercer une autorité absolue sur ses ministres comme sur ses généraux, et il n'arrive pas toujours à imposer ses vues sur une question déterminée. C'est ainsi qu'à cette époque, le *Foreign Office* tient toujours à conserver de bonnes relations avec Vichy, tandis que le *War Office* veut avoir aussi peu de relations que possible avec le général de Gaulle. Par ailleurs, le haut commandement britannique au Moyen-Orient poursuit une stratégie qui laisse peu de place aux considérations politiques — et encore moins de place à la France Libre. C'est ainsi que les injonctions répétées du Premier ministre au *Foreign Office* d'accorder la préférence au général de Gaulle sur Vichy, tout comme ses instructions au *War Office* de coopérer plus étroitement avec la France Libre, restent pratiquement lettre morte. Il en est de même des télégrammes qu'il envoie au général Wavell pour lui ordonner de soutenir le général de Gaulle au Levant — et ailleurs. C'est ainsi que le 1er avril, Wavell a reçu du Premier ministre le télégramme suivant :

« Nous considérons que vous devez suivre aussi fidèlement que possible la ligne de conduite tracée dans le télégramme des chefs d'état-major en date du 25 mars, en y apportant toutes les modifications qui apparaîtront souhaitables à la suite de vos conversations avec le général de Gaulle. En particulier, les premières démarches auprès de la Somalie française doivent être faites par les autorités de la France Libre et il ne faut pas hésiter à employer à fond l'arme du blocus. Ne vous préoccupez pas des susceptibilités de Weygand et de Vichy. Nous nous en chargeons ici. J'espère qu'en cette affaire et dans toutes celles du même genre, vous pourrez appuyer sans restrictions le général de Gaulle, vis-à-vis de qui le gouvernement de Sa Majesté a pris des engagements solennels et qu'il soutient à fond en tant que chef du mouvement de la France Libre [78]. »

Comme nous le savons, rien de tout cela n'a été fait, et comme l'attention de Churchill a dû se concentrer sur la retraite de Grèce et la menace allemande en Crète, les choses en sont restées là — jusqu'à ce que les événements d'Irak introduisent dans cette affaire un élément décisif...

Il est vrai que la révolte qui éclate en Irak au début du mois de mai éclaire l'affaire de Syrie d'un jour entièrement nouveau. Pour Churchill, comme pour de Gaulle, il est évident que la Syrie sera la prochaine cible de l'Allemagne dans son effort pour aider les rebelles irakiens. Une crise très grave est donc sur le point d'éclater ; or personne ne peut vraiment tenir tête au Premier ministre en temps de crise, car dans ces cas-là, Churchill se saisit de l'affaire, intervient à tous les niveaux, impose ses idées, ignore les objections, mobilise le Cabinet de guerre, intimide les diplomates, harangue les généraux et les chefs d'état-major. C'est exactement ce qui va se passer cette fois encore ; le 8 mai, Churchill écrit au général Ismay : « L'avis des chefs d'état-major sur les affaires de Syrie doit me parvenir à temps pour la réunion du Cabinet de ce matin. Il faut tout mettre en œuvre pour empêcher les Allemands de prendre pied en Syrie avec de faibles effectifs, puis d'utiliser ce pays comme base avancée pour acquérir la maîtrise de l'air en Irak et en Perse. Tant pis si le général Wavell est mécontent de cette diversion sur son flanc Est [...]. Nous devons apporter toute notre aide, sans nous soucier de ce qui se passe à Vichy. Je serais très obligé à l'état-major de voir quel est l'effort maximum que nous pourrions fournir [79]. »

Et dès le lendemain, ayant arraché l'approbation du Comité de défense, il télégraphie au général Wavell : « Vous vous rendez certainement compte du grave danger qu'il y a à ce que quelques milliers d'Allemands transportés par air s'emparent de la Syrie. Les renseignements qui nous parviennent nous portent à croire que l'amiral Darlan a sans doute fait un marché pour les aider à y pénétrer. Puisque de toute évidence, vous considérez que vous manquez de moyens, il ne reste rien d'autre à faire que de mettre les moyens de transports nécessaires à la disposition du général Catroux et de le laisser, avec ses Forces Françaises Libres, agir pour le mieux, au moment qu'il jugera le plus opportun et avec l'appui de la RAF, chargée de s'opposer aux atterrissages allemands. Tout ce que vous pourriez faire en sus de cela serait le bienvenu [80]. »

Le général Wavell hésite encore à agir, mais les pressions qui s'exercent sur lui s'intensifient de jour en jour. Visiblement influencés par le message du général de Gaulle annonçant le retrait de Catroux du Moyen-Orient, ainsi que par les interventions de Churchill, le Cabinet de guerre et les chefs d'état-major ordonnent au général Wavell de « rassembler les éléments d'une force aussi importante que possible, sans que la sécurité du désert de Libye en soit affectée » et de « se préparer à pénétrer en Syrie au plus tôt » [81]. En même temps, il reçoit l'ordre d'assurer le transport des Forces Françaises Libres jusqu'à des positions proches de la frontière, et de leur apporter toute l'aide possible, particulièrement en ce qui concerne la couverture aérienne, dès que les généraux Catroux et Legentilhomme auront décidé que le temps est venu d'agir [82]. Ce jour-là, de Gaulle reçoit un télégramme de Londres l'informant des instructions données à Wavell, en même temps que le message suivant du Premier ministre :

« La question de Djibouti a été discutée à une réunion du Comité de défense que nous avons tenue cet après-midi. Nous y avons décidé :

« 1° De maintenir le blocus complet de Djibouti ;

« 2° De vous demander de ne pas retirer le général Catroux de Palestine. Peut-être y est-il déjà en train d'agir ?

« 3° De vous inviter cordialement à vous rendre au Caire, si vous l'estimez compatible avec la sécurité des territoires français libres [83]. »

Le général de Gaulle accueille ce message avec surprise et satisfaction ; se rendant bien compte qu'une seule personne en Angleterre a pu provoquer une telle volte-face, il télégraphie à Churchill :

« 1° *Thank you.*

« 2° *Catroux remains in Palestine.*

« 3° *I shall go to Cairo soon.*

« 4° *You will win the war* [84]. »

Pour mieux marquer sa satisfaction, le Général a écrit en anglais ; c'est la première fois ; ce sera la dernière...

A partir de là, les choses vont aller très vite. Le général Wavell a beau pester, protester, et même télégraphier au chef de l'état-major impérial pour menacer de démissionner si les dirigeants britanniques continuent à se laisser influencer par de Gaulle, rien n'y fait. Le 21 mars, Wavell déclare à l'ambassadeur de Grande-Bretagne sir Miles Lampson qu'il « vient de passer une assez mauvaise nuit, car il a été tiré du lit aux premières heures de la matinée pour se voir remettre deux télégrammes, l'un émanant du Premier ministre et lui demandant de soutenir à tout prix l'avance des Français Libres en Syrie, et l'autre du général de Gaulle lui " ordonnant " de faire de même [85] ». Le télégramme du Premier ministre est en effet sans ambiguïté : « Vous vous trompez lorsque vous supposez que la stratégie exposée dans ce message a été influencée par l'avis des chefs de la France Libre. Elle résulte entièrement du point de vue adopté par ceux qui ont ici la direction suprême de la guerre et de la diplomatie sur tous les théâtres de la guerre. Nous considérons que si les Allemands peuvent cueillir la Syrie et l'Irak avec quelques avions disparates, des " touristes " et des soulèvements locaux, nous ne devons pas non plus hésiter à courir des risques militaires à une petite échelle et à nous exposer au danger de voir la situation politique empirer en cas d'échec. Bien entendu, nous prenons l'entière responsabilité de cette décision, et, au cas où vous ne seriez pas disposé à y donner suite, nous ferions le nécessaire pour répondre à tout désir que vous pourriez formuler d'être déchargé de votre commandement [86]. »

Le général Wavell en déduit qu'il vaut mieux obéir, et il se met en devoir de rassembler les effectifs nécessaires pour aider les Français Libres à pénétrer au plus tôt en Syrie. C'est le général Henry Maitland Wilson qui commandera les unités britanniques. Bien entendu, le général Wavell n'apporte pas le moindre enthousiasme à sa tâche, et il déclare même au général Spears qu'il « n'a pas l'intention de se laisser forcer la main [87] ». Mais Churchill continue à le bombarder de télégrammes tour à tour éloquents, stimulants, impératifs, courroucés et inquisiteurs ; ainsi, le 3 juin, il lui écrit : « Veuillez me dire par télégramme quelles sont exactement les forces terrestres et aériennes que vous utilisez pour la Syrie. Que faites-vous des Polonais ? Il semble important de déployer et d'utiliser dès le départ le plus de forces aériennes possible, et même les vieux appareils peuvent avoir leur rôle à jouer, ainsi qu'ils l'ont si bien fait en Irak [88]. »

Pendant ce temps, en Palestine, les Français Libres préparent fiévreusement la grande opération. Catroux et de Gaulle espéraient que l'armée française de Syrie s'opposerait par la force à l'arrivée d'avions allemands sur les aérodromes syriens, et accueillerait donc les Forces Françaises Libres en alliées. Mais le 21 mai, le colonel Collet, qui vient de passer à la France Libre, leur fait savoir que les troupes françaises de Syrie n'ont pas l'intention de résister aux Allemands... et que par contre, elles livreront bataille aux Forces Françaises Libres et aux Britanniques ; d'ailleurs, elles occupent déjà des positions défensives le long de la frontière syrienne. C'est donc avec le cœur gros que les Français Libres se préparent pour une guerre fratricide.

C'est finalement le 8 juin que s'ouvre la campagne de Syrie. La veille, le général de Gaulle a reçu du Premier ministre un télégramme chaleureux : « Je tiens à vous adresser mes meilleurs vœux pour la réussite de notre entreprise commune au Levant. J'espère que vous estimez que tout ce qui est possible a été fait pour appuyer les armes de la France Libre [...]. Toutes nos pensées vont vers vous et vers les soldats de la France Libre. A cette heure, où Vichy atteint de nouveau le fond de l'ignominie, la loyauté et le courage des Français Libres sauvent la gloire de la France [89]. » A quoi le général de Gaulle répond le même jour : « Je vous remercie profondément de votre pensée pour mes troupes. Quoi qu'il arrive, les Français Libres sont décidés à combattre pour vaincre avec vous en alliés fidèles et résolus [90]. » A ce moment précis, ni de Gaulle ni Churchill ne peuvent se douter que la Syrie et le Liban vont empoisonner leurs relations mutuelles jusqu'à la fin de la guerre — et même un peu après... *

---

* Dès cette époque, il y a tout de même quelques signes avant-coureurs : afin que les Français Libres soient bien accueillis par les populations locales, de Gaulle, sur les conseils des Anglais, a promis l'indépendance à la Syrie et au Liban, qui sont toujours sous mandat français. Le gouvernement britannique a insisté pour donner sa garantie à cette promesse, mais le général de Gaulle a considéré qu'une telle garantie était incompatible avec la souveraineté de la France. D'ailleurs, les Anglais ont cru comprendre que cette indépendance serait accordée immédiatement, alors que de Gaulle n'a nullement l'intention de l'accorder avant la fin de la guerre. A cela s'ajoute que les Anglais poursuivent dans cette région une politique proarabe, dont de Gaulle se méfie au plus haut point...

6

Premier affrontement

La campagne de Syrie s'engage très mal. Les Forces Françaises Libres, commandées par le général Legentilhomme, ne comptent que 6 000 hommes, 8 canons, 10 tanks et 24 avions ; du côté britannique, le général Maitland « Jumbo » Wilson ne dispose que d'une division australienne, d'une brigade de cavalerie et de deux brigades d'infanterie, soutenues par une soixantaine d'avions. En face, les forces de Vichy ne comprennent pas moins de 18 bataillons, avec 120 canons, 90 tanks et autant d'avions — en tout plus de 30 000 hommes, placés sous les ordres du général Dentz. La première semaine de l'offensive est marquée par de très violents combats, qui causent de lourdes pertes des deux côtés sans amener de résultats décisifs ; les Forces Françaises Libres piétinent devant Damas, les Australiens sont durement accrochés le long de la route côtière, et les troupes anglaises sévèrement malmenées près de Kuneitra par une force très supérieure en nombre. Après deux semaines de campagne, les Alliés, ayant reçu des renforts, vont tout de même prendre l'avantage ; le 21 juin, à la suite de durs combats, Damas est enfin capturée, tandis que trois brigades anglaises et indiennes venues d'Irak ouvrent un nouveau front à l'est et au sud du pays. Au début de juillet, alors que Damour, Homs et Alep se trouvent directement menacés et que l'effondrement de l'armée de Vichy paraît imminent, le général Dentz décide de demander un cessez-le-feu...

Le moins que l'on puisse dire est que le général de Gaulle n'a pas été très favorablement impressionné par le comportement de ses alliés britanniques au cours de cette campagne ; ils n'ont pu lui fournir ni tanks ni avions [1], ils n'avaient eux-mêmes ni tanks lourds ni tanks moyens [2], leur avance a été extrêmement lente, ils ont été débordés à plusieurs reprises, et l'insuffisance de leurs effectifs a puissamment encouragé l'ennemi à résister. Enfin, le général de Gaulle a été écœuré par l'attitude du haut commandement britannique, et surtout par celle du général Maitland Wilson, qu'il considère comme un incapable [3]. Et pourtant, ce n'est pas à l'occasion de la campagne elle-même, mais à la suite de l'armistice qui y met fin qu'éclatera une violente querelle entre le général de Gaulle et le gouvernement de Sa Majesté — une querelle aux conséquences incalculables.

Dès le 18 juin, le gouvernement de Vichy a demandé au consul général des États-Unis à Beyrouth de s'enquérir auprès des Britanniques et des gaullistes des conditions d'une cessation des hostilités. Le lendemain, lors d'un entretien au Caire avec l'ambassadeur de Grande-Bretagne sir Miles Lampson, en présence des généraux Wavell et Catroux, le chef des Français Libres expose ses conditions pour la conclusion d'un accord d'armistice. Après une longue discussion, l'accord se fait sur les termes suivants, qui sont immédiatement communiqués au *Foreign Office* :

« 1° [...] La représentation de la France au Levant sera assurée par les autorités françaises libres, dans le cadre de la promesse d'indépendance qu'elles ont faite à la Syrie et au Liban, et à laquelle la Grande-Bretagne s'est associée.

« 2° Les Alliés n'ont aucun ressentiment d'aucune sorte à l'égard des Français de Syrie et ils sont prêts à accorder une amnistie complète [...]. Ils ne dressent aucun acte d'accusation contre aucun chef, aucune autorité, aucune troupe en Syrie [...].

« 3° Les Alliés doivent, cependant, prendre des mesures pour empêcher que le matériel de guerre en Syrie puisse être utilisé contre eux. Ce matériel devra, par conséquent, leur être remis.

« 4° En ce qui concerne les troupes françaises, il faut que toutes facilités leur soient données pour se joindre aux forces alliées dans la lutte contre les puissances de l'Axe. A cet égard, les Alliés se réservent le droit de prendre toutes dispositions nécessaires pour que chaque homme soit véritablement libre et que soient expliqués, d'une manière complète, à chaque individu les conditions et le choix qui lui sont offerts. Tous les membres des forces combattantes qui ne consentiraient pas à se joindre à la cause alliée seront rapatriés avec leur famille si les circonstances le permettent et dès qu'elles le permettront [...].

« Le représentant du général de Gaulle devrait participer aux négociations. Les réponses adressées à Beyrouth devraient être données en son nom comme au nom des commandants en chef [4]. »

Pourtant, lorsque dès le lendemain le général de Gaulle reçoit une copie des conditions d'armistice qui ont été envoyées à Washington pour transmission à Beyrouth, il s'aperçoit que sur un certain nombre de points importants, le *Foreign Office* n'a tenu aucun compte de ses recommandations. Ainsi, le texte envoyé à Washington stipule que les « négociations en vue de la cessation des hostilités auront lieu entre le général Wilson, représentant les commandants en chef, et les autorités de Vichy en Syrie [5] ». Il n'est donc pas fait mention de la participation des Français Libres aux négociations. Par ailleurs, il n'est dit nulle part que les autorités de la France Libre représenteront la France au Levant ; et le général de Gaulle écrira dans ses *Mémoires* : « N'étaient, en outre, pas mentionnées les précautions que je voulais voir prendre pour empêcher que les militaires et fonctionnaires du Levant fussent rapatriés massivement et d'autorité ; or j'avais besoin d'en garder le plus possible. J'adressai donc à M. Eden une protestation formelle et le prévins que, quant à moi, je m'en tenais aux conditions acceptées le 19 juin, sans en reconnaître d'autres * [6]. »

Le général Spears se souvient que le général de Gaulle était « hors de lui », et il notera le dialogue suivant :

De Gaulle : « Je crois que je ne pourrai jamais m'entendre avec les Anglais. Vous êtes tous les mêmes, uniquement attachés à vos propres intérêts, sans aucun égard pour les besoins des autres... Vous croyez que je souhaite la victoire de l'Angleterre ? Eh bien non, seule m'importe la victoire de la France ! »

Spears : « Mais... c'est la même chose. »

De Gaulle : « Pas du tout. Ce n'est pas du tout mon avis [8]. »

Au début du mois de juillet, alors que la campagne de Syrie touche à sa fin, le général de Gaulle va se trouver dans une situation plus désagréable encore. Pourtant, il a réussi à imposer la présence du général Catroux aux négociations d'armistice ; il a également écrit à Churchill dès le 28 juin : « Si, à la satisfaction de Vichy, de Berlin et de Rome, notre action commune en Syrie et au Liban semblait avoir pour résultat d'y diminuer la position de la France et d'y introduire des tendances et une action proprement britanniques, je suis convaincu que l'effet sur l'opinion de mon pays serait désas-

---

* Il semble bien qu'à Londres, le général de Gaulle et les Français Libres aient été purement et simplement oubliés — ainsi que Somerville-Smith, de la Mission Spears, l'écrira à son chef le 5 juillet : « J'ai dit à Morton qu'un simple garçon de bureau de la Mission Spears aurait ajouté quelque chose pour indiquer que nos conditions étaient présentées en plein accord avec le général de Gaulle. Morton a trouvé l'idée si bonne qu'il en a parlé à son Comité ! Le Comité a recommandé qu'à l'avenir, le général de Gaulle ne soit plus oublié [7] ! »

treux. Je dois ajouter que mon propre effort, qui consiste à maintenir moralement et matériellement la résistance française aux côtés
de l'Angleterre contre nos ennemis, en serait gravement compromis [9]. »

Pourtant, rien n'y fera. Le 10 juillet, le général Dentz demande
enfin un cessez-le-feu, et les plénipotentiaires se réunissent à
Saint-Jean-d'Acre trois jours plus tard. Les Britanniques sont représentés par le général Wilson, qui reçoit ses instructions du capitaine
Oliver Lyttelton, nouveau ministre d'État britannique au Caire ; la
délégation de Vichy est conduite par le général de Verdilhac,
adjoint au général Dentz, alors que la France Libre est représentée
par le général Catroux, qui se montrera des plus discrets à cette
occasion...

Lorsque, le 14 juillet, les termes de l'armistice sont rendus
publics, il apparaît d'emblée que les intérêts de la diplomatie et du
haut commandement britanniques ont été pleinement sauvegardés,
et que les hommes de Vichy ont été traités avec la plus grande
générosité : ils se voient en effet accorder « tous les honneurs de la
guerre », y compris le droit de conserver leurs armes individuelles ;
ils seront regroupés sous les ordres de leurs chefs, et ceux qui ne
désirent pas rejoindre les Alliés seront rapatriés avec leurs unités —
toutes choses qui excluent un choix réellement libre entre Vichy et
la France Libre. En outre, leur matériel sera remis aux Anglais ; les
« Troupes spéciales » du Levant, composées de volontaires syriens
et libanais, seront purement et simplement placées sous commandement britannique. Enfin, il n'est fait mention qu'une seule fois de la
France Libre, et cette mention ne fait qu'aggraver les choses ; en
effet, le général Wilson, sans même consulter le ministre d'État
Lyttelton, a signé avec le général de Verdilhac un protocole secret,
aux termes duquel aucun contact ne serait autorisé entre les
Français Libres et les Français de Vichy [10].

Il va sans dire que les termes de l'armistice de Saint-Jean-d'Acre
constituent pour la France Libre un échec sévère ; le général
Spears lui-même conviendra qu'ils étaient « parfaitement absur-
des [11] », et le ministre d'État Oliver Lyttelton écrira : « Lorsque je
considère les termes de cet armistice, j'admets que nous aurions dû
faire aux Français Libres une place qui leur a été déniée [12]. » A
Brazzaville, le général de Gaulle réagit violemment ; cet accord
entre Vichy et la Grande-Bretagne semble justifier ses pires
craintes et ses vieilles préventions à l'égard de la politique britannique : il y voit une négligence complète des intérêts de la France
Libre, une indulgence criminelle à l'égard de Vichy, et l'intention

manifeste des Britanniques de supplanter la France au Moyen-Orient. « En effet, constate-t-il, le texte de l'accord équivalait à une transmission pure et simple de la Syrie et du Liban aux Britanniques [13]. » Dès le 16 juillet, il manifeste son mécontentement dans une déclaration à la presse ; dans ses *Mémoires*, il écrira : « Avant même d'avoir eu connaissance du détail et me fondant sur les indications, naturellement édulcorées, qu'en donnait la radio de Londres, je fis connaître que je repoussais la convention de Saint-Jean-d'Acre. Après quoi, je partis pour Le Caire, marquant aux gouverneurs et aux chefs militaires anglais, à chaque étape de ma route, à quel point l'affaire était sérieuse. Ainsi fis-je à Khartoum pour le général sir Arthur Huddleston, excellent et amical gouverneur général du Soudan, à Kampala pour le gouverneur, à Ouadi-Halfa pour l'administrateur du Cercle, de façon à me faire précéder par des télégrammes alarmants. Le 21 juillet, je prenais contact avec M. Oliver Lyttelton, ministre d'État dans le Gouvernement anglais [...] [14]. »

La réaction du général de Gaulle à l'initiative malheureuse des militaires britanniques prend une forme qui va nous devenir rapidement familière : il s'agit d'intimider et d'embarrasser les autorités britanniques à l'aide de violentes diatribes et d'ultimatums menaçants chaque fois qu'elles porteront atteinte aux droits de la France Libre ; et l'une des premières victimes de cette véritable guerre psychologique sera le nouveau ministre d'État au Caire, Oliver Lyttelton.

A dire vrai, le ministre d'État lui-même n'est guère satisfait des dispositions de l'armistice de Saint-Jean-d'Acre, surtout depuis qu'il a été informé du protocole secret qui le complète. Ainsi que l'écrira le général Spears : « Il était extrêmement préoccupé, et fort gêné d'avoir à affronter le général de Gaulle dans des conditions aussi défavorables [15]. » Le 21 juillet à 10 heures, le général de Gaulle se présente au bureau de M. Lyttelton. Il remarque que le ministre d'État britannique l'accueille « avec quelque gêne », et il va lui-même s'efforcer d'éviter les éclats, tout en « s'enveloppant de glace [16] ». De fait, Oliver Lyttelton note que le Général « était blanc d'une colère contenue », et ajoute : « Il [...] me salua très froidement et se lança dans une violente dénonciation de l'attitude britannique [17]. »

Les propos du général de Gaulle n'ont pu surprendre le ministre d'État : l'armistice conclu avec Vichy est inacceptable, et ne saurait lier la France Libre ; les Britanniques s'efforcent d'établir leur autorité en Syrie et au Liban, alors que cette autorité n'appartient qu'à la France Libre. Le rapatriement rapide et massif des troupes de Vichy porte un coup très sévère à la France Libre ; enfin, la conduite de la Grande-Bretagne dans toute cette affaire est « incompatible avec l'honneur et les intérêts de la France ». A cela, Lyttelton répond que le général Catroux, qui assistait aux négociations, a lui-même approuvé les termes de l'armistice, et, pour ce qui est du protocole secret, le ministre d'État fait observer qu'il a déjà pris les mesures nécessaires en collaboration avec le général Spears pour le faire annuler. Mais M. Lyttelton est loin de s'attendre à ce qui va suivre ; car le général de Gaulle lui remet une note qui se termine par ces mots : « La France Libre, c'est-à-dire la France, ne consent plus à s'en remettre au commandement militaire britannique du soin d'exercer le commandement sur les troupes françaises en Orient. Le général de Gaulle et le Conseil de défense de l'Empire français reprennent la pleine et entière disposition de toutes les forces françaises au Levant à la date du 24 juillet 1941 à midi [18]. »

« J'en fus quelque peu interloqué, écrira M. Lyttelton, mais l'expression diplomatique " non avenu " me vint à l'esprit, et je répondis : " Général, je me vois obligé de considérer ce document comme non reçu, et ne puis l'accepter [19]. " »

Dans un rapport adressé à Churchill dès le lendemain de l'entrevue, le ministre d'État précisera : « Je demandai au général de Gaulle de reprendre ce document, qui constituait en fait un ultimatum et ne pouvait que mettre fin à l'alliance entre la France Libre et la Grande-Bretagne. Il me répondit alors très brutalement que je pouvais considérer cela comme un ultimatum si je le désirais. Il n'avait fait qu'énoncer des faits, et j'étais libre de les interpréter comme je le voulais. Je lui fis remarquer que nous étions responsables du point de vue militaire de ce front de Syrie où l'ennemi pourrait nous attaquer, et qu'en sa qualité de soldat, il devait bien se rendre compte que nous ne pourrions accepter ce document dans la forme où il était présenté [...]. Pour avoir quelque chance d'être accepté, il devrait manifestement être accompagné d'un autre document établissant les bases de notre collaboration militaire. Il répondit d'un air dégagé qu'il ne pouvait y avoir aucun doute quant à sa volonté de collaborer avec le haut commandement britannique. A ce stade de la discussion, il déclara d'un ton extrêmement brusque et blessant qu'il n'avait aucune confiance dans le haut commandement britannique, qui avait mené cette campagne de façon dilatoire et maladroite. Il était tout à fait disposé à faire ultérieurement des suggestions quant à la mise en place d'une collaboration militaire qui soit compatible avec l'entière souveraineté de la France et de la Syrie. Je lui répétai qu'aussi longtemps que ce document m'était présenté isolément, je ne pourrais l'accepter [20]. »

Et Lyttelton note que la discussion « dégénéra en ce que les femmes appellent une scène [21] ». Tout cela dure jusqu'à 12 h 30, heure où le ministre d'État propose d'ajourner la discussion et de la reprendre à 6 heures du soir...

Ce soir-là, le général de Gaulle revient légèrement mieux disposé, et Oliver Lyttelton, sans doute très soulagé, accepte d'emblée de faire plusieurs concessions : le général Dentz et plusieurs officiers de Vichy seront séparés de leurs hommes, et même envoyés en Palestine si nécessaire ; quant au gouvernement britannique, il s'abstiendra d'intervenir dans les affaires politiques et administratives de la Syrie et « protégera les intérêts historiques de la France en Syrie [22] ». Le général de Gaulle finit par proposer la conclusion d'un nouvel accord portant sur « l'application » de la convention d'armistice, et « corrigeant dans la pratique ce qu'il y a de vicieux dans le texte »... Il propose également que la compétence du commandement britannique en Syrie et au Liban soit limitée « aux opérations militaires contre l'ennemi commun », et le ministre d'État promet « d'y réfléchir » [23].

Le 22 juillet, Oliver Lyttelton accepte, et un « accord interprétatif » sera négocié dès le lendemain entre la délégation britannique et une délégation de la France Libre ; ce jour-là, l'ambassadeur de Grande-Bretagne sir Miles Lampson note dans son journal : « Retour à l'Ambassade, où O. Lyttelton, de Gaulle et les autres étaient toujours enfermés dans mon bureau [...] ils se chamaillaient au sujet d'une ridicule petite histoire de formulation dans un document qu'ils avaient mis au point ensemble — apparemment une " interprétation " de la convention signée avec Vichy [24]. »

En fait, il s'agit plus d'une correction que d'une interprétation : les autorités de la France Libre seront autorisées à prendre contact avec les troupes de Vichy et à « expliquer leur point de vue au personnel concerné » ; il est maintenant reconnu que le matériel de guerre doit revenir à la France Libre, et que les « Troupes spéciales » du Levant seront intégrées dans les Forces Françaises Libres, et non dans les forces britanniques [25]. L'obstination du général de Gaulle et ses accès de colère se sont donc révélés payants, mais le chef de la France Libre s'est fait à cette occasion un ennemi mortel : le général Spears, qui a été scandalisé de la façon dont de Gaulle a traité le ministre d'État Lyttelton au cours de l'entrevue du 21 juillet. Pour Spears, c'est en quelque sorte une révélation ;

désormais, à la grande surprise de l'ambassadeur Miles Lampson, il mettra autant d'énergie à combattre de Gaulle qu'il en a mis jusqu'ici à le soutenir. Le général de Gaulle n'est pas immédiatement informé de ce brusque revirement — du reste, il ne s'en serait sans doute pas formalisé outre mesure. En tout cas, le chef de la France Libre est fort satisfait du résultat de ses démarches ; ce soir-là, il télégraphie à la délégation de la France Libre à Londres : « Au total, le changement d'orientation britannique est maintenant favorable. La crise a été chaude et elle n'est pas tout à fait terminée [26]. »

Il s'en faut même de beaucoup ; car au cours des semaines qui suivent, en dépit de la bonne volonté évidente du capitaine Lyttelton, les militaires britanniques présents sur le terrain ne tiendront absolument aucun compte de l'accord interprétatif du 24 juillet. Le général Dentz va rester à la tête de ses troupes, qui seront concentrées dans la région de Tripoli et entièrement isolées jusqu'au moment de leur embarquement ; ce sont les autorités militaires anglaises elles-mêmes qui empêcheront les Français Libres de les contacter, alléguant qu'elles « craignent des désordres ». Dans la Djézireh, à Palmyre, à Alep, dans le Hauran, les représentants de la France Libre voient également leur action contrecarrée par des initiatives britanniques assez malencontreuses ; certaines sont le résultat d'une politique délibérée du *War Office* et du *Colonial Office* — soutenus avec quelque réticence par le *Foreign Office* — alors que la très grande majorité n'est due qu'à la maladresse ou au zèle intempestif d'officiers britanniques subalternes. C'est ainsi qu'une brigade anglaise, s'étant établie dans le djebel Druze, prend les escadrons druzes sous son autorité, tandis que le commandement britannique réquisitionne la « Maison de France », résidence du délégué de la France Libre à Soueïda, et y fait hisser l'*Union Jack* après avoir amené le pavillon tricolore [27]. Une autre fois, le général Catroux, délégué général de la France Libre et commandant en chef au Levant, rentre à son quartier général et se heurte à une sentinelle australienne qui l'empêche d'entrer ; là encore, le drapeau français a été remplacé par l'*Union Jack* [28]. Il est vrai que le haut commandement britannique semble donner l'exemple à cet égard ; ainsi, le général Wilson menacera de proclamer la loi martiale et de prendre tous les pouvoirs au Levant ; mais cet exemple est fidèlement suivi à la base, et on verra même un officier britannique refuser de se rendre à une soirée donnée par le général de Gaulle, en alléguant que cela pourrait compromettre ses relations avec les autorités de Vichy [29]...

Aussi curieux que cela puisse paraître, il est de fait que les officiers britanniques sympathisent bien davantage avec les Français de Vichy qu'ils viennent de combattre, qu'avec les Français Libres qui ont combattu à leurs côtés ! Les officiers de Vichy, y compris le général Dentz, sont traités avec une extrême courtoisie, et mènent grande vie à Beyrouth ; pendant ce temps, les troupes de Vichy sabotent leurs armes et leurs équipements avant de les remettre aux Anglais ; elles embarquent pour la France sans qu'aucun contrôle soit exercé du côté britannique ; quant à la Commission d'armistice, elle néglige purement et simplement les Français Libres, et jusqu'au 7 août, les autorités militaires britanniques déclareront tout ignorer des « accords interprétatifs » passés entre Lyttelton et de Gaulle...

Les Britanniques vont finir par s'apercevoir de l'extraordinaire inconscience et de l'aveuglement étonnant qui caractérisent leur politique, lorsqu'ils apprendront que cinquante-deux de leurs officiers, capturés pendant la campagne de Syrie, ont été envoyés en France sur ordre du général Dentz quelques heures avant que celui-ci ne demande l'armistice... A cette nouvelle, le ministre d'État réagit violemment ; il donne l'ordre de mettre le général Dentz en état d'arrestation, et de l'y maintenir jusqu'au retour des cinquante-deux officiers britanniques. A la faveur de cet incident, M. Lyttelton va également s'apercevoir que les conditions de l'armistice ne sont que très imparfaitement respectées par Vichy, et, lors d'une rencontre avec le général de Gaulle à Beyrouth le 7 août, il promet de faire le nécessaire pour que les Français Libres aient enfin la possibilité d'entrer en contact avec les soldats de Vichy. Malheureusement, il est déjà bien tard : la France Libre ne pourra recruter que 127 officiers et 6 000 sous-officiers et soldats ; la très grande majorité des officiers, soldats et fonctionnaires de Vichy, près de 25 000 hommes, embarquera pour la France de gré ou de force [30].

Il va sans dire que toutes ces bévues de l'administration britannique ont provoqué la fureur du général de Gaulle. Il tonne contre tous les Anglais du Levant, en faisant une place toute spéciale au général Wilson, au *War Office*, au « groupe d'arabisants fanatiques soutenus par le *Colonial Office* », et bien sûr à sa bête noire, l'« *Intelligence* ». A tort ou à raison, et sans doute plus souvent à tort qu'à raison, il les soupçonne tous d'être de connivence pour humilier la France et la supplanter au Levant ; au cours de l'été, il va donc mettre en œuvre tout l'arsenal de la guerre psychologique pour contraindre les Anglais à respecter les droits souverains de la France au Levant. Ce faisant, il va terrifier ses partisans de Beyrouth, du Caire et de Londres, qui considèrent qu'une collabo-

ration étroite avec les Britanniques est essentielle à la survie de la
France Libre. Mais le général de Gaulle n'en a cure ; il va rendre
coup pour coup, sans crainte et non sans colère...

C'est ainsi que le général de Gaulle a répliqué à l'armistice de
Saint-Jean-d'Acre par un véritable ultimatum, ce qui lui a permis
d'obtenir l'« accord interprétatif » du 24 juillet. Plus tard, lorsque
le général Wilson menace de proclamer la loi martiale, de Gaulle
annonce qu'une telle mesure constituerait une usurpation des droits
de la France et entraînerait une rupture immédiate avec l'Angleterre. Le Général ne recule même pas devant la perspective d'une
confrontation armée pour défendre la souveraineté française ; c'est
ainsi qu'à la fin du mois de juillet, un détachement des Forces Françaises Libres sous le commandement du colonel Monclar est
envoyé à Soueïda pour reprendre possession de la « Maison de
France » et récupérer les escadrons druzes ; lorsque le commandant
de la brigade britannique à Soueïda menace de s'y opposer par la
force des armes, les Français Libres se déclarent prêts à se battre
— et, bien entendu, les forces britanniques reçoivent l'ordre de se
retirer [31].

Il est vrai que le général de Gaulle peut également faire usage
d'une diplomatie plus conventionnelle, d'une manière qui n'est
certes pas toujours très conventionnelle. Au cours de l'été, il
enverra à Churchill plusieurs télégrammes aussi fermes que respectueux ; le 21 juillet, il lui écrit ainsi au sujet de l'armistice de
Saint-Jean-d'Acre : « Je suis obligé de vous dire que moi-même et
tous les Français Libres considérons cette convention comme oppo-
sée dans son fond aux intérêts militaires et politiques de la France
Libre, c'est-à-dire de la France, et dans sa forme comme extrêmement pénible pour notre dignité [...]. Je souhaite que vous sentiez
personnellement qu'une telle attitude britannique, dans une affaire
vitale pour nous, aggrave considérablement mes difficultés et aura
des conséquences que j'estime déplorables au point de vue de la
tâche que j'ai entreprise [32]. » Envers le ministre des Affaires étrangères Anthony Eden, il se montre tout aussi ferme, mais légèrement
moins respectueux ; c'est ainsi que le 1er août, il demande au professeur Cassin d'aller voir M. Eden, et de lui dire que « l'immixtion
de l'Angleterre nous conduit aux complications les plus graves et
que les avantages douteux que la politique anglaise pourrait tirer, au
Levant, de cet oubli des droits de la France seraient bien médiocres
en comparaison des inconvénients majeurs qui résulteraient d'une
brouille entre la France Libre et l'Angleterre [33] ». Envers les autres
ministres britanniques, le général de Gaulle adopte un ton franche-

ment cassant, et ne ménage pas ses sarcasmes ; le 17 août, il remet au général Spears la note suivante, pour transmission aux ministres concernés : « J'ai décidé de faire venir au Levant la compagnie de parachutistes de la France Libre actuellement stationnée en Grande-Bretagne. Si les autorités britanniques refusent de munir cette compagnie de l'équipement spécial, je le déplorerai, mais ma décision n'en sera pas modifiée ; la compagnie viendra sans son équipement. En ce qui concerne le transport, il sera difficile aux Anglais de soulever des objections en raison du tonnage sous pavillon français que les Britanniques utilisent et dont ils bénéficient directement et principalement. A mon avis, ce serait une bonne chose si le ministère de l'Air britannique et le *War Office* renonçaient à croire qu'ils sont plus qualifiés que moi pour s'occuper des affaires qui concernent les Forces Françaises Libres [34]. »

Mais le général de Gaulle considère que son alliée la plus sûre n'est autre que l'opinion publique, en France, en Grande-Bretagne et aux États-Unis ; c'est pourquoi il s'attachera avant tout à utiliser l'arme de la presse et de la radio pour attaquer les erreurs et les excès de la politique britannique au Levant. Ayant dénoncé le 16 juillet, depuis Brazzaville, l'armistice de Saint-Jean-d'Acre, c'est encore à Brazzaville que le Général va donner une interview au correspondant du *Chicago Daily News*, George Weller, à la fin du mois d'août. Cette interview fera en Angleterre l'effet d'une bombe, ce qui n'a rien d'étonnant si l'on considère la teneur des propos du Général à cette occasion : « Je ne veux pas garder le secret plus longtemps. J'ai proposé aux États-Unis d'utiliser les ports de l'Afrique Française Libre comme bases navales pour l'effort de guerre contre Hitler. Je les ai offertes sur la base d'un bail à long terme — quelque chose d'analogue à l'arrangement suivant lequel les Britanniques ont offert leurs bases dans l'Atlantique aux États-Unis. Mais moi, je n'ai pas demandé de destroyers en échange. J'ai seulement demandé que les États-Unis se servent de ces bases pour faire contrepoids à Dakar et empêcher Hitler de pénétrer plus avant en Afrique, ce qu'il ne manquera pas de faire dès qu'il pourra retirer des forces du front russe. »

Le journaliste américain ayant demandé au général de Gaulle pourquoi à son avis Londres n'avait pas encore rompu définitivement avec Vichy et reconnu le « gouvernement de la France Libre », il s'entend répondre ceci : « L'Angleterre a peur de la flotte française. En fait, l'Angleterre a conclu avec Hitler une sorte de marché pour la durée de la guerre, dans lequel Vichy sert d'intermédiaire. Vichy sert Hitler en maintenant le peuple français en état de sujétion et en vendant à l'Allemagne des morceaux de l'Empire français. Mais n'oubliez pas que Vichy sert également l'Angleterre en refusant de livrer la flotte française aux Allemands. Tout comme l'Allemagne, l'Angleterre exploite Vichy. La seule différence est dans le but poursuivi. Nous assistons en fait à un échange mutuellement profitable entre deux puissances hostiles, qui permet au gouvernement de Vichy d'exister aussi longtemps que l'Angleterre et l'Allemagne y trouveront leur compte [35]. »

Le gouvernement britannique n'a suivi que de très loin le déroulement de la campagne de Syrie et ses prolongements ; après tout, le Levant n'est pas un théâtre de guerre très important, et le capitaine Lyttelton, nouveau ministre d'État au Caire, se chargera des problèmes politiques. D'ailleurs, il y a un accord complet au sein du gouvernement quant à la politique à suivre au Levant : il s'agit avant tout d'obtenir l'indépendance de la Syrie et du Liban ; comme l'écrira plus tard M. Eden : « Le Premier ministre et moi-même étions formels : il ne fallait pas donner à la population arabe l'impression qu'elle n'avait fait que passer d'un maître français à un autre [36]. » Et pourquoi cela ? Parce que, pour beaucoup de politiciens britanniques, les Arabes restent beaucoup plus importants que les Français Libres ; et comme le dit à l'époque un membre du *War Cabinet* : « Nous pourrions parvenir à un accord d'ensemble avec les pays arabes, et à un règlement de la question de Palestine [37]. »

Il faut bien reconnaître que Churchill n'a pas suivi les événements du Levant de beaucoup plus près que ses collègues du gouvernement ; c'est que son attention a été entièrement absorbée par l'opération *Battleaxe*, un effort suprême pour battre Rommel en Libye. Comme l'écrira Churchill : « La dramatique évacuation de la Grèce, les intermèdes d'Irak et de Syrie, les combats acharnés en Crète, tout pâlissait devant ce rayon d'espoir qu'était pour nous — à juste titre — la perspective d'une victoire dans le désert de Libye [38]. » Mais la victoire ne sourira pas aux Britanniques cette fois-là, et l'attention de Churchill va être attirée par un événement plus considérable encore : l'attaque de l'Union soviétique par l'Allemagne. C'est pour cela que Churchill n'est pas intervenu personnellement lors de la campagne de Syrie, et que les télégrammes que lui a adressés le général de Gaulle sont le plus souvent restés sans réponse ; c'est aussi pour cela que Churchill sera extrêmement surpris par la grave crise consécutive à l'armistice de Saint-Jean-d'Acre...

A vrai dire, les négociations qui ont conduit à cet armistice n'ont guère retenu l'attention des ministres britanniques. Le Cabinet de guerre a bien sûr envoyé quelques instructions au ministre d'État Lyttelton, qui les a transmises au général Wilson par téléphone ; mais après cela, le général Wilson a conduit seul les négociations, et les résultats auxquels il parvient le 14 juillet ne sont pas sans causer quelque surprise à Londres — moins cependant que le protocole secret interdisant tout contact entre les troupes de Vichy et les Français Libres. C'est ainsi que Maurice Dejean, après avoir eu une entrevue avec M. Eden et le major Morton, écrira au général de Gaulle : « Nos interlocuteurs [...] ne nous ont pas caché qu'ils étaient très mal informés des négociations, et qu'ils étaient ennuyés des résultats auxquels elles avaient abouti, ainsi que des difficultés qui ne pourraient manquer d'en résulter [39]. » De fait, un mémorandum interne soumis à l'attention du Cabinet britannique à ce moment porte la mention suivante : « Nos autorités militaires sur place ont fait preuve d'une générosité excessive dans la conduite des négociations d'armistice, et elles ont fait de nombreuses concessions que le gouvernement de Sa Majesté n'aurait sans doute pas approuvées s'il avait été consulté au préalable [40]. »

Mais le gouvernement de Sa Majesté sera encore plus surpris — et beaucoup plus choqué — par la réaction du général de Gaulle à cette même convention d'armistice, par ses déclarations du 16 juillet à la presse de Brazzaville, par l'ultimatum présenté cinq jours plus tard lors de son entrevue avec M. Lyttelton, enfin et surtout par l'attitude du général de Gaulle envers M. Lyttelton lui-même au cours de cette entrevue — attitude que le ministre d'État décrira le lendemain dans son rapport à Churchill : « De Gaulle [...] était terriblement monté contre tout ce qui était anglais ; il semblait avoir passé une nuit blanche, et je n'ai pu lui faire entendre raison sur aucun point. » Et le rapport se termine par ces mots : « Je vous ai envoyé ce long rapport parce que nous ne sommes nullement tirés d'affaire, qu'il y a manifestement un grand nombre de points sur lesquels la controverse pourrait éclater à nouveau, et que si le général de Gaulle passe une nouvelle nuit blanche, nous risquons de nous trouver demain en butte aux exigences les plus inattendues. Après notre première conversation d'hier, Spears et moi-même étions convaincus qu'une rupture complète était inévitable, et que nos impératifs militaires fondamentaux ne pourraient être sauvegardés tant que le général de Gaulle resterait chef des Français Libres. Il est encore possible que nos craintes se révèlent fondées [...]. Si c'est ainsi que doit s'exercer la diplomatie, je me réjouis d'avoir choisi une autre carrière [41]. »

Ce rapport va déclencher à Londres une réaction immédiate, et le professeur Cassin écrira : « Le Premier me dépêcha, au quartier général, un de ses familiers avec mission de me poser, en dehors de tous les problèmes concrets, la question générale suivante : " De Gaulle est-il encore un général, ou est-il devenu un homme politique [42] ? " »

C'est que Winston Churchill a été très affecté par l'attitude du général de Gaulle. Après tout, le chef des Français Libres a rendu public son désaccord avec ses alliés, il a manqué d'égards envers les militaires britanniques, il a fait preuve d'une anglophobie certaine, et pis encore, il s'est sérieusement querellé avec M. Lyttelton, qui est un grand ami du Premier ministre. Bien que Churchill ait entièrement omis cet épisode dans ses *Mémoires*, la note suivante destinée au *Foreign Office* exprime sans doute le mieux ses pensées du moment : « De Gaulle avait sans doute quelques raisons d'être indigné [...] mais il a pratiquement tout gâché par les propos immodérés et anglophobes qu'il a tenus devant M. Lyttelton et en privé [43]. » Aux yeux du Premier ministre, la réaction violente du général de Gaulle a entièrement effacé les lourdes erreurs britanniques qui l'ont provoquée. C'est cet étonnant préjugé, joint aux méthodes gaulliennes de « guerre psychologique » contre les Anglais, qui sera à l'origine de la plupart des grandes querelles entre le Premier ministre et le chef de la France Libre ; d'ailleurs, la première de ces querelles est maintenant sur le point d'éclater.

Le général de Gaulle, nous l'avons vu, considère qu'il ne fait que réagir à la provocation, et forcer les Britanniques à respecter les droits souverains de la France Libre, « c'est-à-dire de la France ». Mais Churchill ne voit pas — ou choisit de ne pas voir — les raisons de l'attitude hostile du Général. Quant au chef de la France Libre, il semble ne jamais s'être demandé si un contact franc et direct avec le Premier ministre n'arrangerait pas mieux les choses que les déclarations incendiaires et les ultimatums qu'il adresse constamment aux officiers et aux fonctionnaires britanniques. C'est sans doute que le général de Gaulle est fort satisfait du résultat de ses efforts pour défendre la dignité de la France ; mais à mesure que l'été avance, les rapports faisant état des humeurs, initiatives et déclarations « anglophobes » du Général s'accumulent sur le bureau du Premier ministre avec une régularité déconcertante, et l'immense capital d'estime dont jouit le chef de la France Libre auprès de Winston Churchill commence à baisser très sérieusement...

Après avoir conclu l'« accord interprétatif » avec M. Lyttelton, le général de Gaulle s'est rendu en Syrie, et le Premier ministre a été informé que « le Général s'est conduit là-bas avec une extrême arrogance, négligeant l'esprit et parfois même la lettre des accords qu'il venait de signer [44] ». Au début du mois d'août, on reçoit également le rapport suivant du chef de la mission britannique à Brazzaville :

« Le général de Gaulle, lors de son récent séjour ici, a exprimé des sentiments antibritanniques plus violents qu'à l'habitude [...]. Les remarques suivantes ont été faites très ouvertement :

« 1° A un officier des forces françaises : " Méfiez-vous des Britanniques... "

« 2° " La plupart des soldats et fonctionnaires anglais ne s'intéressent pas à la France Libre, dont ils sont incapables d'apprécier l'importance. "

« 3° " D'autres fonctionnaires et hommes d'État ne font qu'utiliser les Français Libres, qui doivent par conséquent veiller jalousement à leurs propres intérêts. "

« 4° Des remarques très désobligeantes sur la façon dont a été conduite la campagne de Syrie. " Si lui [de Gaulle] avait commandé les opérations, toute l'affaire aurait été terminée en quinze jours. "

« 5° " Il y a tout de même une lueur d'espoir. Son influence, à lui, de Gaulle, est en train de s'accroître. C'est probablement son attitude, plus que toute autre chose, qui a déterminé le retrait du général Wavell. "

« 6° " Les Américains vont bientôt entrer en guerre, et c'est d'eux que les Français Libres doivent avant tout attendre leur salut [45] ". »

Le 20 août, le *Foreign Office* reçoit également une lettre d'un officier de marine britannique qui écrit du Caire : « Tous les gens importants parmi les Français Libres semblent presque antianglais, [y compris] le général de Gaulle lui-même, qui, lorsqu'il est de passage ici, n'hésite pas à exprimer ses sentiments et se répand en critiques sur l'effort de guerre de la Grande-Bretagne et l'essentiel de la politique britannique [46]. »

On reçoit encore un grand nombre d'autres documents, y compris la note du général de Gaulle au sujet des parachutistes [47], et une note signalant que de Gaulle « avait réinstitué un grand nombre de fonctionnaires de Vichy qui étaient ouvertement antianglais et s'étaient attiré la méfiance et l'antipathie des populations locales, tout cela parce que le Général aimait mieux employer des Français douteux que des Britanniques dignes de foi [48] ». On rapporte aussi que de Gaulle a dit en privé que beaucoup de problèmes avaient pu trouver leur solution en raison de sa fermeté vis-à-vis du ministre d'État, « qui lui a permis d'obtenir 90 % de ce qu'il désirait ». Et pour couronner le tout, on apprend à la fin du mois que de Gaulle, peu avant de quitter le Moyen-Orient, a interdit au général Catroux de communiquer avec M. Lyttelton en son absence [49].

Le colonel Passy, chef des services secrets de la France Libre, va immédiatement ressentir les effets de la crise qui s'annonce : l'*Intelligence Service* et le SOE * suspendent quasiment leurs relations avec son organisation ; le 6 août, lord Leathers a confié à Jacques Bingen, directeur de la Marine marchande, que « le gouvernement de Sa Majesté devenait de plus en plus nerveux en constatant la " rétivité " du général de Gaulle, et lui cherchait un remplaçant [50] » ; de même, le Premier ministre du Canada, M. Mac-Kenzie King, en visite à Londres, notera dans son journal : « J'ai constaté qu'il [Churchill] commençait à se lasser de l'attitude du général de Gaulle. Lord Bessborough a dépeint le Général comme " une sorte de Jeanne d'Arc masculin ". Quelqu'un a dit qu'il devrait bien prendre garde de ne pas se faire brûler par les Anglais. Le Premier ministre trouve visiblement qu'il essaye d'en faire trop [51]. »

Il est vrai que les dernières déclarations du général de Gaulle ont beaucoup affecté le Premier ministre. Depuis le mois de juin 1940, le Général est son ami, et les amis de Churchill ne sauraient avoir tort ; à la différence du chef de la France Libre, Winston Churchill n'a jamais pu séparer entièrement la politique des sentiments. Néanmoins, il lui faut bien admettre que ce sont là des propos « fort ingrats », et qui trahissent un certain degré d'anglophobie. Churchill n'est pas rancunier de nature, et il aurait sans doute oublié rapidement les « propos ingrats », mais il n'arrive pas à oublier l'anglophobie qu'ils semblent dénoter, et qui restera gravée dans son esprit jusqu'à la fin de la guerre. Pour être juste, il faut reconnaître que le général de Gaulle ne fera jamais rien pour dissiper les soupçons du Premier ministre à cet égard — soupçons qui ne sont d'ailleurs pas tout à fait sans fondement. Pour l'heure, Churchill, de plus en plus inquiet, va demander à Maurice Dejean et à d'autres personnalités de la France Libre d'intervenir auprès du général de Gaulle pour obtenir qu'il revienne en Angleterre — ce qui, pense-t-il, devrait mettre un terme à la croisade antianglaise du Général. Dejean et le professeur Cassin font de leur mieux, et

---

* *Special Operations Executive.*

Churchill est très soulagé lorsque le Général annonce enfin son intention de rentrer en Angleterre. Pourtant, ce soulagement est un peu prématuré, car sur le chemin du retour, de Gaulle s'est arrêté à Brazzaville, et a donné au journaliste américain George Weller l'interview que l'on connaît...

Le 27 août, Churchill reçoit quelques extraits de l'interview : de Gaulle, semble-t-il, a offert aux États-Unis l'usage de bases navales en Afrique, et il a déclaré que l'Angleterre « avait conclu un marché avec Hitler pour la durée de la guerre [52] ». Cette fois, c'en est trop ; Churchill écrit immédiatement à Eden : « Si cette interview est authentique, il est évident qu'il a perdu la tête. Ce serait vraiment un bon débarras, et cela nous simplifiera les choses à l'avenir [53]. »

Le lendemain, Churchill rumine encore les affronts qu'il a subis ; au cours du Conseil de cabinet, il déclare que l'attitude du général de Gaulle durant les dernières semaines a été « des plus préoccupantes », et qu'il « a fait un certain nombre de déclarations extravagantes lors d'une interview donnée à Brazzaville » [54]. Estimant visiblement que des mesures de rétorsion s'imposent, il demande à Desmond Morton de l'informer de « toute forme d'appui au général de Gaulle qui pourrait efficacement être différée en raison de la situation actuelle ». Mais comme la francophilie de Churchill et son respect pour l'armée française veillent toujours, il ajoute aussitôt : « Sans que cela ait de répercussions sur la rétribution et le confort de ses soldats [55]. » Le major Morton fera bien quelques suggestions, mais Churchill a déjà des idées personnelles sur la question ; dès le 30 août, il donne les directives suivantes :

« 1° Personne ne doit aller voir le général de Gaulle.

« 2° Aucune autorité britannique ne doit entrer en rapport avec lui lorsqu'il arrivera.

« 3° S'il demande à voir A. Cadogan, ce dernier ne doit pas le recevoir.

« 4° En cas de nécessité, on peut lui faire savoir qu'une crise très grave a éclaté, et que le Premier ministre s'en occupe personnellement.

« 5° Personne ne doit rencontrer de subordonnés du général de Gaulle non plus [56]. »

Ces directives sont données par téléphone au major Morton, et lorsque ce dernier objecte qu'il a déjà reçu le professeur Cassin, Churchill lui répond sèchement qu'il n'aurait pas dû le faire ; il ajoute que le général de Gaulle devra « cuire dans son jus pendant une semaine si c'est nécessaire [57] ».

Il est maintenant évident qu'un affrontement de tout premier ordre va se produire dès le retour du Général. Pourtant, du côté français comme du côté britannique, quelques hommes dévoués vont essayer de prévenir la tempête qui s'annonce. C'est ainsi que Maurice Dejean rend visite au major Morton, et, après avoir vivement déploré la déclaration du général de Gaulle, il ajoute : « Le général de Gaulle n'a aucune expérience de la politique. Il faudra faire son éducation, et lui faire comprendre qu'il ne doit pas faire de semblables déclarations [...]. Il serait infiniment regrettable que le général de Gaulle cessât d'être le chef du mouvement, en raison surtout de la situation en France, où la résistance s'est cristallisée autour de son nom [...]. Il serait erroné de croire que le général de Gaulle est anglophobe. Un Français qui serait anglophobe à l'heure actuelle ne pourrait être qu'un traître à son pays, et le général de Gaulle est un homme intelligent [...]. De plus, il contrôle l'Afrique-Équatoriale Française, ce qui a une grande importance du point de vue des communications [58]. »

Du côté britannique, Anthony Eden déploie la même activité fébrile ; et il écrit au Premier ministre : « Nous nous apercevrons peut-être que de Gaulle est fou ; en ce cas, il faudra le traiter en conséquence. Mais s'il manifeste quelque repentir, j'espère que vous ne sous-estimerez pas votre aptitude à le ramener dans le droit chemin. Il a pour vous un réel et profond respect, qu'il ne témoigne à aucun de nos commandants militaires. Si nous n'arrivons pas à nous entendre avec de Gaulle, cela ne peut que créer un surcroît de confusion dans l'esprit du peuple français. Hors de France, de Gaulle n'a que peu d'importance ; en France, il a une importance considérable en tant que point de ralliement contre Vichy. Vous aurez aussi à l'esprit l'autre complication possible — je veux parler de l'Afrique-Équatoriale Française [59]. »

Pendant ce temps, le général de Gaulle vole paisiblement vers l'Angleterre. En fait, il se considère toujours comme l'offensé, et le 29 août, pendant le trajet Freetown-Bathurst, il a confié à un compagnon de voyage qu'il était résolu à « mettre les pieds dans le plat » dès son arrivée à Londres [60]. On peut bien sûr se demander comment l'interview donnée au journaliste américain George Weller a pu être envoyée aux États-Unis sans être arrêtée par la censure française de Brazzaville. M. François Coulet, chef de cabinet du général de Gaulle, s'en expliquera en ces termes : « Le journaliste américain en avait encore ajouté sans doute, et sa prose, soumise pour visa à Bréal, directeur de l'information à Brazzaville, avait inquiété celui-ci, qui était venu en parler au chef de cabinet *. Ce dernier, qui vivait depuis plusieurs jours dans une atmosphère de grande tension, qui entendait de Gaulle s'exprimer sur ce sujet avec colère, et qui, partageant entièrement les jugements de son chef, n'imaginait pas qu'il pût entrer dans ses attributions d'en atténuer l'expression, n'avait pas osé, quelques heures avant le retour à Londres, pousser la porte du bureau voisin, et, l'interview à la main, affronter le Général irrité. Le texte était donc parti tel quel pour l'agence américaine [61]. »

Pendant la dernière étape de son voyage vers l'Angleterre, le général de Gaulle va recevoir un télégramme de René Pleven et du professeur Cassin. Ce télégramme, décodé dans l'avion, décrit « avec émotion » l'effet produit sur les autorités britanniques par la nouvelle de l'interview. L'ayant lu, le Général dit simplement à son chef de cabinet : « Vous êtes un sot. » Et François Coulet écrira : « Il n'était que de voir le visage défait des membres du Comité national sur le quai de Poole pour avoir confirmation de leurs sentiments. Cela suffit d'ailleurs pour que le général de Gaulle retrouvât son égalité d'humeur et cessât de tenir rigueur à son collaborateur [62]. »

Dès son arrivée à Londres, le Général va sentir tout le poids du déplaisir des autorités britanniques. Ce jour-là, Churchill informera son Cabinet qu'« en raison de l'attitude préoccupante du général de Gaulle au cours des dernières semaines, les ministères sont priés de traiter toutes les requêtes présentées par les Français Libres avec lenteur et circonspection jusqu'à nouvel ordre ». Pour commencer, on prendra toutes mesures utiles pour empêcher le général de Gaulle de parler à la BBC ce soir-là [63].

Le lendemain, Churchill envoie au Général une lettre glaciale, qui se termine par ces mots : « Jusqu'à ce que je reçoive toutes explications que vous trouveriez bon de me donner, il m'est impossible de juger si notre rencontre pourrait présenter quelque utilité [64]. » Quant aux directives du Premier ministre, elles sont suivies à la lettre ; le journaliste A.-J. Liebling notera que le général de Gaulle « se promenait dans les rues voisines de Carlton Gardens, son quartier général, mais pour les autorités officielles, il était absent. Ni la presse française ni la presse britannique n'avaient le droit de mentionner son retour à Londres [65] ». Quant à Hervé Alphand, qui vient d'arriver de New York, il note également dans son journal : « Tous les Anglais rencontrés depuis cinq jours critiquent violemment et ouvertement le Général et ses collaborateurs...

---

* François Coulet.

Frederick Leith-Ross, grand patron du blocus, me dit du Général qu'il n'est pas " sage " [66]... » Les amis anglais de M. Liebling lui disent la même chose : « Dès qu'il [de Gaulle] se sera réconcilié avec le Premier ministre, tout rentrera dans l'ordre, mais il s'est très mal conduit * [67]. »

Le général de Gaulle n'est nullement impressionné par l'ostracisme dont il est l'objet ; il sait par expérience que tout cela ne peut durer indéfiniment. D'ailleurs, il peut lui-même prendre quelques mesures de rétorsion : c'est ainsi que, s'étant vu refuser l'accès à la BBC, il ordonne aux Français Libres de suspendre toute participation aux émissions de la BBC. En outre, de Gaulle a tout de même quelques contacts officieux avec l'entourage du Premier ministre ; dès le 2 septembre, il reçoit le major Morton, à qui il confie que « s'il est vrai qu'il a été traité avec une grande générosité par le Premier ministre, les ministres et d'autres personnages haut placés », son action a été gravement entravée par un certain nombre de fonctionnaires britanniques en Syrie [68] — après quoi le Général énumère ses griefs contre les fonctionnaires britanniques en général, et les généraux Wilson et Spears en particulier [69]. En ce qui concerne la fameuse note sur les parachutistes de la France Libre, le major Morton rapportera que de Gaulle « répondit avec une candeur désarmante qu'il regrettait de l'avoir envoyée, mais qu'il était en colère à l'époque [70] ». Le lendemain, de Gaulle envoie au Premier ministre une lettre personnelle, dans laquelle il expose l'ensemble de ses griefs, tout en ajoutant qu'il « garde une excellente impression de ses relations avec le ministre d'État britannique au Caire [71] ».

Churchill, qui n'a jamais eu la rancune tenace, finit par céder, et il fait savoir au général de Gaulle qu'il le recevra le 12 septembre. Hervé Alphand, qui déjeune avec le Général à ce moment, note que celui-ci, « très calme, très sûr de lui, attend tranquillement l'explication que Churchill lui a promise pour la semaine prochaine [72] ».

En attendant le jour de l'entretien, Winston Churchill, lui, n'est ni calme ni tranquille. Il s'est informé des statuts exacts du mouvement des Français Libres, de la « représentativité » du général de Gaulle, et de la façon de le faire mieux « contrôler » par son propre mouvement. Il a également demandé au *Foreign Office* de lui remettre une liste de tous les griefs britanniques contre le général de Gaulle — liste qui ne sera pas courte [73]. Enfin, il déclare à la Chambre des communes, après avoir reconnu « la position privilé-

---

* « *He has been a very naughty boy.* »

giée de la France en Syrie » : « Je dois souligner avec force que pour nous [...] la Syrie doit être rendue aux Syriens, afin qu'ils puissent assumer le plus tôt possible leur indépendance et leur souveraineté. Nous ne voulons pas que ce processus [...] soit différé jusqu'à la fin de la guerre [...]. Il ne saurait être question, même en temps de guerre, d'une simple substitution des intérêts de la France Libre aux intérêts de Vichy [74]. »

Arrive enfin le 12 septembre, jour de l'explication tant attendue * : le général de Gaulle doit se rendre au 10, Downing Street à 3 heures de l'après-midi, et sir John Colville, alors secrétaire de Churchill, écrira dans ses *Mémoires* : « A trois heures moins cinq, j'entendis sonner et entrai dans le Cabinet. M. Churchill me fit savoir que lorsque le général de Gaulle entrerait, lui, Churchill, se lèverait et s'inclinerait légèrement, mais ne lui serrerait pas la main. D'un geste, il désignerait au Général un siège en face de lui, de l'autre côté de la table. Sans doute pour marquer mieux encore sa désapprobation, il m'annonça qu'il ne lui parlerait pas en français, mais ferait usage d'un interprète. " Et c'est vous, me dit-il, qui serez l'interprète. " Le Général arriva à 3 heures juste. Churchill, assis au centre de la longue table du Cabinet, se leva, inclina légèrement la tête, et désigna d'un geste la chaise en face de lui. De Gaulle ne paraissait nullement décontenancé. Il alla jusqu'à sa chaise, s'assit, regarda fixement le Premier ministre, et ne dit rien.

« *General de Gaulle, I have asked you to come here this afternoon...*

« Churchill s'interrompit et me regarda d'un air féroce. " Mon Général, commençai-je, je vous ai invité à venir cet après-midi... "

« " Je n'ai pas dit *Mon Général*, interrompit le Premier ministre, et je n'ai pas dit que je l'avais invité. " J'interprétai tant bien que mal les quelques phrases suivantes, en dépit de fréquentes interruptions.

« Puis ce fut le tour du général de Gaulle. Après la première phrase, il se tourna vers moi et je commençai à interpréter. " Non, non, protesta-t-il, ce n'est pas du tout le sens de ce que je disais. " Et pourtant, c'était bien cela.

« Churchill me dit alors que si je ne pouvais pas m'en tirer mieux que cela, j'aurais manifestement intérêt à trouver quelqu'un pour me remplacer. Je m'esquivai donc tout confus, et téléphonai à Nicolas Lawford, au *Foreign Office*. Son français était parfait. Il accou-

---

* Dans ses *Mémoires*, le général de Gaulle a donné par erreur le 15 septembre comme date de l'entrevue.

rut, et je l'introduisis dans la salle du Cabinet — où personne n'avait prononcé un seul mot depuis mon départ. Mais en un rien de temps, il ressortit, rouge de confusion, en déclarant qu'il avait sans doute affaire à deux fous : ils lui avaient dit que son français n'était pas bon et qu'ils allaient devoir se passer d'un interprète [75]. »

C'est qu'il aurait été malaisé de se livrer à une querelle en règle par le truchement d'un interprète... Le compte rendu de la conversation qui va suivre est évidemment très atténué, mais il donne tout de même une idée de la violence des premiers échanges :

« Le Premier ministre déclare qu'il a été affligé d'assister à la dégradation de l'attitude du général de Gaulle envers le gouvernement de Sa Majesté. Il lui semble maintenant qu'il n'a plus affaire à un ami. Il a reçu une lettre du général de Gaulle concernant une récente interview donnée à la presse. Bien sûr, une personne dont les déclarations ont du poids est souvent à la merci de journalistes peu scrupuleux : mais tout ceci mis à part, le Premier ministre a reçu de nombreux témoignages selon lesquels le général de Gaulle, lors de ses récents déplacements, n'a cessé de se répandre en propos hostiles à l'Angleterre. Il s'agit là d'une affaire extrêmement grave, et le Premier ministre a été fort affecté par la quantité de témoignages parvenue à sa connaissance.

« Le général de Gaulle répond qu'on ne saurait prétendre sérieusement qu'il est un ennemi de la Grande-Bretagne. Sa position actuelle et ses antécédents rendent cela inconcevable. Pourtant, il doit dire que certains événements récents, particulièrement en Syrie, l'ont profondément ébranlé et l'ont conduit à avoir des doutes quant à l'attitude de nombreuses autorités britanniques envers son mouvement et lui-même. Ces événements, auxquels viennent s'ajouter les grandes difficultés de sa propre position, son isolement, et sans doute aussi son tempérament personnel, l'ont conduit à faire des déclarations qui ont dû résonner désagréablement aux oreilles des Anglais. Il désire exprimer à cet égard ses sincères regrets.

« Le Premier ministre déclare qu'avant l'arrivée du général de Gaulle en Égypte, il s'était efforcé d'expliquer à tous les intéressés que le général de Gaulle avait sa confiance, et que c'est avec lui qu'il avait l'intention de coopérer. Tout avait été fait pour aplanir les obstacles qui se dressaient devant le général de Gaulle. Bien sûr, des fautes ont été commises du côté britannique, et il veut bien croire que le général de Gaulle en ait été contrarié. Dans une certaine mesure, de tels accrocs sont inévitables, mais le général de

Gaulle est devenu de plus en plus hostile, et ne s'est pas mis en rapport avec le Premier ministre.

« Le général de Gaulle rappelle au Premier ministre son télégramme du 28 juin, par lequel il lui faisait savoir qu'une rupture avec l'Angleterre au sujet de la Syrie aurait les plus graves conséquences pour la France Libre. Arrivé en Syrie, il s'est aperçu que parmi les autorités britanniques sur place, beaucoup n'avaient aucune conception de ce que représentait la France Libre. Il s'est trouvé environné de militaires et d'administrateurs qui semblaient avoir pour unique préoccupation de réduire le rôle de la France Libre en Syrie. Ses représentants ont dû subir d'innombrables humiliations, et les accords qu'il avait conclus avec le ministre d'État, apparemment à leur satisfaction mutuelle, sont restés lettre morte pendant quinze jours. En temps normal, des difficultés de cette nature auraient été aplanies en un instant par la voie diplomatique. Mais alors que la France est vaincue et humiliée, ses efforts pour la défendre échoueront immanquablement s'il est traité de la sorte.

« Le Premier ministre explique l'attitude de la Grande-Bretagne au sujet de la Syrie. La Grande-Bretagne ne poursuit aucune ambition dans ce pays, et elle n'a pas le moindre désir d'y supplanter la France. Son unique but est la défaite de Hitler, là comme ailleurs, et rien ne doit y faire obstacle. La Syrie est une partie importante du monde arabe, et du dispositif militaire pour la défense de l'Égypte. Nous ne pouvons permettre une répétition des événements de Syrie, dont les répercussions dans les pays adjacents compromettraient notre position militaire. Il en résulte que nous devons avoir la haute main sur la Syrie pour tout ce qui concerne l'effort de guerre. C'est, répète-t-il, la seule raison de notre présence là-bas. Notre position dans le monde arabe ne peut manifestement être assurée que si de nombreuses fonctions exercées précédemment par la France en Syrie sont maintenant transférées aux Syriens eux-mêmes... Cela, c'est essentiel. Les Arabes ne voient pas l'intérêt de chasser les Français de Vichy pour retomber sous la dépendance des Français Libres. Ils veulent leur indépendance, et elle leur a été promise. Une fois encore, la Grande-Bretagne ne cherche aucun avantage et ne poursuit aucune ambition coloniale en Syrie.

« Le général de Gaulle déclare qu'il ne soupçonne nullement les Britanniques de visées intéressées en Syrie. Bien que les politiques française et britannique dans le monde arabe ne soient pas les mêmes, en Syrie ou ailleurs, il ne peut y avoir aucun désaccord quant aux principes exposés par le Premier ministre, et il a lui-même promis leur indépendance aux Syriens. De même, il a toujours reconnu que l'autorité militaire britannique devait prévaloir en dernier ressort dans cette région. Il ne s'agit pas d'une question de principe — sur laquelle il n'y a aucun désaccord — mais d'une question de méthode ; et là, il maintient que les Français Libres ont subi en Syrie des humiliations répétées et inutiles.

« Le Premier ministre répond qu'il aurait honte d'utiliser la force britannique, qui est prépondérante en Syrie, pour tout autre but que celui de la défaite de Hitler. Mais pour assurer le degré de sécurité nécessaire, il n'hésiterait pas à utiliser toutes les forces dont il dispose contre quiconque, sachant bien qu'il servirait par là la cause commune.

« Le général de Gaulle déclare qu'il est normal et utile que les forces britanniques — dont il ne conteste pas l'écrasante prépondérance sur les forces de la France Libre — soient utilisées chaque fois qu'elles peuvent contribuer à la défaite de l'ennemi commun.

« Le Premier ministre répond que les choses semblent maintenant s'être arrangées en Syrie, et que les relations entre le général Catroux et les autorités militaires britanniques sont à l'heure actuelle satisfaisantes. Il assure le général de Gaulle qu'il est pleinement conscient de l'importance qu'il y a à traiter la France Libre en Syrie de façon telle que la Nation française puisse se rendre compte que le général de Gaulle est le gardien de ses intérêts en Syrie, et que ses intérêts l'emportent sur ceux des autres pays européens...

« Le général de Gaulle déclare que d'après ses informations, la nécessité de la campagne de Syrie a été bien comprise en France, et qu'il n'y a eu à cette occasion aucune manifestation de sentiments hostiles à la Grande-Bretagne ou à la France Libre.

« Le Premier ministre déclare qu'il avait souhaité éviter que les événements de Syrie ne ternissent l'image du général de Gaulle aux yeux du peuple français. La politique britannique ne vise en aucun cas à minimiser la contribution des Français Libres à la campagne de Syrie.

« Le général de Gaulle espère que le Premier ministre a reçu, en plus de rapports moins agréables, quelques échos de l'admiration profonde et sincère qu'il a exprimée à maintes reprises durant les dernières semaines pour les forces de l'Empire britannique.

« Le Premier ministre passe ensuite à la question de la direction du mouvement de la France Libre. Il est arrivé à la conclusion que la France Libre aurait intérêt à créer un conseil en bonne et due forme, qui contribuerait effectivement à l'élaboration de la politique du mouvement présidé par le général de Gaulle en tant que chef reconnu de tous les Français Libres.

« Le général de Gaulle convient qu'il y aurait quelque avantage à ce qu'il y ait autour de lui un groupement analogue à un gouvernement. Il a beaucoup réfléchi à la question, mais il y a quelques difficultés [...]. La création d'un conseil représentatif soulèverait forcément des problèmes politiques, et la cohésion au sein de son mouvement risquerait d'en souffrir. Quoi qu'il en soit, il va examiner très soigneusement cette question...

« Le Premier ministre déclare qu'il poursuit un double but : d'abord encourager les partisans du général de Gaulle en France, et par conséquent, ne rien faire qui puisse diminuer sa stature de chef de la résistance à l'ennemi ; et en même temps, améliorer les relations entre le gouvernement de Sa Majesté et le mouvement de la France Libre, en lui donnant une base élargie. Il croit que ce second but sera atteint grâce à la création d'un conseil avec lequel le gouvernement de Sa Majesté pourrait traiter. Il est heureux d'entendre que le général de Gaulle a l'intention d'examiner cette question.

« En conclusion, le Premier ministre demande au général de Gaulle de mesurer à quel point il importe qu'on ne le soupçonne pas de nourrir des vues hostiles à la Grande-Bretagne, ou même des vues qui pourraient par la suite prendre un caractère hostile. Il tient à donner ce conseil au Général, parce que certaines personnalités britanniques le soupçonnent d'ores et déjà d'être devenu hostile à la Grande-Bretagne et d'avoir adopté certaines idées fascistes peu compatibles avec une collaboration dans l'intérêt commun.

« Le général de Gaulle assure qu'il prendra pleinement en considération l'avis du Premier ministre. Compte tenu de ses récentes déclarations, et de certaines autres déclarations qu'il s'apprête à faire, il ne pense pas qu'on puisse continuer à l'accuser de nourrir des idées autoritaires. Il demande au Premier ministre de comprendre que les chefs et les membres du mouvement des Français Libres ont forcément un caractère assez difficile — sans cela ils ne seraient pas là où ils sont. S'il arrive que ce caractère difficile affecte parfois leur attitude envers leur grande alliée [...] leur loyauté envers la Grande-Bretagne n'en demeure pas moins entière [76]. »

Le secrétaire de Churchill, ne pouvant se douter du tour qu'a pris la conversation, commence à ressentir quelque inquiétude : « Une heure s'écoula, et je commençai à redouter qu'un acte de violence eût été commis. J'essayai d'écouter à la porte, mais [...] des doubles portes avaient été installées récemment, et je ne pus rien entendre. Je déambulai dans le couloir, essayai le képi du général de Gaulle, et m'aperçus avec surprise que sa tête était extrêmement petite. Puis je m'efforçai de me concentrer sur les papiers que j'avais devant moi. Je finis par décider qu'il était de mon devoir de faire irruption dans le bureau, peut-être sous prétexte d'apporter un message, car je craignais que l'irréparable n'eût été commis. Peut-être s'étaient-ils étranglés ? C'est à ce moment que j'entendis la sonnerie : entrant dans le bureau, je les trouvai tous deux assis côte à côte, et la plus grande amabilité se reflétait sur leurs visages. Sans doute par tactique, de Gaulle était en train de fumer l'un des cigares du Premier ministre. Ils se parlaient en français, un plaisir auquel Churchill était incapable de résister — ce qui ne manquait d'ailleurs jamais d'enchanter son auditoire [77]. »

En tout cas, les derniers propos échangés par le chef de la France Libre et le Premier ministre sont on ne peut plus aimables ; en raccompagnant le général de Gaulle, Churchill l'assure « qu'il serait heureux de le revoir à l'avenir » et que « si le ministre d'État revenait en Angleterre, une *réunion à trois* * pourrait même être organisée » [78].

Au sortir d'une entrevue qui s'est bien terminée après avoir très mal commencé, les deux grands hommes s'estiment satisfaits. Churchill n'a-t-il pas promis que la Grande-Bretagne continuerait à respecter les accords du Caire sur la Syrie, et ferait de son mieux pour soutenir la France Libre et son chef ? Quant à de Gaulle, n'a-t-il pas accepté d'étudier la possibilité de s'adjoindre un conseil représentatif et démocratique ? Il est vrai que ce ne sont pas là de bien grandes concessions, mais peu importe : l'entrevue a permis de dissiper nombre de malentendus, d'atténuer quelques préjugés, d'endormir certains soupçons et de rétablir la confiance et la compréhension entre les deux dirigeants. Au fond, Winston Churchill a une admiration sans bornes pour cet homme solitaire et inflexible qui ne cesse de braver la défaite ; quant à de Gaulle, il sent bien que Winston Churchill est un de ceux qui comprennent réellement le sens de sa mission en tant que chef des Français Libres. On pourrait donc en conclure que les deux hommes vont désormais entretenir les relations les plus franches et les plus cordiales... mais ce serait là une très lourde erreur.

---

* En français dans le texte.

7

Les « soi-disant Français Libres »

Vers la fin de l'entrevue du 12 septembre, Winston Churchill a tenu à donner au général de Gaulle un conseil « désintéressé » : « La France Libre aurait intérêt à créer un conseil en bonne et due forme, qui contribuerait effectivement à l'élaboration de la politique du mouvement présidé par le général de Gaulle, en tant que chef reconnu de tous les Français Libres. » A la base de cette formulation diplomatique et passablement ampoulée, il y a une motivation qui n'est pas entièrement désintéressée : on se souvient qu'au cours des semaines qui ont précédé l'entrevue du 12 septembre, Churchill cherchait fébrilement le moyen de mettre un frein aux débordements antibritanniques du général de Gaulle ; or la création d'un conseil capable de contrôler la politique et les impulsions du Général lui est apparue comme le meilleur moyen d'y parvenir. Il est vrai que le général de Gaulle a une conception assez monarchique de l'autorité, mais peu importe : Churchill voudrait seulement en faire un monarque constitutionnel...

Bien sûr, ce sera aux Français eux-mêmes d'assurer cette tâche délicate qui consiste à « diluer » l'autorité du Général ; mais après tout, il y a à Londres suffisamment de Français qui désapprouvent les récentes déclarations antibritanniques du général de Gaulle et sa conception autocratique du pouvoir. C'est ainsi que le 9 septembre, Desmond Morton a écrit au Premier ministre : « J'apprends que les membres du quartier général des Français Libres commencent à se lasser presque autant que nous du caractère intraitable et du manque de pondération de leur chef... Un certain nombre de Français Libres et quelques autres Français de bonne volonté à l'extérieur du mouvement s'interrogent sérieusement sur les moyens de créer un conseil qui serait à même de contrôler les actions politiques du Général. Je crains bien qu'ils ne puissent faire davantage que s'interroger [1]. »

Cette dernière phrase n'est guère encourageante, mais Churchill vient justement d'entendre parler de l'un de ces vaillants Français ; le 1er septembre, il a reçu le rapport suivant : « D'après l'amiral Dickens, Muselier [...] pense que de Gaulle est atteint de mégalomanie [...] et il estime que le chef doit changer, faute de quoi il faudra changer de chef [2]. » L'amiral Muselier n'est pas un inconnu pour Churchill, qui l'a même fait jeter en prison neuf mois plus tôt [3] ; mais enfin, cela avait été une erreur regrettable, et puis, le passé est le passé... Il n'est évidemment pas question que l'amiral Muselier prenne la place du général de Gaulle ; du point de vue politique, les Anglais considèrent l'amiral comme « un poids plume », et d'ailleurs, Churchill a envers le général de Gaulle un certain nombre d'obligations, écrites et morales. Mais si Muselier cherche seulement à obtenir une démocratisation de l'autorité au sein de la France Libre, il n'y a rien à redire à cela. L'omniprésent Desmond Morton reçoit donc pour instruction de « se mêler au groupe de Muselier », de « tenir le Premier ministre au courant » [4], et sans doute aussi de donner quelques conseils de modération, au cas où la contestation dégénérerait en mouvement subversif.

Le major Morton apprend rapidement que Muselier bénéficie d'un certain soutien au sein de la France Libre ; deux membres de l'état-major de l'amiral, Moret et Schaeffer, lui ont confié : « Les états-majors de la Marine et de l'Air, les personnels civils et un bon nombre de membres du bureau militaire en sont arrivés à la conclusion que de Gaulle, s'il reste utile en tant que figure symbolique et sans doute précieux comme chef militaire — bien que cela reste à démontrer — ne peut continuer impunément dans la voie qu'il s'est tracée. Il est honnête, certes, mais d'un fanatisme qui confine au déséquilibre. Il n'a rien d'un administrateur ou d'un diplomate, et en tant que politicien, semble incliner vers le fascisme... Les membres du quartier général de la France Libre, hormis les quelques inconditionnels qui se retrouvent particulièrement dans le bureau militaire, sont résolus à forcer la main au Général pour qu'il crée un conseil [5]. »

En apprenant que le Premier ministre vient justement de conseiller au général de Gaulle d'établir un tel conseil, et que le Général a accepté d'y réfléchir, les partisans d'une démocratisation de la France Libre voient leur heure arriver ; ils considèrent tout naturellement qu'au sein du nouveau conseil, la démocratie ne pourra être garantie que si le pouvoir est exercé... eh bien oui, par

eux-mêmes ! Quant à de Gaulle, il fera un excellent prête-nom...
Le 19 septembre, les « hommes-clés » de la conspiration déjeunent
ensemble dans une salle privée de l'hôtel Savoy. Il y a là l'amiral
Muselier, Moret, Schaeffer et Labarthe, éditeur du journal *France
Libre* ; le major Morton est également présent en tant qu'observateur, ainsi que Maurice Dejean, sans doute dans la même capacité ;
enfin, il y a l'hôte, lord Bessborough, qui confiera plus tard qu'il
« n'aurait jamais cru qu'il fallait tant de cognac pour faire une
révolution [6] ».

C'est bien d'une révolution qu'il s'agit. Muselier annonce à ses
amis qu'il a remis la veille au général de Gaulle une note, qui n'est
rien de moins qu'une mise en demeure de former dans les plus
brefs délais un « Comité exécutif ». Aucun décision ne pourra être
prise, ni aucune déclaration faite, sans que ce comité ait au préalable donné son accord. L'amiral Muselier en sera bien sûr le président... En fait, on va produire au cours du déjeuner une autre
version de ce schéma optimiste, qui n'est pas sensiblement différente de la première : le général de Gaulle sera en quelque sorte le
« Président d'honneur » du comité, alors que l'amiral Muselier en
sera le président en exercice [7]. Dans les deux projets, on trouve des
hommes de l'amiral aux postes-clés : Labarthe à la direction politique, Moret à la Marine, aux services techniques, et si possible à la
« coordination des services secrets ». Pour faire bonne mesure,
l'amiral Muselier se chargera lui-même de la Défense nationale, de
la Marine marchande et de l'Armement [8]...

Lors de ce déjeuner d'affaires, l'Amiral confie d'ailleurs à ses
amis que « si de Gaulle n'accepte pas ce schéma, lui, Muselier,
informera les autorités britanniques qu'il se tient à leur entière disposition avec " sa " flotte pour continuer le combat, mais indépendamment du général de Gaulle [9] ». On ignore si cette phrase a été
prononcée avant ou après le cognac, mais elle ne constitue rien de
moins qu'une menace explicite de sécession. Pour l'heure, les
« conjurés » se séparent de lord Bessborough et du major Morton ;
ils se rendent chez l'amiral Muselier, où ils vont rédiger un projet
de décret qui sera soumis à la signature du général de Gaulle. Il est
clair que l'amiral Muselier escompte le soutien total des autorités
britanniques, auxquelles il veut d'ailleurs soumettre son plan « pour
approbation [10] ».

Ce soir-là, Desmond Morton fait à Churchill un compte rendu
détaillé des « entretiens du Savoy », et le Premier ministre se
déclare enchanté : ce conseil, assure-t-il à Morton, pourra sans nul
doute « exercer un contrôle permanent sur les actes et les déclara-

tions politiques du général de Gaulle » ; quant au Général
lui-même, il « continuera à diriger la partie militaire du mouvement, et là, il sera facile de le tenir en respect ». Évidemment, « si
les dissidents vont trop loin, lui [le Premier ministre] sera peut-être
obligé d'intervenir [...] afin d'empêcher que tout cela ne dégénère
en une crise grave. Mais il espère que les dissidents se montreront
raisonnables et que la querelle pourra se régler sans qu'il ait à intervenir ». Et Desmond Morton rapportera encore ces paroles bien
typiques du Premier ministre : « Dans un deuxième temps, une fois
le conseil créé et les difficultés actuelles résolues, il pourrait, après
quelques mois peut-être, donner au général de Gaulle une marque
toute particulière de sa faveur, qui serait bénéfique pour l'effort de
guerre et améliorerait leurs relations mutuelles [11]. »

Entre-temps, à Carlton Gardens, celui qui fait l'objet de toutes
ces attentions s'apprête lui-même à passer à l'action ; il a effectivement décidé de former un « Comité national », mais ce Comité ne
ressemble en rien à ce qu'envisageait l'amiral Muselier. Du reste, le
Général n'a pas daigné honorer d'une réponse la note du 18 septembre — pas plus d'ailleurs que le « projet de décret » du lendemain. Quand finalement Muselier et Labarthe vont rendre visite au
Général le 21 septembre au soir, celui-ci leur fait savoir sans
ambages que le président du nouveau Comité ne sera personne
d'autre que de Gaulle lui-même ; par ailleurs, s'il est tout à fait disposé à faire entrer Muselier et Labarthe dans le Comité, il n'est pas
question que Moret remplace Passy comme chef des services
secrets. Là-dessus, Muselier et Labarthe déclarent qu'ils ne sauraient accepter une solution qui laisse le général de Gaulle seul
maître du mouvement et Passy seul chef des services secrets... et ils
refusent tout net de faire partie du Comité national [12].

L'amiral Muselier pense ainsi amener de Gaulle à résipiscence.
Le lendemain matin, il téléphone à Maurice Dejean, qui dirige le
cabinet politique du Général, et lui demande si de Gaulle a cédé à
ses exigences. Dejean lui répond que le Général s'apprête à rendre
publique la composition d'un Comité national qui ne comprendra
ni Moret, ni Labarthe, ni Muselier ; là-dessus, l'Amiral s'emporte
et déclare que s'il en est ainsi, la Marine « devient indépendante et
continue la guerre [13] ». Dejean va naturellement rapporter ces propos au général de Gaulle ; quant à Muselier, il prétendra plus tard
qu'il s'est borné à dire : « Dans ces conditions, je ne veux rien
avoir de commun avec ce comité, et la Marine continuera à faire la
guerre ; elle n'aura qu'un rôle purement militaire, en liaison étroite
avec l'Amirauté britannique, et ne se mêlera pas des questions poli-

tiques [14]. » En d'autres termes, Dejean aurait mal rapporté ses propos. Malheureusement, cette version des faits ne tient pas ; car après sa conversation téléphonique avec Dejean, Muselier annonce effectivement aux responsables de l'Amirauté britannique qu'il met « sa » flotte à leur disposition [15] — ce qui cause naturellement quelque embarras à Whitehall...

Lorsque Dejean lui fait part des propos de Muselier, le général de Gaulle explose ; le lendemain même, il envoie à l'amiral un ultimatum en bonne et due forme :

« Vous êtes sorti de votre droit et de votre devoir quand vous m'avez notifié votre décision de vous séparer de la France Libre et d'en séparer la Marine que j'ai placée sous vos ordres. Sur ce fait, votre action constitue un abus intolérable du commandement militaire que je vous ai confié sur une force française libre dont les officiers et les hommes sont engagés comme Français Libres et liés à mon autorité par un contrat d'engagement. En outre, vous portez atteinte à l'union dans un mouvement dont l'union fait toute la force, dans un mouvement qui, en présence de l'ennemi et dans la situation où se trouve la France, représente peut-être la seule chance de salut de la Patrie... Enfin, vous détruisez par indiscipline un élément de la force militaire française, en y jetant vous-même une agitation et une division auxquelles elle ne survivrait pas.

« Je ne vous laisserai pas faire.

« Tenant compte de vos services passés et des influences fâcheuses qui ont pu s'exercer sur vous de la part de certains éléments non combattants de l'émigration, je vous laisse vingt-quatre heures pour revenir au bon sens et au devoir.

« J'attendrai votre réponse jusqu'à demain, 24 septembre, à 16 heures. Passé ce délai, je prendrai les mesures nécessaires pour que vous soyez mis hors d'état de nuire et que votre conduite soit publiquement connue, c'est-à-dire stigmatisée.

« Je dois ajouter que je me suis assuré, dans cette triste affaire, de l'appui de nos alliés sur le sol desquels nous nous trouvons et qui m'ont reconnu comme chef des Français Libres.

« Je vous adresse mon salut [16]. »

Cet après-midi-là, le général de Gaulle rend visite à Churchill, et lui fait savoir qu'il va annoncer à la presse la création d'un Comité national comprenant huit ou neuf membres. Muselier n'en fera pas partie, précise le général de Gaulle ; il sera même relevé de ses fonctions, car l'amiral, pour des raisons d'ambition personnelle, s'est montré déloyal envers lui. Churchill commence à s'inquiéter sérieusement : de toute évidence, rien ne marche comme prévu, et voici venir la « crise grave » qu'il redoutait tant. Il va donc s'agir de limiter les dégâts : « Nous ne pouvons pas laisser une scission ouverte se produire au sein de la France Libre à l'heure actuelle », répond-il au général de Gaulle ; et il le prie de différer toute nouvelle initiative pendant au moins vingt-quatre heures, afin de permettre aux médiateurs d'intervenir. Le général de Gaulle considère manifestement qu'il est en position de force, et il accepte de différer l'annonce de la création du Comité national [17]...

Les médiateurs se mettent au travail sans délai : ce même soir, à 23 heures, Churchill examine la question avec le Premier lord de l'Amirauté, le ministre des Affaires étrangères et bien sûr le major Morton ; ils en arrivent rapidement à la conclusion que Muselier doit écrire au général de Gaulle, et « lui présenter les choses de telle façon que le Général ne puisse maintenir ses accusations de déloyauté motivée par l'ambition personnelle [18] ». Le lendemain 24 septembre, on persuade donc Muselier, qui s'est placé entre-temps sous la protection de l'Amirauté britannique, d'écrire au général de Gaulle une lettre conciliatrice ; l'amiral écrit donc que « sa pensée a été mal traduite ou mal interprétée », et il demande au général de Gaulle de considérer comme nulle sa communication téléphonique avec Maurice Dejean [19]. Cet après-midi-là, le Général convoque Muselier, et ils ont une entrevue que de Gaulle qualifiera d'« éminemment satisfaisante » lors d'une conversation avec M. Eden. Le ministre des Affaires étrangères de Sa Majesté en déduit que tout est arrangé, et ne cache pas son soulagement. Hélas ! L'entrevue en question n'a été « éminemment satisfaisante » que pour le général de Gaulle ; au cours de l'après-midi, M. Somerville-Smith, de la Mission Spears, rencontre Muselier, qui lui confie que « loin de se montrer conciliant, le général de Gaulle a déclaré que Muselier s'est montré déloyal envers lui, et qu'il n'est plus question qu'ils travaillent ensemble [20] ».

La médiation a donc échoué ; Somerville-Smith en informe immédiatement le major Morton, qui prévient Strang sans délai, ce dernier alertant Eden sur-le-champ. L'appareil de la médiation se remet alors en branle : de Gaulle et Muselier sont « invités » au *Foreign Office* ; le Général s'entretient pendant plusieurs heures avec M. Eden, tandis que l'amiral confère dans une pièce voisine avec le Premier lord de l'Amirauté, et que le sous-secrétaire d'État Cadogan fait la navette entre les deux... En fin de compte, le Premier lord de l'Amirauté fait savoir à Muselier que, dans l'intérêt de l'effort de guerre, il va devoir « plier devant de Gaulle ». Quant à M. Eden, il parvient à convaincre le Général de retirer ses accusations, et de nommer Muselier commissaire à la Marine. Après beaucoup d'hésitations et de multiples récriminations, le Général et l'amiral se laissent convaincre ; le lendemain 25 septembre, le général de Gaulle annonce la composition de son Comité *, et Muselier en fait partie **. Pour le reste, bien sûr, de Gaulle a gagné sur toute la ligne : Moret et Labarthe restent en dehors du Comité, le président de ce Comité n'est autre que de Gaulle lui-même, les commissaires ne sont responsables que devant lui, et il a tous pouvoirs pour prendre des décrets. Il est difficile de voir en quoi la création de ce Comité a affaibli le contrôle du Général sur son mouvement... Au *Foreign Office* comme à l'Amirauté, on se console malgré tout en pensant qu'une scission majeure au sein de la France Libre vient d'être évitée *in extremis* ; MM. Eden et Alexander n'en demandent pas davantage.

On ne peut en dire autant de Churchill qui, lui, est amèrement déçu ; dès le lendemain, il écrit à Eden : « Tout cela est très déplaisant. Nous voulions obliger de Gaulle à accepter un Conseil convenable, et nous n'avons réussi qu'à obliger Muselier et compagnie à s'incliner devant lui. J'avais cru comprendre que vous feriez en sorte d'obtenir un gouvernement conforme à nos vœux. Il est clair que toute cette affaire va exiger la plus grande vigilance de notre part, et que dans l'avenir immédiat, nous devrons traiter de Gaulle avec plus de sévérité que je ne l'aurais cru souhaitable [21]. » A ce stade, Churchill a sans doute l'impression d'avoir été floué... et il a parfaitement raison !

Le général de Gaulle, lui, est très satisfait : il a formé un comité qui est une sorte de gouvernement sans le nom, et cela ne peut que renforcer le prestige de la France Libre. Quant à Muselier, c'est sans nul doute un marin compétent, et il peut encore rendre de grands services à la France Libre ; pour de Gaulle, c'est là l'essentiel. Le Général soupçonne certes l'Amirauté britannique d'avoir « encouragé Muselier dans son acte d'indiscipline [22] », mais assez curieusement, alors qu'il accusera plus tard Winston Churchill des plus graves méfaits, il ne soupçonnera jamais le rôle joué par le Premier ministre dans cette deuxième affaire Muselier...

---

* Les principaux membres : Pleven (Économie, Finances, Colonies), Cassin (Justice et Instruction publique), Dejean (Affaires étrangères), Legentilhomme (Guerre), Valin (Air), Diethelm (Action dans la Métropole, Travail, Information). Le général Catroux et l'amiral d'Argenlieu sont nommés commissaires sans département.

** Il est intéressant de noter que dans ses *Mémoires*, le général de Gaulle passe entièrement sous silence la médiation britannique. Il a sans doute considéré qu'elle était incompatible avec la souveraineté de la France Libre, et donc indigne d'être retenue par l'histoire.

Peu à peu, les relations franco-britanniques redeviennent normales. Il est vrai que Churchill, craignant quelque nouvel accès d'anglophobie de la part du général de Gaulle, a donné des ordres très stricts pour que celui-ci ne puisse quitter l'Angleterre ; mais comme le général de Gaulle n'a nullement l'intention de quitter l'Angleterre, il n'en saura rien — ce qui est sans doute préférable. Seulement, il vient d'apprendre que l'*Intelligence Service* et le SOE persistent à vouloir recruter dans leurs rangs les Français qui tentent de rejoindre la France Libre. En guise de représailles, le Général ordonne à Passy « d'avertir sans délai les services britanniques que nous cessons toute relation de quelque nature qu'elle soit avec eux jusqu'à ce que nous soient rendus les Français en question [23] ».

Ce n'est pas le premier ordre de ce genre que reçoivent les services secrets de la France Libre, mais comme ils ne peuvent opérer qu'avec une importante assistance technique de leurs homologues anglais, l'ordre n'est que très imparfaitement suivi. Ainsi, et mis à part quelques explosions mineures à Carlton Gardens et à Downing Street, l'année 1941 semble devoir s'achever paisiblement pour les relations franco-britanniques. C'est en effet ce qui se serait produit, s'il n'y avait eu au large de Terre-Neuve deux îles minuscules, sans grande importance, mais bien françaises : Saint-Pierre et Miquelon...

L'affaire de Saint-Pierre-et-Miquelon est à l'origine un problème parfaitement secondaire, qui va prendre tout à fait accidentellement une importance démesurée. Dès le mois de septembre 1940, alors qu'il voguait vers Dakar, le général de Gaulle avait prévu d'organiser un « changement d'administration spontané » à Saint-Pierre-et-Miquelon et en Guyane française [24]. De fait, la très grande majorité des 5 000 habitants de Saint-Pierre-et-Miquelon n'éprouve pas la moindre sympathie pour Vichy, et en février 1941, le général de Gaulle écrit à un diplomate français que la libération de ces îles serait « très aisée » ; il faudrait néanmoins, ajoute le Général, « s'assurer de la coopération de la flotte britannique, et de l'approbation tacite de Washington [25] ». Les autorités britanniques, pour leur part, ne voient aucun inconvénient à ce que l'opération soit entreprise ; c'est qu'il y a à Saint-Pierre un puissant émetteur radio, qui diffuse vers l'Amérique la propagande de Vichy et pourrait aisément servir à transmettre aux sous-marins allemands la position des convois alliés dans l'Atlantique. Pour l'Angleterre, il est donc souhaitable que ces îles passent aussitôt que possible sous contrôle allié. Mais compte tenu de leur position géographique, il faut de toute évidence obtenir l'assentiment du gouvernement canadien —

et aussi, bien sûr, la permission des autorités américaines. C'est ce que répond Anthony Eden au général de Gaulle lorsque ce dernier lui fait part à l'automne 1941 de son intention de rallier les îles [26]. On obtient rapidement l'accord du gouvernement canadien ; il reste à obtenir celui de Washington.

Depuis le début de la guerre, le général de Gaulle a placé de très grands espoirs dans les États-Unis. Tout comme Churchill, il est convaincu que les Américains finiront par entrer en guerre, et que leur intervention sera décisive ; à la différence de Churchill, il pense aussi pouvoir utiliser les États-Unis comme un contrepoids à l'influence britannique. C'est pourquoi le Général a envoyé plusieurs missions à Washington [27] ; il a offert à plusieurs reprises de coopérer avec le Département d'État [28], et a même proposé d'accorder aux États-Unis la libre utilisation de toutes les bases navales de la France Libre en Afrique [29]. Mais toutes ses avances sont restées sans réponse...

Pour le président Roosevelt, en effet, de Gaulle n'est qu'« un général français parmi d'autres », et depuis les événements de juin 1940, il n'a guère de respect pour les Français en général, et pour les généraux français en particulier. D'ailleurs, vu de Washington, ce général-là apparaît comme une créature des Anglais, il a échoué dans l'entreprise de Dakar, et on dit même qu'il a des tendances fascistes ; c'est plus que suffisant pour le disqualifier en tant qu'interlocuteur des États-Unis. Mais la véritable raison de cet ostracisme imposé au général de Gaulle par les autorités américaines, c'est bien sûr la politique de Washington à l'égard de Vichy ; depuis l'automne de 1940, le président Roosevelt, le secrétaire d'État Cordell Hull et le sous-secrétaire d'État Sumner Welles n'ont ménagé aucun effort pour maintenir de bonnes relations avec le gouvernement du maréchal Pétain. Ils en espèrent plusieurs résultats : encourager le vieux maréchal à « reprendre du poil de la bête », comme le dit élégamment Adolph Berle [30], garder la flotte française hors d'atteinte de l'Allemagne, et peut-être même convaincre Vichy de reprendre un jour la lutte en Afrique du Nord.

C'est pour toutes ces raisons que le président Roosevelt a envoyé l'amiral Leahy le représenter à Vichy, et Robert Murphy s'occuper des intérêts américains à Alger. Longtemps après que Churchill eut renoncé à voir le maréchal Pétain résister activement aux Allemands et le général Weygand « brandir l'étendard de la révolte » en Afrique du Nord, les Américains ont continué à courtiser Vichy avec une patience exemplaire. Ils ont même fait lever partiellement le blocus des côtes, permettant à l'Afrique du Nord de recevoir une grande quantité de produits américains. Mais rien n'y fait ; le maréchal Pétain vacille entre la résistance et la collaboration, pour retomber aussitôt dans la sénilité. En avril 1941, l'amiral Darlan accède au pouvoir, et il va mener une politique proallemande ; sept mois plus tard, on annonce que le général Weygand, sur qui les Américains fondaient tant d'espoirs, est rappelé d'Afrique du Nord ; pendant ce temps, d'innombrables agents allemands vont et viennent librement entre le Maroc, l'Algérie et la Tunisie. Et pourtant, le secrétaire d'État américain persiste dans sa politique de conciliation à l'égard de Vichy, avec une patience et une détermination dignes d'un meilleur sort...

Le 7 décembre 1941, la guerre vient frapper aux portes de l'Amérique ; pour Churchill, la longue lutte solitaire touche à sa fin. Quant à de Gaulle, il saisit immédiatement la portée de l'événement : « Eh bien, dit-il à Billotte, cette guerre est finie [...]. Bien sûr, il y aura encore des opérations, des batailles et des combats, mais la guerre est finie, puisque l'issue en est dorénavant connue. Dans cette guerre industrielle, rien ne peut résister à la puissance de l'industrie américaine. » Et le Général ajoute ces paroles prophétiques : « Dorénavant, les Anglais ne feront rien sans l'accord de Roosevelt [31]*. »

Pour le moment, en tout cas, de Gaulle est fermement résolu à rallier toutes les possessions françaises de l'hémisphère américain. Au début de décembre, l'amiral Muselier part pour le Canada, où il doit inspecter certaines unités navales de la France Libre ; mais il est également chargé d'une mission secrète et de la plus haute importance : le ralliement de Saint-Pierre-et-Miquelon.

Comme Muselier hésite à entreprendre l'opération sans le consentement explicite des Anglais, le général de Gaulle écrit à Churchill pour lui demander si les autorités britanniques verraient quelque objection à « ce petit coup de main [33] ». Churchill consulte le *Foreign Office*, qui répond : « Nous ne voyons aucun inconvénient à ce que soit exécutée l'opération proposée par l'amiral Muselier. En fait, nous serions même favorables à une telle opération. » Les chefs d'état-major, également consultés, sont d'avis « d'autoriser l'amiral Muselier à rallier Saint-Pierre-et-Miquelon à la France

---

* Les paroles que le Général prononce ce jour-là devant Passy sont plus prophétiques encore : « Maintenant, la guerre est définitivement gagnée ! Et l'avenir nous prépare deux phases : la première sera le sauvetage de l'Allemagne par les Alliés, quant à la seconde, je crains que ce ne soit une grande guerre entre les Russes et les Américains [...] et cette guerre-là, Passy, les Américains risquent bien de la perdre s'ils ne savent pas prendre à temps les mesures nécessaires [32]. »

Libre sans en informer personne au préalable [34] ». Le 15 décembre, Churchill accepte donc d'« ôter sa muselière à Museler » [sic], mais il demande au général de Gaulle de différer l'ordre d'exécution de trente-six heures, afin que les diplomates britanniques puissent s'assurer que cette action « ne sera pas considérée comme embarrassante par le gouvernement des États-Unis [35] ».

Les États-Unis sont maintenant en guerre avec le Japon — et avec Hitler. Mais aussi curieux que cela puisse paraître, même Pearl Harbor n'a pas changé la politique américaine à l'égard de Vichy ! Peu après le 7 décembre, le gouvernement américain va d'ailleurs conclure avec l'amiral Robert, haut-commissaire de Vichy pour les Antilles, la Guyane et Saint-Pierre, un accord prévoyant le maintien du statu quo dans toutes les possessions françaises de l'hémisphère occidental. De plus, Roosevelt tient à informer personnellement le maréchal Pétain que les États-Unis continueront à respecter la convention de La Havane. Quant à la station émettrice sur l'île de Saint-Pierre, elle vient de faire l'objet de négociations entre les États-Unis et le Canada ; il a été convenu que les Canadiens enverraient des opérateurs radio à Saint-Pierre pour superviser les transmissions et s'assurer qu'elles ne nuisent pas à la cause alliée. En cas de refus du gouverneur de l'île, il sera toujours possible de brandir la menace de sanctions économiques... Tout se déroule donc de la manière la plus satisfaisante (pour les intérêts américains), lorsque le 16 décembre, le Département d'État reçoit un message du *Foreign Office* l'informant du plan de ralliement conçu par les Français Libre ; le *Foreign Office* précise que le gouvernement de Sa Majesté ne voit pas d'inconvénient à ce que le plan soit mis en œuvre, mais il veut s'assurer que son exécution « ne causera pas d'embarras au gouvernement des États-Unis [36] ».

La question n'est pas superflue ; Roosevelt se déclare catégoriquement opposé à cette entreprise [37], et le *Foreign Office* en est informé sur-le-champ. Par ailleurs, le président rappelle à Sumner Welles qu'il est « partisan d'une action canadienne » à Saint-Pierre, et les autorités canadiennes sont informées en conséquence [38]. Mais pour des raisons de politique intérieure — les Canadiens français sont presque tous pour de Gaulle et contre Vichy — et parce que l'envoi de personnel canadien à Saint-Pierre « risquerait de susciter l'hostilité des habitants [39] », le gouvernement d'Ottawa ne tient pas à intervenir ; d'ailleurs, il n'est pas question d'entreprendre quoi que ce soit sans avoir consulté les Anglais au préalable. Trois jours plus tard, d'ailleurs, le projet est enterré.

Entre-temps, le *Foreign Office* a reçu la réponse catégorique du président Roosevelt. Au matin du 17 décembre, M. Strang en informe Maurice Dejean, et ajoute qu'il est de la plus haute importance que tous les ordres donnés en vue de cette opération soient rapportés. Dejean, après en avoir référé au général de Gaulle, confirme au *Foreign Office* qu'« aucun ordre ne sera donné en vue de cette opération [40] ». Le *Foreign Office* considère donc cette affaire comme réglée.

C'est une erreur. Lors de sa conversation avec Maurice Dejean au *Foreign Office*, M. Strang a mentionné en passant qu'« il venait également d'apprendre que les gouvernements américain et canadien avaient examiné un plan prévoyant l'envoi de personnel canadien pour prendre en charge la station émettrice et que le gouvernement américain avait donné son approbation [41] ». Après avoir accepté de renoncer à l'opération et autorisé Dejean à donner au *Foreign Office* les assurances nécessaires, le général de Gaulle semble avoir beaucoup médité sur cette dernière information communiquée par M. Strang *. A-t-il vraiment cru que les Canadiens entreprendraient une telle opération ? S'est-il seulement renseigné ? Cherchait-il tout simplement un prétexte pour procéder au ralliement de Saint-Pierre-et-Miquelon ? Quoi qu'il en soit, il écrira plus tard : « Mais, dès lors qu'il était question d'une intervention étrangère dans un territoire français, aucune hésitation ne me parut plus permise. Je donnai à l'amiral Muselier l'ordre de rallier tout de suite Saint-Pierre-et-Miquelon [42] **. »

Le Général juge inutile d'en informer les Anglais ou les Américains, et à la veille de Noël, l'amiral Muselier débarque à Saint-Pierre avec un détachement de fusiliers marins de la France Libre. Ils sont reçus dans l'enthousiasme général, et, lors d'un plé-

---

* A la demande de Maurice Dejean, un résumé écrit de la communication faite par M. Strang a été remis au général de Gaulle quelques heures plus tard. C'est sans doute ce document qui a servi de base aux réflexions du Général.

** L'ordre, daté du 18 décembre, est rédigé en ces termes : « Nous avons, comme vous le demandiez, consulté les gouvernements britannique et américain. Nous savons, de source certaine, que les Canadiens ont l'intention de faire eux-mêmes la destruction du poste radio de Saint-Pierre. Dans ces conditions, je vous prescris de procéder au ralliement de Saint-Pierre-et-Miquelon par vos propres moyens et sans rien dire aux étrangers. Je prends l'entière responsabilité de cette opération, devenue indispensable pour conserver à la France ces possessions françaises. » On ignore comment de Gaulle a pu apprendre que les autorités canadiennes s'apprêtaient à détruire le poste de TSF. Le lendemain, dans un télégramme adressé à la délégation française de Washington, il écrit cette fois : « Le gouvernement canadien envisagerait de s'assurer, soit à l'amiable, soit par la force, le contrôle de la station de radio de Saint-Pierre-et-Miquelon. » Le 27 décembre, on trouve mieux encore : « [...] Nous avions la preuve que le Canada se préparait à occuper Saint-Pierre-et-Miquelon [43]. » Tout cela est inexact, mais de Gaulle ne pouvait le savoir à l'époque.

biscite organisé peu après, la population se prononce à 90 % en faveur du ralliement à la France Libre.

Churchill arrive à Washington le 22 décembre pour s'entretenir avec le Président de plusieurs questions extrêmement importantes : l'organisation de la grande alliance anglo-américaine, la rédaction d'une « Déclaration des Nations unies », la mise au point d'un plan d'opérations pour l'Europe et l'Afrique du Nord, et bien sûr l'examen de la situation dans le Pacifique, qui est des plus critiques. Les entretiens du Premier ministre avec le président Roosevelt et le secrétaire d'État Cordell Hull vont se dérouler dans une atmosphère très cordiale, et ils célébreront la veille de Noël à la Maison-Blanche, en compagnie du Premier ministre canadien. Mais dès le lendemain, Roosevelt et son secrétaire d'État se voient communiquer le télégramme suivant, envoyé par Muselier à l'Amirauté britannique : « J'ai l'honneur de vous informer qu'en exécution de l'ordre reçu tout récemment du général de Gaulle et à la demande des habitants, je me suis rendu ce matin à l'île de Saint-Pierre et ai rallié la population à la France Libre et à la cause alliée. Réception enthousiaste [44]. »

L'affaire est bien mince, et Roosevelt comme Churchill n'y prêtent au départ qu'une attention distraite. Pourtant, il n'en est pas de même pour le secrétaire d'État Cordell Hull : « Si peu importantes que soient ces îles, écrira-t-il plus tard, leur occupation à la suite d'un coup de force des Français Libres nous causait le plus grand embarras [...] elle risquait de compromettre sérieusement nos relations avec le gouvernement du maréchal Pétain [45]. » On peut difficilement être plus franc ; quoi qu'il en soit, le secrétaire d'État va exprimer son indignation en faisant publier le communiqué suivant : « Nos premiers rapports montrent que l'action entreprise par les navires *soi-disant* * français libres à Saint-Pierre-et-Miquelon a été une action arbitraire, menée contrairement aux accords de toutes les parties en cause, et en l'absence de toute information et de tout consentement préalable du gouvernement des États-Unis. Le gouvernement des États-Unis a demandé au gouvernement canadien quelles mesures il comptait prendre pour restaurer le *statu quo* dans les îles [46]. »

La réponse à cette dernière question ne se fait pas attendre : le Premier ministre canadien fait savoir qu'il n'est pas disposé à rétablir l'autorité de Vichy à Saint-Pierre, étant donné que « l'opinion publique au Canada est aussi soulagée qu'enthousiasmée par l'ac-

---

* Souligné par nous.

tion du général de Gaulle [47] ». D'ailleurs, l'opinion publique américaine elle-même est tout aussi enthousiasmée par cette action — qui, après tout, vient d'être accomplie par un allié des États-Unis au détriment de l'ennemi commun. L'opinion publique et la presse des États-Unis vont donc réagir très violemment à la déclaration du secrétaire d'État au sujet des « soi-disant Français Libres » ; durant les semaines qui suivent, l'infortuné Cordell Hull reçoit des tombereaux de lettres d'injures venues des quatre coins des États-Unis, et adressées au « soi-disant secrétaire d'Etat », « soi-disant Département d'État », etc. M. Hull prend très mal la chose, et il reconnaîtra lui-même que son sommeil s'en est trouvé affecté pendant de nombreux mois. Mais il n'en persiste pas moins dans sa politique, et s'efforce de convaincre Churchill de le soutenir afin de forcer les Français Libres à évacuer Saint-Pierre-et-Miquelon : « J'accusai carrément le général de Gaulle d'être un gaffeur, ayant agi contrairement aux désirs clairement exprimés de l'Angleterre, du Canada et des États-Unis, et je demandai au Premier ministre de l'amener à retirer ses troupes de Saint-Pierre-et-Miquelon, tandis que les Canadiens et les Américains se chargeraient de superviser l'émetteur-radio de Saint-Pierre [48]. »

Churchill n'y tient pas du tout ; il répond au secrétaire d'État que « s'il présentait une telle exigence, ses relations avec la France Libre s'en trouveraient affectées [49] ». D'ailleurs, le Premier ministre n'arrive pas réellement à prendre cette affaire au sérieux ; « M. Hull, notera-t-il dans ses *Mémoires*, s'exagérait fortement l'importance de cette affaire somme toute mineure [50]. » Le président Roosevelt lui-même, tout en appuyant son secrétaire d'État du bout des lèvres, se désintéresse manifestement de la question : « Lors de nos conversations quotidiennes, écrira Churchill, il me sembla que le Président n'attachait pas une grande importance à cette affaire. Après tout, bien d'autres préoccupations nous assaillaient ou nous guettaient à ce moment [51]. » Du reste, même si Churchill voulait prendre quelque initiative pour être agréable à M. Hull, le télégramme qu'il reçoit du *Foreign Office* le 29 décembre suffirait amplement à l'en dissuader ; ce télégramme dit en substance que le général de Gaulle refuse de rappeler ses hommes de Saint-Pierre-et-Miquelon, et que si une action était entreprise pour l'y contraindre, « cela soulèverait une tempête de tous les diables, et nous serions bien en peine de nous justifier publiquement [52] ».

C'est la première première fois que le *Foreign Office* fait savoir à Churchill qu'une mesure prise contre de Gaulle serait inacceptable pour l'opinion publique anglaise, ce ne sera pas la dernière. Quant

à de Gaulle, il envoie un télégramme personnel au Premier ministre :
« J'ai toutes raisons de craindre que l'attitude actuelle du State
Department à Washington, à l'égard, respectivement, des Français
Libres et de Vichy, ne fasse beaucoup de tort à l'esprit de lutte en
France et ailleurs. Je redoute l'impression fâcheuse que va produire
sur l'opinion, dans les forces et dans les territoires français libres,
comme en France non encore libérée, cette sorte de préférence
accordée publiquement par le Gouvernement des États-Unis aux
responsables de la capitulation et aux coupables de la collaboration.
Il ne me paraît pas bon que, dans la guerre, le prix soit remis aux
apôtres du déshonneur. Je vous dis cela à vous parce que je sais que
vous le sentez et que vous êtes le seul à pouvoir le dire comme il
faut [53]. »

Cela ne fait pas de doute. A Ottawa, le 30 décembre, lors d'une
session du Parlement canadien, Churchill stigmatise les hommes
de Bordeaux et ceux de Vichy, qui « se tiennent prostrés aux pieds
du vainqueur », et il ajoute : « Il n'y a plus de place maintenant
pour les dilettantes, les faibles, les embusqués ou les poltrons. »
Enfin, lorsque le Premier ministre en vient à évoquer la France et
les combattants de la France Libre, sa francophilie se donne libre
cours, et il devient franchement lyrique : « Mais il s'est trouvé des
Français pour refuser de courber l'échine et continuer la lutte aux
côtés des Alliés, sous les ordres du général de Gaulle. Ils ont été
condamnés à mort par les gens de Vichy, mais leurs noms sont respectés et seront de plus en plus respectés par neuf Français sur dix
dans cet heureux et souriant pays de France. Et partout dans la
France occupée et inoccupée (car leur sort est identique), ces honnêtes gens, ce grand peuple, la nation française, se redressent. L'espoir se rallume dans le cœur d'une race guerrière [...]. Partout on
voit poindre le jour et la lumière s'étendre — rougeâtre encore,
mais claire. Nous ne cesserons jamais de croire que la France
jouera à nouveau le rôle de nation libre, et qu'elle reprendra par de
durs sentiers sa place dans la grande cohorte des nations libératrices
et victorieuse [54]. »

Le général de Gaulle lui-même n'aurait pu mieux dire ; dès le
lendemain, il fait écho aux paroles du Premier ministre lors d'un
discours prononcé à la BBC : « Nous faisons nôtres ces paroles
prononcées par le grand Churchill : " Il n'y a pas de place dans
cette guerre pour les dilettantes, les faibles, les embusqués et les
poltrons [55] ". » Ce même jour, il envoie à Churchill le télégramme
suivant : « Ce que vous avez dit hier devant le Parlement canadien
au sujet de la France est allé droit au cœur de toute la nation fran-

çaise. » Et il ajoute : « Du fond de son malheur, la vieille France
espère d'abord en la vieille Angleterre [56]. » A cela, Churchill répondra le lendemain : « J'ai reçu votre télégramme. Vous pouvez être
sûr que j'ai fortement plaidé votre cause auprès de nos amis des
États-Unis. Votre action, qui a rompu un arrangement concernant
Saint-Pierre-et-Miquelon, a déchaîné une tempête qui aurait pu être
sérieuse si je n'avais pas été sur place pour parler au Président.
Indiscutablement, le résultat de vos activités ici a été de rendre les
choses encore plus difficiles avec les États-Unis et d'empêcher, en
fait, certain développement favorable de se produire. Je continue de
faire de mon mieux pour tous nos intérêts [57]. »

Cela non plus ne fait guère de doute ; le 1er janvier 1942,
Churchill, de retour à Washington, déjeune « en famille » avec le
Président, et J.-P. Lash, qui est également présent, notera les
propos suivants : « " Hitler m'a paru terriblement inquiet lors de
son discours de Nouvel An, fait remarquer Churchill. Il est même
allé jusqu'à invoquer le Tout-Puissant. " C'est peut-être cette mention du Tout-Puissant qui lui fait penser au général de Gaulle :
" Vous, vous êtes gentils avec Vichy, dit Churchill en riant. Eh bien,
nous, nous sommes gentils avec le général de Gaulle. " Il laisse
entendre que c'est là une bonne répartition des rôles... " Il faut
laisser Hull et Halifax s'occuper de cette affaire, répond le
Président [58]. " »

Cordell Hull s'en occupe activement, et il est plus obstiné que
jamais. La presse américaine l'a traîné dans la boue, le discours de
Churchill à Ottawa lui a laissé un goût amer, et le Président ne l'a
guère soutenu dans toute cette affaire. Qu'à cela ne tienne ; le
secrétaire d'État rédigé un projet de déclaration sur Saint-
Pierre-et-Miquelon, qu'il soumet à la signature de Churchill et de
Roosevelt. Mais Churchill refuse de signer, et Roosevelt refuse d'insister pour qu'il le fasse. Et le Président note le 1er janvier : « J'ai dit
au secrétaire d'État qu'il me paraissait inopportun de soulever à
nouveau cette affaire, que l'amiral français refusait de quitter
Saint-Pierre, et que nous ne pouvions pas nous permettre d'envoyer
une expédition pour l'en chasser à coups de canon. » Mais Cordell
Hull ne se décourage pas. Le 8 janvier, il soumet au Président un
nouveau projet de déclaration « qui rendrait l'évacuation de l'île par
les Forces Françaises Libres acceptable au général de Gaulle. Les
États-Unis, la Grande-Bretagne et le Canada exerceraient conjointement la surveillance des îles, qui seraient neutralisées et démilitari-
sées. Le Canada et les États-Unis enverraient du personnel pour
superviser l'émetteur radio. Le gouverneur se retirerait pour la durée

de la guerre, et un conseil consultatif lui succéderait. Toutes les forces armées seraient rappelées ; enfin, le Canada et les États-Unis fourniraient une aide économique à Saint-Pierre-et-Miquelon [59] ».

Le Président accepte cette solution ; Vichy aussi. Churchill se déclare d'accord, sous réserve de l'acceptation du général de Gaulle. Mais entre-temps, Cordell Hull a menacé de démissionner s'il n'est pas soutenu plus fermement dans cette affaire, et pour des raisons de politique intérieure, Roosevelt ne peut se séparer de son secrétaire d'État [60] ; il va donc exercer une vive pression sur Churchill, allant jusqu'à lui dire qu'« il pourrait bien envoyer le cuirassé *Arkansas* pour forcer les Français Libres à évacuer ces îles minuscules, ou bien établir un blocus pour les affamer [61] ». De plus, Cordell Hull lui-même laisse entendre qu'à son avis, les Britanniques ont secrètement approuvé et aidé l'entreprise des Français Libres, jouant ainsi un double jeu vis-à-vis des Américains. Tout cela met Churchill dans une situation extrêmement embarrassante, et pour éviter de mettre en péril ses relations privilégiées avec les États-Unis, il va entreprendre d'amener de Gaulle à accepter le dernier plan américain. Cette fois encore, Eden va servir d'intermédiaire entre les deux parties, et dès le 13 janvier, il reçoit le télégramme suivant du Premier ministre : « Vous direz à de Gaulle que nous nous sommes mis d'accord sur cette politique, et qu'il va falloir qu'il s'incline. Il s'est mis entièrement dans son tort en ayant manqué à sa parole [...]. Il faut qu'il envoie des ordres à Muselier, et que celui-ci les exécute [...]. Vous lui présenterez cela comme vous voudrez, mais il faut qu'il accepte [...]. Ici, ils sont prêts à recourir à la force. Il est intolérable que le cours de nos vastes entreprises se trouve entravé par cette affaire, et je n'interviendrai certainement pas pour préserver de Gaulle ou les autres Français Libres des conséquences de leurs actes [62]. »

Mais de Gaulle ne se laisse pas intimider par de tels arguments, ainsi qu'il le fait clairement comprendre à M. Eden lorsque celui-ci lui présente le plan américain. « M. Eden, écrira le Général, me vit et me revit, le 14 janvier, et fit mine d'insister pour que nous acceptions la neutralisation des îles, l'indépendance de l'administration par rapport au Comité national et un contrôle à établir sur place par des fonctionnaires alliés. Comme je refusais une pareille solution, M. Eden m'annonça que les États-Unis songeaient à envoyer à Saint-Pierre un croiseur et deux destroyers. " Que ferez-vous, en ce cas ? ", me dit-il. — " Les navires alliés, répondis-je, s'arrêteront à la limite des eaux territoriales françaises et l'amiral américain ira déjeuner chez Muselier qui en sera certainement enchanté. " —

" Mais si le croiseur dépasse la limite ? " — " Nos gens feront les sommations d'usage. " — " S'il passe outre ? " — " Ce serait un grand malheur, car, alors, les nôtres devraient tirer. " M. Eden leva les bras au ciel. " Je comprends vos alarmes, conclus-je en souriant, mais j'ai confiance dans les démocraties [63] ". » En fait, le général de Gaulle va faire une contre-proposition : l'amiral Muselier sera rappelé, et la flotte se retirera. Mais à ces clauses officielles sont annexées trois clauses secrètes : l'amiral restera en fait dans les îles, mais ne sera qu'un des membres du Conseil consultatif. Le Conseil lui-même sera sous l'autorité du Comité national de la France Libre, et les fusiliers marins resteront dans les îles [64].

Cet après-midi-là, M. Eden notera la réaction de Churchill aux contre-propositions du général de Gaulle : « Le Premier ministre était très en colère. Il considérait que sa proposition initiale était parfaitement équitable et raisonnable [...]. Il ne pensait pas que les États-Unis accepteraient le nouveau projet. Il ne pouvait pas en prendre la responsabilité, mais il le soumettrait au Président si je le lui conseillais [...]. Il craignait que cela ne provoque une explosion. Les clauses secrètes aboutissaient en fait à annuler les clauses qui seraient publiées. A son avis, mes entretiens avec de Gaulle avaient lamentablement échoué. » Mais le lendemain, Eden ajoute : « Nouvelle conversation téléphonique avec le Premier ministre à 1 heure du matin [...]. Il n'avait pas encore vu le Président, mais s'apprêtait à le faire. A la réflexion, il semblait considérer que les nouvelles propositions n'étaient pas si mauvaises [65]. » Mais à l'issue de son entrevue avec le Président, Churchill change encore une fois d'avis : « Les contre-propositions du général de Gaulle sont parfaitement inacceptables... » De toute évidence, Roosevelt exerce sur Churchill une influence très considérable *.

Dès son retour en Angleterre, le Premier ministre va s'efforcer d'amener de Gaulle à renoncer aux clauses secrètes. Mais entre-temps, les membres de son gouvernement lui ont fait savoir à plusieurs reprises que l'opinion publique anglaise était enchantée par l'opération de Saint-Pierre-et-Miquelon, et que toute coercition exercée sur le général de Gaulle serait extrêmement mal accueillie ; l'affaire est donc des plus délicates, et elle nécessite un doigté certain.

De retour à Londres, Churchill fait venir le Général, qui décrira plus tard l'entrevue dans une lettre à l'amiral Muselier : « Churchill

---

* Sauf dans certains domaines que Churchill considère comme essentiels — l'intégrité de l'Empire britannique est de ceux-là.

était très nerveux, évidemment sous le poids de préoccupations nombreuses. Il a insisté, avec la plus grande force, pour que nous acceptions, en ce qui nous concerne, la publication à Washington, au nom des gouvernements américain, anglais et canadien, d'un communiqué dont le texte suit :

" a) Les îles sont françaises et resteront françaises.

" b) L'administrateur de Vichy sera retiré. L'administration sera exercée par le Conseil consultatif.

" c) Le Conseil consultatif acceptera la désignation de fonctionnaires canadiens et américains pour l'assister dans l'exploitation de la station de télégraphie sans fil dans l'intérêt commun des Alliés.

" d) Le Comité national français a informé le gouvernement de Sa Majesté dans le Royaume-Uni qu'il n'avait pas l'intention de maintenir ses navires à Saint-Pierre-et-Miquelon et que ces navires reprendraient prochainement leur fonction normale, qui est d'attaquer l'ennemi partout où il se trouve.

" e) Les gouvernements canadien et américain sont d'accord pour s'engager à continuer l'assistance économique aux îles et les consuls respectifs de ces deux pays conféreront avec les autorités locales quant à la nature de l'assistance qui devra être donnée... "

« Au cours de la discussion, Churchill, qui était assisté d'Eden, a précisé qu'une fois le communiqué publié, personne ne s'occuperait plus de ce qui se passerait dans les îles, que, par conséquent, Savary pourrait garder la direction effective et que les fusiliers marins locaux seraient maintenus pour la défense. Les hommes qui ont contracté un engagement seront naturellement autorisés à rejoindre les Forces Françaises Libres. En un mot — c'est l'expression employée par Eden —, nos concessions porteraient sur des apparences, mais les réalités nous resteraient [...]. Il s'agit en somme, de sauver la face de Cordell Hull et du State Department [66]. »

En fait, le compte rendu du général de Gaulle est très loin d'être exhaustif, car il y a eu au cours de cette entrevue plusieurs passes d'armes assez violentes entre lui et le Premier ministre ; Churchill a fait ainsi remarquer au général de Gaulle qu'il « n'avait pas le droit d'entreprendre une telle opération dans des territoires aussi peu importants sans tenir compte des intérêts de la grande alliance qui seule permettrait de libérer la France ». Il y a eu aussi cet échange amer :

« De Gaulle demande au Premier ministre si le statut proposé signifie que les îles continueront à appartenir à la France.

« Le Premier ministre répond qu'il ne sait pas ce que de Gaulle entend par " la France ". Il y a la France représentée par le mouvement relativement modeste du général de Gaulle, il y a la France de Vichy, et puis il y a la France des malheureux habitants des territoires occupés.

« De Gaulle déclare que la solution proposée serait contraire à l'accord du 7 août 1940.

« Le Premier ministre répond qu'il espérait en signant cet accord que le général de Gaulle pourrait rallier un très grand nombre de Français. Mais cet espoir s'est avéré vain, et l'accord dans sa forme actuelle profite exclusivement au général de Gaulle sans que le gouvernement de Sa Majesté y trouve son compte [67]. »

Il y aurait sans doute une façon plus délicate de présenter les choses... mais Churchill finit par revenir à de meilleurs sentiments, Eden sait se montrer persuasif, et le général de Gaulle se laisse enfin convaincre ; on sauvera donc la face du secrétaire d'État américain. A ce moment, d'ailleurs, l'agitation est retombée aux États-Unis, et le communiqué si difficilement élaboré ne sera même pas publié ; les îles de Saint-Pierre-et-Miquelon resteront à la France Libre, et plus personne ne s'en souciera...

Au cours des semaines qui suivent, les relations entre l'Amérique et les Français Libres se détendent progressivement — sans excès de cordialité de part et d'autre. Mais les relations franco-britanniques, elles, ne s'améliorent pas du tout, et le principal responsable de cet état de fait n'est autre que le vaillant chef des marins de la France Libre, le fougueux partisan d'un gaullisme démocratique et le héros de Saint-Pierre-et-Miquelon : l'amiral Muselier en personne.

L'amiral rentre en Angleterre le 28 février. Les Français Libres et leur chef lui réservent un accueil triomphal, et le général de Gaulle veut lui confier le commandement d'une nouvelle opération : le ralliement de Madagascar. Mais l'amiral Muselier a d'autres projets ; il n'est pas satisfait de la façon dont la Marine a été traitée en son absence, il a reçu de nombreux télégrammes alarmistes de ses « conseillers » Moret et Schaeffer, il accuse de Gaulle d'avoir compromis ses relations avec les Américains durant l'affaire de Saint-Pierre-et-Miquelon, il peste et tempête contre les « tendances dictatoriales » du général de Gaulle — en somme, il recommence à intriguer. Le 3 mars, à la stupéfaction de tous ses collègues, l'amiral Muselier démissionne du Comité national. Le général de Gaulle accepte sa démission et s'apprête à lui nommer un successeur, lorsque Muselier fait savoir qu'il veut rester commandant en chef des forces navales de la France Libre ; en d'autres termes, l'amiral veut faire sécession et emmener « sa » flotte avec lui. A ce stade, le lecteur va peut-être se demander s'il n'a pas déjà vu tout cela auparavant ; en fait, nous voici arrivés à la troisième et dernière affaire Muselier.

Cette fois encore, l'amiral Muselier est soutenu et encouragé par de nombreux Français antigaullistes : Moret, Labarthe, Comert, Schaeffer, etc. Il a également l'appui total du Premier lord de l'Amirauté, A.V. Alexander, qui se déclare mécontent des « méthodes arbitraires du général de Gaulle, et particulièrement de la façon dictatoriale dont il traite les membres des Forces navales françaises [68] ». Cette fois, il est suivi par l'ensemble du *War Cabinet*, qui prend la résolution suivante trois jours seulement après la démission de Muselier : « Nous devons insister pour que l'amiral Muselier conserve son poste en tant que commandant en chef des Français Libres. Si le général de Gaulle refuse, nous prendrons nous-mêmes les mesures nécessaires pour imposer cette solution [69]. » Ce n'est pas la première fois qu'un problème purement interne à la France Libre menace de dégénérer en une querelle franco-britannique ; ce n'est pas non plus la dernière.

Anthony Eden, qui est déjà un vétéran des deux premières affaires Muselier, est chargé d'exposer au général de Gaulle les vues du *War Cabinet* — tâche ingrate s'il en est ; de Gaulle répond qu'« il se demande si M. Eden se rend compte de la gravité de la situation », et ajoute qu'« en tant que chef de la France Libre, il ne saurait tolérer que sa position se trouve ébranlée par les intrigues de Muselier ». Il s'ensuit un dialogue dépourvu d'aménité :

« Le secrétaire d'État demande ce que le Général a l'intention de faire de Muselier.

« Le général de Gaulle répond que l'amiral n'a plus vingt ans, que c'est un homme fatigué et qui se drogue. Il est aussi déséquilibré moralement. Le Général a donc l'intention de le mettre au repos et de confier à l'amiral Auboyneau le commissariat à la Marine. Par la suite, l'amiral Muselier pourrait être chargé de certaines opérations ou bien envoyé en tournée d'inspection. Mais le général de Gaulle prie le secrétaire d'État de ne pas lui demander de faire ce qu'il ne peut évidemment pas faire.

« Le secrétaire d'État déclare que le fait même qu'en plein milieu de la guerre, le *War Cabinet* ait passé trois quarts d'heure à discuter de cette affaire prouve combien il la considère comme sérieuse.

« Le général de Gaulle ne pense pas que l'Amirauté britannique ait vu cette question d'assez haut. Elle aime bien l'amiral Muselier parce qu'elle a l'habitude de traiter avec lui.

« Le secrétaire d'État répète qu'il s'agit de bien plus que cela. Il se propose de ne pas accepter immédiatement la réponse du Général, de lui faire savoir que les conséquences en seraient graves et que le gouvernement de Sa Majesté pourrait être amené à prendre certaines mesures. M. Eden prendra sur lui de différer ces communications pendant quarante-huit heures afin de laisser au Général un délai de réflexion.

« Le général de Gaulle répond qu'il a déjà réfléchi, et qu'une nouvelle entrevue avec le secrétaire d'État ne sera sans doute pas nécessaire. En ce qui le concerne, cette affaire est définitivement réglée [70]. »

D'après René Pleven, le Général rentre de cette entrevue « en proie à une agitation extrême », et convoque immédiatement le Comité national [71]. Il ne fait guère de doute que l'intervention britannique a fortement envenimé les choses, et affermi le Général dans sa résolution ; le comportement de l'amiral Muselier fera le reste : ayant reçu l'ordre de prendre trente jours de repos et de ne pas se présenter à l'état-major de la Marine durant ce délai, l'amiral refuse d'obéir... et est assigné à résidence pendant trente jours. Conformément à l'accord de juridiction signé un an plus tôt avec les autorités britanniques, le général de Gaulle demande le 11 mars au gouvernement de Sa Majesté d'assurer l'exécution de cette mesure ; comme il n'y a aucune réaction immédiate, le général de Gaulle suspend tout contact avec les autorités anglaises, et le 18 mars il se retire à la campagne. Devant Bouchinet-Serreulles, il vocifère : « Cela ne leur suffit pas d'avoir brûlé une première fois Jeanne d'Arc, ils veulent recommencer. Ils ne comprennent rien à l'ampleur du drame [...]. Ils considèrent peut-être que je ne suis pas de rapports agréables ! Mais si j'étais de rapports agréables, je serais aujourd'hui à l'état-major de Pétain [...]. Nous sortirons de cette crise grandis, ou nous n'en sortirons pas. Que les Anglais prennent leurs responsabilités, comme nous prenons les nôtres. S'ils ne veulent rien savoir, je serai fort bien installé ici pour écrire mes Mémoires. N'est-ce pas confortable [71 bis] ? » Pour le cas où le *War Cabinet* mettrait sa menace à exécution en prenant des mesures contre lui, le général de Gaulle laisse à ses compagnons une sorte de testament secret. Ils devront le lire au peuple français, au cas où le général de Gaulle serait contraint de renoncer à poursuivre ce qu'il avait entrepris, et ne serait pas en mesure de s'en expliquer lui-même [72]...

Les choses n'iront pas jusque-là ; le 16 mars, au cours de la réunion du *War Cabinet*, le Premier lord de l'Amirauté insiste bien pour que « l'affaire soit traitée avec fermeté », mais M. Eden se déclare d'un avis opposé : « L'amiral, dit-il, s'est mis entièrement dans son tort, et nous n'avons guère de chances d'obtenir qu'il soit rétabli dans ses fonctions, si ce n'est au prix d'une démission du général de Gaulle [73]. »

Pour des motifs politiques évidents, cette dernière éventualité n'est pas souhaitable, et la raison finit par l'emporter au sein du *War Cabinet* ; le Premier lord de l'Amirauté abandonne la partie, on élabore une solution de compromis, et le 23 mars, de Gaulle apprend que le gouvernement de Sa Majesté n'insiste plus pour que Muselier reste à la tête des forces navales de la France Libre. En outre, les autorités britanniques veilleront à ce que l'Amiral n'ait aucun contact avec les forces navales françaises pendant une période de trente jours. Le gouvernement de Sa Majesté exprime néanmoins l'espoir que l'amiral Muselier « recevra ensuite une affectation convenable »... et l'affaire en reste là. De Gaulle a gagné ; l'Amirauté anglaise a perdu ; Eden a une fois encore évité un désastre ; l'amiral Muselier disparaît de la scène *, et Winston Churchill en vient à se demander s'il arrivera jamais à « diluer » l'autorité de l'intraitable chef des Français Libres...

---

* Un mois plus tard, le général de Gaulle demande à Muselier d'effectuer une tournée d'inspection en Afrique et au Levant. Mais l'amiral refuse, et lui notifie que sa collaboration à la France Libre est terminée. Nous le verrons réapparaître en Afrique du Nord, plus antigaulliste que jamais.

8

Perfide Albion

Nous sommes au troisième printemps de la guerre, et l'Axe maintient partout son offensive ; en Libye comme en Russie, la Wehrmacht se prépare une nouvelle fois à passer à l'attaque, tandis qu'à l'Est, les armées japonaises victorieuses ont submergé l'Asie du Sud-Est, et menacent à présent l'Inde et l'Australie. La puissante machine de guerre américaine est lente à se mettre en branle, et l'Angleterre a connu de sévères échecs, dont la chute de Singapour est sans doute le plus humiliant. Pendant ce temps, l'ombre de la tyrannie s'étend sur toute l'Europe occupée, dissipée de temps à autre par la flamme fragile mais ferme de la résistance patriotique. En France, cette résistance a un symbole, la Croix de Lorraine, et elle s'exprime par la voix grave, lente et résolue de Charles de Gaulle...

Le chef solitaire de la France Libre est plus décidé que jamais à ranimer la flamme de la résistance française. Au début de 1942, un émissaire secret, Jean Moulin, a été parachuté en France ; il a pour mission d'unifier les divers mouvements de résistance sous une seule autorité : celle du général de Gaulle. Mais hors de France, de Gaulle poursuit avec obstination une tâche non moins ardue et bien plus ingrate : faire rentrer dans la guerre toutes les colonies et les possessions françaises d'outre-mer, sans apparaître pour autant comme un mercenaire à la solde des Anglais ; envoyer les soldats de la France Libre sur tous les théâtres d'opérations, afin d'obliger les Alliés à reconnaître la France Libre comme un partenaire et un cobelligérant. S'il a échoué à Dakar et à Djibouti, il a réussi en Afrique-Équatoriale, au Levant et à Saint-Pierre. A chaque fois, cependant, il s'est heurté à l'incompréhension, à la réticence, à la mauvaise volonté, à l'opposition passive et active de ses alliés anglo-saxons, pour qui la France a cessé de compter, et la France Libre n'est qu'un simple pion sur le vaste échiquier du conflit mondial.

En conséquence, on voit le général de Gaulle mener une guerre publique contre Vichy et l'Allemagne, mais aussi une guerre privée contre l'Amirauté britannique, le *War Office*, le ministère de l'Air, le *Colonial Office*, l'*Intelligence Service*, le *Foreign Office*, le Premier ministre, le président des États-Unis et le Département d'État. Ces heurts périodiques avec les autorités alliées à presque tous les échelons de la hiérarchie vont donner de très rudes secousses à la coopération franco-britannique sur le terrain * ; ils rendront le Général intraitable, exagérément soupçonneux et fréquemment injuste à l'égard de ses alliés britanniques. C'est l'époque où Pierre Brossolette dira à Edmond Michelet : « Il faut rappeler régulièrement au Général que l'ennemi numéro un est l'Allemand, car, pour lui, s'il cédait à sa première pente, ce serait plutôt l'Anglais [2] ! »

Il est vrai que de Gaulle accuse fréquemment Churchill de trahir la France Libre [3], d'essayer de s'en servir pour ses propres fins, et d'être à la remorque du président Roosevelt. Mais, entre deux accès de colère, il continue à témoigner au Premier ministre un grand respect et une admiration sans bornes. Le respect et l'admiration sont réciproques ; les griefs aussi. Au cours du printemps de 1942, Churchill continue à reprocher au Général d'avoir « manqué à sa parole » dans l'affaire de Saint-Pierre-et-Miquelon, de diriger la France Libre au moyen de « méthodes autocratiques », de promouvoir ses intérêts personnels au détriment de l'effort de guerre allié, de mettre en péril l'alliance anglo-américaine, et bien sûr de se répandre en « propos anglophobes ». Tout cela explique pourquoi le Premier ministre a maintenu son ordre de ne laisser en aucun cas le général de Gaulle quitter la Grande-Bretagne ; par contre, cela n'explique pas vraiment pourquoi les Français Libres sont tenus à l'écart de l'opération qui se déclenche à Madagascar le 5 mai 1942...

Pour des raisons stratégiques et psychologiques, il était extrêmement important de rallier l'île de Madagascar à la Croix de Lorraine. Dès la fin de 1941, le général de Gaulle avait soulevé la

---

* Le colonel Passy décrira plus tard les répercussions sur les services secrets de ces heurts fréquents entre de Gaulle et Churchill : « Chaque fois, les services techniques faisaient grève, les avions tombaient en panne, les bateaux entraient en cale sèche [...] et, pendant des semaines, nous pouvions déterminer, avec une précision infaillible, la nature exacte du climat politique qui régnait entre le Comité national et le gouvernement de Sa Majesté en la personne de leurs deux chefs. [...] Nous finissions toujours par arracher le minimum de moyens pour faire tourner la machine au ralenti [1]. »

question lors de ses entretiens avec le Premier ministre et les chefs d'état-major ; en février, puis en avril 1942, il leur a même soumis des plans d'opérations détaillés, prévoyant un débarquement par les Forces Françaises Libres avec l'appui aérien et naval des Britanniques. Mais le *War Office* et Downing Street se sont contentés d'accuser réception ; ce n'est pas que le Premier ministre et les chefs d'état-major aient négligé l'importance stratégique de Madagascar — surtout après la chute de Singapour —, mais les précédents de Dakar et de la campagne de Syrie semblent démontrer la vulnérabilité des expéditions franco-britanniques. Pour les généraux anglais, c'est la participation des Français Libres qui provoque à chaque fois une résistance farouche de la part des troupes de Vichy, et Churchill semble partager cette façon de voir. « Nous souvenant de Dakar, écrira-t-il, nous ne pouvions compliquer l'opération en y faisant participer les Français Libres [4]. » A Whitehall et à Downing Street, on élabore donc les plans d'une opération purement britannique, et Churchill ne s'attend à aucune résistance sérieuse de la part de M. Annet, gouverneur général de Madagascar — peut-être parce que Mme Churchill l'a rencontré une fois dans un train et l'a trouvé charmant...

L'opération *Ironclad* est déclenchée à l'aube du 5 mai, et se heurte d'emblée à une résistance opiniâtre. L'objectif immédiat, Diégo-Suarez, est aux mains des Britanniques dès le matin du 7 mai, mais aucune tentative n'est faite pour occuper Majunga, Tamatave, et tout le reste de l'île. Finalement, l'amiral Syfret, commandant l'expédition, reçoit l'ordre de trouver un *modus vivendi* avec les autorités vichystes de Tananarive *.

Le 5 mai à 3 heures du matin, le général de Gaulle est informé du débarquement par un coup de téléphone d'une agence de presse. Sa première réaction est extrêmement violente, et Churchill sera gratifié *in abstentia* de toutes les accusations décrites plus haut — et de quelques autres. Le lendemain, on envoie au *Foreign Office* une protestation couchée en des termes plus diplomatiques, et pendant plusieurs jours, de Gaulle refuse de voir M. Eden. Lorsqu'il consentira enfin à lui rendre visite, le 11 mai, l'entrevue sera glaciale :

Eden : « Eh bien ? »

---

* L'amiral Syfret avait d'abord reçu l'ordre de trouver un *casus belli* avec les autorités locales. Ayant demandé confirmation de cet ordre, il reçoit un second télégramme lui ordonnant de trouver un *modus vivendi*. Lorsque l'on demandera des comptes à l'auteur du premier télégramme, cet officier s'exclamera avec indignation : « Pourquoi diable est-ce que je devrais savoir le français [5] ? »

De Gaulle : « Mais... je n'ai rien à vous dire. »

Eden : « Alors, je vais commencer. Nous avons à parler de Madagascar ; vous n'êtes pas content ? Je reconnais que j'aurais pu vous prévenir, mais nous avons craint que dans ce cas, vous vouliez participer à l'opération ; or nous préférons que l'on ne puisse pas nous reprocher d'amener des Français à se battre contre d'autres Français. »

De Gaulle : « Je prends ces raisons pour ce qu'elles valent... »

Eden : « Je regrette beaucoup que vous ne soyez pas venu me voir lundi, nous aurions pu faire ensemble un communiqué dans lequel nous aurions dit que vous participiez à l'administration de l'île. »

De Gaulle : « Je n'avais aucune raison de venir, je n'étais informé de rien. D'ailleurs, à l'heure actuelle, savez-vous, vous-même, ce que vous allez faire à Madagascar ? Êtes-vous décidés à prendre toute l'île ? [...] au cas où vous le décideriez, je maintiens l'offre d'une collaboration militaire [...]. Nous ne savons même pas quelles sont les conditions de l'armistice que vous avez conclu avec les gens de Vichy. »

M. Eden revient plusieurs fois sur le fait que le Comité national ne s'est pas déclaré d'accord publiquement avec l'action entreprise par les Britanniques à Madagascar.

De Gaulle : « Comment pouvons-nous nous déclarer d'accord, alors que nous ne connaissons pas vos intentions et que vous-même ne savez pas encore ce que vous allez faire ? »

Eden : « D'après les renseignements parvenus à Londres, l'occupation de Madagascar aurait été très bien accueillie par le peuple français. »

De Gaulle : « Je suis sceptique. Je sais ce qui se passe en France par les nombreux émissaires qui vont et viennent. Je sais que lorsqu'en France on a le sentiment que le gouvernement britannique et le Comité national ne sont pas d'accord, ce n'est pas le gouvernement britannique que l'on approuve [...]. Comprenez la situation difficile que vous nous faites. Vous ne nous soutenez qu'à moitié. Les Américains font tout ce qu'ils peuvent pour nous nuire ; vous nous empêchez de nous développer. Si les conditions actuelles durent, un jour ou l'autre nous nous disloquerons. Si c'est ce que vous cherchez, il vaut mieux le dire ; mais rendez-vous compte des conséquences. Avec nous, c'est la France elle-même qui se disloquera... »

M. Eden proteste que le gouvernement britannique tient beaucoup à la France Libre, et qu'il n'a nullement l'intention de l'abandonner.

De Gaulle : « S'il en est ainsi, pourquoi adoptez-vous à notre égard une attitude qui sème le trouble dans nos rangs ? Je vous rencontre partout sur ma route. En Syrie, par exemple, vous nous créez de graves difficultés. »

Eden : « Les difficultés ne viennent pas seulement de nous, elles viennent bien souvent de vous. »

De Gaulle : « Mais c'est bien vous qui les cherchez [6] ! »

Il va sans dire que l'on se sépare sans s'être mis d'accord. D'autant que de Gaulle a été informé des conditions offertes par les Britanniques au gouverneur général Annet, et qu'elles sont redoutables pour la France Libre : si le gouverneur collabore avec les Anglais, il sera maintenu en fonction et il ne lui sera pas demandé de faire rentrer Madagascar dans la guerre aux côtés des Alliés. Cela ressemble fort aux négociations des Américains avec l'amiral Robert en Martinique, et le général de Gaulle ne cache pas qu'il y voit une trahison pure et simple de son mouvement. Au cours des semaines qui suivent, il dissimule mal sa colère, et envisage d'innombrables mesures de rétorsion : un repli sur l'Afrique-Équatoriale, une dénonciation publique des Anglais et des Américains, la suspension de toute coopération avec le gouvernement britannique, etc. Ce n'est qu'à grand-peine que ses collaborateurs parviendront à l'en dissuader * [7].

Churchill, lui, se montre de plus en plus préoccupé par l'évolution de la situation à Madagascar ; en effet, les négociations avec le gouverneur général Annet n'aboutissent absolument à rien — et cela à un moment où les Japonais sont aux portes de l'Inde, tandis que les Allemands s'apprêtent à passer à l'offensive en Libye... Mais au milieu de toutes ces préoccupations, le Premier ministre trouve encore le temps de mener une sorte de vendetta personnelle contre le général de Gaulle. M. Eden et M. Peake lui ont fait savoir que le Général désirait se rendre en visite d'inspection dans les territoires africains, mais Churchill a refusé tout net : de Gaulle ne doit pas quitter l'Angleterre. Le 27 mai, Eden revient à la charge : « J'ai persuadé de Gaulle de différer son voyage en Afrique. Mais je crains qu'une nouvelle démarche en ce sens ne fasse qu'accroître encore ses soupçons à notre égard. [...] Vous conviendrez, j'espère,

---

* Par un communiqué en date du 13 mai, les Anglais annonceront bien que le Comité national français pourra « jouer le rôle qui lui revient » dans l'administration de Madagascar. Il est clair cependant que le général de Gaulle n'a aucune foi en cette promesse.

que dans l'intérêt de nos relations futures avec lui, il vaudrait mieux le laisser partir. Ces derniers temps, sa conduite s'est un peu améliorée [8]. » Mais le Premier ministre lui répond trois jours plus tard : « Je ne suis pas d'accord. Une fois libre de ses actes, cet individu ne reculerait devant rien pour nuire à l'Angleterre [9]. »

M. Eden traduit ces paroles haineuses en langage diplomatique, et suggère au général de Gaulle que « son absence de Londres serait inopportune », dans la mesure où le gouvernement de Sa Majesté pourrait avoir à le consulter « en ce moment critique de la guerre ». Le Général feint de se montrer flatté, et accepte de différer son départ de six semaines ; fort de ce succès, Eden revient à la charge auprès du Premier ministre... et finit par le persuader de recevoir le général de Gaulle. L'entrevue aura lieu cinq jours plus tard, et elle promet d'être agitée : entre-temps, de Gaulle a appris que les Anglais et les Américains préparaient dans le plus grand secret une opération contre Dakar et le Niger, et que les Français en seraient de nouveau exclus. Pire encore, il soupçonne les Anglais de vouloir rendre Madagascar à Vichy [10] ! Le Général est hors de lui, et envisage de se retirer en Union soviétique, emmenant avec lui toute la France Libre *...

C'est le 10 juin à 17 h 30 que de Gaulle et Churchill se rencontrent à Downing Street — et une fois de plus, rien ne se déroule comme prévu :

« Le Premier ministre félicite le général de Gaulle pour la magnifique conduite des troupes françaises à Bir Hakeim **. " C'est, dit-il, l'un des plus beaux faits d'armes de cette guerre. " Au sujet de la bataille, M. Churchill indique qu'elle durera sans doute longtemps. " Cela est très bien, dit-il, en particulier pour les Russes, qui s'en trouvent soulagés d'autant. " Sur l'issue du combat, M. Churchill ne paraît pas inquiet, l'armée britannique disposant, dans cette région, de beaucoup de moyens.

« M. Churchill aborde ensuite la question de Madagascar : Je sais, dit-il, que vous avez été froissés que nous ayons entrepris l'expédition de Madagascar sans vous. Nous avons pensé, à tort ou à raison, que nous rencontrerions peut-être moins de résistance si nous nous présentions seuls. Nous avons également dû tenir un

---

* De fait, l'ambassadeur d'Union soviétique Bogomolov est prié le 6 juin de demander à son gouvernement s'il accepterait d'accueillir le général de Gaulle et son mouvement en Union soviétique...

** A Bir Hakeim, entre le 27 mai et le 11 juin, une division légère de la France Libre, commandée par le général Kœnig, a repoussé toutes les attaques allemandes et italiennes, permettant ainsi aux Britanniques, sérieusement bousculés par la première offensive allemande, de rétablir leur front.

certain compte des vues de l'Amérique. Nous avons voulu, autant que possible, éviter les complications. Ce à quoi nous tenions avant tout, c'est à nous emparer de Diégo-Suarez, pour empêcher les Japonais de s'y installer. Mais nous n'avons absolument aucune arrière-pensée ni aucune visée politique sur Madagascar. Je ne veux pas de Madagascar ; d'ailleurs, nous ne savons pas exactement ce que nous y ferons. C'est une île " très large " ; nous voudrions bien ne pas être obligés d'aller trop loin.

« Le Général fait remarquer, à cet égard, qu'il serait dangereux de ne pas s'assurer le contrôle de toute l'île. Il ajoute que la méthode suivie par les Britanniques dans l'affaire de Madagascar a placé le Comité national dans une situation difficile vis-à-vis de la France et vis-à-vis de nos troupes et de nos populations des colonies. Ce que nous voulons, c'est que Madagascar rallie la France Libre et rentre dans la guerre.

« Je le comprends, dit M. Churchill, mais alors une nouvelle opération serait peut-être nécessaire. Nous n'avons pas encore pris parti à ce sujet. Notre politique actuelle semble vous inquiéter, pourtant nous n'avons aucune mauvaise intention.

« Convenez, réplique le Général, que les apparences ne sont pas toujours très claires. Vous faites des arrangements sur place avec les agents de Vichy. Vous avez peut-être des projets du même genre, vous ou les Américains, en ce qui concerne Dakar ou la boucle du Niger. Il serait dangereux d'user ou d'abuser ainsi du peuple français. A l'heure actuelle il est vrai, le peuple français a d'autres soucis ; Madagascar ne l'intéresse peut-être pas beaucoup. Mais plus tard, tout cela reviendra à la surface. Si nous voulons maintenir l'amitié franco-britannique, il faut, dès maintenant, prendre soin d'éviter tout ce qui pourrait la troubler d'une façon durable. La guerre actuelle n'est pas une guerre coloniale. C'est une guerre morale et c'est une guerre mondiale. Il n'est pas de colonie, si belle soit-elle, qui vaille pour la Grande-Bretagne l'amitié de la France.

« Nous n'avons aucune visée sur l'Empire français, répète M. Churchill. Je veux une grande France avec une grande armée. Cela est indispensable pour la paix, pour l'ordre et pour la sécurité en Europe. Depuis trente ans, je n'ai jamais eu d'autre politique vis-à-vis de la France. Je demeure fidèle à cette politique.

« Je le sais, répond le général de Gaulle. Vous avez toujours eu cette politique. Vous avez eu le mérite d'y rester fidèle au moment de l'armistice. Vous avez été presque seul à continuer à jouer la carte de la France. Vous avez, à ce moment-là, fait preuve d'une grande prévoyance. La carte de la France s'est appelée la carte de Gaulle — vous l'avez jouée. Nos noms sont attachés à cette politique. Si vous y renonciez, cela serait mauvais pour vous comme pour nous, d'autant plus qu'à l'heure actuelle, cette politique commence à réussir. La France Libre est devenue le symbole et l'âme de la résistance. Je vous suis fidèle, moi aussi [11]. J'ai beaucoup de difficultés et je vous demande de m'aider à les surmonter. Je conviens que, dans l'ensemble, vous êtes bien disposé envers nous. Mais il y a des exceptions graves. D'autre part, la politique américaine à notre égard est atroce : elle tend à nous casser les reins. C'est ainsi que, pour le Memorial Day, le gouvernement américain a convié les attachés militaires de Vichy, mais n'a pas convié nos officiers. Pour les Américains, les Français de Bir Hakeim ne sont pas des belligérants.

« Oui, dit M. Churchill, les Américains ne veulent pas renoncer à leur politique avec Vichy. Ils s'imaginent que Vichy sera un jour tellement martyrisé par les Allemands qu'il reprendra la guerre aux côtés des Alliés. Ils pensent que ce sont eux qui ont empêché Laval et Darlan de donner la flotte aux Allemands. Après tout, cette politique est peut-être utile. Par exemple pour Madagascar, le gouvernement américain a fait dire à Laval par M. Tuck que si la France faisait la guerre à la Grande-Bretagne, elle serait obligée de la faire en même temps à l'Amérique.

« Le Général fait remarquer que quoi qu'il arrive, Vichy ne donnera pas la flotte et ne fera pas la guerre pour l'Allemagne. La raison en est bien simple et les Américains y sont absolument étrangers : c'est que le peuple français ne le veut pas. En Syrie, par exemple, les opérations ont duré quarante-huit jours, pourtant Vichy n'est pas entré en guerre. Tout le problème est d'entretenir la volonté de résistance du peuple français et de ressusciter sa volonté de guerre. Ce n'est pas en bafouant les Français qui combattent que l'on y parviendra. A ce point de vue-là, l'épisode Weygand est particulièrement significatif... Toute la politique avec l'Amérique menée par Weygand a eu pour résultat d'endormir en Afrique du Nord la vigilance des Français et de paralyser complètement leurs velléités de lutte.

« M. Churchill ne le conteste pas.

« Le Premier britannique constate d'ailleurs avec plaisir que la France se ressaisit et qu'elle se regroupe autour du général de Gaulle.

« Le Général indique que l'organisation de la résistance intérieure progresserait davantage encore si les services anglais nous aidaient mieux.

« Je croyais, dit M. Churchill, qu'ils collaboraient avec vous dans des conditions satisfaisantes.

« Oui et non, répond le Général, peut-être pourraient-ils agir plus vite et mettre à notre disposition plus de moyens.

« Il est fait ensuite allusion à l'affaire Muselier :

« A vous aussi, déclare le Général, il arrive de déplacer un amiral et de lui donner un autre commandement...

« M. Churchill sourit et n'insiste pas.

« Toutes ces histoires, dit-il, n'ont pas grande importance. Ce qui est grand et ce qui importe, c'est la guerre. Nous serons en France l'année prochaine peut-être. En tout cas, nous y serons ensemble. Nous avons encore à surmonter de grands obstacles, mais je suis sûr que nous gagnerons ; nous sommes de plus en plus forts ; en 1943 et en 1944, nous le serons davantage encore. Nous construirons tellement d'avions, de vaisseaux, de tanks, que nous l'emporterons. Si vous avez des difficultés, songez que, moi aussi, j'en ai. J'ai eu quelques différends avec les Australiens : ils avaient peur d'être envahis. Ils voulaient que je leur envoie des vaisseaux. Je n'en avais pas...

« La conversation porte ensuite sur la Russie.

« Ce qui est curieux, déclare M. Churchill, c'est que les Allemands ne se hâtent pas avec leur grande offensive ; on n'aperçoit encore aucune concentration de troupes. Quant au Japon, il n'ira peut-être plus très loin. Il a perdu beaucoup de bateaux...

« En reconduisant le Général, M. Churchill déclare : " Il faut que nous nous revoyions. " Il conseille au Général d'élargir son Comité. Il promet d'envoyer une lettre personnelle à M. Léger. " Je ne vous lâcherai pas, conclut-il, vous pouvez compter sur moi. "

« M. Churchill reconduit le Général jusqu'à la porte de Downing Street et indique qu'il fera paraître un communiqué au sujet de leur entretien [*12]. »

Cette entrevue aura un effet apaisant sur l'indomptable chef des Français Libres. Au cours des semaines qui suivent, il envoie plusieurs télégrammes rassurants au général Catroux, et semble s'être convaincu que les Anglais ne s'intéressent pas au Niger, que les Américains ne vont pas prendre Dakar, que l'on n'empêche pas sciemment le représentant de la France Libre d'arriver à Madagascar, que les officiers britanniques dans l'île ne sont pas contre de Gaulle

---

* Au cours de la conversation, M. Churchill a été amené à poser au Général la question suivante : « Je sais que vous incarnez les espoirs et les aspirations d'un très grand nombre de Français. Mais croyez-vous pouvoir dire que vous êtes la France ? » Et le Général a répondu : « Dans les circonstances actuelles, il n'existe aucune personne ni aucune organisation qui puisse prétendre représenter réellement toute la France [12]. »

et pour Vichy, et que le général Spears, qui vient d'être nommé ministre au Levant, n'y travaille pas au détriment des intérêts français. En tout cas, le Général daigne donner l'impression qu'il ne croit plus tout cela, ce qui n'est pas tout à fait la même chose. Mais M. Eden est tout disposé à s'en contenter, et il reçoit le Général à plusieurs reprises pour l'encourager dans ces bonnes dispositions ; il fera même plusieurs concessions, et priera les chefs d'état-major de montrer au Général l'étendue de l'effort de guerre britannique, tout en lui demandant conseil au sujet de certaines affaires militaires *. A l'étonnement des Anglais comme des Français, tout cela va exercer sur le général de Gaulle les plus heureux effets : les dénonciations de l'Angleterre en public et en privé cessent du jour au lendemain, le Général se répand en louanges sur le Premier ministre, et on l'entendra même exprimer sa compassion pour les difficultés que connaît l'armée britannique en Libye [15]...

Eden va mettre tout cela à profit pour convaincre Churchill d'adopter une nouvelle attitude vis-à-vis du Général. C'est une entreprise ardue et risquée, mais après plus d'un mois d'efforts, Churchill finira par céder ; le 28 juillet, le général de Gaulle est informé que le gouvernement de Sa Majesté ne voit plus d'inconvénient à ce qu'il se rende en Afrique. Peu avant son départ, le Général rendra à nouveau visite au Premier ministre :

« — Alors ? dit M. Churchill, vous partez pour l'Afrique !

— Je ne suis pas fâché, répond le Général, d'aller au Levant. Spears s'y agite beaucoup. Il nous cause des difficultés.

— Spears, poursuit M. Churchill, a beaucoup d'ennemis. Mais il a un ami : c'est le Premier ministre. Lorsque vous serez là-bas, voyez-le, tâchez d'arranger l'incident avec Catroux. Je vais lui télégraphier et lui recommander d'écouter ce que vous lui direz.

« On dit, ajoute M. Churchill, que cette indépendance des États du Levant n'est pas une réalité et que les populations ne sont pas contentes.

---

* Le 24 juin, le ministre d'État au Caire rapportera au *Foreign Office* les propos suivants, émanant du général Catroux : « Il est convaincu que le général de Gaulle se montrerait plus raisonnable et d'un commerce plus aisé si les ministres britanniques pouvaient le recevoir à intervalles réguliers et lui communiquer le plus de renseignements possible. Il a également suggéré qu'on lui demande son avis chaque fois que cela est possible. Il faut toujours tenir compte des dispositions du Général ; c'est un homme très vaniteux, et on peut être sûr qu'un tel traitement s'avérerait efficace [13]. »

Le 17 juin, M. Charles Peake, représentant britannique auprès du Comité national, avait également noté dans son rapport : « Le général de Gaulle a souvent exprimé le désir de nous aider et de nous conseiller de toutes les façons possibles, et il a passé de très nombreuses nuits à rassembler des informations et à prendre des notes, pour le cas où son avis serait sollicité [14]. »

— Elles sont aussi satisfaites en Syrie et au Liban, réplique le Général, qu'en Irak, en Palestine ou en Égypte. Nous avons affaire, au Levant, à des gouvernements qui n'ont encore jamais gouverné. Il serait dangereux de les abandonner sans guide, complètement à eux-mêmes, et de les laisser faire leur apprentissage en ce moment.

« La conversation porte ensuite sur Madagascar.

— Si nous n'avons pas fait l'opération avec vous, indique M. Churchill, c'est que nous ne voulions pas mêler deux choses : conciliation et force. Cela n'avait pas réussi à Dakar.

— Nous serions entrés à Dakar, observe le général de Gaulle, si les Britanniques n'avaient pas laissé passer à Gibraltar les croiseurs de Darlan.

« Churchill ne le conteste pas.

— Pour ce qui est de Madagascar, poursuit le Général, si vous nous aviez laissés débarquer à Majunga, tandis que vous opériez à Diégo-Suarez, l'affaire serait terminée depuis longtemps. Nous aurions marché sur Tananarive et tout serait réglé. Au lieu de cela, vous avez perdu votre temps en pourparlers avec le représentant de Vichy.

— Oui, il est méchant, ce gouverneur ! dit M. Churchill.

— Vous vous en étonnez ? réplique le Général. Quand vous traitez avec Vichy, vous traitez avec Hitler. Or je crois que Hitler n'a aucune bonne intention à notre égard. Hitler est méchant [16].

— Votre situation, dit M. Churchill, a été difficile ces derniers temps. Nos rapports n'ont pas toujours été très bons. Il y a eu des torts de part et d'autre. A l'avenir, il faut nous mettre ensemble et travailler. Faites le voyage que vous projetez et revenez rapidement. Si vous avez une difficulté, adressez-vous directement à moi ; faites parvenir vos télégrammes par sir Miles Lampson [17]. »

Après avoir échangé quelques considérations générales sur le passé *, le Premier ministre et le général de Gaulle se séparent dans les meilleurs termes. Peu de temps après, de Gaulle s'envole pour l'Afrique et le Levant. La Syrie et le Liban sont au premier rang de ses préoccupations ; « Spears s'y agite beaucoup, a-t-il confié à Churchill, il nous cause des difficultés. » C'est pourtant là une sim-

---

* Le passage suivant est tout à fait caractéristique : « Aux États-Unis, dit Churchill, vous m'avez placé dans une situation très ennuyeuse quand vous avez occupé Saint-Pierre-et-Miquelon. En ce qui nous concerne, je ne vois pas d'inconvénient à ce que vous occupiez Saint-Pierre-et-Miquelon, Dakar et même Paris. Mais vous m'avez mis dans une position très délicate. M. Roosevelt et M. Cordell Hull s'imaginent que j'avais été tenu au courant de vos projets. Tout cela a été contrariant.

— Oui, réplique le Général, il n'empêche que l'opinion américaine a réagi en faveur de la France Combattante. »

plification abusive, car les problèmes de la France au Levant sont loin de se limiter aux faits et méfaits du trop fameux général Edward Spears.

Lorsque, au matin du 8 juin 1941, les troupes britanniques et les Français Libres avaient pénétré au Levant, le général Catroux, en tant que délégué général et plénipotentiaire, avait fait la proclamation suivante : « Syriens et Libanais ! Au nom de la France [...] et au nom de son chef, le général de Gaulle, je viens mettre fin au régime du mandat, et vous proclame libres et indépendants... » Mais, tout comme le général Gouraud vingt ans plus tôt, de Gaulle et Catroux ont du mot « indépendant » une conception assez restrictive — ainsi qu'il apparaît rapidement lorsque le général Catroux proclame officiellement l'indépendance de la Syrie en septembre 1941, et celle du Liban deux mois plus tard ; en effet, le délégué général français continue à gouverner par décrets, les gouvernements des deux pays se trouvent dans une position subordonnée, les troupes et la police locale restent sous contrôle français, de même que l'économie, les services publics et les communications. Pour le général de Gaulle, en effet, les États du Levant ne pourront accéder à l'indépendance complète qu'après la guerre, lorsque la France remettra son mandat à la Société des Nations ; encore faudra-t-il que la Syrie et le Liban signent au préalable un traité accordant à la France une position privilégiée au Levant — une position si privilégiée qu'elle limitera une fois de plus l'indépendance des deux États ; les régimes passent, la France continue...

Du point de vue du droit international, le général de Gaulle a incontestablement raison : la France Libre, n'ayant aucun statut international, ne saurait prendre sur elle de mettre fin au mandat ; du point de vue politique, il a raison aussi : Vichy aurait exploité à outrance tout abandon par la France Libre des droits traditionnels de la France au Levant. Mais ces subtilités diplomatiques et politiques échappent complètement aux populations locales de Syrie et du Liban. Au cours des deux dernières décennies, les gouvernements français successifs leur ont imposé une autorité sans partage, mettant à profit les innombrables divisions raciales et confessionnelles qui ont de tout temps émaillé ces régions *. Or, au début de

---

* Parmi les principales races du Levant : Arabes, Turcs, Grecs, Assyriens, Circassiens, Chaldéens, Kurdes, Juifs, Persans, Arméniens, Européens. Quant aux religions : sunnites, shiites, druzes, alaouites, ismaéliens, maronites, Grecs orthodoxes, Grecs catholiques, Syriens orthodoxes, Syriens catholiques, nestoriens, protestants, Chaldéens catholiques, juifs, Arméniens catholiques, Arméniens grégoriens, catholiques romains, orthodoxes russes, etc.

1942, il apparaît clairement aux populations du Levant que la politique de la France Libre à leur égard n'est que la continuation exacte de celle des administrations précédentes, et cela n'est pas sans provoquer un profond ressentiment, Les chefs de gouvernement des deux États, M. Naccache et le cheikh Taj ad-Din, ont été nommés par Catroux lui-même, alors que la très grande majorité des hommes politiques locaux exige un gouvernement et une assemblée démocratiquement élus — ce que le délégué général de la France Libre leur refuse catégoriquement ; en effet, les sentiments des populations locales sont tels que des élections au Levant donneraient à coup sûr la majorité à un gouvernement et à une assemblée hostiles à l'administration française, qui ne manqueraient pas de réclamer l'abolition du mandat, et refuseraient de signer un traité avec la France...

Il faut bien reconnaître que l'impopularité croissante des Français au Levant complique très sérieusement la situation : les Français sont souvent contraints de mettre des personnalités douteuses à la tête des administrations locales, faute d'en trouver d'autres qui acceptent de coopérer avec les autorités françaises. Par ailleurs, la France Libre manque de fonctionnaires, et le personnel de Vichy doit le plus souvent être maintenu en fonction, ce qui n'a nullement pour effet d'accroître le prestige de la France Libre auprès des populations locales. Enfin, il y a la présence britannique au Levant — une armée tout entière avec armes et bagages, omniprésente, exigeante, encombrante et hautement embarrassante pour les autorités de la France Libre. Le général Catroux et ses adjoints soupçonnent les officiers britanniques de vouloir expulser les Français du Levant, et ils n'ont pas toujours tort : depuis le sous-lieutenant jusqu'au chef d'état-major, les officiers de Sa Majesté s'expliquent mal et supportent plus mal encore la présence de cette infime minorité de Français Libres, dont l'insignifiance militaire ne semble pas devoir justifier la prépondérance politique. On voit donc se répéter quelques-unes des initiatives déplorables qui avaient suivi la campagne de Syrie, avec les conséquences que l'on imagine.

Pourtant, les Français Libres et leur chef se plaignent beaucoup moins des soldats britanniques que des « éléments panarabes ». Sous ce qualificatif, qui est aisément l'un des moins flatteurs de la terminologie gaullienne, on trouve regroupées quelques-unes des principales bêtes noires du Général : la Légion arabe de sir John Glubb, dit « Glubb pacha », le *Colonial Office*, l'*Intelligence Service*, le *War Office*, le Bureau arabe, le haut-commissaire en

Palestine, et un assortiment assez disparate d'officiers politiques, conseillers spéciaux, agents égyptiens et irakiens, auxquels s'ajoutent quelques personnages troubles de divers acabits. A première vue, tous ces gens n'ont que peu de choses en commun, mais les Français Libres de Beyrouth, Damas et Londres restent convaincus qu'ils se sont tous ligués pour supplanter les Français au Levant. A dire vrai, rien n'est moins sûr ; si aucun d'entre eux n'a une sympathie exagérée pour les Français Libres, et si certains travaillent en effet contre les intérêts de l'administration française au Levant, il n'y a pas pour autant d'action concertée pour expulser les Français de Syrie et du Liban. Une telle action aurait été tout à fait contraire à la politique du gouvernement britannique telle qu'elle est exprimée par le *Foreign Office* et appliquée par l'ambassadeur de Grande-Bretagne au Caire, le ministre d'État, et bien sûr le nouveau ministre de Sa Majesté au Levant, sir Edward Spears...

De Bordeaux à Damas, en passant par Londres, Dakar et Le Caire, le chef de la Mission Spears n'a cessé d'accompagner le général de Gaulle et de l'aider au mieux de ses possibilités. Mais depuis un certain jour torride de juillet 1941[18], l'allié de la première heure s'est transformé en un adversaire résolu. A la fin de 1941, les Français Libres le soupçonnent même d'être intervenu auprès des divers ministères britanniques pour qu'ils fassent obstacle aux requêtes du général de Gaulle ; à cet égard, leurs soupçons sont d'ailleurs parfaitement fondés [19]. On reproche également au nouveau ministre de Grande-Bretagne d'intervenir sans cesse dans les affaires intérieures syriennes, libanaises et françaises, d'inciter les indigènes à s'affranchir de la tutelle française, enfin de réclamer à tout propos la tenue d'élections libres et l'octroi d'une indépendance réelle aux deux États du Levant.

En exigeant des élections et une indépendance effective en Syrie et au Liban, le général Spears ne fait que suivre les instructions de son Premier ministre ; en effet, tout comme à l'été 1941 et pour les mêmes raisons, M. Winston Churchill ne peut accepter une simple continuation du mandat au Levant, même si elle s'orne d'un simulacre d'indépendance pour les deux États. C'est que la Grande-Bretagne « doit tout faire pour satisfaire les aspirations et ménager les susceptibilités des Arabes [20] », car l'insatisfaction chez les populations locales pourrait « compromettre le bon déroulement des opérations militaires [21] ». D'ailleurs, l'Angleterre a donné sa garantie à la promesse d'indépendance faite par la France Libre aux populations du Levant en juin 1941, elle a reconnu les deux États « souverains » en février 1942, et son prestige se trouve donc engagé. C'est pourquoi le ministre d'État, l'ambassadeur de Grande-Bretagne au Caire, le général Spears et le Premier ministre lui-même vont exercer les plus vives pressions sur la France Libre pour qu'elle organise des élections au Levant, et qu'elle délègue ses pouvoirs aux gouvernements locaux. Il va sans dire que cette pression est mal accueillie par les Français Libres en général, et par le général de Gaulle en particulier...

Mais le général Spears n'a pas seulement pour instruction de favoriser l'accession des États du Levant à l'indépendance ; il doit aussi y « préserver la façade de l'autorité française [22] », et même « appuyer sans réserves les Français Libres ». Cette instruction, Spears l'exécute également, même si ce n'est pas toujours sans réserves ; c'est ainsi que nous le voyons refuser son soutien à un mouvement syrien nationaliste et antifrançais au début de 1942 [23], et même demander le retrait du Levant de trois « pseudo-Lawrence d'Arabie », Glubb, de Goury et Buss, en alléguant que « leur action ne peut qu'inciter les indigènes à s'appuyer sur l'Angleterre au détriment de la France Libre [24] ». Les Français Libres n'en auraient sans doute pas cru leurs yeux s'ils avaient pu voir de tels rapports : pour eux, le nom de Spears est synonyme d'agitation antifrançaise au Levant [25].

Mais il y a un troisième aspect au problème : aussi longtemps que la guerre durera, les États du Levant se trouveront soumis à l'autorité militaire britannique. Or les Britanniques veulent également avoir la haute main sur toutes les questions administratives civiles concernant de près ou de loin la sécurité, l'ordre public, les communications, etc. De plus, ils sont les seuls à pouvoir fournir aux États du Levant l'approvisionnement en produits alimentaires et en matières premières qui leur est nécessaire. Comme, par ailleurs, l'administration française sur place manque cruellement d'efficacité et de moyens, tout en restant très pointilleuse sur les questions de souveraineté, la plupart des initiatives françaises, britanniques et franco-britanniques au Levant finissent par tourner court, en suscitant de part et d'autre d'interminables récriminations. C'est ainsi que les Français accusent les Anglais de s'immiscer dans leurs affaires et de comploter contre eux, tandis que les Anglais accusent les Français d'être incompétents et anglophobes. L'Office des céréales, la ligne de chemin de fer Haïfa-Tripoli et l'armement des troupes locales constitueront autant d'occasions d'affrontements franco-britanniques, et ce ne seront pas les seuls...

Bien entendu, les Anglais et les Français Libres ne sont pas seuls au Levant, et les relations avec les populations autochtones de Syrie et du Liban donnent lieu à de fréquentes disputes entre l'autorité mandataire française et l'autorité militaire anglaise. Lorsque des soulèvements éclatent dans le Hauran ou l'Euphrate — ce qui n'est pas rare — les Français Libres y voient immédiatement l'œuvre d'« agents provocateurs soudoyés par Londres ». La formation d'unités locales supplétives sous commandement britannique est d'abord autorisée par le général Catroux, puis interdite par le général de Gaulle, et enfin dénoncée par de Gaulle et Catroux comme un complot de Londres pour mettre la main sur l'armée syrienne. On fait également état de rumeurs selon lesquelles les Anglais auraient l'intention d'occuper le sud-Liban pour le rattacher à la Palestine. Selon d'autres rumeurs, colportées à l'envi par les Français Libres, les Anglais favoriseraient l'expansion arabe au Liban, menaçant ainsi les intérêts chrétiens dans le pays. Les Français Libres accusent également les Anglais de soutenir certains mouvements antifrançais tels que le « Bloc national », et les Anglais accusent les Français Libres de soutenir quelques bandits notoires sous prétexte qu'ils sont profrançais. Quant aux Français, ils recrutent parmi les populations locales certains agents anti-anglais très peu recommandables, qui deviennent rapidement anti-français et sont alors dénoncés comme des espions anglais... Les « Troupes spéciales », sous commandement français, se livrent à de nombreuses exactions dans les régions isolées de Syrie, ce qui déclenche de nouveaux soulèvements, dont on s'empresse de rejeter la faute sur les Anglais. Les Français Libres sont également exaspérés par le déploiement considérable des forces britanniques au Levant, et plus encore par la présence des officiers politiques de la Mission Spears ; ils s'emploient donc à compliquer leur tâche, et les dénoncent invariablement comme agents de l'*Intelligence Service*. Par ailleurs, de nombreux fonctionnaires de Vichy ont conservé leur place dans les administrations locales, mais s'ils sont antianglais, ils sont également hostiles aux Français Libres. Quant aux Anglais, ils dressent de longues listes de ces fonctionnaires * et exigent leur retrait ; mais comme cela est fait avec un minimum de tact, les Français Libres s'en offensent et y voient une nouvelle atteinte à la souveraineté de la France. De plus, certains membres

---

* Dans l'une de ces listes, établie par la Mission Spears en janvier 1942, on trouve les noms de 50 fonctionnaires français en poste au Levant, accompagnés de l'une des mentions suivantes : « antianglais », « favorable à Vichy », « douteux », « très insatisfaisant », « peu sûr », « très peu sûr ou même pire », « contre la France Libre », « inefficace », et même « névrosé ». Dans cette liste, M. David, délégué français au Liban, est décrit comme « ouvertement favorable à Vichy [26] ».

des gouvernements syrien et libanais, sans doute lassés de n'exercer qu'un pouvoir théorique, viennent se plaindre aux Anglais ; quelle que soit alors l'attitude de ces derniers, elle sera immédiatement interprétée comme un complot contre les Français. Comme par ailleurs le nouveau ministre de Sa Majesté au Levant traite le président libanais Alfred Naccache avec un manque d'égards certain, la minorité profrançaise du Liban se déclare scandalisée — pour ne rien dire des autorités de la France Libre. Enfin, d'innombrables questions d'importance mineure, comme la destruction des récoltes de hachisch ou la persécution de jésuites partisans de la France Libre par des jésuites partisans de Vichy, dégénèrent fréquemment en conflits franco-britanniques [27]...

Tout cela n'irait pas très loin si le délégué général de la France Libre et le ministre de Grande-Bretagne au Levant entretenaient des relations satisfaisantes. Malheureusement, il n'en est rien ; sous des dehors courtois, le général Catroux et le général Spears s'entendent aussi mal que possible. C'est qu'en dépit de son titre, le délégué général de la France Libre est davantage un diplomate qu'un administrateur, alors que le ministre de Grande-Bretagne n'a rien d'un diplomate excepté le titre. Catroux accuse donc Spears d'intriguer et de s'immiscer constamment dans des affaires administratives purement françaises, alors que Spears reproche à Catroux d'être irresponsable et incompétent. Les choses se compliquent encore du fait que Mme Spears et Mme Catroux sont à couteaux tirés [28], et que Mme Catroux n'a pas la moindre sympathie pour le général de Gaulle — sans doute parce que ce dernier n'hésite pas à tancer vertement son mari lorsqu'il ne se montre pas assez ferme avec les Anglais...

En conséquence de tout cela, l'incident le plus insignifiant qui affecte les relations franco-britanniques au Levant est immédiatement saisi par l'une ou l'autre des parties et démesurément grandi, pour atterrir enfin sur le bureau du général de Gaulle ou celui de Winston Churchill, et devenir selon les cas « une violation flagrante de la souveraineté française, une insulte à la France et un nouveau Fachoda », ou bien « une nouvelle preuve de l'insupportable anglophobie qui anime ce nuisible individu ».

Cette longue digression peut paraître superflue. Elle ne l'est pas ; car l'enchaînement et les répercussions des événements du Levant formeront à la longue une sorte de chaudron hideux, qui ne cessera de bouillir et débordera à maintes reprises. C'est de ce chaudron infernal que va surgir la presque totalité des conflits opposant le chef de la France Libre au Premier ministre de Sa Majesté jusqu'à la fin de la guerre.

Cette longue parenthèse a également donné au général de Gaulle le temps d'atteindre Le Caire, où son avion atterrit au matin du 7 août. Il y retrouve Churchill, qui est en route pour Moscou, et les deux hommes déjeunent ensemble à l'aéroport ; le Général notera l'essentiel de leur conversation : « " Je suis venu, me dit-il, pour réorganiser le commandement. En même temps, je verrai où en sont nos disputes à propos de la Syrie. Ensuite, j'irai à Moscou. C'est vous dire que mon voyage a une grande importance et me cause quelques soucis. " — " Il est de fait, répondis-je, que ce sont là trois graves sujets. Le premier ne regarde que vous. Pour le deuxième, qui me concerne, et pour le troisième, qui touche surtout Staline à qui vous allez sans doute annoncer que le second front ne s'ouvrira pas cette année, je comprends vos appréhensions. Mais vous les surmonterez aisément du moment que votre conscience n'a rien à vous reprocher. " — " Sachez, grogna M. Churchill, que ma conscience est une bonne fille avec qui je m'arrange toujours [29]. " »

Dès le lendemain, de Gaulle rend visite au ministre d'État, qui est maintenant M. Casey, et les discussions commencent pour de bon. Comme on pouvait s'y attendre, Casey déclare en guise de préambule qu'il faut organiser des élections au Levant. Le Général, « intraitable et intransigeant [30] », répond qu'il n'en est absolument pas question, et ajoute : « Il est vrai que vous êtes en ce moment, dans cette région du monde, beaucoup plus forts que nous ne le sommes. En raison de notre affaiblissement et compte tenu des crises successives qui vont, à Madagascar, en Afrique du Nord et, un jour, dans la métropole, s'ajouter à celles où nous nous débattons, vous êtes en mesure de nous contraindre à quitter le Levant. Mais vous n'atteindrez ce but qu'en excitant la xénophobie des Arabes et en abusant de votre force à l'égard de vos alliés. Le résultat sera, pour vous, en Orient, une position chaque jour plus instable et, dans le peuple français, un ineffaçable grief à votre égard [31]. » Casey notera en effet que « le Général [...] nous accusa d'essayer d'expulser les Français de Syrie et du Liban, et de bien d'autres choses encore. La discussion dégénéra en un échange de hurlements, le Général hurlant en français et moi en anglais [32] ».

Autrement dit, tout cela se termine par une horrible dispute. C'est d'autant plus regrettable que Casey, cherchant à amener un relâchement de la tension en Syrie et au Liban, venait justement de persuader Churchill de rappeler le général Spears du Levant. Mais lorsque Churchill est informé de la dispute qui vient d'opposer de Gaulle au ministre d'État, il entre dans une violente colère et se ravise au sujet du rappel de Spears — ainsi que le général Catroux le découvrira ce soir-là en dînant avec le Premier ministre.

« Churchill, raconte Catroux, me dit d'un ton bougon :

— De Gaulle est insupportable. Il a maltraité le ministre d'État.

« Je l'interrompis :

— Vous vous plaignez de De Gaulle. Nous, nous nous plaignons de Spears. Je sais que je vais vous faire de la peine parce que Spears est votre ami... »

Churchill : « Oui, c'est mon ami. (Ceci proféré d'un ton rogue.) »

Catroux : « Il est votre ami, eh bien ! donnez-lui de l'avancement, envoyez-le ailleurs, faites-le entrer à la Chambre des lords, et les choses s'apaiseront entre nous. Vous savez bien que je suis un bon allié et que je ne manque pas d'esprit de conciliation. »

Churchill : « Il est mon ami [33]. »

Un point c'est tout. Le général Spears restera au Levant, le général de Gaulle persistera à rudoyer les représentants et fonctionnaires britanniques pour défendre les droits souverains de la France au Levant, et Churchill continuera à recevoir des rapports aussi circonstanciés qu'alarmants sur les menaces proférées par le Général à l'encontre des sujets de Sa Majesté. Le 14 août, il reçoit même un télégramme du Général qui est entièrement dénué d'aménité : « Les interventions constantes des représentants du gouvernement britannique dans la politique intérieure et administrative des États du Levant et même dans les rapports entre ces États et le mandataire ne sont compatibles, ni avec le désintéressement politique de la Grande-Bretagne en Syrie et au Liban, ni avec le respect de la position de la France, ni avec le régime du mandat [34]. »

Le 23 août, à son retour d'Union soviétique, le Premier ministre fait une nouvelle escale au Caire, où il déjeune avec Cadogan, Alanbrooke et Spears. Ce dernier note que Churchill est « d'excellente humeur », et ne tient visiblement pas à entamer une nouvelle querelle avec le Général pour obtenir des élections au Levant. Après tout, déclare Churchill, le Levant n'est qu'« un minuscule épisode dans la grande histoire de la guerre », et il rappelle à Spears le mot de Talleyrand : « Pas trop de zèle [35] ! » Pourtant, le Premier ministre commence à ressentir les premiers symptômes d'une crise de gaullophobie aiguë qui ira en s'aggravant à chaque nouveau rapport sur les dernières initiatives du Général, et il confiera à Spears : « Avec moi, de Gaulle est tout à fait soumis, mais ce qui est odieux, c'est son insupportable grossièreté envers toutes les personnalités de rang plus modeste » ; évoquant les accords

Lyttelton-de Gaulle, le Premier ministre ajoute même : « Si le général de Gaulle devait persister à l'avenir dans une telle attitude, il nous faudrait envisager de dénoncer tous les accords passés avec lui jusqu'à ce jour [36]. »

Bien entendu, de Gaulle persiste, car il demeure convaincu que ses difficultés au Levant sont uniquement dues aux empiètements et à l'ingérence des Britanniques. Par ailleurs, l'affaire de Madagascar est restée en suspens, et le Général soupçonne maintenant les Anglais et les Américains de préparer une vaste opération contre l'Afrique-Occidentale ou l'Afrique du Nord — opération dont la France Libre serait de nouveau exclue. Par conséquent, de Gaulle ne voit plus aucune raison de ménager la Grande-Bretagne, et la situation qui en résulte est étonnamment semblable à celle du mois d'août 1941 : Churchill est informé que le général de Gaulle multiplie les déclarations antibritanniques, et qu'il a été « odieusement grossier » envers le consul de Grande-Bretagne à Alep, le mettant en demeure de « ne pas se mêler des affaires françaises [37] ». Cette fois, il n'y a pas de journaliste américain pour reproduire les déclarations incendiaires du général de Gaulle, mais M. Gwynn, le consul général des États-Unis à Beyrouth, va jouer exactement le même rôle : c'est qu'il a eu un entretien avec de Gaulle, au cours duquel le Général a violemment dénoncé les Anglais, et même « menacé de leur déclarer la guerre *[38] ».

Le Département d'État américain transmet à Londres le rapport de M. Gwynn, qui est communiqué au *War Cabinet*. Le général Spears et M. Casey se chargent de fournir quelques compléments d'information, et tout comme l'année précédente à la même époque, de Gaulle est instamment prié d'interrompre son voyage et de rentrer en Angleterre. Mais cette fois encore, le Général considère que rien ne presse, et il répond poliment à Churchil qu'il est trop occupé pour rentrer [39].

Tout comme en septembre 1941, Churchill a lu les derniers rapports sur les déclarations intempestives du Général ; il est hors de lui, et le refus du Général de rentrer en Angleterre ne fait qu'aggraver les choses. Mais cette fois, les suites de l'affaire de Madagascar rendent la situation plus délicate encore ; après quatre mois de

---

* Pour faire bonne mesure, le général de Gaulle informera peu après le ministre d'État et le commandant en chef britannique que les troupes françaises étant désormais plus nombreuses que les troupes britanniques au Levant, il se propose d'assurer lui-même le commandement militaire en Syrie et au Liban à partir du 10 septembre. Cela causera un début de panique au *War Office* et au quartier général anglais au Caire, d'autant que personne là-bas ne sait au juste combien il y a de troupes britanniques au Levant...

vaines négociations avec les autorités françaises de Madagascar, le gouvernement de Sa Majesté s'est enfin décidé à occuper l'île tout entière. Seulement, il faudra bien que les Français Libres participent à l'administration de l'île, faute de quoi la Grande-Bretagne serait accusée d'entretenir des visées colonialistes sur une partie de l'Empire français. D'ailleurs, les autorités britanniques ont fait des promesses explicites à cet égard, et il leur est impossible de ne pas les honorer [40].

C'est ce que M. Eden s'est employé à faire comprendre au Premier ministre. Mais Eden lui-même est bien obligé d'admettre qu'il est impossible aux Britanniques de rétrocéder l'administration de Madagascar au général de Gaulle à ce stade aigu de la querelle qui les oppose au sujet du Levant ; on laisse donc entendre au général de Gaulle que son retour à Londres permettrait une reprise des négociations sur le Levant, et par voie de conséquence la cession de Madagascar à la France Libre...

Le gouvernement de Sa Majesté a une autre raison de souhaiter un prompt retour du général de Gaulle en Angleterre ; il s'agit d'une opération secrète — si secrète même qu'elle ne saurait être révélée à ce stade ; mais il apparaît déjà qu'elle concerne une partie de l'Empire français, que les Américains y joueront un rôle essentiel... et que les Français Libres en seront complètement exclus. On comprend dès lors le dilemme devant lequel se trouvent les autorités britanniques : si de Gaulle se trouve hors d'Angleterre lorsque l'opération se déclenchera, il est parfaitement capable de dénoncer publiquement l'entreprise alliée ; et si à ce moment, la France Combattante n'est pas en possession de Madagascar, il deviendra encore plus difficile de justifier la politique britannique vis-à-vis de l'Empire français. Or, on ne peut faire de concessions sur Madagascar en pleine crise du Levant, et il n'y aura pas de négociations sur le Levant tant que le général de Gaulle ne sera pas rentré en Angleterre...

Mais le général de Gaulle, plus soupçonneux que jamais, voit les choses très différemment ; il en déduit que la « perfide Albion » ne consentira à installer la France Combattante à Madagascar qu'au prix de son éviction du Levant. Par ailleurs, ses services secrets et son commissaire aux Affaires étrangères lui ont déjà fait parvenir quelques renseignements au sujet de l'opération ultra-secrète mentionnée plus haut [41]. Bien qu'il ne connaisse encore ni la date précise de l'expédition ni son objectif précis, le Général sait maintenant qu'il s'agit de l'Afrique du Nord, et il comprend parfaitement ce que sa présence à l'étranger au jour J aurait de gênant

pour les autorités britanniques. C'est pourquoi il ne se hâte nullement de répondre à l'« invitation » du gouvernement britannique ;
après une longue tournée en Afrique-Équatoriale Française, il
ne rentrera en Angleterre que le 25 septembre, avec l'intention
déclarée de « vider l'abcès à fond [42] ».

Le Général est persuadé qu'une fois la première tempête passée,
il parviendra à s'entendre avec Churchill, et obtiendra de lui un
accord conforme aux intérêts de la France. Du reste, il ne doute pas
un instant qu'il a le droit de son côté, ainsi qu'il l'a écrit à René
Pleven le 5 septembre : « La manœuvre anglaise tend à nous donner les torts en invoquant mon attitude personnelle. Mais les torts
sont du côté de ceux dont les empiétements abusifs me forcent à cette
attitude. Je suis certain de réussir à ramener nos alliés à résipiscence
dans l'intérêt commun [43]. » Comme par ailleurs Churchill est scandalisé par le comportement du général de Gaulle et fermement résolu
à le faire plier, la rencontre entre les deux hommes s'annonce plutôt
mal. Pourtant, Oliver Harvey notera à cette époque : « Nous espérons bien que l'explosion habituelle sera suivie de la réconciliation
habituelle [44]. » Enfin, dans l'après-midi du 30 septembre, le général
de Gaulle se rend à Downing Street *, accompagné de René Pleven.
Du côté anglais, M. Eden et le major Morton assistent à l'entrevue,
qui débute à 17 h 50.

M. Churchill commence par remercier le Général d'être venu
à Londres à son invitation ; et le Général écrira plus tard :
« J'accueillis ce compliment avec un humour égal à celui qui l'ins-
pirait [45]. » Mais l'humour ne tarde pas à disparaître, ainsi que le
montrent les minutes de l'entretien :

Churchill : « Le ministre des Affaires étrangères et moi-même
avions demandé au général de Gaulle avant son départ d'éviter tout
éclat lors de son séjour en Syrie, mais le Général n'y est manifestement pas parvenu. Il est absolument essentiel de s'entendre très
clairement sur la situation qui en résulte. »

De Gaulle : « Je m'attendais bien à trouver en Syrie quelques
difficultés concernant les relations franco-britanniques, mais ces
difficultés ont dépassé de loin mon attente. [...] Et pourtant, toutes
ces querelles n'avaient pas de raison d'être. Elles ont créé l'impression, sans fondement je l'espère, d'une déplorable rivalité
franco-britannique. »

Churchill : « Il n'est pas question de rivalité, Nous ne poursui-

---

* Dans ses *Mémoires*, le général de Gaulle a fixé cet entretien au 29 septembre, ce qui
est inexact.

vons aucune ambition en Syrie. Nous n'y avons aucun intérêt particulier, si ce n'est de gagner la guerre et d'y préserver nos intérêts
commerciaux d'avant-guerre, qui sont au demeurant très réduits.
Mais nous avons pris des engagements vis-à-vis du peuple syrien,
avec le consentement du général Catroux. Nous sommes décidés à
en respecter l'esprit et la lettre. Nous ne saurions accepter que notre
position militaire au Moyen-Orient se trouve menacée parce que
nous n'avons pas respecté nos engagements. »

Le général de Gaulle répond que la France Combattante a certaines responsabilités envers les Syriens et les Libanais, et qu'elle a
au Levant des responsabilités militaires ; elle se doit de les exercer
sans partage. De Gaulle cite deux cas où le général Spears a maltraité et menacé le président du Liban, Alfred Naccache, et il fait
remarquer que ce sont les Anglais qui cherchent à mettre en péril
l'indépendance des deux États. M. Churchill saisit naturellement la
balle au bond :

« Il y a un bon moyen de rendre plus effective l'indépendance de
la Syrie et du Liban. C'est d'organiser des élections. Il devrait y
avoir des élections Les gens doivent avoir la possibilité d'exprimer
leur opinion, et quant à nous, nous ne devons plus avoir aucune
inquiétude quant à l'éventualité d'insurrections qui comprome-
traient notre sécurité militaire. »

De Gaulle : « Il n'est pas question d'insurrections. La Syrie et le
Liban sont plus calmes que n'importe quelle autre partie du
Proche-Orient, plus calmes que l'Irak, par exemple. Il est vrai que
des élections doivent se tenir, mais il faudra que ce soient des élections réelles [...]. Les populations locales, avec lesquelles j'ai été en
contact étroit, ne réclament pas d'élections. Le moment n'est pas
propice ; il faut attendre que la situation le permette. »

Eden : « Et pourtant, des élections se sont bien tenues en
Égypte... »

De Gaulle : « La situation là-bas est très différente. Il s'agit d'un
pays ayant une longue tradition démocratique avec un seul parti
politique fort. C'est un pays uni, où il n'y a pas à craindre de difficultés politiques. La Syrie, elle, comprend de nombreuses races et
de nombreuses religions. Les Alaouites et les habitants de
Deir-es-Zor n'ont pas grand-chose en commun avec ceux de
Damas. Ni la France Combattante ni les gouvernements de Damas
et de Beyrouth ne sont prêts à assumer la responsabilité d'organiser
des élections, et les deux gouvernements démissionneraient si on
leur forçait la main. »

Churchill : « A notre avis, il faudrait annoncer immédiatement que des élections se tiendront avant la fin de l'année. Je ne comprends pas pourquoi ces élections poseraient des problèmes, si la population locale est aussi favorable à la France Combattante qu'on le laisse entendre. »

De Gaulle : « Il y aurait des heurts entre les différentes factions de la population locale, et non entre cette population et la France Combattante. »

Churchill : « En ce qui concerne le problème du commandement militaire dans la région, je crois savoir que le général de Gaulle a déclaré qu'il y a maintenant davantage de soldats français que de soldats britanniques au Levant, et que le commandement militaire dans les deux États devrait donc revenir à la France Combattante. »

De Gaulle : « Je n'arrive pas à comprendre pourquoi les Français n'assumeraient pas le commandement militaire en Syrie si leurs troupes y sont majoritaires. Après tout, le général Catroux ou le général de Larminat ne sont-ils pas des officiers compétents ? »

Churchill : « Le Général ne paraît pas se rendre compte du véritable rapport des forces au Proche-Orient. Je ne puis accepter ses chiffres, et la Grande-Bretagne ne peut transférer le commandement aux Français. Au contraire, elle doit prendre toutes mesures utiles pour le conserver, et pour éviter tous désordres pouvant résulter de heurts avec les populations locales. »

De Gaulle : « Il ne peut y avoir de tels heurts entre les populations locales et les Français Libres. Le Premier ministre a soulevé deux questions : en ce qui concerne les élections, le mandat sur le Levant appartient à la France Combattante, et pourtant ce sont les Britanniques qui exigent des élections. Ensuite, en ce qui concerne le commandement, le Premier ministre vient en fait de dire que la Grande-Bretagne le conserverait en toutes circonstances. »

Churchill : « Je constate qu'il va maintenant falloir abandonner la question de Syrie sans être parvenu au moindre accord. »

Eden : « La France Combattante se plaint constamment de ce que la Grande-Bretagne intervienne dans les affaires intérieures de la Syrie. Mais la Grande-Bretagne doit forcément jouer un rôle dans ces affaires, puisque c'est elle qui coordonne les questions d'approvisionnement, de financement et de main-d'œuvre au Moyen-Orient [...]. Et pourtant, elle s'est heurtée de la part des Français à une obstruction systématique qui a paralysé toutes transactions à maintes reprises. »

Churchill : « Le général de Gaulle ne paraît pas se rendre compte de la situation telle qu'elle se présente. Le fardeau supporté par la Grande-Bretagne se trouve considérablement alourdi. D'abord, les populations locales sont montées contre les Français. Ensuite, le général de Gaulle s'efforce constamment de promouvoir sa propre position sur place sans aucun égard pour les intérêts de la lutte commune. Le Général maintient que tout va pour le mieux dans la région. Malheureusement, il n'en est rien. »

De Gaulle : « Je n'ai nullement l'intention de créer des difficultés à la Grande-Bretagne, d'alourdir son fardeau au Moyen-Orient [...]. A mon avis, c'est l'attitude des représentants britanniques sur place qui compromet la situation. Plutôt que de discuter sur des formules, il vaudrait mieux prendre des mesures pour améliorer les relations sur place. »

Churchill : « Il me paraît évident que nous ne pouvons absolument pas nous mettre d'accord sur la question syrienne. Je le regrette. La Grande-Bretagne doit s'efforcer de contrôler ce qu'elle considère comme nécessaire à la conduite de la guerre dans cette partie du monde. Le Général comprendra sans doute qu'en raison de cette situation tout à fait déplorable en Syrie — qui s'est beaucoup aggravée au cours de la visite du Général — nous ne soyons pas très pressés de risquer des difficultés de ce genre sur d'autres théâtres de guerre importants, comme à Madagascar par exemple. »

De Gaulle : « J'ai proposé l'année dernière de rallier Madagascar à la cause alliée. J'aurais pu le faire avec le seul soutien aérien des Britanniques. Mais ma proposition est restée sans réponse. J'ai vu M. Eden et le général Brooke, sans toutefois recevoir de réponse. Puis j'ai appris par les journaux que les troupes britanniques ont débarqué à Diégo-Suarez. J'ai vu M. Eden. Nous nous sommes mis d'accord sur un communiqué stipulant que le Comité national jouerait le rôle qui lui revient dans l'administration de l'île. Mais en dépit de ce communiqué du 13 mai, les Britanniques ont ensuite négocié avec Vichy par l'intermédiaire du gouverneur général Annet. Je n'arrive pas à savoir si vous préférez traiter avec Vichy ou avec la France Combattante. Maintenant que vous avez occupé Tananarive, comme vous auriez dû le faire depuis longtemps... (Le Premier ministre intervient ici pour préciser que les troupes britanniques avaient d'autres tâches à l'époque.) Maintenant que vous êtes à Tananarive, le moment est venu de tenir vos engagements. Vous prétendez maintenant que vous ne pouvez le faire en raison de la situation en Syrie. C'est là une affaire très grave, et qui remet en question la coopération entre la France et l'Angleterre. »

Churchill : « Entre le général de Gaulle et l'Angleterre [46]. »

A ce stade, la conversation s'envenime à vue d'œil, et Churchill s'exclame d'une voix furieuse :

« Vous dites que vous êtes la France ! Vous n'êtes pas la France ! Je ne vous reconnais pas comme la France [47] ! »

De Gaulle : « Pourquoi discutez-vous de ces questions avec moi si je ne suis pas la France ? »

Churchill : « Tout cela a été consigné par écrit. Vous n'êtes pas la France. Vous êtes la France Combattante. »

De Gaulle : « Pourquoi alors discutez-vous avec moi de questions concernant la France ? »

Churchill : « Notre entretien porte sur le rôle de la France Combattante à l'heure actuelle et sur les différents théâtres de guerre. »

De Gaulle : « J'agis au nom de la France. Je combats aux côtés de l'Angleterre, mais non pour le compte de l'Angleterre. Je parle au nom de la France, et je suis responsable devant elle. [...] Le peuple français est convaincu que je parle pour la France, et il me soutiendra aussi longtemps qu'il le croira. »

Churchill : « Notre problème est de distinguer ce qui incarne au juste la France. J'essaye toujours de me faire une idée de ce qui est la France. Il y a d'autres parties et d'autres aspects de la France qui pourraient prendre davantage d'importance. Dans la mesure où le général de Gaulle représente la volonté de lutte et les sentiments de la majorité des Français, nous sommes très heureux de travailler avec lui. Mais à Madagascar, nous nous serions heurtés à des difficultés bien plus considérables si l'invasion avait été menée par des troupes gaullistes. Maintenant nous avons réussi à mettre la main sur la plus grande partie de l'île. Dans l'état actuel de la guerre, nous ne pouvons pas risquer de créer des désordres à Madagascar en imposant les représentants du général de Gaulle à la population locale [...]. Néanmoins, je verrais volontiers des représentants de la France Combattante à Madagascar, s'ils y venaient animés de sentiments amicaux. Mais il serait inopportun de créer de graves difficultés militaires à l'heure actuelle. De plus, nous avons toutes raisons de craindre que l'on nous traiterait aussi durement à Madagascar qu'en Syrie. »

De Gaulle : « Si l'Angleterre attaque les Français à Madagascar comme elle le fait en Syrie, je ne pourrai évidemment l'accepter. »

Churchill : « Tout cela est très regrettable. J'avais espéré que nous pourrions combattre côte à côte. Mais mes espoirs ont été déçus, parce que vous êtes si combatif que non content de lutter contre l'Allemagne, l'Italie et le Japon, vous voulez aussi combattre l'Angleterre et l'Amérique. »

De Gaulle : « Je prends cela comme une plaisanterie, mais elle n'est pas du meilleur goût. S'il y a un homme dont les Anglais n'ont pas à se plaindre, c'est bien moi. Maintenant, en tout cas, les choses doivent suivre leur cours. »

Churchill : « Il semble que nos points de vue ne se soient guère rapprochés. Vous n'avez pas réussi à gagner la confiance des Américains, qui espéraient pourtant collaborer avec vous. Je ne comprends pas pourquoi vous n'avez pas essayé d'aplanir les difficultés. »

Eden : « Les autres Alliés ne nous trouvent pas d'un commerce si difficile. »

Churchill : « En fait, vous n'avez pas de pire ennemi que vous-même. J'ai espéré pouvoir travailler avec vous. Mais peu à peu, cet espoir a été réduit à néant. Nous portons un fardeau très lourd à cause de la France. Les choses ne peuvent pas continuer ainsi. »

De Gaulle : « Nous n'avons rien à demander. Ce qui est fait est fait, et je suis prêt à continuer dans la même voie. Mais je ne puis accepter aucun affaiblissement des positions de la France en quelque partie du monde que ce soit, pas plus que la neutralisation de la France par les Français ou leurs alliés. [...] Il me faut être intransigeant, sinon je ne compterais plus en France. Ce n'est pas seulement mon devoir, c'est aussi une nécessité politique. Si je représentais la France d'hier ou celle de demain, je pourrais peut-être agir différemment ; en tout cas mes responsabilités dépassent les moyens dont je dispose. Vous m'attaquez pour une raison ou pour une autre, au lieu de me donner l'occasion de coopérer. Je ne vous crée pas de difficultés en Syrie ; c'est vous qui avez envoyé là-bas des hommes qui ont créé ces difficultés. »

Pleven : « Tous les Français voient les événements de Madagascar de la même façon. »

Eden : « Qu'attend de nous la France Combattante ? Elle nous crée des difficultés bien plus grandes que tous nos autres alliés. Les dossiers la concernant au *Foreign Office* sont bien plus volumineux que les dossiers de tous les pays alliés mis bout à bout. La France Combattante espère parvenir à ses fins en employant la manière forte avec nous et avec les Américains. Mais dans les deux cas, c'est sûrement la plus mauvaise méthode qu'on puisse employer. »

De Gaulle : « Je n'ai pas employé la manière forte avec les Américains. Le Département d'État, qui entretient des relations avec certains milieux d'émigrés, a cru bon d'adopter une certaine ligne de conduite. Je n'y peux rien. »

Churchill : « Vous avez perdu bien des occasions. Peut-être votre position n'est-elle pas irrémédiablement compromise, mais vous avez fait de grandes erreurs. »

De Gaulle : « Évidemment j'ai fait des erreurs ; tout le monde fait des erreurs. Mais mon but est de faire rentrer la France dans la guerre aux côtés de la Grande-Bretagne. Malheureusement, vous m'avez isolé et tenu à l'écart. Nous n'avons pas collaboré. Lorsque Diégo-Suarez a été occupé, les Français en ont été irrités et humiliés. Il faut se mettre à leur place. »

Churchill : « En vérité, ce sont les Français qui nous portent des coups, et nous les supportons avec une patience qui est très grande mais n'est pas illimitée. »

Eden : « Après ce que nous avons connu en Syrie, qu'est-ce que la France Combattante attend de nous à Madagascar ? »

De Gaulle : « Partout où je me suis arrêté au cours de mon voyage, les premières questions que m'ont posées les Français concernaient le sort réservé à Madagascar. Ils veulent que la France Combattante fasse rentrer l'île dans la guerre. »

Eden : « Ce n'est pas surprenant. Nous étions prêts à examiner cette question et à en discuter. Mais nous n'avons aucune envie de nous retrouver à Madagascar avec une nouvelle affaire de Syrie. »

Churchill : « Je dois vous dire très franchement que nous avons les plus grandes difficultés à travailler avec vous. Vous nous avez manifesté une hostilité très marquée. Vous avez semé le désordre partout où vous êtes passé. La situation est maintenant critique. Cela m'attriste, car j'ai une grande admiration pour votre personnalité et votre action passée. Mais je ne puis vous considérer comme un camarade ou un ami. Vous semblez vouloir consolider votre position auprès des Français en employant à notre égard la manière forte. Vous avez essayé d'en faire autant avec les Américains. C'est une affaire très grave. »

De Gaulle : « Tout cela est très attristant. On me dit que je donne l'impression de vouloir me faire un nom en France en me montrant hostile à l'Angleterre. Les Français de France seraient bien surpris s'ils entendaient cela. Je dois ma réputation en France au fait que j'ai voulu continuer la lutte à vos côtés. Je continue à le vouloir [...]. Mais c'est justement pour cela [...] que nous devons donner au peuple français le sentiment que la France Combattante est traitée comme une véritable alliée et non comme une créature des Anglais. »

Churchill : « Avez-vous quelque chose à proposer ? Nous n'avançons pas beaucoup. »

De Gaulle : « Je n'ai rien à proposer. En Syrie, une certaine situation s'est manifestée qui pourrait aisément être améliorée. A

Madagascar, de même, nous nous trouvons en présence d'une situation donnée, et de certains engagements qui à mon avis pourraient aisément être remplis. »

Churchill : « Je pense que vous avez fait une grave erreur en repoussant l'amitié que nous vous avons offerte, et en interrompant une collaboration qui vous aurait été très utile. Les choses doivent maintenant suivre leur cours. Nous aurions pu faire beaucoup. Mais vous faites obstacle à une association plus étroite entre nous. »

Eden : « Nous ne tenons pas du tout à administrer Madagascar. Nous espérions que la France Combattante s'efforcerait de se montrer conciliante au sujet de la Syrie, mais elle s'y est refusée. »

Churchill : « Les choses ne peuvent en rester là. Nous ne pouvons continuer à porter tout le fardeau, tout en vous servant de plate-forme. Vous ne nous avez absolument pas aidés. Au lieu de faire la guerre à l'Allemagne vous avez fait la guerre à l'Angleterre. C'est une grave erreur. Vous n'avez pas montré la moindre inclination à nous aider, et vous avez été le principal obstacle à une collaboration effective avec la Grande-Bretagne et les États-Unis. »

De Gaulle : « J'en tirerai les conséquences [48]. »

Il est clair que la querelle au sujet du Levant a dominé et empoisonné tout l'entretien ; on se sépare au bord de la rupture. Churchill, lui, est au bord de l'apoplexie, mais il se contente de dire à Eden qu'il est « désolé pour le Général, c'est vraiment un idiot [49] ». Eden lui-même est scandalisé, et il dira plus tard qu'il n'a « jamais vu une telle grossièreté depuis Ribbentrop [50] ». Une fois encore, la France Libre va sentir tout le poids de la fureur du Premier ministre, et le lourd appareil de l'obstruction systématique se dresse inexorablement devant le général de Gaulle et son mouvement ; l'acheminement des télégrammes chiffrés de la France Combattante en provenance ou à destination de l'Afrique, du Levant ou du Pacifique est interrompu sans aucune explication, tandis que toute coopération entre les services secrets français et l'*Intelligence Service* cesse brusquement à partir du 1er octobre...

Ce jour-là, au cours d'une séance spéciale du Comité national, le général de Gaulle rend compte de son entretien avec Churchill, et déclare à ses commissaires : « Si vous croyez que ma présence à la tête du Comité national est nuisible à la France, c'est votre devoir de me le dire, et je me retirerai [51]. » Bien entendu, cette proposition est rejetée à l'unanimité, et une vigoureuse contre-offensive va rapidement être mise sur pied ; le 2 octobre, le *Foreign Office* se voit remettre une note déclarant que le Comité national « se solidarise entièrement avec son président [52] ». Le même jour, l'amiral

Auboyneau rend visite à l'amiral Dickens, et lui fait savoir que « le gouvernement britannique ayant apparemment rompu ses relations avec de Gaulle, il doit le prévenir que la marine française est du côté du Général et ne manquera pas de le suivre ». Il ajoute que « la France Combattante n'a pas rejoint les Anglais pour voir l'Angleterre mettre la main sur des territoires français et les administrer [53] ». Quant à Gaston Palewski, il rend visite à Morton et à Harvey, et leur fait savoir que « le Général se considère comme outragé à la suite de la conversation qu'il a eue avec le Premier ministre et M. Eden le 30 septembre [54] ».

Une fois de plus, le général de Gaulle envisage de se replier sur l'Afrique-Équatoriale avec l'ensemble de son mouvement, tandis que Winston Churchill se demande si le moment n'est pas venu de rompre une fois pour toutes avec le général de Gaulle ; le 8 octobre, Gladwyn Jebb confie au député Harold Nicolson que la querelle entre Churchill et de Gaulle est « très grave », que les relations ont « été pratiquement rompues », et que « les choses risquent encore de s'aggraver » [55]. Il est vrai que jamais la rupture entre le Premier ministre et le chef de la France Combattante n'a été aussi proche qu'en cet automne de 1942...

Pour de Gaulle, bien sûr, la faute en incombe uniquement à Churchill : « Pauvre Churchill ! Il nous trahit, et il nous en veut d'avoir à nous trahir [56]. » « De Gaulle, note Bouchinet-Serreulles, arpente son bureau comme un lion en cage. A longueur de journée, il rumine sa colère contre ces " incapables qui prétendent diriger la coalition alliée, ces Churchill, ces Roosevelt, stratèges amateurs [57] ". » Quant à Churchill, il se perd en tirades vengeresses contre le Général. A l'issue de l'une d'elles, Harold Nicolson lui répond :

« Monsieur le Premier ministre, vous êtes sûrement dans le vrai. Mais tout cela n'a aucune importance, puisque le général de Gaulle est un grand homme... »

Churchill explose :

« Un grand homme ! Il est arrogant, il est égoïste, il se considère comme le centre de l'univers... il est... Vous avez raison, c'est un grand homme [58] ! »

9

L'« expédient provisoire »

Du côté français comme du côté britannique, quelques hommes dévoués vont s'employer à renouer le dialogue si brutalement interrompu dans l'après-midi du 30 septembre ; Anthony Eden, Alexander Cadogan, Desmond Morton et Charles Peake déploieront tour à tour des prodiges de diplomatie, puissamment aidés du côté français par Gaston Palewski, discret et efficace, André Philip, inspiré et bouillant, enfin Maurice Dejean, flegmatique et résolument anglophile. Leur tâche ne sera en rien facilitée par le caractère infiniment soupçonneux du Général, ni par le tempérament hautement combatif du Premier ministre ; d'ailleurs, il s'agit bien moins d'une querelle personnelle que d'une confrontation au plus haut niveau entre deux États, deux empires, deux mentalités et deux intérêts nationaux...

Maurice Dejean, lui, va s'employer à résoudre ce conflit par la voie diplomatique. Prenant le mal à sa racine, il entame des négociations avec le *Foreign Office* sur la très délicate affaire syrienne ; entreprise courageuse, et non sans danger, car l'aspect psychologique de cette querelle échappe largement à la compétence des diplomates. De fait, Maurice Dejean va échouer tout près du but : ayant élaboré un projet d'accord avec les Britanniques *, il est

---

* Ce projet d'accord prévoyait des consultations bilatérales permanentes sur toutes les affaires du Moyen-Orient, ainsi que l'établissement d'un comité mixte et de commissions paritaires locales au Levant. Les Français s'engageaient également à tenir des élections au Liban et en Syrie au début de 1943. Le général de Gaulle a bien sûr été tenu au courant de ces négociations, et ne s'y est pas opposé. Mais le général Catroux, consulté à la mi-octobre, a formellement dénoncé le projet d'accord. De Gaulle l'a alors déclaré inacceptable, et Dejean ayant objecté qu'il était moralement engagé par ses négociations avec les Britanniques, le général de Gaulle lui a demandé de présenter sa démission [1]. Le 27 octobre, Eden écrit à Alexander Cadogan : « Quant à moi, je continuerai à avoir sur le

désavoué au dernier moment par le général de Gaulle, et contraint de donner sa démission le 20 octobre.

L'approche diplomatique a donc échoué, et une réconciliation entre Churchill et de Gaulle paraît plus éloignée et plus problématique que jamais. Mais dans les relations entre les deux hommes, il arrive que les sentiments se mêlent à la politique ; et cette fois encore, rien ne se passera comme prévu. Churchill, dont les rancunes sont passagères, prend lui-même l'initiative d'une réconciliation, et dès le 30 octobre *, le major Morton se présente à Carlton Gardens porteur d'une branche d'olivier. Son entrevue avec le général de Gaulle sera des plus cordiales, ainsi qu'en témoignent les minutes de l'entretien :

« Le major Morton vient rendre visite au général de Gaulle pour lui apporter les félicitations du Premier ministre au sujet des exploits accomplis tout récemment par le sous-marin *Junon* en mer du Nord et par les troupes françaises sur le front d'Égypte. Il lui annonce que celles-ci viennent de subir de lourdes pertes, qui se chiffreraient à environ 700 tués et blessés.

« Le Premier ministre me parlait de vous encore tout à l'heure, ajoute le major Morton, et il me répétait l'immense admiration qu'il a pour votre personne et pour l'œuvre que vous avez accomplie depuis deux ans et demi.

« Le général de Gaulle prie le major Morton de transmettre, en retour, à M. Churchill ses félicitations pour les grands succès actuellement obtenus par les troupes britanniques en Égypte, et il l'assure qu'il n'a pas moins d'admiration pour le Premier ministre et pour la tâche accomplie par lui depuis qu'il est au pouvoir.

« Le major Morton dit au général de Gaulle qu'en feuilletant, ces jours derniers, les procès-verbaux du Comité de guerre britannique depuis deux ans et demi, il a observé que les conseils du général de Gaulle, en ce qui concerne la politique à tenir à l'égard de la France, ont été très fidèlement suivis par le gouvernement britannique jusqu'à l'affaire de Dakar. Par la suite, il a constaté qu'il n'en avait plus été de même, et il demande au Général à quoi il en impute la raison.

« Le général de Gaulle reconnaît qu'en effet, jusqu'à l'affaire de Dakar, on a tenu compte de ses avis sauf, souligne-t-il, pour Mers

---

cœur le renvoi de Dejean, et peu m'importe si les Français l'apprennent [2]. » Peu après, Maurice Dejean sera nommé ambassadeur auprès des gouvernements alliés en exil, et René Pleven deviendra commissaire aux Affaires étrangères à titre temporaire.

* La date du 23 octobre, qui figure dans les *Mémoires* du général de Gaulle, est inexacte.

el-Kébir ; réserve que le major Morton admet volontiers. Quant à la suite, le Général trouve deux causes à ce changement : l'une est une raison profonde, la seconde est immédiate. Après Dakar, le gouvernement britannique a changé sa politique. Il s'est rapproché de Vichy et n'a cessé, depuis, de composer avec lui. L'autre raison est la Syrie. Depuis juin 1941, la France et la Grande-Bretagne se sont, à nouveau, trouvées aux prises sur un terrain où elles ont toujours été en conflit. Voilà les deux raisons, selon le général de Gaulle, qui ont compromis gravement la bonne entente entre le Comité national français et le gouvernement britannique.

« Le major Morton déplore que les relations ne soient pas plus confiantes et il exprime le vœu que tous les efforts soient faits, des deux côtés, pour qu'elles évoluent dans un sens plus favorable [3]. »

Lorsque, le lendemain, Charles Peake rend visite au nouveau commissaire aux Affaires étrangères par intérim pour lui « faire des remontrances au sujet de la Syrie », il s'entend dire que le général de Gaulle « a été très ému par ce que lui a dit le major Morton », et que le Général « est enchanté de ce que le Premier ministre ait fait un tel geste, et estime que la situation s'est remarquablement améliorée » [4]. Ces propos sont accueillis avec ravissement tant au *Foreign Office* qu'à Downing Street, et il n'en faut pas plus pour que les négociations au sujet de Madagascar prennent une nouvelle tournure. Le 6 novembre, au lendemain de l'armistice conclu dans l'île, M. Eden — « tout sucre et miel », écrira le général de Gaulle — vient proposer au chef de la France Libre de faire paraître un communiqué commun annonçant que le général Legentilhomme, désigné comme haut-commissaire pour l'océan Indien, partira incessamment pour Madagascar. De Gaulle reçoit également du Premier ministre une charmante invitation à déjeuner pour le 8 novembre ; mais comme on l'imagine, la volte-face de Churchill ne doit que très peu de chose au sentiment...

A la fin du mois de juillet 1942, après de très laborieuses discussions au niveau des chefs d'état-major, Churchill a fini par persuader Roosevelt d'abandonner l'opération *Sledgehammer*, qui prévoyait pour l'automne un débarquement en France, avec établissement d'une tête de pont près de Cherbourg. Par ailleurs, Roosevelt a accepté le principe de l'opération *Torch* : un débarquement anglo-américain en Afrique du Nord, à effectuer vers la fin du mois d'octobre. Des échos de ce plan d'opérations ultra-secret sont d'ailleurs parvenus aux oreilles du général de Gaulle dès l'été 1942, en provenance de Gilbraltar, de Tanger et même... de Vichy [5] ! Mais Churchill, lui, a donné des ordres très stricts pour que les Français

Libres ne soient pas informés [6]. D'ailleurs, il n'a pas le choix : l'opération doit se dérouler sous commandement américain, et Churchill a accepté d'être à cette occasion le « fidèle lieutenant » de Roosevelt [7] ; or le Président américain a plus d'une raison d'exclure la France combattante de l'opération *Torch*...

La première raison est purement personnelle : Roosevelt n'a jamais aimé le général de Gaulle ; il s'en méfie depuis Dakar, et le déteste depuis Saint-Pierre-et-Miquelon. Ses plus proches conseillers l'encouragent d'ailleurs fortement dans ces dispositions ; parmi eux, l'amiral Leahy, revenu depuis peu de Vichy, le sous-secrétaire d'Etat Sumner Welles, et bien sûr le secrétaire d'État Cordell Hull, qui voue à de Gaulle une haine implacable depuis une certaine veille de Noël 1941. A Washington, du reste, l'expert le plus écouté sur les affaires françaises n'est autre qu'Alexis Léger, secrétaire général du Quai d'Orsay avant la guerre, et depuis lors adversaire irréductible du général de Gaulle. Tous ces hommes présentent le chef de la France Combattante comme un fasciste, un aventurier et un apprenti dictateur, et le président Roosevelt leur prête une oreille complaisante [8].

La seconde raison découle manifestement de la politique américaine à l'égard de Vichy. Il est vrai que le retour au pouvoir de Pierre Laval a rendu le président Roosevelt plus prudent dans ses négociations avec Vichy — sans doute en vertu de considérations moins morales qu'électorales — mais les États-Unis ont conservé malgré tout à Vichy et en Afrique du Nord de très nombreux contacts, qui s'avéreront certainement très précieux au moment de l'opération *Torch*. Pour le Président, cette opération devrait d'ailleurs justifier entièrement l'ensemble de sa politique française. Après tout, cette politique lui a permis de faire passer en Afrique du Nord un grand nombre de consuls, vice-consuls et autre personnel ; tous ces agents aussi actifs qu'inexpérimentés sont désormais chargés de préparer le terrain pour l'opération *Torch*, sous la direction du consul Robert Murphy. Pour le président Roosevelt, du reste, les Américains sont si populaires à Vichy que le débarquement s'effectuera certainement sans opposition — à condition bien sûr que les Anglais ne se montrent pas trop, et que les Français Libres ne se montrent pas du tout. Pour plus de sûreté, Roosevelt a l'intention de faire parvenir une lettre personnelle au maréchal Pétain le jour du débarquement ; la lettre, qui commence par « Mon cher vieil ami », est rédigée dans les termes les plus chaleureux — à tel point même que Churchill s'en inquiète et demande au Président de l'atténuer quelque peu [9]...

Mais si le président Roosevelt a décidé d'exclure entièrement la France Combattante de l'opération *Torch*, c'est aussi parce qu'il compte sur une tout autre catégorie de Français pour lui ouvrir les portes de l'Afrique du Nord. Il a d'abord fait contacter le général Weygand, au sujet duquel les Américains entretiennent encore bien des illusions, même après son rappel d'Afrique du Nord. Mais lorsque Robert Murphy lui a rendu visite à Cannes le 17 juillet, Weygand lui a répondu : « A mon âge, on ne devient pas un rebelle [10]. » L'amiral Darlan, dont la position à Vichy est devenue plus qu'inconfortable depuis le retour de Laval aux affaires, a laissé entendre qu'il pourrait aider les Américains dans leur entreprise... à condition que le commandement suprême de l'opération lui soit confié. Mais l'amiral est jugé trop dangereux, trop compromis et surtout trop compromettant pour que cela puisse être envisagé. Finalement, il ne reste plus en lice qu'un seul homme, sur lequel Roosevelt fonde tous ses espoirs. Cet homme, c'est le général Giraud.

Le général Henri-Honoré Giraud a 63 ans, il est grand, vigoureux, énergique, et n'a rien d'un intellectuel. Les Allemands l'ont capturé en 1940, mais il s'est échappé de la forteresse de Koenigstein en avril 1942, et a réussi à rejoindre Vichy. C'est là qu'il est contacté par les Américains, et après de très longs palabres avec Robert Murphy, il accepte de participer à l'opération *Torch* — à condition que les gaullistes et les Anglais en soient exclus... [11]. De plus, il exige le commandement de l'expédition, et croit comprendre que cela lui est accordé ; l'accord se fait donc, et à la fin d'octobre, Roosevelt est convaincu que le général Giraud (nom de code : *King Pin*) va lui donner les clefs de l'Algérie, du Maroc et de la Tunisie, et amener tous les Français d'Afrique du Nord à coopérer avec les Alliés...

Autant pour le côté politique de l'opération ; l'aspect militaire a été minutieusement préparé par les Américains, avec l'aide des chefs d'état-major et des services de renseignement britanniques. Enfin, le commandement de l'expédition a été confié à un général peu connu mais hautement compétent : Dwight D. Eisenhower. Le débarquement est prévu pour la fin du mois d'octobre, et Roosevelt a même dit au général Marshall : « Tâchez de le faire avant les élections [12]. » Mais les élections législatives américaines sont fixées au 3 novembre et, pour diverses raisons, le jour du débarquement est finalement reporté au 8 novembre. « Peu importe, dit Roosevelt, cela montrera bien que nous n'avons pas d'arrière-pensées politiques »...

A la fin du mois d'octobre, Winston Churchill est pleinement satisfait de l'état d'avancement des préparatifs ; le général Clark notera même qu'il est « aussi passionné qu'un amateur de romans policiers ». Churchill lui a d'ailleurs dit : « N'oubliez pas que nous vous appuierons quoi que vous fassiez [13]. » Malgré tout, c'est en Afrique du Nord *française* que l'on s'apprête à débarquer, et Churchill aurait aimé que de Gaulle soit informé au moins la veille du débarquement ; mais Roosevelt refuse catégoriquement, et c'est son opinion qui prévaut. Pourtant, Churchill ne peut jamais se défaire d'un certain sentimentalisme lorsqu'il évoque les affaires françaises, et de plus, il se sent quelque peu coupable : « J'étais pleinement conscient, écrira-t-il dans ses *Mémoires*, des liens qui nous unissaient au général de Gaulle, et de la gravité de l'affront que nous lui infligerions en lui déniant délibérément toute participation à l'entreprise [...]. Pour atténuer quelque peu l'affront ainsi fait à sa personne et à son mouvement, je fis en sorte que lui fût remise l'administration de Madagascar [14]. »

En effet, Churchill confie à Eden que ce sera là « un lot de consolation attribué au général de Gaulle, en compensation du choc et de la déception que lui causeront l'opération *Torch* et l'entrée en scène de Giraud [15] ». Mais comme d'habitude, Churchill ne se laisse pas guider uniquement par les sentiments ; c'est qu'en vérité, on redoute fort à Downing Street les réactions du général de Gaulle lorsqu'il apprendra la nouvelle du débarquement en Afrique du Nord, et on pense que lors de la querelle publique qui ne manquera sans doute pas d'en résulter, il serait bon de montrer à l'opinion publique britannique que le gouvernement de Sa Majesté a toujours respecté scrupuleusement ses engagements envers le général de Gaulle. Et voici pourquoi Anthony Eden, « tout sucre et miel », est venu le 6 novembre annoncer au général de Gaulle que Madagascar passerait sous l'autorité de la France Libre ; c'est aussi pour cette raison qu'il lui a transmis une invitation à déjeuner avec le Premier ministre pour le 8 novembre — un jour qui promet d'être particulièrement mouvementé...

Dans les premières heures du 8 novembre, une puissante armée amphibie, soutenue par des forces navales et aériennes considérables, débarque en sept points de la côte algérienne et marocaine. A partir de là, cependant, rien ne se passe comme prévu ; les garnisons françaises ne sont nullement impressionnées par l'uniforme américain, et les assaillants se heurtent à une vive opposition, tant à Alger qu'à Oran et Casablanca. Mais il y a pire : peu après le débarquement, les Américains s'aperçoivent que l'amiral Darlan en personne se trouve à Alger, où il est venu rendre visite à son fils

malade ; or l'amiral a la haute main sur toutes les forces françaises
d'Afrique du Nord, et il ne montre aucun empressement à collaborer avec les Américains *. Il y a pire encore : le général Giraud, qui
a quitté la France en grand secret, a été amené à Gibraltar en
sous-marin la veille du débarquement. Mais lorsqu'il apprend qu'il
n'aura pas le commandement suprême de l'expédition, il refuse
purement et simplement d'y participer [16]. De longs palabres s'ensui-
vent, d'où il ressort que le général Giraud a son propre plan d'opérations ; baptisé « Plan L », il ne prévoit rien de moins que... la
libération immédiate de la France ** ! A Gibraltar, on se perd donc
en discussions oiseuses, cependant qu'à Alger, dans l'après-midi du
8 novembre, la résistance se poursuit, le général Giraud n'arrive
pas, et les Américains se retrouvent nez à nez avec l'amiral
Darlan...

Ce même jour, à 6 heures du matin, le général de Gaulle est
réveillé par son chef d'état-major, le colonel Billotte, qui lui
annonce que le débarquement vient d'avoir lieu. Ainsi, après Mers
el-Kébir et Madagascar, la France Libre se trouve une fois de plus
devant le fait accompli... De Gaulle, en pyjama, tonne : « Eh bien,
j'espère que les gens de Vichy les rejetteront à la mer. On n'entre
pas en France par effraction [18] ! » Mais à 11 heures, il s'est déjà ressaisi, et Charles Peake, venu en éclaireur pour évaluer la force de la
tempête qui ne manquera pas d'éclater lorsque le Général arrivera à
Downing Street, fait un rapport encourageant : l'atmosphère « n'est
pas aussi mauvaise qu'il le craignait », et « pourvu qu'on arrive à
créer une atmosphère détendue dès le début de l'entretien, on peut
espérer mettre d'emblée le Général dans de bonnes dispositions, et
le déjeuner aura alors quelques chances de se dérouler de façon
satisfaisante [19] ».

A midi, le général de Gaulle arrive à Downing Street, et l'on
entre immédiatement dans le vif du sujet : « Pendant la conversation, notera le Général, le Premier ministre va me prodiguer des
marques d'amitié, sans me cacher, toutefois, qu'il se sent quelque
peu gêné. Il me dit que, si la flotte et l'aviation anglaises jouent un
rôle essentiel dans l'opération engagée, les troupes britanniques,

---

* L'amiral Darlan a été capturé par un groupe de jeunes gaullistes qui sont passés à
l'action au moment du débarquement ; mais les Américains tardent trop à investir Alger,
et l'amiral est délivré à l'aube par la police française. Celle-ci arrêtera ensuite les gaullistes, ainsi que le général Juin, qui s'était joint aux Alliés.

** M. Morgenthau notera dans son journal : « Le Président m'a dit qu'on avait eu
toutes sortes d'ennuis avec Giraud à Gibraltar parce qu'il voulait commander les Anglais,
les Américains et les Français Libres, tant et si bien qu'il a fallu lui dire qu'on le renver-
rait en France [17]. »

elles, n'y agissent qu'à titre d'appoint. Pour le moment, la Grande-Bretagne a dû laisser aux États-Unis la responsabilité entière. Eisenhower a le commandement. Or les Américains exigent que les Français Libres soient exclus. "Nous avons été, déclare M. Churchill, contraints d'en passer par là. Soyez assuré, cependant, que nous ne renonçons aucunement à nos accords avec vous. C'est à vous que nous avons, depuis juin 1940, promis notre soutien. Malgré les incidents qui ont pu se produire, nous entendons continuer. D'ailleurs, à mesure que l'affaire prendra son développement, nous, Anglais, devrons entrer en ligne. Nous aurons, alors, notre mot à dire. Ce sera pour vous appuyer." Et M. Churchill ajoute, en donnant des signes d'émotion : " Vous avez été avec nous dans les pires moments de la guerre. Nous ne vous abandonnerons pas dès lors que l'horizon s'éclaircit. "

« Les ministres anglais m'exposent alors que les Américains sont en train de débarquer en plusieurs points du Maroc, ainsi qu'à Oran et à Alger. L'opération ne va pas sans douleur, notamment à Casablanca où les forces françaises résistent avec vigueur. Le général Giraud s'est embarqué au large de la Côte d'Azur sur un sous-marin britannique qui l'a amené à Gibraltar. Les Américains comptaient sur lui pour prendre le commandement des troupes françaises d'Afrique du Nord et retourner la situation. Mais, déjà, sa réussite paraît douteuse. " Saviez-vous, me dit encore Churchill, que Darlan est à Alger ? "

« Aux explications de mes interlocuteurs, je réponds en substance ceci : " Le fait que les Américains abordent l'Afrique, où vous Anglais, et nous Français Libres, luttons depuis plus de deux ans, est par lui-même très satisfaisant. J'y vois aussi, pour la France, la possibilité de recouvrer une armée et, peut-être, une flotte qui combattront pour sa libération. Le général Giraud est un grand soldat. Mes vœux l'accompagnent dans sa tentative. Il est dommage que les Alliés l'aient détourné de se mettre d'accord avec moi, car j'aurais pu lui procurer d'autres concours que des souhaits. Mais, tôt ou tard, nous nous entendrons et d'autant mieux que les Alliés s'en mêleront moins. Quant à l'opération actuellement engagée, je ne suis pas surpris qu'elle soit dure. Il y a, en Algérie et au Maroc, beaucoup d'éléments militaires qui nous ont, l'an dernier, combattus en Syrie et que vous en avez laissés partir en dépit de mes avertissements. D'autre part, les Américains ont voulu, en Afrique du Nord, jouer Vichy contre de Gaulle. Je n'ai jamais cessé de croire que, le cas échéant, ils devraient le payer. De fait, voici qu'ils le paient et, bien entendu, nous Français devons le payer aussi. Toutefois, étant donné les sentiments qui sont au fond de l'âme de nos soldats, je crois que la bataille ne sera pas de longue durée. Mais, si brève qu'elle soit, les Allemands vont accourir. "

« J'exprime, alors, à MM. Churchill et Eden mon étonnement de constater que le plan des Alliés ne vise pas, avant tout, Bizerte. Car c'est évidemment par là que les Allemands et les Italiens vont arriver en Tunisie. Faute, pour les Américains, de vouloir courir le risque d'y aborder directement, on aurait pu, pour peu qu'on me l'eût demandé, y débarquer la division Kœnig. Les ministres anglais l'admettent, tout en répétant que l'opération est sous la responsabilité des Américains. " Je comprends mal, leur dis-je, que vous, Anglais, passiez aussi complètement la main dans une entreprise qui intéresse l'Europe au premier chef. "

« M. Churchill me demande comment j'envisage la suite en ce qui concerne les rapports de la France Combattante et des autorités d'Afrique du Nord. Je lui réponds que, pour moi, il ne s'agit que de faire l'unité. Cela implique que des relations puissent s'établir au plus tôt. Cela implique également qu'à Alger le régime et les personnages marquants de Vichy soient écartés de la scène, car la Résistance tout entière n'admettrait pas qu'ils fussent maintenus. Si, par exemple, Darlan devait régner sur l'Afrique du Nord, il n'y aurait pas d'accord possible. " Quoi qu'il en soit, dis-je enfin, rien n'importe aujourd'hui davantage que de faire cesser la bataille. Pour le reste, on verra après [20] ". »

Churchill est manifestement ravi de ce qu'il entend ; d'après le procès-verbal de la réunion, il répond : « Le général Giraud joue en ce moment un rôle purement militaire. Le gouvernement britannique espère que toute division sera évitée entre Français voulant continuer la lutte aux côtés des Alliés et il estime n'avoir pas à intervenir dans les questions de personnes, qui sont à régler entre Français. Mais il est un point sur lequel le gouvernement britannique a une position extrêmement ferme, c'est que le général de Gaulle et le Comité national français sont les seules autorités reconnues par lui pour organiser et rassembler tous les Français qui veulent aider la cause des Nations unies. Le gouvernement britannique entend donc continuer à prêter tout son appui à la France Combattante, et le Premier ministre l'a exprimé avec une chaleur toute particulière, manifestant le plus grand attachement au général de Gaulle.

« Le général de Gaulle a répondu au Premier ministre qu'il avait toujours eu pour but de faire rentrer dans la lutte aux côtés des Alliés le plus possible de Français et de territoires français, que la

France Combattante ne désirait qu'accueillir tous ceux qui voulaient reprendre le combat, que les questions de noms et de personnes importaient peu et qu'il n'avait en vue que l'intérêt de la patrie. Pensant que les Alliés n'ont aucune visée sur les territoires français d'Afrique du Nord, il souhaitait donc que les Français y réservent le meilleur accueil aux troupes alliées venues leur apporter la libération. C'est dans ce sens que le Général va parler ce soir même à la radio de Londres [21]. »

De toute évidence, Churchill ne s'attendait pas à ce que le Général fît preuve d'une telle compréhension. Tout épanoui, il décrit avec animation la défaite prochaine de Rommel, qui est devenue inévitable depuis El-Alamein. « Les bons jours commencent ! » s'écrie-t-il en français ; puis, les larmes aux yeux : « Je n'oublierai jamais ceux qui ne m'ont pas lâché, en juin 40, quand j'étais seul. Vous verrez : nous descendrons ensemble les Champs-Élysées [22] ! »

Quand l'entrevue prend fin, Churchill, qui s'attendait à un affrontement en règle, est immensément soulagé et déborde de reconnaissance à l'égard du général de Gaulle. Dès le lendemain, il télégraphie au général Spears que le soutien à la France Combattante et la collaboration avec celle-ci restent le fondement de la politique du gouvernement britannique envers la France [23]. Et pourtant, moins de six semaines auparavant, Churchill envisageait de rompre définitivement avec le général de Gaulle...

Le Général, lui, est sorti de Downing Street « en souriant aux anges [24] ». Churchill ne l'a-t-il pas assuré qu'en dépit de l'initiative malheureuse du président Roosevelt, la Grande-Bretagne continuerait jusqu'au bout à soutenir la France Libre ? D'ailleurs, il semble bien que le projet américain qui consiste à diviser le camp français en introduisant Giraud en Afrique du Nord soit condamné à l'échec. Giraud lui-même est un bon général, et on peut sans doute l'amener à collaborer avec la France Combattante. Ainsi, l'Afrique du Nord française pourra bientôt reprendre la guerre sous le drapeau à Croix de Lorraine. Ce soir-là, à la BBC, le général de Gaulle s'adresse aux Français :

« Les alliés de la France ont entrepris d'entraîner l'Afrique du Nord française dans la guerre de libération. Ils commencent à y débarquer des forces énormes. Il s'agit de faire en sorte que notre Algérie, notre Maroc, notre Tunisie, constituent la base de départ pour la libération de la France. Nos alliés américains sont à la tête de cette entreprise. [...] Chefs français, soldats, marins, aviateurs, fonctionnaires, colons français d'Afrique du Nord, levez-vous donc ! Aidez nos alliés ! Joignez-vous à eux sans réserves. La France qui

combat vous en adjure. Ne vous souciez pas des noms, ni des formules. Une seule chose compte : le salut de la patrie ! Tous ceux
qui ont le courage de se remettre debout, malgré l'ennemi et la trahison, sont d'avance approuvés, accueillis, acclamés par tous les
Français Combattants. Méprisez les cris des traîtres qui voudraient
vous persuader que nos alliés veulent prendre pour eux notre
Empire. Allons ! Voici le grand moment ! Voici l'heure du bon sens
et du courage. Partout l'ennemi chancelle et fléchit. Français de
l'Afrique du Nord ! que par vous nous rentrions en ligne, d'un bout
à l'autre de la Méditerranée, et voilà la guerre gagnée grâce à la
France [25] ! »

Mais les événements en Afrique du Nord vont prendre un
tour nouveau et inattendu. L'amiral Darlan est certes au pouvoir
des Américains et les combats ont cessé à Alger, mais partout
ailleurs, les forces françaises restées fidèles à Vichy opposent aux
Américains une résistance acharnée ; or l'amiral Darlan est le seul
à pouvoir ordonner un cessez-le-feu. En effet, le général Mark
Clark, qui représente Eisenhower en Afrique du Nord, s'aperçoit
rapidement que personne parmi les Français n'est disposé à obéir
au général Giraud, enfin arrivé à Alger le 9 novembre. Et pourtant,
il faut à tout prix que les hostilités cessent en Algérie et au Maroc,
d'autant que les Allemands se sont ressaisis et commencent à ache-
miner des troupes vers la Tunisie, avec la complicité des autorités
locales. Pour les Américains, la situation est donc très grave ; mais
le général Clark est un homme d'action et, comme il le dira
lui-même, « il ne s'y connaît guère en politique [26] ». Au matin du
10, il conclut donc un accord avec Darlan : l'amiral pourra exercer
le pouvoir en Afrique du Nord « au nom du Maréchal », en échange
de quoi il ordonnera un cessez-le-feu général en Algérie et au
Maroc. Eisenhower, arrivé à Alger ce jour-là, ratifie l'accord ; après
tout, la solution Giraud a échoué, et l'accord avec Darlan permettra
de sauver de nombreuses vies américaines. « Je ne suis qu'un
soldat, a dit Eisenhower. Je ne comprends rien à la diplomatie [27]. »

Le Département d'État s'y entend déjà mieux, mais il est tenu
entièrement à l'écart des négociations. Quant au président
Roosevelt, il n'y connaît rien du tout ; pour lui, Darlan, Giraud et
de Gaulle ne sont que « trois *prime donne* », et le meilleur moyen
de régler toute l'affaire, c'est de « les laisser tous les trois seuls
dans une pièce, et de confier le gouvernement des territoires
occupés à celui qui en ressort [28] ». Mais à défaut de cela, la solution
proposée par les généraux Clark et Eisenhower lui semble tout à
fait acceptable. Il est vrai que l'amiral Darlan a collaboré avec

Hitler pendant plus d'un an ; qu'il a déclaré publiquement que les Allemands étaient « bien plus généreux que les Anglais » ; qu'il a abandonné l'Indochine française aux Japonais ; qu'il a autorisé les Allemands à utiliser les aéroports français de Syrie ; qu'il a permis à l'Afrika Korps de Rommel d'être ravitaillé par la Tunisie ; qu'il a déclaré six mois plus tôt : « Un jour viendra où l'Angleterre paiera. » Et puis, n'est-il pas l'homme le plus détesté de France après Laval ? N'a-t-il pas ordonné à ses troupes d'ouvrir le feu sur les Américains il y a deux jours à peine ? En somme, n'est-ce pas un collaborateur, un ennemi déclaré, un traître ?

Vues de Washington, les choses ne sont sans doute pas aussi nettes, et Eisenhower reçoit le feu vert ; trois jours plus tard, Darlan devient « haut-commissaire pour l'Afrique du Nord », avec le soutien des Américains et toujours « au nom du Maréchal » *. Il est immédiatement reconnu comme tel par les généraux Noguès, Châtel et Bergeret, par le gouverneur Boisson et même par le général Giraud, qui reçoit le commandement en chef de l'armée en guise de prix de consolation...

La nouvelle de la prise du pouvoir par l'amiral Darlan en Afrique du Nord, sous les auspices de l'Amérique, est accueillie à Londres avec incrédulité et consternation. Les Français Libres en restent interloqués, de Gaulle enrage, Churchill est dégoûté : « Darlan devrait être fusillé », s'indigne le Premier ministre [29]. Mais avant le déclenchement de l'opération *Torch*, Churchill a promis au président Roosevelt de l'appuyer en toutes circonstances, et il se trouve placé devant une situation fort embarrassante. Le 16 novembre, le général de Gaulle déjeune à Downing Street, et note que « M. Churchill a l'apparence d'être d'assez bonne humeur, quoique préoccupé. M. Eden semble troublé ».

« Le Premier ministre dit au Général qu'il comprend parfaitement ses sentiments et qu'il les partage. Mais il observe qu'on est actuellement dans la bataille et que ce qui compte, avant tout, c'est de chasser l'ennemi de Tunisie. L'autorité militaire alliée a eu à prendre, en Afrique du Nord, des mesures pratiques dans ce but et aussi en vue de s'assurer du concours des troupes françaises. " Quant à la position du gouvernement britannique, ajoute M. Churchill, elle reste ce qu'elle était et tous les engagements contractés par lui, à votre égard, restent valables. Les dispositions prises par le général Eisenhower sont essentiellement temporaires et n'engagent en rien

---

* Bien entendu, c'est là une pure fiction. Entre-temps, le Maréchal a publiquement désavoué Darlan, Vichy l'a dénoncé comme traître, et les Allemands ont envahi la zone libre.

l'avenir. " M. Churchill en donne pour preuve le télégramme qu'il vient d'envoyer à Roosevelt et qu'il lit au Général. Ce télégramme dit, en substance :

" 1) Je reçois votre réponse et en déduis que les mesures prises par le général Eisenhower ont un caractère uniquement utilitaire et intérimaire.

" 2) Je suis d'accord pour qu'Eisenhower prenne les mesures qui lui paraissent appropriées pour aider au succès de l'opération militaire, sous réserve de ce qui est dit au paragraphe 1. "

« Le général de Gaulle dit au Premier ministre qu'il prend acte de la position britannique, mais qu'il tient à lui faire connaître la sienne. "Nous ne sommes plus au XVIIIᵉ siècle, déclare-t-il, où Frédéric payait des gens à la cour de Vienne pour prendre la Silésie, ni à l'époque de la Renaissance où l'on utilisait les sbires de Milan ou les spadassins de Florence. Encore ne les choisissait-on pas ensuite comme chefs des peuples libérés. Nous faisons la guerre avec le sang et l'âme des peuples. Voici les télégrammes que je reçois de France. Ils montrent que la France est plongée dans la stupeur. Songez aux conséquences incalculables que cela pourrait avoir si la France en venait à conclure que la libération, telle que les Alliés l'entendent, c'est Darlan. Vous gagneriez peut-être ainsi la guerre sur le plan militaire ; vous la perdriez moralement et il n'y aurait qu'un seul vainqueur : Staline. "

« M. Churchill répète que les événements actuels ne préjugent nullement de l'avenir.

« Le général de Gaulle observe qu'en tout cas, il est de son devoir de faire connaître à la France qu'il n'admet pas ces combinaisons. C'est pourquoi le Comité national a préparé un communiqué. Il demande au gouvernement britannique de le laisser disposer de la BBC pour le diffuser.

« M. Churchill répond qu'il comprend parfaitement la préoccupation du Général, qu'à sa place il aurait le même souci de faire connaître publiquement sa position, mais que, pourtant, il attendrait un peu de temps. En tout cas, le général de Gaulle est libre de faire publier son communiqué par la BBC quand bon lui semblera. Lui-même va télégraphier à Roosevelt pour lui dire que dans les circonstances présentes, c'est la moindre des choses qu'on laisse au général de Gaulle les moyens de faire connaître sa position.

« Le général de Gaulle dit que, sur le sujet de la radio, il est une escroquerie morale à laquelle il faudrait mettre fin, escroquerie qui tend à confondre, dans l'équivoque, Darlan et les Français Combattants. C'est ainsi que la radio américaine fait précéder les appels de l'amiral Darlan de la devise " Honneur et Patrie " et que la BBC endosse cette escroquerie en retransmettant le programme de la radio américaine. Le général de Gaulle, se tournant vers M. Eden, lui déclare qu'il ne comprend pas que la radio britannique puisse se faire complice d'une telle malhonnêteté.

« Avant que le Général et M. Churchill passent à table, M. Eden, qui n'assiste pas au déjeuner, prend le Général à part et lui dit combien il est ennuyé et inquiet de toute cette affaire.

" Elle n'est pas propre, lui répond le général de Gaulle, et je regrette que vous vous y salissiez quelque peu. "

« Pendant le déjeuner, l'émotion et l'inquiétude des convives, en particulier des dames, en disent assez long sur les sentiments de tous. Mme Churchill elle-même ne parvient pas à changer l'atmosphère.

« M. Churchill entraîne ensuite le général de Gaulle dans son cabinet où ils demeurent en tête à tête.

« M. Churchill déclare au Général que sa position est magnifique. Darlan n'a pas d'avenir. Giraud est liquidé politiquement. " Vous êtes l'honneur, dit-il au Général. Vous êtes la voie droite. Vous resterez le seul. Ne vous heurtez pas de front avec les Américains. C'est inutile et vous n'y gagnerez rien. Patientez et ils viendront à vous, car il n'y a pas d'alternative. "

« Puis M. Churchill s'emporte contre Darlan. Il ne trouve pas, dit-il, de mots pour le qualifier et pour exprimer son dégoût.

« Le général de Gaulle exprime à M. Churchill sa surprise de voir le gouvernement britannique se mettre, comme il le fait, à la remorque des Américains : " Je ne vous comprends pas, dit-il à M. Churchill. Vous faites la guerre depuis le premier jour. On peut même dire que, personnellement, vous êtes cette guerre. Vos armées sont victorieuses en Libye. Et vous vous mettez à la remorque des États-Unis alors que jamais un soldat américain n'a vu encore un soldat allemand. C'est à vous de prendre la direction morale de cette guerre. L'opinion publique européenne sera derrière vous [30]. " »

A ce stade, le Général notera : « Cette sortie frappa Churchill. Je le vis osciller sur son siège [31]. »

« M. Churchill fait observer au général de Gaulle qu'il s'est engagé dans cette voie quand, l'autre jour, dans son discours au Guildhall, il a fait l'éloge du Général et des patriotes qui, en France, le suivent par légions, tandis qu'il a laissé entendre que Giraud ne s'était signalé que par ses évasions.

« Le général de Gaulle répond qu'il sait gré au Premier ministre de cette délicate distinction, mais qu'il croit que le Premier ministre voit s'offrir à lui une position d'ordre général qui aurait une grande importance et qu'il devrait adopter sans tarder.

« Le Général ajoute que l'on voit actuellement les Américains en plein trafic avec les gens de Vichy qui ont changé de masque pour la circonstance. Or Vichy représente beaucoup de choses et toutes ces choses sont contre l'Angleterre. Plus celle-ci tolérera le jeu américain, plus elle risque de laisser se développer partout des forces qui pourront, un jour, se retourner contre elle-même [32]. »

L'entretien se termine le mieux du monde : « M. Churchill demande au Général de vouloir bien rester en étroit contact avec lui et de venir le voir aussi souvent qu'il le veut, tous les jours s'il le désire [33]. » Et dès le lendemain, le Premier ministre écrit au président Roosevelt : « Je suis obligé de vous signaler que l'accord avec Darlan a soulevé de profonds remous dans l'opinion. Plus j'y réfléchis et plus je suis convaincu qu'il ne peut s'agir que d'un expédient provisoire, que seules justifient les nécessités du combat. Il ne faut pas sous-estimer le grave préjudice politique qui peut être porté à notre cause, non seulement en France, mais dans toute l'Europe, si nous donnons l'impression que nous sommes disposés à nous entendre avec les quislings locaux. Darlan a un passé odieux. C'est lui qui a inculqué à la marine française son mauvais esprit, en plaçant ses créatures à tous les leviers de commande. Hier encore, des marins français étaient envoyés à la mort devant vos navires de ligne au large de Casablanca, et voici qu'aujourd'hui, ce même Darlan tourne casaque par soif du pouvoir et désir de rester en place. La grande masse des gens du peuple, dont la fidélité simple et franche fait notre force, ne comprendrait pas la conclusion d'un accord permanent avec Darlan ou la constitution d'un gouvernement présidé par lui en Afrique du Nord [34]. »

Il est vrai que la grande masse des gens du peuple ne comprend pas, et le président Roosevelt a déjà pu s'en rendre compte, car la Maison-Blanche vient de recevoir un véritable déluge de protestations. Roosevelt, en politicien consommé, s'emploie à désarmer ces critiques, et il déclare lors d'une conférence de presse : « J'ai accepté les dispositions politiques prises à titre provisoire par le général Eisenhower et concernant l'Afrique du Nord et de l'Ouest. Je comprends parfaitement et j'approuve ceux qui, aux États-Unis, en Grande-Bretagne et dans les autres pays des Nations unies, estiment qu'en raison des événements de ces deux dernières années, aucun accord définitif ne peut être conclu avec l'amiral Darlan [...]. Mais l'accord temporaire conclu pour l'Afrique du Nord et de l'Ouest n'est qu'un expédient provisoire, uniquement justifié par les nécessités de la bataille. Cet accord temporaire a permis d'atteindre deux objectifs militaires : le premier était d'épargner des vies américaines, anglaises et aussi françaises. Le second consistait à gagner du temps, ce qui était vital. Cet accord temporaire nous a permis d'éviter une reconquête systématique du terrain en Algérie et au Maroc, qui aurait pu durer un mois ou même deux. Un tel délai aurait retardé la concentration de nos moyens pour une attaque en direction de Tunis, et aussi, nous l'espérons, de Tripoli. La proclamation de l'amiral Darlan nous a aidés à éviter cette période de reconquête systématique. L'accord temporaire conclu avec l'amiral Darlan s'applique seulement à la situation locale telle qu'elle se présente actuellement, et ce sans aucune exception [35]. »

Cela fait tout de même quatre « temporaire » et deux « provisoire » en six phrases, mais le président Roosevelt ne s'arrête pas à ces détails ; en privé, il déclare nettement qu'il se servira de Darlan aussi longtemps qu'il en aura besoin, et pour justifier sa politique, il cite « un vieux proverbe bulgare », qui ne va pas tarder à devenir « un vieux proverbe roumain », puis « un proverbe serbe », et enfin « un vieux proverbe orthodoxe en usage dans les Balkans ». Et d'après Roosevelt, ce proverbe dirait : « On peut marcher avec le diable jusqu'à ce qu'on ait traversé le pont », ce qui devient bientôt : « Pour franchir le pont on peut marcher avec le diable », puis « On peut franchir un cours d'eau sur le dos du diable jusqu'à ce qu'on ait atteint l'autre rive », et enfin, lorsque Roosevelt en parle à Morgenthau : « On peut marcher avec le diable jusqu'au pont, mais après il faut le laisser derrière soi [36]. » Quelle que soit la teneur réelle du proverbe ou la position exacte du diable sur le pont, il est clair que Roosevelt a l'intention de continuer à collaborer avec les hommes de Vichy en Afrique du Nord aussi longtemps que cela ne s'avérera pas trop coûteux pour son image politique aux États-Unis. Un accord en bonne et due forme va d'ailleurs être signé le 22 novembre entre le général Clark et l'amiral Darlan ; l'expédient provisoire menace donc de s'éterniser...

Pourtant, cette association contre nature avec l'un des principaux artisans de la collaboration va provoquer en Grande-Bretagne une indignation croissante ; la presse proteste énergiquement, le Parlement s'agite, les gouvernements en exil à Londres se plaignent amèrement, le SOE rapporte que la nouvelle de l'accord avec Darlan « a suscité de violentes réactions dans tous nos réseaux clandestins en territoire occupé, et particulièrement en France, où elle a fait l'effet d'une bombe [37] ». A la BBC et au *Political Warfare*

Executive, la quasi-totalité du personnel employé dans les sections françaises donne sa démission [38], et, même au sein du gouvernement britannique, plusieurs ministres se déclarent ouvertement hostiles à la politique du président Roosevelt en Afrique du Nord. Anthony Eden est de ceux-là, et il ne manque aucune occasion de le faire savoir.

Churchill, lui, reste fidèle à sa promesse de soutenir le président Roosevelt contre vents et marées. D'ailleurs, comment pourrait-on gagner la guerre sans une collaboration intime entre la Grande-Bretagne et les États-Unis ? Churchill, de son propre aveu, est resté « l'ardent et entreprenant second » du Président [39] ; il rejette donc avec force toutes les critiques adressées à la politique nord-africaine du Président, et cela finit par créer en lui un état d'esprit qu'il essaiera lui-même de définir dans ses *Mémoires* : « Je voyais bien que l'opinion publique se dressait contre moi. Il m'était pénible de constater que le succès de notre immense opération et la victoire d'El-Alamein se trouvaient éclipsés dans l'esprit de beaucoup de mes meilleurs amis par ce qui leur paraissait être une tractation ignoble et sordide avec l'un de nos pires ennemis. Je trouvai leur attitude déraisonnable, car elle ne tenait pas assez compte des difficultés de la lutte et de la vie de nos soldats. Leurs critiques se faisant plus vives, j'en conçus de la colère et quelque mépris pour un tel manque de sens des proportions [40]. »

Bien que Churchill ne veuille pas l'admettre, sa réaction aux critiques formulées contre la politique américaine prend également une forme plus inattendue, en l'éloignant de plus en plus du général de Gaulle... et en le rapprochant de l'amiral Darlan ! Ainsi, le 26 novembre, il déclare à Eden que « Darlan a fait davantage pour nous que de Gaulle [41] » ; deux jours plus tard, Oliver Harvey note dans son journal que « le Premier ministre est de plus en plus favorable à Darlan [42] ». Si l'on considère que, dans le passé, Churchill a traité l'amiral de scélérat, de misérable, de fripouille, de traître et de renégat, et qu'il vient de déclarer il y a moins de quinze jours que Darlan « devrait être fusillé », on est forcé d'en conclure que le Premier ministre n'a pas toujours un jugement très assuré. Mais le plus surprenant reste sans nul doute le discours qu'il prononcera lors d'une session secrète du Parlement moins de deux semaines plus tard.

Ce discours sera considéré comme l'un des meilleurs qu'ait prononcés le Premier ministre, et cela se comprend ; on y trouve un brillant exposé des obstacles auxquels s'est heurtée l'opération *Torch* à ses débuts, un extraordinaire portrait du maréchal Pétain, que Churchill prononce « Pétaigne » et qu'il décrit comme un défaitiste incorrigible et antédiluvien, enfin une apologie assez marquée de l'amiral Darlan, qui fera sursauter plus d'un parlementaire. Mais, pour des raisons évidentes, personne n'a jamais voulu publier ce que Churchill a dit du général de Gaulle au cours de cette séance ; si l'on se remémore les propos chaleureux du Premier ministre à l'égard du chef de la France Libre moins d'un mois plus tôt, on ne peut manquer d'être surpris par la teneur des propos qui vont suivre :

« Il me faut maintenant dire quelques mots au sujet du général de Gaulle. En 1940, agissant au nom du gouvernement de Sa Majesté, je l'ai explicitement reconnu en tant que chef de tous les Français Libres qui se rallieraient à lui pour soutenir la cause alliée. Depuis lors, nous avons scrupuleusement respecté tous nos engagements envers lui, et nous avons fait tout ce qui était en notre pouvoir pour l'aider. Nous finançons son mouvement. Nous l'avons aidé dans ses entreprises. Mais nous ne l'avons jamais reconnu comme représentant la France. Nous n'avons jamais admis que lui-même et ceux qui le suivent puissent avoir le monopole de l'avenir de la France parce qu'ils se sont montrés clairvoyants et courageux au moment de la capitulation. Quant à moi, j'ai vécu pendant plus de trente-cinq ans en étroite relation spirituelle avec une abstraction qui s'appelle la France [...] et je ne crois toujours pas que ce soit là une illusion. Je ne puis croire que de Gaulle incarne la France, et encore moins que Darlan et Vichy incarnent la France. La France est quelque chose de plus grand, de plus complexe, de plus imposant que toutes ces expressions isolées. J'ai essayé dans toute la mesure du possible de collaborer avec le général de Gaulle, en tenant compte des nombreux problèmes auxquels il se heurtait, de son caractère difficile et de l'étroitesse de ses vues. Afin de soutenir son mouvement lors de l'occupation de l'Afrique du Nord française par les Américains et de le consoler, lui et ses amis, d'avoir été tenus à l'écart de l'entreprise, nous avons accepté que le général Legentilhomme, désigné par lui, soit proclamé haut-commissaire pour Madagascar — bien que ceci ne fasse qu'ajouter aux difficultés que nous avons pour pacifier cette grande île qui, aussi curieux que cela puisse paraître, est bien plus favorable à Darlan. A l'heure actuelle, nous nous efforçons de rallier Djibouti à la France Libre. C'est pourquoi je considère que nous avons été en tout point fidèles à nos engagements envers le général de Gaulle, et nous persisterons dans cette voie jusqu'au bout. Pourtant, vous auriez tort de croire que le général de Gaulle soit un ami indéfectible de l'Angleterre. Au contraire, je crois qu'il fait partie de ces bons

Français dont le cœur est marqué depuis longtemps par des siècles de guerre contre l'Angleterre. Lors de son retour de Syrie à l'été de 1941, il est passé par les colonies françaises d'Afrique centrale et occidentale, où il s'est fait l'apôtre de l'anglophobie. Le 25 août 1941, il a donné une interview au correspondant du *Chicago Daily News* à Brazzaville, dans laquelle il a laissé entendre que l'Angleterre convoitait les colonies africaines de la France, et il a ajouté que " l'Angleterre a peur de la flotte française. En fait, l'Angleterre a conclu avec Hitler une sorte de marché pour la durée de la guerre, dans lequel Vichy sert d'intermédiaire ". Il a expliqué que Vichy servait Hitler en maintenant le peuple français en état de sujétion, et servait aussi l'Angleterre en refusant de livrer la flotte française aux Allemands. C'étaient là des propos bien ingrats, mais nous nous sommes abstenus de toute prise de position publique à ce sujet.

« Cette année encore, au mois de juillet, le général de Gaulle a exprimé le désir de visiter la Syrie. Avant que je ne donne mon accord à ce voyage, que j'aurais très bien pu empêcher, le Général m'avait promis de bien se conduire ; mais dès son arrivée au Caire, il a commencé à jouer les matamores, et en Syrie, il n'a eu de cesse de fomenter des troubles entre les militaires britanniques et l'administration civile de la France Libre, tout en annonçant l'intention de la France d'administrer la Syrie, [...] bien que nous nous soyons mis d'accord pour que les Syriens puissent jouir de leur indépendance après la guerre, et même, autant que possible, pendant la guerre.

« Je continue à entretenir de bonnes relations personnelles avec le général de Gaulle, et je l'aide dans toute la mesure de mes moyens. Je me sens obligé de le faire, parce qu'il s'est dressé contre les hommes de Bordeaux et leur reddition déshonorante au moment où la France avait perdu toute volonté de résistance. Pourtant, je ne vous recommanderais pas de fonder tous vos espoirs et votre confiance sur cet homme, et encore moins de croire qu'à l'heure actuelle, notre devoir serait de lui confier les destinées de la France, pour autant que cela soit en notre pouvoir. Tout comme le Président [...] nous nous efforçons de tenir compte de la volonté de la nation française tout entière, plutôt que des manifestations isolées de cette volonté, si honorables soient-elles [43]. »

Le général de Gaulle n'entendra jamais parler de cette diatribe vengeresse, et c'est évidemment préférable. Mais il n'a pas manqué de noter un très net changement d'attitude de la part de Churchill au cours des dernières semaines, ainsi qu'il le confie à M. Trygve

Lie, ministre des Affaires étrangères de Norvège. Ce dernier notera d'ailleurs dans son rapport : « De Gaulle était également mécontent de M. Churchill ; il a mentionné qu'il l'avait vu quatre fois depuis l'accord avec Darlan, et qu'à chaque fois, le Premier ministre s'était montré encore un peu plus soumis vis-à-vis des Américains [44]. »

Il est vrai que le général de Gaulle ne peut pardonner aux Américains d'avoir rétabli l'administration de Vichy en Afrique du Nord ; au cours de ses allocutions radiodiffusées, il ne cesse de répéter que la France Combattante, qui se veut garante de l'honneur de la France, ne peut avoir aucun commerce avec un collaborateur et un traître notoire. D'ailleurs, en dépit de l'antagonisme de Roosevelt et du soutien de plus en plus vacillant de Churchill, le général de Gaulle ne manque pas d'alliés dans sa croisade contre l'« expédient provisoire » : il a reçu d'innombrables télégrammes des organisations de résistance françaises, affirmant leur allégeance à de Gaulle et leur irréductible opposition à l'amiral Darlan ; il a le soutien total de tous les gouvernements en exil à Londres, qui craignent par-dessus tout de voir les Américains collaborer avec Mussert, Degrelle, Nedic et autres quislings après la libération de leurs propres pays. En outre, de Gaulle peut compter sur l'appui discret mais extrêmement actif d'Anthony Eden, qui comprend bien mieux que Churchill les conséquences politiques, morales et psychologiques de l'initiative américaine ; l'appui et la compréhension du ministre des Affaires étrangères britannique représenteront d'ailleurs un atout inestimable pour la France Combattante jusqu'à la fin de la guerre. Enfin, de Gaulle bénéficie d'un autre soutien qui, pour être moins discret, n'en est pas moins efficace : celui de la presse britannique, qui continue à dénoncer violemment l'accord conclu avec Darlan ; à la mi-décembre, même le *Times* est entré en lice, et il souligne les « graves inquiétudes suscitées par le passé de Darlan et par ses ambitions actuelles [45] ».

La campagne de presse contre l'« expédient provisoire » commence également à prendre de l'ampleur outre-Atlantique, surtout lorsque l'on apprend que les gaullistes et les juifs sont à nouveau persécutés en Afrique du Nord, et qu'il en va de même pour les officiers français qui ont aidé les Alliés lors du débarquement ; les hommes de Vichy, les collaborateurs, les officiers antibritanniques et antiaméricains ont retrouvé leurs fonctions, tandis qu'un grand nombre d'agents allemands et italiens franchit sans encombre les frontières algériennes et marocaines... Aux États-Unis, la presse et les adversaires du Président commentent tout cela sans indulgence, et Roosevelt commence à s'inquiéter ; il est clair que ses déclarations apaisantes au sujet de l'« expédient provisoire » n'ont pas eu l'effet escompté, d'autant moins que l'amiral Darlan semble maintenant tenir le haut du pavé en Algérie et au Maroc. Il est vrai que Roosevelt a déclaré « en privé » qu'il allait bientôt se débarrasser de lui, tout en faisant savoir publiquement qu'il « est prêt à recevoir le général de Gaulle au cas où celui-ci viendrait à Washington ». Mais il faudrait bien plus que cela pour apaiser la tempête politique qui s'est levée sur Washington en cette fin d'année 1942...

A cette époque, pourtant, la position de l'amiral Darlan en Afrique du Nord n'est pas aussi solide qu'elle le paraît. C'est que le maréchal Pétain l'a désavoué, les gaullistes l'attaquent, les giraudistes le détestent, les Anglais le méprisent, les Américains l'ont qualifié d'« expédient provisoire », et de très nombreuses factions à Alger complotent contre lui. Parmi ces factions, on trouve les monarchistes réunis autour du comte de Paris, qui pense pouvoir monter sur le trône au cas où l'amiral Darlan viendrait à disparaître ; or le comte de Paris est en contact avec plusieurs autres factions à Alger, notamment le clergé et les gaullistes. Un émissaire de la France Combattante, le général d'Astier de La Vigerie, va d'ailleurs atterrir le 20 décembre à Alger, où il aura une entrevue orageuse avec l'amiral Darlan ; mais parallèlement, il prend contact avec d'autres milieux, notamment ceux des monarchistes et du clergé...

Quatre jours plus tard, le général d'Astier quitte Alger et retourne à Londres, où le général de Gaulle est de plus en plus exaspéré par la tournure des événements en Afrique du Nord. A certains moments, il cède même au découragement ; six jours plus tôt, il a confié à Charles Peake qu'il songeait à renoncer et à dissoudre la France Combattante [46]. Il est difficile de dire si le Général parlait sérieusement, mais le 24 décembre, la question a déjà perdu toute importance ; ce jour-là, on apprend que l'amiral Darlan a été assassiné à Alger par un jeune homme nommé Fernand Bonnier de la Chapelle.

10

Mariage forcé

Peu d'attentats ont été accueillis avec autant d'indignation publique et de soulagement secret que l'assassinat de l'amiral Darlan la veille de Noël 1942. Le président Roosevelt, qui s'empresse de condamner l'attentat, y voit malgré tout une solution très acceptable au délicat problème de l'expédient provisoire. Bien entendu, il n'est pas question que le comte de Paris prenne la place de l'amiral Darlan ; que diraient les électeurs américains si le président des États-Unis contribuait à restaurer la monarchie en France ? Par contre, lorsqu'il apprend peu après que le général Giraud a été nommé haut-commissaire et commandant en chef civil et militaire pour l'Afrique française par un conseil impérial composé de Boisson, Châtel, Noguès et Bergeret, le président Roosevelt a toutes raisons d'être satisfait ; à la différence de Darlan, Giraud ne s'est pas compromis avec les Allemands ; en outre, c'est un excellent soldat, il ne s'intéresse guère à la politique, et n'a aucun lien avec le général de Gaulle. D'ailleurs, sa nomination au poste de commandant en chef civil et militaire n'est pas entièrement due au hasard ; Churchill écrira plus tard que « les autorités américaines ont exercé une pression indirecte mais décisive pour que le général Giraud accède au pouvoir politique suprême [...] en Afrique du Nord [1] ». Du reste, au cas où les populations d'Afrique du Nord auraient besoin d'administrateurs compétents, le président Roosevelt se fait fort de leur en procurer. C'est ainsi que Marcel Peyrouton, ambassadeur de Vichy en Argentine, vient d'être pressenti par le Département d'État pour exercer les fonctions de gouverneur général de l'Algérie. Il est vrai qu'il a été ministre de l'Intérieur de Vichy, mais le Président ne s'arrête pas à ces détails ; d'ailleurs, il compte bien mettre un peu d'ordre dans les affaires françaises à la mi-janvier, lorsqu'il rencontrera Churchill à Casablanca.

Derrière un masque d'indignation vertueuse, Winston Churchill est tout aussi satisfait que Roosevelt de la tournure prise par les événements ; ayant pris le parti du Président lors de l'accord avec Darlan, Churchill a dû, lui aussi, subir les innombrables critiques dirigées contre la politique américaine en Afrique du Nord. Mais à présent, comme il l'écrit dans ses *Mémoires*, « le meurtre de Darlan, si criminel soit-il, a épargné aux Alliés l'embarras d'avoir à poursuivre leur coopération avec lui, en leur laissant tous les avantages que l'Amiral avait pu leur procurer au cours des heures cruciales du débarquement allié [2] ». Churchill est également fort satisfait de la nomination du général Giraud comme successeur de Darlan : voici enfin venue l'occasion de faire l'unité entre Français de Londres et Français d'Afrique du Nord, et de former « un noyau français, solide et uni [3] », qui sera sans doute moins intransigeant que le Comité de Londres et son irascible président. D'ailleurs, Churchill a appris avec plaisir que le général de Gaulle était tout disposé à s'entendre avec le général Giraud, ce qui semble lever le dernier obstacle à une union entre Français.

Tout en qualifiant l'assassinat de Darlan de « crime odieux [4] », le général de Gaulle n'est pas mécontent non plus de la tournure prise par les événements ; le principal obstacle à l'établissement d'une autorité française unifiée vient d'être écarté. En outre, de Gaulle est tout à fait disposé à confier au général Giraud le commandement de l'ensemble des forces françaises combattantes ; le 25 décembre, il envoie à Giraud un télégramme qui se termine par ces mots : « Je vous propose, mon Général, de me rencontrer au plus tôt en territoire français, soit en Algérie, soit au Tchad. Nous étudierons les moyens qui permettraient de grouper, sous un pouvoir central provisoire, toutes les forces françaises de l'intérieur et de l'extérieur du pays et tous les territoires français susceptibles de lutter pour la libération et le salut de la France [5]. » Le général de Gaulle n'ignore pas que Giraud est soutenu par Roosevelt, et que celui-ci n'a aucune sympathie particulière pour la France Combattante ; mais de Gaulle doit précisément se rendre le 26 décembre à Washington, où il aura avec le président Roosevelt un entretien dont il attend les meilleurs résultats.

Pourtant, rien ne se déroulera comme prévu. De Gaulle ne pourra quitter l'Angleterre à la date convenue, « en raison du mauvais temps », et le 27 décembre, il reçoit une note de Washington l'informant que le président Roosevelt le prie de remettre son voyage à plus tard ; le général Giraud, lui, ne répond pas au télégramme qui lui a été adressé, et, le 27 décembre, de Gaulle a également eu avec Churchill une entrevue qui lui a laissé une impression pénible, comme il le confiera ensuite à Soustelle. Churchill lui a dit sans détour qu'il ne s'opposerait en aucun cas à la politique américaine, même si Washington remettait toute l'Afrique du Nord au seul Giraud [6]. Enfin, lorsque le général Giraud se décide à répondre à de Gaulle le 29 décembre, sa réponse s'avère des plus décevantes : « En raison de l'émotion profonde qu'a causée dans les milieux civils et militaires d'Afrique du Nord le récent assassinat, l'atmosphère est actuellement défavorable pour une rencontre entre nous [7]. »

Le général de Gaulle ne se fait pas d'illusions ; l'attitude de Roosevelt, les déclarations de Churchill, la réponse de Giraud, les derniers événements d'Afrique du Nord où de nombreux gaullistes viennent d'être arrêtés, tout cela semble indiquer que Giraud cherche à exclure la France Combattante d'Afrique du Nord, avec le soutien des Américains et la connivence des Anglais. La réaction du général de Gaulle ne se fait pas attendre : il va en appeler à l'opinion publique ; après une première allocution radiodiffusée le 28 décembre, de Gaulle fait paraître le communiqué suivant le 2 janvier 1943 : « La confusion intérieure ne cesse de s'accroître en Afrique du Nord et en Afrique-Occidentale Française. La raison de cette confusion est que l'autorité française n'y a point de base après l'écroulement de Vichy, puisque la grande force nationale d'ardeur et d'expérience que constitue la France Combattante, et qui a déjà remis dans la guerre et dans la République une grande partie de l'Empire, n'est pas représentée officiellement dans ces territoires français. [...] Le remède à cette confusion, c'est l'établissement en Afrique du Nord et en A.-O.F., comme dans tous les autres territoires français d'outre-mer, d'un pouvoir central provisoire et élargi, ayant pour fondement l'union nationale, pour inspiration l'esprit de guerre et de libération, pour lois, les lois de la République, jusqu'à ce que la nation ait fait connaître sa volonté. Telle est la tradition de la démocratie française. [...] Le 25 décembre, d'accord avec le Comité national et avec le Conseil de défense de l'Empire, j'ai proposé au général Giraud de me rencontrer immédiatement en territoire français pour étudier les moyens d'atteindre ce but. Je crois, en effet, que la situation de la France et la situation générale de la guerre ne permettent aucun retard [8]. »

Ce communiqué, qui révèle les efforts du général de Gaulle pour parvenir à l'unité et l'attitude dilatoire du général Giraud, est extrêmement embarrassant pour le gouvernement britannique. Churchill essayera en vain d'en faire différer la publication ; sir Alexander Cadogan, lui, obtiendra tout de même que l'on y apporte une légère modification : « La France Combattante [...] est tenue à l'écart de ces territoires français », sera finalement remplacé par : « La France Combattante [...] n'est pas représentée officiellement dans ces territoires français. » Mais même dans sa forme atténuée, le communiqué va faire l'effet d'une bombe ; il déclenchera même une impressionnante série de réactions en chaîne, tant en Grande-Bretagne qu'aux États-Unis.

Le président Roosevelt et le Département d'État escomptaient que la disparition de l'amiral Darlan mettrait fin à la violente campagne de presse qui, depuis la mi-novembre 1942, n'avait cessé de dénoncer le machiavélisme et l'immoralité de la politique américaine en Afrique du Nord. Hélas ! Les déclarations publiques et privées du général de Gaulle après le 25 décembre ont été publiées par la presse britannique et aussitôt reprises par la presse américaine, déclenchant des deux côtés de l'Atlantique un immense courant de sympathie envers le Général et ses *gallant Fighting French*, en même temps qu'un véritable raz de marée d'indignation contre la politique nord-africaine du président Roosevelt. Et le Département d'État reçoit bientôt un véritable déluge de lettres d'insultes, qui dépasse de très loin tout ce que l'on avait pu voir au moment de l'affaire de Saint-Pierre-et-Miquelon...

Cette fois encore, c'est le secrétaire d'État Cordell Hull qui réagit le plus violemment au déferlement des critiques ; prenant lui-même l'offensive, il accuse carrément le gouvernement de Sa Majesté d'encourager, voire d'inspirer, les attaques contre Washington parues dans la presse britannique. Et le 5 janvier, il rédige le rapport suivant, dans le style touffu qui lui est coutumier : « En l'absence de lord Halifax, j'ai rendu visite à sir Ronald Campbell le 31 décembre, et lui ai dit que beaucoup d'entre nous au gouvernement commencions à nous inquiéter sérieusement des conséquences de ce qui paraît être la politique britannique dans des questions telles que l'affaire Darlan, et de la façon dont celle-ci est exploitée par la radio et la presse britanniques, ainsi que par des personnalités du gouvernement britannique qui sont associées à la publicité de De Gaulle. J'ai déclaré que ce genre de propagande visait directement à dresser l'opinion contre le gouvernement des États-Unis, était parfaitement nuisible, et suscitait le ressentiment de bien des gens aux États-Unis qui s'intéressaient bien davantage aux opérations visant à chasser l'Axe de l'Afrique qu'aux mesquineries des rivalités politiques personnelles entre Français [9]. »

Le *Foreign Office* reçoit le 7 janvier un second message, qui semble indiquer que le jugement de M. Hull commence à s'altérer quelque peu : « J'ai dit à lord Halifax [...] que toute cette fanfare au sujet des aspirations politiques de De Gaulle arrivait à un moment où la bataille pour le contrôle d'une grande partie de l'Afrique et de la Méditerranée occidentale avait pris une ampleur croissante, et détournait les commandants américains et français de leurs tâches en les obligeant à se rendre à l'arrière pour rétablir le calme et discuter des aspirations politiques de De Gaulle. J'ai conclu en disant que si les Anglais s'obstinaient à soutenir les entreprises de De Gaulle visant à établir sa suprématie politique au détriment de la bonne marche des opérations en Afrique, ceci ne manquerait pas de créer des divergences entre nos deux pays [10]. »

Le président Roosevelt s'inquiète également de ces violentes campagnes de presse dirigées contre lui, mais, en politicien consommé, il se préoccupe surtout du tort qu'elles pourraient causer à sa réputation de démocrate. Et bien qu'il n'ait aucunement l'intention de contribuer à une réconciliation entre Français, le Président en vient à penser qu'il n'est plus possible d'exclure entièrement le général de Gaulle de l'Afrique du Nord ; il demande donc à Robert Murphy de concevoir une sorte de plan de fusion permettant d'associer le Général à l'administration de l'Afrique du Nord — en lui attribuant une fonction subordonnée, bien entendu. Entre-temps, M. Cordell Hull continue à rendre visite aux diplomates britanniques pour donner libre cours à son indignation : « Je maintiens, déclare-t-il le 7 janvier à sir Ronald Campbell, que lorsque la politique partisane la plus éhontée constitue un obstacle aussi manifeste au bon déroulement de la campagne d'Afrique du Nord, il est grand temps que le gouvernement britannique commence à s'en formaliser sérieusement [11]. »

Winston Churchill se trouve maintenant placé devant une situation des plus délicates : d'une part, il attache une importance cruciale à la poursuite de ses relations privilégiées avec les États-Unis, et il verrait sans déplaisir de Gaulle quitter le devant de la scène ; mais les choses ne sont pas si simples : en 1940, Churchill s'est engagé à soutenir le Général, et il ne peut revenir maintenant sur ses engagements. Là-dessus se sont greffés quelques autres problèmes plus délicats encore : l'affaire Darlan a considérablement accru le prestige du Général, qui jouit en France d'un très large soutien ; en Grande-Bretagne, la très grande majorité de l'opinion publique, pour ne rien dire de l'opinion parlementaire, soutient également le général de Gaulle. Toute mesure prise contre lui affaiblirait donc la Résistance en France, mais aussi la position du Premier ministre. Il n'est pas davantage question de museler la presse, bien que le *Foreign Office* fasse tout ce qui est en son pouvoir pour empêcher les interventions trop favorables à de Gaulle au Parlement [12]. Enfin, la situation en Afrique du Nord est devenue hautement préoccupante en cette fin du mois de janvier : tous les fonctionnaires fidèles à Vichy ont retrouvé leurs fonctions, les collaborateurs sont revenus, les gaullistes sont en prison, le trop fameux Service d'ordre légionnaire tient la population en respect, la législation de Vichy est toujours en vigueur, et toutes les communications avec Vichy sont maintenues... En Angleterre, la presse s'insurge et critique de plus en plus ouvertement le gouvernement britannique, qui tolère cet état de fait et couvre la politique américaine.

Face à cette situation, Churchill n'a pas le choix ; sur les conseils de M. Eden, il continue à demander l'établissement en Afrique du Nord d'une autorité unique, constituée du Comité de Londres et de l'administration Giraud. Ainsi qu'il l'écrit à Eden : « Il est impossible à l'heure actuelle de priver entièrement les Français de toute forme de représentation nationale [13]. » Churchill et Eden vont donc s'efforcer de promouvoir une entrevue entre de Gaulle et Giraud, et M. Harold Macmillan, qui vient d'être nommé ministre résident auprès du quartier général allié à Alger, a été prié de faire de même. Après cela, le gouvernement de Sa Majesté ne peut qu'assurer la presse, l'opinion publique et le Parlement britanniques qu'il ne ménage aucun effort pour promouvoir l'union des mouvements français en Afrique du Nord, tout en s'efforçant d'atténuer la gaullophobie chronique du secrétaire d'État américain Cordell Hull. Le 8 janvier, Anthony Eden va d'ailleurs convoquer le chargé d'affaires américain pour lui faire part de la réponse britannique aux deux télégrammes de M. Hull. Et Eden écrira plus tard :

« Je lui ai dit que ces deux télégrammes comportaient un certain nombre de points qu'il me fallait contester, et que je craignais que M. Hull n'ait pas compris le sentiment de l'opinion publique britannique sur ces délicates affaires françaises. Je ne voyais pas à quoi M. Hull faisait allusion, lorsqu'il parlait de personnalités du gouvernement britannique associées à la publicité de De Gaulle. De telles personnalités n'existaient pas. Bien plus, nous passions le plus clair de notre temps à essayer de modérer les activités et la publicité du général de Gaulle. Les allégations de M. Hull selon lesquelles nous serions associés à une quelconque propagande visant à dresser l'opinion contre le gouvernement des États-Unis sont moins vraisemblables encore. [...] En ce qui concerne le second télégramme [...] j'ai dit qu'il me semblait que le général Eisenhower était revenu du front en raison de l'assassinat de Darlan, et non pas pour discuter des aspirations politiques du général de Gaulle. Quoi qu'il en soit, [...] nous n'avions qu'un seul objectif dans cette affaire française, c'était de faire tout notre possible pour rassembler les Français pour qu'ils participent à la lutte contre l'Axe. Nous n'étions pas particulièrement favorables à de Gaulle, et nous n'insistions pas davantage pour que le rôle dirigeant lui soit dévolu en cas de réunification des diverses factions françaises. Nous ne ferions guère de difficultés pour accepter le chef qui serait désigné par les Français Libres ou par les Français d'Afrique du Nord. Pour le reste, nous avions tout fait pour que la presse n'ébruite pas trop cette affaire [...]. Mais la tâche n'avait pas toujours été facile. Le peuple anglais n'aimait ni Darlan ni Vichy, et le gouvernement ne pouvait rien changer à cet état d'esprit. La seule façon d'arranger les choses consistait à se mettre d'accord sur une politique bien arrêtée pour sortir de cet imbroglio français [14]. »

Il est donc clair que cette question sera discutée à Casablanca, où Churchill et Roosevelt vont se rendre dans le plus grand secret avec leurs états-majors pour discuter de leurs prochaines initiatives stratégiques.

Roosevelt arrive à Casablanca le 14 janvier, un jour après Churchill. La conférence doit se tenir sur la colline d'Anfa, qui a été entièrement réquisitionnée par l'armée américaine. Les états-majors se réuniront dans un hôtel moderne, tandis que d'élégantes villas entourées de jardins tropicaux ont été mises à la disposition du Premier ministre et du Président. En fait, Roosevelt n'est pas venu à Casablanca pour discuter de politique française ; il a demandé à Robert Murphy de s'entendre avec Harold Macmillan pour établir un projet d'accord avant le début de la conférence, tandis que lui-même s'occuperait de questions plus importantes. Le général Eisenhower, qui s'entretient avec Roosevelt le jour de son arrivée, écrira dans ses *Mémoires* : « Il se montra optimiste et plein d'entrain, presque enjoué, et je conclus qu'il devait cet état d'esprit à l'atmosphère d'aventure qui planait sur l'ensemble de la conférence de Casablanca. Ayant réussi à se libérer pour quelques jours de la plupart des charges du gouvernement, il semblait puiser une énergie morale extraordinaire dans le fait qu'il avait pu s'évader secrètement de Washington pour venir participer à une rencontre historique sur un territoire où, à peine deux mois auparavant, la bataille se déroulait encore. Bien qu'il admît la gravité des problèmes que la guerre posait aux Alliés, ses interventions étaient, en général, consacrées à un avenir lointain, aux tâches d'après-guerre, y compris le sort des colonies et des territoires libérés. Il se demandait surtout si la France pourrait retrouver son ancien prestige et sa puissance en Europe, et, sur ce point, se montrait très pessimiste. En conséquence, son esprit était préoccupé par les moyens de s'assurer le contrôle de certains points stratégiques de l'Empire français, que la France, pensait-il, ne serait plus en mesure de conserver [15]. »

Le compte rendu de Robert Murphy confirmera amplement les impressions du général Eisenhower : « Le président Roosevelt donna le ton de la conférence en exprimant à plusieurs reprises son ravissement d'avoir réussi à se soustraire pour un temps aux obligations politiques constantes de Washington. Son humeur était celle d'un écolier en vacances, ce qui explique la manière presque frivole dont il a abordé certains des problèmes difficiles qu'il avait à traiter. Dans ce faubourg féerique de Casablanca, avec son climat langoureux et son atmosphère exotique, on traitait de deux problèmes mondiaux à la fois ; dans une grande salle de banquet à l'hôtel Anfa, les chefs militaires anglais et américains discutaient de stratégie militaire globale [...] [16]. »

Le second projet en discussion n'est pas tout à fait un problème mondial, mais il menace de le devenir ; lors de ses premiers entretiens avec Churchill, Murphy et Macmillan, le président Roosevelt a appris qu'en Angleterre, la presse, le Parlement et l'opinion publique continuaient à s'indigner à haute voix des suites de l'affaire Darlan et de l'emprisonnement des gaullistes en Afrique du Nord. Mais il y a bien davantage : Roosevelt s'est fait communiquer les derniers extraits de la presse américaine, et presque tous dénoncent sa politique nord-africaine sur le ton le plus sarcastique ; pire encore, certains des chroniqueurs qui ont fermement soutenu sa politique libérale dans le passé sont devenus dans cette affaire ses plus féroces détracteurs. Roosevelt comprend immédiatement le danger, et bon gré mal gré, il va se résigner à discuter de politique française avec Churchill dans le cadre somptueux de sa villa réquisitionnée. En même temps, il envoie à Cordell Hull le télégramme suivant : « J'espérais que nous pourrions éviter les discussions politiques en ce moment, mais je me suis aperçu à mon arrivée ici que les journaux américains et anglais avaient fait une véritable montagne d'une taupinière, si bien que je ne rentrerai pas à Washington avant d'avoir réglé cette affaire [17]. »

En effet, le président Roosevelt se fait fort de trouver une solution à l'épineux problème de l'unité française — une solution propre à satisfaire les Français, ou en tout cas à calmer l'opinion américaine. Mais ainsi que nous l'avons vu, l'humeur du Président est celle « d'un écolier en vacances », et il va aborder cette affaire délicate avec une légèreté qui confine à la frivolité. La solution qu'il propose à Churchill est la suivante : « Nous appellerons Giraud le marié, et je le ferai venir d'Alger. Quant à vous, vous ferez venir de Londres la mariée, de Gaulle, et nous arrangerons un mariage forcé *[18]. » Tout cela est d'une simplicité désarmante : il suffit d'amener les deux Français à se rencontrer, de les persuader de s'unir, et Roosevelt comme Churchill, se posant en entremetteurs bénévoles, feront ainsi taire tous leurs critiques...

Le Premier ministre de Sa Majesté est quelque peu surpris. Sans doute pressent-il que le problème est plus compliqué que cela, ou peut-être se souvient-il que le général de Gaulle ne voit jamais d'un très bon œil l'immixtion des Anglo-Saxons dans les affaires françaises. D'ailleurs, la perspective d'avoir à parrainer la « mariée » ne l'enthousiasme guère : les Américains ont toujours surestimé l'influence qu'il pouvait exercer sur de Gaulle. D'un autre côté, Roosevelt ne comprendrait pas qu'il refuse de faire venir le Général ; et d'ailleurs, de Gaulle n'a-t-il pas lui-même exprimé le désir de rencontrer Giraud ? Quoi qu'il en soit, Roosevelt sait être persuasif, et Churchill, rentrant au petit matin de sa deuxième journée de discussions avec le Président, marmonne devant l'inspecteur Thompson, son garde du corps : « Il va falloir marier ces deux-là d'une façon ou d'une autre [19] ! » Et dès le lendemain, 16 janvier, il envoie au général de Gaulle le télégramme suivant : « Je serais heureux que vous veniez me rejoindre ici par le premier avion disponible — que nous fournirons. J'ai, en effet, la possibilité d'organiser un entretien entre vous et Giraud dans des conditions de discrétion complète et avec les meilleures perspectives. Il serait utile que vous ameniez Catroux, car Giraud désirera avoir avec lui quelqu'un, probablement Bergeret. Toutefois, les conversations auraient lieu entre les deux principaux Français, à moins qu'on ne trouve bon de procéder autrement. Giraud sera ici dimanche et j'espère que le temps vous permettra d'arriver lundi [20]. »

Le « marié », Giraud, arrive à Anfa le 17 janvier. Il rend d'abord

---

* En anglais : *shotgun wedding*.

visite au président Roosevelt, avec qui il a une entrevue cordiale *. Le Président lui dit qu'il aimerait le voir à la tête de l'organisation militaire, « avec de Gaulle pour adjoint, et une troisième personne comme chef politique en Afrique du Nord française [22] ». Une heure plus tard, Giraud rend également visite à Churchill dans la villa voisine, et leur conversation nous donne un aperçu intéressant des préoccupations du Premier ministre à ce moment :

Churchill : « Comme je suis content de vous revoir ! Que de chemin parcouru depuis Metz **. Mais vous n'avez pas changé. »

Giraud : « Vous non plus, Monsieur le Premier Ministre. »

Churchill : « C'est vrai, je suis solide. Et cependant c'est dur. Mais le whisky conserve. Vous prenez un whisky ? »

(Churchill parle de la flotte française à Alexandrie, puis de Mers el-Kébir.)

Churchill : « Laissons cela, voulez-vous. Le passé est le passé. Passons à l'avenir. Avez-vous reçu quelque chose de De Gaulle ? »

Giraud : « Rien. »

Churchill : « Moi non plus. Cela m'étonne. Il devrait être là. Je lui ai donné tous les moyens pour venir. Il fait la mauvaise tête, comme par hasard. Il n'est pas commode, votre camarade de Gaulle. Vous le connaissez ? »

Giraud : « Je l'ai eu sous mes ordres, à Metz. »

Churchill : « Vous êtes bien ensemble ? »

Giraud : « Pas mal. »

Churchill : « C'est un type. Je n'oublierai jamais qu'il est le premier étranger, pour ne pas dire le seul, qui n'ait pas désespéré de l'Angleterre en juin 1940. Je serais très désireux, dans l'intérêt de la France et dans notre intérêt à tous, de voir votre entente. Il quitterait Londres. Il reviendrait s'installer à Alger à côté de vous. Ce serait parfait. »

Giraud : « Évidemment. »

Churchill : « Pour cela, il faut qu'il vienne. Je vais lui télégraphier que vous êtes déjà là. Il ne doit pas tarder maintenant. En attendant, vous réglerez vos questions militaires avec l'état-major. Venez voir mes cartes [23]. »

A Londres, le 16 janvier, de Gaulle ne sait toujours pas que

---

* Le général Giraud demande à Roosevelt de lui fournir des armes et du matériel pour équiper une armée de 300 000 hommes, et le Président accepte. Roosevelt ne sera d'ailleurs pas très favorablement impressionné par Giraud : « J'ai bien peur que nous n'ayons pris appui sur une planche pourrie. C'est un piètre administrateur, ce sera un piètre chef [21]. »

** Churchill avait rencontré Giraud à Metz avant la guerre.

Churchill a quitté l'Angleterre. Il attend de recevoir une nouvelle invitation à se rendre à Washington. Quant à la réponse de Giraud à son second télégramme, elle est aussi peu satisfaisante que la première ; prétextant des « engagements antérieurs », le général Giraud s'excuse de ne pouvoir rencontrer de Gaulle avant la fin de janvier. Mais de Gaulle sent bien qu'il est en position de force : le mythe de l'indépendance de Vichy vient d'être dissipé par les événements de novembre 1942, le *Foreign Office* soutient de plus en plus la France Combattante, la Résistance française est maintenant en contact étroit avec le général de Gaulle, l'opinion publique en Afrique du Nord se tourne de plus en plus vers lui, et le général Giraud a une réputation solidement établie d'incompétence en matière politique. Seul de Gaulle peut représenter la République, et l'esprit de la Résistance française. L'unique solution possible est donc de constituer à Alger un comité national élargi avec de Gaulle pour président, tandis que Giraud deviendra commandant en chef de l'armée ; il n'y a pas d'autre voie. « Les Américains, déclare le Général à Hervé Alphand, s'en apercevront d'ici quinze jours [24]. » Mais il n'y a toujours aucune lettre du président Roosevelt ; par contre, Anthony Eden demande au Général de venir le voir le 17 janvier au matin.

L'entrevue a lieu au *Foreign Office* vers midi, en présence de sir Alexander Cadogan. Eden déclare au Général qu'il a une communication hautement confidentielle à lui faire de la part du Premier ministre, qui se trouve en Afrique du Nord ; après quoi il lui remet le télégramme de Churchill l'invitant à Casablanca. Et M. Eden notera dans son rapport :

« Il lit le télégramme en silence, jusqu'à ce qu'il parvienne au nom du général Bergeret, après quoi il s'exclame : " Ah, ils vont même amener celui-là ", ou quelque chose comme cela. Ayant fini sa lecture, le Général n'exprime pas la moindre satisfaction. Il déclare qu'il avait souhaité rencontrer le général Giraud immédiatement après l'assassinat de l'amiral Darlan, mais que le général Giraud s'y était refusé. A présent, le moment est moins bien choisi. Il n'est pas non plus très enthousiaste à l'idée de rencontrer le général Giraud sous les auspices des deux grands alliés. Il serait par trop incité à faire des concessions, alors qu'il sait bien qu'il ne doit pas en faire. »

M. Eden expose alors au Général les avantages d'une telle entrevue, et il ajoute que « le Premier ministre a eu le plus grand mal à l'organiser ».

« Le général de Gaulle, continue M. Eden dans son rapport, me dit qu'il comprend bien que l'initiative puisse venir du Premier ministre, mais que d'un autre côté, nos intérêts et les siens ne sont pas forcément identiques. Nous n'avons jamais voulu comprendre que la seule véritable force en France actuellement est la France Combattante. En dehors d'elle, il n'y a que Vichy. Le général Giraud, qui est suspendu quelque part entre les deux, ne représente rien. Sir A. Cadogan et moi contestons ces déclarations, et nous demandons au général de Gaulle s'il est disposé, oui ou non, à s'entendre avec le général Giraud. Il répond qu'il est disposé à rencontrer le général Giraud à Fort-Lamy pour un entretien seul à seul [...]. D'après de Gaulle, il s'agit maintenant pour Giraud de se rallier à la France Combattante [...]. Je lui fais remarquer que le Premier ministre et le président des États-Unis s'étant mis d'accord pour organiser cette rencontre, il me paraît inconcevable que lui, de Gaulle, puisse refuser d'aller y prendre part. Je ne doute pas que le Premier ministre ait expliqué au Président la situation du général de Gaulle, et ce dernier a maintenant l'occasion de l'exposer lui-même, ce qui est précisément ce qu'il comptait faire lors de son voyage aux États-Unis.

« Le général de Gaulle répond que c'est là une tout autre question. Si le Président désire le voir, il peut toujours aller lui rendre visite en Amérique, mais comment peut-on l'inviter, lui, à venir rencontrer qui que ce soit sur une terre française ? [...] Le général de Gaulle fait remarquer que si la victoire est remportée pour le compte des hommes de Vichy, la France n'aura pas retiré grand-chose de cette guerre. Il insiste sur le fait que le général Giraud ne représente que peu de chose, et répète qu'il lui serait très embarrassant d'être amené à s'entendre avec Giraud en présence de deux hommes d'État étrangers. [...]. En fin de compte, le Général promet de réfléchir et de revenir me voir cet après-midi, ou de me faire parvenir sa réponse à 15 h 30 [25]. »

Il ne faut pas longtemps au général de Gaulle pour se décider. Il écrira plus tard dans ses *Mémoires* : « Ma réaction fut défavorable. Sans doute, M. Eden me donnait-il à entendre que Roosevelt était, lui aussi, au Maroc, où les chefs alliés tenaient une conférence pour arrêter leurs plans communs. Mais, alors, pourquoi Churchill ne me l'indiquait-il pas ? Pourquoi ne donnait-il pas d'autre objet à l'invitation qu'une rencontre avec Giraud ? Pourquoi cette invitation m'était-elle faite en son seul nom ? S'il me fallait me rendre à Anfa pour figurer dans une compétition à titre de " poulain " des Britanniques, tandis que les Américains y engageraient le leur, ce serait là une comédie inconvenante, voire dangereuse [26]. »

Sans avoir consulté le Comité, de Gaulle revient au *Foreign Office* à 17 heures, et remet à M. Eden un message pour le Premier ministre — c'est un refus poli, mais ferme :

« Votre message, qui m'a été remis aujourd'hui à midi par M. Eden, est pour moi assez inattendu. Comme vous le savez, j'ai télégraphié plusieurs fois à Giraud depuis Noël pour le presser de me rencontrer. Bien que la situation ait évolué, depuis, dans un sens qui rend maintenant une entente moins facile, je rencontrerais volontiers Giraud en territoire français, où il le voudra et dès qu'il le souhaitera, avec tout le secret désirable. Je lui envoie, dès à présent, un officier pour ses liaisons directes. J'apprécie au plus haut point les sentiments qui inspirent votre message et je vous en remercie très vivement. Permettez-moi de vous dire, cependant, que l'atmosphère d'un très haut aréopage allié autour de conversations Giraud-de Gaulle et, d'autre part, les conditions soudaines dans lesquelles ces conversations me sont proposées ne me paraissent pas les meilleures pour un accord efficace. Des entretiens simples et directs entre chefs français seraient, à mon avis, les plus propres à ménager un arrangement vraiment utile. Je tiens à vous assurer, une fois de plus, que le Comité national français ne sépare en rien l'intérêt supérieur de la France de celui de la guerre et des Nations unies. C'est pour cette raison qu'à mon avis, un redressement rapide et complet de la situation intérieure en Afrique du Nord française est nécessaire dans des conditions conformes à l'effort maximum pour la guerre et au succès de nos principes. Je télégraphie, à nouveau, à Giraud pour lui renouveler, encore une fois, ma proposition d'une rencontre immédiate, proposition à laquelle je n'ai reçu de lui, jusqu'à présent, aucune réponse précise [27]. »

A Anfa, on reçoit ce télégramme au matin du 18 janvier. Churchill est mortifié ; le refus du Général est déjà embarrassant en soi, mais reçu en présence de Roosevelt, il prend l'allure d'un affront personnel ; le fait que le Président semble considérer tout cela comme une sorte de joyeuse compétition visant à organiser un « mariage forcé » n'est pas fait pour arranger les choses... La veille, en effet, Roosevelt a envoyé à Eden le message suivant : « J'ai amené le marié. Où donc est la mariée [28] ? » A présent, Roosevelt affecte de prendre à la plaisanterie le refus du Général, et Robert Murphy écrira qu'il « prenait un certain plaisir à la déconfiture de Churchill [29] ». Il laisse entendre que Churchill est un « mauvais père », incapable de se faire respecter par son « enfant terrible », et cette image paraît l'amuser énormément. Par contre, l'humour de la situation échappe complètement à Churchill, et il est furieux. Mais ni le Président ni le Premier ministre n'ont vraiment examiné les raisons du refus du Général ; c'est que la discussion se situe à un niveau nettement moins élevé :

Roosevelt : « Il faut que vous fassiez venir votre enfant terrible. »

Churchill : « De Gaulle est sur ses grands chevaux. Je n'arrive pas à le faire bouger de Londres. Le complexe de Jeanne d'Arc, vous comprenez... [30] »

Ou encore :

Roosevelt : « Qui paie pour la nourriture de De Gaulle ? »

Churchill : « Eh bien, c'est nous *. »

Roosevelt : « Pourquoi ne pas lui couper les vivres ? Il viendra peut-être... [31] »

Churchill s'en retourne méditer dans sa propre villa, et Roosevelt, qui ne craint pas de ressasser ses plaisanteries lorsqu'il les trouve bonnes, envoie à Cordell Hull le télégramme suivant :

« Nous avons amené le marié, Giraud, qui était tout à fait disposé à conclure le mariage, et certainement dans les termes que nous lui aurions dictés. Pourtant, nos amis n'ont pu faire venir la mariée, la capricieuse " lady de Gaulle ". Elle a pris ombrage de nos projets, ne veut voir aucun d'entre nous, et ne paraît nullement disposée à partager la couche de Giraud. Dans ces conditions, nous ferons de notre mieux, et je crois pouvoir faire sortir quelque chose d'assez bon de tout cela. Giraud me fait l'impression d'un homme qui veut se battre, et qui ne s'intéresse guère aux questions politiques [32]. »

En fait, le général Giraud rend visite au Président ce même soir vers 18 heures, et Churchill les rejoint peu après. Giraud écrira dans ses *Mémoires* : « A ce moment entre M. Churchill. [...] Il jette son chapeau sur le canapé et, maugréant, déclare que le général de Gaulle fait des difficultés pour venir, il ne sait sous quel prétexte. Dans ces conditions, il va télégraphier à Londres qu'il n'admet pas une pareille attitude, et que le général de Gaulle doit choisir entre sa venue ici et les subsides que le Trésor anglais verse au Comité national. S'il refuse de se rendre à Casablanca, l'accord initial passé en 1940 entre lui et le gouvernement de Sa Majesté sera annulé. M. Roosevelt approuve cette attitude [33]. »

Churchill retourne donc à sa villa, et se met en devoir de rédiger l'instruction suivante à l'intention de M. Eden :

« Remettez de ma part le télégramme suivant au général de

---

* Bien entendu, les choses ne sont pas si simples. En 1943, la marine marchande et l'Afrique-Équatoriale Française apportent à la Grande-Bretagne d'importantes ressources, qui compensent pour une large part les subsides que celle-ci verse à la France Libre.

Gaulle, si vous l'estimez opportun. " Je suis autorisé à déclarer que l'invitation qui vous a été faite de venir ici émanait du président des États-Unis aussi bien que de moi. Je n'ai pas encore parlé de votre refus au général Giraud qui n'est venu qu'avec deux officiers d'état-major et qui attend ici. Les conséquences de ce refus, si vous le mainteniez, seraient, à mon avis, très défavorables tant pour vous-même que pour votre mouvement. Tout d'abord, nous sommes en train de prendre, pour l'Afrique du Nord, des dispositions sur lesquelles j'aurais été heureux de vous consulter, mais qui seront, dans le cas contraire, réglées en votre absence. Ces dispositions, une fois décidées, seront appuyées par la Grande-Bretagne et les États-Unis. Votre refus de venir à la réunion proposée sera, je le crois, à peu près universellement blâmé par l'opinion publique et constituera une réponse péremptoire à toute réclamation éventuelle de votre part. Bien entendu il ne pourra plus être question que vous vous rendiez sous peu aux États-Unis si vous rejetez maintenant l'invitation du Président. Tous mes efforts pour aplanir les difficultés qui ont surgi entre l'Amérique et votre mouvement auront définitivement échoué. Il ne me sera certainement plus possible de les reprendre tant que vous resterez à la tête de ce mouvement. Le gouvernement de Sa Majesté devra également revoir sa position envers celui-ci tant que vous en demeurerez le chef. Si, en toute connaissance de cause, vous rejetez de nouveau cette occasion unique, nous essaierons de poursuivre notre route sans vous, de notre mieux. La porte est encore ouverte. "

« Je vous laisse toute latitude pour apporter à ce message les modifications qui vous paraîtraient désirables, à condition qu'elles n'en altèrent pas le caractère de gravité. La difficulté, c'est que nous ne pouvons faire appel directement au Comité national français, à cause du secret qui entoure nos délibérations. Voilà des jours que je me bats pour de Gaulle, et que je prends toutes les dispositions possibles pour amener une réconciliation durable entre les Français. S'il rejette la chance qui lui est offerte aujourd'hui, j'estime que son remplacement à la tête du mouvement de la France Libre deviendra une condition essentielle au soutien du gouvernement de Sa Majesté dans l'avenir. J'espère que vous lui transmettrez cela dans toute la mesure que vous jugerez convenable. Vous devriez le malmener assez rudement, et ce dans son propre intérêt [34]. »

A Londres, Anthony Eden reçoit ce télégramme au matin du 19 janvier. Il convoque le Cabinet pour 17 heures, et lui en donne lecture. L'ensemble du Cabinet s'accorde pour estimer que de

Gaulle est fortement soutenu par la presse et l'opinion publique anglaises, et que toute tentative pour lui forcer la main serait très mal accueillie dans le pays. On constate également que toute rupture avec de Gaulle porterait un coup mortel à la Résistance française [35]. Le Cabinet décide donc de modérer le ton du message ; on remplacera : « Nous sommes en train de prendre, pour l'Afrique du Nord, des dispositions sur lesquelles j'aurais été heureux de vous consulter », qui semble un peu cavalier, par : « Nous aurions été heureux que vous participiez aux conversations », qui paraît plus démocratique ; on supprime : « Le gouvernement de Sa Majesté devra également revoir sa position envers le mouvement tant que vous en demeurerez le chef », qui est par trop menaçant, et la fin du message, jugée trop insignifiante, est remplacée par une formule diplomatique plus classique : « Si, en toute connaissance de cause, vous rejetez cette occasion unique, les conséquences ne pourront être qu'extrêmement graves pour l'avenir du mouvement de la France Combattante [36]. »

Anthony Eden demande ensuite au Général de venir le voir au *Foreign Office*, mais de Gaulle fait répondre qu'il a d'autres engagements. Peu après 18 heures, René Pleven rend visite à lord Strang ; il lui confie que le Général s'attend à ce que le ton de la nouvelle note du Premier ministre soit très dur, et craint de ne pouvoir se contenir lorsqu'il en prendra connaissance [37]. Eden fait donc porter au Général le télégramme de Churchill, dans sa version modérée...

Le Général, « sans relever ce que le message comportait de menaçant et qui, après maintes expériences », ne l'« impressionnait plus beaucoup » [38], décide tout de même que la communication est assez sérieuse pour être transmise au Comité national. A la réunion du Comité le lendemain, il ne manifeste guère d'enthousiasme à l'idée de se rendre à Anfa, où il serait « soumis à toutes sortes de pressions », et ne pourrait « peut-être même pas parler avec Giraud seul à seul » [39]. Pourtant, plusieurs membres du Comité, en particulier Catroux et Pleven, se prononcent énergiquement en faveur de ce voyage, et l'ensemble du Comité finit par recommander au Général d'accepter l'invitation, ne serait-ce que « pour entendre les suggestions qui seraient faites [40] ». Dans l'après-midi du 20 janvier, de Gaulle finit par accepter, non sans la plus grande réticence. « J'irai au Maroc, confie-t-il à Soustelle, pour me rendre à l'invitation de Roosevelt. Je n'y serais pas allé pour Churchill seul... [41] »

A 17 heures, de Gaulle se rend chez Anthony Eden, lui fait

savoir qu'il accepte de se rendre à Anfa, et lui donne le message suivant à l'intention du Premier ministre :

« Il m'apparaît, par votre deuxième message, que votre présence là-bas et celle du président Roosevelt ont pour but de réaliser avec le général Giraud certains arrangements concernant l'Afrique du Nord française. Vous voulez bien me proposer de prendre part aux discussions, en ajoutant, toutefois, que les arrangements seront éventuellement conclus sans ma participation. Jusqu'à présent toute l'entreprise alliée en Afrique du Nord française a été décidée, préparée et exécutée sans aucune participation officielle de la France Combattante et sans que j'aie pu disposer d'aucun moyen d'être informé directement et objectivement des événements. [...] Les décisions qui ont été prises en dehors de la France Combattante pour ce qui concerne l'Afrique du Nord et l'Afrique-Occidentale et, d'autre part, le maintien dans ces régions d'une autorité procédant de Vichy, ont conduit à une situation intérieure qui, semble-t-il, ne satisfait pas pleinement les Alliés et dont je puis vous assurer qu'elle ne satisfait aucunement la France. A présent, le président Roosevelt et vous-même me demandez de prendre part à l'improviste, sur ce sujet, à des entretiens dont je ne connais ni le programme ni les conditions, et dans lesquels vous m'amenez à discuter soudainement avec vous de problèmes qui engagent à tous égards l'avenir de l'Empire français et celui de la France. Je reconnais, toutefois, que, malgré ces questions de forme, si graves qu'elles soient, la situation générale de la guerre et l'état où se trouve provisoirement la France ne me permettent pas de refuser de rencontrer le président des États-Unis d'Amérique et le Premier ministre de Sa Majesté britannique. J'accepte donc de me rendre à votre réunion. Je serai accompagné par le général Catroux et l'amiral d'Argenlieu [42]. »

Le 21 janvier, à Anfa, la conférence touche à sa fin, et les chefs d'état-major se sont mis d'accord sur la nouvelle stratégie à suivre : après la libération de la Tunisie, l'objectif suivant sera la Sicile. Les Américains auraient préféré un débarquement en France dès 1943, mais ils se sont finalement inclinés devant les stratèges britanniques. Quant à Churchill, il a une autre raison d'être satisfait : ce soir-là, dans la villa du Président, Elliot Roosevelt est en train de parler à son père, lorsque le Premier ministre fait son entrée ; et le fils du Président notera ceci : « Winston entra en sautillant. " Je voulais vous dire, annonça-t-il avec un large sourire, pour de Gaulle... Il semble que nous allons quand même arriver à le faire venir ici pour participer à nos discussions. " Franklin Roosevelt ne dit rien pendant un moment, puis il se dirigea vers sa chambre à coucher : " Félicitations, Winston. J'étais sûr que vous réussiriez [43]. " »

Le 22 janvier, à 11 heures du matin, l'avion du général de Gaulle atterrit à Fédala, près de Casablanca. Le Général est accompagné de Catroux, d'Argenlieu, Palewski et Hettier de Boislambert. A l'aéroport, ils sont reçus en grand secret par le colonel de Linarès, M. Codrington, et le général américain Wilbur, que de Gaulle a connu jadis à l'École supérieure de guerre. Les premières impressions du Général sont nettement défavorables : il n'y a pas de garde d'honneur, mais on voit partout des sentinelles américaines ; il est conduit à Anfa dans une voiture américaine, logé dans une villa réquisitionnée par les Américains, où le service est assuré par des soldats américains, tandis que tout le secteur est entouré de fil de fer barbelé et gardé par des sentinelles américaines — tout cela en territoire français... « Bref, écrira le Général, c'était la captivité. » Pire encore, « une sorte d'outrage [44] ».

De Gaulle est donc d'humeur massacrante lorsqu'il se rend au déjeuner donné en son honneur par le général Giraud ; les premières paroles qu'il adresse à ce dernier sont d'ailleurs sarcastiques à souhait : « Bonjour, mon Général. Je vois que les Américains vous traitent bien [45]. » Après quoi il explose : « Eh quoi ? Je vous ai, par quatre fois, proposé de nous voir et c'est dans cette enceinte de fil de fer, au milieu des étrangers, qu'il me faut vous rencontrer ? Ne sentez-vous pas ce que cela a d'odieux au point de vue national [46] ? »

Le général de Gaulle écrira que le repas s'est tout de même déroulé dans une atmosphère cordiale. En tout cas, il a mal commencé : ayant appris que la maison était gardée par des sentinelles américaines, de Gaulle refuse de se mettre à table avant qu'elles n'aient été remplacées par des soldats français [47]. Après le repas, il n'est plus question de cordialité ; Giraud déclare à plusieurs reprises qu'il est solidaire des « proconsuls » Noguès, Boisson, Peyrouton et Bergeret, et que s'il est résolu à combattre les Allemands, il n'a rien contre le régime de Vichy [48]. Quant à de Gaulle, il déclare tout net qu'il est venu contre son gré, et qu'il refuse de discuter sous l'égide des Anglo-Saxons ; il a aussi quelques mots très durs pour Churchill et Roosevelt [49]. On se sépare très froidement, sans prendre de nouveau rendez-vous, et le général de Gaulle regagne sa villa.

En fin d'après-midi, de Gaulle, qui est resté chez lui sur une réserve calculée, reçoit la visite de M. Macmillan, lequel finit par le persuader d'aller rendre visite à Churchill, qui habite l'une des villas voisines. Churchill résumera en trois mots l'entrevue qui va suivre : « Un entretien glacial [50]. » De Gaulle, lui, sera plus disert : « En abordant le Premier ministre, je lui dis avec vivacité que je ne serais pas venu si j'avais su qu'il me faudrait être encerclé, en terre française, par les baïonnettes américaines. " C'est un pays occupé ! " s'écria-t-il [51]. » Et Churchill explose à son tour. « Je lui fis très clairement comprendre, écrira-t-il, que s'il persistait à être un obstacle, nous n'hésiterions pas à rompre définitivement avec lui [52]. » Ce qui, exprimé en français churchillien, a donné très exactement ceci : « Si vous m'obstaclerez, je vous liquiderai ! »

« Nous étant tous deux radoucis, poursuit le général de Gaulle, nous abordâmes le fond des choses. Le Premier ministre m'expliqua qu'il s'était mis d'accord avec le Président sur un projet de solution du problème de l'Empire français. Les généraux Giraud et de Gaulle seraient placés conjointement à la présidence d'un comité dirigeant, où eux-mêmes, ainsi que tous les autres membres, seraient égaux à tous égards. Mais Giraud exercerait le commandement militaire suprême, en raison notamment du fait que les États-Unis, devant fournir de matériel l'armée française réunifiée, n'entendaient régler la question qu'avec lui. " Sans doute, avança M. Churchill, mon ami le général Georges pourrait-il vous compléter à titre de troisième président. " Quant à Noguès, Boisson, Peyrouton, Bergeret, ils conserveraient leur poste et entreraient au Comité. " Les Américains, en effet, les avaient maintenant adoptés et voulaient qu'on leur fît confiance. "

« Je répondis à M. Churchill que cette solution pouvait paraître adéquate au niveau — d'ailleurs très estimable — des sergents-majors américains, mais que je n'imaginais pas que lui-même la prît au sérieux. Quant à moi, j'étais obligé de tenir compte de ce qui restait à la France de sa souveraineté. J'avais, il n'en pouvait douter, la plus haute considération pour lui-même et pour Roosevelt, sans toutefois leur reconnaître aucune sorte de qualité pour régler la question des pouvoirs dans l'Empire français. Les Alliés avaient, en dehors de moi, contre moi, instauré le système qui fonctionnait à Alger. N'y trouvant, apparemment, qu'une satisfaction médiocre, ils projetaient, à présent, d'y noyer la France Combattante. Mais celle-ci ne s'y prêterait pas. S'il lui fallait disparaître, elle préférait le faire avec honneur.

« M. Churchill ne parut pas saisir le côté moral du problème. " Voyez, dit-il, ce qu'est mon propre gouvernement. Quand je l'ai formé, naguère, désigné que j'étais pour avoir lutté longuement contre l'esprit de Munich, j'y ai fait entrer tous nos munichois notoires. Eh bien ! ils ont marché à fond, au point qu'aujourd'hui on ne les distingue pas des autres. " — " Pour parler ainsi, répondis-je, il faut que vous perdiez de vue ce qui est arrivé à la France. Quant à moi, je ne suis pas un homme politique qui tâche de faire un cabinet et de trouver une majorité parmi des parlementaires. " Le Premier ministre me pria, cependant, de réfléchir au projet qu'il m'avait exposé. " Ce soir, ajouta-t-il, vous conférerez avec le président des États-Unis et vous verrez que, sur cette question, lui et moi sommes solidaires. " [53] »

Lord Moran, le médecin de Churchill, décrira dans son journal la fin de l'entretien : « Lorsqu'ils sortirent enfin du petit salon de notre villa, le Premier ministre resta un moment dans l'entrée à contempler le Français qui traversait le jardin à grandes enjambées, le port altier. Puis Winston se tourna vers nous et dit avec un sourire entendu :

— Son pays a abandonné la lutte, lui-même n'est qu'un réfugié, et si nous lui retirons notre appui, c'est un homme fini. Eh bien, regardez-le ! Non mais regardez-le ! On croirait Staline, avec deux cents divisions derrière lui. Je ne l'ai pas ménagé. Je lui ai dit tout net que s'il ne se montrait pas plus coopératif, nous le laisserions carrément tomber.

— Et comment l'a-t-il pris ? demandai-je.

— Oh, répondit le Premier ministre, il n'y a guère prêté attention. Mes avances comme mes menaces n'ont pas produit la moindre réaction [54]. »

Ce soir-là, le président Roosevelt donne un dîner en l'honneur du sultan du Maroc. Churchill n'est pas au mieux de sa forme à cette occasion : « Il était renfrogné, écrira Hopkins, et paraissait s'ennuyer ferme. » L'absence complète d'alcool à ce dîner y est peut-être pour quelque chose. Après le repas, Churchill annonce à Roosevelt qu'il « a mené la vie dure à de Gaulle [55] ». Il suggère à Roosevelt de ne rencontrer le Général que le lendemain matin, mais sur les conseils de Hopkins, le Président décide de le recevoir ce soir-là comme prévu.

C'est ainsi que tard dans la soirée, de Gaulle rencontre pour la première fois le président Roosevelt. Harry Hopkins note que le Général « arriva avec un air froid et sévère [56] ». Elliot Roosevelt, qui est également présent, ajoute : « Il entra à grandes enjambées [...] nous donnant l'impression que son crâne étroit était environné d'éclairs [57]. » Le Président, habillé de blanc et assis sur un large canapé, est tout sourires et prie de Gaulle de prendre place à ses côtés [58]. Le Général écrira plus tard : « Ce soir-là, nous fîmes assaut de bonne grâce, mais nous nous tînmes, d'un commun accord, dans une certaine imprécision à propos de l'affaire française. Lui, traçant d'un pointillé léger la même esquisse que, d'un trait lourd, m'avait dessinée Churchill et me laissant doucement entendre que cette solution s'imposerait parce que lui-même l'avait résolu [59]. » Et il ajoutera : « [Roosevelt] se montra empressé à porter son esprit vers le mien, usant du charme, pour me convaincre, plutôt que des arguments, mais attaché une fois pour toutes au parti qu'il avait pris [60]. »

C'est également l'impression qu'en retire le fils du Président, qui rapporte les paroles suivantes : « " Je suis sûr que nous parviendrons à aider votre grand pays à renouer avec son destin ", dit mon père en faisant jouer tout son charme. Son interlocuteur se contente d'émettre un grognement pour toute réponse. " Et je vous assure que mon pays se fera un honneur de participer à cette entreprise, ajoute mon père. " — " Je suis heureux de vous l'entendre dire ", répond le Français sur un ton glacial [61]. »

Mais ce ne sont là que des banalités. Elliot Roosevelt n'est plus là lorsque commencent les discussions sérieuses, car le Président a voulu s'entretenir avec de Gaulle seul à seul — ce qui n'empêche pas l'un des aides de camp du Président, le capitaine Mac Crea, de prendre quelques notes, « à partir d'un point d'observation assez inconfortable, écrira-t-il lui-même, une fente dans une porte légèrement entrebâillée [62] »... Le Président commence par dire que tout l'objet de ses discussions avec Churchill est d'organiser la suite de la guerre, et de se mettre d'accord sur le choix de nouveaux théâtres d'opérations. Il évoque ensuite la situation politique en Afrique du Nord, et déclare le plus sérieusement du monde qu'il « suppose que la collaboration du général Eisenhower avec l'amiral Darlan a causé quelque étonnement au général de Gaulle ». Néanmoins, lui, Roosevelt « a entièrement approuvé la décision du général Eisenhower dans cette affaire, et les choses évoluaient dans le bon sens, lorsque l'amiral mourut malencontreusement ». En ce qui concerne l'exercice de la souveraineté en Afrique du Nord, « aucun des candidats au pouvoir n'a le droit de prétendre qu'il représente à lui seul la souveraineté de la France. [...] Les nations alliées qui se battent actuellement en territoire français le font pour la libération de la France, et exercent en quelque sorte un mandat politique pour le compte du peuple français ». En d'autres termes, la France est assimilée à un enfant en bas âge qui a absolument besoin d'un tuteur. « La seule chose qui pourrait sauver la France, conclut le Président, c'est l'union de tous ses bons et loyaux serviteurs pour vaincre l'ennemi, et une fois la guerre terminée, la

France victorieuse pourra à nouveau exercer sa souveraineté politique sur la Métropole et sur l'Empire [63]. »

Depuis son point d'observation improvisé, derrière la porte entrebâillée, le capitaine Mac Crea a quelques difficultés à suivre la conversation : « Le général de Gaulle parlait trop bas pour que je puisse entendre quoi que ce soit, avouera-t-il, et je ne puis donc rapporter aucune de ses paroles. » En fait, de Gaulle a délicatement mais fermement indiqué au Président que « la volonté nationale avait, déjà, fixé son choix et que, plus tôt ou plus tard, le pouvoir qui s'établirait dans l'Empire, puis dans la Métropole, serait celui que la France voulait [64] ».

Mais plusieurs autres témoins assistent également à cette conversation en « tête à tête », ainsi que le notera Harry Hopkins : « Au beau milieu de la conférence, je m'aperçus que tous les membres du service secret affecté à la protection du Président se tenaient derrière le rideau au-dessus de la galerie du living-room, et derrière les portes qui donnaient accès à la pièce ; j'aperçus même une mitraillette aux mains de l'un d'eux. [...] Quittant la salle, je sortis pour parler aux gens du service secret, afin de découvrir ce qui se passait ; je les trouvai tous armés jusqu'aux dents, et munis d'une douzaine de mitraillettes environ. Je leur en demandai la raison. Ils me répondirent qu'ils croyaient devoir prendre toutes les précautions nécessaires pour qu'il n'arrivât rien au Président. On n'avait pas fait tout ce cirque quand Giraud avait rencontré le Président, et cela reflétait bien l'atmosphère qui environnait de Gaulle à Casablanca. Le spectacle du service secret en armes m'a paru d'une incroyable drôlerie, et jamais une pièce de Gilbert et Sullivan n'aurait pu l'égaler. Le pauvre général de Gaulle, qui n'en savait probablement rien, a été tenu sous la menace des armes à feu pendant toute sa visite * [65]. »

Mais le président des États-Unis et le chef de la France Combattante prennent bien soin d'éviter tout éclat, et au bout d'une demi-heure ils se séparent, satisfaits et détendus. Sur le chemin du retour, de Gaulle confie à Hettier de Boislambert : « Voyez-vous, j'ai rencontré aujourd'hui un grand homme d'État. Je crois que nous nous sommes bien entendus et compris [67]. »

Il n'arrivera rien de semblable lors du second entretien qui réunit de Gaulle et Giraud le lendemain matin ; ce dernier, comme on pouvait le prévoir, se prononce en faveur de la solution anglo-

---

* « *Poor General de Gaulle [...] was covered by guns...* » Dans la version française du livre *(Le Mémorial de Roosevelt)*, on trouve une traduction surprenante de ce passage : « Le pauvre général de Gaulle [...] *a été protégé* par des armes à feu [66]. »

américaine, et répète que la politique ne l'intéresse pas. De Gaulle tente de lui expliquer qu'il s'est compromis politiquement en affirmant sa fidélité au Maréchal, et cherche à le convaincre de rallier la France Combattante. Mais Giraud exige le pouvoir suprême, et demande que ce soit la France Combattante qui se rallie à lui. En fin de compte, on s'accorde seulement pour établir une liaison entre les deux mouvements, et on se sépare dans une atmosphère glaciale.

Il est bien clair à ce stade que Churchill et Roosevelt ont échoué dans leurs efforts pour réunir les deux factions opposées. Mais il faut aussi se souvenir que tel n'est pas réellement le but du président Roosevelt ; il veut seulement donner à tous — et surtout à l'opinion publique américaine — *l'impression* qu'il a réussi à réconcilier Giraud et de Gaulle, réduisant du même coup au silence ses nombreux détracteurs, aux États-Unis comme ailleurs. Or il suffit pour cela d'un communiqué judicieusement établi, et signé par les deux généraux français. Roosevelt va passer une partie de la nuit à le rédiger, avec l'aide de Murphy et de Churchill. Ce dernier aurait sans nul doute préféré une réconciliation véritable entre les deux généraux ; mais cela semble à présent impossible, et d'ailleurs, lui, Churchill, a aussi une opinion publique à apaiser... Le communiqué fera donc l'affaire. On finit par se mettre d'accord sur le texte suivant : de Gaulle et Giraud se proclament d'accord sur « les principes des Nations unies », et annoncent leur intention de former en commun un comité pour administrer l'Empire français dans la guerre. Les deux généraux en seront les coprésidents [68]. Ce projet de communiqué est soumis à Giraud et de Gaulle. Giraud accepte d'emblée ; reste à convaincre de Gaulle.

Le général de Gaulle est de très méchante humeur. Il vient d'apprendre que Roosevelt a tenu la veille au sultan du Maroc « un langage qui cadrait mal avec le protectorat français » ; il a également appris que lors d'un entretien avec Giraud, Churchill a arbitrairement fixé la valeur de la livre sterling en Afrique du Nord à 250 francs français, au lieu des 176 francs fixés antérieurement. On dit aussi que Churchill et Roosevelt se sont mis d'accord pour reconnaître au général Giraud « le droit et le devoir d'agir comme gérant des intérêts français, militaires, économiques et financiers * ». Pour couronner l'édifice, on vient de faire savoir à de Gaulle que la conférence se terminerait dans les vingt-quatre heures

---

* Loin d'approuver cette formule, Churchill ne l'a même pas vue. Lorsqu'il en prendra connaissance au début de février, il la fera substantiellement modifier.

— alors qu'à aucun moment, le Général n'a été informé ni consulté au sujet des plans d'opérations futurs...

Le chef de la France Combattante en est encore à ruminer tous ces « affronts » lorsque Robert Murphy et Harold Macmillan viennent lui soumettre le projet de communiqué établi pendant la nuit. Et de Gaulle écrira dans ses *Mémoires* : « Sans doute la formule était-elle trop vague pour nous engager à grand-chose. Mais elle avait le triple inconvénient de provenir des Alliés, de laisser entendre que je renonçais à ce qui n'était pas simplement l'administration de l'Empire, enfin de donner à croire que l'entente était réalisée alors qu'elle ne l'était pas. Après avoir pris l'avis — unanimement négatif — de mes quatre compagnons, je répondis aux messagers que l'élargissement du pouvoir national français ne saurait résulter d'une intervention étrangère, si haute et si amicale qu'elle pût être. Toutefois, j'acceptai de revoir le Président et le Premier ministre avant la dislocation prévue pour l'après-midi [69]. »

Churchill est lui aussi de fort méchante humeur : de Gaulle a refusé de venir à Anfa ; lorsqu'il est enfin venu, il a refusé de s'entendre avec Giraud, puis il a refusé le plan anglo-américain de réconciliation entre Français, et voici qu'il refuse même de signer un communiqué destiné à atténuer les effets de tous ses refus ! Lui, le Premier ministre de Sa Majesté, a été littéralement bafoué en présence du président des États-Unis, par un homme que tout le monde considère comme son obligé et sa créature. Le comportement du Général est inexcusable... Pour Churchill, le fait que de Gaulle puisse avoir raison n'est qu'une circonstance aggravante. Le Premier ministre n'est pas seulement de mauvaise humeur ; il est hors de lui.

La visite d'adieu que va rendre le chef de la France Libre à M. Churchill sera donc des plus animées. Churchill préférera n'en rien dire dans ses *Mémoires*. De Gaulle, lui, écrira ceci : « Mon entretien avec M. Churchill revêtit, de son fait, un caractère d'extrême âpreté. De toute la guerre, ce fut la plus rude de nos rencontres. Au cours d'une scène véhémente, le Premier ministre m'adressa des reproches amers, où je ne pus voir autre chose que l'alibi de l'embarras. Il m'annonça qu'en rentrant à Londres il m'accuserait publiquement d'avoir empêché l'entente, dresserait contre ma personne l'opinion de son pays et en appellerait à celle de la France [70]. » Churchill ajoute que si de Gaulle ne signe pas le communiqué, il « le dénoncera aux Communes et à la radio ». A quoi de Gaulle lui rétorque qu'« il est libre de se déshonorer [71] ». « Je me bornai à lui répondre, écrira de Gaulle, que mon amitié

pour lui et mon attachement à l'alliance anglaise me faisaient
déplorer l'attitude qu'il avait prise. Pour satisfaire, à tout prix,
l'Amérique, il épousait une cause inacceptable pour la France,
inquiétante pour l'Europe, regrettable pour l'Angleterre [72]. »
Là-dessus, de Gaulle s'en va rendre visite au Président dans la villa
voisine...

Entre-temps, Harry Hopkins, après avoir vu Macmillan, a
annoncé au Président que de Gaulle refusait de signer le communiqué. « Il ne s'en montra guère satisfait, écrira Hopkins, mais je lui
recommandai instamment de ne pas désavouer de Gaulle, même si
celui-ci se conduisait mal. J'étais persuadé — et je le suis encore —
que Giraud et de Gaulle désiraient travailler ensemble ; je priai
donc le Président de se montrer conciliant et de ne pas trop malmener de Gaulle. S'il a besoin d'être malmené, lui dis-je, que
Churchill s'en charge, puisque le mouvement de la France Libre est
financé par les Anglais. Je dis au Président qu'à mon avis, nous
arriverions à obtenir un accord des deux généraux sur une déclaration commune, et une photo où on les verrait ensemble. Giraud est
arrivé à 11 h 30. A ce moment-là, de Gaulle était chez Churchill.
Giraud désirait avoir confirmation des promesses qui lui avaient été
faites au sujet des livraisons à son armée, mais le Président l'a ren-
voyé à Eisenhower. La conférence s'est fort bien passée. Giraud a
accepté de collaborer avec de Gaulle. Giraud sort. De Gaulle et sa
suite entrent, de Gaulle calme et sûr de lui — il m'a plu — mais
pas de communiqué commun, et Giraud devra être sous ses ordres.
Le Président exprime son point de vue en termes fort énergiques et
exhorte vivement de Gaulle à s'entendre avec Giraud, afin de
gagner la guerre et de libérer la France [73]. »

« Le Président m'exprima, écrit de Gaulle, le chagrin qu'il
éprouvait à constater que l'entente des Français restait incertaine et
que lui-même n'avait pu réussir à me faire accepter même le texte
d'un communiqué. " Dans les affaires humaines, dit-il, il faut offrir
du drame au public. La nouvelle de votre rencontre avec le général
Giraud, au sein d'une conférence où je me trouve, ainsi que
Churchill, si cette nouvelle était accompagnée d'une déclaration
commune des chefs français et même s'il ne s'agissait que d'un
accord théorique, produirait l'effet dramatique qui doit être recherché. " — " Laissez-moi faire, répondis-je. Il y aura un communiqué, bien que ce ne puisse être le vôtre [74]. " »

« A ce moment, notera Hopkins, le service secret m'appela au
téléphone pour me prévenir de l'arrivée de Churchill. Celui-ci parlait avec Giraud dont il prenait congé. Churchill entra et je fis reve-

nir Giraud, persuadé que, s'ils pouvaient se trouver tous les quatre réunis, nous pourrions parvenir à un accord. Cela se passait alors qu'il était près de midi, heure à laquelle devait se tenir la conférence de presse. Le Président fut surpris de voir Giraud, mais il n'en laissa rien paraître [75]. »

Et de Gaulle poursuit : « Entrèrent, alors, M. Churchill, le général Giraud et leur suite, enfin une foule de chefs militaires et de fonctionnaires alliés. Tandis que tout le monde s'assemblait autour du Président, Churchill réitéra à voix haute contre moi sa diatribe et ses menaces, avec l'intention évidente de flatter l'amour-propre quelque peu déçu de Roosevelt [76]. »

Robert Murphy, qui est également présent, évoquera lui aussi la diatribe du Premier ministre : « Churchill, que l'entêtement de De Gaulle a rendu furieux, agite le doigt devant la figure du Général. Dans son français inimitable, son dentier claquant furieusement, il crie : " Mon Général, il ne faut pas obstacler [sic] la guerre [77]. " »

Le Président, écrira de Gaulle, « affecta de ne pas le remarquer, mais, par contraste, adopta le ton de la meilleure grâce pour me présenter l'ultime demande qui lui tenait à cœur. " Accepteriez-vous, tout au moins, me dit-il, d'être photographié à mes côtés et aux côtés du Premier ministre britannique en même temps que le général Giraud ? " — " Bien volontiers, répondis-je, car j'ai la plus haute estime pour ce grand soldat. " — " Iriez-vous, s'écria le Président, jusqu'à serrer la main du général Giraud en notre présence et devant l'objectif ? " Ma réponse fut : " *I shall do that for you.* " Alors, M. Roosevelt, enchanté, se fit porter dans le jardin où étaient, d'avance, préparés quatre sièges, braquées des caméras sans nombre, alignés, stylo en main, plusieurs rangs de reporters [78] ».

Et Hopkins note dans son journal : « Je ne sais qui fut le plus stupéfait, les photographes ou de Gaulle, quand ils sortirent tous les quatre, ou plutôt tous les trois, puisqu'on portait le Président jusqu'à son fauteuil. J'avoue qu'ils formaient un groupe assez solennel. Les caméras se mirent à tourner. Le Président demanda à de Gaulle et à Giraud de se serrer la main. Ils se levèrent et s'exécutèrent. Quelques-uns des opérateurs n'ayant pu enregistrer la scène, les généraux recommencèrent. Puis les Français et leur suite s'en allèrent. Churchill et le Président restèrent assis sous le chaud soleil d'Afrique — à des milliers de lieues de leur pays — à parler de la conduite de la guerre aux correspondants de presse [79]. »

C'est à cette occasion que Roosevelt fera sa fameuse déclaration sur la « reddition sans conditions ». Mais le général de Gaulle, lui, a déjà regagné sa villa. Avant de s'envoler pour Londres, il rédige un communiqué qui commence ainsi : « Nous nous sommes vus. Nous avons causé... » Il y a tout de même un élément concret : une liaison permanente sera établie entre les deux généraux. Enfin, tous deux affirment leur foi dans la victoire de la France et dans le triomphe des « libertés humaines [80] ». En dépit de la malheureuse « affaire Jeanne d'Arc * », de Gaulle rentre à Londres convaincu d'avoir fait impression sur le Président. Peu après son retour à Londres, il écrit au général Leclerc : « Mes conversations avec Roosevelt ont été bonnes. J'ai l'impression qu'il a découvert ce qu'est la France Combattante. Cela peut avoir de grandes conséquences par la suite [85]. » Le général de Gaulle se fait peut-être là quelques illusions — au moins autant que le président Roosevelt lui-même, lorsqu'il s'imagine que la mise en scène d'Anfa a contribué à la solution du problème de l'unité française. En effet, le Président semble s'être laissé prendre à l'illusion qu'il a lui-même créée, et il pense avoir trouvé le moyen de manœuvrer le général de Gaulle [86]...

Churchill, lui, ne se fait plus aucune illusion à ce sujet. Si la conférence d'Anfa a été un grand succès pour les stratèges britanniques, elle a été en revanche un échec cuisant pour le Premier ministre ; son intervention personnelle dans les affaires françaises s'est soldée par une déroute diplomatique, dont le souvenir restera longtemps gravé dans sa mémoire. A l'issue de la conférence,

---

* Au cours de leur premier entretien le 22 janvier, Roosevelt avait déclaré à de Gaulle qu'il ne pouvait le reconnaître comme seul chef politique de la France, parce qu'il n'avait pas été élu par le peuple français. A quoi de Gaulle avait répondu que Jeanne d'Arc, elle, n'avait tiré sa légitimité que de son action, lorsqu'elle avait pris les armes contre l'envahisseur. Au matin du 24 janvier, lorsque Macmillan rapporte à Roosevelt que de Gaulle a proposé à Giraud d'être Foch, tandis que lui, de Gaulle, serait Clemenceau, le Président s'exclame : « Hier il voulait être Jeanne d'Arc, et maintenant, il veut être Clemenceau !... » Roosevelt racontera ensuite à Hull que de Gaulle lui a dit : « Je suis Jeanne d'Arc, je suis Clemenceau [81] ! » ; puis il confiera à l'ambassadeur Bullitt qu'il a dit à de Gaulle : « Général, vous m'avez dit l'autre jour que vous étiez Jeanne d'Arc et maintenant vous dites que vous êtes Clemenceau. Lequel des deux êtes-vous ? » A quoi de Gaulle aurait répondu : « Je suis les deux [82]. » Ensuite, le Président racontera qu'il a rétorqué à de Gaulle : « Il faut choisir ; vous ne pouvez pas être les deux à la fois [83]. » Lorsque l'histoire parvient aux oreilles du vice-consul Kenneth Pendar, elle a encore été amplifiée : « Le président Roosevelt confie à de Gaulle que la France est dans une situation militaire si critique qu'il lui faut un général de la trempe de Napoléon. " Mais je suis cet homme ", répond de Gaulle. " Financièrement, poursuit le Président, la France est dans un tel état qu'il lui faudrait aussi un Colbert " — " Mais je suis cet homme ", dit modestement de Gaulle. Enfin, le Président, dissimulant mal son ébahissement, déclare que la France est si dévitalisée politiquement qu'il lui faudrait un Clemenceau. De Gaulle se redresse avec dignité et dit : " Mais je suis cet homme [84] ! " » Lorsque la presse s'empare de l'histoire, de Gaulle devient également Louis XIV, Foch, Bayard, etc. Avant de quitter Anfa, le général de Gaulle entendra quelques-unes des premières versions. Elles ne le feront pas rire du tout...

Churchill et Roosevelt se rendent à Marrakech. Ce soir-là, au cours du dîner, le vice-consul américain Kenneth Pendar s'enquiert du général de Gaulle. « Churchill parut contrarié, écrit Pendar, et me fit une réponse typiquement churchillienne : " Oh, ne parlons pas de celui-là. Nous l'appelons Jeanne d'Arc, et nous cherchons des évêques pour le brûler [87]. " » Mais cette fois encore, si Churchill est tout à sa fureur contre le général de Gaulle, il n'en perd pas de vue pour autant les intérêts vitaux de la France ; c'est ainsi qu'après s'être plaint amèrement du général de Gaulle devant le vice-consul américain, Churchill se tourne vers Hopkins et lui dit : « Bon, Harry, quand vous rentrerez, faites comprendre à tout le monde qu'il est important d'envoyer des armes ici aussi vite que possible. C'est le seul moyen de renforcer les Français [88]. » Il est vrai que Churchill ne cesse d'évoquer la France avec des larmes dans les yeux, et qu'il a confié à son médecin particulier deux jours plus tôt : « De Gaulle est l'âme de cette armée. C'est peut-être le dernier survivant d'une race guerrière [89]. »

Au fond, Churchill a toujours la même admiration pour de Gaulle ; mais il commence aussi à le détester sérieusement. Il est vrai que le Premier ministre n'est pas rancunier, mais en l'occurrence, il fera une exception. Quant à de Gaulle, il rentre à Londres « scandalisé de la façon dont l'a traité le Premier ministre [90] ». C'est dire que les relations entre la France Combattante et son alliée britannique risquent d'être fort agitées durant les quelques mois à venir...

11

Les chemins de l'unité

Au cours des premiers mois de 1943, le vent de la guerre tourne lentement mais inexorablement contre les forces de l'Axe. Dans le Pacifique, les Japonais ont perdu l'initiative après Midway et Guadalcanal ; en Afrique du Nord, les troupes britanniques ont pris Tripoli, tandis qu'en Russie, le maréchal Paulus vient de capituler à Stalingrad. Le général de Gaulle, lui, n'a jamais douté que les Alliés finiraient par gagner la guerre ; il l'a même annoncé dès le mois de juin 1940. Mais pour de Gaulle, ce n'est pas assez ; il faut aussi que la France en sorte victorieuse. Et en février 1943, cet objectif paraît plus éloigné que jamais : en France occupée, la Milice et le STO viennent d'être créés ; hors de France, de Gaulle est soutenu avec réticence par les Anglais, et activement combattu par les Américains ; l'Afrique du Nord est occupée par les Américains, gouvernée par les hommes de Vichy, et représentée par un général apolitique mis en place par les Américains et par les hommes de Vichy — tandis que tous s'entendent pour écarter les gaullistes d'Afrique du Nord...

Pour de Gaulle, tout cela n'est que péripéties. Ce qui compte, c'est l'opinion publique en France, et il est convaincu que cette opinion est solidement derrière lui. C'est que tous les mouvements de résistance, depuis la droite jusqu'aux communistes, viennent de faire savoir qu'ils rejettent Vichy, ignorent Giraud et soutiennent de Gaulle. Même en Afrique du Nord, la majorité de l'opinion publique est devenue farouchement gaulliste, et lorsque les navires français en provenance d'Algérie ou du Maroc font relâche dans des ports anglais ou américains, des centaines de marins désertent pour rejoindre la France Combattante. A la mi-février, de Gaulle s'apprête à renvoyer Jean Moulin en France pour une nouvelle mission ; il s'agit de créer un conseil de résistance unifié pour l'ensemble du pays. Ce conseil, présidé par Jean Moulin lui-même, est destiné à former le noyau d'une entité politique représentant la France résistante, et demain la France libérée. Avec une telle assise, de Gaulle ne doute pas que son mouvement finira par triompher — et il agit en conséquence.

A Londres, le 9 février, le général de Gaulle donne une conférence de presse ; au sujet de l'Afrique du Nord, il déclare : « Ce que nous voulons et ce que la France veut, ce n'est pas un accord entre deux généraux. Cela ne compte pas. On a souvent présenté la grave affaire d'Afrique du Nord comme ayant tourné à la rivalité personnelle entre deux généraux. Je crois que c'est une mauvaise plaisanterie. La question est infiniment plus grave. Il s'agit de l'union de l'Empire qui appartient à la France, pour la libération de la France, dans les buts que la France a choisis. Ces buts sont ceux que la volonté de la nation s'est fixés depuis le 3 septembre 1939. [...] Je vous dirai franchement que l'une des choses qui ont le plus compliqué cette affaire, c'est que la France Combattante a été tenue à l'écart de la conception, de la préparation et de l'exécution de cette affaire. Je crois bien qu'en France, on en a été fort étonné [1]. »

Évoquant ensuite l'entrevue d'Anfa, le général de Gaulle déclare : « J'ai profité de cette occasion pour dire [à Roosevelt] que j'ai apprécié en lui un très grand homme d'État, et l'homme qui a le but le plus élevé dans cette guerre. J'ajoute un homme qui est un peu un mystique, et je considère que c'est une grande qualité pour conduire la guerre d'idéal que nous menons [2]. » Churchill, lui, ne bénéficie nullement de cette cordialité inhabituelle ; après avoir longuement parlé de ses conversations avec le président Roosevelt, de Gaulle ajoute simplement : « Quant à M. Churchill, depuis deux ans que nous faisons côte à côte une guerre qui n'est pas facile, je ne crois pas qu'il eût été utile de développer devant lui des choses qu'il devait savoir [3]. »

Depuis Anfa, le Premier ministre de Sa Majesté et le chef de la France Combattante n'ont pas échangé une seule parole, et il est visible que de Gaulle n'a pas oublié le rôle joué par Churchill au cours de cette conférence. Pour l'heure, en tout cas, le Général envisage de rendre visite aux troupes françaises stationnées au Levant, en Tripolitaine et en Afrique-Équatoriale, et de rencontrer le général Eisenhower, sans doute à Tripoli ; on demande donc au gouvernement britannique de bien vouloir mettre à la disposition du général de Gaulle un avion qui l'amènera au Caire vers le début du mois de mars.

A ce stade, le Général ne se doute pas de l'hostilité persistante que nourrit le Premier ministre à son égard — et en eût-il été informé que cela n'aurait sans doute pas fait grande différence... En tout cas, Churchill n'a ni oublié ni pardonné l'affront reçu à Anfa en présence de Roosevelt ; le 9 février, Oliver Harvey note dans son journal : « Le Premier ministre est revenu encore plus antigaulliste qu'avant son départ. Il est outré par la lenteur qu'a mise de Gaulle à accepter de venir à Casablanca, alors qu'il avait tout fait pour le rendre acceptable aux Américains. Il parle maintenant de rompre avec lui. Anthony Eden a essayé de le raisonner comme d'habitude, et une fois de plus, il n'a guère été aidé par Attlee, qui ne fait que hocher la tête en signe d'approbation à chaque fois que le Premier ministre dit une ânerie [4]. » Mais M. Eden a un allié très haut placé ; le 9 février, en effet, le roi George VI écrit dans son journal : « Reçu le Premier ministre à déjeuner. Il est furieux après de Gaulle parce que celui-ci a refusé l'invitation de Roosevelt à venir le rencontrer, lui et Giraud [...]. J'ai conseillé à Winston de se montrer patient avec de Gaulle et le Comité national de la France Libre [...]. Je lui ai dit que je comprenais l'attitude de De Gaulle, et celle de notre propre peuple, qui est hostile à l'idée de se lier avec des Français qui ont collaboré avec les Allemands [5]. »

Churchill, qui a pour son roi un dévouement sans limites, est donc dans de meilleures dispositions lorsqu'il rencontre le commissaire français aux Affaires étrangères cet après-midi-là, ce qui ne l'empêche pas de dire à M. Massigli tout le fond de sa pensée : « Je me considère toujours comme lié par mes obligations envers le général de Gaulle, et je les honorerai aussi longtemps que de Gaulle honorera les siennes. Je me rends bien compte qu'il jouit en France d'un soutien considérable, mais cela est dû en grande partie au soutien que nous lui avons apporté. En tout cas, je ne suis plus disposé à traiter avec de Gaulle seul, tant qu'il prétendra exercer l'autorité suprême sur le mouvement de la France Libre. Je ne traiterai avec lui qu'en tant que porte-parole du Comité national. M. Massigli doit donc veiller à ce que le Comité national exerce un contrôle sur le Général, et à ce que le Général ne parle qu'en son nom — il n'est pas question que le Général s'érige en dictateur dans ce pays [6]. »

Comme on l'imagine, les efforts de Churchill en ce sens ne produiront guère plus d'effet qu'à l'automne de 1941. Mais le Premier ministre ne peut décidément s'empêcher d'intervenir dans les affaires françaises ; dans un télégramme à Macmillan, ministre résident à Alger, il demande que l'on « saisisse toutes les occasions pour essayer d'obtenir que M. Pierre-Étienne Flandin soit associé à l'administration de l'Afrique du Nord française ». Il est vrai que M. Flandin est un ami personnel du Premier ministre, mais il a également été ministre des Affaires étrangères dans le gouvernement de Vichy. Anthony Eden, qui imagine sans peine l'effet que produirait une telle démarche sur les Français Libres en général, et sur un général en particulier, prend sur lui d'arrêter le télégramme ; Churchill gronde, tempête, rugit jusqu'au petit matin, mais finit par dire à Eden le lendemain : « Peut-être qu'après tout il vaut mieux ne pas l'envoyer, ce télégramme [7] ! »

Entre-temps, le gouvernement britannique a reçu notification des projets de voyage du général de Gaulle, et Churchill a réagi violemment : « Si le Général va au Moyen-Orient et en Afrique, il fera encore des discours antianglais, et créera aux Alliés toutes sortes de difficultés. » Le 23 janvier, Churchill écrit au roi George VI : « L'irruption de De Gaulle ou de ses agents dans cette région, surtout s'il y est introduit par nous, ne pourrait que nous causer des ennuis. Si un accord satisfaisant n'a pas été conclu entre les deux factions françaises, c'est entièrement de sa faute. La brusquerie avec laquelle il a refusé l'invitation du Président (et la mienne) à se rendre à Casablanca pour négocier un accord à l'amiable l'a pratiquement disqualifié, lui et son Comité, aux yeux des Américains [8]. » Churchill semble penser que de Gaulle veut aller à Alger pour défier le général Giraud — ce qui n'est pas le cas — mais, à en juger par la dernière partie de la lettre, c'est surtout l'humiliation d'Anfa qui reste présente à son esprit ; le Premier ministre va donc opposer à la demande du général de Gaulle un refus abrupt, que le *Foreign Office* traduira en suggérant discrètement à M. Massigli que le Général serait bien avisé de différer quelque peu son voyage... Il n'y a pas de réaction immédiate du côté français, mais Churchill, qui commence à connaître le caractère du Général, craint que celui-ci ne réponde au refus qui lui est opposé par un discours vengeur contre le gouvernement britannique. Prenant les devants, le Premier ministre ordonne donc au *Foreign Office* de préparer un document intitulé : « Instructions à la presse et à la BBC en cas de rupture avec le général de Gaulle [9]. » Comme on l'imagine, il s'agit d'un réquisitoire en règle contre le Général, basé sur une longue liste de ses « méfaits » passés...

La réaction du général de Gaulle se fait attendre, et Churchill s'énerve. Le 28 février, Oliver Harvey note dans son journal : « Le vieux est à nouveau monté contre de Gaulle. Il veut l'empêcher, au besoin par la force, de quitter le pays pour aller en Syrie et en Afrique. Il dit que c'est notre " ennemi ". [...] En 1940, il ne pouvait jamais en faire assez pour de Gaulle. Maintenant que celui-ci a grandi et est devenu indépendant, il [Winston] est furieux et veut rompre avec lui. Le Premier ministre se comporte comme un père déraisonnable envers un fils dévoyé [10]. »

Bien que Massigli ait présenté la réponse anglaise comme un simple ajournement pour raisons techniques, le Général finit par s'impatienter. Pire encore, il devient soupçonneux : le 2 mars, il convoque M. Charles Peake et exige qu'on lui fasse savoir dans les vingt-quatre heures s'il peut quitter l'Angleterre ou s'il est prisonnier ; il ajoute que dans ce dernier cas, les conséquences ne pourraient être qu'extrêmement graves [11]. Pour le Cabinet britannique qui se réunit le lendemain, cela ressemble fort à un ultimatum, et on en arrive rapidement à la conclusion qu'il n'est « absolument pas souhaitable que le Général puisse quitter l'Angleterre à l'heure actuelle ». Ce soir-là, Charles Peake écrit à Massigli : « J'ai pour instruction de faire valoir que, de l'avis du gouvernement de Sa Majesté, le moment présent n'est pas très bien choisi pour une visite aussi étendue que celle qui est envisagée. [...] Pour ces raisons et pour d'autres, j'ai déjà indiqué au Général que le gouvernement de Sa Majesté ne juge pas conforme aux intérêts de l'ensemble des Nations unies que ce voyage soit entrepris actuellement. Ce gouvernement regrette donc de ne pouvoir, pour le moment, accorder les moyens que le général de Gaulle a demandés [12]. »

Ayant lu cela, de Gaulle s'exclame : « Alors, je suis prisonnier ! » et il quitte Londres pour retirer à Hampstead. Là-dessus, Churchill téléphone à Charles Peake et lui dit : « Vous veillerez personnellement à ce que le monstre de Hampstead ne s'échappe pas [13]. »

Mais les ennuis de Churchill ne s'arrêtent pas là ; embarrassés par la défection des matelots français qui quittent leurs navires dans les ports américains pour rejoindre la France Combattante, irrités par la propagande gaulliste et piqués au vif par les critiques que lance la presse contre le Département d'État, Cordell Hull et Franklin Roosevelt ont à nouveau exprimé leur mécontentement. Au début de février, Eden reçoit une note assez sèche du Département d'État : « Le Président, lui écrit M. Hull, a manifesté quelque irritation en constatant la poursuite des actions de propagande émanant du quartier général de De Gaulle à Londres. Il sait que le Premier ministre sera d'accord avec lui, et espère que vous pourrez prendre de nouvelles mesures pour y porter remède. » Eden convoque alors le chargé d'affaires américain Freeman Matthews pour lui communiquer sa réponse : « Nous n'avons aucun moyen de fermer Carlton Gardens, et d'ailleurs je suis sûr

qu'une telle mesure serait inopportune [14]. » Mais la conférence de
presse donnée par le général de Gaulle le 9 février provoque de
nouveaux remous à Washington, et amène le Président à envoyer
une lettre personnelle à Churchill ; négligeant les nombreuses allu-
sions favorables à sa personne, Roosevelt ne relève que les critiques
formulées contre la politique américaine en Afrique du Nord. Mais
surtout, il laisse entendre que Churchill s'est montré incapable de
restreindre les activités du général de Gaulle.

Pour le Premier ministre, tout cela est extrêmement embarrassant ;
il doit reconnaître qu'il n'a jamais eu beaucoup d'influence sur le
Général, et quant à censurer ses discours, cela produirait inévitablement une confrontation en règle, que tout le monde préfère éviter.
En dépit de son animosité grandissante à l'égard du chef de la
France Combattante, Churchill doit, une fois de plus, tenir compte du
soutien dont bénéficie de Gaulle en France et en Grande-Bretagne,
ainsi que des obligations contractées à l'été de 1940 — qu'il
commence d'ailleurs à regretter sérieusement. Churchill, qui voudrait réellement aider la France, se trouve une fois de plus pris en
tenaille entre son opinion publique qui lui reproche de ne pas aider
suffisamment de Gaulle, et le président des États-Unis qui lui
reproche de soutenir le Général au détriment des intérêts américains... Et le Premier ministre finit par répondre à Roosevelt :
« Nous non plus, nous n'avons pas apprécié ce qu'a dit de Gaulle
lors de sa conférence de presse du 9 février. » Et il ajoute : « Je suis
en train d'exercer une forte pression pour que de Gaulle soit
" dilué " au sein de son Comité [15]. »

Mais les efforts de Churchill pour « diluer » le Général se sont
toujours soldés par un échec, et cette fois-ci ne fera pas exception.
Pourtant, les Américains vont maintenir leur pression, ainsi que
M. Eden pourra le constater lorsqu'il se rendra à Washington au
mois de mars ; il va en effet s'entretenir avec le secrétaire d'État
Cordell Hull, qui reste visiblement affligé de gaullophobie aiguë. A
la suite de l'entretien, Eden écrira dans son rapport : « M. Hull m'a
fait part de ses griefs, qui se résumaient principalement à ceci :
alors que sa politique visait à maintenir de bonnes relations avec
Vichy — objectif qui avait reçu l'approbation du gouvernement de
Sa Majesté — il avait été en butte à de nombreuses attaques de la
part des journaux britanniques et de la France Combattante ; en fait,
il avait été traîné dans la boue. Je lui expliquai une fois de plus que
s'il nous avait paru souhaitable que les Américains restent représentés à Vichy, en revanche le peuple britannique n'avait ni sympa-

thie ni considération pour Pétain et Vichy. Et personne n'y pouvait rien changer [16]. »

En effet, M. Hull notera : « Eden a essayé tant bien que mal de justifier la position britannique, en évoquant le soutien apporté à l'Angleterre par le général de Gaulle. J'ai rétorqué que ce soutien était plus que compensé par l'aide considérable que les États-Unis avaient apportée à la Grande-Bretagne et à l'ensemble de la cause alliée, grâce à leur politique vis-à-vis de Vichy [17]. » Et dès le 22 mars, M. Hull revient à la charge : « J'ai évoqué une nouvelle fois avec M. Eden [...] la question de l'Afrique du Nord et la situation du mouvement de De Gaulle. [...] J'ai fait remarquer que notre politique avait toujours été de refuser la constitution à l'heure actuelle d'une autorité politique suprême qui s'imposerait au peuple français. Il n'est pas question de créer ou de reconnaître un gouvernement provisoire, et les activités politiques quelles qu'elles soient devraient se confiner au minimum indispensable [18]. »

Tel n'est pas l'avis du gouvernement britannique ; celui-ci préfé- rerait de beaucoup traiter avec une autorité française unique, et le *Foreign Office*, avec l'appui total du Premier ministre, s'emploie activement à en favoriser la création. Mais pour le gouvernement américain, il est bien plus commode de traiter séparément avec les autorités françaises locales, que ce soit à la Martinique, dans le Pacifique, en Afrique du Nord... ou à Vichy. D'ailleurs, le Départe- ment d'État voudrait que les forces alliées qui débarqueront un jour en France prennent elles-mêmes en charge l'administration des ter- ritoires français libérés. Mais les Britanniques s'y opposent pour d'évidentes raisons politiques, et M. Eden se charge de le faire savoir à ses interlocuteurs ; du reste, il a d'autres sujets de désac- cord au cours de ses conversations avec le président Roosevelt : « Après mon entretien avec Hull, note Eden, j'ai dîné en tête à tête avec le Président et Harry Hopkins. M. Roosevelt m'a exposé avec allégresse ses vues sur les problèmes européens. D'après lui, la Grande-Bretagne, les États-Unis et la Russie devraient détenir l'ensemble de l'armement en Europe après la guerre. Les petites puissances n'auraient rien de plus dangereux que des fusils. Il ne semble pas se rendre compte de la difficulté qu'il y aurait à désar- mer des pays neutres, mais je n'ai pas pris la proposition au sérieux et n'ai fait que peu de commentaires. [...] En ce qui concerne l'ave- nir de l'Allemagne, le Président semblait considérer le démembre- ment comme la seule solution vraiment satisfaisante. Il a convenu que lorsque l'occasion se présenterait, nous devrions encourager les tendances séparatistes qui se manifesteraient à l'intérieur de l'Allemagne, et il a laissé prévoir qu'une longue période de " prise en main " du pays serait nécessaire Ce qui est plus surprenant, c'est qu'il envisageait aussi une prise en main de l'ensemble de l'Europe par les trois puissances. Je lui ai fait remarquer que les ex-pays occupés voudraient sûrement mettre de l'ordre dans leur propre maison et qu'il me semblait que nous devrions les y encourager. Nous aurions déjà bien assez à faire avec l'Allemagne. Roosevelt s'est ensuite inquiété de l'avenir de la Belgique, et il a fait état du projet qu'il avait exposé à M. Lyttelton quelques mois auparavant. Il s'agissait de la création d'un État appelé la " Wallonie ", qui comprendrait la partie wallonne de la Belgique, ainsi que le Luxembourg, l'Alsace-Lorraine, et une partie du nord de la France. [...] J'ai exprimé poliment (j'espère) mon scepticisme, et le Président n'est plus revenu sur ce sujet [19]. »

Eden quitte Washington le 30 mars. Au cours d'une conférence de presse donnée ce jour-là, le président Roosevelt fera le bilan de leurs entretiens : « Pour parler en termes de chiffres, je dirais que jusqu'à présent [...] nous sommes d'accord à 95 pour cent environ [20]. » Les 5 pour cent qui restent concernent essentiellement la France...

Quels que soient ses sentiments envers le général de Gaulle, Churchill reste un francophile acharné ; le 30 mars, il écrit à Eden : « Cette proposition qui consiste à placer la France derrière la Chine même pour les questions affectant l'Europe, et à soumettre une Europe désarmée à la domination des quatre puissances ne manquerait pas de susciter d'ardentes controverses. Je suis bien sûr qu'ayant écouté poliment toutes ces idées, vous ne les avez nullement encouragées. Vous avez très bien fait de protester au sujet de la France [21]. »

Le général de Gaulle, qui ignore tout des projets grandioses du Président concernant l'avenir de la France, attend une invitation à se rendre aux États-Unis qui n'arrive toujours pas ; il a également hâte d'aller en Afrique du Nord, où le général Catroux est en train de négocier avec Giraud. Ce dernier a entrepris de donner à son régime une apparence un peu plus démocratique, et il a même aboli une partie de la législation de Vichy, qui continuait à s'appliquer en Afrique du Nord. Après cela, la France Combattante et de Gaulle lui-même ont été soumis à de très fortes pressions de la part de la presse, du gouvernement britannique, de M. Macmillan et même du cardinal Spellmann ; tous lui demandent de se soumettre au général Giraud et d'accepter le plan établi à Anfa. Mais le 26 février, de Gaulle a envoyé à Giraud un mémorandum énumérant les conditions qu'il juge indispensables pour que l'unité puisse se faire : l'armistice de 1940 doit être considéré comme nul et non avenu ; la légalité républicaine doit être rétablie en Afrique du Nord, et certains administrateurs de Vichy démis de leurs fonctions ; enfin, il faut constituer un pouvoir central ayant tous les attributs d'un gouvernement, ainsi qu'une assemblée consultative représentant la Résistance française. A la fin du mois de mars, le général de Gaulle n'a toujours pas reçu de réponse à son mémorandum, et les négociations entre Catroux et Giraud semblent être dans l'impasse. De Gaulle a demandé une fois de plus aux autorités britanniques de lui prêter un avion afin qu'il puisse se rendre en Afrique, et cette fois, un *Liberator* a été mis à sa disposition. Mais le 30 mars, l'avion tombe subitement en panne... et bien entendu, plusieurs jours seront nécessaires pour effectuer la réparation. C'est que le gouvernement de Sa Majesté hésite toujours à laisser le Général quitter l'Angleterre. Dans tout cela, il y a malgré tout un élément nouveau : le Premier ministre vient d'accepter de recevoir le général de Gaulle.

Ce brusque revirement est dû en grande partie aux efforts persistants du commissaire français aux Affaires étrangères ; le 23 mars, M. Massigli a vu Charles Peake, et il a employé ses vastes talents de diplomate pour le convaincre. M. Peake notera dans son rapport : « [Massigli] pense que [...] le général de Gaulle voudra partir pour Alger le 31 mars. M. Massigli m'a ensuite demandé si le Premier ministre consentirait à recevoir le général de Gaulle avant son départ. J'ai répondu que si M. Massigli en faisait la demande, je ne manquerais pas de la transmettre, mais qu'il me paraissait peu probable que le Premier ministre y consente. [...] Cela s'explique par le comportement passé du général de Gaulle. M. Massigli ne conteste pas qu'il est extrêmement difficile et frustrant de traiter avec le général de Gaulle, mais s'adressant à moi en ami, il me demande de faire tout ce qui est en mon pouvoir pour persuader le Premier ministre de voir le Général avant son départ. Il est vrai, ajoute-t-il, que c'est le gouvernement britannique qui a fait du général de Gaulle ce qu'il est aujourd'hui, mais on ne peut plus revenir en arrière, il faut reconnaître objectivement que le Général a maintenant une position dominante en France métropolitaine, et qu'elle tend également à le devenir ailleurs. Il croit de son devoir de m'avertir personnellement et en toute confidence du danger qu'il y aurait à ce que le général de Gaulle se rende en Afrique du Nord en ayant l'impression que le Premier ministre est monté contre lui [...]. C'est pourquoi il serait certainement fort utile, ne serait-ce que pour des raisons tactiques, que le Premier ministre lui dise un mot aimable avant qu'il ne parte. Comme je le sais sûrement, le Général a toujours tendance à garder des rancœurs et à remâcher des offenses imaginaires. Ne serait-il pas bien avisé, dans l'intérêt même des relations franco-britanniques, de lui ôter tout prétexte à une telle conduite ? Après tout, le Premier ministre est une personnalité si magnanime et d'une telle hauteur de vues qu'il ne sera certainement pas sourd à cette requête si elle lui est transmise. D'ailleurs, le général de Gaulle a pour le Premier ministre une profonde admiration, et un mot aimable de la part de ce dernier serait certainement accueilli le mieux du monde [22]. »

Churchill ne peut jamais résister à de tels arguments, et il accepte de recevoir le général de Gaulle le 30 mars ; mais à cette date, il s'aperçoit que le général de Gaulle lui-même n'a pas demandé d'entrevue, et il refuse d'en accorder une avant que le Général n'en fasse la demande... Bien entendu, de Gaulle refuse de demander quoi que ce soit, mais Charles Peake et Massigli interviennent une fois de plus, créant un flou artistique, arrondissant les angles, et le général de Gaulle est finalement reçu à Downing Street le 2 avril, en présence de MM. Massigli et Cadogan.

C'est la première fois que le Général et le Premier ministre se retrouvent depuis la conférence d'Anfa — et cette fois encore, les premiers échanges sont dénués d'aménité : « Enfin, dit de Gaulle, je suis prisonnier. Bientôt vous m'enverrez à l'île de Man ! » A quoi Churchill répond dans son meilleur français : « Non, mon Général, pour vous, très distingué, toujours la *Tower of London* [23]. » Le Premier ministre déclare ensuite que l'avion demandé par de Gaulle sera mis à sa disposition, mais ne vaudrait-il pas mieux attendre avant de partir que M. Eden rentre des États-Unis ? Et le général Catroux ne doit-il pas venir à Londres pour faire son rapport ? Churchill rappelle ensuite au général de Gaulle que la situation a tourné à son désavantage en raison de son refus de venir à Casablanca, et il ajoute : « La préoccupation dominante chez les Américains est de voir régner l'ordre en Afrique du Nord. Si l'accord ne se réalisait pas ou si des troubles éclataient, les États-Unis appuieraient le général Giraud, et le gouvernement britannique ne pourrait faire grand-chose pour appuyer la France Combattante. »

De Gaulle répond qu'il « comprend très bien l'importance présente et même future du fait que les Alliés appuieraient une organisation française ou une autre, mais la question n'est pas là. La France Combattante pense que la décision est une affaire française et elle croit que, pour autant que les Français puissent à l'heure actuelle exprimer leurs sentiments, ils ont, en fait, fait leur choix ».

Churchill : « [...] Il serait navrant et grave que des incidents sérieux se produisent lors du voyage du Général. C'est en toute amitié qu'il faut essayer d'arranger les choses. »

« De Gaulle tient à assurer M. Winston Churchill qu'il ne part pas à Alger pour engager une bataille. Il ira, au contraire, avec le désir de faire l'union, si elle est vraiment possible. Il tient à redire qu'il n'a aucun grief contre la personne de Giraud. Ses réserves ou ses préoccupations concernent ceux qui s'agitent derrière Giraud.

« Churchill demande s'il faut télégraphier au général Eisenhower que le général de Gaulle arrivera avec le désir de voir se réaliser l'union entre tous les Français qui veulent chasser les Allemands de France.

« De Gaulle répond que le Premier ministre ne peut avoir aucun doute sur ce point.

« Churchill explique que la grande préoccupation du général Eisenhower est que le pays soit tranquille. [...] C'est sur l'administration existante qu'il convient de s'appuyer. En particulier, et sauf exception, il faut éviter les changements dans les rangs des fonctionnaires moyens et subalternes...

« De Gaulle interrompt pour faire observer qu'il n'est pas question de cela.

« Churchill souhaiterait qu'il n'y ait pas de démonstrations ni de manifestations avant l'accord, pour que tout puisse se passer sous le signe de la concorde.

« De Gaulle le souhaite aussi, mais il est difficile de faire en sorte que les gens ne manifestent pas du tout leur sentiment.

« Churchill fait remarquer que l'Algérie est tout entière une zone d'opérations militaires. Les Américains estiment que collisions et troubles seraient déplorables.

« De Gaulle est surpris de la place que la question de l'ordre tient dans les préoccupations du général Eisenhower. A Casablanca, M. Murphy disait qu'il n'y avait pas de gaullistes en Algérie.

« Churchill tient à ce qu'il n'y ait aucun doute dans l'esprit du général de Gaulle sur le fond de sa pensée. Il est convaincu que, dans l'intérêt de l'Europe et notamment de l'Angleterre, il faut une France forte [...]. Le Premier ministre est un Européen, un bon Européen — du moins il l'espère ; dans sa conception de l'Europe, une France forte est un élément indispensable, même si à divers égards elle ne devait pas se trouver d'accord avec la Grande-Bretagne. [...] Le Premier ministre demande à nouveau au Général de faire fond sur sa déclaration et de s'en souvenir dans les moments difficiles.

« De Gaulle répond que c'est précisément parce qu'il pense de l'Angleterre et du Premier ministre ce que celui-ci vient de dire que, dès l'armistice français, il a continué la guerre aux côtés de la Grande-Bretagne. »

Churchill est prompt à exploiter ce réchauffement sensible de l'atmosphère, et il aborde la question des proconsuls :

« Il y a le cas de Peyrouton, celui de Noguès [...] celui de Boisson. Boisson me paraît très capable ; il a beaucoup aidé les Alliés. »

« De Gaulle observe qu'il s'agit de savoir seulement si le gouverneur Boisson a servi la France. »

Le Premier ministre n'insiste pas.

« Churchill répète que la France sera en péril aussi longtemps que l'unité ne sera pas réalisée. Puis il fait allusion au projet de voyage dans l'Empire formé antérieurement par le Général.

« De Gaulle répond que ce projet n'est nullement abandonné et que, si l'unité se réalise, il y aura grand avantage à ce qu'il puisse parcourir les divers territoires de l'Empire.

« Churchill admet que la question se posera alors dans des conditions différentes. »

Après avoir réaffirmé qu'il est convaincu de la nécessité d'un arrangement avec le général Giraud, et promis de télégraphier au général Eisenhower et à M. Macmillan, « qui apportera certainement au général de Gaulle toute l'aide possible », le Premier ministre déclare en guise de conclusion qu'« il n'a jamais cessé d'être et qu'il reste un ami de la France » [24].

L'entrevue se termine le mieux du monde, mais de Gaulle n'est pas vraiment satisfait. « Voulant que M. Churchill se découvrît [25] », il fait savoir en sortant de Downing Street qu'il a toujours l'intention de se rendre à Alger, et sans accepter aucune condition préalable. Mais deux jours plus tard, le *Foreign Office* transmet à de Gaulle un message du général Eisenhower. Celui-ci « serait reconnaissant au général de Gaulle de bien vouloir différer son départ jusqu'à ce qu'il estime que les négociations en vue d'un accord ont suffisamment progressé pour permettre un aboutissement rapide. En effet, l'imminence de la bataille de Tunisie rend très indésirable l'apparition simultanée d'une crise politique prolongée ». En guise de conclusion, le message précise que le général Eisenhower « ne voudrait en aucun cas mettre le général de Gaulle dans l'embarras, et il est convaincu que ce dernier aura à cœur de faire de même ». Ce message est accompagné d'une note de Churchill : « La raison invoquée semble pour l'heure déterminante. Je suis convaincu qu'en tant que soldat, le général de Gaulle en appréciera la portée. Une très grande bataille se prépare. Eisenhower et Giraud doivent pouvoir consacrer à l'opération toute leur attention [26]. »

Le 7 avril, le Premier ministre fait savoir officiellement qu'à l'exemple du général Eisenhower, il a toujours considéré comme inopportune une visite du général de Gaulle pendant le déroulement de la bataille de Tunisie, qui requiert toute l'attention du haut commandement allié [27]. On pourrait croire que l'affaire en restera là, mais il n'en est rien ; le général de Gaulle, après un violent accès de rage et quelques invectives bien choisies à l'adresse de la politique américaine, apprend par l'amiral Stark que ce message n'émane pas réellement du général Eisenhower, mais du « commandement allié ». Deux jours plus tard, ceci est confirmé par M. Tixier, qui câble de Washington : « J'apprends de source bien informée que le télégramme du général Eisenhower est dû en fait à une initiative britannique* [28]. »

Le général de Gaulle en conclut naturellement que Churchill a monté toute cette affaire pour l'empêcher de quitter l'Angleterre, et une fois de plus, leurs relations se tendent à l'extrême. Le 6 avril, M. Hugh Dalton notera ces paroles proférées par le Premier ministre : « De Gaulle, s'il a des qualités indéniables, est aussi parfaitement insensé et très antianglais. » Suit une nouvelle tirade sur Casablanca, puis : « Si jamais de Gaulle prend le pouvoir en France, il essaiera de se rendre populaire en étant antianglais. S'il va à Alger maintenant, il risque de s'envoler pour Brazzaville ou la Syrie, et d'y faire beaucoup de dégâts [29]. » Tout cela est évidemment assez irrationnel ; un mois plus tôt, Churchill avait refusé à de Gaulle la permission d'aller à Brazzaville et en Syrie, parce qu'il risquerait de s'envoler ensuite pour Alger et d'y créer des troubles...

A Alger, pendant ce temps, les négociations se poursuivent entre Giraud et Catroux, tandis que certains des collaborateurs du général de Gaulle, y compris Catroux, le pressent d'accepter la prédomi-

---

* Churchill avait demandé à Macmillan de s'enquérir auprès du général Eisenhower de l'opportunité d'une visite du général de Gaulle en Afrique du Nord, alors que la campagne de Tunisie allait entrer dans sa phase décisive. Mais Eisenhower était absent, et le quartier général allié avait répondu simplement qu'« une crise politique [...] pourrait mettre en danger les communications »... Ce que Macmillan avait transmis à Londres sous la forme d'une requête du général Eisenhower de « ne pas compliquer la situation jusqu'à [...] la fin des opérations militaires ». C'est sur la base de ce télégramme que le *Foreign Office* avait composé le message remis à de Gaulle.

nance politique et militaire du général Giraud. Mais le 9 avril, Catroux revient à Londres avec la réponse de Giraud au mémorandum du 23 février ; le « commandant en chef civil et militaire » propose d'établir un « conseil des territoires d'outre-mer », dépourvu de tout pouvoir politique ; quant au commandant en chef, qui ne serait autre que Giraud lui-même, loin d'être subordonné à ce conseil, il ne relèverait que du haut commandement allié. Tout cela n'est pas satisfaisant, et le 15 avril, le Comité national approuve à l'unanimité la réponse du général de Gaulle, qui demande une fois de plus la formation d'un comité exécutif ayant des pouvoirs réels, la subordination du commandant en chef au Comité, et la démission des hommes de Vichy qui ont collaboré avec l'Axe...

Pourtant, l'influence du général Giraud commence à décliner sérieusement. En Afrique du Nord, des soldats en nombre croissant désertent pour rejoindre les rangs de la France Combattante, tandis qu'à Alger, de gigantesques manifestations s'organisent pour réclamer l'arrivée du général de Gaulle ; le 26 avril, M. Peyrouton, gouverneur général de l'Algérie, confie au général Catroux qu'il démissionnera de ses fonctions et demandera à rejoindre les rangs de l'armée dès l'arrivée du général de Gaulle ; en France, la stature du général de Gaulle augmente chaque jour, et quelques hommes-clés de la Résistance et de l'armée viennent de se rallier à son mouvement. Tout cela renforce singulièrement la position du chef de la France Combattante au moment où il s'entretient avec un émissaire de Giraud, le général Bouscat : « Si l'accord ne se fait pas, tant pis ! La France tout entière est pour moi [...]. Mes gens l'occupent effectivement et l'organisent. Mes groupements de résistance et de combat sont partout et se renforcent chaque jour. Que Giraud fasse attention ! Même victorieux, s'il va en France sans moi, il sera reçu à coups de fusil. [...] La France est gaulliste, farouchement gaulliste. Elle ne peut changer [...]. Il ne faut pas oublier que nous sommes seuls au milieu d'étrangers. Car les Alliés sont des étrangers. Ils peuvent demain devenir des ennemis. Giraud est en train de s'inféoder à l'Amérique. Il prépare une servitude certaine de la France et court vers de graves désillusions [30]. »

Le général Giraud n'a pas encore accepté sa défaite. Le 27 avril, il écrit à de Gaulle qu'il renonce à la prépondérance ; mais il veut conserver le pouvoir civil et le pouvoir militaire, il persiste à exiger un conseil sans pouvoirs réels, et propose que la première réunion ait lieu loin d'Alger, à Biskra ou « dans un bâtiment de l'aéroport américain » à Marrakech. Pour de Gaulle, tout cela est inacceptable, et il déclare au général Bouscat le lendemain : « Giraud ne veut pas me comprendre. Il veut être à la fois chef de gouvernement et commandant en chef. Ça non [31]. » Quatre jours plus tard, de Gaulle répète à Bouscat qu'il « veut aller à Alger, rien qu'à Alger » ; et il ajoute : « Pourquoi ne veut-on pas que j'aille à Alger ? Par crainte des manifestations ? Parce qu'on a peur que la foule crie " Vive de Gaulle " ? Et puis après ? Si l'on attend, ce sera pire. [...] Voyez-vous, je maintiens mes trois exigences : celle de mon voyage à Alger d'abord, l'exclusion aussi de Peyrouton, Noguès et Boisson. Il ne m'est pas possible de travailler auprès de ces trois hommes qui ont collaboré avec Vichy. Je ne veux pas leur mort. Qu'ils donnent leur démission... et puis on verra. Peyrouton est le moins dangereux ; il veut aller aux armées, c'est très bien. Un peu plus tard on l'utilisera. Pour le moment ce n'est pas possible [32]. »

Le général de Gaulle ajoute qu'il est prêt à partager l'autorité gouvernementale avec Giraud. « C'est beaucoup ! s'exclame-t-il. Car qui est Giraud ? Que représente-t-il ? Rien. Il n'a personne derrière lui. [...] Ce pourrait être très simple : j'arrive en avion à Maison-Blanche. Je me rends au Palais d'Été. En cours de route la foule m'acclame ? Qu'y peut-on ? [...] Nous nous montrons ensemble à un balcon avec Giraud. L'union est faite. C'est fini [33]. »

A la fin du mois d'avril, cette vision semble encore quelque peu optimiste ; mais si Giraud refuse toujours de comprendre, Churchill, lui, informé des événements d'Afrique du Nord par MM. Eden et Macmillan, reconnaît que de Gaulle a gagné la première manche. C'est ce qu'il dit au Général lorsqu'il le reçoit le 30 avril, après avoir promis à Eden d'« être gentil avec lui [34] » ; cette fois, il prie le Général d'aller à Alger sans délai, et ajoute qu'il se prononcera en faveur de tout accord qui conférerait à de Gaulle et à Giraud un pouvoir égal en Afrique du Nord ; puis il intervient une fois encore en faveur de Peyrouton, Noguès et Boisson — sans plus de résultats qu'auparavant. Une « conversation satisfaisante », notera le général de Gaulle [35]. Mais Churchill est hautement vulnérable à l'influence américaine, et il va justement se rendre à Washington pour s'entretenir avec le président Roosevelt, qui n'a aucune sympathie pour de Gaulle, et avec le secrétaire d'État Cordell Hull, plus gaullophobe que jamais. Le 4 mai, le Premier ministre part pour les États-Unis.

Churchill n'est pas seul à estimer que de Gaulle a gagné la première manche dans sa lutte pour le pouvoir suprême en Afrique du Nord ; le président Roosevelt, qui a suivi avec attention la tournure prise par les événements, est arrivé à la même conclusion. Le

8 mai, il montre à Cordell Hull un mémorandum qu'il va soumettre à Churchill ; on peut y lire entre autres : « Dans cette affaire française, les choses en sont arrivées à un point où il nous faut prendre une position bien arrêtée pour influencer le déroulement de la controverse [36]. » En d'autres termes, Churchill va être soumis aux mêmes influences antigaullistes que M. Eden au mois de mars — avec deux différences importantes : les pressions exercées seront plus lourdes, et M. Churchill est bien plus vulnérable à l'influence américaine que son ministre des Affaires étrangères...

Dès son arrivée à Washington, Churchill déclare à l'ambassadeur de Grande-Bretagne, lord Halifax, qu'« il parie que lui, Winston, montrera encore plus d'imagination que M. Hull pour couvrir de Gaulle d'injures [37] ». En fait, le Premier ministre vient de trouver un mémorandum de M. Roosevelt qui est accablant pour le général de Gaulle : « Je regrette, mais il me semble que la conduite de la mariée continue d'empirer. Son attitude est quasiment intolérable [...]. Il ne fait pas de doute que de Gaulle utilise son service de propagande pour créer des dissensions entre les diverses factions, y compris les Arabes et les juifs. [...] De Gaulle est peut-être honnête, mais il a l'obsession du messianisme. En outre, il s'imagine que le peuple de France est solidement derrière lui. A dire vrai, j'en doute. [...] C'est pourquoi les intrigues continuelles de De Gaulle me dérangent de plus en plus. A mon avis, le Comité national français devrait être réorganisé, afin d'en exclure quelques-uns des éléments inacceptables comme Philip, et d'y faire entrer des hommes forts comme Monnet et quelques autres hommes issus de l'administration Giraud en Afrique du Nord, et peut-être un ou deux autres prélevés sur Madagascar, etc. De plus, il me semble que lorsque nous entrerons en France proprement dite, il nous faudra considérer cela comme une occupation militaire, organisée par des généraux anglais et américains. [...] Tout bien considéré, il me semble que nous devrions tous deux discuter à fond de cette désagréable affaire et mettre au point une politique commune. Nous pourrions envisager la création d'un comité français entièrement nouveau, dont la composition devrait être approuvée par vous et par moi. A mon avis, il ne devrait en aucun cas exercer les fonctions d'un gouvernement provisoire, mais pourrait avoir un rôle consultatif. Giraud devrait être nommé commandant en chef de l'armée et de la marine françaises, et bien entendu, il siégerait au Comité national consultatif. Il me semble qu'il s'est fort bien comporté depuis notre entrevue de Casablanca. Je ne sais pas quoi faire de De Gaulle. Vous voudrez peut-être le nommer gouverneur de Madagascar [38]. »

Churchill prête à ces propos une oreille complaisante, mais lors de leurs premiers entretiens, Roosevelt s'aperçoit que son interlocuteur est très réticent à s'engager dans la voie qu'il lui suggère. En fin de compte, il lui demande d'évoquer cette question avec Cordell Hull, espérant sans doute que ce dernier se montrera plus convaincant ; M. Hull va donc rendre visite à Churchill le 13 mai, et il notera dans ses *Mémoires* :

« M. Churchill me dit que le Président lui avait suggéré d'évoquer avec moi la question de De Gaulle. Il fit remarquer qu'il ne cherchait nullement à pousser de Gaulle, mais il avait entendu dire que, d'après nous, c'était l'aide financière britannique qui permettait au Général de faire tout ce qui nous dérangeait le plus. M. Eden et lui-même avaient eu les pires difficultés avec le général de Gaulle, et nous devions bien comprendre qu'ils n'essayaient en aucun cas de promouvoir ses intérêts. Mais quant à nous, ajouta-t-il, nous ne devrions pas monter Giraud contre de Gaulle, ne serait-ce que parce que de Gaulle était considéré comme un symbole de la résistance française, et que les Anglais ne pouvaient donc s'en débarrasser, en dépit de son caractère difficile et de ses méthodes très contestables.

« Je répondis que l'élément important dans cette affaire [...] était que si cette question de De Gaulle devait continuer comme auparavant, cela ne manquerait pas de provoquer de sérieuses divergences entre nos deux gouvernements.

« M. Churchill répondit que, d'une part, il était personnellement écœuré par le général de Gaulle, et que, d'autre part, les Britanniques ne l'aidaient pas autant que je semblais le croire.

« Je laissai entendre que les Britanniques avaient bien des moyens de retirer leur appui au général de Gaulle, d'emblée ou progressivement, selon les nécessités.

« Je ne pus guère convaincre le Premier ministre sur ce point, et il continua de demander que notre gouvernement s'abstienne de soutenir Giraud au point de laisser celui-ci engager une querelle avec de Gaulle et les Britanniques. Je répondis que cela arriverait fatalement du fait de la politique britannique à l'égard de De Gaulle. La conversation se termina sans que nous ayons pu nous mettre d'accord [39]. »

Pourtant, les autorités américaines exercent sur le Premier ministre une pression quotidienne, qui finit par laisser son empreinte. Le 22 mai, lors d'un déjeuner à l'ambassade de Grande-Bretagne en l'honneur du président Roosevelt et de M. MacKenzie King, Churchill déclare qu'« il a pris soin de de Gaulle un peu comme on élève un jeune chien », mais que celui-ci « mord maintenant la main qui l'a nourri » ; il se plaint également de l'orgueil démesuré du général de Gaulle [40]. Henry Wallace, qui assiste au déjeuner, notera également dans son journal : « Churchill a parlé très dédaigneusement de la vanité, de la mesquinerie et de l'incivilité de De Gaulle, en disant que le jeune chien qu'il avait élevé n'en finissait pas d'aboyer et de mordre. » Le reste de la conversation n'est d'ailleurs pas moins intéressant : « Churchill a déclaré que, d'après lui, il faudrait qu'il y ait trois organisations régionales et une organisation suprême. Les États-Unis, l'Empire britannique et la Russie y exerceraient un rôle prépondérant. Les États-Unis seraient membres de l'organisation régionale pour l'Amérique et le Pacifique. La Grande-Bretagne serait membre des trois organisations. Les États-Unis pourraient participer ou non à l'organisation pour l'Europe. » Quant aux vues de Churchill sur l'Europe d'après-guerre, elles sont tout aussi caractéristiques : « Une confédération du Danube comprenant la Bavière. La Prusse formerait une entité séparée avec 40 millions d'habitants. On ferait de la France une nation forte, bien qu'elle ne le mérite pas. Les pays scandinaves formeraient un bloc. Il n'avait pas d'idées particulières sur la façon de traiter la Suisse ou les Pays-Bas [41]. »

Roosevelt, lui, a quelques idées personnelles sur la façon de traiter le général de Gaulle, et il continue à transmettre au Premier ministre les documents incriminants que lui fait parvenir M. Cordell Hull. Il y a entre autres un rapport de l'ambassadeur Winant à Londres, indiquant que le général Cochet, récemment arrivé de France, aurait confié à deux Français, Roger Cambon et Pierre Comert, qu'« il avait été stupéfait d'entendre le Général lui dire en privé qu'il n'avait plus confiance dans les Anglo-Saxons et qu'à l'avenir, sa politique s'appuierait sur la Russie [...] et peut-être sur l'Allemagne [42] ». Robert Murphy a également envoyé d'Alger un rapport édifiant : le général Catroux lui aurait montré un télégramme du général de Gaulle, dans lequel celui-ci exprimait toute sa méfiance à l'égard de la politique américaine, consistant d'après lui à s'opposer à l'unité française et à l'édification d'une France forte [43]. Le président Roosevelt est d'autant plus indigné que cela est parfaitement exact...

Churchill finit par céder ; le 21 mai, il envoie à MM. Eden et Attlee le télégramme suivant : « Je dois maintenant vous avertir solennellement que la question de De Gaulle a pris ici un tour extrêmement grave. Il ne se passe pas de jour que le Président ne m'en parle. Bien qu'il le fasse très amicalement et souvent sur le ton de la plaisanterie, je suis sûr que l'affaire lui tient très à cœur [...]. Si le problème n'est pas pris à bras-le-corps, nous allons au-devant d'un réel danger. Je vous envoie en même temps que ceci un mémoire marqué A, que le Président avait lui-même préparé à mon intention avant mon arrivée. Il y a aussi un mémoire qui lui a été fourni par le Département d'État et marqué B. S'y ajoute un document marqué C, et un rapport des services secrets, marqué D, que le Président m'a fourni un jour ou deux plus tard, ainsi que d'autres télégrammes marqués E, F, G, et H respectivement. En fait, il ne se passe pas de jour qu'il ne me communique un ou plusieurs de ces documents accablants. Je pourrais en envoyer d'autres, mais je vous en fais grâce. En outre, je vous expédie par poste aérienne un rapport des services secrets américains rédigé par M. Hoover (pas l'ancien Président) et faisant état des offres qui auraient été faites aux marins du *Richelieu* pour les inciter à passer à de Gaulle, ce qui a causé le plus grand embarras aux États-Unis. L'important dans cette affaire, c'est que le Président considère que cela se fait grâce aux fonds britanniques donnés à de Gaulle, et c'est uniquement par politesse qu'il s'abstient de nous dire que dans l'état actuel de nos relations financières avec les États-Unis, ce sont en un sens des fonds américains.

« Je suis convaincu que nous devons faire cesser tout cela. De Gaulle a complètement laissé passer sa chance en Afrique du Nord. D'après moi, il ne s'intéresse qu'à sa propre carrière, qui est basée sur sa vaine prétention de s'ériger en juge de la conduite de chaque Français à la suite de la défaite militaire. Je demande à mes collègues d'examiner d'urgence la question de savoir si nous ne devrions pas dès maintenant éliminer de Gaulle en tant que force politique, et nous en expliquer devant le Parlement et devant la France. Nous dirions dans ce cas au Comité national français que nous cesserons d'avoir des relations avec lui ou de lui donner de l'argent, aussi longtemps que de Gaulle en fera partie. Bien entendu, nous continuerions à rétribuer les soldats et les marins qui servent à l'heure actuelle. Je serais quant à moi tout à fait disposé à défendre cette politique devant le Parlement, et à montrer à tout le monde que le mouvement de résistance en France, qui est au cœur même de la mystique gaulliste, ne s'identifie plus à cet homme vaniteux et malveillant. [...]

« Les autres arguments contre la personne de De Gaulle sont les suivants : il déteste l'Angleterre, et s'est répandu en propos anglo-

phobes partout où il est passé. Il ne s'est jamais engagé personnellement dans la bataille depuis qu'il a quitté la France, et a bien pris
la précaution d'en faire sortir sa femme au préalable *. Il a maintenant fait alliance avec le mouvement communiste de France, alors
qu'il prétend être le seul rempart contre ce mouvement. Le Président m'a même laissé entendre que Giraud risquait d'être assassiné
par les gaullistes. Il est vrai qu'il ne m'a fourni aucune preuve à
l'appui de cette assertion. Je vous prie de soumettre tout cela au
Cabinet le plus tôt possible. Dans l'intervalle, et en attendant mon
retour, les déplacements du général de Gaulle ainsi que la propagande écrite et radiodiffusée de la France Libre devront être très
étroitement contrôlés. [...] Lorsque je considère l'intérêt absolument vital que représente pour nous le maintien de bonnes relations
avec les États-Unis, il me semble qu'on ne peut vraiment pas laisser ce gaffeur et cet empêcheur de tourner en rond poursuivre ses
néfastes activités. Je serai heureux d'avoir votre avis avant mon
départ. Prière d'examiner également les documents X et Y ci-joints,
que le Président vient de me faire parvenir [44]. »

Quelques heures plus tard, Churchill envoie à Eden un deuxième
télégramme : « Je viens de m'entretenir avec Léger. Il était en
pleine forme au physique comme au moral. Il m'a déclaré qu'il ne
pourrait jamais travailler avec de Gaulle et qu'il n'avait aucune
intention de venir en Angleterre tant que nous soutiendrions de
Gaulle. D'un autre côté, il est entièrement d'accord avec le mouvement gaulliste et considère qu'une fois débarrassé de De Gaulle, il
constituerait un espoir sérieux pour la France. Il ne veut pas aller en
Afrique, parce que cela reviendrait encore à participer à une entreprise de division, mais il irait volontiers si un accord pouvait être
conclu entre Giraud et le Comité national français débarrassé de
De Gaulle. En fait, ses vues coïncident avec les miennes. Je suis de
plus en plus convaincu qu'il me faut écrire une lettre à de Gaulle
pour lui dire qu'en raison de sa conduite, il ne nous est plus possible de reconnaître la validité des lettres que nous avons échangées, mais que bien entendu, nous continuerons à collaborer
étroitement avec le Comité national français, tout en nous efforçant
de promouvoir l'union la plus large possible entre tous les Français
qui désirent combattre l'Allemagne. Si nous pouvions introduire
Herriot et Léger dans un Comité dont de Gaulle serait exclu, il
serait alors possible de constituer avec Giraud un groupement fort

---

* Cet argument est d'une mauvaise foi saisissante : Mme de Gaulle est arrivée en
Angleterre le 19 juin 1940 — soit deux jours après son mari — et Churchill le sait parfaitement...

et qui représenterait parfaitement la France pendant la période de guerre. Je suis convaincu que les choses ne peuvent plus continuer comme avant [...] [45]. »

Enfin, dans un troisième télégramme, Churchill rassemble tous les documents « accablants » que lui a remis Roosevelt...

A Londres, pendant ce temps, de Gaulle est loin de se douter de ce qui se trame contre lui. Par contre, il attend avec quelque impatience les résultats des négociations menées à Alger par le général Catroux ; le 4 mai, il a déclaré sans ambages lors d'un discours prononcé à Grosvenor House qu'« il fallait en finir [46] ». Pourtant, à la mi-mai, le Général a toutes les raisons d'être optimiste : en Afrique du Nord, les troupes françaises désertent l'armée Giraud par régiments entiers pour rejoindre les rangs de la France Combattante. Par ailleurs, le général de Gaulle vient de recevoir un télégramme de Jean Moulin ; depuis Paris, il annonce la création du Conseil national de la Résistance, et adresse au chef de la France Combattante le message suivant :

« Tous les mouvements, tous les partis de la Résistance, de la zone Nord et de la zone Sud, à la veille du départ pour l'Algérie du général de Gaulle, lui renouvellent, ainsi qu'au Comité national, l'assurance de leur attachement total aux principes qu'ils incarnent et dont ils ne sauraient abandonner une parcelle. Tous les mouvements, tous les partis, déclarent formellement que la rencontre prévue doit avoir lieu au siège du Gouvernement général de l'Algérie, au grand jour et entre Français. Ils affirment, en outre : que les problèmes politiques ne sauraient être exclus des conversations ; que le peuple de France n'admettra jamais la subordination du général de Gaulle au général Giraud, mais réclame l'installation rapide à Alger d'un gouvernement provisoire sous la présidence du général de Gaulle, le général Giraud devant être le chef militaire ; que le général de Gaulle demeurera le seul chef de la Résistance française quelle que soit l'issue des négociations * [47]. »

La position du général de Gaulle s'en trouve considérablement renforcée ; Giraud lui-même ne peut l'ignorer, et le 17 mai, il demande à de Gaulle de « venir immédiatement à Alger pour former avec lui le pouvoir central français ». Cette fois, il s'agit bien de former un Comité exécutif disposant du pouvoir suprême, composé au départ de six membres, dont deux proposés par Giraud et deux par de Gaulle, et présidé à tour de rôle par les deux généraux ; dès lors, le doute n'est plus permis : de Gaulle ira à Alger.

---

* Jean Moulin sera arrêté par la Gestapo le 27 mai.

Les membres du gouvernement britannique ont été très impressionnés par la déclaration du Conseil national de la Résistance, et plutôt soulagés par la volte-face de Giraud ; après sept mois de palabres et de conflits, l'union entre les deux factions rivales est enfin en vue. On imagine donc la surprise et la consternation de MM. Anthony Eden et Clement Attlee lorsqu'ils reçoivent de Washington les trois télégrammes de Churchill qui laissent prévoir une rupture pure et simple avec le général de Gaulle. Le Cabinet de guerre est immédiatement convoqué, et se réunit le soir du 23 mai ; le compte rendu de cette réunion est sec mais édifiant :

« Le Cabinet de guerre s'est réuni pour examiner trois télégrammes du Premier ministre (*Pencils* n° 166, 167 et 181) au sujet des relations entre le général de Gaulle et le général Giraud. [...] Le Cabinet de guerre a été informé de l'état actuel des négociations entre le général de Gaulle et le général Giraud. Le général Giraud a invité le général de Gaulle à se rendre à Alger, en y mettant deux conditions que de Gaulle acceptera sans doute.

« Le Cabinet de guerre éprouve les plus grandes difficultés à comprendre comment on pourrait rompre avec le général de Gaulle, au moment où il va enfin parvenir à un accord avec le général Giraud. Si le général de Gaulle devait faire des difficultés une fois l'accord conclu, nous serions alors beaucoup mieux à même d'exiger son retrait en cas de nécessité.

« Le Cabinet de guerre a ensuite été informé de quelques questions spécifiques à prendre en considération avant toute décision de rupture avec le général de Gaulle. A savoir :

« 1) La France Combattante compte 80 000 soldats, stationnés en divers points du monde. Si nous devions rompre avec le Général à l'heure actuelle, nous aurions des ennuis particulièrement graves en Afrique-Équatoriale (où les soldats sont farouchement gaullistes) ainsi qu'en Syrie et dans le nord de la Palestine.

« 2) Le Premier lord de l'Amirauté déclare que la marine de la France Combattante comprend 4 sous-marins des plus efficaces, 15 destroyers, des corvettes et des avions, avec un équipage total de 47 officiers et 6 000 sous-officiers et marins. L'Amirauté estime qu'une rupture avec le général de Gaulle ne manquerait pas de causer quelques difficultés et inconvénients temporaires.

....

« 5) Le vice-premier ministre déclare que si nous en venions à prendre des mesures contre le général de Gaulle, de nombreux Français qui lui sont hostiles à l'heure actuelle ne manqueraient pas de se rallier à lui. Le nom de De Gaulle est considéré comme le symbole de la République.

« 6) On fait également observer que si nous devions rompre avec le général de Gaulle durant la visite du Premier ministre aux États-Unis ou immédiatement après celle-ci, tout le monde en déduirait que nous avons cédé à la pression américaine. [...]

....

« 8) [...] Il faut également tenir compte de l'effet produit sur notre opinion publique.

« Le Cabinet de guerre examine ensuite trois projets de télégrammes préparés par le *Foreign Office* à l'intention du Premier ministre. Plusieurs amendements y sont incorporés, pour refléter les opinions exprimées au cours de la discussion [...]. »

Après quoi :

« Le Cabinet de guerre approuve les trois projets de télégrammes sous leur forme amendée, et en autorise l'expédition [48]. »

M. Eden notera ce jour-là dans son journal : « Conseil de Cabinet à 9 heures du soir. Il est question de De Gaulle et de la proposition de Winston de rompre avec lui dès maintenant. Tout le monde est contre, et le dit courageusement en l'absence du Premier ministre [49]. » C'est ainsi, que tard dans la nuit du 23 mai, Churchill reçoit trois télégrammes de Londres. Le premier, *Alcove n° 370*, est rédigé en ces termes :

« Vos télégrammes [...] ont été examinés par le Cabinet, et ce qui suit exprime notre opinion à tous :

« 1) Nous regrettons qu'un tel flot de rapports américains ait pu parvenir à Washington sans que l'Ambassadeur en ait parlé à notre ministre des Affaires étrangères. Nous ignorions que l'affaire de Gaulle s'était envenimée à ce point ces derniers temps. Nous nous rendons parfaitement compte des difficultés que de Gaulle nous a créées, et aussi du fait que vous vous trouvez soumis à une pression intense de la part des Américains. Néanmoins, nous estimons que la politique recommandée si instamment par vous n'est pas praticable, et ce pour les raisons suivantes.

« 2) A en juger par l'état actuel des négociations entre Giraud et de Gaulle, l'union est maintenant plus proche qu'elle ne l'a jamais été. De Gaulle a été invité à Alger par Giraud. Ce dernier y a mis deux conditions, que de Gaulle va sans doute accepter [...]. Nous nous attendons à ce que de Gaulle demande incessamment les moyens de transport nécessaires. Au cours des quatre derniers mois, la politique du gouvernement de Sa Majesté comme celle du gouvernement des États-Unis a été d'amener les deux généraux à s'entendre, et cette politique a reçu à Anfa l'aval du Président et le vôtre. Si, comme nous le pensons, cette politique était bien fondée alors, il nous semble qu'elle l'est encore davantage aujourd'hui, puisque les deux généraux sont sur le point de réaliser l'union que nous les pressions jadis de conclure.

« 3) Nous sommes avisés qu'en aucun cas les membres de l'actuel Comité national français ne resteront en place si nous écartons le général de Gaulle. Il en va sans doute de même pour les forces combattantes de la France Libre [...].

« 4) Si de Gaulle est écarté des affaires publiques en ce moment, alors que l'union des deux mouvements français paraît imminente, ne risque-t-on pas d'en faire un martyr et d'être accusé par les gaullistes comme par les giraudistes d'intervenir intempestivement dans des affaires purement françaises, traitant ainsi la France comme un protectorat anglo-américain ? Dans l'affirmative, nos relations avec la France seraient plus gravement compromises que par le maintien de la situation présente, si peu satisfaisante soit-elle.

« 5) Tout comme le Président et M. Hull, nous sommes pleinement conscients du caractère insatisfaisant de la situation actuelle, mais, du fait de l'évolution récente des événements décrite au début du paragraphe 2, il nous semble que ce n'est pas le moment d'intervenir en prenant les mesures radicales que propose le Président [...].

« 6) Nous vous envoyons par télégramme séparé nos commentaires sur les divers documents. Ceux-ci contiennent peu de choses que nous ne sachions déjà, et on ne peut dire qu'ils aient été écrits par des observateurs objectifs [50]. »

Dans un second télégramme, les divers documents communiqués par le président Roosevelt sont examinés sans complaisance ; certains sont rectifiés, d'autres sont contestés, aucun n'est vraiment pris au sérieux [51]. Dans le troisième télégramme, *Alcove 372*, on trouve la conclusion suivante : « Il nous paraît nécessaire de garder tout cela présent à l'esprit. Il en résulte qu'en dehors des obstacles politiques qui s'opposent à l'initiative proposée par le Président, une rupture brutale avec de Gaulle entraînerait de lourdes conséquences dans un certain nombre de domaines auxquels les Américains n'ont sans doute même pas songé. [...] Nous regrettons de ne pouvoir faire davantage, mais nous sommes convaincus que les Américains sont dans l'erreur et qu'ils proposent une ligne de conduite qui ne serait pas comprise ici, ce qui pourrait avoir des conséquences fâcheuses sur les relations anglo-américaines. Nous espérons que vous pourrez différer toute décision sur cette affaire jusqu'à votre retour [52]. »

La réponse est sans ambiguïté, et elle va avoir l'effet voulu sur le Premier ministre, qui répond dès le lendemain matin : « Je ne savais pas que de Gaulle était sur le point de rencontrer Giraud ; il faut en effet attendre le résultat de cette rencontre. Je vous aurai averti des dangers que votre soutien au général de Gaulle fait courir à l'unité anglo-américaine. Nous avons été traités ici avec la plus grande générosité [...] et nous sommes en train d'obtenir un accord sur l'ensemble des problèmes stratégiques qui satisfait pleinement l'état-major. [...] Nous recevons également une aide irremplaçable dans bien d'autres domaines, et il me serait extrêmement pénible d'avoir à rompre cette harmonie à cause d'un Français qui est l'ennemi juré de la Grande-Bretagne et qui pourrait bien amener la guerre civile en France [53]. »

Les choses en resteront là pour le moment et, dans ses *Mémoires*, Churchill préférera passer très rapidement sur cet épisode : « A ce stade, écrit-il, il s'en fallut de très peu que nous ne rompions définitivement avec cet homme impossible. Pourtant, à force de temps et de patience, nous finîmes par trouver des solutions acceptables [54]. »

A Londres, le général de Gaulle s'apprête à partir pour l'Afrique du Nord ; le 25 mai, il a écrit au général Giraud : « Je compte arriver à Alger à la fin de cette semaine et me félicite d'avoir à collaborer avec vous pour le service de la France [55]. » Pour le reste, de Gaulle écrira plus tard : « Avant de quitter l'Angleterre, j'écrivis au roi George VI pour lui dire combien j'étais reconnaissant, à lui-même, à son gouvernement, à son peuple, de l'accueil qu'ils m'avaient fait aux jours tragiques de 1940 et de l'hospitalité qu'ils avaient, depuis, accordée à la France Libre et à son chef. Voulant aller faire visite à M. Churchill, j'appris qu'il venait de partir " pour une destination inconnue ". Ce fut donc de M. Eden que j'allai prendre congé. L'entretien fut amical. " Que pensez-vous de nous ? " me demanda le ministre anglais. " Rien, observai-je, n'est plus aimable que votre peuple. De votre politique, je n'en pense pas toujours autant. " Comme nous évoquions les multiples affaires que le gouvernement britannique avait traitées avec moi : " Savez-vous, me dit M. Eden avec bonne humeur, que vous nous avez causé plus de difficultés que tous nos alliés d'Europe ? " — " Je n'en doute pas, répondis-je en souriant, moi aussi. La France est une grande puissance [56]. " »

Les difficultés sont loin d'être terminées, et Churchill le sait mieux que tout autre. Ayant quitté les États-Unis, le Premier ministre ne rentre pas immédiatement à Londres, mais atterrit en grand secret à Alger ; il y inspectera les préparatifs de l'opération *Husky* pour le débarquement en Sicile, et tâchera de convaincre les généraux Eisenhower et Marshall de la nécessité d'un débarquement ultérieur dans la péninsule italienne elle-même. Mais M. Churchill a une autre raison d'être à Alger ; en effet, l'union entre Giraud et de Gaulle sera en quelque sorte un événement historique, et le Premier ministre est irrésistiblement attiré par les événements historiques. Par ailleurs, il veut en quelque sorte préparer le terrain, et encourager son vieil ami le général Georges, qu'il espère bien voir entrer dans le nouveau Comité *. Enfin, il se réserve d'intervenir personnellement — ou d'ordonner une intervention armée — au cas où les choses tourneraient mal entre Giraud et de Gaulle. Mais Churchill se souvient de son échec d'Anfa, et il n'a plus qu'une confiance limitée dans ses talents de diplomate ; c'est pourquoi il envoie le télégramme suivant à M. Attlee le 29 mai : « Il me paraît important qu'Eden vienne passer quelques jours ici. Il est beaucoup mieux qualifié que moi pour être garçon d'honneur au mariage Giraud-de Gaulle. Il faut qu'il se rende compte de l'atmosphère, et qu'il reste en contact avec les acteurs de ce qui peut très bien devenir un drame sérieux [57]. »

Ce soir-là, Churchill a un long entretien ave l'amiral Cunningham, Harold Macmillan et Robert Murphy. Ce dernier enverra au président Roosevelt un compte rendu détaillé de cette conversation, dont une version censurée sera publiée ultérieurement dans le recueil *Foreign Relations of the United States* ; on trouvera ci-dessous la version non censurée :

« Nous avons discuté des tenants et aboutissants de cette affaire française. Eden arrivera demain à midi. Le Premier ministre nous a dit qu'il était ici pour inspecter les troupes et la marine britanniques, ainsi que pour contribuer à un règlement satisfaisant de l'affaire française. Il faut, a-t-il dit, que s'exprime à cette occasion la solidarité anglo-américaine. Il a attaqué de Gaulle avec plus de véhémence encore qu'à Anfa, déclarant que de Gaulle était antibritannique et antiaméricain, et que l'on pouvait compter sur lui pour faire l'idiot. Le Premier ministre a exprimé à ce sujet les plus vives inquiétudes. Il a évoqué le fait que le Président avait invité Giraud aux États-Unis, et aimerait que vous sachiez qu'à son avis, Giraud aurait tort de s'absenter ainsi au début de juin, car [...] et il a répété ceci à plusieurs reprises [...] de Gaulle lui paraît tout à fait capable

---

* Sur l'ordre de Churchill, le général Georges a été conduit hors de France dans le plus grand secret dix jours plus tôt.

de monter un coup d'État. Il a ajouté qu'il ne se faisait pas la moindre illusion quant à la soif de pouvoir personnel qui anime le général de Gaulle.

« Il [Churchill] a l'intention de faire en sorte que le gouvernement britannique annule tous les accords passés avec le Comité national français, qui sera entièrement transféré à Alger [...]. Après quoi nous aurons tous deux affaire à l'organisation centrale établie en Afrique du Nord, ce qui nous laissera libres de conclure tous les accords financiers, politiques et de prêt-bail qui nous paraîtront souhaitables. Le Premier ministre ajoute que le général de Gaulle ne sera plus autorisé à faire usage de la BBC.

« Nous avons discuté en détail de la formation du nouveau comité exécutif français [...]. Le Premier ministre a déclaré qu'il avait décidé et aidé le général Georges à quitter la France, et qu'il pensait que ce dernier pourrait apporter une contribution non négligeable. En tout cas, il le connaît depuis de nombreuses années, et assure qu'il représente une certaine continuité dans les relations franco-britanniques dont le maintien est des plus souhaitables. Le Premier ministre aimerait également que l'on persuade M. Léger de se rendre à Alger. J'ai répondu qu'en cas de nécessité, nous lui apporterions notre soutien s'il envisageait d'entrer dans le comité exécutif. Par ailleurs, je pensais qu'au bout de plusieurs jours, le général de Gaulle et ses partisans allaient se montrer agressifs. Le Premier ministre m'a dit qu'il en était convaincu. Je lui ai demandé ce qu'il pensait des accords Clark-Darlan du 22 novembre, qui servent de base légale à notre action dans la région. Il a répondu qu'à son avis, il n'y avait pas à y toucher, et qu'on ne devait faire aucune concession pendant plusieurs semaines, au moins jusqu'à ce que nous sachions si de Gaulle " allait faire l'idiot ou pas ". Il a répété qu'il nous fallait constituer un front uni pour faire face à la situation [58]. »

Ce jour-là, Churchill a également parlé de De Gaulle à son vieil ami le général Georges : « Je lui ai donné 25 millions de livres sterling, et il a dit sur les Anglais, sur les États-Unis, les pires choses. S'il revient à Londres sans s'être entendu avec les gens d'ici, sa position changera [59]. »

Le 30 mai, de Gaulle atterrit à l'aéroport de Boufarik, près d'Alger...

12

Reconnaissance

Ce 30 mai 1943, l'accueil réservé au général de Gaulle sur l'aéroport de Boufarik est très différent de ce qu'il a connu à Anfa quatre mois plus tôt. Le général Giraud est présent, des soldats français rendent les honneurs, un orchestre joue *la Marseillaise*, les délégués américains et britanniques se tiennent *derrière* les Français, et de Gaulle est conduit à Alger dans une voiture *française*. Un grand déjeuner donné en son honneur au Palais d'Été se déroule le mieux du monde, et cet après-midi-là, de gigantesques manifestations populaires s'organisent à Alger en faveur de la France Combattante et de son chef ; mais le lendemain, au lycée Fromentin, les discussions sérieuses commencent, et l'atmosphère change du tout au tout.

Ce matin-là, les deux délégations sont assises face à face ; Giraud est assisté par Jean Monnet et le général Georges, de Gaulle a avec lui Massigli, André Philip et le général Catroux. On se met rapidement d'accord pour que les sept hommes présents constituent un comité de gouvernement, qui sera élargi par la suite. Ceci étant acquis, le général de Gaulle déclare que le travail sérieux ne pourra commencer que lorsque deux conditions essentielles auront été remplies : il faut d'une part que le commandement militaire soit nommé par le comité de gouvernement, et lui soit subordonné ; il faut aussi que certains hommes de Vichy soient immédiatement relevés de leurs fonctions, en l'occurrence le général Noguès, le gouverneur général Boisson et M. Marcel Peyrouton. Le général Giraud refuse avec indignation, et on se sépare sans avoir pu se mettre d'accord...

Au cours des deux jours qui suivent, la position du général de Gaulle semble extrêmement précaire ; seul à Alger avec une poignée d'hommes, il est entouré d'une atmosphère de conspiration, et accusé par Giraud de vouloir mettre en place un régime totalitaire. De plus, il apprend bientôt que des forces blindées ont été concentrées tout autour d'Alger, que le général Giraud a ordonné l'arrestation de tous les soldats de la France Combattante se trouvant en Afrique du Nord, que tous les secteurs-clés d'Alger sont protégés par la troupe et la police, et que le nouveau chef de la police à Alger n'est autre que... l'amiral Muselier en personne !

Mais le général de Gaulle refuse de se laisser intimider, et c'est finalement Giraud qui doit céder. Le 3 juin, les deux délégations se réunissent à nouveau, et une fois décidée l'exclusion de Boisson, Peyrouton et Noguès, on s'accorde pour constituer le « Comité français de la libération nationale ». De Gaulle et Giraud en sont les coprésidents, Catroux, Monnet, Massigli, Georges et Philip les cinq premiers membres ; le Comité « exerce la souveraineté française » et « dirige l'effort français dans la guerre sous toutes ses formes et en tous lieux » [1]. Après sept mois de négociations, de marchandages, d'intrigues et de manœuvres, l'unité française est enfin établie.

Peu après son arrivée à Alger, le général de Gaulle a appris que Churchill lui-même était arrivé dans le plus grand secret quelques jours plus tôt, et que M. Anthony Eden venait de le rejoindre. Ceci ne pouvait manquer d'éveiller les soupçons du Général, d'autant que Churchill est tenu informé de l'évolution des négociations entre Français par le général Georges ; ce dernier ayant pris la défense de Giraud lors des débats, de Gaulle flaire quelque machination ourdie contre lui par le Premier ministre. Mais il n'y a rien de tel, et lorsque le nouveau Comité est enfin constitué, les deux coprésidents et les cinq commissaires reçoivent une invitation à déjeuner chez M. Churchill pour le 6 juin. De Gaulle accepte sans le moindre enthousiasme, mais il accepte tout de même, et la conversation entre les deux hommes à cette occasion ne manque pas d'intérêt. Le Général la rapportera en ces termes : « Comme je lui marquais ce que sa présence, pendant ces journées et dans ces conditions, avait pour nous d'insolite, il protesta qu'il n'essayait nullement de se mêler des affaires françaises. "Cependant, ajouta-t-il, la situation militaire impose au Gouvernement de Sa Majesté de tenir compte de ce qui se passe à l'intérieur de cette zone essentielle de communications que constitue l'Afrique du Nord. Nous aurions eu des mesures à prendre, s'il s'était produit ici quelque trop brutale secousse, par exemple si, d'un seul coup, vous aviez dévoré Giraud [2]." » De Gaulle affirme au Premier ministre que cela n'était nullement dans ses intentions, et les deux hommes se séparent dans les meilleurs termes...

A son départ d'Afrique du Nord, Churchill écrit au président Roosevelt : « L'ensemble du Comité français est venu déjeuner vendredi, et tout le monde s'est montré des plus aimables. Le général Georges, que j'ai fait sortir de France il y a un mois, et qui est un ami personnel, apporte à Giraud un soutien précieux. Si de Gaulle se montre violent ou déraisonnable, il sera mis en minorité [...] et peut-être même complètement isolé. Nous nous trouvons en présence d'un Comité à direction collégiale avec lequel je crois que nous pouvons collaborer sans crainte. Je considère que la formation de ce Comité marque la fin de mes relations officielles avec de Gaulle en tant que chef de la France Combattante, telles qu'elles ont été définies dans les lettres que j'ai échangées avec lui en 1940, et dans certains autres documents postérieurs. Je me propose de transférer ces relations, financières ou autres, au Comité dans son ensemble [3]. »

Pendant plus d'une semaine, M. Eden est resté en relation quotidienne avec le Premier ministre, ce qui explique pour une large part l'attitude indulgente de ce dernier envers le général de Gaulle ; d'ailleurs, étant resté discrètement en coulisse lors des négociations, ayant ensuite reçu à déjeuner les membres du nouveau Comité, M. Churchill se sent un peu le parrain d'une France renaissante [4]. En outre, il paraît évident que ce nouveau Comité, avec des membres comme Giraud, Georges et Catroux, sera un interlocuteur beaucoup plus commode que le général de Gaulle lui-même. Churchill rentre donc en Angleterre avec la satisfaction du devoir accompli, et il est tout disposé à examiner avec bienveillance la proposition que vient de lui faire son ministre des Affaires étrangères ; il s'agit cette fois de reconnaître officiellement le Comité français de la libération nationale...

En réalité, c'est une union des plus précaires qui s'est constituée à Alger entre les deux factions rivales ; car l'épineux problème des relations entre le nouveau comité et le commandement militaire n'a pas encore été résolu, et une nouvelle crise ne tarde pas à éclater. Le général de Gaulle demande en effet que le haut commandement et le commissariat à la Défense nationale soient deux organes distincts, le premier étant subordonné au second. Le général Giraud s'y oppose ; plus encore, il veut cumuler les fonctions de commandant en chef et de commissaire à la Défense nationale, tout en conservant son poste de coprésident du Comité de la libération nationale. Pour de Gaulle, ce serait contraire aux traditions françaises, au bon sens, et à l'accord signé par le général Giraud lui-même. La querelle va donc se poursuivre pendant près de deux semaines ; de Gaulle menace de démissionner du Comité, Giraud se prévaut du soutien américain, Churchill et Roosevelt intriguent par l'intermédiaire de leurs représentants sur place, tandis que des deux côtés de l'Atlantique, la presse demande que l'on mette un terme aux rivalités.

La presse britannique, elle, ne cache pas ses sympathies pour le général de Gaulle, et Churchill commence à s'en inquiéter sérieusement. A la mi-juin, d'ailleurs, la gaullophobie latente du Premier ministre a déjà refait son apparition, fortement encouragée par les télégrammes du président Roosevelt. Pire encore, Churchill vient d'apprendre qu'à Alger, « son » Comité de sept hommes en compte désormais quatorze, dont une majorité de partisans du général de Gaulle ! Après cela, toutes les anciennes rancunes que Churchill remâche depuis l'été de 1941 reviennent en bloc, et le Premier ministre va se lancer à nouveau dans une vigoureuse croisade antigaulliste...

A Alger, Harold Macmillan ressent immédiatement les effets de la bourrasque ; c'est que Churchill lui envoie un flot de télégrammes lui ordonnant de montrer la plus grande fermeté à l'égard du Comité — au grand dépit de M. Eden, qui déteste que l'on empiète sur les affaires de son ministère. Mais ce n'est pas tout : le 12 juin, la presse britannique reçoit une circulaire secrète rédigée dans les termes suivants :

« Le Premier ministre est quelque peu préoccupé par le préjugé en faveur de De Gaulle qui s'exprime dans les communiqués de presse venus d'Alger et dans la façon dont ils sont présentés ici. De Gaulle doit tout à l'aide et au soutien britanniques, mais ne peut être considéré comme un ami loyal de notre pays. Il a semé un courant d'anglophobie partout où il s'est rendu. [...] Il s'efforce d'accroître son prestige en France en se montrant intraitable avec les Anglais, et maintenant avec les Américains. Il a un penchant manifeste pour le fascisme et la dictature. A certains moments il se présente comme étant le seul recours contre le communisme, tandis qu'à d'autres, il fait état du soutien que lui apportent les communistes. Pourtant, en dépit de ces griefs bien fondés, nous l'avons toujours traité avec la plus grande équité, en raison de la mystique qui s'attache à son nom en France — et ce, grâce aux moyens de publicité que nous avons mis à sa disposition. Nous espérons toujours le voir entamer une coopération loyale avec le nouveau Comité. Jusqu'à présent, il s'est efforcé d'en assumer la direction.

S'il devait y réussir, il ne manquerait pas de se heurter gravement aux États-Unis. Il nous faut prendre garde que ces divergences ne s'étendent aux relations entre la Grande-Bretagne et les États-Unis. Le Président, qui est l'ami le meilleur et le plus sincère que la Grande-Bretagne et l'Europe aient jamais eu, a des opinions bien arrêtées sur la question [...].

« Il est donc souhaitable que les journaux britanniques fassent preuve de sang-froid et d'impartialité lorsqu'ils abordent ces querelles entre Français, et qu'ils fassent de leur mieux pour empêcher qu'elles ne deviennent préjudiciables à la bonne conduite de la guerre [5]. »

Ce document est signé par le Premier ministre en personne...

Durant les jours qui suivent, la presse britannique ne paraît guère avoir été influencée par les conseils de M. Churchill. Pourtant, on trouve dans l'*Observer* du 13 juin le commentaire suivant : « Les dépêches qui nous sont parvenues d'Alger la nuit dernière semblent indiquer que le général de Gaulle est toujours sur ses grands chevaux, et continue d'affirmer que si le général Giraud est nommé commandant en chef de l'armée, lui-même doit être ministre de la Défense et avoir Giraud sous ses ordres. Si ces dépêches sont exactes, on peut dire que de Gaulle se montre peu avisé. A Londres, l'opinion ne lui est pas favorable. Il a été soutenu et aidé avec la plus grande générosité. Mais maintenant, même ceux qui se sont montrés les plus tolérants et les plus compréhensifs à son égard commencent à perdre patience. Si le général de Gaulle continue à se montrer intransigeant et refuse de coopérer avec nous d'une manière responsable, il se trouvera bientôt déserté par tous ses amis. Il devrait se rendre compte que c'est sa dernière chance de les conserver. La patience des Américains est déjà quasiment épuisée ; et personne ne permettra que les relations anglo-américaines se trouvent perturbées du fait d'un personnage qui n'a jamais montré plus de cordialité envers ces deux pays qu'il n'était strictement nécessaire. Nous avons d'autres moyens de nous acquitter de nos obligations envers le peuple de France [6]. »

Le style de ce passage et les idées qu'il exprime peuvent sembler familiers. En fait, l'article n'est pas signé, et cela s'explique aisément : il a été écrit *par Winston Churchill en personne* [7] ! Le 15 juin, sir Alexander Cadogan note dans son journal : « Les négociations entre de Gaulle et Giraud semblent toujours être dans l'impasse. Le Premier ministre est repris par sa crise d'antigaullisme [8]. »

Mais cette fois encore, l'antigaullisme du Premier ministre a ses limites. Depuis que l'affaire Darlan a mobilisé l'opinion publique, la presse, le parti travailliste et la majorité du gouvernement en faveur du général de Gaulle, il est manifestement devenu impossible de s'en débarrasser ; d'ailleurs, il n'y a personne pour le remplacer. La Résistance française le sait, le *Foreign Office* le sait, de Gaulle le sait, Churchill le sait, et de Gaulle sait que Churchill le sait...

Le président Roosevelt, lui, ne le sait pas encore ; il a misé sur Pétain, Weygand, Giraud, Darlan, Giraud encore, et il n'a toujours pas renoncé à imposer son point de vue dans les affaires françaises. A cet égard, pourtant, les dernières nouvelles en provenance d'Alger sont assez déprimantes : le Comité de libération a finalement vu le jour, alors que Roosevelt avait fait de son mieux au cours des derniers mois pour en empêcher la constitution ; les « proconsuls » de Vichy ont été démis de leurs postes, y compris Marcel Peyrouton, qui avait pourtant été envoyé à Alger par les Américains eux-mêmes ; le général Giraud s'accroche désespérément à la coprésidence du Comité et au commandement de l'armée, mais joue contre de Gaulle une partie qu'il semble destiné à perdre. Par ailleurs, le Comité d'Alger s'apprête à faire remplacer le gouverneur général Boisson à la tête de l'Afrique-Occidentale. Enfin, le Comité lui-même, comprenant sept membres supplémentaires, est maintenant dominé par les gaullistes ; c'est un fait accompli depuis le 8 juin, mais on ne s'en est aperçu à Washington que huit jours après...

Pour Roosevelt, tout cela est inacceptable ; il décide d'agir sans délai, et il n'est pas partisan des demi-mesures ; le 17 juin, il écrit à Churchill :

« J'en ai assez de ce de Gaulle, et les intrigues politiques et personnelles menées en secret par le Comité au cours de ces derniers jours montrent bien qu'il nous est impossible de travailler avec lui. En temps de paix, cela n'aurait pas grande importance, mais en l'occurrence, je suis absolument persuadé qu'il a causé et continue à causer le plus grand tort à notre effort de guerre, et qu'il constitue pour nous une très grande menace. Je suis d'accord avec vous pour dire qu'il n'aime ni les Anglais ni les Américains, et qu'il est prêt à nous doubler tous les deux à la première occasion. Nous devons nous séparer de De Gaulle, d'abord parce qu'il s'est montré déloyal et indigne de la confiance de nos deux gouvernements, ensuite parce que ces derniers temps, il s'est intéressé bien davantage aux intrigues politiques qu'à la poursuite de la guerre, ces intrigues étant menées à notre insu et au détriment de nos intérêts militaires. [...] La guerre est d'une telle importance, nos entreprises militaires si graves et si risquées, que nous ne pouvons plus nous permettre de les voir menacées par de Gaulle.

« Tout cela peut être exprimé dans un langage qui nous conviendrait à tous deux. Mais je voudrais par-dessus tout que la rupture s'effectue dans des conditions et pour des raisons qui seront identiques pour nos deux gouvernements [...]. Dans tous les cas, la première mesure à prendre devrait être l'ajournement de toute nouvelle réunion du Comité français en Afrique du Nord [...]. Voudriez-vous demander à Macmillan de coopérer avec Eisenhower pour obtenir le report de toute nouvelle session du Comité ? Je voudrais avoir votre avis sur cette question dès que possible [9]. »

Ce jour-là, Roosevelt envoie également plusieurs télégrammes au général Eisenhower : « Pour votre information personnelle, écrit-il dans le premier, sachez que je ne permettrai pas à l'heure actuelle que l'armée française d'Afrique soit dirigée par le général de Gaulle, que ce soit personnellement ou par l'intermédiaire de ses partisans dans quelque comité que ce soit. Ceci s'applique au domaine des opérations comme à celui de l'entraînement et des approvisionnements [10]. » On peut lire dans le deuxième télégramme : « Je veux qu'il soit bien compris que nous n'approuverons en aucun cas le retrait de Dakar du gouverneur général Boisson. [...] Dakar a une importance si vitale pour la protection de l'Atlantique Sud et de l'Amérique du Sud que je me verrais contraint d'y envoyer des troupes américaines au cas où de Gaulle essaierait de procéder à des changements intempestifs. [...] Je vous autorise à informer Giraud et de Gaulle de ma décision [11]. » Enfin, dans un troisième télégramme : « Pour votre information très secrète : il faut que vous sachiez que nous allons peut-être rompre avec de Gaulle au cours des quelques jours à venir [12]. »

Pour compléter le dispositif et préparer l'opinion publique américaine à cette rupture, le Président fait lancer dans l'ensemble des États-Unis une gigantesque campagne de presse visant à présenter le général de Gaulle sous les couleurs les plus noires. Comme les Américains n'aiment pas faire les choses à moitié, de Gaulle est décrit en même temps comme un fasciste et un communiste (financé par Staline) ; la vraisemblance en souffre quelque peu, mais on ne s'arrête pas à ces détails...

Pourtant, toute l'entreprise se termine par un échec, et se retourne même contre son inspirateur. Le 19 juin, Eisenhower fait savoir au général de Gaulle que le Président exige le maintien de Giraud au poste de commandant en chef, ce qui provoque une explosion d'indignation au sein du Comité d'Alger ; la majorité des membres considère cela comme une violation flagrante de la souveraineté française, et somme le général Giraud de se soumettre au Comité ou de démissionner. En même temps, on crée un « Comité militaire », sous la présidence du général de Gaulle *. Roosevelt n'a guère plus de chance avec le gouverneur général Boisson ; il a bien exigé que celui-ci soit maintenu à son poste, mais on apprend bientôt que Boisson lui-même a décidé de démissionner... Quant à la campagne de presse, elle déclenche bientôt une violente réaction de la presse anglaise et américaine, qui dénonce une nouvelle fois la politique nord-africaine du président Roosevelt. Enfin, pour des raisons que nous connaissons déjà, Churchill refuse de rompre avec le général de Gaulle et son Comité, et Roosevelt, pour des raisons électorales, ne peut prendre seul la responsabilité d'une rupture unilatérale !

Ce n'est pas sans regrets que Churchill a refusé la proposition du Président ; en fait, ce refus est dû en grande partie aux efforts inlassables de M. Eden, utilement secondé par MM. Cadogan, Harvey et Macmillan. Pendant tout le mois de juin, Churchill et Eden s'opposent violemment sur les affaires françaises au cours d'interminables querelles, qui se terminent invariablement aux petites heures de la matinée ; Churchill gronde, menace, fulmine, tempête, mais à chaque fois, Eden sort victorieux de l'épreuve...

Au début de juillet, le ministre des Affaires étrangères britannique s'est lancé dans une entreprise plus difficile encore : il s'agit de persuader Churchill de reconnaître le Comité d'Alger, et d'obtenir de Roosevelt qu'il en fasse autant ; en effet, Eden demeure convaincu que les relations de son pays avec la France revêtiront après la guerre une importance exceptionnelle, et qu'à cet égard, il n'est pas trop tôt pour préparer l'avenir. Mais Churchill refuse de voir plus loin que la période de guerre, et il est toujours très monté contre de Gaulle ; quelques extraits du journal de M. Eden suffiront à donner une idée de l'extraordinaire difficulté de son entreprise :

« 8 juillet : La réunion du Comité de défense s'est ouverte sur une violente dispute au sujet des Français. La réponse de Roosevelt a poussé Churchill à dire que pour rien au monde il ne reconnaîtrait le Comité, ce qu'il a fait suivre d'une tirade contre de Gaulle. J'ai contre-attaqué en disant que les Américains s'y sont mal pris depuis le début dans l'affaire française, et qu'en traitant le général

---

* Le haut commandement français reste divisé, Giraud étant commandant en chef pour l'Afrique du Nord et l'Afrique-Occidentale, alors que de Gaulle commande toutes les autres forces de l'Empire. Il est clair cependant que ce n'est là qu'une solution temporaire.

de Gaulle comme ils le font, ils ne tarderont pas à faire de lui un héros national. Alec C... [Cadogan] m'a soutenu, et s'est entendu dire qu'il s'était " souvent trompé ". Un intermède agité et plutôt risible.

« *12 juillet :* Dîné avec le Premier ministre, en compagnie de Stimson et des Winant. Stimson est parti peu après le dîner, et nous avons eu une controverse acharnée mais amicale au sujet des Français [...] jusqu'à deux heures du matin. J'ai redit à Winston tout ce que j'avais sur le cœur. Il a maintenu qu'on ne pouvait permettre à de Gaulle de dominer le Comité et qu'il verrait comment les choses allaient évoluer avant d'accorder la reconnaissance. Il a admis que si nous devions rompre tous deux sur cette question, j'aurais le soutien d'une bonne partie de l'opinion publique, mais il m'a prévenu que dans ce cas, il se battrait jusqu'au bout. Je lui ai dit que je n'avais pas l'intention de démissionner. Nous sommes convenus de consigner nos idées par écrit.

« *13 juillet :* Comme convenu, j'ai envoyé mon aide-mémoire à Winston à l'heure du déjeuner. J'ai eu la surprise de recevoir une autre lettre de lui, assez formelle celle-là. Suis allé le voir à 19 heures et lui en ai demandé la raison. Il a répondu qu'il n'avait pas aimé mon aide-mémoire, et qu'il pensait que nous nous acheminions vers une rupture [13]. »

Bien entendu, il n'y aura pas de rupture, et Eden tiendra bon, solidement appuyé par le Cabinet et le Parlement ; de plus, on apprend bientôt que lord Halifax à Washington et le général Eisenhower à Alger se sont tous deux prononcés en faveur d'une reconnaissance immédiate du Comité français de la libération nationale [14]... Enfin, le 19 juillet, Churchill cède, et offre à Eden de télégraphier lui-même au Président pour l'inciter à reconnaître le Comité. Le lendemain, le ministre des Affaires étrangères note dans son journal :

« *20 juillet :* Après le dîner, suis passé au 10, Downing Street, à la demande de Winston. Il m'a montré le message concernant la reconnaissance, qu'il s'apprêtait à envoyer au Président. Je l'ai trouvé parfait. Il m'a fait remarquer qu'il avait entièrement épousé mes vues, à quoi j'ai répondu qu'il serait plus exact de dire qu'il demandait aux Américains de regarder les choses en face [15]. »

Le télégramme pour le Président est conçu dans les termes suivants : « Je suis l'objet d'une pression considérable de la part du *Foreign Office*, de mes collègues du Cabinet, et aussi de la force des circonstances, pour " reconnaître " le Comité national de la libération d'Alger. Que signifie ce mot de reconnaissance ? On peut reconnaître un homme comme empereur ou comme épicier. La reconnaissance n'a pas de sens, si elle n'est accompagnée d'une formule qui la définit. Jusqu'au départ de De Gaulle pour l'Afrique du Nord-Ouest et la constitution du présent Comité, nous n'avions de rapports qu'avec le Général et avec son ancien Comité. Le 8 juin, j'ai déclaré au Parlement : " La formation de ce Comité, avec sa responsabilité collective, se substitue à la situation créée par la correspondance échangée en 1940 entre le général de Gaulle et moi-même. Toutes nos tractations, financières et autres, auront donc lieu désormais avec ce Comité pris dans son ensemble. " J'ai été heureux de le faire, parce que je préférais traiter avec le Comité collectivement qu'avec le général de Gaulle tout seul. En fait, j'essaye depuis de longs mois d'inciter ou de contraindre de Gaulle à " se diluer dans une commission ". Ce but me semble atteint dans une large mesure par les dispositions actuelles. Macmillan nous a affirmé à plusieurs reprises que le Comité est en train d'acquérir une autorité collective et que de Gaulle n'en est nullement le maître. [...] Il recommande fortement une mesure de reconnaissance. Il signale qu'Eisenhower et Murphy sont tous les deux d'accord sur ce point [...].

« J'en arrive donc au point où il peut m'être nécessaire de faire ce geste, dans toute la mesure où la Grande-Bretagne et les intérêts anglo-français exposés ci-dessus sont en cause. Si je le fais, la Russie accordera certainement sa reconnaissance et je crains que cela ne vous mette dans une situation embarrassante.

« Je compte donc que vous me ferez savoir : a) si vous pouvez souscrire à notre formule ou à quelque chose d'analogue, ou b) si vous voyez des inconvénients à ce que le gouvernement de Sa Majesté prenne seul cette mesure [16]. »

Churchill ne manquera pas de reproduire ce télégramme dans ses *Mémoires*, mais il préférera omettre le dernier paragraphe, qui dit ceci : « Comme vous le savez, j'ai toujours pensé qu'il faudrait obliger de Gaulle à s'insérer dans une équipe. Je ne l'aime pas plus que vous ne l'aimez vous-même, mais je préfère qu'il soit dans le Comité plutôt que de le voir se pavaner en jouant les Jeanne d'Arc et les Clemenceau. Veuillez donc m'informer de ce que vous souhaitez faire, car j'essaie avant tout de régler ma conduite sur la vôtre, et les avantages d'une action commune dans cette affaire sont particulièrement évidents [17]. »

Le président Roosevelt comprend bien l'intérêt d'une action commune, mais il ne voit aucun avantage à reconnaître le Comité d'Alger, ainsi qu'il ressort clairement de sa réponse : « Je crois que nous ne devrions en aucun cas utiliser le mot " reconnaissance ", parce que le sens en serait déformé de manière à faire croire que nous reconnaîtrons le Comité comme le gouvernement de la France dès notre débarquement sur le sol français. Peut-être le mot " agrément " à titre provisoire des autorités civiles du Comité à l'échelon local dans diverses colonies exprimerait-il plus exactement ma pensée. Mais nous devons nous réserver le droit de continuer à traiter directement avec les autorités françaises locales dans chaque colonie toutes les fois que cela servira les intérêts de la cause alliée. La Martinique en constitue un bon exemple [18]. »

Pour M. Eden, cette réponse est des plus décevantes, et elle arrive au moment où le gouvernement britannique est assailli de graves préoccupations : en Sicile, la bataille fait rage, tandis que la situation militaire en Asie du Sud-Est reste préoccupante, et que la menace des armes secrètes allemandes se précise de jour en jour... Mais le ministre des Affaires étrangères ne se laisse nullement impressionner, et il continue à insister auprès de Churchill pour que l'on reconnaisse le Comité ; connaissant les préventions du Premier ministre à l'encontre du général de Gaulle *, il présente cette reconnaissance comme le meilleur moyen de renforcer le Comité et de l'encourager à tenir tête au Général. Churchill n'est pas insensible à cet argument, et d'ailleurs, il lui est de plus en plus difficile de résister aux pressions exercées par l'opinion publique et la presse en faveur d'une reconnaissance rapide du Comité ; les représentants du Canada, de l'Australie, de l'Afrique du Sud, et ceux des gouvernements en exil joignent leur voix au concert ; mais c'est au Parlement que s'exercent les plus fortes pressions. A la séance du 14 juillet, on peut entendre ceci :

« M. Martin demande au ministre des Affaires étrangères si le Comité français de la libération nationale a déjà été reconnu. »

M. Eden répond avec quelque embarras, et M. Martin reprend :

« Le gouvernement de Sa Majesté a-t-il l'intention de procéder à cette reconnaissance aussitôt que possible [21] ? »

La question reste sans réponse, mais elle revient la semaine suivante :

---

* Le 15 juillet 1943, Churchill écrit à lord Halifax : « J'ai une longue habitude du caractère et de la conduite de De Gaulle, et s'il devait prendre le dessus, ce serait au détriment de la France, et de l'Angleterre, ensuite [19]. » Mais comme d'habitude, l'admiration se mêle à l'antipathie. Ainsi, le 23 juillet, Churchill écrit à Macmillan : « Pourquoi [de Gaulle] ne se montre-t-il pas patriote, en oubliant sa vanité et son ambition personnelle ? Il pourrait alors trouver des amis qui reconnaîtraient ses bons côtés [20]. »

« M. Boothby demande au ministre des Affaires étrangères si le gouvernement de Sa Majesté a l'intention de reconnaître *de facto* le Comité français de la libération. »

M. Eden répond que le gouvernement est en pourparlers avec d'autres gouvernements alliés à propos de cette reconnaissance.

Boothby : « N'est-il pas souhaitable de leur accorder ce statut aussi rapidement que possible [22] ? »

Et le 21 juillet :

« M. Ivor Thomas demande au ministre des Affaires étrangères s'il est maintenant en mesure d'annoncer que le CFLN a été reconnu comme garant de tous les intérêts français... Se rend-il compte que tous les gouvernements en exil ont déjà accordé cette reconnaissance, et peut-il expliquer les raisons du retard pris en la matière par le Royaume-Uni ? »

Eden : « Nous sommes en consultation avec d'autres gouvernements alliés à ce sujet [23]. »

Et le 4 août :

« M. Boothby demande au ministre des Affaires étrangères si le gouvernement de Sa Majesté va maintenant accorder au CFLN une reconnaissance *de facto* [...] eu égard aux accords qui viennent d'être négociés entre les généraux Giraud et de Gaulle. »

« M. Hammersley demande si le gouvernement de Sa Majesté, tenant compte des accords conclus récemment, a maintenant l'intention de reconnaître le CFLN. »

Eden : « Le gouvernement de Sa Majesté est en consultation avec les principaux gouvernements alliés à propos de cette reconnaissance. Je ne puis en dire plus pour le moment. »

Boothby : « Mon très honorable confrère se rend-il compte que beaucoup de gens aimeraient que la reconnaissance du Comité national français s'effectue le plus rapidement possible ? »

Hammersley : « N'est-il pas souhaitable de faire en sorte que cette administration soit reconnue le plus tôt possible ? »

Astor : « Mon très honorable confrère peut-il nous dire à quel moment il lui sera possible de faire une déclaration à ce sujet ? »

Eden : « Je ne le peux pas [24]. »

Tout cela explique pourquoi Churchill et Eden ont cette question bien présente à l'esprit lorsqu'ils arrivent à Québec au milieu du mois d'août, pour participer à la conférence *Quadrant* avec leurs homologues américains et les chefs d'état-major alliés. A l'occasion de cette conférence, l'ensemble de la stratégie alliée est passé en revue, et l'on prend plusieurs décisions majeures concernant la poursuite des opérations en Italie, la création d'un commandement suprême pour l'Asie du Sud-Est, la préparation d'une offensive en Birmanie, les premières ébauches du Plan *Overlord*, et un projet ultra-secret qui a pour nom de code *Tube Alloys* *. Mais Churchill et Eden, se faisant les défenseurs des intérêts français, vont également soulever à plusieurs reprises la délicate question de la reconnaissance du CFLN...

Dès son arrivée à Québec, Churchill a un entretien prolongé avec le Premier ministre canadien, MacKenzie King, qui notera dans son journal : « Churchill a souligné la très grande antipathie que nourrissait le Président à l'égard du général de Gaulle. Il a ajouté que lui aussi le détestait cordialement, bien que ce soit un homme d'un grand courage. Il est même allé jusqu'à dire que de Gaulle faisait partie de ces Français qui haïssaient l'Angleterre, et qu'il serait même capable de se joindre aux Allemands pour l'attaquer un jour. [...] Il [Churchill] est revenu à plusieurs reprises sur les activités malfaisantes du général de Gaulle, et sur l'inquiétude que cela avait suscité dans divers pays [25]. » Après quoi Churchill confie à MacKenzie King qu'il espère convaincre le Président de reconnaître le Comité d'Alger, et il demande au Premier ministre canadien de l'aider dans son entreprise !

Dès ses premières conversations avec Hull et Roosevelt, Churchill se rend compte que sa tâche sera des plus ardues, car ni le Président ni son secrétaire d'État ne sont disposés à utiliser le terme de « reconnaissance ». Mais à partir du 20 août, Eden se lance à son tour dans la bataille, et il note dans son journal :

« 20 août : Encore du travail après le déjeuner, ensuite plus de deux heures d'entretien avec ce vieux Hull. Il a surtout été question de la reconnaissance du Comité français. Mes arguments n'ont produit aucun effet, et nous nous sommes même passablement échauffés lorsque je lui ai dit qu'en ce qui nous concerne, nous étions à 30 kilomètres de la France, et que je voulais la renforcer autant que possible. La reconnaissance ne constituait qu'un premier petit pas dans cette direction. Il a répondu en nous accusant de soutenir de Gaulle financièrement, laissant entendre par là que notre argent avait servi à l'attaquer lui, Hull, depuis très longtemps [26]. »

En fait, le secrétaire d'État est revenu sur toutes les vieilles histoires, y compris celle de Saint-Pierre-et-Miquelon. Il a prédit que « le Comité d'Alger n'aurait qu'une existence éphémère, et se détruirait de lui-même », ajoutant que « cela lui permettrait de justi-

---

* La mise au point de la bombe atomique.

fier la politique suivie jusqu'ici (par les États-Unis), ce qui, pour des raisons électorales, n'était pas sans importance »[27]. Et ce jour-là, Eden notera en guise de conclusion : « C'est un brave homme, mais il est affligé d'une allergie incurable à l'égard des Français Libres. En fin de compte, j'ai proposé que nous suivions chacun notre propre politique[28]. »

Les discussions entre les deux responsables des Affaires étrangères reprennent le 22 août :

« M. Eden soulève la question des relations avec le Comité français de la libération nationale [...]. Au cours de l'entretien, M. Eden fait remarquer qu'en 1940, de Gaulle a été le seul ami de l'Angleterre, à quoi le secrétaire d'État répond en soulignant les objectifs et les réalisations passés du gouvernement américain, entre autres le fait d'avoir empêché la flotte française et les bases françaises en Afrique du Nord de tomber aux mains des Allemands, l'action de l'amiral Leahy, qui a permis de soutenir le moral de la population française, le soutien moral accordé à l'Angleterre bien avant l'entrée en guerre des États-Unis, et l'aide fournie dans le cadre du prêt-bail. Enfin, M. Hull montre à M. Eden un projet de déclaration, mais ce dernier déclare qu'à son avis, le Premier ministre ne saurait accepter une déclaration qui ne comporterait pas le mot de " reconnaissance ".

« Vers la fin de l'entretien, M. Eden déclare que les deux gouvernements seront peut-être obligés de choisir chacun sa formulation et de faire des déclarations séparées.

« Le secrétaire d'État fait remarquer que de telles démarches, même effectuées simultanément, seraient interprétées comme exprimant une divergence de vues entre les deux pays.

« M. Eden déclare qu'il en est conscient, et qu'il déplorerait une telle éventualité.

« Le secrétaire d'État répond qu'il serait désolé d'en arriver là, mais que si les Anglais étaient prêts à en prendre le risque, il ferait de même[29]. »

Ce jour-là, Churchill et Roosevelt vont débattre de la même question — et souvent dans les mêmes termes :

« M. Churchill déclare que tous les éléments libéraux du monde, y compris les gouvernements en exil et le gouvernement soviétique *, demandent que soit prise immédiatement la décision de reconnaître pleinement le Comité.

---

* *Sic !* Le gouvernement soviétique compte donc désormais parmi les « éléments libéraux » du monde...

« Le Président estime qu'il faut penser à l'avenir de la France, et que celui-ci ne serait nullement garanti si l'on permettait au groupe actuel, comprenant le Comité français, de prendre entièrement en charge la libération de la France [30]. »

Pour finir, les deux hommes d'État en arrivent exactement à la même conclusion que leurs ministres des Affaires étrangères, et ce soir-là, Churchill écrit à Attlee : « Hull s'oppose obstinément à ce que l'on emploie le mot de " reconnaissance " à l'égard du Comité français. Nous nous sommes donc mis d'accord pour que les Américains publient leur document, nous le nôtre et les Canadiens le leur, après avoir consulté la Russie et les autres intéressés. C'est Eden qui s'occupe de cette question. J'ai signalé au Président dans les termes les plus catégoriques qu'ils auraient certainement très mauvaise presse, mais il m'a dit qu'il pré-férait se réserver une *ancre de veille* contre les agissements de De Gaulle. Notre position est bien entendu différente, car nous ne faisons pas plus pour le Comité selon notre formule, que nous ne faisions pour de Gaulle quand celui-ci était seul et libre de tout contrôle [31]. »

Le 24 août, dernier jour de la conférence, l'accord ne s'est tou-jours pas fait, et Cordell Hull écrit dans son journal : « Le Président a déclaré qu'il refusait de donner à de Gaulle les moyens de faire en France une rentrée triomphale, et d'y prendre le pouvoir. Quant à moi, je suis prêt à traiter avec le Comité français pour tous les terri-toires qu'il contrôle effectivement, mais rien de plus. Le Président m'a soutenu à fond. Il a proposé à Eden de lui parier un dîner qu'avant quelques mois au plus il aurait entièrement révisé son jugement au sujet du Comité français. Eden a refusé de tenir le pari. Après la fin de la conférence, le Président a dit qu'il aurait pu obte-nir bien davantage de Churchill dans cette affaire sans la présence de M. Eden [32]. »

Cela ne fait pas l'ombre d'un doute, mais il n'y a plus rien à faire, et les deux gouvernements vont donc faire paraître des communiqués distincts. Le 27 août, on peut lire dans la décla-ration britannique : « Le gouvernement de Sa Majesté dans le Royaume-Uni reconnaît dès à présent le Comité français de la libé-ration nationale comme administrant les territoires français d'outre-mer qui reconnaissent son autorité, et comme successeur de l'ancien Comité national français pour ce qui concerne l'administra-tion des territoires du Levant. Le gouvernement de Sa Majesté dans le Royaume-Uni reconnaît également le Comité comme organe qualifié pour assurer la conduite de l'effort de guerre français dans le cadre de la coopération interalliée [33]. » La déclaration américaine est naturellement plus limitée dans sa portée *, mais le fait même qu'il y en ait une, et qu'elle comporte le mot « reconnaître », peut être considéré comme un succès non négligeable pour la diplomatie britannique. Pourtant, ainsi que l'avenir le montrera, tout cela ne change rien à l'attitude de Roosevelt envers le Comité d'Alger en général, et envers le général de Gaulle en particulier...

A Alger, on prend la déclaration britannique pour ce qu'elle est : une reconnaissance *de facto* du Comité, qui n'est pas essentiellement différente de celle qui avait été accordée au général de Gaulle personnellement en juin 1940. La reconnaissance américaine est encore plus restrictive **, ce qui ne surprend guère le général de Gaulle ; au cours de l'été, il a vu le président Roosevelt redoubler d'efforts pour assurer la prédominance du général Giraud au sein du Comité. C'est ainsi qu'au début de juillet, Giraud s'est rendu à Washington et a été reçu à la Maison-Blanche. Mais une fois de plus, les intrigues du Président se retournent contre lui ; lors de la visite de Giraud, il a déclaré à plusieurs reprises que la France avait provisoirement cessé d'exister, tout en omettant soigneusement toute référence au Comité d'Alger ; ces déclarations ont provoqué l'indignation de la presse et de l'opinion publique américaines, tout en faisant le plus grand tort au général Giraud. Roosevelt va donc entreprendre de trouver une autre personnalité française qui serait plus à même de tenir tête au général de Gaulle ; c'est ainsi qu'au cours de l'automne, les Américains contacteront le vieux chef

---

* Quelques passages essentiels du communiqué américain publié le 27 août : « Le gouvernement des États-Unis a pris note avec sympathie du désir exprimé par le Comité d'être considéré comme l'organe qualifié pour assurer l'administration et la défense des intérêts français. La mesure dans laquelle il le sera possible de faire droit à cette revendication devra néanmoins faire l'objet d'un examen cas par cas. Sous ces réserves, le gouvernement des États-Unis reconnaît le Comité français de la libération nationale comme administrant les territoires français d'outre-mer qui reconnaissent son autorité. Cette déclaration ne constitue en rien la reconnaissance d'un gouvernement de la France ou de l'Empire français par le gouvernement des États-Unis. »

** En revanche, les termes de la déclaration soviétique sont bien plus généreux : le Kremlin reconnaît en effet le Comité français comme « garant des intérêts d'État de la République française », et comme « unique représentant des patriotes en lutte contre l'hitlérisme ». Ceci explique en grande partie les déclarations faites par le général de Gaulle au cours de l'automne, selon lesquelles la France « devra être avec la Russie à l'avenir [34] » — ce qui cause les plus grandes inquiétudes à Londres, à Washington... et à Alger. Le 20 octobre, de Gaulle confie au représentant des Pays-Bas à Alger qu'il ne croit pas qu'il y ait lieu de craindre l'Union soviétique : « Celle-ci sera bien trop absorbée par ses problèmes de reconstruction et par ses affaires intérieures pour provoquer des révolutions dans les autres pays. D'ailleurs, le vin rouge des Russes est déjà devenu très rosé [35]. »

radical Édouard Herriot, ainsi que l'infortuné président Lebrun. Mais les deux hommes refusent de quitter la France, et bon gré mal gré, Roosevelt va devoir se rabattre sur le général Giraud, dont la position est maintenant des plus précaires ; ce dernier finira d'ailleurs par être victime de l'hostilité persistante du président Roosevelt à l'égard du général de Gaulle, et aussi, il faut le reconnaître, de son étonnante ineptie en matière politique...

Au début de septembre, le général de Gaulle est toujours aussi mécontent du caractère bicéphale que revêt la direction du Comité ; il est plus mécontent encore des velléités d'indépendance du commandant en chef, dans lesquelles il voit une grave source de faiblesse, qui ne saurait manquer d'être exploitée par les Alliés. En fin de compte, les événements d'Italie vont lui permettre d'y porter remède ; à la suite de la campagne de Sicile et de la chute de Mussolini, le maréchal Badoglio prend secrètement contact avec le grand quartier général allié et, le 4 septembre, il signe l'armistice avec le général Eisenhower. Mais une semaine plus tôt, le haut commandement allié avait laissé entendre au général de Gaulle qu'il serait invité à envoyer un délégué pour représenter la France à l'occasion de cette signature ; en l'occurrence, le général de Gaulle ne sera informé que quatre jours *après* la signature, et le haut commandement alléguera en guise d'excuse que le général Giraud a été constamment tenu au courant des négociations d'armistice, et qu'il n'a fait aucune observation... Le général de Gaulle et le Comité s'étonnent naturellement que Giraud n'ait pas jugé bon de tenir ses collègues au courant, mais Giraud déclare avoir tout ignoré de l'affaire. Les choses en resteront là, jusqu'à ce que l'on apprenne peu après l'insurrection corse que les agents du général Giraud armaient depuis des mois les patriotes corses avec l'aide de la Grande-Bretagne, et ce à l'insu du Comité * ! Cette affaire ne sera pas oubliée. Un mois plus tard, la Corse est libérée à l'issue d'une campagne victorieuse menée par le général Giraud en personne ; mais encore un mois plus tard, le général Giraud a cessé d'être coprésident du Comité français de la libération nationale **. Il semble que ce changement se soit effectué avec son accord, puisqu'il a lui-même signé l'ordonnance qui abolit la coprésidence. Hélas ! ce n'est pas la première fois que le général Giraud signe un document sans l'avoir lu... Quoi qu'il en soit, de Gaulle devient le seul chef du Comité français de la libération nationale au début de

---

  * Ce qui rend l'affaire encore plus délicate, c'est que les armes ont été fournies exclusivement à la résistance *communiste*.

  ** Giraud restera commandant en chef, mais pour quelques mois seulement.

novembre. C'est sur ces entrefaites qu'il va devoir faire face à une crise franco-britannique extrêmement grave qui, comme la plupart des précédentes, a éclaté à propos du Levant...

Cédant à de fortes pressions britanniques, le général Catroux a fini par accepter d'organiser des élections au Levant. Ces élections se sont tenues en juillet 1943, avec les résultats qu'on pouvait en attendre ; les Français ont mis tout en œuvre pour influencer les électeurs, sans hésiter à employer quelques personnalités douteuses pour parvenir à leurs fins * [36].

Les Britanniques sont également intervenus, prétendument pour « faire honte aux Français et les obliger à respecter dans leurs interventions un minimum de décence [38] » — ce qui a permis aux Français d'accuser à leur tour les Britanniques de truquer les élections et d'acheter les électeurs [39]. Quoi qu'il en soit, ces élections vont donner en Syrie comme au Liban une victoire écrasante aux partis nationalistes et antifrançais ; au Liban, M. Bechara el-Khoury devient président de la République, avec Riadh es-Solh pour Premier ministre.

Le 7 octobre, lors d'une session extraordinaire du Parlement libanais, le Premier ministre annonce que son gouvernement a l'intention de déposer plusieurs amendements constitutionnels visant à faire du Liban un pays entièrement indépendant ; l'ambassadeur Helleu, délégué général de la France au Levant, proteste immédiatement contre ce projet d'abrogation unilatérale du mandat, et avertit les parlementaires libanais que l'adoption de ces amendements aurait « de graves conséquences ». Mais le 8 novembre, alors que le délégué général est à Alger pour y recevoir de nouvelles instructions, le Parlement libanais se réunit et vote les amendements constitutionnels, par 48 voix contre 5. Le général Spears, qui se sent de plus en plus à l'aise dans le rôle de Lawrence d'Arabie, a sans doute poussé à la roue ; mais bien entendu, ce n'est pas Spears qui est à l'origine du nationalisme libanais...

On ignore la teneur exacte des instructions données à l'ambas-

---

* L'affaire Mokkadem est un cas typique : Mokkadem, gangster notoire, a été arrêté le 21 avril 1943, la police militaire britannique l'ayant trouvé en possession de grosses quantités de drogue qu'il s'apprêtait à faire passer en Égypte, après avoir soudoyé des soldats britanniques. Remis aux autorités françaises, Mokkadem est jugé par une cour martiale, qui l'acquitte... non parce qu'il est innocent — il ne l'est pas — mais parce qu'il est candidat aux élections à Tripoli, et qu'il est pro-Français ! Au commandant britannique qui s'indigne de ces procédés, l'ambassadeur Helleu confie que « si Mokkadem ne revient pas à Tripoli pour les élections, lui, Helleu, pour des raisons politiques, devra arrêter Camille Chamoun, qui est le candidat rival aux élections... [37] ». On peut difficilement être plus clair...

sadeur Helleu à Alger, mais on peut supposer que le général
de Gaulle lui a ordonné de se montrer ferme, que Catroux et
Massigli lui ont conseillé plus de modération, et que le reste du
Comité a été tenu largement en dehors de l'affaire [40]... Mais, de
retour à Beyrouth, l'ambassadeur Helleu semble avoir voulu faire
preuve d'initiative personnelle : au matin du 11 novembre, la sûreté
générale, appuyée par des troupes françaises, sénégalaises et libanaises, arrête à leur domicile le président libanais, le Premier
ministre et les ministres de l'Intérieur, des Affaires étrangères et de
l'Approvisionnement ; au même moment, l'ambassadeur Helleu
prononce par décret la dissolution de la Chambre, suspend la
Constitution, et nomme M. Émile Eddé chef d'État et de gouvernement...

En faisant jeter en prison les membres du seul gouvernement
régulièrement élu que le Liban ait eu depuis un quart de siècle,
l'ambassadeur Helleu a déclenché une redoutable tempête ; des
manifestations éclatent à Beyrouth, Tripoli et Saïda, entraînant une
sévère répression qui fait de nombreux morts parmi la population
civile ; l'opinion publique libanaise dans son ensemble dénonce
l'initiative des Français, et M. Émile Eddé ne peut former son gouvernement ; le général Spears proteste en des termes assez peu
diplomatiques, les gouvernements américain et soviétique envoient
des notes de protestation plus formelles, et tous les pays arabes voisins exigent un retour immédiat au *statu quo ante*.

Le général de Gaulle réagit d'une façon surprenante ; il refuse
catégoriquement de désavouer l'ambassadeur Helleu, et lui envoie
ce télégramme admirable : « Les mesures de force que vous avez
cru devoir prendre étaient probablement nécessaires. En tout cas je
considère qu'elles l'étaient, puisque vous les avez prises [41]. » Mieux
encore, le Général dénonce toute l'affaire comme une provocation
des *Britanniques* pour expulser la France du Levant ! Le Comité
d'Alger éprouve néanmoins quelque difficulté à suivre son raison-
nement, et la modération finit par prévaloir ; le 13 novembre, on
décide d'envoyer le général Catroux à Beyrouth, avec les pleins
pouvoirs pour régler la question de manière pacifique. Mais le
19 novembre, les Britanniques, réagissant avec un certain retard,
remettent au général Catroux une note exigeant la libération de
toutes les personnalités libanaises avant le 22 novembre, faute de
quoi les troupes britanniques procéderont elles-mêmes à cette libération, et la loi martiale sera proclamée... Pour de Gaulle, c'est là
une violation flagrante de la souveraineté française ; pour Catroux,
c'est « un autre Fachoda », et tous deux s'accordent pour dire que

la perfide Albion a cherché une fois de plus à humilier la France. De Gaulle s'en prend naturellement à toutes ses bêtes noires : le général Spears, le *War Office*, le *Colonial Office*, l'« *Intelligence* », et bien sûr Winston Churchill lui-même, qui est certainement derrière tout cela *...

En, fin de compte, le général Catroux lui-même s'aperçoit que le meilleur moyen de rétablir le calme au Liban est encore de libérer tous les ministres emprisonnés, et de rétablir le Président dans ses fonctions ; dans l'intervalle, il a également pu constater que l'ambassadeur Helleu « cessait d'être lucide à certaines heures de la journée ** 43 », ce qui est tout de même gênant pour quiconque exerce les fonctions de délégué général de la France Combattante au Levant... On rappelle donc Helleu à Alger, et tout finit par rentrer dans l'ordre — au moins en apparence, car dorénavant, les gouvernements syrien et libanais, avec le soutien de l'immense majorité de l'opinion publique, refuseront catégoriquement de reconnaître le mandat français, et de signer un traité avec la France.

A Alger, pourtant, on ne se rend pas très bien compte de tout cela, car le général de Gaulle persiste à considérer la situation au Levant sous l'angle restreint de la souveraineté française et de la perfidie anglaise ; alors que la guerre fait rage partout à l'entour, ce préjugé inaltérable laisse mal augurer de l'avenir des relations franco-britanniques...

---

* Au cours des trois mois précédents, de Gaulle a reçu maints échos de la gaullopho-bie persistante du Premier ministre. C'est ainsi que le 10 octobre, Anthony Eden a déclaré à René Massigli : « Le Premier ministre n'a toujours pas réussi à surmonter ses préjugés contre le général de Gaulle : il aime beaucoup la France ; il fera tout pour elle ; mais il ne fera rien pour le Général 42. » Pourtant, les accusations que porte le général de Gaulle contre les autorités britanniques lors de cette crise libanaise semblent dénuées de fonde-ment, bien que l'ensemble du Cabinet britannique ait été choqué par l'initiative française et qu'Anthony Eden, si francophile soit-il, ait convenu que la Grande-Bretagne se devait d'intervenir dans une telle affaire.
** L'allusion peut sembler un peu vague. Un rapport envoyé le 19 novembre par le chargé d'affaires des Pays-Bas au ministre des Affaires étrangères Van Kleffens permet déjà d'y voir un peu plus clair : « L'ambassadeur Helleu absorbe constamment d'impo-santes quantités d'alcool 44. » Il n'est pas interdit de penser que c'est exactement ce qu'a fait M. Helleu avant d'ordonner l'arrestation du Président et des ministres libanais...

13

AMGOT ou GPRF ?

A la fin de 1943, il apparaît clairement que la position du général de Gaulle a changé du tout au tout. Il y a un an encore, il était entièrement tributaire du soutien et de l'hospitalité britanniques, il avait moins de 100 000 hommes sous ses ordres, et il avait vu l'Afrique du Nord libérée par les Américains, administrée par l'amiral Darlan, et reprise en main par une faction française hostile à son propre mouvement. En décembre 1943, par contre, la France Combattante compte 400 000 hommes, réarmés et rééquipés par les États-Unis, et qui se sont battus sur tous les théâtres d'opérations depuis l'Afrique jusqu'à l'Italie. Plus encore, il y a maintenant en France une organisation de résistance unifiée, avec le général de Gaulle pour chef incontesté ; la position de ce dernier vis-à-vis des Alliés s'en est trouvée considérablement renforcée. D'ailleurs, le Général est maintenant à la tête d'un Empire géographiquement élargi par l'adjonction de l'Afrique du Nord, et stratégiquement consolidé par le ralliement du Sénégal, avec sa grande base de Dakar. Mais surtout, à la fin de 1943, le Comité français de la libération nationale a un siège permanent en territoire français — et un chef unique : le général de Gaulle...

Pour le grand ami de la France qu'est M. Winston Churchill, tous ces progrès sont extrêmement encourageants — sauf bien sûr l'abolition de la coprésidence, que le Premier ministre voit d'un très mauvais œil : « Ce n'est pas ce que nous avons voulu, Roosevelt et moi », a-t-il confié à son vieil ami le général Georges, lors d'une courte escale à Alger [1]. Le fait que le général Georges lui-même ait jugé bon de démissionner du Comité n'est évidemment pas fait pour arranger les choses... Churchill a télégraphié à Roosevelt pour lui dire qu'il n'était pas du tout satisfait des changements intervenus à Alger ; mais lors de la conférence de Téhéran, Eden s'est employé à persuader le Premier ministre que le Comité d'Alger était ainsi devenu « plus démocratique », plus représentatif de la France, et qu'il serait mieux à même de contrôler les agissements du général de Gaulle [2]. Churchill finit par se laisser convaincre, mais il reçoit peu après un choc plus rude encore, en apprenant l'arrestation du Président libanais et des membres de son gouvernement. Dès le lendemain, il écrit au président Roosevelt :

« Je suppose que vous avez été informé des lamentables excès commis par les Français en Syrie. Ils infirment entièrement les accords que nous avons conclus avec les Français, ainsi qu'avec les Syriens et les Libanais. Je ne doute pas que nous ayons là un avant-goût de ce que sera l'administration de De Gaulle en France. Cette action est tout à fait contraire à la charte de l'Atlantique, et à de nombreuses déclarations faites par nous dans le passé [...]. Du fait de la prise de pouvoir par de Gaulle, nous avons déjà assisté à une transformation radicale de l'administration que nous avions reconnue lors de la conférence *Quadrant*. Les excès commis au Levant sont d'une tout autre nature, et ils justifient amplement une rupture avec de Gaulle, tout en mettant l'opinion publique mondiale de notre côté [...]. Entre-temps, je m'enquiers soigneusement de l'état de nos forces au Levant. Si nous décidons d'agir, il faudra prendre quelques précautions en Afrique du Nord, car je vous assure que cet individu ne reculera devant rien s'il a des forces armées à sa disposition [3]. »

Bien entendu, la tempête créée par l'initiative malheureuse de l'ambassadeur Helleu finit par s'apaiser, mais Churchill n'est pas encore au bout de ses surprises. A la mi-décembre, il séjourne à Carthage, où il se remet d'une attaque de pneumonie, lorsque le CFLN annonce l'arrestation du gouverneur Boisson, de Marcel Peyrouton et de Pierre-Étienne Flandin ; or, le Premier ministre est attaché à ces hommes, et il réagit violemment à la nouvelle. Le 21 décembre, il écrit à Anthony Eden :

« Je suis scandalisé par l'arrestation de Boisson, de Peyrouton et de Flandin. Les deux premiers se sont trouvés sous la juridiction de De Gaulle [...] du fait d'initiatives américaines, et aussi anglaises dans une très large mesure. C'est à Boisson que nous devons le ralliement de Dakar. Peyrouton a été invité par Giraud, et c'est le Département d'État qui a approuvé sa venue. J'ai rencontré ces deux hommes sous les auspices du général Eisenhower lors de mon séjour à Alger au mois de février [...]. Je leur ai bien dit à tous les deux : " Marchez contre le Boche et comptez sur moi. " Je serai obligé de rendre cela public si de Gaulle prend des mesures extrêmes à leur endroit. En ce qui concerne Flandin, nous n'avons pas d'obligations particulières. Mais ayant pris personnellement connaissance du détail de ses actions au cours des dix dernières années, je suis d'avis que si le Comité français devait prendre des mesures contre lui, il se disqualifierait entièrement en tant que garant des intérêts de la France, et montrerait par là même que ses membres ne sont que des intrigants mesquins et ambitieux, qui s'efforcent d'améliorer leur image en maltraitant des personnalités impopulaires [4]. »

Cette fois encore, il semble que la générosité et l'imagination du Premier ministre aient émoussé ses facultés critiques. Car le ralliement de Dakar ne s'est effectué que quinze jours après la reddition de l'amiral Darlan en Afrique du Nord ; encore le gouverneur général Boisson s'est-il rallié à Darlan et non aux Anglo-Américains, et il faut une certaine dose d'imagination pour le représenter comme un allié de l'Angleterre... D'autant que c'est ce même gouverneur Boisson qui a donné l'ordre d'ouvrir le feu sur les troupes anglo-françaises lors de l'expédition de Dakar en 1940, et que c'est encore lui qui a cruellement maltraité les gaullistes — et les sujets britanniques — internés en Afrique-Occidentale entre 1940 et 1942 ! Quoi qu'il en soit, Churchill écrit également au président Roosevelt qu'il se sent quelques obligations envers Peyrouton et Flandin, et il ajoute : « Il me semble que les Américains ont dans cette affaire des obligations plus contraignantes encore, puisqu'aussi bien nous ne faisions que suivre vos consignes. J'espère donc que vous prendrez toutes mesures en votre pouvoir pour faire comprendre au Comité français la folie de son initiative présente [5]. »

A Washington, le président Roosevelt est tout disposé à agir ; après avoir déclaré à Hull que « le moment est venu d'éliminer de Gaulle et de mettre le Comité en face de ses responsabilités [6] », il télégraphie à Eisenhower et lui demande de faire savoir au Comité que « eu égard à l'aide apportée aux armées alliées par MM. Boisson, Peyrouton et Flandin lors de la campagne d'Afrique », le Comité « a ordre de ne prendre aucune mesure contre ces personnalités à l'heure actuelle ». Cela ressemble furieusement à un ultimatum, mais lorsque le 23 décembre, Churchill en prend connaissance, il télégraphie immédiatement à Eden : « A mon avis, il est essentiel que nous soutenions le Président [7]. »

Ce n'est pas l'avis du *Foreign Office*, qui demande à M. Macmillan de contacter le général Bedell Smith, chef d'état-major d'Eisenhower, afin de le convaincre de passer outre aux instructions du Président :

« Le Comité refuserait certainement d'obtempérer. Notre impuissance apparaîtrait au grand jour, ce que nous ne pouvons pas permettre. Nous serions donc obligés de recourir à la force pour appuyer nos revendications, ce qui entraînerait presque certainement la chute du Comité [8]. » M. Eden fait également savoir au Premier ministre qu'il ne partage pas du tout son opinion au sujet des trois hommes emprisonnés, et qu'il considère les instructions envoyées à Eisenhower comme extrêmement dangereuses, dans la mesure où elles pourraient fort bien provoquer la démission collective des membres du Comité. Dans ce cas, la nouvelle administration serait dirigée par les généraux Giraud et Georges, qui s'appuieraient tant bien que mal sur l'armée ; or cela ne manquerait pas d'avoir un effet désastreux sur le moral des Français, et rendrait probablement impossible toute poursuite de la coopération avec les réseaux de résistance français. Par ailleurs, cela augmenterait considérablement le danger d'une guerre civile en France après la libération, et pourrait même créer en Afrique du Nord une situation qui obligerait les troupes américaines et britanniques à assurer elles-mêmes le maintien de l'ordre. Pire encore : « L'opinion publique en Grande-Bretagne serait scandalisée, et nous serions bien en peine de justifier l'initiative du Président devant le Parlement. » Enfin, M. Eden fait remarquer que les arrestations ont été décidées sous l'influence des chefs de la Résistance, opérant sans doute conformément aux instructions du Conseil national de la Résistance. Or, le CNR représente la grande majorité des éléments actifs en France, et « nous ne pouvons pas nous permettre de nous brouiller avec eux ». « Nous devons nous assurer le concours des modérés au sein du Comité, conclut Eden, et non les pousser à s'aligner sur les extrémistes [9]. »

Churchill grogne, s'emporte, vocifère, reproche à Macmillan de n'avoir pas su représenter au Comité « toute la gravité de l'affaire », mais commence à céder. Le 25 décembre, le général Bedell Smith écrit au président Roosevelt : « Sachez pour votre information personnelle que le Premier ministre a d'abord été furieux en apprenant l'arrestation de Boisson, et qu'il nous exhorte toujours à la plus grande fermeté dans cette affaire. Mais en même temps, il est en contact avec le *Foreign Office*, et là, on envisage une politique beaucoup plus modérée ; si le Premier ministre continue à faire montre d'une grande pugnacité, il ne manquera sûrement pas de battre en retraite face à une opposition résolue du *Foreign Office*, ainsi qu'il l'a toujours fait lors des affrontements passés. Il en résulte que dans le cas d'une rupture brutale avec le Comité de nature à compromettre nos plans militaires, ce sont les États-Unis qui auraient à endosser l'essentiel de la responsabilité [10]. »

Cet argument, joint à un rapport de l'ambassadeur Edwin Wilson selon lequel les arrestations auraient été décidées sous la pression de la Résistance française, finit par décider le Président à faire machine arrière et à rapporter l'instruction envoyée à Eisenhower. Si Roosevelt est très désireux d'éliminer le général de Gaulle en tant que force politique, il ne tient pas à en porter seul la responsabilité. En politicien avisé, il estime que l'opinion publique américaine ne le tolérerait pas — et il a parfaitement raison...

Au grand soulagement de MM. Eden et Macmillan, Churchill commence à considérer les choses avec plus de sang-froid ; le jour de Noël, il écrit à Eden : « Il est vrai que si les instructions avaient été exécutées à la lettre, cela n'aurait peut-être pas donné les meilleurs résultats, mais j'étais sûr qu'à eux deux, Bedell Smith et Wilson auraient présenté les choses avec tout le tact nécessaire. En tout cas, je ne lâcherai sûrement pas le Président, alors que je l'ai moi-même entraîné dans cette affaire. J'ai toujours à cœur de rendre à la France sa grandeur, et ce n'est pas la manie de la persécution dont fait preuve le Comité qui risque d'y contribuer, pas plus d'ailleurs que ses initiatives brutales destinées à affirmer la dignité de la France. La haine du général de Gaulle envers la Grande-Bretagne et les États-Unis ne risque pas davantage de servir la France. Afin de bien faire comprendre au Comité le caractère déraisonnable de son attitude présente et le tort qu'elle occasionnera tant à son pays qu'à lui-même, je veux qu'une pression très ferme soit dorénavant maintenue. Cela a plus de chances de les ramener à la raison que les propos feutrés de la diplomatie. Comme je vais devoir rester dans la région pendant près d'un mois, je me propose de rencontrer plusieurs membres du Comité et des groupes de résistance, et peut-être aussi de Gaulle lui-même, mais je veux que nous adoptions une attitude plus ferme [11]. »

Il n'y aura pas d'attitude plus ferme, mais Churchill a retrouvé une partie de sa bonne humeur, et il est disposé à envisager la possibilité de rencontrer le général de Gaulle... Quelques jours plus tard, il va même jusqu'à inviter le Général à venir dîner et passer la nuit dans sa villa de Marrakech le 3 janvier 1944 ; et M. Macmillan notera dans son journal : « Churchill a pour de Gaulle les sentiments d'un père qui s'est querellé avec son fils. Il est tout prêt à lui couper les vivres, mais au fond, il serait tout disposé à tuer le veau gras pour peu que le fils prodigue reconnaisse ses torts [12]. »

Hélas ! Le fils prodigue n'a nullement l'intention de reconnaître ses torts, et à la différence de Churchill, le général de Gaulle a la rancune tenace. A la fin de 1943, quel que soit son respect pour l'homme, de Gaulle n'a vraiment aucune sympathie pour le Premier ministre ; à la mi-novembre, après tout, Churchill a fait escale à Alger sans même demander à rencontrer le Comité ou son Président * — après quoi ni Churchill ni Roosevelt n'ont jugé bon de l'informer de ce qui s'était dit à Téhéran ! A son retour de Téhéran, le Premier ministre a séjourné en Tunisie et au Maroc sans en avertir les autorités françaises et sans leur rendre visite, comme s'il se trouvait en pays conquis... En plus de tout cela, il y a eu l'ultimatum britannique dans l'affaire du Liban, pour ne rien dire de l'attitude anglo-américaine au moment de l'armistice italien ; le 17 décembre, de Gaulle a confié à François Coulet : « Roosevelt et Churchill ont pourri la guerre. Oui, c'est bien cela, ils ont choisi le moindre effort, et c'est ce qu'il ne faut jamais faire à la guerre. Alors, vous avez vu : Pétain, Badoglio, von Papen... et ce n'est pas fini [13]. » Et le Général de remâcher quelques autres rancunes plus anciennes encore...

Le jour du nouvel an, de Gaulle reçoit donc l'invitation du Premier ministre à venir dîner le 3 janvier ; elle pourrait difficilement être plus aimable, et se termine par ces mots : « Nous aurions ainsi l'occasion d'avoir des entretiens dont le besoin se fait sentir depuis si longtemps. Ma femme est avec moi, et si Mme de Gaulle voulait bien accepter de vous accompagner, nous en serions tous les deux ravis [14]. »

Un homme peut avoir des amis, une Nation, jamais... D'ailleurs, un préavis aussi court est-il réellement compatible avec la dignité de la France ? En fin de compte, le président du Comité français de la libération nationale décline l'invitation, prétextant d'autres obligations.

Churchill a dû être mortifié, mais il ne se décourage pas pour autant ; ayant appris que le général de Gaulle passerait à Marrakech le 12 janvier, il demande à Macmillan de lui transmettre une nouvelle invitation. C'est ainsi que le 3 janvier, M. Macmillan rend visite au président du CFLN ** ; et ce soir-là, il enverra à Eden le rapport suivant :

« Après deux conversations téléphoniques avec le colonel Warden ***, j'ai rendu visite ce matin au général de Gaulle et lui ai

---

* Le général Giraud ayant été éliminé de la coprésidence quelque temps auparavant, Churchill voulait ainsi marquer sa désapprobation.
** Dans ses *Mémoires*, le général de Gaulle attribuera cette démarche à M. Duff Cooper.
*** Nom de code de Churchill.

transmis une invitation à venir à Marrakech le plus tôt possible, afin qu'il puisse avoir avec le colonel Warden un après-midi et une soirée d'utiles entretiens. Comme je m'y attendais un peu, de Gaulle n'a montré aucun empressement à accepter. Bien plus, il m'a rappelé les nombreux affronts que lui avait faits le Premier ministre, qui était allé jusqu'à communiquer à la presse anglaise et américaine une violente attaque contre lui. Je lui ai dit que tout cela n'avait rien à voir avec l'affaire présente. Le Premier ministre avait projeté de s'arrêter à Alger à son retour du Caire, et de Gaulle avait accepté. Si le Premier ministre n'avait pu s'y rendre, c'était uniquement pour des raisons de santé. A présent, il ne pouvait évidemment pas se déplacer de Marrakech à Alger, et si le général de Gaulle refusait l'invitation, il laisserait passer une occasion en or, tant pour la France que pour l'Angleterre. [...] De Gaulle était d'humeur plutôt maussade, mais je crois surtout que pour sauver la face, il ne voulait pas avoir l'air d'accepter d'emblée. J'ai eu un entretien privé avec Massigli, qui a bien sûr convenu avec moi que le Général devait y aller. Personne ne peut dire ce que donnera la rencontre, mais vous conviendrez certainement que maintenant que l'invitation a été transmise, il me faut veiller à ce qu'elle soit acceptée. Je n'ai pas encore rendu compte au colonel Warden, car je ne veux lui communiquer rien d'autre que l'acceptation de De Gaulle et la date qu'il choisira. J'ai encore bon espoir [15]. »

On peut lire la suite des événements dans le journal de Macmillan : « Winston m'a appelé au téléphone toute la journée. Il était très agité et ému. Il m'a dit d'annuler l'invitation remise à de Gaulle, car il refusait d'attendre — c'était parfaitement indigne, je faisais preuve d'une complaisance coupable à l'égard des Français, etc. J'ai dit à Winston que j'irais voir de Gaulle pour annuler l'invitation [...]. Évidemment, le Premier ministre ne voulait pas vraiment annuler cette visite. Il voulait seulement préserver sa dignité, et donner libre cours à ses sentiments au téléphone (bien entendu, les Français sont à l'écoute toute la journée). Il n'a pas caché sa déception lorsque j'ai accepté d'annuler l'invitation, et a terminé chacun de ses appels (trois aujourd'hui avant le dîner) en disant qu'il laisserait cela à ma discrétion. »

Mais un peu plus tard dans la soirée, le général de Gaulle fait savoir à Macmillan qu'il accepte avec plaisir l'invitation de M. Churchill. « J'ai appelé Winston, écrit Macmillan, et lui ai communiqué le message de De Gaulle. Il a exprimé son ébahissement, son soulagement, et aussi un peu d'écœurement. Mais j'ai raccroché avant qu'il ne puisse dire grand-chose [16]. »

Ce n'est pas sans hésitation que le général de Gaulle a accepté cette invitation : « En territoire français, fera-t-il remarquer, la visite du Premier ministre britannique était due, normalement, au Président du Gouvernement français. Néanmoins, eu égard à la personne et aux circonstances [...] [17]. » Le Général pense visiblement que Churchill est très malade ; le 11 janvier, il a confié à ses collègues du Comité : « Ça ne va pas fort ; je ne crois pas qu'il puisse tout reprendre en main. Il va se faire " radouber " au Maroc. Je pars demain. Je le rencontrerai à Marrakech [18]. »

Le 10 janvier, M. Duff Cooper, nouveau représentant de la Grande-Bretagne auprès du Comité français de la libération nationale, est arrivé à Marrakech avec son épouse, et a été conduit à la villa de Churchill. Lady Diana Cooper notera : « Nous y avons trouvé notre vieux bébé avec sa salopette, son chapeau texan et sa robe de chambre orientale très élimée ; il respirait la santé et était d'excellente humeur. » Quant à Duff Cooper, il écrira : « J'ai eu une longue conversation avec Churchill avant le dîner [...]. Il est toujours très monté contre de Gaulle, et j'ai bien peur que leur entrevue de mercredi ne soit pas une réussite. Il n'arrête pas de parler du général Georges, qu'il veut faire rentrer dans le Comité. Il se sent aussi personnellement concerné par le sort réservé à Boisson et à Peyrouton, et il est favorablement disposé envers Flandin. Il admet que Giraud est un incapable, mais voudrait qu'on le garde comme figure de proue. " Une sorte de duc de Cambridge, dit-il, avec de Lattre dans le rôle de Wolseley [19] ". »

Le lendemain, 11 janvier, Churchill écrit à Harry Hopkins : « De Gaulle va venir me voir ici le 12, et je ferai de mon mieux pour qu'il comprenne le mauvais service qu'il rend à la France en affichant son hostilité envers nos deux pays, qui peuvent seuls assurer sa libération et son relèvement [20]. » « Au dîner, note Duff Cooper, j'étais entre Winston et Colville, et tout s'est bien passé jusqu'à ce qu'arrive un message d'Alger nous informant que le général de Lattre de Tassigny, que Winston avait invité à venir plus tard dans la semaine, avait demandé l'autorisation à de Gaulle, et ce dernier avait répondu qu'une telle visite ne s'imposait absolument pas à l'heure actuelle. Cela a causé une explosion de colère. Winston voulait envoyer sur-le-champ un télégramme pour dire à de Gaulle de ne pas venir. J'ai fait de mon mieux pour le calmer, et en fin de compte il a renoncé à son projet. »

Le 12 janvier arrive enfin, et Duff Cooper poursuit :

« A 8 h 15, j'ai été réveillé par la sonnerie du téléphone. Le colonel Warden désirait me parler. Il m'a dit qu'il avait bien réfléchi, que les choses n'étaient pas si simples, et il m'a demandé de passer le voir. Une demi-heure plus tard, j'étais chez lui. Il était au lit, et à nouveau très monté contre de Gaulle. Il m'a proposé de faire porter à l'aérodrome un message pour le Général, disant qu'il était désolé de l'avoir fait venir de si loin, mais que tout bien considéré, il ne pourrait pas le recevoir. Je lui ai fortement déconseillé de faire une chose pareille, en lui faisant remarquer que nous ne savions rien des raisons qui avaient poussé de Gaulle à empêcher de Lattre de venir. Peut-être avait-il d'excellentes raisons d'agir ainsi [...]. Cela a produit son effet, mais Winston a décrété ensuite qu'il ne recevrait de Gaulle que d'une façon purement mondaine, qu'il lui parlerait du temps qu'il fait et de la beauté du paysage, et qu'ensuite il prendrait congé. C'était déjà un progrès, mais je lui ai laissé entendre que Palewski (le secrétaire privé de De Gaulle) allait sans doute me demander s'il y aurait des conversations sérieuses après le déjeuner. Que faudrait-il que je réponde ? Winston a dit alors qu'il ne verrait pas d'inconvénients à s'entretenir avec de Gaulle de choses sérieuses si ce dernier en exprimait le désir, mais qu'il n'en prendrait pas lui-même l'initiative. Il n'était pas non plus question d'un entretien en tête à tête, car de Gaulle ne manquerait pas de déformer ensuite le sens de ses paroles. Il fallait que je sois présent, et Max (Beaverbrook) aussi. Quant à de Gaulle, il pouvait amener qui il voulait [21]. »

Lady Diana Cooper se souvient également de cette matinée :

« On répète à plusieurs reprises la façon dont le général de Gaulle sera introduit, l'emplacement prévu pour chacun, et les modalités de l'interprétation. Aux dernières nouvelles, on échangera des banalités au cours du repas, et il n'y aura pas de " conférence ". Mais Clemmie * a fait à son époux un sermon en règle sur l'importance de ne pas se quereller avec de Gaulle, et elle pense que cela portera ses fruits. Comme de Gaulle ne manquera pas de relever une insulte quelque part, tous ces préparatifs sont sans doute inutiles. D'ailleurs, *Flags* a fait complètement rater l'entrée ** [22]. »

« Le Général, écrira Churchill, arriva dans d'excellentes dispositions, il salua Mme Churchill en anglais et s'exprima dans cette langue pendant tout le repas. Pour ne pas être en reste, je parlai français [23]. » Et Duff Cooper ajoute : « Tout se passa le mieux du monde. A l'arrivée de De Gaulle, Churchill était de mauvaise humeur, et il ne se montra pas très accueillant. Il venait de lire un

---

* Clementine Churchill.
** *Flags* était un des officiers d'ordonnance de Churchill. Il a fait entrer de Gaulle par la mauvaise porte (lady Diana Cooper à l'auteur, 17 mai 1979).

compte rendu de l'exécution de Ciano, Bono, etc., ce qui l'avait passablement choqué. Mais, au cours du repas, Winston a commencé à se dégeler. Il était encadré par Diana et Palewski. Quant à moi, j'étais à côté de Palewski et j'ai pu l'informer subrepticement de la délicatesse de la situation et de l'irritation du Premier ministre au sujet de l'affaire de Lattre. De Gaulle était assis en face, à côté de Clemmie. Les dames une fois parties, Winston a convié de Gaulle à s'asseoir à côté de lui, mais les relations étaient encore difficiles [24]. »

« Après le déjeuner, notera Churchill, les dames partirent visiter les souks, tandis que de Gaulle, les autres hommes et moi, nous installions dans le jardin pour causer. J'avais bon nombre de sujets désagréables à traiter et j'espérais, en parlant français, donner une note moins sévère à l'entretien. » M. Nairn, qui prit quelques notes après ces conversations, écrira : « J'entendis Churchill chuchoter en anglais à M. Duff Cooper, assez fort pour être entendu : " Je ne me débrouille pas mal, n'est-ce pas ? Maintenant que le Général parle si bien l'anglais, il comprend parfaitement mon français. " Tout le monde, à commencer par de Gaulle, éclata de rire. Le Premier ministre continua à s'exprimer en français, mais le Général, si susceptible d'ordinaire, était complètement désarmé et prêt à accepter toutes les observations de M. Churchill dans l'esprit le plus amical et le plus compréhensif [25]. »

Cet esprit amical et compréhensif semble avoir complètement échappé à Duff Cooper : « La conversation a duré environ deux heures, notera-t-il. J'ai trouvé Winston parfait, et de Gaulle très difficile et très peu coopératif. On aurait cru entendre Staline et Roosevelt réunis [26]. » Quant à la conversation de Churchill, elle s'est réduite, au dire même de l'intéressé, à « des récriminations interminables, accompagnées d'une conférence en mauvais français sur l'importance des bonnes manières et sur les nombreuses extravagances du Général [27] ».

En tout cas, les premiers propos de M. Churchill ne surprendront personne : « Le Premier ministre a expliqué au général de Gaulle combien il était déraisonnable de s'aliéner les sympathies du président des États-Unis et les siennes propres, en entamant des poursuites contre ceux qui, quels qu'aient été leurs méfaits passés, ont rendu des services à la cause alliée, et sont donc en droit de compter sur la protection du Premier ministre et sur celle du Président. Il est évident que, si M. Boisson n'avait pas livré Dakar aux Alliés, un temps précieux aurait été perdu, et beaucoup de sang anglais et américain aurait été versé. Les gouvernements britannique et américain ont effectivement encouragé M. Peyrouton à quitter la sécurité de sa retraite pour revenir en Afrique du Nord, où il a rendu bien des services aussi longtemps qu'il est resté en fonction. Le Premier ministre a rencontré ces deux hommes lors d'un déjeuner, et au moment de prendre congé d'eux, il leur a dit : " Comptez sur moi. "

« Les gouvernements britannique et américain n'ont pas les mêmes obligations envers M. Flandin, mais il est certainement le moins coupable des trois hommes arrêtés. [...] Si la ligne de culpabilité devait se situer à un niveau tel que M. Flandin soit compté parmi les coupables, la France connaîtrait un avenir tragique, et la guerre civile serait presque inévitable [28]. »

Sur la table à côté des deux hommes, il y a un exemplaire du journal local, qui rend compte en première page des débats de la veille à l'Assemblée consultative ; de gros titres indiquent que tous les membres de l'Assemblée ont demandé des peines plus sévères pour ceux qui se sont rendus coupables de collaboration avec l'ennemi. Le général de Gaulle désigne le journal du doigt, et déclare que sa réponse est là : il a créé cette Assemblée dans un souci de démocratie, et il se doit maintenant d'écouter ses avis et de tenir compte de ses exigences... « La France a longtemps souffert et souffre encore, poursuit le Général. Le Peuple veut châtier les artisans de la capitulation, et si l'on veut éviter des troubles d'un caractère révolutionnaire, il ne faut pas donner à l'opinion publique le sentiment d'une impunité possible pour les coupables [29]. [...] En tout cas, je peux vous assurer que les hommes arrêtés ne seront jugés qu'après la libération de la France, et que dans l'intervalle, ils ne sont pas maltraités [30]. »

Le Premier ministre convient que la France souffre, que ses jeunes sont déportés ou vivent dans le maquis, et il déclare qu'il ne songe qu'à leur délivrance. Et comme le général de Gaulle souligne qu'ils ne reçoivent plus d'armes ni de ravitaillement, le Premier ministre indique que des ordres peuvent être donnés pour que le ravitaillement soit effectué. « Ce sont des détails, dit-il, qui peuvent être arrangés comme les autres avec M. Duff Cooper. »

« Le général de Gaulle indique encore sa satisfaction de voir comme ambassadeur d'Angleterre un ami éprouvé de la France comme celui-ci.

« Oui, dit le Premier ministre, j'ai envoyé M. Duff Cooper pour aplanir les malentendus entre nous, mais vous devez faire preuve de tolérance. Nous allons aventurer beaucoup de monde ; il faut qu'il le soit aux moindres frais possible.

« Le général de Gaulle en convient, mais à condition que la politique adoptée ne soit pas de nature à créer une agitation révolutionnaire.

« Le Premier ministre revient sur le passé. Il s'afflige des conflits qui se sont élevés entre lui et celui dans lequel, dès l'entrevue de Tours, il avait reconnu " l'Homme du Destin ". " Il faut pourtant, ajoute-t-il, que l'amitié entre les deux peuples survive à cette guerre et se prolonge dans l'après-guerre. "

« Le général de Gaulle déclare qu'il est, en effet, nécessaire que l'Angleterre et la France finissent cette guerre unies, comme de véritables camarades de combat.

« M. Churchill demande si, dans l'esprit du général de Gaulle, l'amitié franco-britannique ne doit pas seulement se prolonger jusqu'à la fin de la guerre, mais si elle doit aussi lui survivre.

De Gaulle : « La France, malheureuse et lasse après cette terrible épreuve, aura besoin du secours de tous, des États-Unis, de l'Angleterre particulièrement, pour se relever. »

« Si cela est, déclare le Premier ministre, nous devons nous ménager. Lord Beaverbrook vous dira qu'au cours de toute cette guerre, j'ai toujours été préoccupé de ménager M. Roosevelt et M. Staline, et pourtant, j'ai dans mon jeu une armée puissante et un vaste empire. »

« Le général de Gaulle indique que bien qu'ayant apporté la coopération française alors que l'Angleterre était isolée et guettée par la défaite, il n'a guère été l'objet des ménagements dont parle le Premier ministre. Il rappelle que l'affaire d'Afrique du Nord a été décidée non seulement sans lui, mais sans qu'il ait été prévenu d'avance.

« Le Premier ministre fait remarquer qu'il s'agissait avant tout d'une opération américaine, que lui-même n'avait été [...] que le lieutenant du Président, et qu'en tant que tel, il ne pouvait mettre personne dans le secret sans le consentement du Président. " D'ailleurs, ajoute-t-il, Darlan a donné un dividende "...

« Une autre difficulté survenue entre nous, dit M. Churchill, c'est l'affaire du Liban : vous avez agi là avec une brutalité dangereuse. Nous avons eu soin de ne mettre Gandhi en prison que lorsque son action est apparue clairement comme pouvant seconder les desseins du Japon. Vous devez ménager l'opinion publique des démocraties. »

« Le général de Gaulle fait remarquer que c'est la raison pour laquelle, dès le premier moment, il a envoyé le général Catroux pour arranger les choses. " C'est pourquoi, ajoute-t-il, j'ai trouvé votre ultimatum incompréhensible. Vous devez bien savoir que si j'envoie Catroux, ce n'est pas pour une solution de force. "

« Le Premier ministre observe alors que le télégramme de l'ultimatum a pu se croiser avec un autre télégramme chiffré, mais il répète l'assurance que l'Angleterre ne désire pas un pouce du territoire français et qu'elle ne désire rien pour elle en Syrie ni au Liban.

« Le Premier ministre se plaint, d'autre part, du renvoi du général Georges, sur lequel il ne compte pas, certes, pour faire la guerre, mais pour lequel il a conservé de l'amitié [...] et qu'il avait lui-même encouragé à sortir de France. Maintenant, le général Georges a été exclu du Comité.

« Le général de Gaulle répond qu'il a lui aussi beaucoup de respect pour le général Georges, mais qu'il n'est pas toujours possible de trouver une place au gouvernement pour tous ceux que l'on respecte. Il a offert au général Georges le titre de grand chancelier de la Légion d'honneur, et ce dernier ne lui a même pas répondu.

« Le Premier ministre évoque ensuite le cas du général de Lattre de Tassigny, qu'il ne connaît pas personnellement et dont il n'avait jamais entendu parler jusqu'à ce que ses conseillers lui aient fait savoir qu'il s'agissait d'un éminent soldat, qu'il aurait tout intérêt à rencontrer. Il lui a donc fait transmettre une invitation, mais a appris peu après que le général de Gaulle lui avait interdit de s'y rendre.

« Le général de Gaulle assure qu'il n'a rien voulu faire de tel. Il savait que le général de Lattre avait d'autres tâches à accomplir ailleurs à la date suggérée pour la visite, et c'est pourquoi il a dit qu'elle serait inopportune.

« Pour finir, le Premier ministre rappelle au général de Gaulle qu'il lui a prédit qu'il finirait par l'emporter en Afrique du Nord, qu'il est heureux de voir sa prédiction réalisée et qu'il ne doute pas qu'il en soit de même en France. »

Le général de Gaulle saisit la balle au bond :

« Raison de plus pour prendre dès maintenant les dispositions nécessaires afin que l'administration des territoires français soit d'ores et déjà reconnue comme devant être assurée par le Comité. »

« M. Duff Cooper intervient à ce stade pour dire qu'il s'agit là " d'une question technique et fort compliquée, dont il serait préférable de débattre à Londres ou à Washington, où des experts en droit etc. pourraient être consultés ". »

L'entrevue touche à sa fin, et Duff Cooper notera : « Bien que le Premier ministre se soit exprimé avec la plus grande franchise, l'entrevue s'est déroulée de bout en bout dans une atmosphère cordiale, et à aucun moment elle n'a menacé de dégénérer en dispute [31]. » Mieux même, d'après le compte rendu français, « l'entretien [...] s'est prolongé avec une cordialité atteignant chez M. Churchill toutes les marques extérieures de l'émotion [32] ».

On ne pouvait tout de même pas en attendre autant de la part du général de Gaulle, mais celui-ci fera tout de même un geste ; avant de prendre congé, il demande à Churchill :

« Aimeriez-vous passer les troupes françaises en revue ? »

Churchill : « J'aimerais. Je ne l'ai pas fait depuis 1939. »

De Gaulle : « Eh bien ! Nous passerons ensemble les troupes en revue [33]. »

L'entrevue s'achève à 17 heures, et les deux hommes se quittent dans les meilleurs termes. Lady Diana Cooper notera dans son journal : « A 17 heures, tout était terminé. On commença par dire que l'entrevue ne s'était pas mal passée, après quoi on assura qu'elle avait pleinement réussi. Les rôles ont été rapidement intervertis entre Duff et son maître. Duff s'est répandu en louanges sur la patience de Winston, tout en stigmatisant le caractère et les manières exécrables du Général, tandis que Winston parlait de De Gaulle dans les termes les plus indulgents [34]. »

Après cette entrevue, de Gaulle lui-même est enclin à l'indulgence envers le Premier ministre, et le consul de Grande-Bretagne écrira dans son rapport : « Au cours d'une conversation avec M. Aveillé, président de la section locale du Front national de la libération, ce dernier m'a confié qu'il avait eu deux entrevues avec le général de Gaulle, dont l'une s'était déroulée mercredi soir, peu après que le Général eut pris congé du Premier ministre. Le Général a demandé à M. Aveillé s'il savait pourquoi il était venu à Marrakech, et M. Aveillé a répondu qu'il supposait que c'était pour rencontrer M. Churchill. " Oui, a répondu le général de Gaulle, mais je suis venu le voir pour essayer d'amener une réconciliation entre nous — et je crois bien y avoir réussi. " M. Aveillé a ajouté que le Général lui avait rappelé la situation dans laquelle se trouvaient les Anglais à l'été de 1940, pour souligner ensuite qu'en dépit du péril mortel qui les guettait, ils avaient continué à aider puissamment les Français. " Il ne faut pas oublier, avait ajouté le Général, que les Anglais étaient dans un sale trou *, et je me demande si nous aurions fait la même chose pour eux au cas où les rôles auraient été inversés. " M. Aveillé m'a dit avoir été très

---

* En français dans le texte.

impressionné par le plaisir et la satisfaction qui se lisaient sur le visage du Général ; il l'avait déjà rencontré plusieurs fois auparavant, mais jamais il ne l'avait vu aussi heureux [35]. »

Ainsi, l'histoire se répète, et cette fois encore, l'entrevue des deux hommes n'a guère donné de résultats concrets : Churchill a tout juste fait quelques vagues promesses au sujet de l'armement de la Résistance française, et il a entièrement éludé la question cruciale de l'administration civile dans les territoires français libérés. Quant à de Gaulle, il n'a absolument rien concédé dans l'affaire de l'emprisonnement de Boisson, Peyrouton et Flandin, et n'a même pas évoqué la possibilité de réintégrer le général Georges dans le Comité. Cette fois encore, l'admiration qu'ont les deux hommes l'un pour l'autre leur a fait oublier un instant qu'ils ne se sont pas fait la moindre concession ; peut-être aussi se sont-ils sentis liés par l'amour qu'ils portent tous deux à la France, bien que ce ne soit sans doute pas le même amour — et certainement pas la même France...

La revue des troupes françaises le lendemain se passe le mieux du monde, ainsi que M. Duff Cooper l'écrit au *Foreign Office*. « Le Premier ministre et le Général se tenaient côte à côte sur l'estrade, et les troupes — françaises, marocaines, algériennes et sénégalaises — avaient fière allure ; c'était un spectacle émouvant que de voir ces petits contingents s'efforcer d'incarner au mieux la grande tradition de l'armée française. De nombreux cris de " Vive Churchill " et " Vive de Gaulle " montaient de la foule [36]. »

« — On crie beaucoup " Vive de Gaulle ", dit Churchill.

— Ah ! Vous l'avez remarqué, répond de Gaulle [37]. »

Et le Général écrira : « La cérémonie eut lieu dans le plus vif enthousiasme populaire. Pour la foule de Marrakech, comme pour celles qui partout ailleurs regarderaient les images sans connaître l'envers du décor, Churchill et de Gaulle apparaissant côte à côte, cela signifiait que, bientôt, les armées alliées marcheraient ensemble à la victoire et que c'était là l'essentiel. Je le dis au Premier ministre et nous convînmes qu'après tout, c'est la foule qui avait raison [38]. » « Après le départ du Premier ministre, poursuit Duff Cooper, le Général a fait une courte allocution. Il a parlé de la renaissance de l'armée française et du renouvellement de l'alliance franco-britannique, et a évoqué l'honneur que leur avait fait le Premier ministre par sa présence en ce jour historique [39]. »

Le lendemain, bien sûr, l'enchantement de Marrakech a déjà commencé à s'estomper. A Alger, le général d'Astier, commissaire à l'Intérieur, rend visite au général de Gaulle, qui lui parle de

Churchill en ces termes : « Il est très fatigué. C'est le déclin... oui, je lui ai parlé d'armement : il est d'accord, mais il ne faut pas y compter ; quel intérêt y trouveraient-ils [40] ? » Le général d'Astier se rend ensuite à Marrakech pour essayer d'obtenir des engagements un peu plus précis au sujet de l'armement de la Résistance. Churchill (que le général d'Astier décrit comme « un vieux nouveau-né ») lui dit alors : « C'est un grand personnage, votre de Gaulle. Je l'ai toujours soutenu. Mais comment peut-on s'entendre ? Il déteste l'Angleterre [41]. »

Le Premier ministre ne pense sans doute pas ce qu'il dit, pas plus qu'il ne croit réellement que l'on peut acheter la docilité politique du Comité d'Alger au prix de quelques livraisons d'armes à la Résistance — mais rien ne coûte d'essayer :

« Oui, je suis d'accord. Il faut faire la guerre. On vous aidera, mais tenez-vous tranquilles [42]. »

Et pour le Premier ministre, le meilleur moyen de se tenir tranquille, c'est bien sûr... de libérer Boisson, Peyrouton et Flandin — une idée qui tourne rapidement à l'obsession ! Pourtant, Churchill veut réellement aider la France et renforcer la Résistance française ; à la fin du mois, il donne les instructions nécessaires, et dès la première pleine lune de février, des armes pour 16 000 hommes sont parachutées à la Résistance. Le mois suivant, cette quantité sera doublée [43]. De même, Churchill trouve parfaitement légitime le désir de la France Combattante de participer à la prochaine bataille de France, et il va s'employer à lever les uns après les autres les nombreux obstacles administratifs et matériels qui s'opposent encore à ce que la Division Leclerc soit intégrée dans le corps expéditionnaire allié...

A Alger, en cette fin de janvier 1944, le Général doit faire face à plusieurs problèmes préoccupants. D'une part, sa santé laisse à désirer ; il souffre d'un accès de malaria et de troubles rénaux. En France, d'autre part, les Allemands et leurs auxiliaires français ont intensifié leur campagne contre la Résistance, et de nombreux réseaux sont démantelés. Enfin, au sein de la Résistance elle-même, les éléments communistes étendent leur influence, et poursuivent en secret une politique qui n'a rien de commun avec celle du Comité d'Alger — ce qui explique d'ailleurs en grande partie pourquoi le général de Gaulle tient essentiellement à ce que les forces françaises, notamment la Division Leclerc, participent au débarquement en France. En effet, même si de Gaulle n'a pas été informé de la date prévue pour l'opération *Overlord*, il sait qu'elle est imminente ; il sait aussi que le succès ou l'échec de la mission qu'il a

assumée en juin 1940 dépendra de la façon dont la France sera
libérée ; et c'est précisément là que réside la menace la plus grave
pour l'autorité du Comité français de la libération nationale et de
son implacable président.

Le 9 septembre 1943, le Comité d'Alger avait fait parvenir à
Washington et à Londres un projet d'accord sur les conditions dans
lesquelles l'administration française serait amenée à coopérer avec
les forces alliées lors de la prochaine bataille de France ; cette
administration française relèverait naturellement du CFLN et de ses
représentants. Aux termes du projet d'accord, chaque grande unité
alliée serait accompagnée par des officiers français chargés des liaisons administratives avec les autorités locales ; ces officiers ont
reçu un entraînement spécial, et sont maintenant stationnés en
Angleterre sous le commandement de Hettier de Boislambert.
Mais au printemps de 1944, ni Londres ni Washington n'ont
encore répondu aux propositions françaises ; et pourtant, faute de
s'entendre avec le CFLN au sujet de l'administration civile en
France, il faudrait négocier avec Vichy, ou encore organiser
une administration alliée des territoires occupés sur le modèle de
l'AMGOT * instauré en Italie...

Les propositions françaises sont profondément embarrassantes
pour les autorités britanniques, dans la mesure où elles soulèvent
une question fondamentale que personne à Londres n'ose regarder
en face : celle de la reconnaissance du CFLN, et de son droit de
prendre en main l'administration de la France libérée. Le *Foreign
Office*, qui reste le plus favorable à de Gaulle, voudrait que le
commandant en chef allié soit responsable de l'administration
civile dans la zone des combats. Mais cette administration civile
aurait un caractère français, serait assurée par du personnel français, et finirait par relever d'une autorité française — qui ne pourrait être que le CFLN, puisque le *Foreign Office* n'en connaît
aucune autre qui ait le soutien de la Résistance française et de
l'opinion publique anglaise... Mais le *War Office*, lui, voit les
choses différemment : il envisage la création d'une administration
militaire composée d'officiers anglais et américains chargés des
affaires civiles, et qui resterait en fonction six mois après la libération des territoires français.

Mais comme d'habitude, c'est l'avis du Premier ministre qui
reste le plus important, et bien entendu, cet avis est profondément
influencé par ses préjugés personnels : son animosité à l'égard du

---

* *Allied Military Government in Occupied Territories.*

général de Gaulle, son amour pour la France, et son besoin irrépressible d'intervenir dans les affaires françaises... Le 26 janvier 1944, il écrit à son ministre des Affaires étrangères : « Pour le moment, je ne suis pas partisan de conclure avec le Comité français des accords lui permettant de prendre en main l'administration civile dans les parties de la France que nous pourrions libérer. A l'heure actuelle, rien ne nous garantit que de Gaulle ne hissera pas le drapeau à Croix de Lorraine sur chaque mairie, et que lui et ses justiciers improvisés n'essaieront pas de s'imposer comme seuls juges de la conduite de tous les Français et comme seuls détenteurs du pouvoir officiel. C'est cela que le Président redoute, et moi aussi. Peut-être que d'ici deux ou trois mois, le Comité français sera dans d'autres dispositions. Il y a déjà quelques progrès à cet égard. En attendant, il serait très malaisé de notre part de lui céder, abandonnant ainsi l'un des rares moyens qui nous restent encore de le diriger et de le contrôler [44]. »

Pour le Premier ministre, il est donc urgent d'attendre. Aussi curieux que cela puisse paraître, Churchill continue à s'intéresser bien davantage au sort de MM. Boisson, Peyrouton et Flandin. Et puis, il y a autre chose qui le préoccupe ; le général d'Astier, qui vient le mettre en garde contre les dangers d'un gouvernement militaire allié en France, s'entend répondre ceci : « Faites un geste d'amitié, envoyez le général Georges en mission auprès de moi... Oui, je sais, vous me l'avez déjà dit : ce n'est pas un " dur ", c'est un vaincu. Mais il a de la mitraille dans le corps, et m'a rendu un grand service. C'est un ami. J'ai besoin d'amis... [45] »

Le même jour, Churchill écrit à Duff Cooper : « Vous pouvez maintenant sonder de Gaulle au sujet de l'envoi du général Georges à Londres en tant qu'officier de liaison auprès de moi en ma qualité de ministre de la Défense. Arrangez-vous cependant pour présenter les choses de façon à ne pas essuyer un refus [46]. » Mais Churchill veut tout de même rester en bons termes avec l'homme qu'il déteste et admire en même temps : « Veuillez accepter mes compliments, lui écrit-il, pour la magnifique contribution de vos troupes à la bataille actuelle. Il est très réconfortant de voir de fortes unités françaises monter en ligne aux côtés de leurs alliés britanniques et américains. Cela nous rappelle le passé, mais c'est aussi l'annonce de temps nouveaux [47]. »

Si l'on considère l'immense respect du Premier ministre pour l'armée française et son attachement indéfectible à la cause de la France, on peut s'étonner qu'il reste obstinément hostile au projet d'accord sur l'administration civile dans les territoires libérés. Son animosité à l'égard du général de Gaulle, son idée de faire traîner les choses pour « diriger » et « contrôler » le Comité français ne suffisent certes pas à expliquer l'attitude du Premier ministre dans cette affaire. La vérité est que Churchill est plus décidé que jamais à éviter une querelle avec le gouvernement américain au sujet du général de Gaulle, et à soutenir la politique du président Roosevelt dans les affaires françaises. Hélas ! les initiatives passées du président Roosevelt en la matière n'ont pas toujours été très heureuses, et rien ne permet d'espérer qu'il en sera autrement à l'avenir...

Dans sa politique à l'égard de la France, le président Roosevelt est guidé par quelques lignes directrices immuables : une hostilité viscérale à l'égard du général de Gaulle et de son mouvement, un certain appétit pour une partie de l'Empire français [48], un mépris complet de la souveraineté française, et une sympathie persistante pour le vieux maréchal Pétain — le tout dissimulé sous les apparences d'un respect scrupuleux du « véritable choix » que les Français ne pourront faire qu'à la fin de la guerre — et si possible quelque temps après. C'est de tout cela que l'on a tenu compte à Washington, lorsque le problème de l'administration civile en France a été examiné vers la fin de 1943...

Le président Roosevelt a quelques idées bien arrêtées sur cette question, ainsi qu'il l'a écrit du Caire le 27 novembre 1943 au secrétaire d'État Cordell Hull : « Il me paraît évident qu'aucun plan et aucune décision ne doivent être arrêtés à l'heure actuelle au sujet de l'administration civile en France. [...] Je suis de plus en plus enclin à voir l'occupation de la France, lorsqu'elle se produira, comme une occupation purement militaire [49]. » Au printemps de 1944, les conceptions du Président n'ont guère varié — et certaines mesures ont déjà été prises pour les mettre en œuvre. C'est ainsi que sont jetées les bases d'un AMGOT pour la France, tandis que les futurs administrateurs civils sont formés à Charlottesville, en Virginie. En l'espace de deux mois, on les initie aux subtilités de la langue française... et à l'art de devenir préfets, d'où le sobriquet de « *Sixty Days Marvels* » dont on ne tarde pas à les affubler. Enfin, comme il n'est pas question que le CFLN puisse émettre de l'argent en territoire libéré — cela impliquerait la reconnaissance par les Alliés de la souveraineté du Comité —, le gouvernement américain a décidé d'émettre lui-même des francs militaires, qui seront mis en circulation au moment voulu par le commandement militaire allié. Il était prévu à l'origine que les coupures porteraient d'un côté l'inscription : « La République française », et de l'autre la devise : « Liberté, Égalité, Fraternité », ainsi qu'un drapeau français. Mais le président Roosevelt s'y oppose ; il veut uniquement voir figurer deux mots : « *La France* ». Morgenthau et John Mac Cloy essaient bien de le faire changer d'avis, mais Roosevelt rétorque : « Comment pouvez-vous savoir à quel gouvernement vous aurez affaire après la guerre ? Ce sera peut-être un empire. » — « C'est justement ce que nous voulons éviter de laisser entendre [...] objecte Morgenthau. Il me semble que si vous inscrivez " la République française ", cela ne vous engagera absolument pas. »

« Henry, dit Roosevelt, vous parlez exactement comme le *Foreign Office*. »

« Monsieur le Président, répond Morgenthau, c'est la plus grave insulte qu'on m'ait faite en dix ans ! »

Mais la discussion se poursuit, et Morgenthau note dans son journal :

« FDR ne cessait de répéter qu'il ne voulait rien voir figurer sur les billets qui pourrait indiquer la nature du gouvernement. J'ai soulevé des objections et Mac Cloy aussi, mais le Président était sur ses grands chevaux et il était impossible de lui faire entendre raison. Il a dit : " J'ai déjà entendu tous ces arguments. De Gaulle est sur le déclin. " [...] Nous avons donc enlevé " *Liberté, Égalité, Fraternité* ", dont il ne voulait pas. Il a également demandé que l'on retire " *La France* ". Nous nous sommes donc retrouvés avec le drapeau, sans rien d'autre [50]. »

Enfin, le 15 mars, Roosevelt rédige une directive secrète pour le général Eisenhower, futur commandant en chef de l'Opération *Overlord*. « Une fois en France », écrit Roosevelt, « le général Eisenhower pourra consulter le CFLN ». Mais il pourra aussi traiter avec n'importe quelle autre autorité française *de facto* s'il le juge bon, à l'exception toutefois du « gouvernement de Vichy en tant que tel » — ce qui laisse malgré tout la porte ouverte à des négocia-tions avec certains membres de ce gouvernement. Le Président, il est vrai, n'est pas très bien informé de la situation en France ; un mois plus tôt, l'amiral Leahy lui a fait savoir que « lorsque les troupes alliées entreront en France, la personne la plus sûre qui puisse nous aider à rassembler les Français est le maréchal Pétain [51] ».

La directive secrète du Président ne restera pas secrète bien long-temps ; moins d'une semaine plus tard, elle est portée à la connais-sance du Comité d'Alger, et M. Viénot rend visite à Eden pour lui dire qu'« il est assez inquiet des informations qui viennent de lui parvenir concernant le dernier projet d'administration de la France lors de l'entrée des Alliés dans ce pays ». Et il ajoute : « Si les choses restent en l'état, et que toutes les responsabilités reposent sur les épaules du commandant en chef, que peut-il résulter d'autre que l'anarchie ou l'AMGOT ? En effet, qu'arrivera-t-il en pratique ? Dans une ville, le commandant en chef nommera par exemple un fonctionnaire qui sera partisan du CFLN. Dans un autre district, ce sera un sympathisant de Vichy, et dans un autre encore un communiste. Qui pourra coordonner ces diverses autorités, sinon le Comité français ? Ce serait tout de même un terrible fardeau à porter pour le commandant en chef, et en fin de compte, il se verrait obligé d'administrer la France [52]. »

Eden se déclare entièrement d'accord, et ajoute qu'à son avis, la formule : « Le commandant en chef pourra consulter » devrait être remplacée par « consultera » le CFLN [53]. « J'étais persuadé, écrira plus tard Eden, que la Résistance française et l'écrasante majorité de l'opinion publique en France soutenaient de Gaulle et que, si nous manquions à nos devoirs envers le Comité de la libération nationale, nous compromettrions les relations franco-britanniques, au moment même où la France allait recommencer à faire sentir son influence dans le monde [54]. »

Il reste bien sûr à convaincre le Premier ministre que des amendements à la directive s'imposent, et qu'il faut envoyer un télégramme en ce sens au président Roosevelt. Ce n'est pas chose facile, d'autant que le CFLN vient de prendre une mesure qui a profondément choqué Churchill : Pierre Pucheu, l'ancien ministre de l'Intérieur de Vichy, a été fusillé près d'Alger deux jours plus tôt ; les démarches de M. Eden auprès du Premier ministre restent donc sans résultat. Mais l'ambassadeur Viénot décide lui aussi de tenter sa chance, et il rend visite à Churchill le 4 avril.

Le Premier ministre, qui est visiblement fatigué, commence par lui dire que « la France restera pendant longtemps sous la juridiction du commandant en chef allié et qu'il y aura de grandes batailles en France ». Mais comme tout cela est à côté de la question, Churchill passe à des arguments plus familiers :

« Le Comité français n'a pas réussi à gagner la confiance du Président. J'ai été moi-même profondément blessé par son attitude. Toute ma vie j'ai été un ami de la France. Je cherche la France que j'aime, et ne la reconnais pas dans le général de Gaulle. Je m'efforce toujours d'aider les alliés de la Grande-Bretagne, mais à Marrakech, le général de Gaulle n'a pas cru devoir faire preuve de réciprocité. Loin de nourrir des préventions à l'encontre du général de Gaulle, je l'admire à bien des égards, mais je pense que ce n'est pas un ami de l'Angleterre. »

L'ambassadeur Viénot s'efforce de ramener la conversation à la directive du Président ; ayant convenu qu'il y avait eu « de graves malentendus », il fait remarquer qu'en dehors de Vichy, il n'y a pas en France d'autre autorité que le Comité. Mais Churchill répond que la formule utilisée par le président Roosevelt « n'a pas été élaborée en hâte. Elle a fait l'objet d'un examen approfondi. Il serait difficile de l'amener à la modifier, surtout après le meurtre de Pucheu ».

Viénot ayant assuré que « le cas de Pucheu ne constituerait pas un précédent », le Premier ministre en profite pour aborder son sujet favori :

« J'espère bien que non. Lorsque j'étais à Alger, Giraud m'a invité à déjeuner afin que je puisse rencontrer Flandin et Peyrouton. Il serait très désagréable qu'ils soient exécutés. »

Après quoi Churchill retourne à sa diatribe :

« A Québec, M. Eden et moi avons énergiquement défendu les intérêts de la France auprès du Président. Mais l'attitude du général de Gaulle a réduit tous nos efforts à néant [...]. Malgré cela, les choses se sont arrangées. Le général Georges, qui est un vieil ami, a été inclus dans le Comité — mais il en a été exclu sans préavis. Même alors, j'ai pris sur moi de convaincre les autorités soviétiques et le Président que la France doit être représentée à la commission méditerranéenne. Il faut essayer de comprendre le Président et d'éviter de le provoquer [55]. »

Quant à la directive, Churchill promet « d'y réfléchir »...

Tout cela n'est pas très encourageant ; si peu même, qu'après avoir lu le compte rendu de la conversation, M. Massigli estime qu'il est préférable de ne pas le montrer au général de Gaulle [56]. Et pourtant, ce n'est rien à côté des propos du Premier ministre lorsqu'il apprendra peu après la décision du Comité de retirer au général Giraud son titre de commandant en chef...

En dépit de ses invectives contre le Comité français et son intraitable président, Churchill se rend bien compte que la directive du Président est mal conçue. Seulement, il « refuse de déranger le Président pour cela à l'heure actuelle [57] ». D'un autre côté, il est tout aussi impossible de ne rien faire, car le jour du débarquement approche, et la presse britannique commence à s'inquiéter sérieusement de l'absence de tout accord sur l'administration civile des territoires libérés. A la fin du mois de mars, le *Manchester Guardian*, l'*Observer* et le *Daily Herald* réclament à grands cris une coopération accrue avec le Comité français. Le *Daily Herald* révèle même que de Gaulle a soumis six mois plus tôt au gouvernement britannique des propositions concernant l'administration civile. « Pourquoi les propositions françaises restent-elles sans réponse pendant six mois ? » demande le *Daily Herald*. « Et qu'en est-il de cette directive au général Eisenhower, lui donnant le pouvoir de traiter avec l'autorité locale de son choix ? » « De toute évidence, conclut le journal, la coopération entre les alliés laisse beaucoup à désirer [58]. » Au début d'avril, le *Times* et l'*Economist* vont plus loin encore : ils demandent que le CFLN soit officiellement reconnu comme gouvernement provisoire de la France [59]. Même le *Daily Mirror*, qui se passionne rarement pour la politique internationale, entre dans la mêlée et exige une coopération franche et directe avec le général de Gaulle et le Comité [60]. Enfin, tout laisse prévoir que le Parlement et l'opinion publique ne tarderont pas à emboîter le pas à la presse...

Une fois de plus, Churchill se trouve pris entre sa fidélité envers le Président et les préoccupations de son opinion publique ; mais la France, quels que soient ses errements, est toujours la France, et Churchill finit par céder : il demandera au Président de modifier sa directive dans le sens indiqué par Eden. En outre, voulant prendre le mal à sa racine, il va essayer d'organiser une rencontre entre de Gaulle et Roosevelt...

Churchill ne réussit pas à faire modifier la directive ; le 17 avril, il apprend que le Président s'oppose à tout amendement, et refuse de remplacer « pourra consulter » par « consultera », car « le général Eisenhower doit avoir toute latitude en matière d'administration civile [61] ». Bien entendu, Churchill n'insiste pas : « Ce serait une grave erreur, écrit-il à lord Cranborne, de se quereller avec le Président sur ces points de détail pour le compte des Français Libres. Le Président prend chaque semaine des décisions qui nous sont très favorables [...] et il n'est pas question de compromettre nos relations [62]. »

Les perspectives d'une entrevue entre de Gaulle et Roosevelt paraissent déjà meilleures ; le 13 avril, ce dernier répond au Premier ministre : « Je ne vois pas d'inconvénient à ce que de Gaulle me rende visite [63]. » Ayant ensuite fait savoir au général de Gaulle par l'intermédiaire de Duff Cooper qu'il « pense pouvoir persuader le Président de recevoir le général de Gaulle, si ce dernier donne son accord », le Premier ministre reçoit une réponse d'une amabilité inaccoutumée. « Le Général, rapporte M. Duff Cooper, a déclaré qu'il serait très heureux d'accepter à tout moment une telle invitation [...] et m'a demandé de vous transmettre l'expression de sa gratitude personnelle pour cette suggestion, dans laquelle il voit une preuve tangible de votre sympathie à son égard, et dont il se souviendra même si cette initiative ne devait pas aboutir [64]. »

Elle n'aboutira pas ; ce même jour, le président Roosevelt, toujours soucieux de soigner son image politique à l'approche des élections, écrit à Churchill : « Je n'enverrai aucune invitation officielle ou officieuse [65]. » Mais Churchill ne se décourage pas ; le 6 avril, il écrit à Duff Cooper : « Si de Gaulle peut s'abaisser jusqu'à demander, par l'intermédiaire de son Ambassadeur à Washington, si une visite de sa part serait acceptable [...] et pourvu qu'il m'en informe à l'avance, je ferai en sorte qu'il soit assuré d'une réponse favorable avant que la démarche ne soit entreprise [66]. »

Ce n'est pas tout simple, et de Gaulle n'est pas homme à s'abaisser — sauf pour le bien de la France, évidemment ; Churchill reçoit donc le feu vert, et il poursuit avec un louable zèle sa diplomatie compliquée. Le 20 avril, il écrit au Président : « Le général de Gaulle aimerait demander, par l'intermédiaire de son représentant à Washington, si une visite de sa part vous serait agréable [...]. Vous pourriez lui apporter beaucoup en le traitant avec bienveillance, il me semble que ce serait très utile à bien des égards [67]. » Roosevelt répond sèchement que la question « devra être soulevée dans un mois par les représentants français à Washington [68] », mais Churchill ne se tient toujours pas pour battu. Le lendemain, il répond au Président : « J'espérais que vous pourriez faire un peu mieux que cela. Après tout, cet homme, qui ne m'inspire pas plus confiance qu'à vous, est à la tête de forces considérables, y compris des forces navales et le *Richelieu*, dont nous pouvons disposer très librement, et qui sont engagées dans la bataille ou prêtes à l'être. Il dirige un vaste Empire, dont tous les points stratégiques ont été placés à notre disposition [69]. »

Mais le Président fait la sourde oreille, sans doute encouragé en cela par Cordell Hull, qui vient de lui écrire que « de toute évidence, l'intervention du Premier ministre a pour but de nous lier définitivement et irrévocablement à de Gaulle dès avant le débarquement, pour que nous soyons engagés vis-à-vis de lui, même si les événements ne se déroulaient pas comme prévu [70] ». Le Président envoie donc une nouvelle réponse négative à Churchill, qui finit par renoncer. « Je n'insiste plus », répond-il le 24 avril [71].

Il n'y a donc plus la moindre perspective d'une réconciliation entre de Gaulle et Roosevelt, et très peu d'espoir qu'une directive acceptable finisse par être donnée au commandant en chef — tout cela cinq semaines seulement avant la date prévue pour le débarquement en France ! C'est déjà une situation très embarrassante, et qui ne va pas tarder à s'aggraver encore...

Pour des raisons qui remontent à l'expédition de Dakar en 1940, Roosevelt et Churchill ont décidé que le CFLN ne serait pas tenu au courant des préparatifs du débarquement en France ; la date du débarquement sera également tenue secrète, comme pour Madagascar et l'Afrique du Nord. Le 12 avril, Churchill écrit à Roosevelt : « Je conviens que le CFLN ne doit pas être tenu au courant des modalités d'*Overlord*. J'ai essayé de déférer à son désir de faire participer la Division blindée de Leclerc à la bataille prochaine, mais la présence de cette unique division ne lui donnera en aucun cas le droit d'être mis au courant de nos secrets et il faut le lui dire sans délai [72]. » Pourtant, la chose n'est pas aussi simple qu'il y paraît, car le CFLN a en Grande-Bretagne un « délégué militaire pour le théâtre d'opérations nord ». Or ce délégué n'est autre que le général Kœnig, héros de Bir Hakeim, et il a un autre titre qui, pour le quartier général allié, est plus important que tous les autres : celui de commandant en chef de toutes les Forces françaises de l'Intérieur. De fait, la Résistance française aura un rôle très important à jouer avant, pendant et après le jour J ; il est donc impossible de ne pas collaborer avec le général Kœnig, et il est très difficile de coopérer avec Kœnig sans coopérer avec de Gaulle, qui est son supérieur immédiat... En fin de compte, on décide de ne pas mettre Kœnig dans le secret avant le jour J.

Une complication supplémentaire va surgir au même moment ; le gouvernement britannique a décidé d'interdire à partir du 17 avril toutes les communications par télégrammes chiffrés, y compris les communications diplomatiques, entre la Grande-Bretagne et le monde extérieur, et ce jusqu'au jour du débarquement. Seuls quelques gouvernements sont exemptés, et bien entendu le CFLN n'en fait pas partie. Cette mesure d'interdiction, qui risque fort d'attirer l'attention de l'ennemi, a provoqué des protestations indignées de la part des gouvernements en exil à Londres ; de Gaulle, lui, est outré : « [...] cette précaution, prise unilatéralement par les Anglo-Saxons vis-à-vis des Français, dont les forces allaient, tout comme les leurs, jouer un rôle essentiel dans les opérations et dont le territoire serait le théâtre de la bataille, nous fit l'effet d'un outrage [73]. » Et bien entendu, le général de Gaulle n'est pas homme à subir un outrage sans répliquer...

Au début de mai, moins de quatre semaines avant le déclenchement de l'opération *Overlord*, il n'y a toujours pas d'accord au sujet de l'administration civile en France, et le *Foreign Office* commence à s'inquiéter sérieusement. Le 8 mai, M. Eden envoie un autre message au Premier ministre : « Il nous faut décider si oui ou non nous voulons établir, en commun avec le Comité français, des plans basés sur le principe que nous traiterons avec lui en tant qu'autorité française lorsque nous aurons libéré des territoires suffisamment étendus pour qu'une administration civile puisse y fonctionner. [...] Il n'y a aucune autre autorité avec laquelle nous puissions traiter. Nous devons donc essayer d'obtenir l'accord des chefs d'état-major intégrés pour que les instructions nécessaires soient envoyées au général Eisenhower [...]. Il semble que les chefs d'état-major aient été disposés à donner leur assentiment, lorsque le Président les a rappelés à l'ordre. » Le lendemain, Eden répète que « si le Président persiste à s'opposer à la conclusion d'un accord, il y aura un véritable fossé entre nous et le Comité français. Cela ne profitera à personne — sauf aux Russes — et la position de nos amis français vis-à-vis du général de Gaulle s'en trouvera affaiblie [74] ».

En fait, la situation est en passe de devenir inextricable, et personne ne sait qui sera réellement responsable de l'administration civile en France après le débarquement ; un accord à ce sujet pourrait sans doute être négocié entre le général Kœnig et le général Eisenhower, mais le président Roosevelt s'oppose à la conclusion d'un tel accord. Quant au général Kœnig, il ne peut négocier sans communiquer avec le Comité d'Alger, ce qui lui est impossible du fait de l'interdiction de la correspondance chiffrée ; par mesure de rétorsion, le général de Gaulle a d'ailleurs interdit à Kœnig et à Viénot de régler la moindre affaire avec les Alliés jusqu'à nouvel ordre... Pour faire bonne mesure, il a également refusé de recevoir Duff Cooper, et a prononcé à Tunis un violent réquisitoire contre l'attitude des Alliés dans l'affaire de l'administration civile, tout en ajoutant que les Français veulent être « vis-à-vis de l'Est, c'est-à-dire d'abord de la chère et puissante Russie, une alliée permanente [75] ». Ceci a bien entendu provoqué la fureur du Premier ministre, qui aurait seul pu intervenir auprès du Président pour que des négociations s'ouvrent enfin avec le Comité sur la question de l'administration civile. Du coup, Churchill écrit à Eden le 10 mai qu'il refuse de se quereller avec le Président à ce sujet, et il ajoute : « De Gaulle, quelle que soit sa grandeur, constitue l'unique obstacle à ce que s'établissent des relations harmonieuses entre la Grande-Bretagne et l'Amérique d'une part, et ce qui reste de la France d'autre part. » Pour Churchill, le discours de Tunis constitue un avant-goût de ce que fera de Gaulle une fois installé au pouvoir.

« Ce sera, ajoute-t-il, le pire ennemi que les États-Unis et nous-mêmes ayons jamais eu en France [76]. »

Tout cela est bien intéressant, mais ne résout en rien les problèmes posés. Pour ne rien arranger, la presse britannique continue ses attaques contre la politique du gouvernement vis-à-vis du CFLN, et la Chambre des communes commence à lui emboîter le pas. C'est ainsi qu'à la session du 19 avril, on peut entendre les propos suivants :

« M. Mander demande au ministre des Affaires étrangères si l'autorité du CFLN sera reconnue à mesure de la libération du territoire français, et si cette question sera examinée par la commission consultative européenne. »

« Sir Richard Acland demande au ministre des Affaires étrangères s'il est en mesure de faire une déclaration au sujet des pouvoirs et des devoirs respectifs du CFLN et du commandant en chef des forces alliées, en ce qui concerne l'administration civile des territoires français qui seront repris à l'ennemi. »

Graham White : « Puis-je prier mon très honorable confrère de ne pas oublier lors des discussions à venir que la reconnaissance de différentes autorités en différentes parties de la France sera le plus sûr moyen d'y déclencher une guerre civile ? »

Law : « J'espère que nous n'oublierons rien. »

Granville : « Mon très honorable confrère veut-il dire par là qu'aucune de ces questions n'a été examinée par la commission consultative européenne ? Est-ce bien cela qu'il veut dire [77] ? »

Et le 3 mai :

« M. Martin demande au ministre des Affaires étrangères si un accord a été conclu avec le CFLN pour l'administration du territoire de la France métropolitaine à mesure qu'il sera libéré de l'occupation allemande. »

Eden : « Des conversations se tiennent actuellement entre le commandant en chef allié et la mission militaire française dirigée par Kœnig. »

Martin : « Est-ce à dire que l'autorité avec laquelle nous traiterons en France libérée sera le CFLN ? »

Eden : « Oui, Monsieur [78]. »

Les deux dernières réponses sont extrêmement ambiguës, et Eden le sait mieux que tout autre. En effet, les discussions en cours entre représentants français et militaires américains ne risquent pas d'aboutir, puisque aucune des parties n'a de mandat pour conclure un accord ; quant à la réponse à la deuxième question, elle exprime davantage un espoir qu'une réalité... Mais le gouvernement britannique, et particulièrement le ministre des Affaires étrangères, reste soumis de toutes parts à une pression considérable ; le 8 mai, Duff Cooper écrit d'Alger pour proposer un moyen de sortir de l'impasse : il s'agirait d'inviter de Gaulle à Londres pour qu'il puisse participer aux négociations. Le 11 mai, à l'issue d'un tête-à-tête orageux et épuisant qui ne s'achève qu'à 3 heures du matin, Eden réussit à persuader le Premier ministre d'adopter cette solution, et d'écrire en ce sens au président Roosevelt ; le lendemain, Churchill écrit à Roosevelt :

« A mesure que l'heure décisive approche, il nous paraît indispensable de parvenir à un accord quelconque avec le Comité national français [...]. Nous devons maintenant compter avec l'opinion publique, qui s'indigne qu'aucun arrangement n'ait été conclu avec le Comité national français en vue de l'utilisation des forces françaises en France et hors de France. Nous pourrions très bien nous passer du concours des Français de l'extérieur au moment de l'opération, [...] mais le général Eisenhower attache une grande importance à l'action des réseaux de résistance français pendant et après le jour J, et nous devons évidemment faire en sorte que nos troupes ne subissent pas de pertes plus sévères du fait de notre incapacité à conclure un accord sur l'utilisation des groupes de résistance français [...]. Je vous propose donc d'inviter le général de Gaulle et un ou deux membres de son Comité à venir ici dans le plus grand secret, le 18 mai par exemple. Je vous propose en outre de confier la représentation de vos intérêts au général Eisenhower, ou d'envoyer quelqu'un d'autre expressément pour les rencontrer. Le ministre des Affaires étrangères et moi-même conduirons les négociations avec de Gaulle et le représentant que vous désignerez. Nous vous ferons les meilleures propositions possibles, sans donner notre accord avant d'avoir reçu votre réponse. Il se peut que nous n'arrivions pas à nous mettre d'accord avec eux parce qu'ils se seront montrés déraisonnables, mais dans ce cas, nous aurons fait de notre mieux, et il [de Gaulle] se sera mis entièrement dans son tort. De toute façon, nous aurons fait notre devoir envers les soldats et vous aurez l'occasion d'examiner à loisir le meilleur plan que nous puissions vous soumettre [79]. »

Le Président répond le lendemain qu'il ne voit aucun inconvénient à ce que le Général soit invité en Angleterre pour discuter de « vos intérêts communs en matière politique et militaire », mais il n'est pas question d'une participation américaine. « Pour des raisons de sécurité, ajoute le Président, vous jugerez sans doute bon de retenir le Général en Grande-Bretagne jusqu'au lendemain du jour J [80]. »

Tout cela n'avance pas beaucoup Churchill et Eden. MacKenzie King, qui est en visite à Londres, notera dans son journal : « Churchill est vraiment très préoccupé, et il a à cœur de ne pas commettre d'impairs [81]. » De fait, le Premier ministre écrit à Eden : « Il me paraît évident que de Gaulle n'acceptera pas de venir ici s'il ne peut repartir qu'au lendemain du jour J et s'il n'est pas en mesure de communiquer avec l'extérieur [...]. Tout cela donnerait lieu à d'interminables disputes, et [...] je ne vois pas comment nous pourrions l'empêcher de communiquer librement avec son gouvernement qui, après tout, est à la tête de l'Empire français. Il ne pourrait certainement pas se soustraire plus de quelques jours, au maximum une semaine, à la conduite des affaires, et il se rendrait parfaitement insupportable si nous l'obligions à rester ici. Il n'est pas question non plus qu'il vienne ici et qu'il retourne à Alger avant le jour J. Il ne viendrait pas seul, et ne manquerait pas d'amener des collègues et divers assistants, aide de camp, domestiques, etc. Tout ce qu'il apprendrait ici par des membres de son mouvement pourrait s'ébruiter, parvenir à Alger, de là passer en Espagne via Oran, et via l'Espagne, arriver en Allemagne [82]. »

En somme, il ne reste plus qu'une solution : attendre le jour J, puis « envoyer au général de Gaulle une cordiale invitation à venir ici dès qu'il le voudra ». Pour Churchill, ce sera tout à fait satisfaisant : « Je suis convaincu, écrit-il à Eden le 16 mai, qu'au cours de la première semaine, alors que la bataille suivra son cours et qu'aucune parcelle de terrain suffisamment importante pour être soumise à l'administration civile n'aura été conquise, nous pourrons trouver un accommodement au sujet de l'administration civile. Nous arriverons peut-être même à le mettre [de Gaulle] dans de bonnes dispositions [83]. »

C'est sans doute trop demander, mais dès lors, tout va être mis en œuvre pour que le projet aboutisse et que de Gaulle accepte l'invitation. Il faudra que celle-ci soit « cordiale », et le Premier ministre enverra son avion personnel pour prendre de Gaulle à Alger ; M. Eden suggère en outre qu'« il serait bon de préciser que le gouvernement de Sa Majesté espère que le Général et sa suite consentiront à être ses hôtes lors de leur séjour dans ce pays [84] ». Entre-temps, Churchill envoie au Général ses plus chaudes félicitations pour la conduite des troupes françaises en Italie ; enfin, Duff Cooper informe le Général avec un luxe de précautions que le gouvernement de Sa Majesté aimerait l'inviter à Londres « pour y régler la question de la reconnaissance et celle de la collaboration administrative en France [85] ».

Au grand soulagement de tous, le Général « est dans de très bonnes dispositions [86] », et il accepte l'invitation — non sans poser quelques conditions : il doit recevoir l'assurance qu'on le laissera communiquer par chiffre avec le gouvernement d'Alger ; et puis, il y a autre chose : « [...] Quant à y conclure un accord ayant une portée politique, dira le Général, il me fallait faire toutes réserves. [...] Nous ne nous intéressions pas à la reconnaissance. Je lui annonçai que, d'ailleurs, le Comité de la libération prendrait incessamment le nom de Gouvernement de la République, quelle que pût être sur ce point l'opinion des alliés. Quant aux conditions de notre collaboration avec le commandement militaire, nous les avions depuis longtemps précisées dans un mémorandum auquel on n'avait pas répondu. A présent, le Gouvernement britannique était, peut-être, disposé à y souscrire. Mais le Gouvernement américain ne l'était pas. A quoi bon, dès lors, arrêter entre Français et Anglais des mesures qui ne pourraient être appliquées faute de l'agrément de Roosevelt ? Nous étions, certes, prêts à négocier les modalités pratiques de la coopération, mais il fallait que ce fût à trois et non à deux [87]. »

Churchill sait fort bien lui aussi qu'aucun accord n'est possible sans la présence d'un représentant américain. Par ailleurs, il a dû accueillir sans aucun plaisir la perspective de voir le Comité prendre le titre de « Gouvernement provisoire de la République française ». Mais le temps n'est plus aux récriminations ; dans moins de deux semaines, l'opération *Overlord* va se déclencher, et il est impossible de libérer la France sans la participation des Français. D'ailleurs, les soldats de la France Combattante ont prouvé leur valeur au cours de la campagne d'Italie, et tous les Anglais, leur Premier ministre en tête, en ont été fort impressionnés. Churchill a essayé de suivre aussi longtemps et aussi fidèlement que possible la ligne du président Roosevelt, mais la situation est maintenant devenue intenable ; en Grande-Bretagne, la presse dans sa quasi-unanimité demande à grands cris un changement de politique. Le *Times* demande « un accord total avec l'administration de De Gaulle [88] », le *Manchester Guardian* exige « la reconnaissance complète du Comité [89] », et le *Daily Mail* tonne contre la politique dilatoire du gouvernement britannique dans les affaires françaises [90].

Le 24 mai, Churchill prononce un long discours aux Communes. Ayant rendu compte de l'état des relations de la Grande-Bretagne avec chacun des pays d'Europe — et parlé du général Franco en termes chaleureux — le Premier ministre en vient à la France : « Il n'est pas douteux que [...] le Comité français de la libération nationale dirige à l'heure actuelle des forces qui lui donnent la quatrième place au sein de la grande alliance pour la lutte contre Hitler en Europe. Si les États-Unis et la Grande-Bretagne n'ont pas encore été en mesure de le reconnaître comme gouvernement de la France, ou même comme gouvernement provisoire de la France, c'est que nous ne sommes pas sûrs qu'il représente la nation française de la même façon que les gouvernements de Grande-Bretagne, des États-Unis et d'Union soviétique représentent l'ensemble de leurs peuples. Bien entendu, c'est le Comité qui présidera à l'établissement de la loi et de l'ordre dans les régions libérées de France, sous la supervision du commandant suprême allié pendant toute la durée des combats. Mais nous ne voulons pas prendre à ce stade la responsabilité d'imposer le gouvernement du Comité français à toutes les régions de France susceptibles de tomber entre nos mains, et ce jusqu'à ce que nous soyons mieux informés des conditions qui prévalent en France. Je dois en même temps préciser que nous ne traiterons en aucun cas avec le gouvernement de Vichy, ou avec toute personne compromise avec lui, parce qu'ils se sont engagés dans le chemin de la collaboration avec nos ennemis. Beaucoup d'entre eux se sont manifestement prononcés et engagés pour la victoire de l'Allemagne. [...] Avec l'entière approbation du président des États-Unis, j'ai invité le général de Gaulle à nous rendre visite dans un proche avenir, et mon très honorable confrère le ministre des Affaires étrangères vient de me montrer un télégramme de M. Duff Cooper, qui communique d'Alger que le général de Gaulle sera très heureux de venir. Rien ne vaut une franche explication pour déblayer le terrain. J'espère qu'il amènera avec lui quelques membres de son gouvernement, afin que nous puissions examiner l'ensemble de la question [91]. »

C'est incontestablement un brillant discours ; mais cette fois, au grand dépit de Churchill, les honorables députés ne sont pas satisfaits. Le député du West Leicester, M. Harold Nicolson, prend la parole immédiatement après le Premier ministre : « Je ne puis m'expliquer entièrement, ni expliquer à d'autres, la véritable nature de la politique adoptée par le gouvernement de Sa Majesté à l'égard de la France [...]. Comme beaucoup de Français, j'ai l'impression que le gouvernement des États-Unis, suivi en cela par le gouvernement de Sa Majesté, loin d'assister les Français, s'ingénie à les contrecarrer en toutes occasions [...]. Le gouvernement des États-Unis se montre faible, mal avisé et mal informé en refusant de reconnaître le Comité national ou le gouvernement provisoire. Je suis convaincu que c'est là une grave erreur. Cette politique est non seulement injuste et inopportune, mais elle risque en outre de nous mettre dans une situation absurde. Je m'attends à chaque instant à lire dans mon journal que le gouvernement soviétique a reconnu le Comité de Gaulle comme gouvernement provisoire de la France. Quant à nous, eh bien, nous arriverons après la bataille, réticents, mesquins, incompris, nous entrerons au dernier moment par la porte de service, sans avoir exprimé tout le respect et l'admiration que l'on ressent ici pour l'œuvre du Comité national. Nous refusons de le reconnaître [...]. Il y a peut-être à cela des raisons qui échappent à notre contrôle. Mais nous allons encore plus loin : nous refusons à un moment crucial de laisser les Français communiquer avec leur gouvernement à Alger ; nous leur dénions toute participation au conseil européen ; cela semble grotesque. Voici un organisme allié qui débat de l'avenir de l'Europe, et la France ne doit pas y être représentée. C'est grotesque. On ne saurait même adopter une attitude aussi discourtoise vis-à-vis d'un pays neutre — et à plus forte raison vis-à-vis d'un allié qui s'est redressé et a repris son rang parmi les nations du monde [...]. Je suis sûr que les membres des autres partis se sentent aussi concernés que moi, et je veux croire que lorsque mon honorable confrère les aura entendus, il se rendra compte des graves remous que suscite partout cette affaire [92]. »

Il y a en effet de graves remous. Peu après, l'honorable capitaine Grey se lève et demande « que nous reconnaissions le CFLN comme gouvernement provisoire de la France, et que nous le fassions seuls si nécessaire [93] ». Puis vient le tour de l'honorable John Dugdale :

« Je voudrais demander au Premier ministre et au ministre des Affaires étrangères s'ils ne pourraient pas montrer un peu plus de fermeté lorsqu'ils demandent au gouvernement américain de s'entendre avec nous pour reconnaître le gouvernement de De Gaulle dès que possible. On peut reprocher beaucoup de choses à de Gaulle, mais il a fait front en 1940, comme le Premier ministre, et il ne faut pas l'oublier. [...] Je ne vois pas pourquoi nous mettrions en doute la bonne foi du général de Gaulle et de son gouvernement provisoire [94]. »

Et l'honorable Vernon Bartlett d'ajouter :

« J'ai profondément regretté d'entendre le Premier ministre nous dire aujourd'hui qu'il ne peut faire davantage dans cette affaire. Comme l'a dit l'honorable député du West Leicester (M.H. Nicolson) au cours de son admirable intervention, je crois que nous en sommes manifestement arrivés au stade où le général de Gaulle représente la France, au même titre que n'importe quel autre homme d'État de n'importe quel autre pays allié. Je sais bien que ce n'est pas un homme commode. La première fois que je l'ai rencontré, c'était en février 1940, derrière la ligne Maginot. J'ai été obligé de rester debout dans la neige pendant deux heures, à regarder ses satanés tanks monter et descendre une colline. Je n'avais sur moi qu'un costume et un pardessus ordinaires ; mais lui avait une vareuse en cuir et de hautes bottes, et je n'ai jamais cessé de lui en garder une certaine rancune. Non, ce n'est pas un homme commode, mais à chaque fois que nous différons la reconnaissance complète du Comité d'Alger, nous faisons à coup sûr le jeu des éléments les plus extrémistes du mouvement de libération français. Et le cas de la France n'est qu'un exemple de la politique étrangère que nous suivons par ailleurs [95]. »

Au cours des trois jours qui suivent, le *Times*, le *Manchester Guardian*, le *Daily Mail* et l'*Economist* répètent à l'envi les paroles des honorables députés [96]. Le Premier ministre a sans doute reçu une quantité considérable de lettres à ce sujet ; en tout cas, il apparaît à l'évidence qu'en continuant à suivre la ligne fixée par le président Roosevelt, Churchill est en train de perdre le soutien du Parlement — et celui de l'opinion publique. Le 27 mai, surmontant enfin sa réticence, il écrit au Président : « Vous verrez le compte rendu de nos délibérations au sujet de la venue de De Gaulle, et ce que j'ai dit au Parlement à ce sujet. La popularité des Français a beaucoup augmenté ici à la suite des récents combats en Italie. Nous allons libérer la France au prix de nombreuses vies anglaises et américaines, et l'on pense ici qu'il doit être avec nous dans cette épreuve. Mais qui est ce " il " ? Lorsque l'on s'aperçoit que c'est de Gaulle, alors se posent tous les problèmes que vous et moi connaissons si bien. Il me semble cependant que nous nous trouverions dans une situation difficile s'il apparaissait que nous sacrifions davantage de soldats anglais et américains parce que nous n'avons pas le concours de la nation française. Il y a ici un puissant mouvement français, dont les membres ignorent les erreurs et les extravagances du général de Gaulle — et il n'est évidemment pas question que nous les mettions au courant. C'est une raison de plus pour que nous nous consultions dans un proche avenir. Bien entendu, je vous tiendrai informé chaque jour du contenu des conversations avec de Gaulle. Il s'est montré un peu plus coopératif ces derniers temps, et après tout, il est très difficile de tenir les

Français à l'écart de la libération de la France. Je vous serais reconnaissant de bien vouloir me faire part de votre sentiment [97]. »

Pour faire bonne mesure, Churchill envoie peu après un deuxième télégramme : « Je vous demande instamment d'envoyer quelqu'un ayant au moins le rang de Stettinius pour exprimer votre point de vue. Ici, l'opinion publique commence à être très montée, et pense qu'il faut que les Français soient avec nous lorsque nous libérerons la France. Bien entendu, il y a ici un très vif engouement pour la France du fait de la bravoure et des succès des troupes françaises [...] dans les combats d'Italie. On a également le sentiment qu'ils doivent avoir leur part dans l'entreprise que nous préparons. Personne ne comprendra qu'ils soient laissés de côté [98]. »

A la demande de Churchill, l'ambassadeur Harriman, de passage à Londres, envoie également un télégramme au président Roosevelt : « Le Premier ministre promet de suivre fidèlement votre politique à l'égard de De Gaulle, mais il désire vous prévenir que le *Foreign Office* et certains membres de son Cabinet insistent pour que l'on fasse davantage ; ils sont d'ailleurs soutenus en cela par la Chambre des communes et l'opinion publique britannique. Le Premier ministre a vraiment besoin d'aide pour lui tenir tête * et résister à la pression de ses propres collègues, et il espère que vous consentirez à leur envoyer Stettinius ou quelqu'un du même rang [99]. »

Il est visible que Churchill sent la situation lui échapper, ce qui explique le ton pathétique et la curieuse servilité qui s'expriment dans ses messages. Mais Roosevelt ne veut rien entendre ; le 27 mai, il répond : « J'espère que vos entretiens avec le général de Gaulle le persuaderont de contribuer à la libération de la France sans que nous imposions son autorité au peuple français. Car l'autodétermination n'est autre que l'absence de coercition [100]. » Quatre jours plus tard, il envoie un autre message, plus explicite et plus catégorique : « Je ne puis que vous répéter qu'il ne m'est pas possible d'envoyer qui que ce soit pour me représenter lors de vos entretiens avec de Gaulle [101]. »

Churchill se trouve plus que jamais pris entre deux feux : le Président est fermement décidé à ignorer de Gaulle, et de Gaulle est plus résolu que jamais à imposer l'autorité du Comité en France dès la libération. L'opinion publique britannique est manifestement du côté de De Gaulle ; Churchill, lui, s'est explicitement engagé à suivre la politique du Président — mais il commence à s'apercevoir que ce n'est pas la bonne. Pourtant, le Premier ministre est plus

---

* A de Gaulle, probablement.

décidé que jamais à « ne pas commettre d'impairs » ; mais il se trouve de toute évidence dans une situation parfaitement impossible...

Le général de Gaulle, lui, n'a aucune préoccupation de ce genre. Il considère que sa position est inattaquable, et il en fait part à l'ambassadeur Viénot le 25 mai :

« Sur le principe de mon voyage à Londres, j'ai répondu affirmativement, car je ne vois pas de raison pour que nous nous dérobions aux conversations qui nous sont offertes à la veille de la bataille décisive [...]. Quant aux conversations futures, voici ce que j'en ai dit à M. Duff Cooper :

« Nous ne sommes demandeurs sur aucun point. Les formules de reconnaissance du Gouvernement français par ceux de Londres et de Washington nous intéressent dorénavant très peu. [...] Le fait essentiel pour nous c'est la reconnaissance par le peuple français et c'est là, maintenant, un fait accompli. [...] Nous avons décidé de satisfaire, au moment que nous jugerons opportun, le vœu unanime de l'Assemblée consultative et du Conseil national de la Résistance quant à notre changement de dénomination. C'est là une affaire qui nous regarde seuls et pour laquelle nous ne considérons que les désirs et les intérêts du peuple français [...]

« En ce qui concerne l'attribution et l'exercice de l'administration française en territoire métropolitain libéré, il n'y a non plus aucune question. Nous sommes l'administration française. [...] En cela encore, nous ne demandons rien. Il y a nous, ou bien le chaos. Si les alliés de l'Ouest provoquent le chaos en France, ils en auront la responsabilité et, en définitive, seront, croyons-nous, les perdants. [...] Mais il est certain que nous n'accepterons aucune supervision, ni aucun empiétement, sur l'exercice de nos pouvoirs. En particulier, cette prétention maintenue par Washington que le commandement étranger pourra battre monnaie en France ne sera pas admise par nous. Plutôt que d'y consentir, nous préférons ne conclure aucun accord. D'autre part, j'ai dit à M. Duff Cooper que nous ne conclurions d'accord que directement et simultanément avec l'Angleterre et les États-Unis et que nous nous abstiendrions si l'acte auquel on aboutissait devait être soumis ensuite à l'approbation de M. Roosevelt.

« Il est possible que l'invitation que m'adresse le Gouvernement britannique procède en partie, comme vous le pensez, de son désir d'un rapprochement réel avec la France. Toutefois, je suis sur ce point plus réservé que vous. J'ai fait souvent l'expérience de témoignages apparents de bonne volonté prodigués soudain du côté anglais et qui avaient pour résultat, sinon pour objet, soit un avantage concret recherché à nos dépens, soit une facilité procurée à une manœuvre tentée par M. Roosevelt sur l'opinion publique et qui ne visait pas à nous favoriser. [...] Ma réserve est, d'ailleurs, confirmée par le discours du Premier Ministre aux Communes et dans lequel divers points me paraissent d'assez mauvais augure, notamment l'évocation d'un contrôle du général Eisenhower sur l'action du gouvernement en France.

« Le gouvernement étudiera posément, dans sa séance du 26 mai, tout l'ensemble de cette affaire et précisera les positions qui seront prises par nous dans les négociations de Londres [...] [102]. »

Le 26 mai, le Comité de la libération, qui prend ce jour-là le titre de gouvernement provisoire de la République française, approuve officiellement la position du général de Gaulle. Il est également convenu à cette session qu'aucun ministre n'accompagnera de Gaulle en Angleterre, afin de bien montrer que le Général est venu assister au début des opérations, et peut-être même visiter la zone des combats en France [103]. Pour qu'il n'y ait aucun malentendu sur ce point, de Gaulle le répétera à Duff Cooper le lendemain.

Ce jour-là, le 27 mai, Duff Cooper reçoit un télégramme de Londres le priant de transmettre au général de Gaulle l'invitation du gouvernement de Sa Majesté, et de lui préciser qu'il aura toute liberté pour communiquer par chiffre avec Alger pendant son séjour. Toutefois, la date de la visite n'est pas encore fixée, et Duff Cooper note dans son journal : « Je suis allé voir de Gaulle cet après-midi pour lui faire part de l'invitation et des assurances que j'avais reçues dans la matinée. J'avais espéré que cela lui ferait plaisir, mais il n'en a rien laissé paraître, et s'est montré aussi morose et boudeur que d'habitude. Il s'est plaint amèrement de l'intention du gouvernement américain d'émettre ses propres francs lors de l'entrée en France [104]. » A Londres, les discussions vont bon train pour essayer de fixer la date de l'arrivée du Général. Et Eden écrira : « Au cours d'un Conseil de cabinet dans la soirée du 30 mai, le Premier ministre nous a dit qu'il lancerait l'invitation au jour J. J'ai dit que cela ne paraissait pas satisfaisant, parce que lorsque les Américains et nous-même débarquerions en France, le général de Gaulle tiendrait absolument à faire une déclaration. S'il devait la faire à Alger sans nous avoir consultés au préalable, le contenu de cette déclaration pourrait être sujet à caution, et il nous fallait considérer les répercussions d'une telle éventualité sur nos relations futures avec la France. Il faudrait par conséquent que de Gaulle arrive avant le jour J. En fin de compte, le Premier ministre a invité les chefs d'état-major à examiner les implications militaires de ma proposition [105]. »

En fait, l'opinion des chefs d'état-major est résolument négative, ainsi que M. Mack en informe sir Alexander Cadogan le lendemain matin : « J'apprends qu'au cours de leur réunion de ce matin, les chefs d'état-major se sont montrés encore plus myopes et entêtés que d'habitude. En gros, leur position a été qu'ils ne voulaient même pas que de Gaulle vienne ici (ils le détestent cordialement tous les trois), et qu'en tout cas, il ne devrait certainement pas venir avant le jour J [...]. Je ne crois pas qu'ils aient donné une raison valable pour étayer leurs propos, en dehors de leur animosité personnelle à l'égard de ce personnage antipathique [...] Le général Ismay s'est prononcé en faveur de l'arrivée du général de Gaulle au jour J — 2, mais les trois chefs d'état-major ont passé outre. Je suppose que l'affaire va maintenant être examinée par le *War Cabinet* [106]. »

Ce ne sera pas nécessaire, car Anthony Eden a bien plus d'influence sur Churchill que les chefs d'état-major, et la décision est enfin prise dans l'après-midi du 31 mai. « J'en ai parlé au Premier ministre, écrira Eden, et il a convenu que de Gaulle devait être mis dans le secret d'*Overlord* avant le début de l'opération. Ceci étant, il est évidemment plus sûr de l'informer en Angleterre qu'à Alger. En fin de compte, l'invitation a été envoyée [107]. » Elle est brève, et d'une courtoisie impeccable : « Venez maintenant, je vous prie, avec vos collègues, aussitôt que possible et dans le plus grand secret. Je vous donne personnellement l'assurance que c'est dans l'intérêt de la France. Je vous envoie mon propre *York*, ainsi qu'un autre *York*, pour vous [108]. »

Au cours des trois jours qui suivent, Duff Cooper va s'employer à persuader de Gaulle d'accepter l'invitation. Le Général commence par dire qu'il n'a pas de raisons de se rendre en Angleterre si les négociations ne sont pas tripartites, que tout cela « n'est qu'une machination pour l'amener à prononcer un discours qui fera croire aux Français qu'il est d'accord avec les Anglais et les Américains, alors qu'en fait il ne l'est pas », et ainsi de suite... [109]. Mais Duff Cooper est soutenu par Massigli et par plusieurs autres membres du gouvernement provisoire ; après deux réunions animées, au cours desquelles Massigli menace de démissionner, le Général finit par se décider. Et Duff Cooper notera dans son journal le 3 juin : « Ce matin, j'étais très inquiet, et je me suis senti très soulagé lorsque Palewski est arrivé avec une lettre de De Gaulle annonçant qu'il acceptait de partir. [...] Après cela, il a fallu tout organiser en un temps record [...]. Nous sommes arrivés au terrain d'aviation vers 15 h. Les deux *York* étaient là, ainsi que la plupart des passagers. De Gaulle est arrivé en dernier, et je me suis senti bien soulagé quand il a pris place dans l'avion [110]. »

Tandis que de Gaulle, plus intransigeant que jamais, s'envole vers une Angleterre où Churchill attend le jour décisif, on se doute bien, à Londres comme à Alger, que les prochaines soixante-douze heures seront extrêmement agitées. Et pourtant, nul ne saurait imaginer le drame qui va se jouer à la veille même de la plus grande opération amphibie de l'histoire du monde. C'est qu'à l'aube du 6 juin, les combats ne se limiteront pas aux plages de Normandie ; la bataille qui se jouera à Londres, pour être moins sanglante, n'en sera pas moins féroce. Et bien entendu, il ne saurait y avoir le moindre doute quant à l'identité des deux protagonistes...

14

La nuit la plus longue

A Londres, tout est fin prêt et rien n'a été laissé à l'improvisation... Le général de Gaulle doit arriver le 4 juin, jour J – 1. Il sera ensuite conduit au quartier général d'Eisenhower, où on l'informera des détails du débarquement — et du rôle qui lui est assigné ; lors du déclenchement de l'opération, il prononcera une allocution radiodiffusée immédiatement après le général Eisenhower, et Churchill ne doute pas que tout ira pour le mieux : « Je suis bien sûr, écrit-il au président Roosevelt, que nous pourrons amener de Gaulle à dire ce qu'il faut. Après cela, au jour J + 3 ou 4, nous aurons des conversations à Londres avec lui et ses gens, et je lui expliquerai que pendant plusieurs jours, il n'y aura pas à proprement parler de territoire français, mais seulement quelques plages dévastées. Je l'occuperai de mon mieux pendant la semaine allant de J + 2 à J + 8 ou 9 et lui dirai que, s'il vous écrit pour vous demander si vous êtes disposé à le rencontrer, vous lui répondrez immédiatement et cordialement par l'affirmative. Entre-temps, je tâcherai d'avoir avec lui un maximum de conversations exploratoires [1]. »

Ainsi, tous les graves problèmes de l'heure, l'absence d'accord sur l'administration civile, la querelle sur l'émission de monnaie en France par les Alliés, l'intransigeance du général de Gaulle, la francophilie de la presse et du Parlement, la gaullophobie du président Roosevelt, tout cela doit passer à l'arrière-plan au moment où va se déclencher l'opération *Overlord*. Formez vos bataillons, et marchons !

Le côté militaire de l'opération a été organisé avec une ampleur et une minutie qui défient l'imagination : tout le sud de l'Angleterre est devenu un vaste camp militaire, 8 divisions, 150 000 hommes,

11 000 avions de première ligne et 4 000 navires se tiennent prêts à traverser la Manche pour livrer le premier assaut ; ils seront précédés par des unités spécialisées dans le camouflage, le sabotage et l'intoxication, et suivis par une armée de deux millions d'hommes. Pourtant, il est un élément qui échappe à la planification : le 4 juin, les conditions météorologiques sont défavorables, et on s'attend à ce qu'elles s'aggravent encore le lendemain, ce qui va causer la plus grande appréhension aux responsables politiques et militaires durant les quarante-huit heures qui suivent. Mais à l'insu des météorologues, une autre tempête va éclater à Londres la veille même du jour J...

Le général de Gaulle atterrit près de Londres au matin du 4 juin. Sur l'aéroport, un orchestre joue *la Marseillaise*, et dès son arrivée à Londres, le Général trouve une lettre du Premier ministre :

« Mon cher général de Gaulle,

« Bienvenue sur ces rivages ! De très grands événements militaires vont avoir lieu. Je serais heureux que vous puissiez me voir ici, dans mon train, qui est près du quartier général du général Eisenhower, et que vous ameniez une ou deux personnes de votre groupe. Le général Eisenhower espère votre visite et vous exposera la situation militaire, qui est extrêmement importante et imminente. Si vous pouvez être ici pour 13 h 30, je serais heureux de vous offrir à déjeuner ; nous nous rendrions ensuite au quartier général du général Eisenhower. Faites-moi parvenir de bonne heure un message par téléphone de façon à ce que je sache si cela vous convient ou non.

« Sincèrement à vous [2]. »

Pour se rapprocher du théâtre des opérations, le Premier ministre a établi son quartier général dans un train qui stationne près de la gare de Portsmouth. « M. Churchill, commentera Anthony Eden, avait fait preuve d'imagination, mais le confort s'en ressentait nettement. Il y avait fort peu de place, une seule baignoire située à proximité de son compartiment privé, et un seul téléphone. Apparemment, M. Churchill était toujours dans la baignoire, et le général Ismay toujours au téléphone, de sorte que, même si nous nous trouvions plus près physiquement du théâtre des opérations, il était pratiquement impossible de faire quoi que ce soit [3]. » Et Duff Cooper ajoutera : « L'entourage du Premier ministre se plaignait amèrement de l'exiguïté et de l'inconfort des lieux. Quelqu'un me confia même qu'il avait l'intention d'amender sa conduite à l'avenir, car il venait de comprendre à quoi ressemblait l'enfer [4]. »

Churchill, lui, est parfaitement satisfait du confort des installations. Il se trouve en compagnie de Bevin, du général Ismay et du maréchal Smuts, et s'apprête à accueillir le général de Gaulle ; M. Eden les rejoint bientôt, et il notera : « je suis arrivé à temps pour accompagner de Gaulle le long de la voie de chemin de fer. Le Premier ministre, sans doute mû par son sens de l'histoire, était descendu sur la voie pour accueillir le Général à bras ouverts. Malheureusement, de Gaulle ne se prêtait guère à ce genre de manifestations [5]. » En l'occurrence, la raideur du Général n'est pas nécessairement due à la présence du maréchal Smuts * : de Gaulle considère tout simplement qu'il se trouve là en tant que représentant d'un État, et un État n'a que faire d'effusions — surtout lorsque ses intérêts sont gravement menacés, au moment même où la libération est imminente. Quoi qu'il en soit, la conférence dans le wagon-salon du Premier ministre va débuter sous les meilleurs auspices...

Churchill est assis au centre d'une grande table à tapis vert, entre MM. Eden et Duff Cooper. De Gaulle a pris place en face de lui, entre l'ambassadeur Viénot et le général Béthouart ; ce dernier notera que « Churchill paraît fatigué. Il est manifestement ému, ses mains tremblent [6] ». Là-dessus, le Premier ministre prend la parole, et les minutes de l'entretien permettront de reconstituer assez précisément ce qui s'est dit :

« M. Churchill a exprimé le désir de voir le général de Gaulle afin de le mettre au courant de l'opération qui va se déclencher — ce qu'il ne pouvait faire par télégramme. Il est d'avis que cela aurait fait le plus mauvais effet dans l'histoire de nos deux pays si une opération visant à libérer la France avait été lancée par les forces britanniques et américaines sans que les Français en soient informés [...]. Le Premier ministre explique ensuite les objectifs précis de l'opération. Des unités très considérables seront envoyées pour saisir les bases, les ports et les têtes de pont. Beaucoup de ces unités partiront d'Angleterre, mais par la suite, d'autres viendront directement des États-Unis. Il ne reste plus beaucoup d'espoir de commencer l'opération avant le jour J + 3, mais la situation sera réexaminée toutes les vingt-quatre heures. Le Premier ministre a pris sur lui de mettre le général de Gaulle dans le secret. Le général Eisenhower pourra ainsi se concentrer davantage sur les aspects techniques de l'opération.

« Le général de Gaulle remercie le Premier ministre pour ce qu'il

---

* Lors d'un discours prononcé quelque temps auparavant, le maréchal Smuts avait déclaré que la France ne retrouverait jamais plus sa grandeur passée, et n'aurait sans doute pas d'autre choix que d'entrer dans le Commonwealth...

vient de dire. De toute évidence, l'affaire est d'une importance exceptionnelle. Le Général avait lui-même estimé que le moment était venu de l'entreprendre. Bien entendu, il n'avait pas été informé de la date au préalable, mais il croit de son devoir de dire au Premier ministre que les services d'Alger qui écoutent les messages français transmis par la BBC avaient noté l'accroissement récent du nombre de ces messages et en avaient déduit que l'opération était imminente.

« Le Premier ministre déclare qu'il a toujours considéré ces messages comme imprudents. En tout cas, nous avons nous-mêmes pris de nombreuses initiatives dans le domaine de l'intoxication, et lorsque la flotte d'invasion quittera ses ports, il est prévu qu'une série d'allocutions sera prononcée par le général Eisenhower et par les dirigeants des pays dont l'ennemi pourrait redouter l'invasion. Ainsi, la reine Wilhelmine et le roi Haakon liront des messages, et M. Churchill espère que le général de Gaulle consentira à faire de même pour la France. Il était prévu initialement que les allocutions seraient prononcées ce soir même, mais maintenant, le Général aura un ou deux jours pour préparer la sienne. Il n'est pas nécessaire qu'elle soit longue, mais il faudrait qu'elle soit encourageante et qu'elle crée l'incertitude chez l'ennemi.

« Le général de Gaulle se déclare tout disposé à prononcer une telle allocution, et ce pour deux raisons. D'une part, il considère que cette opération est très importante et bien préparée. D'autre part, il est heureux que le Premier ministre l'ait invité en Angleterre afin de lui faire part de l'opération. En ce qui concerne l'allocution, il n'y aura pas de problèmes. Le Général présume qu'une fois l'opération lancée, il sera libre de rentrer à Alger.

« Le ministre des Affaires étrangères déclare que si la grande opération dont le déclenchement est imminent a retenu jusqu'ici toute notre attention, il nous semble en revanche que lorsqu'elle aura été lancée, il pourrait être utile d'évoquer certaines questions politiques.

« Le général de Gaulle se félicite d'être en Angleterre à ce moment, et remercie le Premier ministre d'avoir songé à l'inviter. Il est important pour l'avenir de nos deux pays que nous soyons ensemble lorsque l'opération commencera. C'est pourquoi il a tenu à lui exprimer ses remerciements [7]. »

« En toute sincérité, écrira plus tard le général de Gaulle, j'adresse au Premier ministre le témoignage de mon admiration pour cet aboutissement. Que la Grande-Bretagne, après tant d'épreuves si vaillamment supportées et grâce auxquelles elle a sauvé l'Europe, soit aujourd'hui la base d'attaque du continent et y engage de telles forces, c'est la justification éclatante de la politique de courage que lui-même a personnifiée depuis les plus sombres jours. Quoi que les événements prochains doivent encore coûter à la France, elle est fière d'être en ligne, malgré tout, aux côtés des Alliés pour la libération de l'Europe. Dans ce moment de l'Histoire, un même souffle d'estime et d'amitié passe sur tous les Français et tous les Anglais qui sont là [8]. »

A 14 h 15, on passe dans le wagon voisin pour déjeuner, et tout se déroule le mieux du monde. Mais au dessert, Churchill, évoquant à nouveau l'incertitude de la date du débarquement, enchaîne en disant : « En attendant, nous pourrions parler politique. » De Gaulle tourne la tête, regarde le Premier ministre, et répond de son ton le plus sec :

« Politique ? Pourquoi [9] ? »

Légèrement interloqué, Churchill continue :

« Voici un certain temps que je corresponds avec le Président. Ce dernier aurait tout d'abord souhaité que le général de Gaulle vienne le voir aux États-Unis, mais il ne voulait pas l'inviter officiellement. Ses derniers télégrammes semblent montrer qu'il tient moins à cette visite à l'heure actuelle, ce qui peut s'expliquer en partie par le traitement réservé au général Giraud. Il ne faut pas oublier que c'est avec le général Giraud que le Président a traité au sujet de l'équipement des forces françaises. Or Giraud n'est plus là. »

Le général de Gaulle fait observer que rien ne presse, et qu'« en ce moment, il vaut mieux être ici qu'à Washington [10] ».

Le Premier ministre répond que « cela est sans doute vrai, au moins en ce qui concerne la phase initiale de la bataille. Mais dans l'intervalle, nous pourrions parler de l'administration des territoires libérés. Il faut que le Général sache que dans un premier temps, la partie libérée du territoire français risque fort d'être exiguë, de n'avoir que quelques habitants, et de se trouver sous le feu des canons. Le Président a dit que le général Marshall serait libre de s'entretenir avec le général de Gaulle de toutes questions militaires, mais il a refusé à deux reprises que des conversations politiques se tiennent entre représentants des trois pays. Je suis disposé à tenir des conversations à deux. Mais je suis convaincu que si le général de Gaulle exprimait le désir de rendre visite au Président, sa demande serait fort bien accueillie »...

Le général de Gaulle répète que rien ne presse, et il ajoute d'un ton glacial : « C'est la guerre, faites-la, on verra après [11]. »

Churchill est visiblement déçu, mais il continue : « Après la bataille, le général de Gaulle pourrait se rendre aux États-Unis pour discuter avec le Président, ou bien alors il pourrait rentrer à Alger et n'avoir d'entretiens ni avec la Grande-Bretagne ni avec les États-Unis, deux puissances qui sacrifient leurs soldats pour la libération de la France [...]. C'est au général de Gaulle de décider de ce qu'il veut faire, mais il aurait tout intérêt à aller aux États-Unis, et si dans l'intervalle, nous pouvions commencer les discussions ici, cela n'en serait que mieux. Nous pourrions par exemple discuter de la question des billets. Il est possible de convaincre le Président [...] Le général de Gaulle pourrait s'entendre avec lui. Il est vrai que le Président pourrait perdre le pouvoir en 1945, mais jusque-là, il est tout-puissant, et toutes mes informations indiquent qu'il sera réélu pour quatre ans. La France a besoin de son amitié, et le général de Gaulle a le devoir de l'acquérir, tout comme un soldat a le devoir de monter à l'assaut d'une batterie ennemie [12]. »

De Gaulle, impassible, répète « C'est la guerre, faites la guerre. » Anthony Eden intervient alors dans la discussion :

« J'ai des raisons de croire que, si le général de Gaulle se déclare prêt à se rendre aux États-Unis, il n'est pas exclu que nous puissions avoir des conversations politiques ici au préalable, en présence de l'ambassadeur des États-Unis [13]. Il ne faut pas oublier que la Grande-Bretagne est également concernée par cette affaire. Nous avons offert au général de Gaulle de commencer les conversations. Si cette offre est rejetée, nous n'y pourrons rien ; mais nous le déplorerons [14]. »

A quoi M. Bevin trouve bon d'ajouter que « le parti travailliste en serait offensé ».

C'est un mot de trop. De Gaulle se retourne, le fusil du regard et explose : « Comment ! Nous avons envoyé des propositions depuis septembre dernier. Vous ne nous avez jamais répondu. Il ne sert donc à rien de dire que le parti travailliste serait offensé. La bataille va commencer, et je parlerai à la radio ; soit. Mais quant à discuter des questions d'administration civile, il est clair que le Président n'a jamais voulu me voir, et voilà que tout à coup on me dit qu'il faut que j'aille lui parler [15]. Pourquoi semblez-vous croire que j'aie à poser devant Roosevelt ma candidature pour le pouvoir en France ? Le gouvernement français existe. Je n'ai rien à demander dans ce domaine aux États-Unis d'Amérique, non plus qu'à la Grande-Bretagne. Ceci dit, il est important pour tous les Alliés qu'on organise les rapports de l'administration française et du commandement militaire. Il y a neuf mois que nous l'avons proposé. Comme demain les armées vont débarquer, je comprends votre hâte de voir régler la question. Nous-mêmes y sommes prêts. Mais où est, pour ce règlement, le représentant américain ? Sans lui, pourtant, vous le savez bien, nous ne pouvons rien conclure en la matière. D'ailleurs, je note que les gouvernements de Washington et de Londres ont pris leurs dispositions pour se passer d'un accord avec nous. Je viens d'apprendre, par exemple, qu'en dépit de nos avertissements, les troupes et les services qui s'apprêtent à débarquer sont munis d'une monnaie soi-disant française, fabriquée par l'étranger, que le gouvernement de la République ne reconnaît absolument pas et qui, d'après les ordres du commandement interallié, aura cours forcé en territoire français. Je m'attends à ce que, demain, le général Eisenhower, sur instruction du président des États-Unis et d'accord avec vous-même, proclame qu'il prend la France sous son autorité. Comment voulez-vous que nous traitions sur ces bases [16] ? Allez, faites la guerre, avec votre fausse monnaie [17] ! »

Un lourd silence, puis Churchill reprend, avec une exaspération croissante : « Que le général de Gaulle aille ou non rendre visite au Président, cela le regarde. Mais je le lui conseille fortement... »

Puis, sur un ton encore plus courroucé : « Je dois vous dire franchement que, si tous les efforts de conciliation devaient s'avérer vains, et si le Président se trouvait d'un côté, et le Comité national français de l'autre, je me rangerais très probablement aux côtés du Président, et en tout cas aucune querelle n'éclatera jamais entre la Grande-Bretagne et les États-Unis du fait de la France. »

Le général de Gaulle répond d'un ton glacial qu'il « prend bonne note du fait qu'en cas de désaccord entre les États-Unis et la France, la Grande-Bretagne prendra le parti des États-Unis [18] ».

Churchill se contrôle de plus en plus difficilement, et il répète en vociférant : « [...] Sachez-le ! chaque fois qu'il nous faudra choisir entre l'Europe et le grand large, nous serons toujours pour le grand large. Chaque fois qu'il me faudra choisir entre vous et Roosevelt, je choisirai toujours Roosevelt [19]. » Pour faire bonne mesure, le Premier ministre ajoute qu'« il a exprimé son opinion personnelle, mais qu'il ne doute pas qu'il sera soutenu en cela par la Chambre des communes [20] ».

Rien n'est moins sûr. Eden hoche la tête d'un air dubitatif, et Bevin intervient pour déclarer au Général :

« Le Premier ministre vous a dit que, dans tous les cas, il prendrait le parti du président des États-Unis. Sachez qu'il a parlé pour son compte, et nullement au nom du Cabinet britannique [21]. »

Sur ce, la « conférence » s'achève, et le déjeuner aussi. Pourtant, avant qu'on ne se sépare, Churchill, mélancolique, lève son verre :

« A de Gaulle, qui n'a jamais accepté la défaite. »

Et de Gaulle répond :

« A l'Angleterre, à la victoire, à l'Europe [22]. »

Une rencontre peu ordinaire, entre deux personnages qui sortent manifestement du commun...

Cet après-midi-là, Churchill et Eden conduisent de Gaulle au quartier général d'Eisenhower, situé dans une forêt voisine. « Il fut très cérémonieusement reçu, écrira Churchill, par Eisenhower et Bedell Smith, qui faisaient assaut de courtoisie à son égard. Puis Ike l'emmena dans la salle des cartes pour le mettre au courant de tout ce qui allait se passer [23]. »

« [...] Le commandant en chef, écrira de Gaulle, nous expose, avec beaucoup de clarté et de maîtrise de soi, son plan pour le débarquement et l'état des préparatifs. Les navires sont en mesure de quitter les ports à tout instant. Les avions peuvent prendre l'air au premier signal. Les troupes ont été embarquées depuis plusieurs jours [...]. Je constate que, dans cette affaire très risquée et très complexe, l'aptitude des Anglo-Saxons à établir ce qu'ils appellent le " planning " s'est déployée au maximum. Toutefois, le commandant en chef doit encore fixer le jour et l'heure et, sur ce point, il est en proie à de rudes perplexités. Tout a été calculé, en effet, pour que le débarquement ait lieu entre le 3 et le 7 juin. Passé cette date, les conditions de marée et de lune exigeraient que l'opération soit reportée d'environ un mois. Or il fait très mauvais temps. Pour les chalands, les pontons, les chaloupes, l'état de la mer rend aléatoires la navigation et l'abordage. Cependant, il faut que l'ordre du déclenchement, ou de la remise, soit donné au plus tard demain [24]. »

A la différence de ses homologues britanniques, Eisenhower sait apprécier le jugement du général de Gaulle en matière stratégique. D'ailleurs, le commandant en chef allié est un diplomate-né ; il demande donc l'avis du général de Gaulle, et ce dernier, visiblement très flatté, lui répond : « Je vous dirai seulement qu'à votre place, je ne différerais pas. Les risques de l'atmosphère me semblent moindres que les inconvénients d'un délai de plusieurs semaines qui prolongerait la tension morale des exécutants et compromettrait le secret [25]. »

Hélas ! il ne s'agit pas uniquement d'un problème militaire. Au moment où de Gaulle va se retirer, Eisenhower lui dit avec embarras : « Mon Général, j'adresserai le jour du débarquement une proclamation à la population française, et je vous demanderai d'en faire une également. »

De Gaulle : « Vous, une proclamation au peuple français ? de quel droit ? et pour quoi leur dire [26] ? »

Le commandant en chef lui tend un texte dactylographié, que de Gaulle parcourt... et n'approuve pas : « D'après ce texte, écrira-t-il, le commandant en chef parle d'abord aux peuples norvégien, hollandais, belge et luxembourgeois en sa qualité de soldat chargé d'une tâche militaire et qui n'a rien à voir avec leur destin politique. Mais, ensuite, sur un tout autre ton, il s'adresse à la nation française. Il l'invite à " exécuter ses ordres ". Il décide que " dans l'administration tout le monde continuera d'exercer ses fonctions, à moins d'instructions contraires ", qu'une fois la France libérée " les Français choisiront eux-mêmes leurs représentants et leur gouvernement ". Bref, il se donne l'apparence de prendre en charge notre pays pour lequel il n'est, cependant, qu'un général allié habilité à commander des troupes, mais qui n'a pas le moindre titre à intervenir dans son gouvernement et qui serait, au surplus, bien embarrassé de le faire [27]. »

Pour de Gaulle, cette déclaration a un autre défaut plus grave encore : conformément aux instructions du président Roosevelt, Eisenhower n'y fait pas une seule fois mention du général de Gaulle et de son mouvement. Cela est inacceptable, et de Gaulle le dit bien haut. Eisenhower, semble-t-il, répond avec tact que ce n'est là qu'un projet, et qu'il est prêt à le modifier pour tenir compte des observations du Général *. Il est alors convenu que de Gaulle informera Eisenhower le lendemain des modifications qu'il estime nécessaires [30]. Puis, le président du gouvernement provisoire de la République française regagne le train spécial en compagnie de Churchill, à qui il ne cache pas son mécontentement. « Après quoi, écrira Churchill, je m'attendais à ce que de Gaulle reste avec nous pour dîner et rentrer à Londres dans notre train, ce qui était le moyen le plus commode, mais il s'est redressé et a déclaré qu'il préférait rentrer en voiture avec ses officiers [31]. »

« Je me sens transi », confie Churchill à son ministre des Affaires étrangères.

Au matin du 5 juin, de Gaulle envoie à Eisenhower une version corrigée de l'appel destiné aux Français. « Ainsi que je m'y attends, écrira-t-il, on me répond qu'il est trop tard, car la proclamation, déjà imprimée (elle l'est depuis huit jours), va être d'un

* Le général de Gaulle se souvient qu'Eisenhower a proposé de modifier la proclamation. Duff Cooper le confirme [28]. Anthony Eden parle d'un « malentendu », et d'après le général Béthouart, Eisenhower aurait dit que le texte de l'appel « a été approuvé par son gouvernement et qu'il n'y peut rien changer [29] ».

instant à l'autre jetée sur la France. Le débarquement, en effet, commencera la nuit prochaine [32]. » Le débarquement en France va donc s'effectuer sans que le moindre accord ait été conclu au sujet de l'administration civile, de l'émission de monnaie, ou même de la proclamation qui sera faite au peuple de France. Ainsi, la France ne sera pas réellement libérée ; elle sera occupée, exactement comme l'Italie. Bien entendu, de Gaulle est furieux. Le général Eisenhower lui a bien donné l'assurance qu'en pratique, il traiterait toujours avec le Comité, mais cela ne satisfait pas le président du GPRF. Il est clair que la France Combattante — c'est-à-dire la France — vient de recevoir un affront ; et comme nous le savons depuis longtemps, le général de Gaulle n'est pas homme à subir un affront sans réagir...

A 4 heures dans la matinée du 5 juin, le général Eisenhower a enfin pris la décision cruciale : la grande attaque sera lancée dans les premières heures du 6 juin. Dès lors, un gigantesque appareil se met en branle, et cet après-midi-là, Charles Peake, qui représente désormais le *Foreign Office* auprès du SHAEF, vient informer le général de Gaulle de ce que l'on attend de lui ; le lendemain à l'aube, les chefs d'État en exil lanceront des appels à leurs peuples : d'abord le roi de Norvège, puis la reine des Pays-Bas, la grande-duchesse de Luxembourg, le Premier ministre de Belgique ; ensuite, le général Eisenhower lira sa proclamation et enfin, de Gaulle pourra, lui aussi, s'adresser au peuple français. C'est évidemment compter sans la personnalité du général de Gaulle et son humeur du moment : il refuse tout net. « En parlant aussitôt après le commandant en chef, écrira-t-il, je paraîtrais avaliser ce qu'il aura dit et que je désapprouve, et je prendrais dans la série un rang qui ne saurait convenir. Si je prononce une allocution, ce ne peut être qu'à une heure différente, en dehors de la suite des discours [33]. »

Depuis vingt-quatre heures, Churchill est dans un état de tension nerveuse exceptionnel. Plus que tout autre, il mesure les risques que comporte un débarquement sur une côte puissamment fortifiée, il s'attend à ce que le corps expéditionnaire allié subisse des pertes considérables, et les conditions météorologiques défavorables ont encore ajouté à son anxiété. C'est sur ces entrefaites que Churchill apprend la nouvelle dans l'après-midi du 5 juin : le Général, lui dit-on, refuse de s'adresser au peuple français... Cette nouvelle, qui n'est pas tout à fait exacte *, va avoir sur le Premier ministre un effet dévastateur ; il a encore sur le cœur l'entrevue de la veille, et

---

* De toute évidence, Charles Peake a mal compris les paroles du Général.

ce qu'il apprend là confirme ses pires soupçons. A la réunion du Cabinet en fin d'après-midi, Churchill va donc donner libre cours à sa colère, et sir Alexander Cadogan notera à cette occasion : « Conseil de Cabinet à 18 h 30. Cette fois encore, nous avons eu droit à une harangue passionnée du Premier ministre contre le général de Gaulle. Chaque fois que ce sujet revient sur le tapis, nous nous éloignons de la politique, de la diplomatie et même du bon sens. C'est du caquetage de pensionnat de jeunes filles. Roosevelt, le Premier ministre — et aussi de Gaulle, il faut bien le reconnaître — se conduisent comme des jeunes filles à l'approche de la puberté. Il n'y a rien à faire [34]. »

Au milieu du Conseil de cabinet, on apprend que de Gaulle refuse également de laisser partir les 200 officiers de liaison français, puisque aucun accord n'a été conclu concernant leurs attributions. Churchill s'étrangle de rage...

Les heures qui suivent vont être dramatiques. A 21 heures, on informe Churchill qu'il y a eu un malentendu : de Gaulle ne refuse pas de parler à la BBC, il refuse seulement de le faire après le général Eisenhower. Mais le Premier ministre a déjà bu une imposante quantité de whisky, et il est hors de lui : « De Gaulle doit céder et parler à l'heure et à la place qu'on lui assigne [35]. »

A 22 h 30, alors que la flotte d'invasion a déjà appareillé pour la France, l'ambassadeur Viénot est convoqué au *Foreign Office*. Il répète à Eden qu'il y a eu un malentendu au sujet de l'allocution, mais confirme en même temps que les officiers de liaison resteront en Angleterre. Eden lui demande d'intercéder auprès du Général pour qu'il revienne sur sa décision, et l'ambassadeur accepte.

A 23 h 30, Viénot s'entretient avec le général de Gaulle dans un salon de l'hôtel Connaught. Le Général déclare qu'il n'a jamais refusé de parler à la radio, et se lance dans une violente diatribe contre Churchill, Eden, l'Angleterre et les Anglais ; il entre dans une rage folle, et insulte copieusement Viénot. « Jamais de ma vie je ne me suis fait engueuler de la sorte », confiera plus tard l'ambassadeur [36].

A 1 heure du matin, alors que les premiers parachutistes alliés sont largués au-dessus de la France, Viénot retourne au *Foreign Office* : il y retrouve Eden en compagnie du Premier ministre, et leur confirme que si le général de Gaulle n'a pas refusé de parler à la radio, il maintient en revanche sa décision au sujet des officiers de liaison. Churchill explose, beugle, mugit, trépigne de rage... [37].

« Le Premier ministre, rapportera Eden dans une description très atténuée de la scène, a exprimé son manque de confiance total dans le général de Gaulle, et sa conviction qu'aussi longtemps que le Général resterait à la tête des affaires françaises, il n'y aurait pas de bonnes relations entre la France, la Grande-Bretagne et les États-Unis. Il a dit que le Général était un ennemi, et bien d'autres choses du même genre [38]. » Cette fois encore, Viénot est violemment pris à partie, et il se retire en signe de protestation. Quant à Churchill, il fait venir Desmond Morton : « Allez dire à Bedell Smith qu'il mette de Gaulle en avion et qu'il le renvoie à Alger, enchaîné si c'est nécessaire. Il ne faut pas le laisser rentrer en France [39]. »

A 3 heures du matin, l'infortuné Viénot revient à l'hôtel Connaught, où de Gaulle s'est un peu calmé. Entre-temps, Desmond Morton a fait part à Eden des dernières instructions du Premier ministre, et le ministre des Affaires étrangères retourne chez Churchill pour essayer de le raisonner ; il arrive au moment où le Premier ministre achève de dicter une lettre ordonnant au Général de quitter immédiatement l'Angleterre [40].

« Eh bien ! confiera Eden à Bruce Lockhart le lendemain, nous avons passé une nuit plutôt agitée [41]. » L'expression est bien faible, mais la France — et la Grande-Bretagne — doivent beaucoup à M. Eden, car à l'aube du 6 juin, la lettre du Premier ministre a été brûlée, et l'ordre d'expulser le Général rapporté [42]. La nuit la plus longue se termine, le jour le plus long vient de commencer...

A mesure que la matinée s'avance, les nouvelles du débarquement commencent à arriver, et elles sont plutôt favorables : trois divisions ont déjà été mises à terre, et les pertes sont plus légères que prévu. A Londres, tout le monde respire, mais au *Foreign Office*, on est bien trop occupé pour pavoiser ; ce matin-là, Eisenhower s'est adressé seul à la France, et le peuple français va sans doute s'étonner de ne pas entendre le général de Gaulle. Le ministre des Affaires étrangères a donc chargé Charles Peake de persuader le Général : il faut que de Gaulle prononce son allocution aussitôt que possible. Lorsque le Général accepte enfin de parler à la BBC, les diplomates ne sont pas au bout de leurs peines ; il reste en effet à résoudre l'épineuse question du contenu de cette allocution : de Gaulle refusera naturellement d'en soumettre le texte à un examen préalable, et d'ailleurs, l'ambassadeur Viénot préfère ne pas le lui demander [43]. Mais, au *Foreign Office*, on redoute que le Général ne dénonce la Grande-Bretagne et les États-Unis sur les ondes de la BBC le jour même du débarquement, et sir Alexander

Cadogan note dans son journal : « Ai fait venir Duff à 11 h 15 et lui ai dit d'aller voir de Gaulle pour essayer d'obtenir le texte de son allocution et lui dire de ne pas faire l'idiot avec son histoire d'officiers de liaison. Mais Duff n'a pas pu obtenir d'audience avant l'après-midi, et nous sommes finalement convenus de vérifier l'enregistrement et d'en empêcher la diffusion s'il était trop mauvais [44]. »

Le général de Gaulle arrive vers midi dans les studios de Bush House, où il va prononcer l'un de ses discours les plus magnifiques :

« La bataille suprême est engagée... Bien entendu, c'est la bataille de France, et c'est la bataille de la France !... Pour les fils de France, où qu'ils soient, quels qu'ils soient, le devoir simple et sacré est de combattre l'ennemi par tous les moyens dont ils disposent... Les consignes données par le Gouvernement français et par les chefs français qu'il a qualifiés pour le faire doivent être exactement suivies... Derrière le nuage si lourd de notre sang et de nos larmes, voici que reparaît le soleil de notre grandeur [45] ! »

« *Les consignes données par le Gouvernement français...* » Il n'est même plus question de gouvernement provisoire ! Bruce Lockhart, qui était venu recueillir la transcription de l'enregistrement, écrira plus tard : « Je me suis précipité au *Foreign Office* afin d'obtenir le feu vert de M. Eden. Au moment où je suis arrivé, il était en conférence, et M. Duff Cooper l'attendait déjà dans le bureau des secrétaires privés. Mais ce jour-là, j'avais la priorité, et il m'a reçu presque tout de suite. Je lui ai donné le texte du discours, en attirant son attention sur le fait que le mot " provisoire " avait été omis. Il a lu le texte de bout en bout puis, désignant le passage incriminé, il m'a dit en souriant : " Le Premier ministre va me faire des ennuis à cause de ça, mais laissons-le passer [46]. " »

Après avoir passé une nuit difficile, M. Eden a travaillé toute la matinée sans interruption ; il a également continué à faire pression sur le Premier ministre, et lui a écrit la note suivante : « Je vous propose de m'autoriser à répéter à Viénot que nous sommes disposés à discuter de ces questions d'administration civile avec le Comité français [...]. Mais j'espère aussi que vous trouverez le moyen d'envoyer un message au Président pour l'inciter à autoriser Winant à prendre part à nos discussions. La politique menée actuellement met le gouvernement de Sa Majesté dans l'embarras et constitue un danger pour les relations anglo-américaines [47]. »

Mais le ministre des Affaires étrangères n'est pas au bout de ses peines, comme le montre son journal :

« 6 juin : [...] Un bref repos dans l'après-midi. Winston a téléphoné vers 19 heures et il s'est ensuivi une longue discussion au sujet de De Gaulle et des Français. Peu après minuit, Winston a retéléphoné ; il était furieux parce que Bevin et Attlee s'étaient déclarés du même avis que moi. La discussion s'est poursuivie pendant quarante-cinq minutes, peut-être davantage. Il m'a accusé de semer la discorde au sein du gouvernement, de pousser la presse à exploiter l'affaire. Il a déclaré qu'il ne céderait pour rien au monde, qu'il fallait que de Gaulle s'en aille. Il y aurait une réunion du Cabinet demain. La Chambre des communes le soutiendrait contre de Gaulle, contre moi, et contre tous les membres du Cabinet qui prendraient mon parti, etc. Roosevelt et lui tiendraient tête au monde entier. Je lui ai dit que d'après ce que je venais d'apprendre l'amiral Fénard (attaché naval français aux États-Unis) était arrivé porteur d'un message personnel du Président pour de Gaulle. Il n'a pas aimé ça. Je ne me suis pas mis en colère, et je crois avoir rendu coup pour coup. En tout cas, je n'ai pas fait la moindre concession. Deux heures plus tard, Brendan (Bracken) m'a téléphoné pour me dire qu'il [Winston] l'avait traité de laquais du *Foreign Office*, etc., mais qu'au milieu de la discussion, on avait appris que Roosevelt invitait de Gaulle aux États-Unis [48]. »

Le ministre des Affaires étrangères ne dormira pas non plus cette nuit-là ; pendant plusieurs heures encore, il va s'expliquer avec Churchill : « Ou bien nous rompons avec de Gaulle — ce qui revient à rompre avec la France — ou bien nous concluons un accord avec lui. Il n'y a pas de voie médiane. Nous devons expliquer cela au Président, et lui dire qu'il faut soutenir de Gaulle [49]. »

Conformément aux instructions de M. Eden, Duff Cooper, lui, s'est occupé du général de Gaulle pendant tout l'après-midi ; la tâche a été tout aussi rude, comme en témoigne le rapport de l'ambassadeur : « J'ai vu le général de Gaulle cet après-midi. Il était calme mais déprimé. Il avait le sentiment qu'on l'avait amené ici uniquement pour qu'on fasse croire au peuple français que lui et le Comité étaient pleinement d'accord avec les États-Unis et la Grande-Bretagne, et que s'il se prêtait à cette mise en scène, il ne ferait que tromper le peuple français [...]. J'ai ensuite soulevé la question des officiers de liaison qu'il refusait de laisser partir avec nos troupes. Je lui ai fait remarquer que l'on en conclurait qu'il n'était pas disposé à nous aider dans la bataille, et que cela ne pourrait que porter le plus grand tort à sa cause et à lui-même [...]. Après un temps de discussion, il a accepté de reconsidérer sa décision et a dit qu'il verrait avec le général Kœnig combien d'officiers pourraient être envoyés [...]. Il avait le sentiment de faire là une concession et « un geste ». Il m'a dit qu'il n'arrêtait pas de faire des concessions, mais que personne ne lui en faisait jamais [50]. »

Le lendemain soir, c'est Eden qui prend le relais auprès du Général ; le ministre des Affaires étrangères vient de passer une nouvelle nuit blanche à discuter des affaires françaises avec Churchill, et la discussion s'est poursuivie au téléphone entre 8 h 30 et 10 heures du matin, puis entre 11 h 20 et 11 h 40, et enfin au Conseil de cabinet à partir de 18 heures. Ce qui n'empêche pas M. Eden d'être frais et dispos pour s'occuper du général de Gaulle à l'heure du dîner...

Ce soir-là, Duff Cooper, Charles Peake, Pierre Viénot, Gaston Palewski et Léon Teyssot, l'aide de camp du Général, sont présents au dîner — que Léon Teyssot décrira en ces termes : « Orageux. De Gaulle engueule Eden. "Il est honteux, lui dit-il, que les Anglais soient à la remorque de l'Amérique et aient accepté leur fausse monnaie [51]. " »

Le Général a rarement facilité les choses, même à ses amis ; mais M. Eden ne se laisse guère impressionner :

« J'ai dit au Général que nous désirions discuter du problème de l'administration civile en France avec le Comité français. Nous tiendrions le gouvernement américain au courant des négociations et ferions tout notre possible pour les amener à y participer [...].

« Le général de Gaulle s'est lancé ensuite dans de longues récriminations. Il a dit qu'il n'avait jamais été aussi mécontent qu'aujourd'hui de l'état de nos relations. Il était certes reconnaissant au Premier ministre de l'avoir reçu à son arrivée et de l'avoir informé du plan de bataille. Mais il n'en restait pas moins que rien n'avait été réglé quant à l'administration civile de la France.

« J'ai dit au Général que notre intention était précisément d'examiner ce problème avec lui. Il se passerait des jours, peut-être des semaines, avant que nous ne contrôlions d'autres territoires que les plages. Pourquoi ne pas nous réunir et élaborer ensemble un plan dans l'intervalle ?

« Le Général a demandé ce que vaudrait un tel plan si les Américains ne s'y associaient pas, et s'est lancé dans de nouvelles récriminations [...]. Je lui ai répété que tout ce que nous lui demandions, c'était de collaborer avec nous afin d'organiser l'administration civile de la France [...].

« Le Général a déclaré qu'il comprenait bien, mais a continué à se plaindre de notre dépendance à l'égard de la politique américaine. J'ai répliqué qu'au niveau de la politique nationale, c'était une erreur fatale que de montrer trop de fierté. "*She stoops to conquer* * " était un principe que nous aurions tous avantage à méditer de temps à autre. »

(Un long moment d'hésitation, tous les Anglais présents s'efforçant de trouver un équivalent français satisfaisant de « *she stoops to conquer* ».)

« Ayant considéré cela, le Général a répété qu'il éprouvait quelque difficulté à engager des pourparlers qui risqueraient de tourner court. Cela ferait croire à tort que l'on s'est mis d'accord, alors que le commandant suprême émet des décrets qui affectent l'avenir de la France.

« M. Viénot est intervenu à ce stade et a défendu le principe de conversations sur l'administration civile. Le général de Gaulle a répondu que M. Viénot était libre de conduire lui-même de telles conversations [52]. »

Ce n'est pas là une bien grande concession de la part du Général : l'ambassadeur Viénot peut toujours s'entretenir avec les Anglais ; lui, de Gaulle, rejette d'avance tout accord qui devrait être soumis aux Américains pour approbation. Du reste, ceux qui ont qualité pour négocier et signer un tel accord du côté français se trouvent toujours à Alger, et de Gaulle n'a pas la moindre intention de les faire venir à Londres. D'autre part, le Général est davantage préoccupé à ce moment par la situation interne en France, par l'attitude des communistes au sein de la Résistance, et bien entendu par l'émission en France des francs militaires alliés — les « faux billets ». D'ailleurs, comment le Général sera-t-il reçu en France ? Au milieu de toutes ces incertitudes, il y a tout de même quelques sujets de satisfaction : la Résistance se bat extrêmement bien, et le général Eisenhower lui a rendu hommage dans les termes les plus flatteurs ; par ailleurs, toutes les communications télégraphiques ont été rétablies entre Londres et Alger. Enfin, et surtout, de Gaulle s'est aperçu qu'il règne de sérieuses divergences au sein du Cabinet, et que MM. Bevin et Eden s'opposent résolument à la politique proaméricaine de Churchill dans les affaires françaises ; la majorité de l'opinion publique et du Parlement semble d'ailleurs prête à leur emboîter le pas. Mais comme l'écrit de Gaulle à ses commissaires restés à Alger, les personnalités anglaises favorables à la France Combattante « sont impuissantes à forcer la main de M. Winston Churchill, qui est devenu aveugle et sourd [53] ».

Le Premier ministre est peut-être devenu aveugle, mais il n'est

---

* Elle s'abaisse pour conquérir.

certainement pas sourd ; le 7 juin, il se rend aux arguments de
M. Eden et demande au président Roosevelt d'autoriser l'ambassadeur Winant à participer aux négociations sur l'administration
civile. D'autre part, il évoque à nouveau la question d'une rencontre entre de Gaulle et Roosevelt : « Je crois qu'il serait très
dommage que vous ne vous rencontriez pas. Je ne vois pas pourquoi ce serait moi qui aurais tout le plaisir [54]. »

Bien entendu, la colère de Churchill contre le général de Gaulle
est loin d'avoir disparu ; elle éclate à nouveau à chaque discussion
avec Eden et dans chacune de ses lettres au président Roosevelt.
« Le Premier ministre, note Oliver Harvey le 9 juin, voue par
moments à de Gaulle une haine presque pathologique [55]. » De
Gaulle a-t-il consenti à ce que des négociations sur l'administration
civile s'ouvrent avec l'ambassadeur Viénot ? « Hors de question ! »
explose Churchill. De Gaulle a exprimé le désir de se rendre en
Normandie ? « Attendons de voir comment il va se conduire »,
répond le Premier ministre [56]. « N'oubliez pas, écrit-il à Eden, que
cet individu n'a pas pour deux sous de magnanimité, et que dans
cette opération, il cherche uniquement à se faire passer pour le sau-
veur de la France, sans avoir un seul soldat français derrière lui [57]. »
Churchill lui-même va visiter les plages du débarquement avec le
maréchal Smuts dès le 12 juin...

Comme d'habitude, le Premier ministre est incapable de persister
bien longtemps dans sa vindicte ; après quelques disputes homé-
riques avec Eden aux petites heures de la matinée, il finit par autoriser
l'ouverture de négociations avec l'ambassadeur Viénot ; après bien
des hésitations, il permet également au général de Gaulle de visiter
Bayeux, tout en faisant de nombreuses réserves *[58]. Mais toutes ces
concessions arrivent trop tard pour prévenir un véritable déluge de
protestations de la part de la presse, du Parlement et de l'opinion
publique britanniques ; *le Daily Mail*, le *Times*, l'*Economist*, le
Manchester Guardian demandent la reconnaissance immédiate du
Comité, s'indignent de l'introduction de monnaie militaire alliée en
France, et dénoncent la politique de Washington, ainsi que la servilité du gouvernement britannique. Enfin, ils protestent violemment
contre la visite de Churchill en Normandie sans le général de

---

* « De Gaulle ne pourra tenir là-bas de réunions publiques, ni rassembler des foules
dans les rues. Il aimerait certainement qu'il y ait des manifestations afin d'apparaître
comme le futur président de la République française. Je suggère qu'il traverse lentement
la ville en voiture et serre quelques mains avant de rentrer, et fasse seulement ici les déclarations qu'il jugera nécessaires. D'un autre côté, il devra être traité avec la plus grande
courtoisie [59]. »

Gaulle. Pourtant, tout cela n'est rien en comparaison de la tempête qui vient d'éclater au Parlement ; le 14 juin, la séance consacrée aux questions à la Chambre des communes s'annonce fort animée :

« M. Boothby demande au ministre des Affaires étrangères :

« 1° Si le gouvernement se propose de reconnaître le Comité national comme gouvernement provisoire de la France.

« 2° S'il peut faire une déclaration au sujet des négociations avec le général de Gaulle, et si un accord a été conclu concernant l'administration des territoires français occupés.

« 3° Si les troupes qui se battent en France ont reçu des devises françaises, et dans l'affirmative, par qui sont-elles garanties ?

« M. Martin demande au ministre des Affaires étrangères si des conversations ont eu lieu au sujet des relations entre le CFLN et le gouvernement britannique, et plus particulièrement de l'administration civile en France...

« M.G. Strauss demande au ministre des Affaires étrangères s'il est en mesure de faire une déclaration concernant l'émission d'une grande quantité de billets français imprimés aux États-Unis pour l'usage des soldats alliés en France, si cela s'est effectué en accord avec les autorités françaises, et si l'on a prévu à qui incomberait la responsabilité de rembourser les billets. »

Cocks : « Le gouvernement est-il disposé à demander énergiquement aux Américains de nommer un représentant politique qui puisse discuter de cette affaire d'administration civile avec mon très honorable confrère et avec le général de Gaulle ? »

Churchill : « En plus de nos relations avec le Comité français de la libération nationale dirigé par le général de Gaulle, il nous faut également considérer nos relations avec les États-Unis, et les relations des États-Unis avec le Comité [...]. Je demande donc à la Chambre de tenir compte de mes avis. »

Edgar Granville : « Mon très honorable confrère se rend-il compte qu'au cours des derniers débats, la Chambre s'est prononcée sans aucune ambiguïté sur cette question, reflétant en cela une opinion assez largement répandue dans ce pays ? Se rend-il compte également que même si la Chambre devait s'abstenir d'évoquer cette affaire, il n'en demeure pas moins que la presse des États-Unis et de ce pays en débat ouvertement ? Mon très honorable confrère doit également se rendre compte que beaucoup d'entre nous se trouvent soumis à une pression de la part de leurs électeurs — (*interruption*) — beaucoup d'entre nous se voient demander si l'on ne pourrait donner l'assurance que rien n'empêche le général de Gaulle de se rendre en France s'il le désire. »

Churchill : « J'espère que nous serons en mesure d'apporter une solution à cette dernière question. »

Le comte Winterton : « Puis-je demander au Premier ministre de tenir compte du fait que certains d'entre nous, s'ils ne demandent pas un débat sur la question, n'en sont pas moins extrêmement perturbés par la situation dans laquelle se trouve le général de Gaulle [...] [60] ? »

Pour Churchill, qui a tant fait pour la France Libre et le général de Gaulle, il est particulièrement pénible d'être accusé de négliger les intérêts de la France au moment même de sa libération. En outre, il n'a même pas la consolation de voir se vérifier les prévisions du président Roosevelt ; car les officiers de renseignement américains et britanniques qui pénètrent en territoire libéré décrivent tous dans les mêmes termes l'attitude de la population française : « Il y a un nom et un nom seulement sur toutes les lèvres — de Gaulle. Il ne peut y avoir aucune ambiguïté à ce sujet. Les témoignages semblent unanimes [61]. »

Ces renseignements n'ont pas été communiqués au général de Gaulle, qui s'embarque pour la France au matin du 14 juin. Ne sachant pas quel accueil lui sera réservé en Normandie, le Général est d'humeur sombre. Quelques jours plus tôt, il a vu le film de la visite à Paris du maréchal Pétain ; celui-ci a été reçu en triomphe et acclamé par 200 000 Parisiens [62]. De Gaulle s'attend également à une lutte serrée avec les Alliés au sujet de l'administration de la petite parcelle de territoire français libéré, et ses dispositions à l'égard de Roosevelt et de Churchill sont dépourvues de toute aménité. La veille, Anthony Eden a donné un dîner au *Foreign Office* en l'honneur du général de Gaulle ; en fin diplomate, M. Eden a confié au général Béthouart au cours du dîner : « Je connais bien le Premier ministre. Je sais combien il est sensible. Je suis sûr que si, à l'occasion de votre visite demain dans votre pays, le général de Gaulle lui envoyait un télégramme de remerciements et de sympathie, le malentendu actuel serait aussitôt dissipé. Puis-je vous demander le service d'essayer de l'obtenir ? »

Béthouart : « Je ne demande pas mieux, mais c'est plus qu'un malentendu. Il s'agit d'une question politique d'importance capitale, et vous feriez bien de demander d'abord l'avis de notre ambassadeur M. Viénot, dont c'est le domaine. »

M. Eden se penche donc vers Viénot, à qui il expose sa requête ; et le général Béthouart notera : « En face, de Gaulle observe la scène, entend peut-être, fait signe à Viénot, se lève et l'emmène dans un coin de la pièce. La table est silencieuse. Les hôtes s'interrogent, regardent intrigués sinon stupéfaits, entendent un " non " sec et plongent le nez dans leur assiette, pendant que de Gaulle et Viénot rejoignent leurs places [63]. »

Bien entendu, l'absence du Premier ministre à ce dîner n'est pas passée inaperçue. Mais M. Churchill se manifestera tout de même à cette occasion, comme le rappellera de Gaulle dans ses *Mémoires* : « [...] Comme je dînais au *Foreign Office* en compagnie des ministres anglais, à l'exception du Premier, et qu'on m'y complimentait de pouvoir prendre pied sur le sol de la Métropole française, une lettre de M. Churchill, remise au cours du repas à M. Eden, soulevait des objections ultimes contre mon projet. Mais Eden, ayant consulté ses collègues autour de la table, notamment Clement Attlee, m'annonçait que l'ensemble du Cabinet décidait de maintenir les dispositions arrêtées du côté britannique [64]. »

A présent, sur le pont du contre-torpilleur *la Combattante*, le général de Gaulle est calme et concentré ; l'amiral d'Argenlieu, MM. Palewski et Viénot sont avec lui sur la passerelle. L'ambassadeur Viénot, pour rompre le silence, remarque :

« Vous rendez-vous compte, mon Général, qu'il y a quatre ans, jour pour jour, les Allemands entraient dans Paris ? »

La réponse descend, brève et sèche :

« Eh bien, ils ont eu tort [65] ! »

Le débarquement se fait peu après 14 heures, sur une plage près de Courseulles. On se rend d'abord au PC du général Montgomery, mais bien entendu, de Gaulle n'est pas venu en France uniquement pour voir Montgomery. Il se dirige vers Bayeux, avec deux objectifs principaux : superviser la prise de fonction de François Coulet, qu'il vient de nommer commissaire de la République pour le territoire normand libéré, et celle du colonel de Chevigné, chargé des subdivisions militaires. Il s'agit bien sûr de prendre les Américains de vitesse, et la chose réussit pleinement. Le second objectif, qui pour le général de Gaulle est tout aussi important, c'est d'établir un premier contact personnel avec le peuple français. Là aussi, c'est un succès complet, comme l'écrira le Général lui-même, non sans quelque émotion : « Nous allons à pied, de rue en rue. A la vue du général de Gaulle, une espèce de stupeur saisit les habitants, qui ensuite éclatent en vivats ou bien fondent en larmes. Sortant des maisons, ils me font cortège au milieu d'une extraordinaire émotion. Les enfants m'entourent. Les femmes sourient, sanglotent. Les hommes me tendent les mains. Nous allons ainsi, tous ensemble, bouleversés et fraternels, sentant la joie, la fierté, l'espérance nationales remonter du fond des abîmes [66]. »

Le général de Gaulle s'adresse à la population de Bayeux rassemblée sur la place du Château, puis se rend à Isigny, dont il parcourt longuement les ruines. Le soir, enfin, les visiteurs rejoignent *la Combattante*. Pour le Général, cette visite a été un plein succès. Les habitants de Bayeux et d'Isigny ont réagi comme il l'espérait ; ils ont placé leur espoir et leur foi en de Gaulle. Demain, sans nul doute, toute la France en fera autant ; enfin, l'AMGOT semble bien avoir été pris de vitesse. Pendant le voyage du retour, de Gaulle, d'excellente humeur, confie au général Béthouart :

« Tu vois, il fallait mettre les Alliés devant le fait accompli. Nos autorités nouvelles sont en place ; tu verras qu'ils ne diront rien [67]. »

En effet, les Alliés ne diront rien ; c'est qu'ils n'ont pas immédiatement compris le sens de l'installation de François Coulet à Bayeux. Par contre, ils ont été vivement impressionnés par l'accueil que la population française a réservé au général de Gaulle, et leurs rapports sont unanimes : « Manifestement, la population connaissait le nom du général de Gaulle, et elle était ravie de le voir. Des centaines d'hommes et de femmes sortaient de chez eux et jetaient des fleurs dans les jeeps [68]. » Un autre rapport adressé au *Foreign Office* décrit « l'attitude assez peu coopérative des autorités militaires britanniques », et ajoute : « Les visiteurs semblent avoir été considérés comme un groupe de touristes encombrants faisant une excursion inutile. La signification historique de cette occasion semble avoir échappé complètement aux autorités militaires, qui ne paraissent pas avoir fait de gros efforts pour faciliter la visite du général de Gaulle. » Et le rapport se termine sur ce commentaire : « Après tout ce désordre et ce manque d'égards, il est surprenant que le général de Gaulle soit rentré de Normandie d'aussi bonne humeur [69]. »

Cela n'a rien de surprenant, car de Gaulle n'a prêté aucune attention à la froideur de l'accueil britannique ; seule l'a impressionné la chaleur de l'accueil des Français. Rentré en Angleterre, il s'aperçoit que la nouvelle de cet accueil a déjà fait le tour du monde ; il voit également dans la presse les comptes rendus du débat de la veille à la Chambre des communes. Par ailleurs, entre le 8 et le 20 juin, les gouvernements en exil de Tchécoslovaquie, Pologne, Belgique, Luxembourg, Norvège et Yougoslavie, passant outre aux objections américaines et britanniques, vont reconnaître officiellement le gouvernement provisoire de la République française ; enfin, la menace de l'AMGOT semble maintenant pouvoir être conjurée. Si l'adversité rend de Gaulle insupportable, le succès le rend magnanime ; M. Eden s'en aperçoit avec surprise

lorsqu'il lui rend une visite d'adieu dans l'après-midi du 16 juin :
« J'allai voir le Général à Carlton Gardens. Je n'y étais jamais allé
auparavant. Je fus reçu avec quelque cérémonie : il y avait une
garde d'honneur devant le bâtiment, et des officiers étaient postés
à intervalles réguliers le long de l'escalier. De Gaulle me parla
sans contrainte pendant vingt minutes. Comme je l'ai déclaré à
l'époque : " C'est dans son rôle d'hôte qu'il est le meilleur [70]. " »

« Le Général, écrira M. Eden dans son rapport, a exprimé sa
reconnaissance pour l'hospitalité et la courtoisie qu'il avait ren-
contrées en Angleterre au cours de sa visite. Bien que nos discussions aient parfois été difficiles, il était heureux d'être venu, et
pensait que des progrès avaient été accomplis. A son avis, il ne restait plus que deux questions importantes à régler, la première ayant
trait à l'administration de la France... [71] » « Eden, écrira le Général,
propose, maintenant, d'établir avec Viénot un projet qui sera
communiqué par lui-même à Washington et, il y compte bien, signé
à la fois par les Français, les Anglais et les Américains. C'est là une
voie qui me semble acceptable. Je le dis à Anthony Eden [72]. » « En
ce qui concerne la reconnaissance, notera Eden, le Général m'a dit
qu'il n'y attachait guère d'importance. J'ai déclaré que j'avais
remarqué que le Comité n'avait pas demandé à être reconnu comme
gouvernement provisoire, et j'en avais donc conclu que c'était là
une question secondaire. Le Général a confirmé mes dires, et a
déclaré que la seconde question restée en suspens était celle de la
monnaie. Il espérait vivement qu'une solution pourrait y être
trouvée [...]. Il a ensuite parlé de la Résistance. Il pensait qu'elle
faisait du bon travail, et il avait appris que certaines divisions allemandes avaient dû être retirées du front pour combattre la Résistance [...]. Le Général, que je n'avais jamais vu dans d'aussi bonnes
dispositions, a souligné qu'en dépit des difficultés passées, il
désirait avant tout coopérer étroitement avec nous et avec les
Américains [73]. »

« Puis, notera de Gaulle, j'écris à M. Churchill pour verser du
baume sur les blessures qu'il s'est faites à lui-même [74]. » C'est en
effet une lettre apaisante qu'écrit le Général au Premier ministre, à
qui il garde toute son estime et tout son respect. D'ailleurs, au
moment où la fortune commence à lui sourire, la France peut se
permettre d'être magnanime...

« Monsieur le Premier ministre,
« En quittant le territoire de la Grande-Bretagne, où vous avez
bien voulu m'inviter dans un moment d'une importance décisive
pour l'issue victorieuse de cette guerre, je tiens à vous exprimer

mes très sincères remerciements pour l'accueil qui m'a été réservé par le gouvernement de Sa Majesté britannique.

« Après une année écoulée depuis mon dernier séjour dans votre noble et vaillant pays, j'ai pu voir et sentir que le courage et la puissance du peuple de Grande-Bretagne étaient au degré le plus élevé et que ses sentiments d'amitié à l'égard de la France se trouvaient plus forts que jamais. Je puis vous assurer, réciproquement, de la confiance profonde et de l'attachement indissoluble que la France porte à la Grande-Bretagne.

« A l'occasion de ma visite, il m'a été également possible de mesurer le magnifique effort que sont en train d'accomplir la Marine, l'Armée et l'Aviation britanniques dans l'action engagée maintenant sur le sol français par les alliés et par la France et qui, j'en suis certain, aboutira à la victoire commune. Pour votre pays, qui fut dans cette guerre sans exemple le dernier et imprenable bastion de l'Europe et qui en est à présent l'un des principaux libérateurs, comme pour vous-même, qui n'avez cessé et ne cessez pas de diriger et d'animer cet immense effort, c'est là, permettez-moi de vous le dire, un honneur immortel.

« Je vous prie de bien vouloir agréer, Monsieur le Premier ministre, l'expression de mes sentiments de très haute considération et de très sincère dévouement [75]. »

Si de Gaulle est un vainqueur magnanime, Churchill est un mauvais perdant. Sa réponse sera beaucoup plus froide.

« Cher général de Gaulle,

« Je vous remercie de votre lettre du 16 et des expressions flatteuses qu'elle contient. Lorsque vous êtes arrivé, j'avais de grands espoirs que nous pourrions parvenir à établir une base de collaboration et que je pourrais aider le Comité français de la libération nationale à être en meilleurs termes avec le gouvernement des États-Unis. Je déplore que ces espoirs ne se soient pas réalisés. Il peut se faire, cependant, que les discussions à l'échelon des experts arrivent à une amélioration de l'impasse actuelle.

« Dès 1907, dans les bons et dans les mauvais jours, j'ai été un ami sincère de la France, comme le montrent mes paroles et mes actes ; aussi est-ce pour moi un grand chagrin qu'aient été et soient élevés des obstacles à une association qui m'était chère. Ici, grâce à votre visite, que j'ai personnellement organisée, j'espérais qu'il y aurait une chance d'arrangement. Maintenant, il ne me reste plus qu'à espérer que ce n'ait pas été la dernière chance.

« Si je peux, néanmoins, me permettre de donner un conseil, ce serait celui que vous fassiez la visite prévue au président Roosevelt et que vous essayiez d'établir, pour la France, ces bonnes relations avec les États-Unis qui sont une part très précieuse de son héritage. Vous pouvez compter sur tout l'appui que je pourrais vous donner en cette matière qui est d'une grande importance pour l'avenir de la France.

« Croyez-moi

« Votre... [76] »

« J'étais avec lui lorsqu'il a dicté la lettre, écrira Duff Cooper. Ayant terminé, il m'a dit : " Je suis désolé, mais je ne peux pas faire plus [77]. " » Dans une lettre adressée à Eden, l'ambassadeur Duff Cooper exprimera mieux encore les sentiments de Churchill vis-à-vis du général de Gaulle : « Le Premier ministre déclare qu'il le dénoncera comme l'ennemi mortel de l'Angleterre [78]. »

Ce soir-là, le général de Gaulle quitte le Royaume-Uni : à Alger, puis à Paris, de nombreuses batailles l'attendent encore — et toutes ne sont pas contre l'Allemagne...

15

Libération

En juin 1944, le président Roosevelt continue à suivre dans les affaires françaises une ligne prudente et hautement complexe, qui est plus influencée que jamais par des considérations de politique intérieure. En effet, dans l'impitoyable climat de compétition qui caractérise la politique électorale américaine, il est aussi désastreux de ne pas miser sur un gagnant que de miser sur un perdant ; or, dans les affaires françaises, Roosevelt a déjà misé sur plusieurs perdants, et il n'arrive toujours pas à considérer de Gaulle comme un gagnant... Pourtant, il ne peut pas non plus se permettre de prendre des risques, et à la fin du mois de mai, il a chargé le chef de la mission navale française à Washington, l'amiral Fénard, de transmettre un message au général de Gaulle ; ce message est aussi compliqué que la politique qu'il reflète : « S'il [de Gaulle] me demandait si je le recevrais au cas où il viendrait aux États-Unis, je répondrais bien cordialement par l'affirmative [1]. » Il n'est évidemment pas question d'une invitation officielle ; pour un politicien américain, il serait encore plus désastreux de reconnaître une erreur que de ne pas miser sur un gagnant...

A Alger, de Gaulle a reçu le message avec peu de surprise et beaucoup de soupçons ; à plusieurs reprises, on lui a fait espérer une invitation à Washington, et rien n'est jamais venu. D'ailleurs, le général de Gaulle est bien informé du jeu politique qui se joue aux États-Unis, et il ne tient absolument pas à se présenter à Washington en position de demandeur. C'est pourquoi il a répondu peu avant son départ pour l'Angleterre qu'il prenait note de l'invitation, et que la question devrait être réexaminée un peu plus tard...

Le 6 juin, pourtant, un autre message de Roosevelt est parvenu à Londres ; cette fois, le Président a fixé une date pour la visite du

Général et il est évident qu'il attache quelque importance à cette visite. Ce que voyant, de Gaulle affiche fort peu d'enthousiasme ; et il répond prudemment le 14 juin qu'il « espère sincèrement que les circonstances lui permettront d'entreprendre ce voyage [2] ». En fait, après quelques hésitations, il décide qu'une telle visite serait malgré tout conforme à l'intérêt de la France ; au cours des mois à venir, il y aura de gigantesques offensives alliées sur le sol français, et il est peut-être encore temps d'arracher au gouvernement américain un accord *de facto* au sujet de l'administration civile en France... Bien entendu, le Général n'ira pas à Washington pour négocier, mais sa visite améliorera sans doute les relations au sommet, ce qui permettra peut-être de débloquer les négociations diplomatiques normales ; le 26 juin, de Gaulle fait donc savoir au président Roosevelt qu'il accepte son invitation [3].

Roosevelt répond poliment et non sans hypocrisie qu'il « se réjouit que le Général ait exprimé le désir de se rendre aux États-Unis afin d'avoir des conversations avec le Président [4]... ». Bien entendu, Roosevelt a toujours une aussi piètre opinion du général de Gaulle : « Un Français fanatique, à l'esprit étroit, dévoré d'ambition et ayant de la démocratie une conception plutôt suspecte [5]. » Le 14 juin, M. Stimson a également noté dans son journal : « FDR [...] pense que de Gaulle va s'effondrer et que les Anglais qui le soutiennent seront confondus par la tournure des événements [...]. Il pense que d'autres partis apparaîtront à mesure que la libération progressera, et que de Gaulle deviendra une figure très modeste. Il a dit qu'il connaissait déjà quelques-uns de ces partis [6]... » Cinq jours avant l'arrivée du général de Gaulle à Washington, Roosevelt résumera en trois mots son opinion sur le président du gouvernement provisoire de la République française : « C'est un dingue [7]. »

Malgré tout cela, la visite du général de Gaulle aux États-Unis se déroulera dans les meilleures conditions. Accompagné du général Béthouart, de Gaston Palewski et du colonel de Rancourt, il débarque à Washington le 6 juillet et est reçu très cordialement à la Maison-Blanche. Les conversations avec le Président sont des plus amicales ; Roosevelt explique au Général de quelle façon les États-Unis interviendront désormais dans les affaires mondiales, politiquement par l'intermédiaire des Nations unies, et militairement grâce à un ensemble de bases dans le monde entier — y compris en territoire français. De Gaulle, quelque peu interloqué, se contente d'évoquer le danger que représenterait pour le monde d'après-guerre une Europe affaiblie en général, et une France affaiblie en particulier. Le Général s'entretient également avec de nombreuses personnalités américaines, dont le général Marshall, l'amiral King, Henry Morgenthau, Henry Wallace, et bien sûr Cordell Hull, qu'il trouve même sympathique [8]... Le maire de New York, Fiorello La Guardia, lui ménage dans sa ville une réception triomphale, tandis que le Canada le reçoit avec de touchantes manifestations de soutien et d'affection. Le 13 juillet, il rentre à Alger ; à son arrivée, il apprend que le gouvernement américain vient de reconnaître le Comité français de la libération nationale comme autorité *de facto* pour l'administration civile en France...

A Londres, où un accord sur l'administration civile a été négocié dans le calme entre le *Foreign Office* et l'ambassadeur Viénot, la décision abrupte du Président prend tout le monde par surprise, et Oliver Harvey note dans son journal : « Cette volte-face soudaine et sans préavis a été accueillie avec quelque amertume par le Premier ministre et Anthony Eden. Comme l'a dit le Premier ministre à Eden : " Le Président vous a mal traité. " En fait, il a voulu faire comme si c'était lui et personne d'autre qui nous avait tirés d'affaire, alors que c'est lui-même qui a créé le problème, pour avoir ensuite la gloire de le résoudre. Quel politicien retors ! Viénot, notre ami, était très indigné quand il a appris l'initiative du Président. Il est venu immédiatement me voir et a déclaré qu'il fallait faire des communiqués à la radio et à la presse pour remettre les choses au point, sinon l'opinion française, qui a été tenue délibérément dans l'ignorance des longs palabres anglo-américains, s'imaginerait réellement que tout le travail avait été fait par les Américains et non par nous. " J'ai peur que vous ne soyez cocu ! " a-t-il déclaré. Nous avons bien ri, et après l'avoir remercié, nous avons ajouté qu'à notre avis, les Français et tous les autres ne se laisseraient pas abuser par ces manœuvres électorales aux États-Unis. Anthony Eden était quand même sérieusement agacé [9]. »

Le ministre des Affaires étrangères a quelques raisons d'être agacé ; une fois de plus, la diplomatie britannique est à la remorque de Washington. « Ne pourrions-nous pas avoir notre propre politique étrangère ? » demande M. Eden [10]. En fait, il fait pression sur le Premier ministre pour obtenir plus que la reconnaissance *de facto* du CFLN : une reconnaissance complète du gouvernement provisoire de la République française, que l'on annoncerait autant que possible le 14 juillet. Mais Churchill ne veut rien entendre : « Le Président, répond-il à Eden, a déjà fait un gros effort, et je ne suis pas disposé pour le moment à adopter une autre terminologie que lui [11]. »

Il faut dire qu'en suivant passivement l'exemple du Président en matière diplomatique, Churchill espère bien l'inciter à suivre ses conceptions en matière stratégique. Après tout, les Américains se sont déjà inclinés à plusieurs reprises devant les conceptions stratégiques de l'état-major anglais ; ils ont adopté *Torch* et *Husky*, et ils ont accepté d'abandonner *Sledgehammer*. Cette fois, le Premier ministre voudrait les amener à modifier la stratégie adoptée à Téhéran ; c'est que le projet *Anvil*, qui prévoit un débarquement dans le midi de la France au milieu du mois d'août, lui paraît maintenant dépassé. D'autres opérations offrent des perspectives bien plus attrayantes ; en Italie, Rome est tombée le 4 juin, et l'armée de Kesselring est en pleine retraite. Le général Alexander ne devrait-il pas pousser son avantage en avançant vers le nord par la vallée du Pô et la faille de Ljubljana, pour déboucher ensuite sur Vienne, Budapest et même au-delà ? Les armées britanniques, américaines et françaises détourneraient ainsi de nombreuses divisions allemandes du front occidental, tout en pénétrant dans les Balkans avant les troupes soviétiques. Tout cela est très tentant, mais impossible à réaliser si les Américains persistent à vouloir mettre en œuvre l'opération *Anvil*, car celle-ci doit mobiliser trois des divisions américaines et quatre des divisions françaises engagées en Italie ; or le général Eisenhower compte sur *Anvil* pour assurer le succès définitif d'*Overlord*. Seul le président Roosevelt pourrait annuler le projet, et il s'y refuse, parce qu'il veut tenir les promesses faites à Staline au moment de Téhéran... Churchill finit par céder, et le débarquement en Provence, rebaptisé *Dragoon*, est prévu pour le 15 août. Mais le Premier ministre continue à mettre en doute l'utilité d'une telle opération, et il a également d'autres préoccupations ; au Levant, le général Spears est intervenu dans une querelle franco-syrienne au sujet des « Troupes spéciales », et a offert de fournir des armes à la gendarmerie syrienne. Eden s'en est indigné, mais pas autant que le général de Gaulle, qui a fait savoir à Duff Cooper qu'à son avis, les relations franco-britanniques ne s'amélioreraient jamais tant que la Grande-Bretagne persisterait dans sa politique actuelle au Levant [12]...

En dépit de toutes ces difficultés — ou peut-être à cause d'elles — Churchill, puissamment encouragé par Eden, aimerait améliorer ses relations avec le gouvernement provisoire et son intraitable président ; le 2 août, au cours d'un discours aux Communes sur la situation militaire, il déclare : « L'amélioration substantielle des rapports entre le Comité français et le gouvernement des États-Unis est due pour une part au méticuleux travail d'approche accompli ici par mon très honorable confrère le ministre des Affaires étrangères, ainsi qu'au grand succès de la visite du général de Gaulle aux États-Unis. Ces quatre dernières années, j'ai eu bien des difficultés avec le général de Gaulle, mais je n'ai jamais oublié, et je n'oublierai jamais, qu'il a été le premier Français éminent à se dresser contre l'ennemi commun, en un temps où son pays paraissait anéanti et le nôtre semblait promis à un sort identique. Ce n'est donc que justice s'il se retrouve à la première place lorsque la France reprendra la place qui lui revient dans le concert des grandes puissances européennes et mondiales [...]. Notre débarquement en Normandie, l'évolution de la guerre, le cours des événements en général, tout cela montre à l'évidence que nous allons nous retrouver avec le problème du voisinage franco-allemand de part et d'autre du Rhin, et la France ne peut en aucun cas être exclue des discussions qui auront lieu à ce sujet. Je n'ai pas besoin de dire que j'appelle de mes vœux l'association la plus étroite possible des représentants de l'Empire britannique, des États-Unis, de la Russie et de la France pour parvenir à un règlement de ces importants problèmes [13]. »

Une semaine plus tard, Churchill informe l'ambassadeur Duff Cooper qu'il compte faire escale à Alger sur le chemin de Rome, et qu'il aimerait profiter de l'occasion pour s'entretenir avec le général de Gaulle. Duff Cooper écrira dans son journal : « Il me semblait [...] que la visite du Premier ministre arrivait à point nommé pour permettre une réconciliation entre lui et le Général. Je suis allé voir de Gaulle à 18 heures et lui ai fait part de la nouvelle. Il m'a dit qu'à son avis, une entrevue avec le Premier ministre ne s'imposait pas à l'heure actuelle. J'ai fait de mon mieux pour le persuader du contraire, en lui rappelant les propos extrêmement chaleureux que le Premier ministre avait eus pour lui à la Chambre des communes, et en ajoutant que ce serait une courtoisie élémentaire de rencontrer un voyageur aussi distingué lorsqu'il s'arrête en territoire français. J'ai passé trois quarts d'heure avec lui, mais n'ai pas réussi à le convaincre. Par contre, j'ai pu le persuader d'envoyer au Premier ministre une lettre polie pour lui dire qu'il ne voulait pas le déranger pendant sa courte escale à Alger [...]. Au cours du dîner, je me suis dit qu'il serait peut-être bon de faire une dernière tentative, et j'ai écrit une lettre au Général pour lui faire remarquer qu'il avait promis d'écrire au Premier ministre [...] et que s'il était disposé à faire ce geste, pourquoi ne pas aller un peu plus loin et lui rendre visite, ce qui serait bien plus utile ? Il m'a répondu qu'il avait déjà écrit la lettre et que Palewski la remettrait le lendemain. Je ne pouvais rien faire de plus... [14] »

« Je n'ai rien à lui dire », a déclaré de Gaulle à l'ambassadeur [15]. On ignore si le Général garde à Churchill quelque vieille rancune, ou s'il a voulu exprimer son mécontentement au sujet des récents événements du Levant. Quoi qu'il en soit, le Premier ministre, atterrissant incognito sur l'aéroport de Maison-Blanche au matin du 11 août, se voit remettre le message suivant : « Tout bien considéré, je pense qu'il est préférable que nous ne nous rencontrions pas cette fois-ci, afin que vous puissiez prendre quelque repos entre deux vols [16]. »

« Cela m'a paru inutilement arrogant », notera Churchill dans ses *Mémoires* [17]. En fait, le Premier ministre a été piqué au vif par cet affront, et il écrit à Eden dès le lendemain : « Voilà [...] un bon exemple du genre de relations que nous aurons avec cet individu une fois qu'il aura atteint le pouvoir suprême en France grâce à nous. Il est certain que cela a été une lourde erreur de donner à de Gaulle l'occasion de faire un tel affront au chef d'un gouvernement qui a envoyé 750 000 soldats libérer la France au prix de lourdes pertes. Je vous charge de soulever officiellement cette question auprès de Massigli, et de faire en sorte que de Gaulle en soit informé. Je vous demande d'agir réellement dans cette affaire [18]. »

Bien entendu, Churchill se ravise quelques jours plus tard, et il écrit une nouvelle lettre à Eden : « A moins que vous n'ayez déjà pris des mesures, je suis d'avis qu'il vaut mieux ne pas mentionner devant Massigli l'incident avec de Gaulle, que ce soit officiellement ou officieusement [19]. » Mais l'incident d'Alger laisse au Premier ministre un cuisant souvenir, ainsi qu'en témoigne lady Diana Cooper, qui dîne avec lui le 20 août à l'ambassade de Grande-Bretagne à Rome : « Échec complet dans mes relations avec *Duckling* *, parce qu'à la vue de mon visage, il pense immédiatement à de Gaulle — ce qui lui donne une crise d'apoplexie. Je me tourne donc vers l'ambassadeur Kirk puis je me retourne vers *Duckling* pour lui parler d'autre chose, mais une fois de plus, la vue de mon visage lui remet de Gaulle en mémoire, et l'apoplexie le gagne. Cela a gâché notre rencontre... [20] »

A Alger, le climat n'est guère plus détendu. Le 15 août, de Gaulle a appris que Churchill était allé en Corse sans en aviser les autorités françaises au préalable ; après les explosions d'usage, il a prié Massigli de soulever cette question auprès de Duff Cooper. C'est là une réaction quelque peu enfantine, mais le Général est soumis à cette époque à une très forte tension nerveuse : l'opération

---

* Churchill.

Dragoon bat son plein, et les éléments avancés de la Iʳᵉ armée française et du 4ᵉ corps américain ont déjà débarqué sur la côte méditerranéenne ; en Normandie, le front allemand craque de toutes parts,
et la route de Paris s'ouvre enfin devant les armées américaines et
la 2ᵉ division blindée du général Leclerc ; à Paris même, l'insurrection est imminente, et des grèves massives paralysent déjà la capitale. Pourtant, alors que la victoire est en vue, de Gaulle reste
inquiet ; il vient en effet d'apprendre que deux factions opposées
s'efforcent de prendre le pouvoir à Paris avant l'arrivée des armées
alliées. La première est dirigée par Pierre Laval, qui veut obtenir
que le vieux chef radical Édouard Herriot convoque l'Assemblée
nationale de 1940, afin de légaliser la constitution d'un gouvernement d'« unité nationale » ; la seconde faction est dirigée par les
éléments communistes de la Résistance, qui aimeraient prendre
le pouvoir dans la capitale à la faveur d'une insurrection anti-
allemande...

Aux yeux du général de Gaulle, c'est ce second complot qui
apparaît de loin le plus dangereux. Pourtant, le premier, s'il devait
réussir, aurait sûrement l'appui des Américains ; la manœuvre stratégique américaine consistant à contourner Paris ne peut d'ailleurs
qu'aviver les soupçons du Général à cet égard... Le 18 août, il
quitte Alger, et après avoir fait escale à Casablanca et Gibraltar, il
atterrit à Maupertuis au matin du 20 août. Là, il apprend que l'insurrection vient de se déclencher à Paris ; il n'y a donc plus de
temps à perdre. De Gaulle exerce une pression énergique sur le
général Eisenhower, et menace d'ordonner au général Leclerc de
marcher seul sur Paris si les Américains persistent à vouloir retarder l'attaque finale. Enfin, le 22 août, Eisenhower donne le feu vert,
et la 2ᵉ division blindée, soutenue par la 4ᵉ division américaine,
fonce sur la route de Paris. Entre-temps, les plans de Laval ont été
déjoués par la réticence d'Édouard Herriot — et par les ordres
explicites d'Hitler ; le 25 août, l'entrée triomphale du général de
Gaulle dans Paris va également compromettre les plans des éléments « progressistes » de la Résistance. Ainsi, l'affirmation du
général de Gaulle se vérifie enfin : la France Libre est devenue la
France... Il reste au Général à consolider son autorité sur le pays, et
à mobiliser toutes les ressources pour la libération complète du
territoire et l'assaut final contre l'Allemagne.

En Grande-Bretagne, la libération de Paris est accueillie avec
d'extraordinaires manifestations d'enthousiasme. Dans la soirée du
23 août, la BBC a annoncé — un peu prématurément — que Paris
était aux mains des Forces françaises de l'Intérieur ; dès le lende-

main, alors que des combats se poursuivaient dans la capitale, le roi George VI a envoyé au général de Gaulle un chaleureux télégramme de félicitations. Churchill, tout en étant fort satisfait de la tournure prise par les événements, se méfie intensément du nouveau maître de la France. Deux semaines plus tard, à la conférence de Québec, Churchill et Roosevelt examinent ensemble les sérieux problèmes que posera l'après-guerre — sans y apporter toujours le sérieux nécessaire * ; en tout cas, il y est bien souvent question du général de Gaulle, et le Premier ministre canadien, qui est également présent, notera quelques-uns des échanges :

« *Québec, 11 septembre 1944* : Il est clair que Churchill est toujours aussi monté contre de Gaulle. Le Président a fait remarquer que lui et de Gaulle étaient maintenant amis. La princesse Alice ** et moi avons également défendu de Gaulle, en faisant état de l'impression favorable qu'il avait produite ici. Enfin, Mme Churchill — je crois que c'était elle — a dit : "Nous sommes tous contre toi." Quelqu'un a dit que de Gaulle avait une double personnalité et que par moments il pouvait changer du tout au tout [...]. Le Président s'est déclaré convaincu que d'ici un an, de Gaulle serait à la présidence — ou à la Bastille... [22] »

« *12 septembre* : Churchill [...] craint beaucoup qu'il n'y ait une terrible guerre civile en France. Il est rejoint en cela par le Président. Aujourd'hui, Churchill a montré plus de bienveillance qu'hier à l'égard de De Gaulle [23]. »

« *17 septembre, au dîner* : Churchill a parlé comme un père parlerait à la table familiale. Il a évoqué la guerre, et a aussi beaucoup parlé de De Gaulle, dont il se méfie énormément. Il a parlé des problèmes qui s'étaient posés pour décider de Gaulle à autoriser certains de ses hommes à aller en France au moment de l'invasion, il a dit que le Général était un ennemi viscéral de l'Angleterre et un ingrat [...]. Il a admis très franchement que de Gaulle était bien plus capable que Giraud à tous égards, [...] et qu'il exerçait un ascendant sur les masses. Selon lui, le Général aurait à faire face à une situation très grave en France d'ici un an... [24] »

De toute évidence, Churchill reste partagé entre son admiration pour l'homme, sa haine du politicien, ses inquiétudes pour l'avenir de la France et sa subordination à la politique américaine... M. Eden

---

* Ainsi, les deux hommes vont apposer leur signature au bas d'un « programme [...] visant à convertir l'Allemagne en pays à caractère principalement agricole et pastoral [21] ». Eden interviendra à temps pour faire enterrer le projet...

** Tante du roi George VI et épouse du comte d'Athlone, gouverneur général du Canada.

s'en apercevra bien vite lorsqu'il essaiera de persuader les deux hommes d'État de reconnaître le gouvernement provisoire : « Une discussion parfaitement vaine, notera-t-il le 15 septembre. Chacun y est allé de son couplet contre de Gaulle. Pourtant, Winston a consenti à dire qu'il préférerait une France gaulliste à une France communiste. C'est tout de même un progrès [25] ! » Quatre jours plus tard, Roosevelt écrit à Cordell Hull : « J'ai eu de longues discussions avec le Premier ministre au sujet de la reconnaissance du gouvernement provisoire en France. Pour l'heure, lui et moi y sommes résolument opposés. Le gouvernement provisoire ne dispose d'aucun mandat du peuple... [26] »

Mais le dernier mot n'a pas été dit ; en Grande-Bretagne, les pressions en faveur d'une reconnaissance du GPRF ne cessent de s'accentuer. Le 28 septembre, Churchill annonce aux Communes que les Alliés vont reconnaître le gouvernement italien. Au sujet de la France, il déclare :

« Naturellement, nous sommes très désireux de voir se constituer une entité qui puisse réellement parler au nom du peuple français — de l'ensemble du peuple français — et je pense que les États-Unis et l'Union soviétique ont la même position que nous [...]. Dans un premier temps, l'Assemblée législative serait transformée en un corps élu [...] et le Comité français de la libération nationale serait responsable devant lui. Cette mesure une fois prise, avec l'assentiment du peuple français, renforcerait considérablement la position de la France et rendrait possible la reconnaissance du gouvernement provisoire [...] que nous désirons tous voir s'effectuer le plus tôt possible [27]. »

Mais les honorables parlementaires refusent de s'en laisser conter, et sir Edward Grigg répond : « Je crois [...] que nous avons le droit de suivre notre propre politique quelle que soit l'opinion de nos grands alliés en la matière. J'espère que nous [...] n'hésiterons pas à reconnaître sur-le-champ le gouvernement provisoire. » Il est suivi de sir Percy Harris, qui déclare : « Notre pays ferait un beau geste en reconnaissant le gouvernement provisoire. Notre reconnaissance du gouvernement italien est une humiliation pour les Français [28]. » La presse britannique fait naturellement écho à ces paroles — et la presse française aussi. Depuis Paris, Duff Cooper, qui a rouvert l'ambassade de Grande-Bretagne un mois plus tôt, écrit au député Harold Nicolson :

« Mes difficultés se sont trouvées accrues par les propos du Premier ministre sur la France lors de son dernier discours. Les Français [...] ne voient absolument pas en quoi cela peut nous regarder s'ils ont une grande Assemblée consultative ou une petite. Et ils demandent avec amertume ce que nous dirions si de Gaulle, au cours d'un discours public, s'avisait de déclarer qu'il est grand temps que nous organisions des élections générales. J'ai bien peur qu'il n'y ait jamais de réconciliation entre Winston et " le Grand Charles ", et le Président, dont la mauvaise foi est plus grande mais qui sait dissimuler ses sentiments en public, continuera à garder rancune à de Gaulle pour avoir réussi en dépit de lui. Tous ces conflits de personnes sont vraiment déplorables, car ils risquent de gâcher l'excellente occasion qui se présente actuellement de sceller une amitié solide et durable entre nos deux pays. Jamais les Anglais n'ont été aussi populaires en France qu'aujourd'hui, et le plus populaire de tous est le Premier ministre, qui serait accueilli en triomphe s'il venait ici. Mais il ne pourrait venir qu'en tant qu'ami du général de Gaulle, et il faudrait qu'on les voie ensemble. Il suffirait qu'ils descendent les Champs-Élysées. Le public ne doute pas un seul instant qu'ils sont les meilleurs amis du monde. Mais Winston ne peut pas venir avant que nous n'ayons reconnu leur gouvernement, et plus nous en retardons l'échéance, plus nous paraîtrons ridicules, et moins on nous en saura gré, le jour où nous nous déciderons à le faire [29]. »

En fait, c'est la position anormale de M. Duff Cooper en tant qu'ambassadeur auprès d'un gouvernement non reconnu qui va déclencher une nouvelle vague d'attaques contre la politique étrangère du gouvernement de Sa Majesté. Le 18 octobre, aux Communes, M. Boothby pose au ministre des Affaires étrangères la question suivante : « Mon très honorable confrère ne trouve-t-il pas assez ridicule de donner à quelqu'un le statut et le rang d'ambassadeur, tout en refusant de reconnaître le gouvernement auprès duquel il est accrédité [30] ? »

L'honorable M. Boothby prêche un converti ; moins d'une semaine auparavant, Anthony Eden était à Moscou avec le Premier ministre, et entre deux séances de marchandages interminables avec Staline à propos des zones d'influence en Europe de l'Est, il a soulevé une nouvelle fois la question de la reconnaissance. Le 12 octobre, il notait dans son journal : « Encore des discussions avec Winston au sujet de la France — sans grand résultat [31]. » Ce n'est pas sûr, car deux jours plus tard, Churchill écrit à Roosevelt : « J'ai réfléchi à la question de la reconnaissance du gouvernement provisoire français. Il me semble que les choses en sont arrivées au point que nous pouvons maintenant prendre sur cette affaire une décision qui soit conforme à votre politique et à mes dernières déclarations à la

Chambre des communes [...]. Il ne fait pas de doute que les Français ont coopéré avec le grand quartier général et que leur gouvernement provisoire est soutenu par la majorité du peuple français. Je propose donc que nous reconnaissions l'administration du général de Gaulle comme gouvernement provisoire de la France [32]. »

Mais le Président se fait tirer l'oreille. Le 20 octobre, il informe Churchill qu'il n'est pas question de reconnaissance avant que les Français n'aient établi une « véritable » zone de l'intérieur [33]. Mais le Premier ministre, qui séjourne au Caire, se tient régulièrement informé de l'état de l'opinion en Grande-Bretagne, et les rapports qu'il reçoit sont catégoriques. Le 20 octobre, sir Alexander Cadogan écrit au ministre des Affaires étrangères : « Comme vous le savez, le retard apporté à la reconnaissance suscite étonnement et critiques, sans que cela soit limité aux cercles français [...]. Cet atermoiement prolongé ne fait qu'envenimer la situation et ne peut être expliqué ou justifié par aucun des arguments que j'ai entendus jusqu'ici. Le Premier ministre ne pourrait-il dire au Président qu'un nouveau retard apporté à la reconnaissance ne ferait qu'entraver la reprise de relations pleinement cordiales, que d'une certaine façon notre sécurité future s'en trouvera affectée, et qu'à son avis, une reconnaissance effectuée dès que possible comporterait peu de risques en présentant bien des avantages ? Personnellement, j'aimerais que cela se fasse d'ici une semaine environ, et que le Président en soit informé, afin que nous puissions observer ses réactions. Mais je suppose que ce serait inopportun à la veille des élections, encore que l'imminence de celles-ci pourrait le faire hésiter à se trouver isolé dans l'affaire de la reconnaissance [34]. »

Ce dernier argument ne manque pas de justesse ; en effet, le Président n'a aucune envie de perdre les voix des nombreux Américains partisans du général de Gaulle — ce qui se produira inévitablement si le gouvernement américain reste à la traîne, tandis que les Britanniques procèdent à la reconnaissance du GPRF ; or Churchill semblent indiquer que c'est précisément ce qu'il s'apprête à faire. Roosevelt décide donc d'agir, et le Département d'État ne se montre pas excessivement scrupuleux dans le choix des moyens ; le 21 octobre, sir Alexander Cadogan note dans son journal : « Réveillé ce matin par le fonctionnaire de service, qui m'annonce qu'à Paris, Cafferey a reçu pour instruction du Département d'État de dire que le gouvernement américain est " disposé " à procéder à la reconnaissance. Grands Dieux ! Est-ce que c'est simplement de l'inefficacité et une erreur de transmission, ou bien les

Américains essaieraient-ils de nous doubler ? En tout cas, j'ai pensé qu'il fallait dire la vérité à Massigli. »

Et le lendemain, 22 octobre :

« Message ce matin de l'ambassade des États-Unis, selon lequel leur ambassade à Paris a reçu pour instruction de " reconnaître " demain après-midi. Ai donc télégraphié immédiatement à Duff pour lui dire d'en faire autant ! Ces Américains ont des méthodes extraordinaires ! Je ne sais pas si c'est une initiative du Département d'État plutôt que du Président, mais peu m'importe. Cette fois, nous ne serons pas pris de court. Télégramme d'Anthony me demandant d'expliquer à Massigli ce qui s'est passé. Lui ai répondu que c'était chose faite depuis hier matin ! Déjeuné à la maison. Rentré au *Foreign Office* à 15 h 30 et envoyé message au Premier ministre à l'aérodrome, pour le mettre au courant de l'affaire. Rentré environ 18 h 30. Le Premier ministre m'a appelé des Chequers. Il semblait satisfait, mais m'a dit que les Russes seraient mécontents. Ai répondu que c'était très probable, mais nous les avions tenus au courant de toute cette comédie, et ils comprendraient bien que ce n'était pas notre faute [35] ! »

En fait, Churchill a été stupéfait de l'initiative américaine ; de toute évidence, ce n'est pas ainsi qu'il concevait une collaboration franche et loyale... Mais il n'en écrit pas moins avec diplomatie au Président le 23 octobre : « Bien entendu, j'ai été quelque peu surpris par la soudaine volte-face du Département d'État, et à mon arrivée ici, j'ai appris que l'annonce de la reconnaissance serait faite demain. Naturellement, nous ferons de même et en même temps. Il me paraît probable que les Russes seront offensés. Au cours d'une conversation, Molotov m'a dit qu'il s'attendait à ce que l'on accuse les Soviétiques d'avoir fait de l'obstruction, alors qu'ils étaient prêts à reconnaître il y a bien longtemps, et ne s'étaient abstenus qu'à la demande des Américains et des Britanniques. J'espère donc que l'on a pu les mettre au courant [36]. »

Ce même jour, sir Alexander Cadogan note dans son journal :

« Le Premier ministre a rappelé à 9 h 30. Il vient de recevoir un message du Président disant : " Je reprendrai contact avec vous (au sujet de la reconnaissance du gouvernement provisoire français) lorsque Eisenhower annoncera la création d'une zone de l'intérieur, sans doute d'ici deux ou trois jours. " Mais c'est déjà fait !!! Il n'a pas l'air d'être au courant... Le Premier ministre a dit qu'il serait peut-être bon de retarder la reconnaissance d'un ou deux jours. J'ai dit que c'était bien possible, mais qu'en attendant, l'ambassade des États-Unis avait reçu des instructions et qu'elle s'apprêtait à les exécuter. De toute évidence, on ne pouvait régler la question qu'avec Washington. J'ai donc appelé Winant, qui a promis de téléphoner. Malheureusement, il était alors 5 heures du matin à Washington. Il est clair que nous ne pouvions pas retenir Duff et laisser les Américains procéder à la reconnaissance avant nous. Pas de nouvelles de Winant à l'heure du déjeuner. Ai donc envoyé un message au Premier ministre [...] pour lui expliquer la situation [...]. 15 h 30 : Winant a téléphoné pour dire, en américain : " Tout est arrangé. Nous nous en tenons au programme annoncé. " Ai transmis cela au 10, Downing Street, et grâce à Dieu, nous tous, Américains, Britanniques et Russes, avons maintenant reconnu de Gaulle [37]. »

Le soulagement de sir Alexander Cadogan est partagé par un grand nombre de personnalités des deux côtés de la Manche. Mais le général de Gaulle n'est pas de ceux-là — ou s'il l'est, il ne tient pas à le montrer ; le 25 octobre, il déclare aux représentants de la presse : « Le gouvernement est satisfait qu'on veuille bien l'appeler par son nom. » En fait, de Gaulle a bien d'autres préoccupations — dont la principale concerne l'armement de ses troupes. Car le Général a prévu de mettre sur pied dix divisions supplémentaires avant le printemps de 1945 ; cela devrait permettre à l'armée française de jouer un rôle très important dans la libération du territoire national et dans l'attaque finale contre l'Allemagne — avec toutes les conséquences politiques et stratégiques qui en découleront. Mais de Gaulle soupçonne les Américains de chercher à contrecarrer ses plans, et cela se reflète clairement dans ses réponses aux journalistes alliés :

« Je puis vous dire que, depuis le commencement de la bataille de France, nous n'avons pas reçu de nos alliés de quoi armer une seule grande unité française. Il faut d'ailleurs se rendre compte des difficultés considérables qui se sont présentées jusqu'à présent au commandement allié. La bataille elle-même implique un énorme travail d'aménagement des ports détruits et des communications, de ravitaillement des forces en ligne, et cela peut expliquer dans une certaine mesure que, jusqu'à présent, le tonnage d'armement qui serait nécessaire pour armer des grandes unités françaises nouvelles ne soit pas encore parvenu. »

Question : « Vous avez dit, mon Général : dans une certaine mesure ? »

Réponse : « Oui, j'ai dit : dans une certaine mesure [38]. »

En cette fin d'octobre 1944, une autre question importante est à l'étude dans les chancelleries de Londres et de Paris : il s'agit de la possibilité d'une visite à Paris de M. Winston Churchill le 11 novembre 1944. Les diplomates anglais et français n'ont guère de raisons de penser qu'une telle visite contribuerait à améliorer les relations entre Churchill et de Gaulle ; ils ont même bien des raisons de penser le contraire : au cours des derniers mois, il y a eu des affrontements répétés entre les deux hommes au sujet du Levant, puis la grande querelle du débarquement, l'affront fait à Churchill au mois d'août, la conférence de Québec dont la France a été exclue, la visite de Churchill et Eden à Moscou en octobre sans que les Français soient même informés des résultats, les réunions de la commission consultative européenne et la conférence de Dumbarton Oaks, où la France n'est pas même invitée, les retards interminables apportés à la reconnaissance du gouvernement provisoire, enfin la réticence évidente des Alliés à continuer d'équiper l'armée française. Bref, il serait difficile d'imaginer plus mauvaise toile de fond pour une visite officielle... D'ailleurs, de Gaulle n'a pas la moindre intention d'inviter Churchill pour le jour de la fête nationale : « Il va me voler mon 11 novembre ! » tonne le Général. Mais Duff Cooper réussit à convaincre Massigli, ce dernier persuade le nouveau ministre des Affaires étrangères Georges Bidault, qui fait à son tour le siège du Général : « De Gaulle aurait préféré un autre jour, écrira Bidault. Je m'arrangeai pour que ce fût, au contraire, ce jour-là. Il est bien d'honorer les vieux lutteurs dans leur grand âge. Mais c'est au lendemain des services rendus qu'il est convenable de marquer la reconnaissance qu'ils ont méritée. Il n'y a dans cette réflexion aucun sentimentalisme béat. Mais l'ingratitude, pas plus que la colère, n'est une attitude politique [39]. »

Churchill, lui, a déclaré à Duff Cooper qu'il se rendrait en France même sans invitation, « pour rendre visite à Eisenhower ». A quoi l'ambassadeur lui a répondu que « cela porterait le coup de grâce à ses relations avec de Gaulle [40] », puis il s'est mis en devoir de persuader Massigli qu'une invitation s'imposait — avec les résultats décrits plus haut. Le moins qu'on puisse dire est que c'est là une base extrêmement fragile pour une réconciliation...

L'invitation une fois transmise et acceptée, le déroulement des préparatifs laisse mal augurer de la rencontre ; Churchill a fait savoir que sa femme ne l'accompagnerait pas ; en outre, le Premier ministre a été invité à demeurer au Quai d'Orsay lors de son séjour à Paris, mais on estime à Londres que l'ambassade de Grande-Bretagne sera « plus confortable [41] ». Enfin, il y a le programme de la visite, qui est irréprochable — à un léger détail près : les Français ont prévu que l'on « évoquerait certaines questions politiques » au

cours de la visite. Étant donné les questions dont il s'agit et l'atmosphère des dernières conversations politiques entre les deux
hommes, on ne peut se défendre de ressentir quelque appréhension ;
seulement, M. Bidault a prévenu son homologue anglais qu'« en
l'absence de conversations permettant un rapprochement des points
de vue, les relations entre le Premier ministre et le Général pourraient se dégrader davantage [42] ». Cela ne paraît guère possible, mais
à Londres comme à Paris, personne ne tient réellement à courir le
risque...

Pour couronner le tout, les services de sécurité britanniques ont
demandé que la visite soit différée, car on craint que des agents
allemands restés à Paris ne tentent d'assassiner le Premier ministre.
C'est pourquoi le 9 novembre, on est encore dans l'incertitude la
plus totale quant à la visite à Paris de M. Churchill ; par contre, il
n'y a pas la moindre incertitude quant à l'opinion de Churchill sur
le général de Gaulle : « Le Premier ministre est toujours férocement anti-de Gaulle », note Oliver Harvey dans son journal. Et il
ajoute : « On pense que de Gaulle [...] est de fort méchante humeur
[...] et tout le monde tremble à l'idée de ce qui va se passer [43]. »

Le 10 novembre, Churchill et Eden s'envolent pour Paris ; naturellement, le Premier ministre est accompagné de Mme Churchill,
et même de sa fille Mary... « Nous les reçûmes de notre mieux,
écrira de Gaulle [...]. Avec Bidault et plusieurs ministres, j'allai les
accueillir à Orly et conduisis le Premier au Quai d'Orsay où nous
l'installions [44]. » En effet, tout le premier étage du Quai d'Orsay est
mis à la disposition des visiteurs, et le Premier ministre ne s'en
plaint pas. « L'organisation et le service étaient somptueux,
notera-t-il, et à l'intérieur du palais, j'avais du mal à croire que la
dernière rencontre que j'y avais eue avec le gouvernement Reynaud
et le général Gamelin en mai 1940 eût été autre chose qu'un mauvais rêve [45]. » « Le Premier ministre, ajoutera l'ambassadeur Duff
Cooper, s'est aperçu avec ravissement qu'il avait une baignoire en
or, qui devait servir à Goering, et il a été encore plus ravi de voir
que M. Eden n'avait qu'une baignoire en argent. Diana et moi
avons dîné avec eux. Nous étions douze à table, et la soirée s'est
passée très joyeusement [46]. »

Le lendemain 11 novembre sera une occasion mémorable : « A
11 heures du matin, écrit Churchill, de Gaulle me fit traverser la
Seine et la place de la Concorde en voiture découverte, accompagné
d'une splendide escorte de gardes républicains en grand uniforme,
avec leurs casques. Il y en avait plusieurs centaines et ils étaient
magnifiques à voir, tout étincelants sous le grand soleil. La fameuse

avenue des Champs-Élysées était remplie d'une foule compacte, et bordée de troupes sur toute sa longueur. Les fenêtres étaient garnies de spectateurs et entourées de drapeaux [47]. » « Il fallait le voir pour le croire, ajoute Duff Cooper. Je n'ai jamais rien vu d'aussi fantastique. Il y avait foule à chaque fenêtre, même aux derniers étages des plus hauts immeubles et sur les toits. Les acclamations étaient extraordinairement bruyantes et spontanées [48]. » Et le général Ismay notera de son côté : « Je n'ai jamais entendu un tonnerre d'acclamations aussi soutenu que celui qui salua leur arrivée [49]. »

Churchill, en uniforme de la RAF, coiffé d'une casquette bleue à feuilles de chêne dorées, se tient debout dans une voiture découverte, salue de la main et fait son fameux signe de victoire ; la foule en délire hurle : « Vive de Gaulle, Vive Churchill ! » Et le Premier ministre écrira : « Nous avançâmes parmi les foules qui nous acclamaient frénétiquement, jusqu'à l'Arc de triomphe où nous déposâmes tous les deux des couronnes sur la tombe du Soldat inconnu. Après cette cérémonie, le Général et moi, suivis par un groupe nombreux comprenant les principaux personnages de la vie publique française, descendîmes à pied, pendant 800 mètres environ, cette avenue que je connaissais si bien [50]. »

C'est en effet une imposante procession qui descend les Champs-Élysées vers la place de la Concorde. De Gaulle, Churchill, Bidault et Eden marchent en tête, suivis par Cadogan, Duff Cooper et le général Ismay, qui notera : « Nous marchâmes [...] jusqu'à une tribune située à environ 800 mètres de là. Une fois encore, l'enthousiasme contenu d'un demi-million de Parisiens déferla en une vague irrésistible. Certains poussaient des vivats ; d'autres riaient ; d'autres encore éclataient en sanglots ; tous étaient transportés : " Vive Churchill " " Vive de Gaulle ! " " Vive l'Angleterre ! " " Vive la France [51] ! " Depuis la tribune, les invités et leurs hôtes assistent ensuite à un défilé de troupes françaises et britanniques, qui va durer une grande heure. « A chaque temps mort dans le défilé, remarque Duff Cooper, on pouvait entendre la foule crier : " Churchill [52] ! " »

« Lorsque ce fut fini, raconte le Premier ministre, j'allai déposer une couronne au pied de la statue de Clemenceau, vers qui allaient beaucoup de mes pensées en ces heures émouvantes [53]. » « [...] Sur mon ordre, ajoutera de Gaulle, la musique jouait : Le Père la Victoire. — « For you ! » lui dis-je. C'était justice. Et puis, je me souvenais qu'aux Chequers, le soir d'un mauvais jour, il m'avait chanté l'ancienne chanson de Paulus sans en manquer un seul mot [54]. » Le général de Gaulle sera, ce jour-là, un hôte parfait.

On se rend ensuite aux Invalides, où les deux hommes s'inclinent devant la tombe de Foch et le tombeau de Napoléon ; après quoi les visiteurs sont accueillis au ministère de la Guerre, siège de la présidence, où un déjeuner est donné en leur honneur. Le Général prononce une allocution :

« Monsieur le Premier Ministre de Grande-Bretagne,

« Monsieur le Secrétaire d'État,

« Messieurs,

« Voici donc à Paris, une fois de plus, M. Winston Churchill et M. Anthony Eden. Si le gouvernement français, si Paris, si la France entière en sont profondément heureux, je puis attester qu'ils n'en sont pas étonnés. A vrai dire, depuis la dernière visite que leur a faite le Premier ministre de Grande-Bretagne, la France, Paris et le gouvernement ont eu à traverser quelques moments assez difficiles. Mais ils n'avaient jamais douté que les jours cruels passeraient et qu'il viendrait un 11 novembre où l'on pourrait voir ce que l'on voit aujourd'hui.

« Il est vrai qu'on ne le verrait pas si notre vieille et brave alliée l'Angleterre, ainsi que tous les dominions britanniques, n'avaient su déployer, précisément sous l'impulsion et l'inspiration de ceux que nous saluons ici aujourd'hui, l'extraordinaire volonté de vaincre et le magnifique courage qui ont sauvé la liberté du monde. De cela, il n'y a pas un Français, ni une Française qui ne soient pénétrés jusqu'aux fibres les plus profondes de leur esprit et de leur cœur. M. Hitler disait autrefois qu'il bâtissait son système pour mille ans. Je ne sais pas ce que, dans mille ans, il restera de son système. Mais je sais que, dans mille ans, la France, qui a quelque expérience des combats, des labeurs et des souffrances, n'aura pas oublié ce qui fut accompli dans cette guerre, à force de combats, de labeurs et de souffrances, par le noble peuple que le très honorable M. Winston Churchill entraîne avec lui vers les sommets d'une des plus grandes gloires du monde [...].

« Messieurs, nous levons nos verres en l'honneur de M. Winston Churchill, Premier Ministre de Grande-Bretagne, de M. Anthony Eden, secrétaire d'État au *Foreign Office*, et des hautes personnalités qui les accompagnent, en l'honneur du gouvernement de Sa Majesté britannique, en l'honneur de l'Angleterre, notre alliée d'hier, d'aujourd'hui et de demain [55]. »

C'est avec les larmes aux yeux que Churchill lui répond :

« Il est difficile pour moi de prendre la parole en un jour de si grande émotion. Pendant plus de trente-cinq ans, j'ai défendu la cause de l'amitié, de la camaraderie et de l'alliance de la France et de la Grande-Bretagne. Je n'ai jamais dévié de cette ligne politique au cours de ma vie.

« Deux nations partagent les gloires de l'Europe occidentale depuis un si grand nombre d'années, qu'elles sont devenues indispensables l'une à l'autre. C'est un principe fondamental de la politique britannique que l'alliance avec la France soit inébranlable, constante et efficace. J'ai pu constater, ce matin, qu'il tenait au cœur du peuple français de marcher la main dans la main avec le peuple britannique. J'ai eu tant de plaisir à me retrouver à Paris ! en ce Paris lumineux, brillant, cette étoile scintillant à la surface du monde. A la veille de la guerre, j'avais vu l'armée française défiler sur les Champs-Élysées. Depuis lors, que de sacrifices, que de souffrances, que de bons amis perdus ! Tous ces souvenirs nous étreignent.

« En cet heureux jour, c'est un privilège pour moi d'être aux côtés du général de Gaulle. En dépit de toutes les situations critiques, nous avons combattu ensemble, pensé ensemble la défaite de l'ennemi, et nous avons, en commun, conduit beaucoup d'entreprises à leur terme.

« Une nuit d'octobre 1940, au plus fort d'un bombardement de Londres, je n'ai pas craint de m'adresser en français aux Français pour leur prédire le jour où la France reprendrait, à la tête des grandes nations, son rôle de champion de la liberté et de l'indépendance. En remerciant le général de Gaulle pour les mots qu'il vient de prononcer, je demeurerais en deçà de la vérité et de la gratitude si je ne lui rendais hommage pour le rôle capital qu'il a joué dans cette transformation et qui nous a conduits à un moment de l'Histoire où nous n'avons plus qu'à être dignes de notre destin pour devenir les inspirateurs d'une nouvelle ère de clarté et de grandeur [56]. »

Bien entendu, Churchill s'est exprimé en anglais... mais il n'a pas pu résister au plaisir de dire quelques mots en français : « Le général de Gaulle et moi, nous nous sommes connus par tous les temps... Je veux dire par toutes les températures [57]. »

« Après le repas, écrira le général de Gaulle, Winston Churchill me dit avoir été profondément touché de ce qu'il venait de voir et d'entendre. " Voudriez-vous m'indiquer, demandai-je, ce qui vous a le plus frappé ? " — " Ah ! répondit-il, c'est l'unanimité ! Après de tels événements, où nous avons été, vous et moi, si attaqués et outragés en France par tant d'écrits et de paroles, j'ai constaté que, seul, l'enthousiasme se levait à notre passage. C'est donc qu'au fond de son âme, le peuple français était avec vous qui l'avez servi et avec moi qui vous y ai aidé. " Churchill ajouta qu'il était impressionné par le bon ordre des cérémonies. Il m'avoua que le Cabinet britannique avait longuement délibéré avant d'approuver son voyage, tant on appréhendait le tumulte à Paris. Et voilà qu'il avait pu voir chacun à sa place, la foule respectant les barrages et sachant parfaitement se déchaîner ou se taire suivant ce qui convenait, enfin de belles troupes — les F.F.I. d'hier — défiler en bonne ordonnance. " Je croyais, déclara-t-il, assister à une résurrection [58]. " »

On se rend ensuite à l'étage supérieur, dans la salle de conférences, et l'ambassadeur Duff Cooper nous décrit la suite : « De Gaulle, Coulet, Massigli, Chauvel et Palewski étaient assis d'un côté de la table, tandis que Winston, Anthony, Alec Cadogan et moi leur faisions face. Nous avons parlé pendant deux heures environ, Winston s'exprimant la plupart du temps dans un français aussi hardi qu'approximatif, mais suffisamment clair. Il le parle extrêmement bien mais ne comprend pas grand-chose. Lui et de Gaulle étaient d'excellente humeur. Tout cela ne ressemblait en rien à l'entrevue de Marrakech. Bien que nous ayons abordé tous les sujets, y compris celui de la Syrie, je n'ai pas entendu prononcer la moindre parole désagréable [59]. »

Les minutes de cet entretien confirment amplement les paroles de l'ambassadeur :

« Le général de Gaulle, s'adressant à M. Churchill, ouvre l'entretien en posant la question du réarmement de la France. La présence d'une forte armée française sur le continent intéresse-t-elle la Grande-Bretagne ? »

Churchill : « Le rétablissement de l'armée française est à la base de notre politique. Sans l'armée française, il ne peut y avoir de règlements européens solides. La Grande-Bretagne, à elle seule, ne dispose pas des éléments d'une grande armée. Elle a donc un intérêt primordial à favoriser la renaissance d'une grande armée française. C'est une politique au sujet de laquelle mon opinion n'a jamais varié. Ce sont donc seulement les étapes du réarmement de la France et non le principe de ce réarmement qui sont en cause. A cet égard, le problème dépend essentiellement de la durée des opérations [...]. En admettant que la guerre dure encore six mois, il ne sera pas possible, dans un délai aussi court, de mettre sur pied beaucoup d'autres divisions nouvelles aptes aux formes modernes de la bataille. »

De Gaulle : « Pourtant, il faut commencer. Jusqu'à présent, nous n'avons rien reçu en fait d'armement ou d'équipement depuis qu'on se bat en France. Il y a quelques semaines, certains pensaient que la guerre était pratiquement terminée. Je dois dire que ni vous ni moi n'étions de cet avis. Aujourd'hui, les choses apparaissent différemment. Qu'en pensent nos alliés ? Nous avons besoin de le savoir. »

Churchill : « Je vais explorer nos disponibilités et vous fournir un rapport. Peut-être pourrons-nous vous céder du matériel de seconde zone, déjà quelque peu déclassé mais utile pour l'instruction. »

De Gaulle : « Ce serait, déjà, quelque chose. Nous ne prétendons pas créer d'emblée de grandes unités absolument conformes aux tableaux de dotation les plus récents des Britanniques ou des Américains. »

Churchill : « Combien de divisions aurez-vous au printemps ? »

De Gaulle : « Nous aurons, en plus de nos huit divisions de ligne actuelles, huit divisions nouvelles. Nous disposons des hommes et des cadres nécessaires. Il nous manque le matériel de transport, les armes lourdes, l'équipement de radio. Nous avons des fusils, des fusils-mitrailleurs, des mitrailleuses ; ce qui nous fait défaut, ce sont les tanks, les canons, les camions, les moyens de transmission. »

Churchill : « Les Américains pensent terminer la guerre avant qu'aucune division à former n'ait pu être mise sur pied. Ils veulent donc réserver tout le tonnage disponible aux unités déjà constituées. »

De Gaulle : « Peut-être les États-Unis se trompent-ils. Au surplus, la Grande-Bretagne, bien plus encore que les États-Unis, doit penser aux événements qui feront suite en Europe à l'avenir immédiat. Une victoire remportée sur l'Allemagne sans l'armée française serait d'une exploitation politique difficile. L'armée française doit prendre sa part de la bataille pour que le peuple français ait, comme ses alliés, conscience d'avoir vaincu l'Allemagne. »

....

Churchill : « Nous allons étudier la question avec les Américains. Je soulignerai l'importance qu'il y a à faire participer la France à la victoire [...]. » [...]

De Gaulle : « Les Américains ne songent à armer nos effectifs que pour en faire des gardes-voies. Nous pensons à autre chose. En tout cas, je retiens ce que vous nous avez dit au sujet de votre contribution possible à notre réarmement. »

....

Bidault : « Il y a deux choses qu'il faut garder présentes à l'esprit. Si la France ne participe pas aux opérations de la victoire, les troupes d'occupation françaises n'auront pas un esprit de combattants. Les Allemands ne les considéreront pas comme des vainqueurs. Or les Français ne veulent pas n'être, en Allemagne, que les héritiers des vainqueurs.

« D'autre part, n'oubliez pas que la nouvelle armée française est composée de volontaires. Les hommes que vous avez vus défiler ce matin font partie des 500 000 soldats français qui, sans instruction militaire, sans armement et sans uniforme, se sont héroïquement battus. Ces hommes n'ont pas seulement un ennemi à vaincre. Ils ont une revanche à exercer contre le passé. En six mois, ils peuvent devenir des combattants d'élite. »

De Gaulle : « M. Bidault a raison. Tout cela est très important du point de vue psychologique. »

Churchill : « Ce qui est également essentiel, c'est le rôle qui doit revenir à l'armée française, plus tard, dans quelques années. »

De Gaulle : « Nous abordons là un autre problème. Nous avons cru comprendre que vous étiez tombés d'accord avec les Russes et les Américains pour la division de l'Allemagne en zones d'occupation. »

Churchill : « C'est exact ; au moins provisoirement. »

De Gaulle : « Puis-je vous demander ce qui a été prévu ?

Churchill : « Il y aura deux zones d'occupation : une zone russe et une zone occidentale, dont le nord sera occupé par les Britanniques et le sud par les Américains. »

Eden : « N'avez-vous pas reçu d'indication à ce sujet, depuis que vous avez été invités à discuter des problèmes allemands avec la commission européenne de Londres ? »

Massigli : « Pas encore. »

Eden : « Nous avons l'intention de démarquer à votre profit une partie de notre zone. »

De Gaulle : « Laquelle ? »

Churchill : « C'est à discuter, Cela se réglera facilement entre amis. »

De Gaulle : « N'avez-vous rien précisé à ce sujet avec les autres ? »

Churchill : « A Québec, rien n'a été décidé... On ne parlait pas encore de la participation française à l'occupation. Nous y sommes favorables et les Américains également. »

De Gaulle : « L'occupation de l'Allemagne n'ouvre pas une perspective agréable, mais nous estimons nécessaire que, pendant un certain temps, l'Allemagne tout entière soit occupée. Si cette vue prévaut, nous tenons à avoir notre zone ; d'abord, pour des raisons de convenance et, ensuite, parce que nous ne pourrons plus jamais nous désintéresser de la couverture de notre territoire à l'Est. Nous venons de connaître une expérience trop cruelle et de subir un jeu trop dangereux. Nous ne pouvons plus être envahis. »

Churchill : « Ce soir à 6 heures, on annoncera officiellement votre entrée à la commission consultative de Londres. C'est au sein de cet organisme que votre thèse doit être débattue.

Eden : « D'ores et déjà, nous avons demandé aux Alliés :

« a) que vous receviez en charge une partie de notre zone ;

« b) qu'une zone propre vous soit attribuée. Il appartient à la commission consultative d'examiner cette proposition.

« D'autre part, les puissances représentées à la commission sont d'accord pour associer les petits alliés à l'occupation. »

Bidault : « On peut rétrocéder des subdivisions aux Belges et aux Hollandais ; la France doit avoir sa zone propre. »

Churchill et *Eden* : « Tout à fait d'accord ! Il doit y avoir une zone française. »

De Gaulle : « Quelle position commune pourrions-nous adopter, vous et nous, en accord avec les Russes et les Américains, au sujet de la façon de traiter l'Allemagne ? »

Churchill : « Il faut en effet une position commune. Vous-mêmes êtes les principaux intéressés. »

De Gaulle : « Qu'en pense Staline ? »

Churchill : « A Moscou, nous avons surtout parlé de la conduite de la guerre, de la Pologne et des Balkans. On a convenu que la Grèce était zone d'influence anglaise, la Roumanie et la Hongrie zones d'influence russe, la Yougoslavie et la Bulgarie, zones d'intérêts communs... »

....

De Gaulle : « En somme, au sujet de l'Allemagne, vous n'avez pas encore de doctrine définie. »

Churchill : « Les militaires veulent conserver en Allemagne des points d'appui où ils tiendront garnison, occuperont les aérodromes, et d'où rayonneront des colonnes mobiles dotées d'un armement léger. Les Allemands, eux, disposeront d'une police locale. Ils seront responsables du maintien de l'ordre et de l'approvisionnement des populations. Les formations alliées d'occupation ne seront donc pas nécessairement de grandes unités. »

La question polonaise est également évoquée, et Churchill déclare : « Nous sommes résolus à rendre à la Pologne un espace vital équivalant à son territoire d'avant-guerre. Mais nous ne nous sommes jamais engagés à la restaurer dans ses anciennes frontières. » A quoi le Général répond : « Je suis heureux de constater que votre position au sujet de la Pologne est à peu près la nôtre. La Pologne doit pouvoir vivre, et vivre indépendante. »

On aborde ensuite la question italienne :

De Gaulle : « Eh bien ? Vous avez accepté Bonomi ? »

Churchill : « Je voulais garder Badoglio. »

De Gaulle : « Je le sais ; c'est pourquoi je vous pose cette question. »

Churchill : « Le nouveau régime est faible. Toutefois, les Italiens acceptent de combattre. Il y aura des troubles en Italie. Il y en a en Grèce. En Yougoslavie, Tito n'est pas sans reproche. Mais il combat nos ennemis. C'est là le critère qui, partout, détermine notre ligne de conduite. »

De Gaulle : « En somme, pour l'Italie, vous attendez ? »

Churchill : « Notre armée en Italie a besoin d'organiser ses arrières. L'Italie est très ruinée. »

De Gaulle à M. Eden : « Vous avez dit aux Communes que l'Italie ne retrouverait pas ses colonies ? »

Eden : « Oui. Notre position est que l'Italie n'a plus, sur le terrain colonial, aucune prétention à poser. »

Churchill : « Notre position a toujours été : pas de changements territoriaux jusqu'à la conclusion de la paix, sauf par voie d'accords amiables. C'est la position que nous avons prise vis-à-vis des Russes à propos de la question polonaise. C'est celle que nous prenons en ce qui concerne les Italiens. »

Eden : « Notre position est qu'ils n'ont pas de droits à faire valoir. Nous n'avons pas dépassé cette attitude de principe. »

Churchill : « Quant à nous, nous n'avons aucune ambition territoriale. Nous sortirons de la guerre affaiblis économiquement pour quelque temps, mais nous ne présentons aucune revendication au détriment de quiconque, notamment de la France, notre nation sœur. Nulle part dans le monde nous ne cherchons à miner vos positions, même pas en Syrie. »

De Gaulle : « Le Président, à Québec, vous a-t-il parlé de ses projets en ce qui concerne les bases ? »

Churchill : « Dakar ? »

De Gaulle : « Oui, et Singapour. A Washington, le Président m'a exposé sa conception selon laquelle il se regarde comme le *trustee* du continent américain, dont la sécurité repose sur le recours éventuel à des points d'appui français, anglais, hollandais, spécialement dans le Pacifique. Il a également mentionné Dakar. J'ai répondu : " Si vous parlez de cession de bases : non ! Si vous proposez, par contre, un système international où des bases seraient soumises à un statut identique et qui respecterait partout la souveraineté de chacun, alors, on peut discuter. " »

Churchill : « Dans votre esprit, ces bases seraient-elles placées sous la sauvegarde des Nations unies ? »

De Gaulle : « Non. Il ne peut s'agir que d'un droit d'usage. »

Churchill : « Il faudra, cependant, instituer une organisation internationale de sécurité à laquelle seront dévolues des prérogatives dans certaines parties du monde. Selon moi, les Américains pourront conserver les bases japonaises qu'ils ont conquises dans le Pacifique. Quant à la Grande-Bretagne, elle a concédé aux États-Unis des facilités extraordinaires dans les Antilles en échange de 50 vieux torpilleurs désuets. Les bateaux étaient sans intérêt pour nous. L'objet de la transaction était de lier les États-Unis à la marche des événements. Nous avons ainsi fait de grandes concessions à la cause commune. Je me félicite donc de la position que vous avez prise. Nous ne sommes pas prêts, nous non plus, à abandonner nos droits souverains. »

De Gaulle : « Oui. Vous seuls avez qualité pour administrer vos bases. Nous seuls avons le droit d'administrer les nôtres. »

Churchill : « Peut-être y aura-t-il des conseils régionaux. »

Le général de Gaulle évoque ensuite le problème de l'Indochine, mais M. Churchill se contente de répondre qu'« il faudra en parler aux Américains ». Après quoi, le général de Gaulle enchaîne :

« Nous, Français, n'avons pas d'autres intentions que de nous refaire et de garder votre alliance, l'alliance russe et aussi, bien entendu, l'amitié des Américains. C'est d'ailleurs un service à rendre à ces derniers que de les mettre en garde contre la tentation de bouleverser ce qui existe. Nous sommes, vous et nous, depuis longtemps installés aux Indes ou en Indochine et dans certaines positions en Extrême-Orient. Nous connaissons bien ces pays. Nous savons qu'il ne faut pas y procéder par remaniements inconsidérés. Pour la Syrie et le Liban, nous voulons leur indépendance réelle. Nous agissons comme vous avez fait en Irak et en Égypte. Nous ne pensons pas que notre influence dominante au Levant soit de nature à vous nuire. Nous ne faisons rien et nous ne ferons rien contre vous, en Irak, en Palestine ou en Égypte. Nous sommes, d'ailleurs, déjà arrivés à des accords sur les questions orientales en 1904, puis en 1916. Pourquoi ne pourrions-nous en faire autant aujourd'hui ? »

Churchill : « Les grands empires coloniaux ont naturellement beaucoup de conceptions communes. Il est plus facile aux Russes ou aux Américains de prêcher le désintéressement. »

De Gaulle : « Évidemment. C'est pourquoi nous devons éviter de nous disputer à propos de querelles accessoires. »

Churchill : « Les événements dans le monde ont évolué si vite dans le sens que vous espériez que vous pouvez maintenant prendre patience et faire confiance à l'avenir. Ne dramatisons rien. Poursuivons nos conversations. En traversant l'Égypte, j'ai demandé aux militaires britanniques pourquoi ils construisaient des installations au Levant. Ils m'ont répondu que le Levant se prêtait mieux que les déserts d'Égypte et de Palestine à l'organisation de bases d'instruction. J'ai demandé pourquoi les baraquements étaient bâtis en pierre. On m'a répliqué que le bois était rare au Levant et que la pierre y était abondante. Cependant, je vous assure que nous n'avons pas le désir de prendre votre place en Syrie et au Liban. »

De Gaulle : « Pourquoi donc insistez-vous tellement pour que nous renoncions au commandement des troupes spéciales ? Nous en avons besoin pour le maintien de l'ordre dont nous sommes responsables jusqu'à la fin du mandat. »

Eden : « Je croyais que vous vous étiez engagés à transférer les troupes spéciales aux États sans attendre la fin des hostilités. »

De Gaulle : « Non ! Nous voulons le faire quand la guerre sera terminée. Jusque-là, nous sommes responsables de l'ordre dans les États. Vous le savez. »

Eden : « Je pensais que vous vous étiez engagés à ce transfert sans attendre la fin de la guerre. »

Massigli : « Non ! »

Bidault : « Aucun terme n'est prévu. »

De Gaulle : « Il faudra que nous traitions un jour dans son ensemble le problème du Proche-Orient. »

Churchill : « Quand vous avez promis l'indépendance aux États, la situation en Méditerranée était très critique. Nous avons garanti votre engagement. »

De Gaulle : « Nous ne revenons pas sur cet engagement. »

Churchill : « Nous ne contestons pas à la France la place que les traités lui feront au Levant. Nous ne vous disputerons pas une position analogue à celle que nous occupons en Irak. C'est une position qui n'est pas parfaite, mais qui est tolérable. Écartez donc de votre esprit toute idée d'ambition de notre part en Syrie et au Liban. »

Bidault : « Nous ne prêtons pas aux Anglais le noir dessein de nous supplanter au Levant. Mais nos représentants locaux croient parfois que les vôtres s'accommoderaient volontiers de notre élimination pure et simple et s'attendent à nous voir faire place nette. Ce que nous voulons, c'est demeurer présents aux États sous la forme des avantages que les traités nous concèdent. »

Churchill : « Les États tiennent à leur indépendance. Vous risquez de provoquer des troubles. »

Eden : « Nous avons dit aux Syriens et aux Libanais que nous étions partisans de traiter. Je ne serais pas étonné que les Russes et les Américains aient tenu un autre langage. »

Bidault : « Notre présence en Syrie et au Liban, où des Français sont tombés les uns contre les autres, constitue pour nous un patrimoine sacré. Notre querelle sur ce point est une épine qu'il faut extraire dans l'intérêt de nos relations. »

Churchill : « A la conférence de la paix, j'appuierai vos demandes concernant la Syrie et le Liban. Pas, toutefois, au point de recommencer la guerre. »

De Gaulle : « En tout cas, vous avez intérêt à nous informer le plus possible de l'évolution des problèmes où nos intérêts respectifs se trouvent engagés. On évitera ainsi des malentendus. Nous agirons de même vis-à-vis de vous. »

Churchill : « Les colonies ne sont plus aujourd'hui un gage de bonheur ni un signe de puissance. Les Indes sont pour nous un fardeau très lourd. Les escadrilles modernes comptent plus que les territoires au-delà des mers. »

De Gaulle : « Vous avez raison. Pourtant, vous n'échangeriez pas Singapour contre des escadrilles. »

Churchill : « Nous avons eu un échange de vues extrêmement amical qu'il faudra reprendre bientôt. L'essentiel est de rebâtir une France forte. Mais ce sera difficile de vous y aider maintenant, faute de tonnage. C'est pourtant votre tâche essentielle. Laissez-moi vous féliciter de la stabilité que vous avez déjà su introduire dans votre pays. Ce matin, la démonstration de la force française était impressionnante. Avant mon départ, les gens en Angleterre avaient eu peur. »

De Gaulle : « ... des FFI ? »

Churchill : « Oui. Mais tout a bien marché. »

De Gaulle : « On a toujours raison de faire confiance à la France [60]. »

C'est sur ces paroles solennelles que se termine l'entretien, et chacun s'accorde à dire que c'est un succès complet. En tout cas, on a procédé, selon les paroles mêmes de Churchill, à « un échange de vues extrêmement amical » — ce qui, au regard de certaines prestations passées, est loin d'être négligeable. Il faut dire que la présence de MM. Massigli, Bidault et Eden a incontestablement exercé une influence modératrice sur les deux interlocuteurs ; en outre, les discussions se sont limitées à des généralités, et l'échange de vues à propos du Levant a été abandonné au moment même où il commençait à devenir moins amical. Sur d'autres questions, comme celle du réarmement de l'armée française, les deux hommes parlaient visiblement le même langage. D'ailleurs, tous deux avaient été mis dans les meilleures dispositions par les extraordinaires manifestations d'enthousiasme populaire qui les avaient salués ce matin-là. Enfin, et peut-être surtout, ce n'était plus là une rencontre entre le Premier ministre de Grande-Bretagne et le chef solitaire d'un mouvement en exil, mais bien un entretien officiel entre deux chefs d'État reconnus ; cela n'a pu manquer d'influencer l'atmosphère de la discussion et l'attitude des deux interlocuteurs...

Ce soir-là, le Général donne un dîner à Neuilly en l'honneur de ses invités, et tout se passe le mieux du monde. A la fin de la soirée, on ne trouve plus trace des anciens antagonismes : « Ce jour-là, à l'issue de la cérémonie, sir Winston dit à l'un de ses proches : " Votre ami de Gaulle est très gentil. Il commence à me plaire. " Et l'ami répondit : " Il est temps de vous en apercevoir, sir. " A ce même ami commun, après la même cérémonie, de Gaulle, de son côté, dit : " Il a été très gentil, votre ami Churchill [61] ". »

Le lendemain, les choses se passent tout aussi bien. Le matin, il y a une réunion des ministres des Affaires étrangères, où l'on aborde à nouveau l'épineuse question du Levant — sans plus de succès qu'auparavant. Churchill, lui, a rendu visite au Club du corps expéditionnaire allié ; mais cet après-midi-là, il est reçu en grande cérémonie à l'Hôtel de Ville par le maire, le conseil municipal, le Comité parisien de la libération, le Conseil de la Résistance, et de nombreux « vétérans » des combats du mois d'août. Le Premier ministre avait lui-même demandé à rencontrer « les hommes de la révolte », et ce sera pour lui une occasion extrêmement émouvante. Georges Bidault se souviendra plus tard qu'« un jeune communiste nommé Tollet, qui était à la tête d'une municipalité provisoire, remit au Premier ministre anglais un emblème à croix gammée pris lors de la libération de Paris. Churchill remercia en français, dans cette langue dont il inventait les mots et les tournures, d'une manière à être cependant compris de tous et à tous nous émouvoir [62] ». Et Anthony Eden confiera à un ami : « Winston n'a pas cessé de pleurer un seul instant, et c'est avec un déluge de larmes qu'il a reçu la citoyenneté d'honneur de la Ville de Paris [63]. »

En effet, c'est avec une émotion profonde et dans un français approximatif que le Premier ministre va remercier le Comité parisien de la libération :

« Monsieur le Préfet de la Seine,

« Monsieur le Président du Comité parisien de la Résistance,

« Messieurs, Mesdames,

« C'est avec des sentiments très... vives que je me trouve ici cet après-midi ; et je vais vous donner avertissement : prenez garde, parce que je vais parler — essayer de parler français... (*Rires*) Exercice formidable, et une qui fera les plus grandes demandes sur votre amitié pour la Grande-Bretagne ! (*Rires*) Ici à Paris, c'est une réalisation extraordinaire pour moi... Jamais j'ai perdu la foi dans les citoyens de Paris. Dans les années dures, quand vous étiez sous le joug des Boches et nous avons le Blitz, qui était une moindre maux en comparaison... Pendant toutes ces années, j'ai eu toujours le sentiment d'unité avec le peuple de Paris... (*Applaudissements*) Je n'ai jamais perdu ma foi dans l'armée française, jamais ! C'est bien possible que il y a des affaires mécaniques qui peut être prises par l'ennemi, et qui ne donnent pas aux gens les possibilités de montrer leur courage, leur dévouement, leur... leur... habilité dans les affaires militaires. Et il y avait des choses comme ça, et nous aussi s'il n'était pas pour la Manche, aura été mis à une dure épreuve. Si on est attaqués par 2 000 chars d'assaut sans les canons qui les peuvent tuer, et sans les autres chars d'assaut... Alors je suis sûr que s'il y avait une opportunité de combattre à l'égal, l'armée française aura montré et... allait montrer ses qualités qui (sont ?) rendre sa renommée impérissable dans les pages d'histoire. Les grands hommes du passé, Clemenceau, Foch, et Napoléon... J'ai été hier près le tombeau de Napoléon. Soyez tranquilles, la puissance de l'armée française... Je parle ici non seulement à vous, mais j'explique les sentiments de l'Angleterre, et aussi la politique de sa gouvernement... L'armée française, une forte armée, une forte armée le plus vite possible, est absolument nécessaire... (*Applaudissements*) pour rétablir l'équipoise * de l'Europe et de donner les éléments de stabilité, et de virilité qui sont tant désirés par ce monde si affreusement euh... frappé. Je vous ai dit quand j'ai fait un discours en français de Londres, il y a quatre ans presque à la semaine, j'ai dit que j'avais toujours la certitude que la France reprend sa place avec les plus grands nations du monde, et qu'elle apporte son influence sur toute la euh... développement cultural, progressif et militaire de les nations du monde. Alors j'ai tressailli

---

* L'équilibre.

quand j'étais sur le front en Italie, quand la nouvelle a été portée de la révolte de Paris, et je réjouis avec vous que Paris a été libéré, libéré par un effort véhément, vigoureux, audace du peuple de Paris, et guidé par beaucoup des hommes et des femmes que je vois ici à ce moment... (*Applaudissements*) C'est une grande chose, et la Division Leclerc... moi j'ai fait le plus possible pour que cette division était en France... (*Applaudissements*) Je ne pouvais pas prophétiser sur ce qui va arriver, mais j'ai fait le plus possible pour avoir le transportation par mer et les équipements, des armes lourdes, arranger pour cette division ; et quelle chance heureuse, qui l'a apportée ici à Paris au moment quand elle peut aider le mouvement vigoureux et véhément fait par les citoyens de libérer eux-mêmes la grande cité de l'histoire. Maintenant, la plupart de la France est libérée, les grandes batailles s'engagent, je comprends très bien comme vous voulez prendre le plus grand part possible dans les batailles, c'est nécessaire que vous soitez aidés le plus possible par les Alliés. Vos soldats ont déjà en Italie donné des preuves de leur habilité, qui ont frappé des coups sérieuses contre les Allemands là-bas. Mais c'est ici sur le front que vous voulez être représentés par le plus puissant élément qui c'est possible de mettre en pied. Mais je vous assure que c'est pas possible de faire prolonger la guerre (*Rires*), parce que c'est possible que dans six mois, notre ennemi acharné sera battu à la terre, et que le besoin d'avoir une ligne de divisions modernes sera passé pour une part. Alors nous ferons le mieux possible pour la force de la France de s'engager contre les Allemands dans les mois qui nous restent de cette guerre affreuse [...]. C'est un moment quand toute la force de la nation soit dirigée pour fonder inébranlement la grandeur et l'autorité de la grande nation française. Et heureusement, vous avez en ce moment à votre tête un chef incontestable, le général de Gaulle (*Applaudissements*) Euh... J'ai eu mes discussions assez vives de temps en temps avec lui... (*Rires*) dans les affaires de cette guerre difficile et obstinée. Mais je suis absolument sûr que vous devriez rallier autour de votre chef, et faire le plus possible d'avoir la force une et indivisible, et c'est le moment d'oublier beaucoup des choses et de souvenir des grandes choses, et c'est le moment que la France reprend sa place avec les puissances euh... les autres grandes puissances, et marcher avec eux non seulement à la balayement des Prussiens de votre territoire, non seulement à leur écrasement de la... (livre d'honneur ?), non seulement à arranger les choses comme il doit être arrangé pour nous protéger contre une répétition de cette horreur que nous avons souffert deux fois dans ma vie.

C'est pas seulement ça, mais aussi pour que la gloire de la France dans tant de sphères soit concentrée et contribuait à la grand mouvement de progrès qui passe dans les cœurs des hommes et des femmes généreux dans tant de contrées du monde ! (*Applaudissements, vivats*) [64]. »

Avant de quitter l'Hôtel de Ville, Churchill murmure à Emmanuel d'Astier : « Allons, tout de même... Il faut suivre de Gaulle, c'est la seule voie... [65] »

Ce soir-là, le Premier ministre confie au général de Gaulle : « Je m'attendais à me trouver au milieu d'insurgés bouillonnants et tumultueux. Or j'ai été accueilli par un cortège de parlementaires ou de gens qui en avaient tout l'air, salué par la garde républicaine, en grande tenue, introduit dans une salle remplie d'une foule ardente mais raisonnable, harangué par des orateurs qui préparent certainement leur candidature aux élections. Vos révolutionnaires, on dirait nos travaillistes ! C'est tant mieux pour l'ordre public. Mais c'est dommage pour le pittoresque [66]. »

Après avoir dîné à l'ambassade de Grande-Bretagne, les deux hommes vont quitter Paris : de Gaulle emmène Churchill rendre visite à la 1re armée du général de Lattre. « Toute la journée du 13 novembre, écrira de Gaulle, sous la neige qui tombait sans arrêt, M. Churchill vit l'armée française renaissante, ses grandes unités en place, ses services en fonctionnement, ses états-majors à l'ouvrage, ses généraux bien assurés ; le tout prêt à l'attaque qui serait, précisément, déclenchée le lendemain. Il en parut impressionné et déclara que, plus que jamais, il se sentait justifié de faire confiance à la France [67]. » Il est vrai que Churchill apprécie hautement cette excursion : « Toutes les dispositions avaient été prises avec le plus grand soin pour ce voyage, qui s'effectua dans un luxueux train spécial, et nous arrivâmes largement à temps pour assister à la bataille. Nous devions gagner un observatoire situé dans la montagne, mais la neige et le froid très vif rendaient les routes impraticables et toute l'opération dut être ajournée. Je passai la journée en voiture avec de Gaulle, et les sujets de conversation ne nous manquèrent certes pas au cours d'une excursion longue et assez dure, coupée par des inspections de troupes. Le programme se prolongea bien après la tombée de la nuit. Le moral des soldats français paraissait extrêmement élevé. Ils défilèrent dans un très grand style, en chantant des chansons célèbres avec un enthousiasme émouvant. Mes compagnons — ma fille Mary et mon aide de camp naval Tommy — craignaient fort de me voir reprendre une pneumonie, car nous restâmes au moins dix heures dehors par un temps terrible.

Mais tout se passa bien et, dans le train, le dîner fut agréable et intéressant. Je fus frappé par le respect, voire la crainte, qu'une demi-douzaine de généraux de haut grade témoignaient à l'égard de De Gaulle, bien qu'il n'eût qu'une étoile sur son uniforme alors qu'ils en avaient des quantités. Notre train se divisa pendant la nuit ; de Gaulle retourna à Paris, tandis que nous nous dirigions sur Reims, où nous arrivâmes le lendemain matin. Je me rendis au quartier général d'Ike, puis repris l'avion pour Northolt dans l'après-midi [68]. »

Aux yeux du peuple français, cette visite apparaît comme un succès sans précédent ; les diplomates français et britanniques, plus prudents, s'accordent pour dire qu'elle ne semble pas avoir fait de mal ; de Gaulle, lui, estime que c'est un échec... Bien sûr, il a été heureux de montrer au Premier ministre que le peuple français est solidement derrière lui. Mais derrière ses nombreuses attentions pour son invité, de Gaulle a considéré Churchill avec méfiance, et le compte rendu qu'il fera des entretiens du 11 novembre n'est pas exactement un modèle d'impartialité ; sa supposition selon laquelle Churchill est allé voir les « hommes de la révolte » avec l'idée de « rencontrer parmi eux des opposants à de Gaulle » est également typique, et sans doute gratuite.

Mais de Gaulle a des raisons plus sérieuses d'être mécontent de cette visite. En effet, Churchill et lui ont eu à cette occasion quelques entretiens en tête à tête, moins spectaculaires mais plus approfondis. Churchill a proposé à de Gaulle la conclusion d'un traité d'alliance franco-britannique ; et il s'est entendu répondre ceci :

« Que l'Angleterre et la France s'accordent et agissent ensemble dans les règlements de demain, elles pèseront assez lourd pour que rien ne se fasse qu'elles n'aient elles-mêmes accepté ou décidé. C'est cette commune volonté qui doit être à la base de l'alliance que vous nous proposez. Sinon, à quoi bon signer un document qui serait ambigu ? L'équilibre de l'Europe, la paix garantie sur le Rhin, l'indépendance des États de la Vistule, du Danube, des Balkans, le maintien à nos côtés, sous forme d'association, des peuples que nous avons ouverts à la civilisation dans toutes les parties du monde, une organisation des nations qui soit autre chose que le champ des querelles de l'Amérique et de la Russie, enfin la primauté reconnue dans la politique à une certaine conception de l'homme en dépit de la mécanisation progressive des sociétés, voilà bien, n'est-il pas vrai ? ce que sont nos grands intérêts dans l'univers qui s'annonce. Ces intérêts, mettons-nous d'accord pour les soutenir de concert. Si vous le voulez, j'y suis prêt. Nos deux pays nous suivront. L'Amérique et la Russie, entravées par leur rivalité, ne pourront pas passer outre. D'ailleurs, nous aurons l'appui de beaucoup d'États et de l'opinion mondiale qui, d'instinct, redoutent les colosses. En fin de compte, l'Angleterre et la France façonneront ensemble la paix, comme deux fois, en trente ans, elles ont ensemble affronté la guerre [70]. »

Telles sont les vues du général de Gaulle sur le monde d'après-guerre ; au cours du quart de siècle qui va suivre, elles ne se modifieront guère. En tout cas, c'est la première fois que le général de Gaulle offre à une puissance européenne le rôle de partenaire privilégié ; c'est aussi la dernière fois qu'il l'offre à la Grande-Bretagne... Mais Churchill, lui, a une conception bien différente du rôle de l'Angleterre :

« Je n'envisage pas, soyez-en sûr ! que la France et la Grande-Bretagne se séparent. Vous êtes le témoin et la preuve de ce que j'ai fait pour l'empêcher, quand c'était le plus difficile. Aujourd'hui même, je vous propose de conclure avec nous une alliance de principe. Mais, dans la politique aussi bien que dans la stratégie, mieux vaut persuader les plus forts que de marcher à leur encontre. C'est à quoi je tâche de réussir. Les Américains ont d'immenses ressources. Ils ne les emploient pas toujours à bon escient. J'essaie de les éclairer, sans oublier, naturellement, d'être utile à mon pays. J'ai noué avec Roosevelt des relations personnelles étroites. Avec lui, je procède par suggestions afin de diriger les choses dans le sens voulu. Pour la Russie, c'est un gros animal qui a eu faim très longtemps. Il n'est pas possible aujourd'hui de l'empêcher de manger, d'autant plus qu'il est parvenu en plein milieu du troupeau des victimes. Mais il s'agit qu'il ne mange pas tout. Je tâche de modérer Staline qui, d'ailleurs, s'il a grand appétit, ne manque pas de sens pratique. Et puis, après le repas, il y a la digestion. Quand l'heure viendra de digérer, ce sera, pour les Russes assoupis, le moment des difficultés. Saint Nicolas pourra peut-être, alors, ressusciter les pauvres enfants que l'ogre aura mis au saloir. En attendant, je suis présent à toutes les affaires, ne consens à rien pour rien et touche quelques dividendes [71]. »

C'est un refus poli, et de Gaulle l'interprète sans indulgence : « De ce qu'ils nous avaient exposé, il ressortait que l'Angleterre était favorable à la réapparition politique de la France, qu'elle le serait chaque jour davantage pour des raisons d'équilibre, de tradition et de sécurité, qu'elle souhaitait une alliance de forme avec nous, mais qu'elle ne consentirait pas à lier son jeu au nôtre, se croyant en mesure de jouer seule le sien entre Moscou et Washington, de limiter leurs exigences mais aussi d'en tirer profit. La paix que nous, Français, voulions aider à bâtir d'après ce qui nous semblait être la logique et la justice, les Anglais, eux, jugeaient expédient de la traiter suivant les recettes de l'empirisme et du compromis. Au demeurant, ils poursuivaient certains objectifs précis, là où l'assiette des États et les situations acquises, n'étant pas encore fixées, offraient à l'ambition britannique des possibilités de manœuvre et d'extension. C'était le cas, avant tout, pour la Méditerranée. Athènes, Belgrade, Beyrouth, Damas, Tripoli, devraient demain, suivant les plans de Londres, y compléter sous des formules diverses la prépondérance britannique antérieurement appuyée sur Gibraltar, Malte, Chypre, le Caire, Amman et Bagdad. Ainsi trouveraient leur contrepartie les concessions que la Grande-Bretagne ne pouvait éviter de faire à la voracité des Russes et à l'idéologie capitaliste des Américains. Aucune épreuve ne change la nature de l'homme ; aucune crise, celle des États [72] . »

C'est ainsi qu'il n'y aura pas de réel rapprochement entre la France et la Grande-Bretagne à l'automne de 1944. Pourtant, le peuple français a raison : la visite de M. Churchill a été l'occasion d'une éclatante manifestation de solidarité franco-britannique ; les diplomates ont également raison : cette visite n'a pas fait de mal ; quant à de Gaulle, il n'a pas tort non plus : « Un État est le plus froid des monstres froids ! »

Un ennemi mortel de l'Angleterre

Churchill a été très impressionné par tout ce qu'il a vu et entendu lors de son séjour à Paris, et il est rentré en Angleterre beaucoup mieux disposé à l'égard du général de Gaulle ; le 15 novembre, il écrit à Roosevelt : « Il faut reconnaître que j'ai été accueilli de façon extraordinaire par un demi-million de Français sur les Champs-Élysées [...]. J'ai rétabli des rapports personnels amicaux avec de Gaulle, qui s'est amélioré depuis qu'il a perdu en grande partie son complexe d'infériorité [...]. D'une façon générale, j'ai eu l'impression de me trouver devant un gouvernement organisé, appuyé sur une large base et qui prend rapidement de la force. Je suis certain qu'il serait extrêmement imprudent de faire quoi que ce soit pour l'affaiblir aux yeux de la France en cette période difficile et critique. J'ai éprouvé une impression de très grande stabilité en dépit des menaces communistes, et il m'a semblé que nous pourrions sans danger leur faire davantage confiance à l'avenir. J'espère que vous ne pensez pas, en lisant ceci, que je chausse les bottes françaises [1]. »

Au début du mois de décembre, le regain de sympathie qu'éprouve Churchill à l'égard du général de Gaulle ne s'est toujours pas estompé. Le 8 décembre; il va même jusqu'à déclarer à la Chambre des communes : « De Gaulle est un homme d'honneur, et il n'a jamais manqué à sa parole [2] » ; le Premier ministre n'aurait jamais rien dit de tel un mois auparavant — un mois après non plus, d'ailleurs... L'une des victimes de ce brusque accès de gaullophilie sera le général Spears, qui reçoit un télégramme de Churchill lui « suggérant » de présenter sa démission le 15 décembre * [3].

---

* Depuis plusieurs mois déjà, Eden, Duff Cooper et Cadogan avaient demandé que le général Spears soit relevé de ses fonctions au Levant. Quant à Massigli, il avait déclaré

A cette époque, Churchill est très préoccupé par les derniers développements de la situation militaire ; en Italie, les Alliés piétinent toujours au sud de la vallée du Pô ; dans le nord de la France, ils avancent sur un très large front qui s'étend de la Hollande à la frontière suisse, mais ils restent contenus à l'ouest du Rhin. La précarité de cette position apparaît pleinement lorsque, le 16 décembre, les Allemands lancent une vigoureuse contre-offensive dans les Ardennes avec dix divisions blindées et quatorze divisions d'infanterie... Pourtant, le Premier ministre a des préoccupations plus graves encore : à la mi-novembre, les Allemands ont évacué la Grèce, et les éléments communistes, regroupés dans les mouvements EAM et ELAS, s'efforcent maintenant de prendre le pouvoir par la force des armes. A Athènes, cependant, ils se heurtent aux troupes britanniques du général Scobie, que Churchill va soutenir personnellement tout au long de la confrontation, sans tenir compte des cris d'indignation de l'opinion publique « progressiste » en Grande-Bretagne et dans le reste du monde. Sir John Colville écrira qu'en décembre 1944, « Churchill se préoccupait de la situation en Grèce pour ainsi dire à l'exclusion de tout le reste [9] ». Le 25 décembre, d'ailleurs, il arrive secrètement à Athènes pour voir la situation de plus près ; pour le Premier ministre, il est clair que le communisme a étendu son spectre sur l'Europe, avant même que le nazisme ne soit entièrement vaincu...

En France, au même moment, le général de Gaulle en arrive lentement à la même conclusion. Il est vrai qu'en prononçant la dissolution des milices patriotiques et en faisant entrer plusieurs

---

à Duff Cooper : « Aucune assurance, quelle qu'en soit la solennité, ne pourra être tenue par nous pour valable, aussi longtemps que le général Spears demeurera à Beyrouth [4]. » Mais avant sa visite en France, Churchill avait catégoriquement refusé de rappeler son ministre du Levant — ce qui est proprement stupéfiant, dans la mesure où les activités de Spears depuis la fin de 1943 contredisent entièrement la politique de Churchill et d'Eden. Ainsi, le général Spears a proposé au ministre des Affaires étrangères syrien la « protection par la Grande-Bretagne de l'indépendance syrienne », ainsi que la fourniture de capitaux et d'experts, en échange de quoi la Syrie « s'emploiera à s'affranchir définitivement » et « conclura un traité avec la Grande-Bretagne seulement [5] ». Il est d'ailleurs intéressant de noter que depuis 1943, les généraux Wilson et Holmes intriguent ferme *avec les Français* pour obtenir le départ de Spears [6]...

La situation se complique encore du fait qu'un autre Lawrence d'Arabie, l'ambassadeur de Grande-Bretagne en Irak, fait pression sur les Syriens à l'automne de 1944 pour qu'ils adoptent « son » projet : celui d'une « Grande Syrie », sous l'autorité de l'émir hachémite Abdallah... faute de quoi l'ambassadeur Cornwallis menace d'« abandonner la Syrie aux Français [7] ». Sachant que le *Foreign Office* et M. Churchill défendent encore une autre position, le président syrien Kouatli, aussi attaché à la république qu'à l'indépendance, reste perplexe. « Il faut que nous connaissions l'orientation exacte de la position britannique [8] », note-t-il non sans justesse.

ministres communistes au gouvernement, il a éloigné pour un temps la menace communiste en France ; mais sa visite à Moscou au début de décembre lui a fait clairement comprendre que Staline ne soutiendrait pas ses revendications portant sur la rive gauche du Rhin, alors que le dictateur, lui, agirait absolument à sa guise en Europe centrale et dans les Balkans. Ni la fausse cordialité de la réception à Moscou, ni la façade en trompe l'œil du pacte franco-soviétique signé à cette occasion, ne peuvent dissimuler au Général l'impitoyable politique suivie par le Kremlin, et ses conséquences pour tous les pays de l'Europe occidentale... Loin de pouvoir compter sur le soutien des Soviétiques pour traiter avec les Anglo-Saxons, de Gaulle s'aperçoit qu'il lui faudra bientôt compter sur l'aide des Anglo-Saxons pour tenir tête à l'Union soviétique.

Pour le moment, cette aide lui est surtout nécessaire pour libérer le territoire français, et à la fin de décembre 1944, les choses n'ont guère progressé dans ce domaine ; pire encore, la contre-offensive allemande dans les Ardennes, appuyée par les avions à réaction et les nouveaux chars Panther, menace sérieusement de percer le front allié. Le 1ᵉʳ janvier, le général Eisenhower ordonne donc aux troupes américaines de se replier sur les Vosges, laissant Strasbourg à la merci de l'attaque ennemie ; or la ville vient d'être libérée, et sa réoccupation par les nazis serait pour toute la France un désastre politique et une tragédie humaine sans précédent. Pour de Gaulle, il n'en est même pas question ; ayant ordonné aux troupes françaises de défendre Strasbourg à tout prix, il écrit au général Eisenhower pour l'inviter à revenir sur sa décision. En même temps, il télégraphie à Roosevelt et à Churchill, pour leur demander leur soutien dans cette affaire. Roosevelt refuse naturellement d'intervenir ; Churchill, tout aussi naturellement, décide sur-le-champ de partir pour la France... Et lorsque, dans l'après-midi du 3 janvier, le général de Gaulle arrive au quartier général d'Eisenhower à Versailles, il s'aperçoit que Churchill y est déjà...

Le général de Gaulle écrira dans ses *Mémoires* qu'il s'est ensuite mis en devoir de persuader Eisenhower de modifier sa stratégie, et que Churchill s'est contenté d'appuyer sa requête. C'est sans doute inexact ; le chef de l'état-major général britannique notera en effet dans son journal que Churchill avait déjà persuadé Eisenhower de revenir sur sa décision *avant* l'arrivée du général de Gaulle [10]. Quant à Churchill, il écrit modestement : « A ce moment, je me trouvais par hasard au quartier général d'Eisenhower. Bedell Smith et lui écoutèrent attentivement mon appel. » Et il ajoute : « Eisenhower annula ses instructions, et la nécessité militaire qui aurait pu rendre inévitable l'évacuation de Strasbourg ne se présenta jamais. De Gaulle exprima sa gratitude [11]. » Le général Alphonse Juin, qui accompagnait de Gaulle ce jour-là, confirmera entièrement la version de Churchill — sauf en ce qui concerne la gratitude du général de Gaulle :

« Dès notre entrée, Churchill fit savoir que tout était arrangé, qu'on n'abandonnerait pas Strasbourg, ce qu'Eisenhower confirma. Il n'y eut même pas de débat * [...]. Avant son départ, Churchill pria de Gaulle de passer avec lui dans une petite pièce, à côté du bureau d'Eisenhower. Ayant suivi sur un signe du Général, j'assistai à la conversation suivante. Churchill, comme entrée en matière, expliqua qu'Eisenhower ne voyait pas toujours les conséquences politiques de ses décisions, mais que c'était au fond un excellent commandant suprême et plein de cœur — il venait d'en donner la preuve. Mais de Gaulle, encore sous le coup des deux terribles journées qu'il venait de passer, demeura bouche cousue, de sorte que Churchill ne savait plus que dire. Il se décida enfin à enchaîner par une phrase aimable :

— Enfin, mon général, vous avez eu la peau de Spears ?

« Même mutisme chez de Gaulle...

— Et vous attendez maintenant ses funérailles ?

« Un simple signe de dénégation chez de Gaulle, avant d'ouvrir la bouche pour interroger Churchill à son tour sur le voyage en Grèce qu'il venait d'effectuer. Soulagé en entendant enfin la voix de son interlocuteur :

— *Oh ! yes*, s'exclama Churchill, le visage soudainement éclairé, *very interesting, it was good sport, indeed* !

— Mais on vous a tiré dessus ? coupa de Gaulle.

— Oui, et le plus fort, c'est qu'ils m'ont tiré dessus avec les armes que je leur avais données.

— Ce sont là choses qui arrivent, conclut de Gaulle, et l'on se sépara.

« Une fois remonté avec lui dans la voiture, je ne pus m'empêcher de lui dire que Churchill était en droit d'attendre de lui au moins un remerciement. " Bah ! ", me fit-il, et il se replongea d'un air sombre dans ses méditations [13].

De bien sombres méditations, en effet : la menace nazie n'a pas encore disparu, la menace soviétique a déjà réapparu, et les alliés anglo-saxons se montrent plus réticents que jamais à équiper l'armée française ; et pourtant, de Gaulle est fermement résolu à obte-

---

* Ce n'est pas sûr. Voir la version du général de Gaulle dans ses *Mémoires de guerre* [12].

nir que cette armée traverse le Rhin pour contribuer à la défaite et à l'occupation de l'Allemagne. Dans le domaine de la diplomatie, du reste, les Alliés ne se montrent guère plus coopératifs : alors que le général de Gaulle se trouvait à Moscou, Churchill avait télégraphié à Staline pour lui proposer la conclusion d'un pacte tripartite entre la France, la Grande-Bretagne et l'Union soviétique ; bien entendu, de Gaulle y a vu une tentative pour l'empêcher de conclure un pacte franco-soviétique. Mais il y a bien pire : au début de janvier, la presse anglo-saxonne a annoncé que Roosevelt, Churchill et Staline allaient bientôt se réunir pour discuter du sort de l'Allemagne, de l'avenir de l'Europe centrale et de la création des Nations unies ; comme de juste, personne ne s'est soucié d'inviter de Gaulle. De source officieuse, on apprend que c'est le président Roosevelt qui s'y est opposé, mais de Gaulle soupçonne à juste titre que ni Churchill ni Staline n'ont soulevé d'objections ; car si le général de Gaulle considère qu'aucun accord durable ne peut être conclu en l'absence de la France, les trois Grands estiment en revanche qu'on ne saurait conclure le moindre accord en présence du général de Gaulle...

C'est pourquoi l'ambassadeur Duff Cooper pourra écrire avec une modération toute britannique que « le Général n'était pas dans les meilleures dispositions au cours des premiers mois de 1945 [14] ». M. Duff Cooper le sait mieux que tout autre : pendant des semaines, il s'est efforcé de persuader le Général de l'utilité d'un traité franco-britannique, pouvant faire pendant à l'alliance franco-soviétique. Mais de Gaulle ne veut rien entendre ; un traité supposerait que tous les différends entre les deux pays aient été réglés au préalable — y compris, bien entendu, l'affaire du Levant et la question de la rive gauche du Rhin. Il est vrai que Georges Bidault, lui, tient beaucoup à la signature d'un traité franco-britannique ; mais l'ambassadeur Duff Cooper n'ignore pas que le ministre des Affaires étrangères du général de Gaulle ne joue qu'un rôle très subordonné dans l'élaboration de la politique extérieure française...

En travaillant à la conclusion d'un traité franco-britannique, Duff Cooper ne fait que suivre fidèlement la politique du *Foreign Office*. En effet, M. Eden, qui n'ignore pas que les Américains ont l'intention de retirer leurs troupes d'Europe peu après la défaite de l'Allemagne [15], veut pouvoir compter sur la France dans les années d'après-guerre ; après tout, il faudra empêcher une renaissance de l'aventurisme allemand, et d'ailleurs, Eden ne tient pas du tout à ce que la Grande-Bretagne « reste seule à partager la cage de l'ours soviétique ». Mais si Churchill n'est pas insensible à ces arguments, il n'est pas non plus très pressé de signer un traité avec la France ; la Grande-Bretagne, pense-t-il, n'a rien à y gagner pour le moment, le président Roosevelt désapprouverait, et de Gaulle poserait sûrement des conditions inacceptables. D'ailleurs, les bonnes dispositions de Churchill à l'égard du général de Gaulle se sont maintenant envolées, comme en témoigne une lettre qu'il envoie le 19 janvier à Anthony Eden : « Il n'y a rien de plus déplaisant et de plus insupportable que d'avoir affaire à cet individu intraitable et menaçant, qui s'efforce constamment d'améliorer son image de marque auprès de ses compatriotes en revendiquant pour la France une position très supérieure à celle qu'elle occupe réellement, et en maltraitant les Alliés qui font tout le travail [16]. » Une semaine plus tôt, il avait également déclaré au ministre des Affaires étrangères : « Ainsi que je l'ai maintes fois répété, de Gaulle représentera à l'avenir un grand danger pour la paix et pour la Grande-Bretagne [17]. »

Pourtant, Eden, dont la patience est décidément stupéfiante, continue à faire le siège du Premier ministre ; et lorsque Churchill arrive à Yalta le 3 février, sa gaullophobie ne s'est peut-être pas atténuée, mais sa francophilie a entièrement reparu — ce qui est fort heureux du reste, car Staline et Roosevelt sont venus à la conférence avec la ferme intention de passer outre aux intérêts français. La première rencontre entre Roosevelt et Staline au Palais Livadia est fort édifiante à cet égard :

« Le Président [...] demande comment le maréchal Staline s'est entendu avec le général de Gaulle.

« Le maréchal Staline répond qu'il n'a pas trouvé de Gaulle très compliqué, mais que selon lui, le Général manque de réalisme ; en effet, la France ne s'est pas beaucoup battue pendant cette guerre, et pourtant il revendique les mêmes droits que les Américains, les Britanniques et les Russes, qui ont porté l'essentiel du fardeau de la guerre.

« Le Président décrit ensuite la conversation qu'il a eue avec de Gaulle deux ans plus tôt à Casablanca, lorsque de Gaulle s'est pris pour Jeanne d'Arc [...] et pour Clemenceau.

« Le maréchal Staline répond que de Gaulle ne paraît pas se rendre compte de la situation en France, ni du fait que la contribution française aux opérations militaires sur le front occidental est très réduite à l'heure actuelle — et qu'en 1940, ils ne se sont pas battus du tout [...].

« Le Président aimerait faire part au Maréchal d'une chose confidentielle, dont il ne pourrait lui parler en présence du Premier ministre Churchill. Au cours des deux dernières années, les Britanniques ont caressé l'idée de faire de la France une grande puissance, qui pourrait masser 200 000 hommes sur les frontières orientales de la France, afin de contenir l'ennemi pendant le temps nécessaire à la constitution d'une forte armée britannique. Il ajoute que les Britanniques sont des gens curieux, qui veulent gagner sur tous les tableaux. Le Président déclare ensuite que l'on paraît s'être mis d'accord au sujet des zones tripartites pour l'occupation de l'Allemagne. Le maréchal Staline semble acquiescer, mais précise que la question d'une zone française d'occupation n'a pas été réglée. Le Président répond qu'il a eu beaucoup d'ennuis avec les Britanniques au sujet des zones d'occupation [...].

« Le maréchal Staline demande si le Président estime que la France devrait avoir une zone d'occupation, et si oui, pour quelles raisons.

« Le Président répond que ce n'est pas une mauvaise idée, mais ajoute que c'est vraiment par bonté.

« Le maréchal Staline et M. Molotov se sont exprimés avec vigueur, et ont souligné que c'est bien la seule raison que l'on pourrait invoquer pour donner une zone à la France. Le maréchal Staline déclare que cette question devra être examinée plus avant au cours de la conférence [18]. »

Durant les jours qui suivent, les discussions au sujet du rôle de la France dans l'Europe d'après-guerre vont être extrêmement animées. Churchill et Eden seront les seuls à défendre les intérêts français, et ils le feront avec la dernière énergie :

Churchill : « [...] Les Français veulent une zone d'occupation, et je suis d'avis de leur en donner une. Je suis d'ailleurs tout à fait disposé à leur rétrocéder une partie de la zone britannique [...] cela n'affectera pas la zone soviétique. Nos alliés russes seraient-ils d'accord pour que les Britanniques et les Américains s'entendent pour confier une zone aux Français ? Elle pourrait suivre la ligne de la Moselle. Les Français n'ont pas les moyens d'occuper une très grande zone. »

Staline : « Ne serait-ce pas un précédent pour d'autres États ? Et les Français ne deviendraient-ils pas la quatrième puissance au sein de la commission de contrôle pour l'Allemagne, où nous ne sommes que trois jusqu'ici ? »

Churchill : « Nous répondons à cela que la France doit entrer dans cette commission, et assumer un rôle croissant dans l'occupation de l'Allemagne à mesure que son armée s'agrandira. »

Staline : « Je pense que notre travail pourrait se trouver compliqué par l'introduction d'un quatrième membre. Je propose autre chose : les Britanniques se feraient aider dans leur tâche d'occupation par la France, la Hollande ou la Belgique, mais ne leur donneraient aucun droit de participation à la commission de contrôle. De notre côté, nous pourrions également inviter d'autres États à participer à l'occupation de notre zone, mais toujours sans qu'ils prennent place à la commission de contrôle. »

Churchill : « C'est de la France qu'il s'agit pour le moment. Les Français ont déjà une longue expérience de l'occupation de l'Allemagne. Ils font cela très bien, et ne risquent pas de se montrer trop indulgents. Nous voulons voir se renforcer leur puissance, afin qu'ils puissent nous aider à tenir l'Allemagne en respect. J'ignore combien de temps les États-Unis occuperont l'Allemagne à nos côtés (Le Président : " Deux ans ".), c'est pourquoi il faut que la France se renforce et nous aide à porter ce fardeau. Si la Russie désire introduire une autre puissance dans sa zone, nous n'y voyons pas d'inconvénients [...]. »

Roosevelt : « Je préférerais de beaucoup limiter le nombre des participants à la commission de contrôle. En fait, j'aimerais autant que les Français ne siègent pas à la commission de contrôle. »

Staline : « Je voudrais répéter que si nous faisons entrer les Français à la commission de contrôle, il sera difficile d'en refuser l'accès à d'autres États. Je veux bien que la France devienne grande et forte, mais il ne faut pas oublier que dans cette guerre, c'est la France qui a laissé passer l'ennemi. C'est un fait. Nous n'aurions pas eu autant de pertes et de dévastations au cours de cette guerre si les Français n'avaient pas laissé passer l'ennemi. Le contrôle et l'administration de l'Allemagne devraient être réservés aux puissances qui lui ont fermement tenu tête dès le début et jusqu'à présent, la France n'en fait pas partie. »

Churchill : « Nous avons tous connu des difficultés au début de la guerre, et la France a été vaincue par les nouveaux tanks. J'admets que les Français ne nous ont guère aidés au cours de cette guerre, mais il n'en demeure pas moins que la France est voisine de l'Allemagne — c'est même sa voisine la plus importante. L'opinion publique britannique ne comprendrait pas que des décisions concernant l'Allemagne et ayant une importance vitale pour la France puissent se prendre en l'absence des Français. J'espère donc que nous ne déciderons pas d'exclure la France à tout jamais. J'étais tout à fait opposé à la venue ici du général de Gaulle, et le Président partageait mon sentiment. Il semble que le maréchal Staline soit du même avis. Mais il n'en demeure pas moins que la France doit occuper la place qui lui revient. Nous aurons besoin de ses défenses pour tenir tête à l'Allemagne. Nous avons cruellement souffert des engins-robots allemands et si l'Allemagne devait à nouveau arriver à proximité de la Manche, nous souffririons encore. Il me faut envisager sérieusement le moment où les Américains rentreront chez eux. Je propose d'offrir aux Français une zone découpée dans les zones anglaise et américaine, et de soumettre à une étude technique la question de la position française au sein de la commission de contrôle. »

Staline : « Je m'oppose toujours à ce que la France fasse partie de la commission de contrôle. »

Roosevelt (Sur la base d'une note de M. Hopkins.) : « Il me semble que nous n'avons pas tenu compte de la position française au sein de la commission consultative européenne. Je propose de donner une zone d'occupation à la France, mais de remettre à plus tard la discussion au sujet de la commission de contrôle. D'autres pourraient vouloir y entrer, comme la Hollande ou l'Autriche. »

Staline : « Je suis d'accord. » [...]

Eden : « Si les Français ont une zone, comment peut-on les tenir à l'écart de la commission de contrôle ? Et s'ils n'en font pas partie, comment pourrons-nous contrôler la façon dont ils administrent leur zone ? »

Staline : « Cela pourrait être contrôlé par la puissance qui leur a confié cette zone. »

Churchill et *Eden* : « Nous ne pouvons pas nous engager à le faire, et d'ailleurs, les Français n'accepteraient jamais [19]. »

Faute d'accord, la question est renvoyée aux ministres des Affaires étrangères pour « examen complémentaire » ; et lorsque ceux-ci se réunissent deux jours plus tard, Eden s'aperçoit que Molotov et Stettinius restent opposés à la présence de la France au sein de la commission de contrôle. Mais Eden et Churchill ne se découragent pas pour autant, et le 7 février, lors de la 4e réunion plénière, le Premier ministre déclare : « Si les Français se voyaient attribuer une zone sans participation à la commission, ils nous causeraient des ennuis sans fin. » Et il ajoute d'un ton excédé : « Toute cette discussion me paraît futile. Je suis certain que les Français refuseront de prendre une zone s'ils ne sont pas admis à la commission de contrôle. Et je trouve qu'ils ont raison [20]. » Quatre jours plus tard, à la 8e réunion plénière, les deux interlocuteurs de Churchill cèdent enfin :

« Le Président déclare qu'il a changé d'avis au sujet de la participation française à la commission de contrôle. Il est maintenant d'accord avec le Premier ministre pour dire qu'il est impossible de donner à la France une zone à administrer en Allemagne sans l'admettre également à la commission de contrôle. Il estime qu'il sera plus facile de traiter avec les Français s'ils sont dans la commission que s'ils sont en dehors *.

« Le maréchal Staline déclare qu'il n'a pas d'objections à présenter et qu'il est d'accord [21]. »

La question étant réglée, les trois Grands vont passer à l'examen de quelques affaires plus importantes, telles que la création des Nations unies, la question polonaise et la participation de l'Union soviétique à la guerre contre le Japon. Les Britanniques obtiendront d'ailleurs que la France figure parmi les puissances invitantes à la conférence de San Francisco...

Le général de Gaulle a sans doute été informé des efforts déployés en faveur de la France au cours de cette conférence, mais il jugera superflu d'en remercier ses deux défenseurs. Du reste, il considère que la participation de la France à la commission de contrôle est une chose qui va de soi ; et puis, le fait même que de Gaulle n'ait pas été invité à Yalta constitue un affront manifeste à la souveraineté française... Quant aux déclarations publiques faites à l'issue de la conférence, elles n'accordent pas à la France une place suffisante. Enfin, de Gaulle a l'impression — parfaitement fondée d'ailleurs — que les Anglo-Saxons ont fait à Staline des concessions excessives en ce qui concerne l'Europe de l'Est. C'est pour toutes ces raisons que le Général refuse de se rendre à l'invitation du président Roosevelt, qui avait proposé de le rencontrer à Alger après la conférence ; d'ailleurs, comment le Président peut-il l'inviter, lui, de Gaulle, à venir le rencontrer en territoire français ? C'est contraire à tous les usages, et le fait que Roosevelt ait invité en même temps le Négus n'est évidemment pas fait pour arranger les choses...

Au cours des deux mois qui suivent, on n'enregistre guère d'améliorations dans le climat des relations franco-britanniques. L'ambassadeur Duff Cooper redouble d'efforts pour faire accepter aux deux parties un traité franco-britannique, Bidault et Eden le soutiennent, Churchill et de Gaulle font la sourde oreille. Les relations franco-américaines ne sont guère plus cordiales ; lorsque, au mois de mars, les Japonais envahissent l'Indochine, le président Roosevelt refuse au corps expéditionnaire français le concours de

---

* C'est Harry Hopkins qui a finalement persuadé le Président de s'aligner sur la position de Churchill.

l'aviation américaine. En avril, les troupes françaises qui ont pénétré en Allemagne occupent Stuttgart, qui ne fait pas partie de la zone française ; mais la France ayant été tenue à l'écart des négociations sur l'occupation de l'Allemagne, de Gaulle refuse d'ordonner l'évacuation de la ville — ce qui n'est pas sans causer quelque embarras aux États-Unis. Ce mois-là, le président Roosevelt meurt, et Harry Truman lui succède ; mais le climat des relations franco-américaines ne s'améliore pas pour autant. Au début du mois de mai, les troupes françaises occupent plusieurs enclaves italiennes dans les Alpes, ainsi que les cantons de Tende, de la Brigue et de Vintimille. Les Américains exigent immédiatement l'évacuation de ces territoires, mais le général Doyen, obéissant aux ordres reçus d'en haut, leur fait savoir « qu'il pousserait, au besoin, son refus jusqu'à l'extrême conséquence ».

Ainsi, alors que les troupes américaines, soviétiques, britanniques et françaises resserrent inexorablement leur étau sur la capitale du Reich, alors qu'en Europe de l'Est, les Soviétiques imposent leur dictature de la Pologne à la Roumanie, la tension ne cesse de monter entre Français et Américains. Le 8 mai, enfin, le Reich capitule — mais une nouvelle crise éclate bientôt entre les alliés occidentaux ; bien entendu, c'est une fois encore du Levant qu'il s'agit...

Pour le général de Gaulle, il n'y a absolument pas de raisons qu'une crise éclate en Syrie ; la France Libre a proclamé l'indépendance du pays en 1941, et depuis lors, l'administration, l'économie, les finances, la diplomatie et la sécurité ont été graduellement transférées au gouvernement syrien. Si les troupes françaises restent au Levant et si la France Libre garde le commandement des Troupes spéciales syriennes, c'est que la France, en tant que puissance mandataire, est responsable de l'ordre et de la défense au Levant. Enfin, de Gaulle et Catroux se sont engagés à abolir le mandat et à donner l'indépendance totale à la Syrie et au Liban lorsque les Nations unies se seront constituées — et lorsque les deux États auront signé des traités économiques, culturels et militaires donnant à la France une position privilégiée au Levant [22]...

Pourtant, tout n'est pas pour le mieux dans le meilleur des mondes ; car le général Beynet, délégué général français au Levant, y exerce toujours des pouvoirs considérables, alors que ses subordonnés ont gardé une tendance certaine à traiter la Syrie comme un pays conquis, et les Syriens comme des sujets indisciplinés. Tout comme par le passé, les Français interviennent constamment dans la politique syrienne, et leurs troupes ont même empêché la gendar-

merie syrienne de poursuivre les complices de Suleiman Murchid,
un redoutable bandit de l'espèce de Mokaddem ; c'est pourquoi le
gouvernement syrien demande avec une insistance croissante, mais
sans aucun succès, l'évacuation de la Syrie par les troupes françaises et la rétrocession aux autorités locales du commandement
des Troupes spéciales.

Pour toutes ces raisons et pour quelques autres, la France reste
extrêmement impopulaire en Syrie au début de 1945. En janvier, de
violentes manifestations antifrançaises ont éclaté à Damas et dans
plusieurs autres villes du pays ; les Français ont fait donner la
police, la troupe et les unités blindées, ce qui n'a fait qu'aggraver la
tension. M. Terence Shone, le nouveau ministre britannique au
Levant, observera qu'à Damas, « les contacts personnels entre les
autorités locales françaises et les membres du gouvernement syrien
ont virtuellement cessé ; on se contente d'échanger des messages
laconiques [23] ». Tout ceci a conduit à une dégradation rapide des
relations franco-syriennes, et les ministres syriens, comme leurs
homologues libanais, refusent à présent de considérer toute proposition de traité culturel, économique, politique ou militaire qui
aboutirait à donner à la France une position privilégiée au Levant
après l'expiration du mandat ; le président syrien a même déclaré
au ministre britannique qu'il « aimerait mieux se couper la main
droite plutôt que de signer un traité avec les Français [24] ». Même si
l'on tient compte de la tendance traditionnelle des Méditerranéens à
l'exagération, il faut bien constater que l'opinion publique au
Levant est très montée contre les Français ; au début du mois
d'avril, les choses s'aggravent même considérablement lorsqu'on
apprend que le délégué général au Levant, qui devait ouvrir des
négociations avec les autorités syriennes, n'est pas encore rentré de
Paris. Pire encore, des rumeurs circulent selon lesquelles la France
s'apprête à envoyer des renforts de troupes au Levant...

Il paraît inconcevable que le général de Gaulle n'ait mesuré ni la
force du sentiment antifrançais parmi la population syrienne *, ni
l'opposition résolue du gouvernement syrien au maintien des privilèges dont jouit la France dans ce pays. Pourtant, dans ses discours,
sa correspondance et ses *Mémoires*, le Général n'en fait aucune
mention. Au contraire, il attribue toutes les difficultés de la France
en Syrie aux sinistres machinations de la perfide Albion ; et comme
le montrent ses *Mémoires*, il ne changera jamais d'avis à ce sujet :

---

* Il est vrai que lors de ses visites au Levant, le général de Gaulle a toujours été
accueilli en triomphe par la population, qui semble admirer de Gaulle autant qu'elle
déteste les Français.

« Parmi les ambitions nationales qui s'enrobaient dans le conflit mondial, il y avait celle des Britanniques, visant à dominer l'Orient. Que de fois j'avais rencontré cette ambition passionnée, prête à briser les barrières ! Avec la fin de la guerre en Europe, l'occasion était venue. A la France épuisée, l'invasion et ses conséquences retiraient son ancienne puissance. Quant aux Arabes, un travail politique habile autant qu'onéreux avait rendu nombre de leurs dirigeants accessibles aux influences anglaises. Surtout, l'organisation économique créée par la Grande-Bretagne, à la faveur du blocus, de la maîtrise de la mer et du monopole des transports, mettait à sa discrétion les échanges, c'est-à-dire l'existence, des États orientaux, tandis que 700 000 soldats britanniques et de nombreuses escadres aériennes y maîtrisaient la terre et le ciel. Enfin, au marché de Yalta, Churchill avait obtenu de Roosevelt et de Staline qu'on lui laissât les mains libres à Damas et à Beyrouth [25]. »

En somme, le général de Gaulle ne doute pas un seul instant que le gouvernement britannique intrigue pour chasser la France du Levant et y prendre sa place *. D'ailleurs, le Général vient d'apprendre qu'une division britannique stationnée en Palestine va rejoindre la IXe armée au Levant, et cela aggrave encore ses soupçons. A la fin du mois d'avril, il décide donc d'envoyer au Levant un renfort de trois bataillons, qui seront amenés à pied d'œuvre par les croiseurs *Montcalm* et *Jeanne d'Arc* ; cela ne manquera pas d'intimider les Syriens — et les Anglais...

Il est vrai qu'en France, certaines archives restent obstinément fermées à la recherche historique ; pourtant, après un examen minutieux des documents actuellement disponibles, on ne peut s'empêcher de penser que cette fois encore, le général de Gaulle s'est mépris quant aux objectifs de la politique britannique au Levant. En effet, cette politique est exactement celle que Churchill et Eden décrivaient au général Spears en juin et en décembre 1943 : « Tous les arguments et les moyens de pression utilisés par les populations du Levant contre les Français pourraient un jour se retourner contre nous ; avec toutes les façades en verre que nous avons dans la région, il vaut mieux dissuader les gens de recourir au lance-pierres et prêcher la modération, faute de quoi nous irions au-devant de graves ennuis. Il ne saurait être question de prendre la place des Français au Levant [26]. »

Il est vrai que Spears n'a tenu aucun compte de ces instruc-

---

* Cette conviction est d'ailleurs partagée par un grand nombre de Français au Levant, et on peut supposer que le général de Gaulle a reçu de ses agents sur place de nombreux rapports très défavorables aux Anglais.

tions, mais son successeur, M. Terence Shone, un diplomate de carrière, les suivra par contre à la lettre. A leur retour de Yalta, Churchill et Eden s'entretiennent d'ailleurs avec le président syrien Chukri al-Kouatly, et il est difficile de se méprendre sur le sens de leurs paroles :

Eden : « Êtes-vous bien sûr d'avoir rempli vos obligations à l'égard de la France ? »

Kouatly : « Nous voulons arriver au congrès de la Paix en compagnie des autres États arabes, libres et sans liens. Il y a des diplomates britanniques qui ont compris de façon exacte la question syrienne. »

Eden : « Vous faites allusion, peut-être, au général Spears ? »

Kouatly : « Oui. Il s'est rendu compte de la légitimité de nos revendications. »

Eden : « M. Spears est citoyen damascain et libanais. »

Churchill : « Il ne faut pas oublier que la France est notre alliée et notre amie, et qu'il ne nous est pas possible de la mécontenter, dès lors que nous sommes d'accord avec elle pour qu'elle ait une position privilégiée. »

Kouatly : « La Syrie n'est pas disposée à reconnaître une position privilégiée à la France. »

Churchill : « Je vous conseille d'engager des négociations avec les Français [...]. La France ne peut être chassée des positions qu'elle occupe. »

Eden : « Nous conseillons aux Syriens d'amoindrir le caractère violent de leurs manifestations * [27]. »

Mais comme d'habitude, les choses ne sont pas si simples : si les Français s'obstinent à refuser l'indépendance complète aux États du Levant, les Arabes d'Égypte, d'Irak, de Palestine et d'ailleurs ne manqueront pas d'en rejeter la responsabilité sur la Grande-Bretagne ; et comme l'écrira le ministre britannique Terence Shone : « Nous serions très critiqués chez nous, dans le Commonwealth et dans l'Empire, si notre incapacité à faire en sorte que les Français respectent leurs engagements aboutissait à mettre en péril les positions britanniques au Moyen-Orient, que nous avons eu tant de mal

---

* Quinze jours plus tôt, Churchill a déclaré au roi Ibn Séoud qu'il « veut sincèrement aider les peuples de Syrie et du Liban, mais son ami le général Spears s'est trop avancé avec eux et a feint d'oublier les obligations de la Grande-Bretagne à l'égard de son alliée la France ». Et Churchill d'ajouter : « Les Français nous accusent depuis fort longtemps de leur avoir pris l'Amérique, le Canada, les Indes, et disent que nous sommes venus leur prendre également la Syrie [...]. La France jouit de la première position en Syrie [28]. »

à préserver. Nous sommes en droit d'attendre des Français qu'ils ne nous mettent pas dans une pareille situation [29]. » Le 26 janvier, Eden a également écrit à Duff Cooper : « Les Français doivent comprendre que passé un certain point, nous ne pourrons pas [...] compromettre notre position au Moyen-Orient pour les aider [30]. »

Le Premier ministre, le ministre des Affaires étrangères et le nouveau représentant de la Grande-Bretagne au Levant s'accordent donc entièrement sur la politique à suivre : il s'agit de faire pression sur les Français pour qu'ils accordent l'indépendance complète aux États du Levant et qu'ils signent avec la Syrie et le Liban des traités équitables tout en s'abstenant dans l'intervalle de recourir à la provocation armée ; il faut également faire pression sur les gouvernements syrien et libanais pour qu'ils acceptent de négocier avec les Français, et mettent un frein à l'agitation antifrançaise dans leurs pays. C'est évidemment une tâche bien délicate ; la France va accuser l'Angleterre d'usurper ses prérogatives en tant que puissance mandataire — avec le sinistre dessein de la supplanter dans la région —, tandis que les Arabes lui reprocheront de soutenir les Français. Malgré cela, les Britanniques vont persister dans leur politique, au grand dépit des autorités syriennes ; c'est ainsi que le ministre syrien des Affaires étrangères, qui est allé au Caire demander le soutien de l'ambassadeur de Grande-Bretagne, lord Killearn *, s'entend répondre ceci :

« La Grande-Bretagne, qui a déclaré à maintes reprises qu'elle ne désire pas s'immiscer dans les affaires syriennes, ne peut se contredire dans ses paroles et dans ses actes. »

Djamil Mardam : « Mais pourquoi alors le général Spears nous a-t-il trompés ? »

Lord Killearn : « Moi, je ne suis pas le général Spears [31]. »

Le ministre syrien ne sera guère plus heureux avec le successeur du général Spears, ainsi qu'il l'écrira au président Kouatli : « M. Shone m'a fait clairement comprendre qu'il lui serait impossible d'appuyer notre attitude si nous nous heurtions aux Français et si nous cherchions à faire naître dans le pays une crise aiguë [...]. Je crois que cet avis est judicieux. Il nous appartient de ne pas provoquer le mal avant qu'il ne se produise [32]. »

Quant à Churchill, il déclarera aux Communes : « Je dois dire que ce n'est pas à nous seuls qu'il revient de défendre l'indépendance syrienne et libanaise ou les privilèges de la France dans ces pays. Nous sommes en faveur de l'un et l'autre, et à notre avis, ils ne sont pas incompatibles [33]. » Rien n'est moins sûr... car les

---

* Le nouveau titre de sir Miles Lampson.

Français refusent d'accorder l'indépendance totale à la Syrie et au Liban, tandis que les Syriens et les Libanais sont catégoriquement opposés au maintien des privilèges français au Levant.

Dans ces conditions, c'est un rôle bien ingrat que celui de médiateur. Pourtant, au début du mois de mai, Churchill n'y a pas renoncé ; mieux encore, il est prêt à oublier pour un temps sa rancune à l'égard du général de Gaulle, et à le rencontrer pour évoquer cette délicate affaire du Levant... Le 8 mai, il écrit à Duff Cooper : « Il se pourrait que j'aille le voir discrètement un de ces jours, à la faveur d'un voyage en France. Mais il faudrait que je sois assuré au préalable de ne pas trouver porte close [34]. » Et deux jours plus tard : « J'aimerais bien trouver une occasion de parler du Levant avec de Gaulle. Je serais tout disposé à le rencontrer ici, mais je ne sais pas encore quand nous serons en mesure de le recevoir dans les règles [35]. » Le Général lui-même n'est pas hostile à l'idée d'évoquer cette affaire avec Churchill, mais l'initiative française d'envoyer des renforts au Levant va tout remettre en question, et déclencher une redoutable réaction en chaîne. M. Terence Shone écrira plus tard :

« Le gouvernement de Sa Majesté et celui des États-Unis avaient expressément appelé l'attention du gouvernement français sur le fait que l'envoi de troupes et de navires de guerre au Levant à l'heure actuelle ne pourrait manquer d'être interprété là-bas comme une provocation et une tentative d'intimidation des autorités syriennes et libanaises, au moment où elles allaient négocier avec les Français. Il nous semblait évident que si nous ne parvenions pas à arrêter ce mouvement, les gouvernements syrien et libanais perdraient toute confiance en nous, pour ne rien dire des conséquences fâcheuses pour nos intérêts dans l'ensemble du monde arabe [...]. Mais le gouvernement français est resté sourd à nos démarches. Le 30 avril, lors d'un entretien avec l'ambassadeur de Grande-Bretagne à Paris, le général de Gaulle a déclaré qu'il n'arrivait pas à comprendre en quoi cette affaire pouvait concerner le commandant en chef des forces du Moyen-Orient [...]. Il a insisté sur le fait qu'aux termes des accords Lyttelton-de Gaulle, la France était responsable du maintien de l'ordre dans les États du Levant, et qu'il ne pouvait rétrocéder les Troupes spéciales aux gouvernements locaux sans augmenter les effectifs des troupes régulières françaises. Il a ajouté qu'il n'y aurait pas de désordres au Levant, à moins qu'ils ne soient fomentés par les Anglais eux-mêmes. M. Duff Cooper a protesté violemment, en faisant remarquer que loin de fomenter des troubles, nous avions fait et nous faisions tout ce qui était en notre pouvoir pour améliorer les relations entre la France et les États du Levant. Le général de Gaulle ne s'est pas laissé persuader, et en dépit de toutes nos assurances, il est resté convaincu que le gouvernement de Sa Majesté s'efforçait d'affaiblir la position de la France au Levant [36]. »

Le 4 mai, Churchill envoie un message personnel au général de Gaulle pour lui dire qu'il « regrette que le Général paraisse considérer la situation au Levant du point de vue du prestige de la France et de la Grande-Bretagne ». Le Premier ministre ajoute qu'il est prêt à retirer toutes les troupes britanniques du Levant dès que les Français auront conclu des traités avec la Syrie et le Liban. Et il conclut : « Si vous renforcez vos troupes en ce moment, les États du Levant, qui attendent depuis un certain temps des propositions de traité, risquent d'en déduire que vous vous apprêtez à imposer un règlement par la force. Cela risquerait de porter le plus grand tort à vos relations avec eux et aux nôtres également, tout en empoisonnant dès le début l'atmosphère des négociations. J'espère donc que vous pourrez m'aider en évitant d'ajouter à nos ennuis du moment. Bien à vous [37]. »

Comme il n'y a pas de réactions de la part de Paris, les autorités britanniques vont faire un pas de plus, et proposer de transporter les troupes françaises sur des navires marchands britanniques se rendant à Alexandrie. Mais tout cela aurait été incompatible avec la souveraineté française ; les renforts arrivent donc à Beyrouth sur des croiseurs français, le délégué général Beynet rentre de Paris avec de nouvelles propositions de traités qui ne sont pas particulièrement généreuses, les Français veulent conserver des bases militaires en Syrie, il n'est pas question du transfert des Troupes spéciales à l'autorité syrienne, et le retour du général Beynet coïncide si manifestement avec le débarquement des renforts à Beyrouth qu'il est impossible d'y voir un effet du hasard... Les gouvernements syrien et libanais refusent catégoriquement de négocier sous la menace, et des grèves suivies de gigantesques manifestations éclatent à travers tout le Levant *.

C'est en Syrie que se produisent les violences les plus graves. Le 20 mai, à Alep, des manifestants armés de pierres attaquent plusieurs garnisons militaires françaises, assassinant deux officiers et un soldat ; les Français ouvrent le feu et envoient des tanks pour

_____

* Le 19 mai, le général Beynet recevra la lettre suivante : « Les délégués de la Fédération de la France Combattante au Levant constatent avec regret que l'arrivée de nouveaux contingents de troupes françaises au Levant [...] a troublé l'atmosphère de détente qui laissait présager l'heureuse issue des négociations [38]. »

dégager les rues ; au cours des jours qui suivent, d'imposantes manifestations éclatent également à Damas, ainsi que dans les régions druzes et alaouites, où des Français isolés sont pris à partie par la foule. Quant au général Beynet, il fait état devant le commandant en chef britannique de la possibilité d'« effectuer une opération chirurgicale [39] ». Le 25 mai, en un ultime effort pour éviter l'explosion, les Britanniques lancent un appel pressant au gouvernement syrien pour qu'il « garde le contrôle de la situation » ; le lendemain, à Paris, l'ambassadeur Duff Cooper transmet au général de Gaulle une note britannique proposant l'ouverture immédiate de conversations sur le Levant, à Londres ou à Paris. « Tout allait bien, rapportera M. Duff Cooper, de Gaulle avait presque accepté l'ouverture de discussions [...] et acceptait aussi de déclarer publiquement que les troupes françaises ne seraient pas envoyées au Levant dans l'intervalle, lorsque j'ai mentionné le fait que les Américains prendraient part à ces conversations. Là-dessus, il s'est emporté, a déclaré que les Américains n'avaient rien à voir là-dedans, et qu'il ne permettrait pas que la France fasse figure d'accusée devant les Anglais et les Américains. J'ai essayé en vain de le raisonner pendant un long moment, et lorsque je l'ai quitté, il était encore de fort méchante humeur [40]. »

Cet après-midi-là, Duff Cooper rend visite au ministre des Affaires étrangères Georges Bidault : « Il parlait de démissionner s'il ne parvenait pas à convaincre le Général, écrit Duff Cooper dans son rapport, et il m'a indiqué que le général Beynet n'avait pas exécuté les instructions que lui, Bidault, lui avait données. Le général de Gaulle lui avait sans nul doute donné des instructions différentes par la suite [41]. » On ne sait pas exactement de quelles instructions il s'agit, mais elles ont sans doute été prises un peu trop à la lettre ; le lendemain, 27 mai, le gouvernement syrien est informé de l'existence d'un projet de proclamation rédigé par le général Oliva-Roget, délégué à Damas ; ce document fait état de l'imminence d'une « grande bagarre [42] », et la suite des événements prouvera que ce n'est pas une exagération. Dans ses *Mémoires*, le général de Gaulle décrira la situation en ces termes :

« [...] Le 27 mai, les forces françaises et les troupes spéciales avaient maîtrisé le désordre dans toutes les régions du pays, à l'exception du djebel Druze où nous n'avions que quelques isolés. C'est alors que les ministres syriens et leurs conseillers britanniques, voyant que le jeu tournait à leur déconfiture, jetèrent les atouts sur la table. Le 28 mai, à Damas, tous nos postes furent attaqués par des bandes d'émeutiers et des unités constituées de la gendarmerie syrienne, le tout armé de mitraillettes, mitrailleuses et grenades anglaises. Vingt-quatre heures durant, la fusillade crépita dans Damas. Mais, le 29, il apparut que les nôtres avaient tenu bon. Au contraire, les insurgés, passablement éprouvés, avaient dû se réfugier dans les bâtiments publics : parlement, hôtel de ville, direction de la police, sérail, Banque de Syrie, etc. Pour en finir, le général Oliva-Roget, délégué français en Syrie, donna l'ordre de réduire ces centres de l'insurrection. Ce fut fait dans les vingt-quatre heures par nos Sénégalais et quelques compagnies syriennes ; deux canons et un avion y étant également employés. Dans la soirée du 30 mai, l'autorité française était maîtresse de la situation et les ministres syriens, emmenés dans des voitures de la légation britannique, avaient gagné une prudente retraite en dehors de la capitale [43]. »

Cette version des événements comporte plusieurs aspects pour le moins étranges. Ainsi, personne à Damas ne semble avoir vu ou entendu ces attaques menées le 28 mai contre tous les postes français de la ville — et pourtant, elles sont censées avoir duré vingt-quatre heures... Au contraire, de nombreux témoins s'accordent pour dire qu'au matin du 29 mai, « un calme inhabituel règne sur Damas » — ce qui n'a d'ailleurs rien d'étonnant, puisque le général Oliva-Roget lui-même déclarera n'avoir été attaqué que le 29 mai à 19 h 15, et avoir déclenché le bombardement immédiatement après [44]... Or, même le 29 mai au soir, les étrangers résidant à Damas n'ont vu aucune de ces « bandes d'émeutiers et unités constituées de la gendarmerie syrienne » qui auraient attaqué les Français ; quant au bâtiment de la délégation générale, sur lequel se serait concentré le gros de l'attaque, on s'apercevra après les combats que sa façade « ne porte pratiquement pas d'impacts de balles [45] ». Plus étrange encore est l'affirmation du général de Gaulle selon laquelle « les ministres syriens et leurs conseillers britanniques » auraient organisé et dirigé l'insurrection ; la personnalité même de ces ministres et celle du président syrien rendent cette hypothèse très peu vraisemblable. En outre, personne n'a réellement vu ces curieux conseillers britanniques, dont les conseils seraient absolument incompatibles avec la politique de leur gouvernement et celle de M. Terence Shone. Enfin, le Général écrit : « Dans la soirée du 30 mai, l'autorité française était maîtresse de la situation [...]. » C'est là une affirmation hardie ; à cette date, en effet, les autorités françaises ne sont *pas* maîtresses de la situation, et pire encore, elles ne sont même pas maîtresses de leurs propres troupes, qui vont bombarder la ville jusqu'au 31 mai, et continueront ensuite à tirer sans discrimination sur les civils, les édifices publics, les ambulances, les hôtels, l'école américaine, et même sur un train de la Croix-Rouge britannique. Personne ne conteste non plus que les troupes françaises, sénégalaises et les Troupes spéciales se sont livrées au pillage lors de ces journées et même après [46] ; enfin, de Gaulle ne fait pas état de l'affirmation du général Catroux selon laquelle le général Oliva-Roget, qui commande les troupes françaises, souffre d'« un état d'émotivité maladive [47] »...

Voilà qui n'est guère rassurant, mais entièrement confirmé par ses supérieurs et ses subordonnés : le général Beynet considérait en effet Oliva-Roget (de son vrai nom Olive) comme « un homme inapte », le colonel Valluy nous indiquera qu'« il paniquait dès qu'il entendait un coup de feu », et le comte de Lagarde, délégué adjoint, nous le décrira en ces termes : « C'était un homme nerveux et sans envergure, un primaire [47 bis]... » Certes, mais le 26 mai, c'est bien lui qui a convoqué un conseil de guerre, afin de préparer le bombardement de Damas. Le comte de Lagarde, qui y assistait, nous écrira ceci : « Durant ce conseil, [...] qui ne fut d'ailleurs que très superficiel [...], tous les officiers, sauf Oliva, furent contre ce bombardement. » De toute évidence, Oliva-Roget a décidé de passer outre, en déclarant finalement que « le premier incident qui éclatera à Damas fournira le prétexte au bombardement de la ville [47 ter] »...

Voilà qui éclaire d'un jour nouveau le déclenchement des hostilités trois jours plus tard, ainsi que les dramatiques événements qui ont suivi... Mais on ne trouvera pas trace de ces faits dans les *Mémoires* du général de Gaulle, qui a certainement jugé une telle version incompatible avec le prestige de la France... et donc indigne d'être retenue par l'Histoire ! A l'évidence, la thèse d'un complot britannique lui a paru nettement plus présentable... Laissons donc le Général poursuivre son récit :

« Pendant ces trois semaines d'émeute, les Anglais n'avaient pas bougé. Au Caire, sir Edward Grigg, leur ministre d'État chargé des Affaires d'Orient, et le général Paget, leur commandant en chef, étaient restés impassibles. Au Levant, le général Pilleau, commandant leur IXe armée, n'avait, à aucun moment, fait mine de mettre en œuvre les forces considérables dont il disposait partout. A Londres, régnait le silence [...]. Tout se passait, au fond, comme si nos " alliés " se bornaient à marquer les coups, tant qu'ils pensaient que les troupes spéciales nous refuseraient l'obéissance et que nous perdrions le contrôle des événements. Vingt-trois jours durant, les raisons qui, à en croire Churchill, les eussent justifiés à arrêter le conflit [...] ne les déterminèrent pas à sortir de leur passivité. Nous ne le leur demandions d'ailleurs pas. Mais, dès qu'ils virent que l'émeute s'effondrait, leur attitude changea tout à coup. L'Angleterre menaçante se dressa devant la France. Dans la soirée du 30 mai, Massigli, notre ambassadeur, fut convoqué par M. Churchill en présence de M. Eden. C'était pour recevoir une grave communication. Par la bouche du Premier ministre, le gouvernement britannique demandait au gouvernement français de faire cesser le feu à Damas et annonçait que, si le combat devait se poursuivre, les forces de Sa Majesté ne pourraient rester passives [48]. »

Tout cela peut en effet paraître assez perfide de la part des Anglais. Mais ce n'est encore qu'une bagatelle en comparaison de ce qui va suivre :

« Sitôt prévenu, poursuit le Général, je reconnus en moi-même que les nôtres, se trouvant dans le cas d'être attaqués à la fois par les troupes britanniques et par les insurgés syriens, étaient placés dans une situation qu'ils ne pourraient soutenir [...]. Notre action militaire avait donc atteint son but. Quels que pussent être les sentiments qui bouillonnaient dans mon âme, je jugeai qu'il y avait lieu de prescrire la suspension d'armes pour autant qu'on tirât encore et, tout en maintenant les positions acquises, de ne pas nous opposer aux mouvements que les troupes britanniques entreprenaient de leur côté. Georges Bidault [...] télégraphia dans ce sens à Beynet, le 30 mai à 23 heures, avec mon assentiment. L'ambassade britannique fut informée et Massigli reçut l'instruction d'en prévenir aussitôt Eden.

« Si, du côté britannique, il ne s'était réellement agi que d'obtenir le " cessez-le-feu ", on s'en serait tenu là. Mais on voulait bien autre chose. C'est pourquoi Londres, apprenant que les Français avaient décidé de suspendre l'emploi des armes, se hâta de déployer une mise en scène d'avance préparée en vue d'infliger à la France une humiliation publique. M. Churchill, évidemment informé de la fin du combat à Damas, allait lancer, après coup, un menaçant ultimatum, certain que nous ne pourrions y répondre par les moyens appropriés, voulant se poser à bon compte en protecteur des Arabes et espérant qu'en France la secousse entraînerait pour de Gaulle un affaiblissement politique, peut-être même la perte du pouvoir.

« Le 31 mai, à 4 heures, M. Eden lut à la Chambre des communes le texte d'un message qu'à l'en croire j'avais reçu du Premier ministre. Pourtant, le secrétaire d'État savait qu'à cette heure-là, je n'avais rien reçu du tout [49]. »

Le message de M. Churchill qui est lu aux Communes — et que le général de Gaulle ne recevra qu'une heure plus tard — est conçu dans les termes suivants : « Étant donné la grave situation qui s'est créée entre vos troupes et les États du Levant, et les durs combats qui ont éclaté, nous avons dû à notre profond regret ordonner au commandant en chef au Moyen-Orient d'intervenir en vue d'empêcher de nouvelles effusions de sang dans l'intérêt de la sécurité de l'ensemble du Moyen-Orient et des communications pour la guerre contre le Japon. En vue d'éviter toute collision entre les forces britanniques et les forces françaises, nous vous invitons à donner immédiatement aux troupes françaises l'ordre de cesser le feu et de se retirer dans leurs cantonnements. Quand le feu aura cessé et que l'ordre sera rétabli, nous serons disposés à commencer des discussions tripartites à Londres [50]. »

Ce message, et plus encore le retard avec lequel il a été remis, provoquent la fureur du Général : « Ce retard, écrira-t-il, qui ajoutait à l'insolence du texte une atteinte à tous les usages, ne pouvait avoir d'autre but que d'éviter que je puisse, à temps, faire connaître que le combat était arrêté à Damas et enlever tout prétexte à l'ultimatum anglais [51]. »

On ne peut s'empêcher d'admirer l'extraordinaire machiavélisme dont fait preuve M. Churchill dans cette affaire — à moins bien sûr que l'on ne relève toutes les inexactitudes qui émaillent le récit du général de Gaulle... Ainsi, rien ne permet de dire que les Britanniques sont intervenus parce que les Français avaient pris l'avantage sur les Syriens ; après un violent bombardement qui a fait à Damas près de 1 000 victimes — dont un certain nombre de ressortissants britanniques — il n'est pas déraisonnable de supposer que les Britanniques, qui ont toute une armée au Levant, se sont vus contraints d'intervenir pour des raisons humanitaires autant que politiques. D'ailleurs, tout indique que Churchill est moins enclin que jamais à se laisser entraîner dans une crise au Levant ; au soir du 30 mai, il a déclaré aux membres du Cabinet : « Nous voulons éviter d'employer la force contre des alliés » ; et il a ajouté : « Il ne faut à aucun prix que nous nous retrouvions dans une situation où nous aurions à endosser seuls la responsabilité de régler cette affaire » ; mais d'un autre côté : « Le monde arabe ne doit pas avoir l'impression que le gouvernement britannique n'a rien fait pour soutenir la Syrie et le Liban contre l'agression française [52]. » C'est ce soir-là que Churchill a rédigé le message qui sera adressé le lendemain au général de Gaulle, avec les résultats que l'on connaît... Ce même soir, Churchill a envisagé d'ordonner au commandant en chef pour le Moyen-Orient d'entrer dans Damas pour y rétablir l'ordre ; mais en fin de compte, il a décidé de ne rien faire avant d'avoir consulté le président Truman. De toute évidence, Churchill fait preuve dans cette affaire de la plus extrême modération.

La suite du réquisitoire que vient de faire le général de Gaulle est encore plus sujette à caution : « Londres, apprenant que les Français avaient décidé de suspendre l'emploi des armes, se hâta de déployer une mise en scène d'avance préparée en vue d'infliger à la France une humiliation publique. » Malheureusement, rien ne permet d'affirmer que le *Foreign Office* ait bien été informé de l'ordre de cesser le feu au matin du 31 mai — et certaines indications permettent même de supposer le contraire. Du reste, le commandement français à Damas n'en a peut-être pas été informé non plus, puisque la ville est toujours soumise à un intense bombardement ce matin-là — ce qui éclaire d'ailleurs d'un jour *nouveau* la phrase suivante du général de Gaulle : « M. Churchill, évidemment informé de la fin du combat à Damas, allait lancer, après coup, un menaçant ultimatum. » M. Churchill n'a pas pu être informé de la fin du combat à Damas avant de lancer son « ultimatum », puisque, à ce moment-là, les combats n'ont *pas* cessé à Damas... Les bombardements de l'artillerie et de l'aviation ont été interrompus vers midi, mais de très violents combats se sont poursuivis pendant tout l'après-midi. L'argument selon lequel Churchill aurait lancé son message en forme d'ultimatum avec l'intention expresse d'« infliger à la France une humiliation publique » après la fin des combats à Damas est donc bien difficile à admettre *.

Il reste à savoir quand l'ordre de cesser le feu contre les Syriens a réellement été donné. Les archives du général Beynet nous permettent de répondre à cette question : l'ordre a été donné le 31 mai à 23 h 25, et transmis aux divers centres de défense à Damas le 1er juin à une heure du matin, soit plus de neuf heures *après* la lecture du message de Churchill aux Communes ! Du reste, l'ordre était ainsi libellé : « En suite d'une intervention britannique, les commandants des centres doivent prendre toutes mesures pour qu'il ne soit plus tiré sans un ordre [52 bis]. »

Le 1er juin, de Gaulle envoie des instructions détaillées au général Beynet : ses troupes doivent maintenir les positions qu'elles occupent, et n'exécuter en aucun cas les ordres des Britanniques. Ce même jour, le général Paget, commandant en chef britannique, entre dans Beyrouth, et de Gaulle écrira :

« [...] Le général Paget vint à Beyrouth et remit au général

---

* Il reste malgré tout l'inexplicable retard apporté à la remise du message de Churchill au général de Gaulle dans l'après-midi du 31 mai. Mais c'est tout de même très insuffisant pour accréditer la thèse d'un complot antifrançais.

Beynet un ultimatum détaillé. Aux termes de ce document, l'Anglais, qui s'intitulait : " Commandant suprême sur le théâtre d'Orient ", bien qu'il n'y eût plus, à 10 000 kilomètres à la ronde de ce " théâtre ", un seul ennemi à combattre, déclarait " qu'il avait reçu de son gouvernement l'ordre de prendre le commandement en Syrie et au Liban ". A ce titre, il sommait les autorités françaises " d'exécuter sans discussion tous les ordres qu'il leur donnerait ". Pour commencer, il prescrivait à nos troupes " de cesser le combat et de se retirer dans leurs casernes ". Le général Paget avait déployé, à l'occasion de sa visite, une provocante parade militaire. Plusieurs escadrilles de chasse escortaient l'avion qui l'amenait à Beyrouth. Pour aller de l'aérodrome jusqu'à la résidence du délégué général français, il s'était fait précéder d'une colonne de tanks et suivre d'une file de véhicules de combat dont les occupants, en traversant la ville et passant devant nos postes, tenaient leurs armes braquées.

« Le général Beynet ne manqua pas de dire au général Paget, qu'en fait d'ordres, il n'avait à en recevoir que du général de Gaulle et de son gouvernement. Il fit remarquer que l'injonction de cesser le combat n'avait, pour l'heure, aucun objet, puisque c'était déjà fait sur l'ordre que lui-même, Beynet, avait donné d'après mes instructions. A présent, nos troupes resteraient là où elles étaient. Quant aux forces britanniques, elles pouvaient, aujourd'hui comme hier, aller et venir à leur guise. Nous ne nous y opposions pas. Le délégué général ajouta, cependant, qu'il espérait que Paget et ses troupes s'abstiendraient d'essayer de contraindre les nôtres et de prendre la responsabilité d'une déplorable collision. Pour sa part, il demeurait prêt à régler, comme auparavant, avec le commandement britannique les questions de cantonnements, de ravitaillement, de circulation, communes aux deux armées. Le général Paget, ses tanks, ses véhicules de combat, ses escadrilles, se retirèrent alors sans fracas [53]. »

Le lecteur de ces lignes aura inévitablement l'impression que les Anglais se sont livrés à une parade superflue de forces militaires disproportionnées, alors qu'un ordre parfait règne désormais dans tout le Levant ; la France, drapée dans sa dignité, a ensuite donné une bonne leçon à toute cette soldatesque, qui s'est retirée dans la crainte et la confusion. Malheureusement, tout cela est trop beau pour être entièrement véridique ; car à Damas, les colonnes blindées anglaises sont arrivées au moment où les troupes françaises ont pratiquement cessé de tuer les gendarmes et les civils syriens, mais continuent à piller allègrement la ville, tandis que les Syriens, fous de colère, commencent à assassiner les Français isolés et à faire main basse sur tout ce qui appartient aux Français. Dans ces conditions, personne à Damas et dans les autres villes syriennes ne déplore vraiment l'intervention britannique — pas même les civils français, qui devront être protégés de la vindicte populaire par les chars du général Paget. Et lorsque les escadrons méharistes des Troupes spéciales se mutineront contre leurs officiers français, beaucoup de ces derniers ne devront leur salut qu'à l'intervention britannique ; du reste, ils ne manqueront pas d'en faire état dans leurs rapports [54]. Durant les semaines qui suivent, les troupes du général Paget vont former un véritable écran entre Français et Syriens, et escorter les civils français hors des villes, où leur sécurité ne peut plus être assurée *.

Pour de Gaulle, tout cela ne compte pas. Du point de vue du prestige et de la souveraineté française — le seul qui compte —, il ne saurait y avoir de sentiment antifrançais au Levant ; les désordres ne sont que le fait de quelques agitateurs payés par Londres ; quant à l'intervention des militaires britanniques à partir du 1er juin, c'est un nouveau Fachoda, un grave affront à un allié affaibli, et la culmination d'une diabolique entreprise visant à supplanter les Français au Levant... C'est en tout cas ce que le Général laissera entendre lors de sa conférence de presse du 2 juin ; deux jours plus tard, il reçoit l'ambassadeur Duff Cooper et lui déclare sans préambule : « Nous ne sommes pas, je le reconnais, en mesure de vous faire actuellement la guerre. Mais vous avez outragé la France et trahi l'Occident. Cela ne peut être oublié [56]. » Et M. Duff Cooper notera : « Une entrevue orageuse. Il n'aurait pas été plus raide s'il nous avait déclaré la guerre. Il m'a dit que les soldats français au

---

* A cet égard, le procès-verbal de l'entretien qui réunira le général Beynet et le général Paget le 22 août 1945 est de nature à convaincre les plus sceptiques :

Général Paget : « J'ai reçu des instructions pour établir le plan de retrait des troupes anglaises au Levant. »

Général Beynet : « Je pose la question suivante : qui protégera nos intérêts après votre départ, puisque nous n'avons plus de rapports normaux avec la Syrie ? »

....

Général Beynet : « Il me semble qu'on aurait dû demander l'accord préalable du gouvernement français avant de donner ces instructions. »

Général Paget : « J'espère que vous n'avez pas de difficultés à Alep. »

Général Beynet : « Je ne vois pas quelles difficultés je pourrais avoir. Si les Syriens ne bougent pas, tant mieux. S'ils bougent, c'est vous qui êtes responsables. »

Général Paget : « Mais comment sortir de cette situation ? »

....

Général Beynet : « Je souligne [...] que si vous retirez vos troupes de Djezireh, il y a un risque énorme de massacre. »

Général Paget : « Nous ne nous retirerons pas tant qu'il y aura ce risque [55]. »

Levant avaient reçu l'ordre de rester sur leurs positions et d'ouvrir le feu sur les troupes syriennes ou britanniques, au cas où celles-ci voudraient recourir à la force. Nous nous sommes passablement échauffés. Il est réellement convaincu que les Britanniques ont créé cet incident de toutes pièces pour chasser les Français du Levant et prendre leur place [57]. »

La fureur du général de Gaulle se trouve exacerbée par le fait que les Français ne le soutiennent guère dans sa politique de « fermeté » au Levant ; la guerre en Europe est terminée, et personne ne veut s'engager dans un nouveau conflit pour une question de prestige — et moins encore contre la Grande-Bretagne, qui est extrêmement populaire en France à l'époque. C'est donc avec un dépit mal dissimulé que de Gaulle observe l'anglophilie de la presse, de l'Assemblée et de ses propres ministres [58] ; ainsi, M. Bidault s'oppose formellement à toute nouvelle initiative telle que le bombardement de Beyrouth [59], et se prononce plus que jamais en faveur d'un rapprochement franco-britannique *. Le général Beynet lui-même, indigné par la désastreuse initiative d'Oliva-Roget, menace de démissionner au cas où de Gaulle dénoncerait le *modus vivendi* qu'il vient d'établir avec le général Paget. A Paris, du reste, personne n'est vraiment tenu au courant des événements du Levant... et Georges Bidault nous déclarera : « Lorsqu'il [de Gaulle] consentait à nous en parler... il embrouillait tout ! Seul d'entre nous, Massigli osa évoquer l'affaire du Levant à l'été de 1945. Le général de Gaulle lui répondit : " Occupez-vous de vos oignons [59 bis] ! " »

Le Général poursuivra donc sa croisade solitaire contre la Grande-Bretagne, son ambassadeur et son Premier ministre ; il voit même la main de Churchill derrière ses difficultés avec les États-Unis au sujet de l'occupation des cantons italiens : « [...] L'Angleterre préparait, au Levant, la manœuvre décisive. Pour Londres, il était de bonne guerre de pousser d'abord Washington à chercher querelle à Paris [61]. » La méfiance instinctive du général de Gaulle envers les Britanniques l'éloigne parfois des réalités ; en outre, il semble foncièrement incapable de considérer d'un œil objectif la situation au Levant ; mais lorsqu'il s'agit de l'activité des *Britanniques au Levant*, alors le Général perd nettement le sens des proportions. On ignore s'il pardonna jamais à Churchill son

---

* L'ambassadeur des Pays-Bas à Paris, M. de With, écrit dans son rapport à La Haye : « Bidault m'a dit qu'il pourrait aisément régler la question du Levant si on le laissait faire — c'est-à-dire si de Gaulle ne s'en mêlait pas [60]. »

intervention en Syrie et au Liban cet été-là, mais rien n'est moins sur...

Le général de Gaulle aurait été fort surpris s'il avait pu voir les instructions envoyées au général Paget par le Premier ministre ; car dès le 3 juin, Churchill a écrit au commandant en chef : « Dès que vous serez maître de la situation, il vous faudra témoigner les plus grands égards aux Français. Nous sommes intimement associés avec la France en Europe, et votre plus grand triomphe sera d'établir une paix sans rancune. N'hésitez pas à demander tous les conseils dont vous pourriez avoir besoin en dehors du domaine des opérations militaires. On a signalé que des soldats français avaient été tués ; veuillez, je vous prie, prendre grand soin de les protéger [62]. »

La très grande modération de Churchill se reflète également dans le discours qu'il prononce aux Communes le 5 juin : « Lorsque des incidents regrettables comme ceux de Syrie se produisent entre deux nations aussi étroitement liées par le sentiment et les destinées que la France et la Grande-Bretagne, on constate le plus souvent que " moins on en parle, mieux cela vaut " [...]. Dans son discours du 2 juin, le général de Gaulle a laissé entendre que la crise au Levant était entièrement due à l'intervention des Britanniques. Il me semble que [...] loin d'avoir suscité une agitation au Levant [...] nous avons fait tout ce que nous pouvions pour y maintenir le calme, prévenir les malentendus, et amener les deux parties à se mettre d'accord [63]. »

Churchill écrira dans ses *Mémoires* qu'il « tenait beaucoup à ne pas causer aux Français plus de désagréments qu'il n'était absolument nécessaire », mais il ne dira rien de ses sentiments à l'égard du général de Gaulle — ce qui vaut sans doute mieux. M. Davies, l'envoyé spécial du président Truman, écrira à son retour de Londres que Churchill « en a par-dessus la tête du général de Gaulle [64] ». Il faut dire que les accusations fort injustes du Général à son endroit ont une fois de plus réveillé la gaullophobie latente du Premier ministre ; en outre, le 2 juin, en pleine querelle franco-américaine au sujet des cantons italiens, le général Doyen a envoyé une note menaçante à son homologue américain, le général Crittenberger : « J'ai reçu l'ordre d'empêcher par tous les moyens nécessaires, sans exception, l'installation d'un gouvernement militaire allié dans les territoires occupés par nos troupes et administrés par nous. » Apprenant cela, Churchill écrit immédiatement au président Truman : « N'est-il pas assez désagréable de s'entendre parler sur ce ton par le général de Gaulle, que nous avons réinstallé en France au prix de sacrifices non négligeables en vies humaines et en ressources américaines aussi bien que britanniques ? Et pourtant, notre politique envers la France est celle de l'amitié. » Churchill fera état de ce télégramme dans ses *Mémoires*, tout en omettant la dernière phrase : « C'est de Gaulle qui a besoin d'être corrigé [65]. »

De toute évidence, Churchill est tout disposé à administrer lui-même cette correction ; il recommande donc au président Truman de rendre publique la lettre que celui-ci vient d'écrire au général de Gaulle, pour l'avertir qu'aucune arme et aucun matériel américain ne seraient plus livrés à la France, car ils risqueraient d'être utilisés contre des soldats américains [66]. En fait, la sagesse finit par l'emporter, et le président Truman décide de ne pas rendre publique sa lettre au général de Gaulle ; mais Churchill lui écrit le lendemain : « Il me paraît certain que la publication de votre précédent message aurait provoqué le renversement de De Gaulle. L'ayant connu pendant cinq longues années, je suis convaincu qu'il est le pire ennemi que puisse avoir la France au milieu de ses malheurs. Je considère que le général de Gaulle constitue l'un des plus grands dangers qui menacent la paix de l'Europe. La Grande-Bretagne a davantage besoin que quiconque de l'amitié de la France, mais je suis certain qu'à long terme, aucune entente avec le général de Gaulle ne sera possible [67]. » Trois jours plus tard, il ajoute : « De Gaulle sera toujours un obstacle au rapprochement entre nous et la France [...]. La politique de provocation et de mépris qu'il poursuit actuellement à l'égard de la Grande-Bretagne et des États-Unis [...] ne peut aboutir qu'à des désastres incalculables [68]. »

Entre-temps, au *Foreign Office* comme au Quai d'Orsay, quelques diplomates dévoués s'efforcent toujours de convaincre les deux chefs d'État de la nécessité d'un traité franco-britannique, de négociations tripartites sur le Levant, et même d'une conférence à cinq sur le Proche-Orient. Mais de Gaulle ne veut pas d'une négociation tripartite, Churchill rejette l'idée d'une conférence à cinq, et ni de Gaulle ni Churchill ne veulent entendre parler d'un traité franco-britannique... A la mi-juin, de Gaulle continue d'exhaler sa rancœur à l'égard de l'intervention britannique au Levant, et Churchill clame à qui veut l'entendre son hostilité envers de Gaulle ; le 23 juin, le Premier ministre écrit à sir Alexander Cadogan, qui s'est prononcé une fois de plus en faveur de négociations franco-britanniques : « Rien ne presse. Les Français n'ont encore ni armée ni même les bases d'un gouvernement démocratique. D'ailleurs, la personnalité de De Gaulle constitue un obstacle décisif [...]. Je ne suis pas partisan d'une alliance avec la France à l'heure actuelle. Je n'ai pas l'intention de rencontrer le général de Gaulle ici, ni d'aller à Paris pour le voir [69]. »

En fait, c'est Churchill qui abandonnera le premier son attitude belliqueuse — après bien des hésitations il est vrai ; le 28 juin, moins d'un mois avant la conférence de Potsdam, l'ambassadeur Duff Cooper reçoit du *Foreign Office* le télégramme suivant : « Eu égard au climat d'incertitude qui préside actuellement à nos relations avec la France, le Premier ministre aimerait, avant de prendre une décision définitive au sujet des vacances qu'il compte passer en France à partir de la semaine prochaine, que vous obteniez du gouvernement français une confirmation du fait que sa venue ne serait pas indésirable [70]. » Le 12 juillet, nous trouvons Churchill à Hendaye, prenant un repos bien mérité en compagnie de quelques amis ; parmi ceux-ci, le consul de Grande-Bretagne, Bryce Nairne, et un Canadien, le général Brutinel, qui tentent tous deux de l'amener à reprendre contact avec le général de Gaulle. Dans son journal, lord Moran notera la réaction du Premier ministre :

« De Gaulle serait ravi de pouvoir lui infliger une nouvelle rebuffade. D'ailleurs, le moment se prête moins que jamais à une telle démarche : nous sommes à la veille de la conférence de Potsdam, à laquelle de Gaulle n'est pas invité. Le général Brutinel a attendu patiemment que Churchill se soit calmé, puis a expliqué qu'il voulait seulement proposer à de Gaulle de venir rencontrer le Premier ministre. Winston n'a rien voulu entendre. De Gaulle, a-t-il dit, avait envoyé à Roosevelt un télégramme pour lui demander son aide. Il faisait confiance à l'Amérique pour ne pas s'emparer des colonies françaises, mais il ne faisait pas confiance à la Grande-Bretagne. Et cela, ajoute Winston avec mépris, à un moment où nous expédions tant d'hommes pour aider la France. Non, décidément, il ne le rencontrerait pas. Le général Brutinel en est resté interloqué. Après tout, c'est bien le Premier ministre qui a commencé toute cette histoire ; c'est bien lui qui a proposé de s'arrêter à Paris sur le chemin de Berlin afin de rencontrer de Gaulle. Puis, il a réfléchi et s'est dit qu'il risquerait de subir un affront. Si les rôles avaient été inversés, marmonne le Premier ministre, si par exemple de Gaulle avait séjourné en Écosse, lui [Winston], lui aurait envoyé un télégramme pour lui souhaiter la bienvenue et s'enquérir de ce qu'il pouvait faire pour lui. De Gaulle n'avait rien fait de tel. Après bien des hésitations et d'interminables digressions, il a décidé de ne rien faire jusqu'à l'arrivée de Duff Cooper [...] [71]. »

L'ambassadeur, qui arrive cet après-midi-là, notera dans son propre journal : « Le Premier ministre voulait me consulter quant à l'opportunité d'une démarche auprès du général de Gaulle. Il s'agirait pour moi de suggérer au Général d'avoir un entretien dimanche avec le Premier ministre, si celui-ci faisait escale à Paris sur le chemin de Berlin Je me suis prononcé catégoriquement en faveur de ce projet. Les Français ont maintenant placé les Troupes spéciales sous autorité syrienne, et si seulement nous arrivions maintenant à un accord sur l'évacuation simultanée du Levant par les Anglais et les Français, toute l'affaire pourrait se régler sans les atermoiements et les difficultés d'une conférence internationale. Nous avons fait plusieurs fois le tour de la question avant et après dîner, et le Premier ministre a changé d'avis à plusieurs reprises, mais lorsque nous sommes enfin allés dormir à 2 heures du matin, je l'avais convaincu et j'avais la permission d'entreprendre la démarche à Paris.

« Il fallait partir tôt, car je n'avais pas de temps à perdre si je voulais accomplir ma mission avec succès [...] J'ai quitté l'aérodrome de Parme * à 10 heures du matin et je suis arrivé à Paris à 12 h 30. Un messager du Premier ministre m'attendait à l'ambassade. Il disait que je ne devais rien entreprendre dans le sens de ce dont nous avions parlé la veille [72]. »

C'est ainsi que les deux hommes d'État ne se rencontreront pas avant la conférence de Potsdam. Certes, le mal n'est pas bien grand, car leur rencontre aurait probablement dégénéré en une nouvelle confrontation au sujet du Levant et de quelques problèmes annexes ; et pourtant, à la conférence de Potsdam deux jours plus tard, alors que Staline et Truman déclarent d'emblée qu'ils sont venus « pour évoquer les affaires du monde », et non « pour entendre Tito, de Gaulle et Franco [73] », la France aura malgré tout un défenseur acharné en la personne de Winston Churchill. Et lorsque les Soviétiques présenteront à la conférence un projet de résolution fort peu conforme aux intérêts de la France au Levant, personne ne se lèvera pour protester — si ce n'est le Premier ministre de Grande-Bretagne, celui-là même qui, d'après le général de Gaulle, s'est efforcé depuis 1941 d'expulser la France du Levant...

Churchill : « Eu égard aux liens historiques qui unissent de longue date la France à la Syrie et au Liban, nous n'avons pas vu d'objections à ce que la France obtienne une position privilégiée dans ces pays, à condition que cela se fasse avec l'accord des gouvernements syrien et libanais. Nous avons fait savoir au général de Gaulle que nous retirerions nos troupes du Levant dès qu'il aurait

---

* Il s'agit sans doute de Pau.

conclu un traité satisfaisant avec la Syrie et le Liban. Le retrait de nos troupes à l'heure actuelle entraînerait à coup sûr le massacre des civils et des militaires français au Levant. Nous déplorerions une telle éventualité. Cela créerait une grande effervescence à travers tout le monde arabe, et compliquerait sérieusement la tâche du maintien de l'ordre en Palestine et en Iraq. L'Égypte pourrait également s'en trouver affectée. Tout cela ne pourrait arriver à un plus mauvais moment. Les lignes de communication passant par le canal de Suez se trouveraient menacées ; or c'est par là qu'est acheminé le ravitaillement anglais et américain pour la guerre contre le Japon. Le général de Gaulle a été fort mal avisé d'agir comme il l'a fait dans cette région, en dépit de nos conseils et de nos exhortations. Ce sont les 500 soldats amenés par le navire qui ont causé l'explosion. C'est l'étincelle qui a mis le feu aux poudres. Mais dernièrement, de Gaulle a accepté de remettre les Troupes spéciales au gouvernement syrien, et je pense que nous pourrons conclure avec lui, sinon un accord, du moins un règlement quelconque garantissant l'indépendance de la Syrie et du Liban, tout en reconnaissant les intérêts culturels et commerciaux dont la France dispose depuis si longtemps dans ces pays.

« Je répète que la Grande-Bretagne ne restera pas là-bas un jour de plus qu'il n'est nécessaire. Nous serons très heureux de nous décharger de la tâche ingrate que nous avons assumée dans l'intérêt de nos alliés aussi bien que dans le nôtre. Eu égard aux pays concernés, nous ne sommes pas favorables à l'idée d'une conférence qui réunirait les États-Unis et l'Union soviétique en plus de la Grande-Bretagne et de la France. Après tout, nous avons porté tout le fardeau sans aucune aide... »

Eden (l'interrompant) : « Si ce n'est l'encouragement diplomatique des États-Unis. »

Churchill (reprenant) : « Si les États-Unis désirent prendre notre place, c'est une autre affaire. »

Truman : « Non merci, M. Churchill... Néanmoins, il est un point sur lequel nous sommes en léger désaccord avec le Premier ministre. Nous pensons que dans cette région, chaque État devrait avoir droit à un traitement identique, sans que l'un d'eux puisse se prévaloir d'un statut privilégié. »

Staline : « Et ce serait également valable pour la France ? »

Truman : « Oui. »

Staline : « Dois-je en déduire que mes collègues ne reconnaissent pas à la France de privilèges spéciaux dans cette région ? »

Truman : « En ce qui me concerne, certainement pas. »

Churchill : « Quant à nous, nous aimerions que la France jouisse là-bas d'une position privilégiée. Nous y avons consenti alors que nous étions faibles. Nous ne pouvons revenir sur notre parole. Pourtant, cet accord n'engageait que le Royaume-Uni. Nous ne prendrons nous-mêmes aucune mesure concrète pour aider la France à obtenir ces privilèges. Si elle y parvient, nous en serons fort aise. »

Staline : « Et de qui la France tiendra-t-elle ces privilèges ? »

Churchill : « De la Syrie et du Liban. »

Staline : « Uniquement de la Syrie et du Liban ? »

Churchill : « Uniquement. Les Français ont là-bas des intérêts considérables. Ils ont même une chanson qui dit : " Pars (partant ?) pour la Syrie " (*Rires*). Leurs intérêts là-bas remontent aux croisades. »

Truman : « Les États-Unis sont d'avis de donner des droits égaux à tous les États. »

Churchill : « Empêcherez-vous la Syrie d'accorder des privilèges à la France ? »

Truman : « Non, mais nous sommes certains que les Syriens ne donneront pas de privilèges à la France. »

Staline : « Les Syriens montrent quelque réticence à le faire (*Rires*). Je remercie M. Churchill pour l'explication très complète qu'il a bien voulu nous donner sur ce sujet, et je me fais un plaisir de retirer ma proposition [74]. »

On ignore si le général de Gaulle a été informé de cette intervention du Premier ministre en faveur de la France ; si oui, il n'y a sans doute pas cru, ou peut-être a-t-il estimé que c'était là un nouveau piège tendu par la perfide Albion à la France en détresse... Quoi qu'il en soit, il n'en fait aucune mention dans ses *Mémoires*. Pendant ce temps, à Potsdam, les trois Grands poursuivent leurs conversations au sujet des futurs traités de paix, de la délimitation des frontières allemandes et polonaises, du traitement réservé à l'Allemagne et de la guerre contre le Japon. A cette occasion, de nombreuses concessions seront faites à l'Union soviétique ; certaines d'entre elles étaient inévitables, d'autres non, et toutes seront amèrement regrettées peu de temps après. Quant à Winston Churchill, il n'assistera pas à la fin de la conférence ; le 25 juillet 1945, les électeurs britanniques donnent une écrasante majorité au parti travailliste, et le lendemain même, Churchill abandonne ses fonctions.

Le général de Gaulle ne se montre pas étonné de ce désaveu inattendu :

« Pour les esprits portés aux illusions du sentiment, cette disgrâce, infligée soudain par la nation britannique au grand homme qui l'avait glorieusement menée jusqu'au salut et à la victoire, pouvait paraître surprenante. Il n'y avait là, cependant, rien qui ne fût conforme à l'ordre des choses humaines. Car, dès lors que la guerre cessait, l'opinion et la politique dépouillaient la psychologie de l'union, de l'élan, du sacrifice pour écouter les intérêts, les préjugés, les antagonismes. Winston Churchill, y perdait, non certes son auréole ni sa popularité, mais bien l'adhésion générale qu'il avait obtenue comme guide et comme symbole de la patrie en danger. Sa nature, identifiée à une magnifique entreprise, sa figure, burinée par les feux et les froids des grands événements, devenaient inadéquates au temps de la médiocrité [75]. »

Pourtant, ce masque d'impassibilité dissimule chez le Général des sentiments contradictoires :

« Ce départ facilitait, à certains égards, les affaires françaises ; à d'autres, non. En tout cas, j'y assistai avec mélancolie. Il est vrai qu'au sein de l'alliance, Churchill ne me ménageait pas. En dernier lieu, au sujet du Levant, son comportement avait même été celui d'un adversaire. En somme, il m'avait soutenu aussi longtemps qu'il me prenait pour le chef d'une fraction française qui lui était favorable et dont il pourrait se servir. D'ailleurs, ce grand politique ne laissait pas d'être convaincu que la France restait nécessaire et cet exceptionnel artiste était certainement sensible au caractère de ma dramatique entreprise. Mais, quand il avait vu en moi la France comme un État ambitieux qui paraissait vouloir recouvrer sa puissance en Europe et au-delà des mers, Churchill avait, naturellement, senti passer dans son âme quelque souffle de l'âme de Pitt. Malgré tout, ceci demeurait d'essentiel et d'ineffaçable, que, sans lui, ma tentative eût été vaine dès le départ et qu'en me prêtant alors une main forte et secourable il avait, au premier chef, aidé la chance de la France.

« L'ayant beaucoup pratiqué, je l'avais fort admiré, mais aussi souvent envié. Car, si sa tâche était gigantesque, du moins se trouvait-il, lui, investi par les instances régulières de l'État, revêtu de toute la puissance et pourvu de tous les leviers de l'autorité légale, mis à la tête d'un peuple unanime, d'un territoire intact, d'un vaste Empire, d'armées redoutables [...]. Cependant, si différentes que fussent les conditions dans lesquelles Churchill et de Gaulle avaient eu à accomplir leur œuvre, si vives qu'aient été leurs querelles, ils n'en avaient pas moins, pendant plus de cinq années, navigué côte à côte, en se guidant d'après les mêmes étoiles, sur la mer démontée de l'Histoire.

« La nef que conduisait Churchill était maintenant amarrée. Celle dont je tenais la barre arrivait en vue du port. Apprenant que l'Angleterre invitait à quitter son bord le capitaine qu'elle avait appelé quand se déchaînait la tempête, je prévoyais le moment où je quitterais le gouvernail de la France, mais de moi-même, comme je l'avais pris [76]. »

Le moment n'est pas encore venu. Cet été-là, le général de Gaulle va se rendre en Allemagne pour inspecter les troupes françaises et superviser l'installation d'une zone française d'occupation. Au milieu du mois d'août, le Japon a cessé le combat, tandis qu'en Europe, la précarité de la paix apparaît chaque jour davantage. Un mois plus tôt, le général de Gaulle avait accepté de se rendre à Washington sur l'invitation du président Truman : « Il était naturel que le président Truman eût hâte de consulter la France [77] », écrira le Général sans modestie excessive. La visite commence le 22 août, et les entretiens des deux hommes d'État porteront sur de très nombreux sujets : l'internationalisation de la Ruhr, la menace soviétique, la position française en Indochine, l'avenir des colonies françaises, et bien sûr la situation au Levant — de Gaulle en profitera d'ailleurs pour souligner « le caractère déplorable de l'intervention britannique [78] ». Le président Truman et le général de Gaulle se sépareront dans les meilleurs termes, après une explication franche et cordiale... qui bien entendu ne débouchera sur rien de concret, le président Truman n'ayant pas la moindre intention de traiter la France comme une grande puissance...

Le général de Gaulle se rend ensuite au Canada, où la population et les autorités lui réservent un accueil triomphal ; le 28 août, il a un long entretien en tête à tête avec le Premier ministre canadien MacKenzie King, qui notera dans son journal : « De Gaulle m'a fait clairement comprendre [...] qu'à son avis, Churchill et le Président s'étaient montrés bien trop généreux à l'égard de la Russie lors de la conférence de Potsdam [...]. Quand j'ai parlé de Churchill, il s'est contenté de dire " le pauvre Churchill ", voulant sans doute dire par là qu'il compatissait à sa défaite, tout en se gardant bien d'exprimer un jugement sur lui par ailleurs [79]. »

En Grande-Bretagne, pendant ce temps, une nouvelle équipe a pris les rênes du pouvoir ; au *Foreign Office*, Ernest Bevin expose sa politique à l'égard de la France, et Oliver Harvey note le 13 août : « Faisant état de la rivalité personnelle qui a opposé de Gaulle à Winston Churchill, il [Bevin] a déclaré qu'il n'avait quant à lui ni amour-propre * ni préjugés de ce genre, mais qu'il se proposait

---

* En français dans le texte.

d'établir de meilleures relations avec la France ainsi qu'avec les autres États de l'Europe occidentale. Il s'attachera tout spécialement à promouvoir les échanges avec la France et à entretenir de bonnes relations avec les divers ministres français. Il s'efforcera de renforcer leur position, afin qu'ils puissent faire contrepoids à la politique personnelle de De Gaulle [80]. » On ne peut pas dire que ce soit là une politique bien nouvelle — c'est très exactement ce que Churchill a essayé de faire au cours des cinq années précédentes, avec les résultats que l'on connaît...

Winston Churchill est redevenu un simple citoyen — un simple citoyen peu ordinaire, il est vrai. Depuis son siège aux Communes, il continue à porter aux affaires étrangères un intérêt vigilant ; francophile impénitent, il a gardé de nombreux contacts outre-Manche. Le 25 octobre, l'ambassadeur Duff Cooper écrit au nouveau Premier ministre, Clement Attlee, que Churchill se rendra à Bruxelles le 15 novembre, afin d'y recevoir la distinction de citoyen d'honneur de la ville. Mais l'ex-Premier ministre a également l'intention de s'arrêter à Paris pour y rencontrer « quelques-uns de ses vieux amis » — en l'occurrence Édouard Herriot et Léon Blum *. Duff Cooper s'empresse d'ajouter qu'il n'est pas question d'une rencontre avec un autre « vieil ami » : « A mon avis, écrit-il, ce serait inutile, voire nuisible. D'ailleurs, je doute que les deux grands hommes tiennent vraiment à se rencontrer [81]. »

Pour une fois, l'ambassadeur Duff Cooper se trompe complètement, car les deux grands hommes tiennent absolument à se rencontrer — ce qu'ils feront le 13 novembre 1945... Ce jour-là, à Paris, l'Assemblée constituante doit élire le président du gouvernement ; le général de Gaulle s'est volontairement tenu à l'écart des débats qui ont précédé, il n'a pas présenté de programme, il n'a même pas présenté sa candidature : « On me prendrait comme j'étais, ou on ne me prendrait pas [82]. » Ainsi, le Général ne se montre guère préoccupé par les résultats du vote qui doit s'exprimer cet après-midi-là, et Churchill sera accueilli par un hôte détendu et souriant : « Nous avons déjeuné avec le général de Gaulle, note Duff Cooper dans son journal. Il portait un costume bleu foncé, qui lui allait infiniment mieux que l'uniforme. Jamais je ne l'ai tant aimé ni admiré. Il était souriant et prévenant, et il a traité Winston avec bien plus d'égards que lorsque celui-ci était Premier ministre. Et bien que tout son avenir se soit joué ce jour-là,

---

* Churchill doit également prendre son siège à l'Académie des sciences morales et politiques, où il vient d'être élu.

et presque à cette heure [...] il était parfaitement détendu ; plus encore, on aurait dit un gentilhomme campagnard vivant à cent lieues des problèmes de la capitale. Aucune interruption, aucun appel téléphonique, aucun message, aucun va-et-vient de secrétaires, rien qui permette d'indiquer qu'il se passait quelque chose d'extra-ordinaire. Et pourtant, Winston a tenu à rester jusqu'à 15 h 30 pour évoquer le passé, alors que l'Assemblée se réunissait à 15 heures. Lorsqu'il a pris congé, le Général l'a accompagné jusqu'à la porte d'entrée, et il s'est incliné au moment où la voiture est partie [83]. »

Cet après-midi-là, le général de Gaulle est élu président du gouvernement à l'unanimité de l'Assemblée.

17

Entente cordiale

Au soir du 13 novembre 1945, Winston Churchill apprend les résultats de l'élection, et envoie au général de Gaulle une lettre pleine d'enthousiasme. Se souvenant de la phrase de Plutarque, « l'ingratitude envers les grands hommes est la marque des peuples forts », il écrit : « Plutarque a menti ! » Mais le général de Gaulle, lui, reste sceptique. « [...] Je savais, écrira-t-il, que le vote était une révérence adressée à mon action passée, non point du tout une promesse qui engageât l'avenir [1]. » Rien n'est plus exact ; le Général n'a pas plus tôt formé son gouvernement qu'il se trouve en butte à l'hostilité des socialistes, aux ambitions des communistes, à la méfiance des radicaux, à la passivité de la droite, aux intrigues de l'Assemblée et à l'agitation des syndicats. C'est avec un dépit mal dissimulé que le Général assiste à ce retour aux pratiques désastreuses du passé ; il faut dire qu'ayant exercé une autorité sans partage sur la France Libre à l'heure du péril, il se sent mal à l'aise au milieu des querelles politiques mesquines et des interminables problèmes d'intendance qui agitent la France d'après-guerre. « Je n'ai pas sauvé la France pour m'occuper de la ration de macaronis ! » déclare-t-il à Georges Bidault [2]. D'ailleurs, il y a autre chose : l'Assemblée a été élue pour préparer une constitution, et le projet qu'elle est en train de rédiger est aussi éloigné que possible de ce que souhaiterait le général de Gaulle ; il y aura une assemblée omnipotente, un exécutif entièrement subordonné à l'assemblée, et un président réduit au rôle de figurant. Ce projet doit être soumis au référendum populaire en avril 1946 ; or de Gaulle, en tant que président du gouvernement, ne peut ni le modifier ni l'attaquer. Par contre, en donnant sa démission, il reprendrait toute sa liberté d'action et pourrait expliquer toute l'affaire au peuple français... Le 1er janvier, un débat particulièrement pénible se tient à l'Assemblée ; quelques heures avant le vote final du budget pour 1946, les socialistes demandent un abattement de 20 % sur les crédits prévus pour la Défense nationale ! Le Général, écœuré, comprend qu'il ne peut décidément plus présider aux destinées d'une Quatrième République qui devient chaque jour davantage une réplique de la Troisième... Après avoir envisagé un moment, puis rejeté la solution du coup d'État *, le général de Gaulle remet sa démission le 20 janvier 1946 **.

Ayant démissionné, de Gaulle s'attend à être rappelé au pouvoir par un gigantesque mouvement populaire. Mais rien ne se produit, et depuis sa retraite, le Général va se lancer dans une croisade solitaire contre les institutions défectueuses de la Quatrième République — une croisade qui durera douze ans. Il connaît un succès initial lorsque le premier projet de constitution est rejeté par le peuple français en mai 1946, mais cinq mois plus tard, le second projet est adopté, bien qu'il ne soit pas essentiellement différent du premier... Malgré tout, de Gaulle s'attend à être rappelé au pouvoir dès l'avènement d'un nouveau conflit mondial ; la proclamation de la Doctrine Truman, l'échec de la conférence des ministres des Affaires étrangères à Moscou en avril 1947 et celui de la conférence de Londres huit mois plus tard, la création du Kominform, enfin le début du blocus de Berlin en juillet 1948 semblent indiquer que ce conflit n'est pas très éloigné. Entre-temps, de Gaulle a lancé le Rassemblement du peuple français, un mouvement de masse conçu pour s'opposer au régime des partis — et pour ramener de Gaulle au pouvoir. Pourtant, le RPF et son chef prestigieux ne parviendront pas à rassembler les Français sous le signe de la Croix de Lorraine ; la droite reproche à de Gaulle sa politique de nationalisations, la gauche l'accuse d'avoir des visées fascistes ; il se heurte également à la coalition de la « Troisième Force », qui rassemble socialistes, radicaux et MRP, et dont la position s'est trouvée considérablement renforcée par les effets économiques salutaires du plan

---

* En avril 1946, le colonel Passy confiera à un diplomate américain : « Si le Général avait pu rassembler autour de lui 10 000 hommes fidèles et décidés — comme l'avaient fait les communistes — il aurait pris le pouvoir par un coup d'État. Mais les hésitations et la réticence du Général avaient rendu la chose impossible [3]. »

** En décembre, puis au début de janvier 1946, de Gaulle s'était violemment opposé à son ministre des Affaires étrangères au sujet du Levant. Le 15 décembre, les diplomates français et britanniques avaient conclu un accord préliminaire, qui prévoyait l'évacuation simultanée de la Syrie par les Français et les Britanniques. Le 4 janvier, de Gaulle dénonce ce « soi-disant accord » qui « apparaît comme une tromperie » [4].

Marshall. Enfin, le RPF lui-même est bientôt affaibli par des querelles intestines et par l'adhésion d'éléments plutôt douteux...

Pour toutes ces raisons, de Gaulle se trouve de plus en plus isolé dans sa croisade contre les institutions de la Quatrième République ; pourtant, il n'en continue pas moins à dénoncer la toute-puissance de l'Assemblée, la paralysie de l'exécutif, la tragi-comédie des gouvernements qui se font et se défont à une cadence accélérée, et les politiques inconsistantes qui émergent de la confusion générale. Ainsi que l'on pouvait s'y attendre, le Général va diriger ses attaques les plus virulentes contre la politique étrangère du régime, qu'il considère comme incompatible avec la sécurité et la souveraineté de la nation française ; c'est ainsi qu'il dénoncera les prises de position des gouvernements successifs au sujet de l'Indochine, de l'Allemagne, du Conseil de l'Europe, de l'OTAN, du plan Schuman et de la Communauté européenne de défense. Mais après avoir attaqué en termes très vifs la politique des Alliés consistant à créer une administration centrale allemande, susceptible de devenir « le noyau d'un nouveau Reich », de Gaulle finit par accepter l'idée d'une nouvelle Europe qui se formerait autour de la France et de l'Allemagne ; c'est ainsi que lorsque le nouveau chancelier allemand Konrad Adenauer propose au début de 1950 la création d'une union franco-allemande, de Gaulle réagit avec enthousiasme à l'idée de « reconstruire l'empire de Charlemagne ».

Bien entendu, le Général attaque avec une vigueur toute particulière le projet de Communauté européenne de défense, qui priverait la France de l'un des attributs essentiels de la souveraineté : son armée, qui disparaîtrait au sein d'un cohorte multinationale échappant à toute autorité — ou pire encore, subordonnée à celle des États-Unis... Comme les Américains et les Britanniques s'efforcent à l'époque de promouvoir ce projet par tous les moyens possibles, ils deviennent rapidement la cible privilégiée des attaques et des sarcasmes du général de Gaulle, au même titre que les institutions et les hommes de la Quatrième République... Le 12 novembre 1953, de Gaulle lance une de ses plus violentes attaques contre la Communauté européenne de défense et contre « les Ango-Saxons » : « Rien, en effet, n'est curieux comme les interventions publiques ou dissimulées des États-Unis pour contraindre notre pays à ratifier un traité qui le voue à la déchéance [...]. Sacrifier sa souveraineté, livrer ses soldats à la discrétion des autres, perdre ses dominions, cela est bon pour Paris, et non pour Londres ! [...] C'est que l'Angleterre ne tient pas à être, le cas échéant, engagée sur le conti-

nent, sauf sous la forme de quelques divisions et de quelques escadrilles. Voyant que les États-Unis ne s'y engagent, eux aussi, que
d'une manière très limitée, elle n'a aucune confiance dans ce qui
arriverait, au début d'un conflit, sur le sol de ce que Churchill
appelle par avance " l'infortuné continent ". [...] Sans doute
laissera-t-elle quelques forces en Allemagne. Sans doute aura-t-elle
auprès de la " Communauté de défense " des observateurs attentifs.
Il est bon d'être informé, surtout quand cela n'engage pas à
grand-chose, et il n'est pas désagréable de prendre place comme
invité d'honneur au banquet d'une société dont on n'est pas coti-
sant [...]. Enfin, si la France tient essentiellement à séparer son sort
de celui des territoires d'outre-mer, eh bien, ma foi ! qu'elle le fasse !
Il pourrait, en cas de crise mondiale, en sortir une situation dans
laquelle se présenteraient, par exemple, à lord Louis Mountbatten,
commandant en chef en Méditerranée occidentale, à lord Alexander,
vicomte de Tunis [...] certaines possibilités d'autant plus acceptables
qu'on ne l'aurait pas fait exprès [5] ! »

Mais à cette époque, le mouvement du général de Gaulle s'est
pratiquement désintégré. En mars 1952, 27 membres du RPF ont
voté l'investiture de M. Antoine Pinay ; un an plus tard, les élections municipales s'avèrent catastrophiques pour le RPF, qui
sombre dans l'insignifiance. Les députés gaullistes, regroupés au
sein de l'Union républicaine d'Action sociale, vont entrer dans la
mêlée politique en se joignant aux coalitions, et même à plusieurs
gouvernements de la Quatrième République. Quant au général de
Gaulle, il est plus isolé que jamais, et il ne semble pas avoir la
moindre chance d'accéder un jour au pouvoir...

En Grande-Bretagne, Winston Churchill est entré dans l'opposition bien plus tôt que le général de Gaulle ; il en sortira bien plus
tôt aussi. Mais lorsqu'il est éloigné du pouvoir, Churchill parle
davantage en conseiller qu'en détracteur ; ainsi, lors du fameux discours de Fulton au printemps de 1946, il met en garde ses compatriotes contre le danger mortel de l'expansionnisme soviétique. Six
mois plus tard, à Zurich, il déclare : « Nous devons édifier en
quelque sorte les États-Unis d'Europe. » Et il ajoute : « Je vais vous
dire une chose qui va vous étonner. La première étape de la recons-
titution d'une famille de nations européennes doit être l'avènement
d'une entente franco-allemande. C'est seulement ainsi que la
France pourra exercer à nouveau son autorité morale sur l'Europe.
Et l'Europe ne saurait se reconstituer sans le rayonnement spirituel
de la France et de l'Allemagne [6]. »

Ainsi, vingt ans après avoir déclaré : « Nous devons employer notre influence à réduire l'antagonisme séculaire [...] qui sépare la France et l'Allemagne [7] », Churchill se prononce une fois de plus en faveur d'une réconciliation franco-allemande ; et tout comme autrefois, il défend cette idée avec une fougue et une éloquence remarquables. Le 14 mai 1947, il déclare à l'Albert Hall : « Aujourd'hui, l'Allemagne se tient prostrée et affamée au milieu des ruines. Elle ne peut évidemment prendre aucune initiative. La France et la Grande-Bretagne se doivent de montrer l'exemple. C'est à elles de tendre une main amicale au peuple allemand et de le ramener dans la famille des nations européennes [8]. » Et en octobre de l'année suivante, il répète : « J'espère que la France, actuellement en proie à la confusion et à la faiblesse politiques, trouvera une solution à ses problèmes et assumera un rôle dirigeant en Europe, en tendant la main à son ennemi millénaire... [9] » Enfin, le 28 mars 1950, il déclare à la Chambre des communes :

« Le Conseil de l'Europe va se réunir prochainement à Strasbourg [...]. J'aimerais faire une recommandation devant cette Chambre : nous devons faire tout ce qui est en notre pouvoir pour encourager et promouvoir une réconciliation franco-allemande, qui sera un premier pas vers l'unité, ou peut-être même vers une certaine forme d'union. La France et la Grande-Bretagne, toutes deux durement éprouvées, peuvent s'unir et trouver ainsi la force d'amener l'Allemagne, qui a été plus dévastée encore, à s'associer durablement avec eux en tant que partenaire égal [10]. »

Douze jours plus tôt, nous l'avons vu, le Général a accueilli chaleureusement l'appel du chancelier Adenauer en faveur d'une union franco-allemande. Cela n'a pas échappé à Churchill, qui ajoute :

« Le général de Gaulle [...] vient de se prononcer au sujet des relations franco-allemandes. Mes collègues de la Chambre savent bien que je n'ai pas toujours été entièrement d'accord avec ce grand patriote français, qui plus que tout autre a incarné au cours de cette guerre l'âme de la France et sa volonté de vivre. Il n'est personne en France qui aurait pu s'opposer avec plus de vigueur et plus de succès à une réconciliation entre les peuples français et allemand [...]. Au lieu de cela, qu'a-t-il déclaré ? Il s'est prononcé sur la proposition d'union économique entre la France et l'Allemagne faite par le Dr Adenauer, et je vais vous lire ses mots : " Il y a trente ans, je puis vous le dire, que je suis avec intérêt et considération les actes et les propos de Konrad Adenauer. Il m'a semblé à plusieurs reprises percevoir, dans ce que dit ce bon Allemand, une sorte d'écho à l'appel de l'Europe, ruinée, disloquée, sanglante et qui appelle ses enfants à s'unir. "

« Certains diront peut-être que la proposition du Dr Adenauer visant à l'instauration d'une union économique entre l'Allemagne et la France est prématurée, peu assurée, et insuffisamment étudiée. Pourtant, c'est là un pas dans la bonne direction. Il est vrai que nous voulons bien davantage, mais il n'en demeure pas moins que le discours du général de Gaulle et celui du Dr Adenauer prennent tous deux une dimension historique [11]. »

Ainsi, alors que de Gaulle et Churchill sont en désaccord complet au sujet de la Communauté européenne de défense, du Conseil de l'Europe, de l'OTAN, du plan Schuman * et de bien d'autres choses encore, ils s'accordent du moins pour reconnaître la nécessité d'une participation de l'Allemagne à l'Europe nouvelle... A la fin de l'année suivante, Winston Churchill, redevenu Premier ministre, s'efforce de renouer les liens privilégiés qu'il a entretenus avec les États-Unis au cours de la guerre ; il restera en fonction jusqu'en 1955. Pendant ce temps, le général de Gaulle, déçu par l'échec du RPF, dépité par l'attitude des députés gaullistes, écœuré par la politique inconsistante de gouvernements éphémères, s'est retiré à Colombey-les-Deux-Églises ; il y écrira ses Mémoires, et attendra impatiemment le moment de son retour aux affaires. Mais en 1955, ce moment semble plus éloigné que jamais, et le Général lui-même ne s'attend plus guère à jouer un rôle dans la vie politique de son pays — à moins, dira-t-il, « d'une crise assez violente ».

Le général de Gaulle continue à correspondre irrégulièrement avec Winston Churchill au cours de cette longue traversée du désert. En outre, une sorte de dialogue par personne interposée se poursuivra longtemps entre les deux hommes, et le passé y occupera davantage de place que le présent. Ainsi, quelqu'un lui ayant dit que Churchill avait reconnu que le Général était un grand homme, de Gaulle répond simplement : « Ah ! Il a dit ça, le monstre de Downing Street [12] ** ? » On lui rapporte également ces propos de Churchill : « Pendant la guerre, ma plus lourde croix a été la Croix de Lorraine » ; et le Général se redresse avec fierté : « Si l'on considère, répond-il, que les autres croix que Churchill a dû porter étaient l'armée allemande, la guerre sous-marine, le bombardement de la Grande-Bretagne et la menace d'anéantissement, si après tout cela il considère encore que la plus lourde de toutes a été de Gaulle,

---

*. En tant que chef de l'opposition conservatrice, Churchill s'est prononcé en faveur d'une participation britannique aux négociations concernant la CED et le plan Schuman.

** De Gaulle a visiblement été informé des propos de Churchill en 1943 au sujet du « monstre de Hampstead [13] »... et il ne les a pas oubliés.

alors c'est un bien grand honneur qu'il fait à un homme solitaire, sans armée, sans patrie, avec seulement quelques hommes pour le suivre [14]. »

Bien que les deux hommes ne se soient pas rencontrés au cours de cette période, Churchill, lors d'une visite privée dans le sud de la France, entend l'un des mémorables discours prononcés par le Général dans le cadre de la campagne du RPF. C'est à Nice, le 12 septembre 1948 ; depuis un balcon donnant sur la place Masséna, Churchill assiste à la scène en compagnie d'Alexander Korda, qui lui demande à cette occasion :

« Winston, est-il vrai que vous ayez dit que, de toutes les croix que vous avez portées, la Croix de Lorraine était la plus lourde ? »

« Non, grogne Churchill. Je ne l'ai pas dit. Je le regrette, car le mot était spirituel. Et, entre nous, tellement vrai [15] ! »

S'ils ne se sont pas rencontrés à cette époque, de Gaulle et Churchill n'en ont pas moins continué à correspondre. C'est ainsi qu'en octobre 1948, Churchill, qui termine le deuxième volume de ses Mémoires de guerre, écrit au retraité de Colombey pour lui demander des précisions concernant la date de leur premier entretien à Londres en juin 1940 (en présence de Jean Monnet), ainsi que celle de l'arrivée du Général en Angleterre après la démission de Paul Reynaud. Dans une lettre du 3 novembre, de Gaulle lui fournit obligeamment toutes les indications souhaitées [15 bis]. Il y aura d'autres lettres, dans lesquelles les deux hommes commentent les derniers développements de l'actualité dans le monde. C'est ainsi que le 22 août 1950, peu après le déclenchement de la guerre de Corée, Churchill écrit au Général : « Comme il est affreux que tout ce que nous avons pu réaliser soit maintenant en proie au plus grand péril que j'aie jamais connu, et ce n'est pas peu dire [15 ter]. »

En juin 1955, quelqu'un ayant mentionné le nom de Churchill devant le général de Gaulle, celui-ci répond : « Churchill est trop vieux. Et il ne se trouve pas à l'aise dans la médiocrité du moment. D'ailleurs, ce fut un lutteur plus qu'un véritable homme d'État [16]. » Churchill lui-même n'aurait sans doute pas désavoué ce jugement ; quelques semaines plus tôt, l'indomptable Premier ministre a démissionné, laissant à Anthony Eden, son *alter ego*, le soin de poursuivre son œuvre...

Trois années passent. Depuis sa retraite de Colombey, le Général contemple toujours la scène politique française avec un mélange d'amusement et de mélancolie ; il a vu des incapables rivaliser d'ardeur pour accéder au pouvoir, des politiciens médiocres balayés par la fureur des événements, des hommes sérieux paralysés par les coalitions éphémères et les institutions défectueuses ; il a assisté à la perte de l'Indochine, à l'abandon du projet de Communauté européenne de défense, à la reconnaissance de l'« autonomie interne » de la Tunisie, à l'indépendance du Maroc, aux débuts de la révolte algérienne et à l'échec de l'expédition de Suez... « Je n'ai plus beaucoup de chances de revenir au pouvoir, confie-t-il à un ami, sauf si ces imbéciles continuent de pratiquer une politique idiote [17]. »

En fin de compte, c'est la crise algérienne qui va donner le coup de grâce aux gouvernements chancelants de la Quatrième République ; sans cesse à la merci des coalitions changeantes de l'Assemblée, ils sont trop faibles pour négocier et trop indécis pour combattre efficacement. Une nouvelle crise ministérielle et une conspiration de l'extrême droite, en déclenchant les événements du 13 mai à Alger, provoquent finalement cette crise assez violente à laquelle pensait le général de Gaulle. Il est vrai que ni les acteurs ni les inspirateurs de l'insurrection n'avaient la moindre intention de faire revenir de Gaulle au pouvoir ; mais à Paris comme à Alger, quelques hommes énergiques récupèrent le mouvement au profit du Général, et les hommes de la Quatrième République, contraints de choisir entre un coup d'État militaire et le retour au pouvoir du général de Gaulle, optent finalement pour le moindre mal : au début du mois de juin 1958, de Gaulle reçoit l'investiture de l'Assemblée nationale, et les pleins pouvoirs pour établir une nouvelle constitution.

Deux mois plus tôt, le nouveau Premier ministre Harold Macmillan ayant écrit à Churchill pour lui demander s'il ne voyait pas d'inconvénients à ce que les Américains publient dans leur recueil de documents diplomatiques cinq télégrammes concernant de Gaulle que Churchill avait envoyés à Roosevelt en 1943, le retraité de Chartwell avait répondu : « Il me semble inopportun d'attirer l'attention sur nos soupçons de l'époque à l'égard du général de Gaulle, au moment précis où il pourrait bien rendre encore des services à la France. Est-ce que ceci ne pourrait pas attendre encore un peu [17 bis] ? » Et dès la fin du mois de mai, un Churchill enthousiaste déclare à lord Moran : « De Gaulle a une occasion unique ; il a pris le dessus. Ils se sont tous soumis à lui. Voilà qui pourrait permettre de faire le ménage dans la politique française [17 ter] ! » Plus gaulliste que Winston Churchill...

Le dernier président du Conseil de la Quatrième République doit maintenant faire face à une tâche redoutable ; il lui faut veiller à la rédaction d'une constitution entièrement différente des précédentes par l'esprit et par la lettre ; en Algérie, il va devoir rétablir l'ordre, rassurer l'armée, apaiser les ultras et tenter de négocier avec les rebelles ; en France, il s'agit de réorganiser l'appareil gouvernemental et de préparer les élections législatives... Mais au milieu de tout cela, le général de Gaulle trouve encore le temps de prendre une mesure qui lui paraît importante et nécessaire : le 6 novembre 1958, à l'Hôtel Matignon, sir Winston Churchill reçoit la Croix de la Libération.

Ce sera une cérémonie émouvante. En présence de tous les Compagnons de la Libération, le général de Gaulle lui-même décore le lutteur implacable, l'illustre homme d'État et le fidèle ami de la France *. « Je tiens à ce que sir Winston Churchill sache ceci, déclare le général de Gaulle au cours d'une courte allocution : la cérémonie d'aujourd'hui signifie que la France sait ce qu'elle lui doit. Je tiens à ce qu'il sache ceci : celui qui vient d'avoir l'honneur de le décorer l'estime et l'admire plus que jamais [18]. »

Churchill, visiblement ému, répond en ces termes :

« Aujourd'hui, je m'adresserai à vous en anglais. Il est vrai que j'ai souvent prononcé des discours en français, mais c'était en temps de guerre, et je préfère vous épargner les rudes épreuves de jadis. Je suis particulièrement heureux que ce soit mon vieux compagnon et ami, le général de Gaulle, qui me fasse aujourd'hui cet honneur. Il restera à jamais le symbole de l'âme de la France et de sa fermeté inébranlable en face de l'adversité. Je me souviens lui avoir dit, lors des sombres jours de 1940 : " Voici le Connétable de France. " C'est un titre qu'il a bien mérité depuis ! [...] Je crois pouvoir dire que j'ai toujours été un ami de la France. Il est vrai qu'au cours de toutes les entreprises et des graves événements auxquels nous avons été mêlés lors de ce dernier demi-siècle, votre grande nation et votre vaillant peuple ont occupé dans mes pensées et dans mon affection une place privilégiée [...]. Nul ne sait ce que nous réserve l'avenir, mais il est certain que si la Grande-Bretagne et la France, qui sont depuis si longtemps à l'avant-garde de la civilisation occidentale, restent unies, avec leurs empires, leurs amis américains et leurs autres alliés, alors tous les espoirs nous sont permis. Je vous remercie tous pour l'honneur que vous m'avez fait. Vive la France [19] ! »

M. Pierre Lefranc, qui a organisé toute la cérémonie, racontera lui-même la suite : « La musique joua le *God save the Queen* et *la*

---

* Il est curieux de noter que M. Anthony Eden, à qui la France Libre devait tant, n'a jamais été décoré. Mais il sera fréquemment reçu à l'Élysée au cours des années suivantes.

Marseillaise, et Churchill passa les troupes en revue à la façon britannique, c'est-à-dire avec une extrême lenteur. Le Général, en uniforme, l'accompagnait. Churchill s'arrêtait à chaque pas et nous nous demandions s'il allait repartir. Il regardait l'un après l'autre les soldats dans les yeux. Le Général paraissait trouver la promenade un peu longue. Ensuite, nous conduisîmes le grand Anglais à l'ascenseur. Cet appareil était certainement d'époque, c'est-à-dire qu'il avait été conçu au dix-huitième siècle. Il ne transportait que deux personnes d'une extrême minceur et aucun technicien ne pouvait assurer qu'il atteindrait le premier étage.

« Churchill arriva à bon port et fut installé dans un solide fauteuil, il prit un cigare et du champagne lui fut servi. A table, installé face au Général, il commença à s'animer et raconta en français une ou deux histoires de guerre. Churchill parlait plus lentement encore qu'il ne marchait et nous souffrions tous du silence qui, entre chaque mot d'un français fantaisiste, s'abattait sur les convives. Le Général s'efforçait d'animer la conversation, mais Churchill repartait sur un autre récit et l'attente anxieuse du mot à venir recommençait.

« Si mes souvenirs sont exacts, il parla de 1940 : "Pauvre grande France", constata-t-il. Puis il relata un épisode confus de la Grande Guerre. Il fut question de Foch. A nouveau Reynaud entra en scène. "Pétain ! Un malheur !" Puis le débarquement : "Il y avait du vent, beaucoup. Soldats magnifiques. Le roi ne pouvait pas être là. Alors moi non plus. Je regrette encore." Enfin, il me semble qu'il fut aussi question de l'Angleterre.

« Nous l'escortâmes jusqu'à la Rolls-Royce de l'ambassadeur, au pied du perron. Dans le jardin, tourné vers de Gaulle, il salua longuement du chapeau.

« "Quelle tristesse !" me dit de Gaulle dans l'ascenseur [20]. »

Avant la fin de l'année 1958, le dernier président du Conseil de la Quatrième République est élu président de la Cinquième. Sa tâche la plus urgente sera de trouver une solution à la crise algérienne ; dès 1959, il envisage une association de l'Algérie avec la France, précédée de l'« autodétermination du peuple algérien » ; mais il lui faut manœuvrer très prudemment afin de désarmer les partisans de l'Algérie française, tout en poursuivant la lutte à outrance contre les rebelles algériens — deux entreprises extraordinairement difficiles, dont aucune ne réussira complètement. Au milieu de ce climat politique très tendu, un autre vieux compagnon du temps de guerre se rend en visite à Paris, où il est reçu en grande cérémonie : c'est le général Eisenhower, ancien commandant suprême des forces alliées en Europe, devenu depuis président des États-Unis. Au cours de leurs entretiens, de Gaulle et Eisenhower examinent ensemble tous les grands problèmes de l'heure, mais ils évoquent également le passé ; et le général Vernon Walters rapportera les propos suivants du général de Gaulle :

« Roosevelt pensait que je me prenais pour Jeanne d'Arc. Il avait tort. Je me prenais simplement pour le général de Gaulle [...]. Churchill avait dit pendant la guerre que la croix la plus lourde qu'il avait eu à porter était la [...] Croix de Lorraine, mais en dépit de cela, non seulement moi-même, mais la France et le monde libre tout entier étaient grandement redevables à Churchill. » De Gaulle ajouta, avec une certaine ironie : « Je savais combien il aimait les médailles. Lorsque je suis revenu au pouvoir, je lui ai décerné l'Ordre de la Libération, et je l'ai fait sous l'œil vigilant de Napoléon ! Au moment où je lui conférais la décoration, je lui dis : " Sir Winston, la France vous décerne cette distinction afin que vous sachiez qu'elle n'ignore pas ce qu'elle vous doit. " Comme il a pleuré, mais quel artiste [21] ! »

Six mois passent ; au début d'avril 1960, pour la première fois en plus de quinze ans, le général de Gaulle revient dans le pays qui l'a accueilli aux sombres jours de la défaite. Le chef de la France Libre, devenu président de la France tout entière, reçoit à Londres un accueil triomphal ; mais il réservera l'une de ses premières visites à son vieux compagnon de guerre, qui l'accueille avec tous les signes d'une intense émotion. « Sir Winston, détendu, le teint rose, en jaquette noire avec un nœud papillon de velours noir, attend sur le pas de la porte et l'accueille en français :

« Vous êtes le bienvenu chez moi. Jusqu'à la fin de ma vie, vous serez le bienvenu. »

« Et lorsque le président de Gaulle prendra congé, il dira en s'inclinant :

« *Good bye*, sir Winston [22]. »

Et Churchill de répondre :

« Vive la France ! »

« Les derniers mots que j'entendrai de lui », écrira le général de Gaulle dans ses *Mémoires* * [23].

Le lendemain 7 avril, à Westminster, de Gaulle s'adresse aux deux Chambres du Parlement réunies. Louis Kirby, journaliste du *Daily Mail*, décrira cet instant solennel : « Entourés par la rutilante

---

* Ce n'est pas tout à fait exact. Les deux hommes se rencontreront une nouvelle fois six mois plus tard dans le midi de la France, et ils auront un long entretien dans les locaux de la Préfecture de Nice.

haie d'honneur des *Yeomen* de la Garde et par les gentilshommes en armes, sir Winston Churchill et le président de la République française ne s'étaient pas encore aperçus. Lorsque leurs yeux se rencontrèrent, la musique de la Garde en uniforme rouge écarlate finissait de jouer *la Marseillaise*. Après les hymnes, le Général, en jaquette noire, prit la parole pour s'adresser aux deux Chambres rassemblées. En voyant sir Winston, assis au premier rang, de Gaulle eut un frémissement, son visage se colora, ses yeux se mouillèrent [24]. »

Lentement, gravement, de Gaulle se met à évoquer le passé : « Winston Churchill, déclare-t-il, a été, dans la plus grande épreuve que l'Angleterre ait connue, son chef, son inspirateur et celui de beaucoup d'autres. » Et en un raccourci saisissant, il ajoute : « S'il arriva, en ces jours de juin 1944, que je ne me trouvai point constamment et entièrement d'accord sur des points particuliers avec mon très illustre ami, c'est peut-être parce que le succès, désormais certain, nous portait à quelque intransigeance. Quatre ans plus tôt, nos discussions étaient moins obstinées ! Mais voyez comme le temps se charge de mettre en relief ce qui compte et d'effacer ce qui importe peu ! Aujourd'hui, ma présence parmi vous atteste aux peuples de Grande-Bretagne que le peuple de France leur a voué, pour toujours, son amitié et son admiration [25]. »

« Lorsque le général de Gaulle eut terminé son allocution, racontera un témoin, une intense émotion saisit l'assistance [...]. Le Général descendit les marches de pierre, silhouette exaltée et quelque peu mystique. Il s'arrêta quelques instants pour échanger quelques mots avec M. Macmillan, puis il s'avança d'un pas ferme, sur le tapis rouge [...] jusqu'aux grandes portes par où l'on sort de l'Histoire pour entrer dans le monde agité d'aujourd'hui [26]. »

S'ils ne se reverront plus après 1960, les deux hommes d'État resteront du moins en contact étroit. « Churchill et de Gaulle, dira Randolph Churchill, ont échangé des lettres, des télégrammes [...]. La plupart des lettres du Général sont écrites de sa main. C'est la correspondance de deux géants de l'Histoire. Les lettres de Churchill contiennent son approbation et son encouragement à de Gaulle, [...] et particulièrement au moment des référendums. » Et Randolph de conclure : « Mon père avait une tâche délicate, celle de soutenir de Gaulle contre les Américains, surtout pendant la seconde phase de la guerre, quand les États-Unis commencèrent à faire sentir à l'Angleterre qu'ils étaient les alliés majeurs [27]. »

Randolph Churchill aurait pu ajouter que M. Eden et le *Foreign Office* avaient eu par moments une tâche plus délicate encore : celle de soutenir de Gaulle contre Churchill, lorsque ce dernier prenait le parti des Américains contre le Général... Mais tout cela n'a plus d'importance ; entre les deux grands hommes, seuls demeurent l'amitié et le respect mutuel. Au cours des deux années qui suivent, Churchill, retiré de la vie politique, suit avec intérêt et admiration les efforts opiniâtres que déploie le général de Gaulle pour tirer son pays de l'ornière du conflit algérien ; de Gaulle, lui, ne manquera jamais de prendre des nouvelles de son allié du temps de guerre, devenu son ami du temps de paix.

En dépit de toutes ces manifestations d'amitié franco-britannique, le général de Gaulle s'oppose catégoriquement à l'entrée de la Grande-Bretagne dans le Marché commun au début de 1963. Ceux qui verront dans ce refus une sorte de revanche contre les exactions passées de la perfide Albion se tromperont autant que ceux qui accuseront de Gaulle d'avoir trahi ses amis britanniques ; en vérité, de Gaulle a estimé que dans les conditions du moment, la participation de la Grande-Bretagne ne servirait pas les intérêts de l'Europe, ni surtout ceux de la France — ce qui, en définitive, était la seule considération importante. « Un homme peut avoir des amis. Une nation, jamais. »...

Le général de Gaulle avait offert à son ami Winston Churchill un grand coq gaulois en verre, que l'ancien Premier ministre gardera précieusement jusqu'au jour de sa mort [28]. Ce jour viendra finalement le 24 janvier 1965. Aux nombreux hommages rendus à la mémoire de Winston Churchill, le général de Gaulle ajoutera ce simple message : « Pour moi, je vois disparaître en la personne de ce très grand homme, mon compagnon de guerre et mon ami. » Avant de se rendre aux obsèques, il écrira également à la reine Elizabeth : « Dans ce grand drame, il fut le plus grand [29]. »

Le 24 janvier 1966, Mme Churchill recevra la lettre suivante, écrite de la main du Général : « Voici venir le triste et émouvant anniversaire. Laissez-moi vous dire qu'en portant ma pensée sur la grande mémoire de Sir Winston Churchill, je ressens, mieux que jamais, l'étendue de son œuvre, enfin la force et la qualité des liens qui m'attachaient à lui et qui, à travers nous deux, unissaient l'Angleterre et la France. Je voudrais que vous sachiez aussi de quel cœur ma femme et moi-même partageons le chagrin où vous a laissée, ainsi que les vôtres, la disparition de votre si cher et si glorieux mari [30]. »

Lorsque, à la suite de sa défaite au référendum d'avril 1969, le président de Gaulle met un terme à ses fonctions, il reçoit une lettre de regret et d'encouragements de Lady Churchill, à laquelle il répondra en ces termes : « Il n'y a pas de message qui m'ait touché plus que le vôtre. En le recevant de votre part, il m'a semblé qu'il me venait, en même temps, au nom du grand et cher Winston Churchill. Je vous en remercie de tout coeur [31]. » Le 24 janvier suivant, avec le retour du « triste et émouvant anniversaire », Clementine Churchill reçoit une nouvelle lettre de la main du Général ; ce sera la dernière : dix mois plus tard, Charles de Gaulle s'éteint à son tour.

En France, la gigantesque stature du général de Gaulle inspire toujours ceux qui l'ont suivi — et aussi ceux qui l'ont combattu — pendant plus d'un quart de siècle. Pour les Britanniques, en tout cas, de Gaulle restera le grand Général venu partager leur sort en 1940, ainsi que l'homme d'État qui savait dire non — et ne s'en privait pas. En Grande-Bretagne, bien sûr, personne n'a oublié Winston Churchill ; on le raille, on le critique à l'occasion, mais il n'en commande pas moins le respect, l'affection et l'admiration de tous ses compatriotes. Les Français n'ont pas oublié non plus sir Winston Churchill — peut-être parce qu'il a été pour eux le symbole de la liberté et l'image de la délivrance ; peut-être aussi parce qu'il s'adressait à eux dans un français aussi attachant qu'irréel ; peut-être enfin parce qu'il adorait la France, et que les Français le savaient bien...

Nous voici arrivés à la fin du voyage. Mais après tout cela, on peut encore se demander ce que le général de Gaulle pensait réellement de Winston Churchill.

« Churchill ? Un grand artiste ! »

Il reste tout de même à savoir ce que Winston Churchill pensait réellement du général de Gaulle.

« De Gaulle ? Ah ! C'est l'Homme de la France ! »

NOTES

INTRODUCTION

1. M. Gilbert, *W. S. Churchill* (Heinemann, Londres, 1971), vol. 3, p. 535.
2. *Idem*, vol. 3, p. 561.
3. Captain X, *With Winston Churchill at the Front* (Gowans, Londres, 1924), p. 69. Également : O. Lyttelton, *Memoirs of Lord Chandos* (Bodley Head, Londres, 1962), p. 51.
4. Parl. Deb., House of Commons, 29 juin 1931.
5. *Idem*, 23 mars 1933.
6. *Idem*, 7 novembre 1933.
7. W. Churchill, *Second World War* (Cassell, Londres, 1948), vol. 1, I, p. 80.
8. House of Commons, 11 novembre 1936.
9. P. Guedalla, *Mr Churchill* (Hodder & Stoughton, Londres, 1945), p. 266.
10. R. W. Thompson, *Churchill and Morton* (Hodder & Stoughton, Londres, 1976), p. 148.
11. M. Gilbert, *op. cit.*, vol. 4, p. 609.
12. House of Commons, 23 novembre 1932.
13. R. W. Thompson, *op. cit.*, p. 21.
14. M. Gilbert, *op. cit.*, vol. 5, p. 735.
15. *Idem*, vol. 5, p. 654.
16. *Idem*, vol. 5, p. 861, p. 943 et p. 1075.
17. R. W. Thompson, *op. cit.*, p. 22.
18. M. Gilbert, *op. cit.*, vol. 5, p. 687.
19. *Idem*, vol. 5, p. 296.
20. K. Feiling, *N. Chamberlain* (Macmillan, Londres 1946), p. 406.
21. M. Gilbert, *op. cit.*, vol. 5, p. 1065.
22. J. Lacouture, *De Gaulle* (Seuil, Paris, 1965), p. 13.
23. Ch. de Gaulle, *Mémoires de guerre*, t. 1 — *L'Appel* * (Plon, Paris, 1954), p. 2.
24. L. Nachin, *Ch. de Gaulle, Général de France* (Berger-Levrault, Paris, 1971), p. 33.
25. Ch. de Gaulle, *L'Appel*, *op. cit.*, p. 3-4.
26. Ch. de Gaulle, *Vers l'armée de métier* (Berger-Levrault, Paris, 1934).
27. *Idem*, p. 31.
28. R. Bouscat, *De Gaulle-Giraud* (Flammarion, Paris, 1976), p. 40.
29. J. Vendroux, *Cette chance que j'ai eue* (Plon, Paris, 1974), p. 58.
30. G. Bonheur, *Charles de Gaulle* (Gallimard, Paris, 1958), p. 80.

---

* Nous avons préféré mettre le sous-titre de chaque tome des *Mémoires de guerre* du général de Gaulle (N.d.A.).

31. J.-R. Tournoux, *Pétain et de Gaulle* (Paris, Plon, 1964), p. 98.
32. Ch. de Gaulle, *L'Appel, op. cit.*, p. 2.

CHAPITRE 1

1. W. Churchill, *My early life* (Thornton and Butterworth, Londres, 1930), p. 13.
2. W. Churchill, *Complete Speeches*, R.R. James, editor (Chelsea House, Londres, 1974), vol. 7, p. 7357.
3. *Ibidem*.
4. Ch. de Gaulle, *Mémoires de guerre*, t. II — *L'Unité* (Plon, Paris, 1956), p. 647.
5. W. Churchill, *Great Contemporaries* (Odhams, Londres, 1948), p. 146.
6. *Idem*, p. 237.
7. *Idem*, p. 236.
8. M. Gilbert, *W. Churchill, op. cit.*, vol. 4, p. 608.
9. W. Churchill, *Complete Speeches, op. cit.*, vol. 4, p. 3387.
10. *Idem*, vol. 4, p. 3767.
11. *Idem*, vol. 5, p. 5059.
12. *Idem*, p. 5058.
13. House of Commons, vol. 276, 14 mars 1933, col. 1819.
14. W. Churchill, *Complete Speeches, op. cit.*, vol. 5, p. 5238.
15. *Idem*, p. 5916.
16. R. S. Churchill, *Winston S. Churchill* (Heinemann, Londres, 1978), vol. 2, p. 531.
17. W. Churchill, *Complete Speeches, op. cit.*, vol. 6, p. 5814.
18. Ce mois-là, l'Autriche est annexée à l'Allemagne.
19. House of Commons, vol. 333, 24 mars 1938, p. 1443.
20. *Daily Telegraph*, 14 avril 1938.
21. W. Churchill, *Complete Speeches, op. cit.*, vol. 6, p. 6069.
22. *Idem*, p. 6125.
23. M. Gilbert, *op. cit.*, vol. 5, p. 786.
24. B. Liddell-Hart, *Memoirs* (Cassell, Londres, 1965), vol. 2, p. 303.
25. W. Churchill, *Complete Speeches, op. cit.*, vol. 6, p. 5916.
26. R. W. Thompson, *Churchill and Morton, op. cit.*, p. 72.
27. Chips, *Diaries of Sir H. Channon* (Weidenfeld, Londres, 1967), p. 381.
28. M. Gilbert, *op. cit.*, vol. 5, p. 929.
29. *Idem*, p. 928.
30. *Idem*, p. 978.
31. L. Blum, *Mémoires* (Albin Michel, Paris, 1965), t. IV, 2, p. 390.
32. W. Churchill, *The Second World War*, vol. 1, p. 220.
33. *Ibidem*, vol. 5, p. 862.
34. M. Gilbert, *op. cit.*, vol. 5, p. 862.
35. E. Spears, *Assignment to catastrophe* (Heinemann, Londres, 1954), vol. 1, p. 6-7.
36. W. Churchill, *Complete Speeches, op. cit.*, vol. 6, p. 6126.
37. M. Gilbert, *op. cit.*, vol. 5, p. 1075.
38. J.-R. Tournoux, *Pétain et de Gaulle* (Plon, Paris, 1964), p. 19.
39. Ch. de Gaulle, *L'Appel, op. cit.*, p. 2.
40. Interview du général Billotte par l'auteur, 5 avril 1979.
40 bis. Ch. de Gaulle, *Lettres, notes et carnets*, 41-43 (Plon, Paris, 1982), p. 225
41. Ch. de Gaulle, *Mémoires de guerre*, t. III — *Le Salut* (Plon, Paris, 1959), p. 45.
42. Interview du général Billotte par l'auteur, 5 avril 1979.
43. Ch. de Gaulle, *L'Appel, op. cit.*, p. 3.
44. Ch. de Gaulle, *Vers l'armée de métier, op. cit.*, p. 18.
45. Ch. de Gaulle, *L'Appel, op. cit.*, p. 3.
46. J. Vendroux, *Cette chance que j'ai eue, op. cit.*, p. 58.

CHAPITRE 2

1. J. Marin, *De Gaulle* (Hachette, Paris, 1973), p. 53.
2. W. Churchill, *Second World War, op. cit.*, vol. 1, p. 527.
3. W. H. Thompson, *Sixty Minutes with Churchill* (C. Johnson, Londres, 1953), p. 45.
4. P. de Villelume, *Journal d'une défaite* (Fayard, Paris, 1976), p. 337.
5. W. Churchill, *op. cit.*, vol. 2, p. 38-39.
6. D. Dilks, *Cadogan Diaries* (Cassell, Londres, 1971), p. 286.
7. H. Ismay, *Memoirs* (Heinemann, Londres, 1960), p. 126 ; W. Churchill, *op. cit.*, vol. 2, p. 41.
8. W. Churchill, *op. cit.*, vol. 2, p. 42.
9. H. Ismay, *op. cit.*, p. 127.
10. *Ibidem.*
11. W. Churchill, *op. cit.*, vol. 2, p. 42.
12. *Idem*, p. 43.
13. CAB 99/3, Supreme War Council, 11th meeting, 16/5/40.
14. D. Dilks, *op. cit.*, p. 285.
15. W. Churchill, *op. cit.*, vol. 2, p. 45-46.
16. P. Baudouin, *9 mois au gouvernement* (La Table ronde, Paris, 1948), p. 87.
17. H. Guderian, *Erinnerungen eines Soldaten* (Vowinckel, Heidelberg, 1951), p. 99.
18. CAB 99/3, SWC, 12th meeting, 11/10/40.
19. CAB 99/3, SWC, 13th meeting, 31/10/40.

CHAPITRE 3

1. House of Commons, 4 June 1940.
2. W. Churchill, *Second World War, op. cit.*, vol. 2, p. 46.
3. W. Churchill, *Complete Speeches, op. cit.*, vol. 6, p. 6221.
4. Voir p. 37.
5. E. Spears, *Assignment, op. cit.*, vol. 1, p. 165.
6. *Idem*, vol. 1, p. 167.
7. E. Spears, *op. cit.*, vol. 2, p. 70.
8. W. Churchill, *Second World War, op. cit.*, vol. 2, p. 128.
9. Ch. de Gaulle, *L'Appel, op. cit.*, p. 43-44.
10. *Idem*, p. 44.
11. *Ibidem.*
12. P. Reynaud, *Mémoires* (Flammarion, Paris, 1963), t. 2, p. 389.
13. Voir p. 32.
14. *The Times*, 7 june 1940.
15. Ch. de Gaulle, *L'Appel, op. cit.*, p. 47-48.
16. *Idem*, p. 46-47.
17. A. E. Dossier Dejean I. E2, 11/6/1940, Londres.
18. Ch. de Gaulle, *L'Appel, op. cit.*, p. 52.
19. W. Churchill, *Second World War, op. cit.*, vol. 2, p. 136.
20. P. Reynaud, *Au cœur de la mêlée* (Flammarion, Paris, 1951), p. 304 ; CAB 99/3, SWC, 11/6/40, ainsi que : E. Spears, *op. cit.*, vol. 2, p. 140-141.
21. P. de Villelume, *Journal d'une défaite, op. cit.*, p. 407.
22. H. Ismay, *Memoirs, op. cit.*, p. 140 ; W. Churchill, *Second World War, op. cit.*, vol. 2, p. 137.
23. E. Spears, *op. cit.*, vol. 2, p. 146 ; CAB 99/3, SWC, 11/6/40 ; P. Reynaud, *op. cit.*, p. 304.
24. *Ibidem*, ainsi que Villelume, *op. cit.*, p. 410.
25. H. Ismay, *op. cit.*, p. 140 ; W. Churchill, *op. cit.*, vol. 2, p. 138.

26. E. Spears, *op. cit.*, vol. 2, p. 150.

27. A. Eden, *Memoirs-The Reckoning* (Cassell, Londres, 1965), p. 116.

28. L. Spears, *op. cit.*, vol. 2, p. 150-170 ; Villelume, *op. cit.*, p. 411 ; Winston Churchill, *op. cit.*, vol. 2, p. 137.

29. *Idem*, p. 171.

30. Ch. de Gaulle, *L'Appel, op. cit.*, p. 54.

31. W. Churchill, *Second World War, op. cit.*, vol. 2, p. 136.

32. E. Spears, *op. cit.*, vol. 2, p. 139.

33. A. Eden, *op. cit.*, p. 116.

34. W. Churchill, *Second World War, op. cit.*, vol. 2, p. 142.

35. Ch. de Gaulle, *L'Appel, op. cit.*, p. 54.

36. W. Churchill, *Second World War, op. cit.*, vol. 2, p. 142.

37. E. Loewenheim et al., *Roosevelt and Churchill* (Duton, New York, 1975), p. 99.

38. E. Spears, *op. cit.*, vol. 2, p. 170.

39. P. Baudouin, *9 mois au Gouvernement, op. cit.*, p. 150 ; P. Reynaud, *Mémoires, op. cit.*, vol. 2, p. 401 ; Spears, *op. cit.*, vol. 2, p. 224.

40. W. Churchill, *Second World Ward, op. cit.*, vol. 2, p. 158.

41. E. Spears, *op. cit.*, p. 201 ; CAB 99/3. SWC, 13/6/40.

42. W. Churchill, *Second World War, op. cit.*, vol. 2, p. 158.

43. E. Spears, *op. cit.*, vol. 2, p. 203 ; CAB 99/3.

44. P. Baudouin, *op. cit.*, p. 155.

45. H. Ismay, *op. cit.*, p. 144.

46. D. Dilks, *Cadogan Diaries, op. cit.*, p. 298.

47. W. Churchill, *Second World War, op. cit.*, vol. 2, p. 163.

48. E. Spears, *op. cit.*, vol. 2, p. 205-7 ; P. Baudouin, *op. cit.*, p. 102 ; CAB 99/3, SWC.

49. P. Reynaud, *Au cœur de la mêlée, op. cit.*, p. 770.

50. E. Spears, *op. cit.*, vol. 2, p. 207. Également : W. Churchill, *Second World War, op. cit.*, vol. 2, p. 160, P. Reynaud, *Au cœur..., op. cit.*, p. 771.

51. E. Spears, *op. cit.*, vol. 2, p. 210. Le compte rendu officiel (P. Reynaud, *op. cit.*, p. 771) est pratiquement identique à cette version mais moins précis sur certains points.

52. P. Reynaud, *Mémoires, op. cit.*, t. 2, p. 403 ; CAB 99/3.

53. E. Spears, *op. cit.*, vol. 2, p. 210. Voir également CAB 99/3 SWC, p. ; P. Reynaud, *Au cœur..., op. cit.*, p. 771 ; W. Churchill, *Second World War, op. cit.*, vol. 2, p. 161 ; P. Baudouin (*op. cit.*, p. 156) passe naturellement sous silence le refus de Churchill de délier la France de ses engagements. La version de Spears (vol. 2) et celle de Margerie (P. Reynaud, *Au cœur...*) coïncident presque mot pour mot. La version de J. Leasor dans *War at the top* (M. Joseph, Londres, 1959) est inutilisable.

54. Ch. de Gaulle, *L'Appel, op. cit.*, p. 56-57.

55. *Idem*, p. 57.

56. E. Spears, *op. cit.*, vol. 2, p. 216 ; P. Reynaud, *Au cœur..., op. cit.*, p. 773.

57. CPA, MG. 26J. 13 ; *MacKenzie King diaries*, 1944, p. 653. 11/7/1944.

58. P. Reynaud, *Au cœur..., op. cit.*, p. 773-774.

59. E. Spears, *op. cit.*, vol. 2, p. 162.

60. W. Churchill, *Second World War, op. cit.*, vol. 2, p. 162.

61. Interview de M. Geoffroy de Courcel par l'auteur, 24 avril 1979.

62. H. Amouroux, *Le 18 juin 1940* (Fayard, Paris, 1964), p. 325.

63. E. Spears, *op. cit.*, vol. 2, p. 218-19.

64. Ch. de Gaulle, *L'Appel, op. cit.*, p. 58.

65. *Idem*, p. 58-59.

66. *Idem*, p. 59.

67. F. Benoist-Méchin, *Soixante jours qui ébranlèrent l'Occident* (Albin Michel, Paris, 1956), t. 3, p. 234.

68. Ch. de Gaulle, *L'Appel, op. cit.*, p. 62.

69. *Idem*, p. 62-63.

70. H. Ismay, *op. cit.*, p. 142.

71. W. Churchill, *Second World War, op. cit.*, vol. 2, p. 165.

72. *Idem*, p. 163.

73. J. Colville, *Footprints in time* (Collins, Londres, 1976), p. 86.

74. W. Churchill, *Second World War, op. cit.*, vol. 2, p. 180.

75. J. Colville, *op. cit.*, p. 86-87.

76. *Idem*, p. 87.

77. W. Churchill, *Second World War, op. cit.*, vol. 2, p. 181.

78. J. Colville, *op. cit.*, p. 88.

79. Ch. de Gaulle, *L'Appel, op. cit.*, p. 64.

80. P. Reynaud dans *Churchill by his contemporaries* (Hutchinson, Londres, 1953), p. 321.

81. Ch. de Gaulle, *L'Appel, op. cit.*, p. 64.

82. W. Churchill, *Second World War, op. cit.*, vol. 2, p. 183.

83. J. Colville, *op. cit.*, p. 88.

84. W. Churchill, *op. cit.*, vol. 2, p. 183.

85. L.-L. Woodward, *British Foreign Policy in the Second World War* (HMSO, Londres, 1970), vol. 1, p. 280.

86. Ch. de Gaulle, *L'Appel, op. cit.*, p. 64-65.

87. W. Churchill, *op. cit.*, vol. 2, p. 189.

88. Ch. de Gaulle, *L'Appel, op. cit.*, p. 65.

89. J. Auburtin, *Le Colonel de Gaulle* (Plon, Paris, 1965), p. 174.

90. Ch. de Gaulle, *L'Appel, op. cit.*, p. 65.

91. *Ibidem.*

92. *Ibidem.*

93. W. Churchill, *op. cit.*, p. 191-192.

94. H. Amouroux, *op. cit.*, p. 353.

95. E. Spears, *op. cit.*, vol. 2, p. 193.

96. J. Leasor, *War at the top, op. cit.*, p. 92.

97. E. Spears, *op. cit.*, vol. 2, p. 323.

98. Ch. de Gaulle, *Le Salut, op. cit.*, p. 204.

99. Ch. de Gaulle, *L'Appel, op. cit.*, p. 70.

100. Ch. de Gaulle, *Le Salut, op. cit.*, p. 204.

CHAPITRE 4

1. CAB 65/7, WM 171 (40) 11, 18/6/1940.

2. *Ibidem.*

3. Ch. de Gaulle, *L'Appel, op. cit.*, p. 71.

4. A. Gillois, *Histoire secrète des Français à Londres* (Hachette, Paris, 1973), p. 59.

5. *Cadogan Diaries*, p. 304-306.

6. Lord Gladwyn, *De Gaulle*, in *The History makers* (Sidgwick & Jackson, Londres, 1973), p. 364.

7. CCAC, SPRS, 1/136-2, Vansittart Committee.

8. *Idem*, SPRS 1/137-2b. Voir aussi : Ch. de Gaulle, *L'Appel, op. cit.*, p. 75-76 ; L. Spears (L), *Two Men who saved France* (Eyre & Spottiswoode, Londres, 1966), p. 157 ; A. Weil-Curiel, *Le jour se lève à Londres* (Myrte, Paris, 1945), p. 289 ; Passy, *Souvenirs op. cit.*, t. 1, p. 24.

9. CCAC, SPRS 1/137-2b, 2/7/1940.

10. Passy, *Souvenirs* (Solar, Monte Carlo, 1947), t. 1, p. 41.

11. Ch. de Gaulle, *L'Appel, op. cit.*, p. 275.

12. Ch. Fouchet, *Au service du général de Gaulle* (Plon, Paris, 1971), p. 21.

13. R. Cassin, *Les Hommes partis de rien* (Plon, Paris, 1975), p. 77.

14. Ch. de Gaulle, *L'Appel, op. cit.*, p. 270.

15. W. Churchill, *Second World War, op. cit.*, vol. 2, p. 172.

16. CAB 65/7, Winston Churchill 177 (40) 8, 23/6/40.
17. Ch. de Gaulle, *L'Appel, op. cit.*, p. 270.
18. CAB 65/7.
19. *Idem*, WM 178 (40) 8, 24/6140.
20. R. Cassin, *op. cit.*, p. 76.
21. CAB 65/8, 28/6140.
22. W. Churchill, *Second World War, op. cit.*, vol. 2, p. 206.
23. J.-R. Tournoux, *Pétain et de Gaulle, op. cit.*, p. 229.
24. E. Spears, *Two men who saved France, op. cit.*, p. 164 ; voir aussi : OCAC, SPRS 1/136/1.
25. Ch. de Gaulle, *L'Appel, op. cit.*, p. 275-276.
26. CCAC, SORS 1/134/1 De Gaulle.
27. J.-R. Tournoux, *op. cit.*, p. 230.
28. FO 371/24340, Richmond Temple Report, 24/9/40.
29. R. Mengin, *De Gaulle à Londres* (La Table ronde, Paris, 1965), p. 31.
30. Ch. de Gaulle, *L'Appel, op. cit.*, p. 86-87.
31. Parliamentary Debates, House of Commons, vol. 364, col. 1169 20/8/40.
32. W. Churchill, *Second World War, op. cit.*, vol. 2, p. 566.
33. *Idem*, vol. 2, p. 569.
34. *Idem*, vol. 2, p. 579.
35. CAB 65/14, WM (40) 219 th concl. conf. Annex. 5/8/40.
36. W. Churchill, *Second World War, op. cit.*, vol. 2, p. 577.
37. CCAC, SPRS 1/134/3, D. Morton to H. Dalton, 18/8/40.
38. W. Churchill, *op. cit.*, vol. 2, p. 588.
39. E. Spears, *op. cit.*, p. 145.
40. Ch. de Gaulle, *L'Appel, op. cit.*, p. 279-281.
41. R. Cassin, *op. cit.*, p. 105.
41 bis. C. Bouchinet-Serreulles, *Nous étions faits pour être libres* (Grasset, Paris, 2000), p. 98.
42. Ch. de Gaulle, *L'Appel, op. cit.*, p. 80.
43. *Idem*, p. 278, p. 282 et p. 283.
44. *Idem*, p. 88.
45. *Idem*, p. 97.
46. *Ibidem*.
47. PREM 3/276, Consul General, Dakar to FO, 4/7/40.
48. CAB 80/15, COS (40) 585, 29/7/40.
49. A. Marder, *Operation Menace* (OUP, Londres, 1976), p. 16-17.
50. M. Gilbert, W.S. Churchill, *op. cit.*, vol. 5, p. 297.
51. Ch. de Gaulle, *L'Appel, op. cit.*, p. 97.
52. ADM 199/907 Winston Churchill to General Ismay for COSC, 8/8/40. On trouve une version légèrement différente dans Winston Churchill, *Second World War, op. cit.*, vol. 2, p. 422.
53. A. Marder, *op. cit.*, p. 25.
54. E. Spears, *op cit.*, p. 183.
55. W. Churchill, *Second World War, op. cit.*, vol. 2, p. 424.
56. CCAC, SPRS 1/136/1 Dakar, 9/8/40.
57. L.E.H. Maund, *Assault from the Sea* (Methuen, Londres 1949), p. 72.
58. J.R.M. Butler, *Grand Strategy* (HMSO, Londres, 1957), vol. 2, p. 316.
59. *Ibidem*, voir aussi : Passy, *op. cit.*, vol. 1.
60. GCAC, SPRS 1/136/5 Hollis to Spears, 28/8/40.
61. ADM 199/1931, Lieutenant R.T. Paget to A. V. Alexander, FLA 29/8/40.
62. E. Spears, *Two Men..., op. cit.*, p. 183 ; A. Marder, *op. cit.*, p. 47-48.
63. G. Catroux, *Dans la bataille de Méditerranée* (Julliard, Paris, 1949), p. 33-35.
64. W. Churchill, *Second World War, op. cit.*, vol. 2, p. 428.
65. CCAC, SPRS 2/6, Spears, Diaries, 25/9/40.

66. J.-R. Tournoux, *op. cit.*, p. 127.
67. CCAC, SP RS 2/6, *op. cit.*, n° 25, 26/9/40.
68. *Idem*, 1/10/40.
69. *Daily Mirror*, 27/9/40.
70. House of Commons, Parl. Deb., vol. 365, col. 298-301, 8/10/40.
71. CPA, RG-25-D.I., vol. 779, file 378, High Commissioner for UK to Canadian Prime Minister, 25/9/40.
72. R. Murphy, *Diplomat among Warriors* (Doubleday, NY, 1964), p. 69.

CHAPITRE 5

1. W. Churchill, *Second World War, op. cit.*, vol. 2, p. 450.
2. LSE, *Dalton Diaries*, vol. 23, 3/9/40.
3. G. Catroux, *Dans la bataille de Méditerranée, op. cit.*, p. 20.
4. *Idem*, p. 21.
5. Ch. de Gaulle, *L'Appel, op. cit.*, p. 113.
6. G. Catroux, *op. cit.*, p. 20.
7. L. Woodward, *British Foreign Policy, op. cit.*, vol. 1, p. 410.
8. CCAC, SPRS 1/136, WC to C. de G. n° 1256, 2/10/40.
9. *Ibidem*.
10. *Ibidem*. Tel. from Governor of Nigeria to Colonial Office n° 1321, 3/10/40.
11. Ch. de Gaulle, *L'Appel, op. cit.*, p. 302.
12. *Ibidem*.
13. W. Churchill, *Second World War, op. cit.*, vol. 2, p. 454.
14. H. Ismay, *Memoirs, op. cit.*, p. 175.
15. W. Churchill, *Second World War, op. cit.*, vol. 2, p. 451.
16. W. Churchill, *Complete Speeches, op. cit.*, vol. 6, p. 6296-8. Ainsi que W. Churchill, *Second World War, op. cit.*, vol. 2, p. 453.
17. FO 371/24361, Minutes of conversation between PM, SS. and Prof. Rougier, 25/10/40. Voir également L. Rougier, *Mission secrète à Londres* (Beauchemin, Montréal, 1946), p. 68-72.
18. CAB 65/9, WM (40) 277, 25/10/40.
19. CAB 84/21, JP (40) 577 (E), 24/10/40.
20. L. Rougier, *op. cit.*, p. 72.
21. *Idem*, p. 76.
22. *Ibidem*.
23. *Idem*, p. 81-82.
24. Ch. de Gaulle, *L'Appel, op. cit.*, p. 307.
25. *Idem*, p. 309-310.
26. FO 371/24302, Note of informal meeting at Cabinet War Room, 31/10/40.
27. *Ibidem*.
28. Ch. de Gaulle, *L'Appel, op. cit.*, p. 303.
29. *Cadogan Diaries, op. cit.*, p. 336.
30. W. Churchill, *Second World War, op. cit.*, vol. 2, p. 451.
31. *Idem*, p. 457.
32. LSE, *Dalton Diaries*, vol. 23, 14/12/40.
33. *Cadogan Diaries, op. cit.*, p. 337.
34. NA St. Dept. 851.01/203, Memo of conversation between Ray Atherton and N.M. Butler, British Chargé d'Affaires ad interim, 14/11/40.
35. FO 371/24361, Rougier to W.C. and Lord Halifax, 5/12/40.
36. CCAC, SPRS 1/136/8, FO Minute, 19/12/40.
37. NA St Dept 740.0011 EW 39/6923, from Dupuy, Canad. Chargé d'Affaires for Mr Strang, Foreign Office. Relayed to US Secretary of State by F. Matthews, US chargé d'Affaires, tel. N° 1045 27/11/40.

38. CPA, MG26, J4, Memo and Notes, vol. 327, file 3452, Ralston Diary, 21/12/40.
39. *Ibidem*.
40. Ch. de Gaulle, *L'Appel, op. cit.*, p. 123.
41. R. Cassin, *Les Hommes partis de rien, op. cit.*, p. 236.
42. MEC Spears Box 1/2, « *Muselier* » (copies dans les archives de l'auteur).
43. *Cadogan Diaries, op. cit.*, p. 347.
44. BM, Harvey Diary /56397, 2/l/41.
45. *Cadogan Diaries, op. cit.*, p. 347.
46. *Idem*, p. 348.
47. Passy, *Souvenirs, op. cit.*, t. 1, p. 121.
48. FO 954/8, Memo of conversation between General de Gaulle and Winston Churchill, 9/1/41.
49. Ch. de Gaulle, *L'Appel, op. cit.*, p. 126.
50. Ch. de Gaulle, *Lettres, notes et carnets* (Plon, Paris, 1981), p. 219.
51. MEC Spears, Bx 1/2, « *Muselier* ».
52. CCAC, SPRS 1/137/2C, Gen. Spears, to Sir A. Cadogan, 17/2/41.
53. E. Spears, *Fulfilment of a mission* (Leo Cooper, Londres, 1977), p. 27-28.
54. *Idem*, p. 27.
55. *Idem*, p. 26.
56. A. Eden, *Reckoning, op. cit.*, p. 244.
57. *Idem*, p. 245.
58. *Ibidem*.
59. E. Spears, *op. cit.*, p. 62.
60. Ch. de Gaulle, *L'Appel, op. cit.*, p. 396.
61. Passy, *op. cit.*, t. 1, p. 136 et 145.
62. CCAC, SPRS 1/137/2, « The Free French, Vichy and Ourselves », Memorandum non daté.
63. *Ibidem*.
64. SPRS 1/137/1, Spears to Somerville-Smith, 21/4/41, Brazzaville.
65. *Ibidem*.
66. Interview de P.-O. Lapie par l'auteur, 5 avril 1979.
67. T.E. Evans, *Killearn Diaries* (Sidgwick and Jackson, Londres 1972), p. 154 et 162.
68. Ch. de Gaulle, *L'Appel, op. cit.*, p. 398.
69. FO 954/8, Parr to FO, n° 182, 14/5/41, Brazzaville.
70. W. Churchill, *Second World War, op. cit.*, vol. 3, p. 650.
71. *Idem*, p. 651.
72. *Idem*, p. 653.
73. *Idem*, p. 657.
74. Ch. de Gaulle, *L'Appel, op. cit.*, p. 141-142.
75. PREM 3 120/10 A, W.C. to C. de Gaulle (Cairo) 3/4/41.
76. *Ibidem*.
77. *Idem*, W.C. to C. de Gaulle (Brazzaville) 22/4/41.
78. W. Churchill, *Second World War, op. cit.*, vol. 3, p. 77.
79. *Idem*, vol. 3, p. 289.
80. *Ibidem*.
81. *Idem*, vol. 3, p. 290.
82. Ch. de Gaulle, *L'Appel, op. cit.*, p. 405.
83. *Idem*, p. 404.
84. *Idem*, p. 408.
85. *Killearn Diaries, op. cit.*, p. 174, 21/5/41
86. W. Churchill, *Second World War, op. cit.*, vol. 3, p. 292.
87. E. Spears, *op. cit.*, p. 84.
88. W. Churchill, *Second World War, op. cit.*, vol. 3, p. 292.
89. MEC Spears, IA, W.C. to C. de Gaulle, n° 1911, 6/6/41.
90. *Idem*, C. de Gaulle to W.C., n° 1744, 7/6/41.

CHAPITRE 6

1. E. Muselier, *De Gaulle contre le gaullisme* (Chêne, Paris, 1946), p. 218.
2. J.R. M. Butler, *Grand Strategy, op. cit.*, vol. 2, p. 520.
3. FO 371/28545, Minute by H.B. Mack, 4/9/41.
4. Ch. de Gaulle, *L'Appel, op. cit.*, p. 425-426.
5. *Idem*, p. 427.
6. *Idem*, p. 162.
7. MEC, SPRS II/5, Somerville-Smith à Spears, 5/7/41.
8. E. Spears, *Fulfilment of a mission, op. cit.*, p. 121.
9. Ch. de Gaulle, *L'Appel, op. cit.*, p. 432.
10. O. Lyttelton, *Memoirs of Lord Chandos, op. cit.*, p. 247 ; MEC Spears Papers, by IB/J, 25/7/41 ; L. Spears, *op. cit.*, p. 127.
11. *Idem*, p. 123.
12. O. Lyttelton, *op. cit.*, p. 246,
13. Ch. de Gaulle, *L'Appel, op. cit.*, p. 164.
14. *Idem*, p. 165.
15. E. Spears, *op. cit.*, p. 127.
16. Ch. de Gaulle, *L'Appel, op. cit.*, p. 165.
17. O. Lyttelton, *op. cit.*, p. 247.
18. Ch. de Gaulle, *L'Appel, op. cit.*, p. 446.
19. O. Lyttelton, *op. cit.*, p. 247.
20. E. Spears, *op. cit.*, p. 134.
21. O. Lyttelton, *op. cit.*, p. 248.
22. E. Spears, *op. cit.*, p. 136 ; Ch. de Gaulle, *L'Appel, op. cit.*, p. 168.
23. Ch. de Gaulle, *L'Appel, op. cit.*, p. 169.
24. *Killearn diaries, op. cit.*, 22 juillet 1941.
25. E. Spears, *op. cit.*, p. 143-145 ; Ch. de Gaulle, *L'Appel, op. cit.*, p. 169.
26. Ch. de Gaulle, *L'Appel, op. cit.*, p. 453.
27. *Idem*, p. 172.
28. FO 371/28545, Minute by H.B. Mack, 4/9/41.
29. *Ibidem.*
30. Ch. de Gaulle, *L'Appel, op. cit.*, p. 175.
31. *Idem*, p. 172-173.
32. *Idem*, p. 446-447.
33. *Idem*, p. 173.
34. PREM 3 120/2, Cairo to FO, n° 2661, 25/8/41 citant un télégramme de la Mission Spears n° 70, 17/8/41, Beyrouth.
35. *Chicago Daily News*, 27/8/41.
36. A. Eden, *Reckoning, op. cit.*, p. 249.
37. CAB 65/19, WM 87 (41) 2, 28/8/41.
38. W. Churchill, *Second World War, op. cit.*, vol. 2, p. 298.
39. AE/CNF37. Dejean à de Gaulle, n° 472.
40. PREM 3 121/5, WP (43) 341, 7/8/43.
41. L. Spears, *op. cit.*, p. 135-136.
42. R. Cassin, *Les Hommes partis de rien, op. cit.*, p. 358.
43. PREM 3 121/5, WP (43) 341, 7/8/43.
44. *Ibidem.*
45. FO 371/28545, from C. in C., Middle East to WO 88526, 4/8/41.
46. *Idem*, 20/8/41.
47. Voir p. 149.
48. PREM 3 120/2, 1/9/41. C. de Gaulle's attitude to British authorities in Syria.
49. *Ibidem.*

50. Passy, *Souvenirs, op. cit.*, t. 1, p. 216.
51. CPA, MG 26 J. 13. King diaries, 24/8/41.
52. PREM 3 120/5 ; 27/8/41.
53. *Ibidem*, P.M. to Sec. of State, 27/8/41.
54. CAB 65/19, WM 87 (41) 2, 2818/41.
55. FO 371/28545, D. Morton, minute 28/8/41.
56. *Idem*, Minute by H.B. Mack, 30/8/41.
57. *Ibidem*.
58. *Idem*, Minute by D. Morton, 1/9/41.
59. *Idem*, Eden to W. Churchill, Note on C. de Gaulle, 1/9/41.
60. FO 371/28545, « Conversation avec le Général durant le trajet Freetown-Bathurst, 29/8/41. »
61. F. Coulet, *Vertu des temps difficiles* (Plon, Paris, 1967), p. 160.
62. *Ibidem*.
63. CAB 65/19, WM 88 (41) 7, 1/9/41.
64. PREM 3 120/5, W. Churchill to C. de Gaulle, 2/9/41.
65. A. J. Liebling, *The road back to Paris* (M. Joseph, Londres, 1944), p. 137.
66. H. Alphand, *L'Étonnement d'être*, p. 137.
67. A. J. Liebling, *op. cit.*, p. 138.
68. PREM 3 120/5. Interview de Gaulle-Morton le 2/9/41.
69. FO 371/28545, Minute de H.B. Mack, 4/9/41.
70. PREM 3 12015, *op. cit.*, 3/9/41.
71. *Ibidem*, C. de Gaulle to W. Churchill, 3/9/41.
72. H. Alphand, *op. cit.*, p. 89.
73. PREM 3 120/2, « Complaints against C. de Gaulle », 2/9/41.
74. House of Commons, Parl. Deb. Vol. 374, 9/9/41.
75. J. Colville, *Footprints, op. cit.*, p. 113-114.
76. PREM 3 120/2, Record of meeting between the Prime Minister and C. de Gaulle at n° 10, 12/9/41.
77. J. Colville, *op. cit.*, p. 114-115.
78. PREM 3120/2, *op. cit.*

CHAPITRE 7

1. PREM 3 120/5, D. Morton to W. C., 9/9/41.
2. *Idem*, D. Morton to W. C., 1/9/4.
3. Voir p. 123.
4. MEC, Spears II/5, note by Somerville-Smith, Spears Mission, 20/9/41.
5. FO 371/28545, D. Morton to H.B. Mack, 17/9/41.
6. MEC, Spears II/5.
7. *Ibidem*.
8. E. Muselier, *De Gaulle contre le gaullisme, op. cit.*, p. 227-228.
9. MEC, Spears II/5, *op. cit.*, 20/9/41.
10. *Ibidem*.
11. FO 371/28545, Note by H-.B. Mack, 20/9/41.
12. E. Muselier, *op. cit.*, p. 231, et MEC Spears II/5, Note by Somerville-Smith, Spears Mission, 25/9/41.
13. Ch. de Gaulle, *L'Appel, op. cit.*, p. 221.
14. E. Muselier, *op. cit.*, p. 231.
15. MEC, 25/9/41.
16. FO 371/28545, voir aussi E. Muselier, *op. cit.*, p. 232-233.
17. MEC, 25/9/41.
18. *Ibidem*.
19. E. Muselier, *op. cit.*, p. 234.

20. MEC, 25/9/41.
21. PREM 3-120/4, W.C. to A. Eden, 26/9/41,
22. *Ibidem*, D. Morton to W.C., 24/9/41.
23. Passy, *Souvenirs, op. cit.*, t. 1, p. 218.
24. CCAC, SPRS 2/6, Ch. de Gaulle à Muselier et Fontaine, 18/9/41.
25. FO 371/28240, Ch. de Gaulle à Garreau-Dombasle, n° 107, 2/2/41.
26. Ch. de Gaulle, *L'Appel, op. cit.*, p. 486-487.
27. *Idem*, p. 182-183.
28. FDR/PSF, Diplomatic, Biddle, Box 34, memorandum 26/5/41.
29. Voir p. 118.
30. A. Berle, *Navigating the Rapids*, p. 388.
31. P. Billotte, *Le Temps des armes* (Plon, Paris, 1972), p. 187.
32. Passy, *op. cit.*, t. 1, p. 236.
33. Ch. de Gaulle, *L'Appel, op. cit.*, p. 490.
34. FO 371/31873, Saint-Pierre et Miquelon, diary of events.
35. *Ibidem*.
36. FDR/PSF, Safe file, France, Cont. 4, Saint-Pierre et Miquelon.
37. *Ibidem*.
38. CPA, RG-25-D.1. vol. 778, file 374, memo for Prime Minister on Saint-Pierre et Miquelon, 3/12/41.
39. *Idem*, Secr. of State for Ext. Affairs to Canadian Minister in Washington, n° 543, 19/12/41.
40. FO 371/31873, *op. cit.*, diary of events.
41. *Ibidem*.
42. Ch. de Gaulle, *L'Appel, op. cit.*, p. 185.
43. *Idem*, p. 494 et 500.
44. PSF / Safe file France, Cont. 4, Saint-Pierre et Miquelon.
45. C. Hull, *Memoirs* (Hodder & Stoughton, Londres, 1948), vol. 2, p. 1130.
46. *Ibidem*.
47. CPA, MG26, J. 13, *MacKenzie King Diaries*, 1941, p. 1193, 25/12/41.
48. C. Hull, *op. cit.*, vol. 2, p. 1132.
49. *Ibidem*.
50. W. Churchill, *Second World War, op. cit.*, vol. 3, p. 591.
51. *Ibidem*.
52. R. Sherwood, *Roosevelt and Hopkins* (Harper, NY, 1948), p. 483.
53. Ch. de Gaulle, *L'Appel, op. cit.*, p. 503.
54. W. Churchill, *Complete Speeches, op. cit.*, vol. 6, p. 6543, 30/12/41.
55. BBC, Speech by General de Gaulle, 31/12/1941.
56. PREM 3 120/10 A, C de Gaulle, 31/12/41.
57. Ch. de Gaulle, *L'Appel, op. cit.*, p. 505.
58. J.P. Lash, *Roosevelt and Churchill* (Norton, NY, 1976), p. 15-16.
59. C. Hull, *op. cit.*, vol. 2, p. 1135.
60. E. Roosevelt (Edit.), *FDR : His Personal Letters* (Duell, NY, 1950), 1/1/42.
61. R. Sherwood, *op. cit.*, p. 489.
62. CPA, RG-25-D.I., vol. 778, file 375, W.C. to A. Eden n° 25, 13/1/42.
63. Ch. de Gaulle, *L'Appel, op. cit.*, p. 186-187.
64. FO 371/31873 note by A. Eden, 14/1/42.
65. *Idem*, 15/1/42.
66. Ch. de Gaulle, *L'Appel, op. cit.*, p. 519-520.
67. MEC, SPRS 1/137/2. Somerville-Smith to Spears, 24/1/42. Voir aussi F.O. 371/31873, note of a conversation between General de Gaulle and the Prime Minister, 22/1/42.
68. CCAC, SPRS 1/137/2, A.V. Alexander to Spears, 16/2/42.
69. CAB 65/25, WM 29 (42) 2, 5/3/42.

70. FO 954/8 ; record of conversation between the Secretary of State and General de Gaulle at FO, 6/3/42.

71. CCAC, SPRS 1/137/2 ; Peake to FO n° 16, 6/3/42.

71 bis. C. Bouchinet-Serreulles, *Nous étions faits, op. cit.*, p. 189-190.

72. Ch. de Gaulle, *L'Appel, op. cit.*, p. 223.

73. CAB 65/25, WM 34 (42) 4, 16/5/42.

CHAPITRE 8

1. Passy, *Souvenirs, op. cit.*, t. 2, p. 149.

2. J.-R. Tournoux, *Pétain et de Gaulle, op. cit.*, p. 94.

3. Interviews du général Billotte (5/4/79), de M. Dejean (16/l/79) et de M. G. Palewski (4/4/79).

4. W. Churchill, *Second World War, op. cit.*, vol. 4, p. 199.

5. L. Grafftey-Smith, *Hands to Play* (Routledge, Londres, 1975), p. 38.

6. AE CNF/93, Madagascar. Entretiens Eden-de-Gaulle, 11/5/42. Également : FO 954/8, Eden to Peake n° 183, 11/5/42.

7. G. Catroux, *Dans la Bataille..., op. cit.*, p. 276. Et H. Alphand, *L'Étonnement d'être, op. cit.*, p. 114.

8. PREM 3 120/7, Eden W.C., 27/5/42.

9. *Idem*, W.C. to Eden, 30/5/42.

10. PREM 3 120/10a, Minister of State, Cairo, to FO n° 797, 10/6/42.

11. Ch. de Gaulle, *L'Appel, op. cit.*, p. 605.

12. FO 371/32097, Entretien entre M. Churchill et le général de Gaulle du 10 juin 1942. Voir également Ch. de Gaulle, *L'Appel, op. cit.*, p. 604 qui est moins complet, mais plus précis par endroits.

13. FO 371/31949, Minister of State, Cairo, to FO n° 907, 24/6/42.

14. *Idem*, C. Peake to FO N° 92, 17/6/42.

15. FO 371/31949, Eden to Peake 26/6/42, 29/6/42, etc., voir également H. Alphand, *op. cit.*, p. 117.

16. PREM 3 120/7. Entretien du général de Gaulle avec M. Churchill, 29/7/42.

17. PREM 3 120/7, 29/7/42. Ce paragraphe n'est pas reproduit dans les *Mémoires* du Général.

18. Voir, p. 143.

19. MEC, Spears Bx II/6, Spears to A.V. Alexander, 2/2/42 ; voir aussi : II/5, report by Somerville-Smith on Spears mission, 29/7/42.

20. *Idem*, Bx IA/1, W.C. to C. de G. n° 1911, 6/6/41.

21. *Idem*, Bx II/4, note of a meeting between PM and General de Gaulle, 1/10/41.

22. *Idem*, Bx II/6, Spears to J. Hamilton, 29/l/42.

23. *Idem*, Spears to Minister of State, n° 696, 4/3/42.

24. *Idem*, Bx IA, Spears to WO, 8/7/41 voir aussi : Minister of State to FO, n° 42, 14/8/41.

25. Passy, *op. cit.*, t. 2, p. 214 ; J. Soustelle, *Envers et contre tout* (Robert Laffont, Paris, 2 vol., 1947-1950), t. 1, p. 340 sqq.

26. MEC, Spears, 11/5, Hamilton to Minister of State, Cairo, 25/12/41 et : *Organization of Administration in Syria and Lebanon*, Annex to War Cabinet Committee on Foreign (Allied) Resistance CFR (CEP).

27. Sur tous ces sujets, voir MEC, Spears IA ; IB ; 1/1 ; 11/4 ; 11/5 ; 11/6 ; voir aussi G. Catroux, *op. cit.* ; Ch. de Gaulle, *L'Appel* et *l'Unité* ; S. Longrigg, *The French Mandate* ; N.A. Ziadeh, *Syria and Lebanon* (E. Benn, Londres, 1957), etc.

28. Interview de M. Maurice Dejean par l'auteur.

29. Ch. de Gaulle, *L'Unité, op. cit.*, p. 15.

30. Casey, *op. cit.*, p. 126.

31. Ch. de Gaulle, *L'Unité, op. cit.*, p. 16.

32. Casey, *op. cit.*, p. 126.

33. G. Catroux, *op. cit.*, p. 282.

34. AE, CNF 40, Ch. de Gaulle à Pleven pour W.C., 14/8/42.

35. MEC, Spears Diary 1/1, 23/8/42.

36. *Ibidem.*

37. *Idem*, 25/8/42.

38. *Idem*, 23/8/42. Voir aussi WP (43) 341, 7/8/43 : « *Outline of relations between HM's Government and General de Gaulle between June 1940 and June 1943.* »

39. *Idem*, 3/9/42.

40. Voir p. 193.

41. AE CNF 93, Dejean à Ch. de Gaulle, 7/9/42. Également Passy, *op. cit.*, vol. 2, p. 215.

42. G. Catroux, *op. cit.*, p. 287.

43. AE CNF 38, Ch. de Gaulle à R. Pleven, n° 1170, 5/9/42.

44. BM, Harvey Diaries / 56399, 22/9/42 ; J. Harvey, *War diaries of Oliver Harvey, 1941-45* (Collins, Londres, 1978), p. 159.

45. Ch. de Gaulle, *L'Unité, op. cit.*, p. 32.

46. FO 371/31950, Record of a meeting between the P.M, the SSFA and General de Gaulle on 30 september 1942, at 5.50 p.m.

47. Ch. de Gaulle, *L'Unité, op. cit.*, p. 33.

48. FO 371/31950.

49. BM, Harvey Diaries / 56399, 1/10/42. J. Harvey, *op. cit.*, p. 164.

50. *Ibidem.*

51. J. Soustelle, *op. cit.*, t. 1, p. 365. Voir aussi Passy, *op. cit.*, t. 2, p. 249.

52. *Ibidem.*

53. FO 371/31950, Admiral Dickens to First Lord, 2/10/42.

54. *Idem*, D. Morton to Lawford, 19/10/42. Également BM, *Harvey Diaries /*56399, 1/10/42.

55. H. Nicolson, *Diaries, op. cit.*, p. 249.

56. Interview du général Billotte par l'auteur 5/4/79.

57. C. Bouchinet-Serreulles, *Nous étions faits, op. cit.*, p. 240.

58. A. Gillois, *Histoire secrète des Français à Londres, op. cit.*, p. 251.

CHAPITRE 9

1. Pour un compte rendu détaillé de cette affaire. voir : J. Soustelle, *Envers et contre tout, op. cit.*, t. 1, p. 365-367 et surtout : UD U25-1/2, Conversation entre Trygve Lie (ministre des Affaires étrangères de Norvège) et Maurice Dejean, 3/11/42. Également : FO 371/31997 note of 20/10/421 ; et FO 371/31950, C. Peake to FO N°148, 4/10/42.

2. FO 371/31997. Minute by A. Eden, 22/10/42.

3. Ch. de Gaulle, *L'Unité, op. cit.*, p. 380.

4. FO 371/31950. C. Peake to W. Strang, 31/101/42.

5. M. Clark, *Calculated Risk* (Harper, New York, 1950), p. 53.

6. *Ibidem.*

7. O. Loewenheim, *Roosevelt and Churchill, op. cit*, p. 251.

8. Sur tout ceci, voir : NA War Dept, ABC 336, ABC 384 and OPD 336 France, sect. 1 case 53. Également NA State Dept. 851.01/627A, Memo of conversation Léger-Welles, 13/8/42, et FO/954, Halifax to FO n° 573, 11/9/42. Voir enfin : Leahy, *I was there* ; R. Murphy ; *Diplomat among warriors* ; et Mc Gregor Burns, *Roosevelt, soldier of freedom, op. cit.*, p. 287.

9. W. Churchill, *Second World War, op. cit.*, vol. 4, p. 545.

10. R. Gosset, *Algiers 1941-43* (J. Cape, Londres, 1945), p. 52.

11. J. Soustelle, *op. cit.*, t. 1, p. 441.

12. Mc Gregor Burns, *op. cit.*, p. 290.

13. M. Clark, *op. cit.*, 17/10/42.

14. W. Churchill, *Second World War, op. cit.*, vol. 4, p. 542.

15. BM, *Harvey Diaries* / 56399, 5/11/42 ; J. Harvey, *War diaries...*, *op. cit.*, p. 177.

16. Voir H. Giraud, *Un seul but, la victoire* (Julliard, Paris, 1949), p. 16-28. Et Passy, *Souvenirs, op. cit.*, t. 2, p. 354-355.

17. FDR, *Morgenthau Diaries*, vol. 5, 12/11/42.

18. P. Billotte, *Le Temps des armes, op. cit*, p. 239.

19. FO 371/31950, note for Secretary of State, 8/11/42.

20. Ch. de Gaulle, *L'Unité, op. cit.*, p. 41-43.

21. *Idem*, p. 392.

22. J. Soustelle, *op. cit.*, t. 1, p. 452.

23. AECNF 191 (Grande-Bretagne), Diplo. à Francom, Beyrouth, n° 815. 10/11/42.

24. H. Nicolson, *Diaries, op. cit.*, p. 256. 2/11/42.

25. Ch. de Gaulle, *L'Unité. op. cit.*, p. 393.

26. M. Clark, *op. cit.*, p. 107.

27. R. Gosset, *op. cit.*, p. 223.

28. FDR. *Morgenthau Diaries*, vol. 5, 12/11/42 : C. Hull, *Memoirs, op. cit.*, p. 1198.

29. J. Soustelle, *op. cit.*, t. 2, p. 12.

30. Ch. de Gaulle, *L'Unité, op. cit.*, p. 403-405.

31. *Idem*, p. 52.

32. *Idem*, p. 405.

33. *Idem*, p. 405.

34. W. Churchill, *Second World War, op. cit.*, vol. 4, p. 568.

35. S. Sherwood, *Roosevelt and Hopkins, op. cit.*, p. 653-654.

36. AE CFLN/1463, A. Philip à AE n° 964, 20/11/42 ; FO 954/8, Eden minute n° 374, 20/11/42 ; FDR, *Morgenthau Diaries*, vol. 5, 17/11/42.

37. M.R.D. Foote, *SOE in France* (HMSO, London, 1966), p. 221.

38. *Ibidem*.

39. PREM 3 120/8, W.C. to F.D.R. n° 205, 22/11/42.

40. W. Churchill, *Second World War, op. cit.*, vol. 4, p. 567.

41. BM, *Harvey Diaries* /. 56399, 26/11/42 ; J. Harvey, *op. cit.*, p, 192-193.

42. *Idem*, 28/11/42 ; J. Harvey, *op. cit.*, p. 193.

43. Archives privées.

44. UD U25-1/2, *Notat av Utenriksminister Trygve Lie*, 9/12/42.

45. *The Times*, 17/12/42.

46. A. Eden, *The Reckoning, op. cit.*, p. 359.

CHAPITRE 10

1. W. Churchill, *Second World War, op. cit.*, vol. 4, p. 578.

2. *Ibidem*.

3. *Ibidem*.

4. A. Eden, *The Reckoning, op. cit.*, p. 359.

5. Ch. de Gaulle, *L'Unité, op. cit.*, p. 71 ; W. Churchill, *op. cit.*, vol. 4, p. 579.

6. J. Soustelle, *Envers et contre tout, op. cit.*, p. 87.

7. Ch. de Gaulle, *L'Unité, op. cit.*, p. 72.

8. *Idem*, p. 432. Également : J. Soustelle, *op. cit.*, p. 103.

9. FO 954/8, *Enclosure I to tel. n° 42 from State Dept.* 5/I/43.

10. *Idem, Enclosure 2*.

11. C. Hull, *Memoirs, op. cit.*, p. 1207.

12. FO 954/8, Eden to Vansittart, 8/I/43 ; Randolph Churchill to W.S.C., 28/12/42.

13. A. Eden, *op. cit.*, p. 361.

14. FO 954/8, Eden to Halifax n° 42, 8/I/43.

15. D.D. Eisenhower, *Crusade in Europe* (Heinemann, Londres, 1948), p. 151.

16. R. Murphy, *Diplomat among Warriors, op. cit.*, p. 165.
17. R. Sherwood, *Roosevelt and Hopkins, op. cit.*, p. 678.
18. S. Rosemann, *Public Papers and Addresses of F.D. Roosevelt*, 1943, p. 83.
19. W.S. Thompson, *Sixty minutes with Churchill, op. cit.*, p. 71.
20. Ch. de Gaulle, *L'Unité, op. cit.*, p. 437.
21. E. Roosevelt, *A rendez-vous with destiny*, p. 330.
22. M. Clark, *Calculated Risk, op. cit.*, p. 148.
23. H. Giraud, *Un seul but, la victoire, op. cit.*, p. 91-93.
24. H. Alphand, *L'Étonnement d'être, op. cit.*, p. 133.
25. FO 954/8, Minutes of Conversation Eden-de Gaulle, 17/I/43.
26. Ch. de Gaulle, *L'Unité, op. cit.*, p. 75.
27. FRUS, Casablanca, 1943, p. 815.
28. A. Eden, *op. cit.*, p. 363.
29. R. Murphy, *op. cit.*, p. 172.
30. E. Roosevelt, *op. cit.*, p. 327.
31. W. Leahy, *I was there, op. cit.*, p. 173 ; C. Hull, *op. cit.*, vol. 2, p. 1208.
32. FRUS, Casablanca, 1943, p. 816.
33. H. Giraud, *Un seul but..., op. cit.*, p. 98-99,
34. W. Churchill, *Second World War, op. cit.*, vol. 4, p. 610.
35. BM, *Harvey Diaries /56399*, 19/I/43 ; J. Harvey, *War diaries..., op. cit.*, p. 211.
36. W. Churchill, *Second World War, op. cit*, vol. 4, p. 610.
37. BM, *Harvey Diaries, op. cit.*, 20/I/43, Également D. Dilks, *Cadogan Diaries, op. cit.*, p. 505 and J. Harvey, *op. cit.*, p. 211.
38. Ch. de Gaulle, *L'Unité, op, cit.*, p. 70.
39. J. Soustelle, *op. cit.*, t. 2, p. 119.
40. Passy, *Souvenirs, op. cit.*, t. 2, p. 3 74.
41. J. Soustelle, *op. cit.*, t. 2, p. 119.
42. Ch. de Gaulle, *L'Unité, op, cit.*, p. 339-340.
43. E. Roosevelt, *op. cit.*, p. 330.
44. Ch. de Gaulle, *L'Unité, op. cit.*, p. 77.
45. M. Peyrouton, *Du service public à la prison commune* (Plon, Paris, 1950), p. 224.
46. Ch. de Gaulle, *L'Unité, op. cit.*, p. 77.
47. Cl. Hettier de Boislambert, *Les Fers de l'espoir* (Plon, Paris, 1973), p. 380.
48. Ch. de Gaulle, *L'Unité, op. cit.*, p. 77, et AE, CFLN 1517, Compte rendu de la conférence d'Anfa, 29/1/43.
49. H. Giraud, *op. cit.*, p. 99.
50. W. Churchill, *Second World War, op. cit.*, vol. 4, p. 611.
51. Ch. de Gaulle, *L'Unité, op. cit.*, p. 78.
52. W. Churchill, *Second World War, op. cit.*, vol. 4, p. 611.
53. Ch. de Gaulle, *L'Unité, op. cit.*, p. 79.
54. Lord Moran, *Struggle for survival* (Constable, Londres, 1966), p. 81.
55. R. Sherwood. *op. cit.*, p. 690.
56. *Idem*, p. 685.
57. E. Roosevelt, *op. cit.*, p. 331.
58. Cl. Hettier de Boislambert, *op. cit.*, p. 381.
59. Ch. de Gaulle, *L'Unité, op. cit.*, p. 80.
60. *Idem*, p. 79.
61. E. Roosevelt, *op. cit.*, p. 331-332.
62. FRUS, Casablanca Conference, 1943, p. 694.
63. *Idem*, p. 695-696.
64. Ch. de Gaulle, *L'Unité, op. cit.*, p. 80.
65. Cl. Hettier de Boislambert, *op. cit.*, p. 383.
66. H. Hopkins, *Le Mémorial de Roosevelt*, p. 223.
67. *Ibidem*.
68. Ch. de Gaulle, *L'Unité, op. cit.*, p. 84.

69. *Ibidem*. On trouve la formule exacte dans C. Hull, *op. cit.*, vol. 2, p. 1209.
70. Ch. de Gaulle, *L'Unité, op. cit.*, p. 84-85.
71. J. Soustelle, *op. cit.*, t. 2, p. 124.
72. Ch. de Gaulle, *L'Unité, op. cit.*, p. 85.
73. R. Sherwood, *op. cit.*, p. 693.
74. Ch. de Gaulle, *L'Unité, op. cit.*, p. 85.
75. R. Sherwood, *op. cit.*, p. 693.
76. Ch. de Gaulle, *L'Unité, op, cit.*, p. 85.
77. R. Murphy, *op. cit.*, p. 175.
78. Ch. de Gaulle, *L'Unité, op. cit.*, p. 85.
79. R. Sherwood, *op. cit.*, p. 693.
80. Ch. de Gaulle, *L'Unité, op. cit.*, p. 86.
81. C. Hull, *op. cit.*, vol. 2, p. 1208.
82. Bullit, *For the President, secret and personal*, p. 568.
83. R. Sherwood, *op. cit.*, p. 686.
84. K. Pendar, *Adventures in Diplomacy* (Cassell, Londres, 1966), p. 141.
85. AE CNF 131. Pol ext/43, 28/I/43.
86. H. Macmillan, *Blast of War, op. cit.*, p. 265 ; R. Murphy, *op. cit.*, p. 176.
87. K. Pendar, *op. cit.*, p. 148.
88. *Ibidem*.
89. Lord Moran, *op. cit.*, p. 81.
90. FO 954/8, Eden to Peake, 28/I/43.

CHAPITRE 11

1. *France* 10/2/43.
2. *Ibidem*.
3. *Ibidem*.
4. BM, *Harvey Diaries I* 56399, 9/2/43 ; J. Harvey, *War Diaries...*, *op. cit.*, p. 218.
5. J. W. Wheeler-Bennett, *King George VI* (Macmillan, Londres, 1958), p. 560.
6. FO 371/36047, Strang minute, 10/2/43.
7. A. Eden, *The Reckoning, op. cit.*, p. 367.
8. W. Churchill, *Second World War, op. cit.*, vol. 4, p. 657.
9. FO 371/36064, Guidance for the press, 5/3/43.
10. BM, *Harvey Diaries* : 56399, 28/2/43. J. Harvey, *op. cit.*, p. 224.
11. *Idem*, 3/3/43.
12. Ch. de Gaulle, *L'Unité, op. cit.*, p. 450-451.
13. H. Nicolson, *Diaries, op. cit.*, p. 284, 12/3/43.
14. FO 954/8, Telegram Eden to Halifax, n° 135, 4/2/43.
15. NA St. Dept. 741.51/2.1343. W.C. to F.D.R., 12/2/43.
16. A. Eden, *op. cit.*, p. 372.
17. C. Hull, *Memoirs, op. cit.*, vol. 2, p. 1213.
18. *Idem*, p. 1215.
19. A. Eden, *op. cit.*, p. 372-373.
20. R. Sherwood, *Roosevelt and Hopkins, op. cit.*, p. 720.
21. FO 954/8, W.C. to Eden, Tel n° 2077, 30/3/43.
22. FO 371/36047, C. Peake to H. B. Mack 23/3/43.
23. Birkenhead, *Halifax* (H. Hamilton, Londres, 1965), p. 537.
24. AE CFLN/1463, dossier Massigli, Notes sur une conversation de Gaulle/Churchill, 2/4/43, Woodward, *BFPII*, p. 427 ; Ch. de Gaulle, *L'Unité*, p. 96.
25. Ch. de Gaulle, *L'Unité, op. cit.*, p. 96.
26. A.L. Funk, *The crucial years*, p. 115.
27. W. Churchill, *Complete Speeches, op. cit.*, vol. 7, p. 6767, 7/4/43.
28. AR CFLN/1463, Tixier, Washington, à Massigli, Londres, n° 1576, 914/43.

29. LSE, *Dalton Diaries*, vol. 28, 1943, p. 99, 6/4/43.

30. R. Bouscat, *De Gaulle-Giraud, dossiers d'une mission* (Flammarion, Paris, 1967), p. 93-94.

31. *Idem*, p. 115.

32. *Idem*, p. 127-128.

33. *Ibidem*.

34. BM *Harvey Diaries* 56399, 30/4/43 ; J. Harvey, *op. cit.*, p. 252.

35. Ch. de Gaulle, *L'Unité, op. cit.*, p. 99.

36. C. Hull, *op. cit.*, vol. 2, p. 1217-1218.

37. Birkenhead, *op. cit.*, p. 537.

38. FO 371/36047, Memo for W.S.C., 8/5/43.

39. C. Hull, *op. cit.*, vol. 2, p. 1 218-19.

40. CPA, MacKenzie King Diaries, 19/5/43.

41. J.-M. Blum, *Diary of H. Wallace* (Houghton, Boston, 1973), p. 202.

42. FO 371/36047. Winant to S.S., Wash n° 3413, 17/5/43.

43. C. Hull, *op. cit.*, vol. 2, p. 1219.

44. FO 371/36047, PM to Dep. PM & FS, Pencil n° 166, 21/5/43.

45. *Idem*, PM to FS. Pencil n° 181, 21/5/43.

46. Ch. de Gaulle, *Discours et Messages* (Plon, Paris, 1970), t. 1, p. 284-290.

47. Ch. de Gaulle, *L'Unité, op. cit.*, p. 101.

48. CAB 65/38, WM (43/) 75 th Concl. Minute 1, Conf. Annex, 23/5/43.

49. A. Eden, *op. cit.*, p. 386.

50. CAB 65/38, Telgr. Alcove 370, For PM from Dep PM & FS, 23/5/43.

51. *Idem*, Alcove 371, 23/5/43.

52. *Idem*, Alcove 372, 23/5/43.

53. FO 371/36047, PM to Dep. PM & FS, Pencil n° 227, 24/5/43.

54. W. Churchill, *Second World War, op. cit.*, vol. 4, p. 716.

55. Ch. de Gaulle, *L'Unité, op. cit.*, p. 101-102.

56. *Idem*, p. 102.

57. W. Churchill, *Second World War, op. cit.*, vol. 4, p. 729.

58. FDR/MR Special File FNC/sect. 1 For President frorn Murphy N° 996, 30/5/43, Version censurée dans FRUS 1943, vol. 2, p. 127.

59. Cl. Paillat, *L'Échiquier d'Alger* (Laffont, Paris, 1967), p. 250.

CHAPITRE 12

1. Ch. de Gaulle, *L'Unité, op. cit.*, p. 108.

2. *Idem*, p. 110.

3. Loewenheim, *Roosevelt and Churchill, op. cit.*, p. 338 ; W.C. to F.D.R. n° 300. 6/6/43.

4. AE CFLN / 1464, Conversation Massigli-Eden, 17/7/43.

5. PREM 3 121/1. Circular signed W.S.C., 12/6/43.

6. *The Observer*, 13/6/43.

7. AE CFLN/1463, Rapport de M. Viénot du 20/6/43. Cet article était destiné à l'information des membres du cabinet, mais il a également été communiqué à la presse, et l'*Observer* l'a publié pratiquement *in extenso*.

8. *Cadogan Diaries*, p. 536, 15/6/43.

9. PREM 3181/2, F.D.R. to W.C. n° 288, 17/6/43.

10. FDR/MR Secret File FNC 1 sect. 1, FDR to Eisenhower, n° 493. 17/6/43.

11. *Idem*, Special Files FNC Bx 13, sect. 1, FDR to Eisenhower, 17/6/43.

12. *Idem*, Secret File, FDR to Eisenhower, n° 511, 17/6/43.

13. A. Eden, *The Reckoning, op. cit.*, pp. 397-398.

14. L. Woodward, *British Foreign Policy, op. cit.*, vol. 2, p. 452.

15. A. Eden, *op. cit.*, p. 398.

16. W. Churchill, *Second World War*, *op. cit.*, 5, p. 159-160.

17. PREM 3181/2, W.C. to, FDR n° 373, 21/7/43.

18. W. Churchill, *op. cit.*, vol. 5, p. 160-161.

19. FO 954/8, W.C. to Halifax, n° 4665, 15/7/43.

20. *Idem*, W.C. to Macmillan, n° 20, 23/7/43.

21. Parl. Deb., House of commons, vol. 391, col. 170, 14/7/43.

22. *Idem*, 21/7/43, col. 870.

23. *Idem*, col. 1553.

24. *Idem*, col. 2272, 4/8/43.

25. CPA, MG26 J. 13, MacKenzie King Diaries, 10/8/43, p. 629.

26. A. Eden, *op. cit.*, p. 402.

27. AE CFLN/1464, Viénot à Massigli, n° 963, 2/9/43.

28. A. Eden, *op. cit.*, p. 402.

29. FRUS, Quebec, 1943, p. 916-17.

30. C. Hull, *Memoirs, op. cit.*, vol. 2, p. 1241.

31. W. Churchill, *Second World War, op. cit.*, vol. 5, p. 80.

32. C. Hull, *op. cit.*, vol. 2, p. 124 1.

33. FRUS, Quebec, 1943, p. 1170-1171.

34. FO 954/8, Eden to Macmillan, 11/10/43.

35. MVBZ, Londens Archief, Politieke Rapporten/Algiers, chargé d'affaires néerlandais, Algers, au ministre des Affaires étrangères Van Kleffens, n° 91/30, 21/10/43.

36. Les Français eux-mêmes l'ont admis franchement. Voir : AE CNF / Londres, dossier 44, Helleu à CNF n° 986, 22/6/43, et n° 422, 26/6/43. Voir aussi MEC Spears 11/4.

37. AE Syrie-Liban. Ingérences britanniques au Levant. 3/7/1943.

38. MEC, Spears 111/3, Memorandum on elections, 25/10/43.

39. Voir par exemple : Ch. de Gaulle, *L'Unité, op. cit.*, p. 194.

40. AE CNF/1480, Massigli à Viénot, 20/11/43.

41. AE X, Général de Gaulle à ambassadeur Helleu, tél. X L, n° 610/ Cab., 13/11/1943.

42. AE CFLN/1464, Rapport de M. Massigli sur l'entrevue avec Eden, 10/ 10/43.

43. AE 1468, Syrie-Liban 43-44, Catroux à de Gaulle, n° 1614, 23/11/43.

44. MVBZ, Londens Archief, G II, Syrie en Libanon, Doos 47, chargé d'Affaires Bentinck à ministre des Affaires étrangères Van Kleffens, n° 3738, 19/11/43.

CHAPITRE 13

1. Cl. Paillat, *L'Échiquier d'Alger, op. cit.*, p. 355.

2. L. Woodward, *British Foreign Policy, op. cit.*, vol. 3, p. 2.

3. FDR/MR, Special Pile FNC, 1 sect. 3. W.C. to FDR, n° 504, 13/11/43.

4. PREM 3 182/3, W.C. to Foreign Secretary, Frozen n° 779, 21/12/43.

5. *Idem*, W.C. to FDR n° 513, 21/12/43.

6. NA St Dep. 851.01/12. 2243 Secret memorandum by H.F. Matthews, 22/12/43.

7. L. Woodward, *op, cit.*, vol. 3, p. 6.

8. FO 954/8, Macmillan to A. Eden, n° 2784, 23/12/43.

9. L. Woodward, *op. cit.*, vol. 3, p. 6-7.

10. FDR/MR Special File, *op. cit.*, Memo by General Bedell-Smith to FDR 1-5/12/43.

11. PREM 3 182/3, W.C. to FS, Frozen 875, 25/12/43.

12. H. Macmillan, *Blast of War, op. cit.*, p. 441.

13. F. Coulet, *Vertu..., op. cit.*, p. 215.

14. W. Churchill, *Second World War, op. cit.*, vol. 5, p. 401.

15. FO 954/9, Resident Minister, Algiers to FS n° 24, 3/l/44.

16. H. Macmillan, *op. cit.*, p. 447-448.

17. Ch. de Gaulle, *L'Unité, op. cit.*, p. 214.

18. E. d'Astier, *Les Dieux et les hommes* (Julliard, Paris, 1952), p. 28.

19. Diana Cooper, *Trumpets from the Steep* (R.H. Davis, Londres 1960), p. 178 ; Duff Cooper, *Old Men Forget, op. cit.*, p. 318-319.

20. FDR/MR Bx 13, Hopkins 44, W.C. to H. Hopkins, 11/I/44.

21. Duff Cooper, *op. cit.*, p. 319.

22. Diana Cooper, *op. cit.*, p. 179.

23. W. Churchill, *Second World War, op. cit.*, vol, 5, p. 401.

24. Duff Cooper, *op. cit.*, p. 319.

25. W. Churchill, *op. cit.*, vol. 5, p. 401.

26. Duff Cooper, *op. cit.*, p. 319.

27. PREM 3 181/10, W.C. to FDR, n° 559, 30/I/44.

28. *Idem*, Duff Cooper to FS, n° 19, 16/I/44.

29. AE CFLN/1464, Compte rendu de l'entretien entre le général de Gaulle et W. Churchill à Marrakech, 12/I/44.

30. PREM 3 181/10, Duff Cooper to FS,

31. *Idem*, and AE CFLN/1464.

32. *Ibidem.*

33. E. d'Astier, *Sept fois sept jours* (Gallimard, Paris, 1961), p. 167.

34. Duff Cooper, *op. cit.*, p. 179.

35. PREM 3 181/10, HM's Consul to Mr A.N.W. Napier, n° 4, 15/I/41.

36. Duff Cooper to FS, 16/I/44.

37. L. Joxe, *Victoires sur la nuit* (Flammarion, Paris, 1981), p. 246.

38. Ch. de Gaulle, *L'Unité, op. cit.*, p. 115-216.

39. PREM 3 181/10.

40. E. d'Astier, *op. cit.*, p. 167.

41. *Idem*, p. 171.

42. *Idem*, p. 172.

43. J. Soustelle, *Envers et contre tout, op. cit.*, p. 356.

44. PREM 3 177/6, to FS, 26/I/44.

45. E. d'Astier, *Les Dieux et les hommes, op. cit.*, p. 56.

46. PREM 3 177/6, W.C. to FS, 26/I/44.

47. AE CFLN, 1483, W.C. à Ch. de Gaulle et Gén. Giraud, 2/2/44.

48. NA St Dep. 851.01/3-2444, « Memo of conversation between the President and the Hon. Edwin C. Wilson ».

49. *Idem*, Ref. subj. files, Memo for S.S. Hull from FDR, Cairo, 27/11/43.

50. M. Blum, *Morgenthau Diaries, op. cit.*, p. 168.

51. FO 954/9, Halifax to FS, n° 550, 3/2/44.

52. *Idem*, FS to Duff Cooper, n° 119, 30/3/44.

53. AE CFLN/1464, Viénot à Ch. de Gaulle, n° 1696 Diplo, 31/3/44.

54. A. Eden, *The Reckoning, op. cit.*, p. 447.

55. AE CFLN/1480, Compte rendu d'une entrevue réunissant W.C. et l'ambassadeur Viénot, au 10, Downing Street, 4/4/44. Voir aussi *Harold Nicolson's diaries, op. cit.*, p. 359.

56. AE CFLN/1464, Massigli à Duff Cooper, 19/4/44.

57. C. Hull, *Memoirs, op. cit.*, vol. 2, p. 1429.

58. *Daily Herald*, 29/3/44.

59. *Times*, 5-6/4/44.

60. *Daily Mirror*, 5/4/44.

61. C. Hull, *op. cit.*, vol. 2, p. 1430.

62. L. Woodward, *op. cit.*, vol. 3, p. 33-34.

63. FDR/MR, Bx 31, Special Files, French Civil Affairs, FDR to W.C. n° 521 13/4/44.

64. FO 954/9, Duff Cooper to W.C., n° 438, 4/4/44.

65. *Idem*, W.C. to Duff Cooper, 14/4/44.

66. *Idem*, W.C. to Duff Cooper, n° 353, 16/4/44.

67. *Idem*, W.C. to FDR, 20/4/44.

68. *Idem*, FDR to W.C. n° 527, 21/4/44.

69. *Idem*, W.C. to FDR, n° 656, 22/4/44.
70. FDR/MR, *op.cit.*, French Civil Affairs, memo for FDR from S.S. Hull, 24/4/44.
71. FO 954/9/, W.C. to FDR, n° 67, 24/4/44.
72. FDR/MR, *op. cit.*, W.C. to FDR, n° 643 ; 12/4/44.
73. Ch. de Gaulle, *L'Unité, op. cit.*, p. 220.
74. L. Woodward, *op. cit.*, vol. 3, p. 40-41.
75. Ch. de Gaulle, *Discours et Messages, op. cit.*, t. 1, p. 405.
76. L. Woodward, *op. cit.*, vol. 3, p. 42.
77. House of Commons, Parl. Deb. vol. 399, col. 179, 19/4/44.
78. *Idem*, col. 1295, 3/5/44.
79. FDR/MR, Map Room SF Cont. 31.011. France, civil affairs, W.C. to FDR, n° 674, 15/5/44.
80. L. Woodward, *op. cit.*, vol. 3, p. 43.
81. CPA, MG 26J.13, MacKenzie King Diaries, 13/5/44,
82. FO 371/41992, W.C. to FS, 14/5/44.
83. *Idem*, W.C. to FS, Eisenhower, Ismay, 16/5/44.
84. *Idem*, FS to W.C.
85. Ch. de Gaulle, *L'Unité, op. cit.*, p. 221.
86. FO 371/41/992, *op. cit.*, n° 615, 23/5/44.
87. Ch. de Gaulle, *L'Unité, op. cit.*, p. 221.
88. *Times*, 15/5/44.
89. *Manchester Guardian*, 16/5/44.
90. *Daily Mail*, 23/5/44.
91. House of Commons, Pal. Deb. vol. 400, col, 780-1, 24/5/44.
92. *Idem*, col. 790-1.
93. *Idem*, col. 830.
94. *Idem*, col. 860.
95. *Idem*, col. 885-6.
96. *Times, Manchester Guardian, Daily Mail*, 25/5/44 ; *Economist*, 27/5/44.
97. FDR/MR, Bx 31, *op. cit.*, W.C. to FDR, n°, 682, 27/5/44.
98. FO 371/41992, W,C. to FDR, n° 684, 27/5/44.
99. FDR/MR, Bx 31, *op, cit.*, Ambassador Harriman to FDR, n° M. 18 773, 29/5/44.
100. *Idem*, FDR to W.C., n° 544, 27/5/44.
101. *Idem*, et FRUS 1944, vol. III, pp. 693-4 : FDR to W.C., n°, 546, 31/5/44.
102. Ch. de Gaulle, *L'Unité, op. cit.*, p.36.
103. *Ibidem*.
104. Duff Cooper, *op. cit.*, p. 327.
105. A. Eden, *op. cit.*, p. 452.
106. FO 371/41993, H.B. Mack to A. Cadogan, 31/5/44.
107. A. Eden, *op. cit.*, p. 452.
108. Ch. de Gaulle, *L'Unité, op. cit.*, p. 640.
109. Duff Cooper, *op. cit.*, p. 328-329.
110. *Idem*, p. 329.

CHAPITRE 14

1. FDR/MR, Bx 31, Special Files, French Civil Affairs, W.C. to FDR, n°, 688, 1/6/44.
2. Ch. de Gaulle, *L'Unité, op. cit.*, p. 640.
3. A. Eden, *Reckoning, op. cit.*, p. 453.
4. Duff Cooper, *Old Men Forget, op. cit.*, p. 330.
5. A. Eden, *op. cit.*, p. 452.
6. E. Béthouart, *Cinq années d'espérance* (Plon, Paris, 1968), p. 241.
7. CAB 66/50, Record of a conversation between the PM and C. de Gaulle, 4/6/44.

8. Ch. de Gaulle, *L'Unité, op. cit.*, p. 223.
9. E. Béthouart, op. cit., p. 243.
10. CAB 66/50.
11. E. Béthouart, *op. cit.*, p. 243.
12. FO 954/9, Notes of conversation between the PM and C, de Gaulle at luncheon on 4/6/44.
13. CAB 66/50.
14. FO 954/9.
15. *Ibidem.*
16. Ch. de Gaulle, *L'Unité, op. cit.*, p. 223-224.
17. E. Béthouart, *op. cit.*, p. 243.
18. CAB 66/50.
19. Ch. de Gaulle, *L'Unité, op. cit*, p. 224.
20. CAB 66/50.
21. Ch. de Gaulle, *L'Unité, op. cit.*, p. 224.
22. E. Béthouart, *op. cit.*, p. 243.
23. W. Churchill, *Second World War, op. cit.*, vol. 5, p. 556.
24. Ch. de Gaulle, *L'Unité, op. cit.*, p. 224-225.
25. *Idem*, p. 225.
26. E. Béthouart, *op. cit.*, p. 244.
27. Ch. de Gaulle, *L'Unité, op. cit.*, p. 225-226.
28. Duff Cooper, *op. cit.*, p. 330.
29. E. Béthouart, *op cit.*, p. 244.
30. Ch. de Gaulle, *L'Unité, op. cit.*, p. 225.
31. W. Churchill, *op. cit.*, vol. 5, p. 556.
32. Ch. de Gaulle, *L'Unité, op. cit.*, p. 116.
33. *Ibidem.*
34. *Cadogan Diaries, op. cit.*, p. 634.
35. A. Gillois, *Histoire secrète des Français à Londres, op. cit.*, p. 23.
36. E. d'Astier, *Les Dieux et les hommes, op. cit.*, p. 146 ; E. Béthouart, *op. cit.*, p. 245.
37. E. d'Astier, *op. cit.*, p. 146.
38. FO 954/9, Report of conversation by M. Eden, 6/6/44.
39. A. Gillois, *op. cit.*, p. 24.
40. Duff Cooper, *op. cit.*, p. 331 ; D'Astier, *op. cit.*, p. 147.
41. B. Lockhart, *Comes the Reckoning* (Putnam's, Londres, 1947), p. 301.
42. FO 954/9, « *Note to Foreign Secretary* », 6/6/44.
43. *Cadogan Diaries, op. cit.*, p. 635.
44. *Ibidem.*
45. Ch. de Gaulle, *L'Unité, op. cit.*, p. 227.
46. B. Lockkart, *op. cit.*, p. 635.
47. A. Eden, *op. cit.* p. 454.
48. *Idem*, p. 455.
49. BM, *Harvey Diaries / 56400*, 7/6/44, J. Harvey, *War diaries..., op. cit.*, p. 343.
50. FO 371/41993, Record by Mr Duff Cooper of a conversation with General de Gaulle, 6 /6/44.
51. A. Gillois, *op. cit.*, p. 30.
52. A. Eden, *op. cit.*, p. 454-455.
53. AE CFLN/1465, Général de Gaulle à Queuille, Massigli, Pleven, etc., n° 2 932, 6/6/44.
54. F.D. Loewenheim, *Roosevelt and Churchill, op. cit.*, p. 523, doc. 372, W.C. to FDR, 7/6/42.
55. BM, *Harvey Diaries / 56400*, 9/6/44, J. Harvey, *op. cit.*, p. 343.
56. *Ibidem.*
57. FO 371/41994, W.C. to Eden, 1 774/D, 13/6/44.

58. *Ibidem*.
59. Churchill à Eden, 13/6/1944.
60. House of Commons, Parl. Deb. vol. 400, col. 1950 to 1957, 14/6/44.
61 FO 954/9, Summary of a report by an officier of the British Intelligence Corps, 14/6/44.
62. J.-R. Tournoux, *Pétain et de Gaulle, op. cit.*, p. 316.
63. E. Béthouart, *op. cit.*, p. 247.
64. Ch. de Gaulle, *L'Unité, op, cit.*, p. 229.
65. R. Aron, *Histoire de la libération de la France* (Fayard, Paris, 1959), p. 78.
66. Ch. de Gaulle, *L'Unité, op. cit.*, p. 230.
67. E. Béthouart, *op. cit.*, p. 251.
68. FO 371/41994, *Report on General de Gaulle's visit to Normandy, by Commander Pinks*, 14/6/44.
69. *Ibidem*.
70. A. Eden, *op. cit.*, p. 457.
71. FO 371/41993, Mr Eden to Mr Holman, Algiers, n° 235, 16/6/44.
72. Ch. de Gaulle, *L'Unité, op. cit*, p. 231.
73. FO 371/41993.
74. Ch. de Gaulle. *L'Unité, op. cit.*, p. 231.
75. *Idem*, p. 640-647.
76. *Idem*, p. 647-648.
77. Duff Cooper, *op. cit.*, p. 334.
78. FO 954/9, Duff Cooper to Eden, 16/6/44.

CHAPITRE 15

1. FDR/MR, Bx 31, Spec. files, French civ. aff., FRD to W.C., n° 552, 4/6/44.
2. FD/PSF, Dipl. France, 44-5, Bx 42, C. de Gaulle to FRD, 14/6/44.
3. *Idem*, Cont. 34. France 44/45, C. de Gaulle to FRD, 26/6/44.
4. *Idem*, Box 42, Memo for C. de Gaulle, from FRD, 27/6/44.
5. H.L. Stimson. *On active service, op. cit.*, p. 546.
6. *Idem*, p. 551.
7. W.D. Hassett, *Off the record,* p. 257.
8. CPA, MG 26 J, 13, MacKenzie King Diaries, 1/7/44.
9. BM, *Harvey Diaries I* 56400, 15/7/44.
10. *Ibidem*.
11. L. Woodward, *British Foreign Policy, op. cit.*, vol. 4, p. 76.
12. Duff Cooper, *Old Men Forget, op. cit.*, p. 334.
13. Parl. Deb. House of Commons, vol. 402, col. 1479-1480, 2/8/44.
14. Duff Cooper, *op. cit.*, p. 335-336.
15. E. d'Astier, *Les Dieux..., op. cit.*, p. 160.
16. PREM 3 121/3. C. de Gaulle to P.M. (Col. Kent), 11/8/44.
17. W. Churchill, *Second World War, op. cit.*, vol. 4, p. 79.
18. PREM 3 121/3, W.C. to Eden, 12/8/44.
19. *Idem*, W.C. to Eden, Tel. n° 105, 18/8/44.
20. Diana Cooper, *Trumpets..., op. cit.*, p. 212.
21. FDR/Morgenthau, vol. 6, p. 1453, Québec, 15/6/44,
22. CPA, MG 26 J.13, *MacKenzie King Diaries*, 11/9/44, p. 811.
23. *Idem*, p. 818.
24. *Idem*, p. 862.
25. A. Eden, *Reckoning, op. cit.*, p. 477.
26. FDR/PSF Dipl. France 44-5, Box 42, Memo for SS from FDR, 19/9/44.
27. Parl. Deb. House of Commons, vol. 403, col. 495, 28/9/45.
28. *Idem*, col. 620 and 625, 29/9/44.

29. *Harold Nicolson's Diaries*, p. 403.

30. Parl. Deb. House of Commons, vol. 403, col. 2350, 18/10/44.

31. A. Eden, *op. cit.*, p. 483, 12/10/44.

32. W. Churchill, *Second World War, op. cit.*, vol. 6, p. 215 ; E. Loewenheim, *Roosevelt and Churchill, op. cit.*, p. 585.

33. PREM 3 177/7, FDR to W.C. Drastic n° 180, 20/10/44.

34. FO 951/9, A. Cadogan to SSFA, n° 1 589, 20/10/44.

35. *Cadogan Diaries, op. cit.*, p. 674.

36. E. Loewenheim, *op. cit.*, p. 593, tel. n° 803, 23/10/44.

37. *Cadogan Diaries, op. cit.*, p. 674-675.

38. Ch. de Gaulle, *Mémoires de guerre*, t. III, *Le Salut* (Plon, Paris, 1959), p. 338.

39. G. Bidault, *D'une résistance à l'autre* (Presses du Siècle, Paris, 1965), p. 72.

40. Duff Cooper, *op. cit.*, p. 340.

41. FO 951/9, Duff Cooper to W.C., n° 355, 2/11/44.

42. L. Woodward, *British Foreign Policy, op. cit.*, vol. 3, p. 86.

43. BM, *Harvey Diaries* / 56400, 11/11/44 ; J. Harvey, *War Diaries...*, *op. cit.*, p. 365.

44. Ch. de Gaulle, *Le Salut, op. cit.*, p. 49.

45. W. Churchill, *Second World War, op. cit.*, vol. 6, p. 218.

46. Duff Cooper, *op. cit.*, p. 340.

47. W. Churchill, *op. cit.*, vol. 6, p. 218.

48. Duff Cooper, *op. cit.*, p. 341.

49. H. Ismay, *Memoirs, op. cit.*, p. 381.

50. W. Churchill, *op. cit.*, vol. 6, p. 218.

51. H. Ismay, *op. cit.*, p. 387.

52. Duff Cooper, *op. cit.*, p. 341.

53. W. Churchill, *op. cit.*, vol. 6, P. 218.

54. Ch. de Gaulle, *Le Salut, op. cit.*, p. 49.

55. *Idem*, p. 359-360.

56. W. Churchill, *Speeches, op. cit.*, vol. 7, p. 7031.

57. L. Joxe, *Victoires sur la nuit, op. cit.*, p. 247.

58. Ch. de Gaulle, *Le Salut, op. cit.*, p. 49-50.

59. Duff Cooper, *op. cit.*, p. 341.

60. Ch. de Gaulle, *Le Salut, op. cit.*, p. 350-359 et FO 95119, 11/11/1944.

61. P. Galante, *Le Général* (Presses de la Cité, Paris, 1968), p. 129.

62. G. Bidault, *op. cit.*, p. 72.

63. H. Nicolson, *Diaries*, vol. 2, p. 412.

64. BBC, service français, LP 8284, Mr W. Churchill, 12/11/44.

65. E. d'Astier, *Les Dieux..., op. cit.*, p. 164.

66. Ch. de Gaulle, *Le Salut, op. cit.*, p. 51.

67. *Ibidem*.

68. W. Churchill, *op. cit.*, vol. 6, p. 219.

69. Ch. de Gaulle, *Le Salut, op. cit.*, p. 51.

70. *Idem*, p. 52.

71. *Idem*, p. 52-53.

72. *Idem*, p. 53-54.

CHAPITRE 16

1. FO 371/42117, W.C. to FDR, n° 822, 15/11/44.

2. Parl. Deb., House of Commons, 8/12/44.

3. MEC, Spears Papers, Box 1/1, 15/12/44.

4. AE CFLN/1468, Syrie-Liban, Entretien Massigli-Duff Cooper, 22/6/44.

5. AE, X, Syrie-Liban, Propositions britanniques transmises officieusement par Riadh el-Solh à Saad Jabri, 5/8/1944.

6. AE, X, Syrie-Liban, Général Delavalade à CFLN, n° 2 268/2 SC du 14/11/1943.

7. AE, X, Syrie-Liban, Président Kouatli au roi Saoud, 21/9/1944.

8. AE, X, Syrie-Liban, Rapport du président Kouatli, n° 38/a, 24/9/1944.

9. J. Colville in *Action this day* (Macmillan, Londres, 1968), p. 51.

10. Ch. de Gaulle, *Le Salut, op. cit.*, p. 149, A. Bryant, *Triumph in the West* (Collins, Londres, 1959), p. 374.

11. W. Churchill, *Second World War, op. cit*, vol. 6, p. 245.

12. Ch. de Gaulle, *Le Salut, op. cit.*, p. 147-149.

13. A. Juin, *Mémoires* (Fayard, Paris, 1960), t. 2, p. 5.

14. Duff Cooper, *Old Men Forget, op. cit.*, p. 348.

15. FRUS, Yalta and Malta, p. 286.

16. FO 951/9, Winston Churchill to A. Eden, 19/I/45.

17. *Idem*, 11/1/45.

18. FRUS, Yalta and Malta, 1945, p. 573.

19. *Idem*, p. 629.

20. *Idem*, p. 710 and 718.

21. *Idem*, p. 899.

22. Voir Ch. de Gaulle, *Le Salut, op. cit.*, p. 184.

23. MEC, *Shone Papers*, British Legation, Beirut, to FO n° 69, 30/4/45.

24. *Idem*, Spears II/6, Spears to A.E. 28/8/44. Également : L. Woodward, *British Foreign Policy, op. cit.*, vol. 4, p. 301.

25. Ch. de Gaulle, *Le Salut*, p. 185.

26. MEC, Spears, II/6.

27. AE, X, Syrie-Liban, Rapport établi par le président de la République syrienne, n° 21/945, 17/2/1945. (Traduit de l'arabe.) On notera que les documents les plus secrets des archives diplomatiques syriennes se retrouvent entre les mains des Français avec une rapidité déconcertante.

28. AE, X, Syrie-Liban, Résumé d'une conversation du roi Ibn Séoud avec MM. Churchill et Eden, 1/2/1945.

29. MEC, *Shone Papers*, British Legat. to FO n° 69, 30/4/45.

30. *Idem*, p. 3.

31. AE, X, Syrie-Liban, Djamil Mardam Bey au président de la République syrienne, n° 83, 3/3/1945.

32. AE, X, Syrie-Liban, Note verbale. Djamil Mardam Bey au président de la République syrienne. Rapports généraux, n° 512, 10/4/1945.

33. Parl. Deb. House of Commons, 27/2/45.

34. FO 954/9, Winston Churchill to Duff Cooper, 8/5/45.

35. *Idem*, 10/5/45.

36. MEC, *Shone Papers*, T. Shone to A.E., 25/8/45.

37. L. Woodward, *op. cit.*, vol. 4, p. 332.

38. AE, X, Syrie-Liban, Fédération de la France Combattante au Levant à S.E. le général d'Armée Paul Beynet, 19/5/1945.

39. MEC, *Shone Papers*.

40. Duff Cooper, *op. cit.*, p. 353.

41. MEC, *Shone Papers*, p. 10. Ceci est confirmé par J. Chauvel, *Commentaire* (Fayard, Paris, 1972), t. 2, p. 103.

42. *Ibidem*.

43. Ch. de Gaulle, *Le Salut, op. cit.*, p. 189-190.

44. MEC, *Shone Papers*, p. 12-13. Également Woodward, BFP, vol. 4, p. 334. En ce qui concerne le général Oliva-Roget, il s'agit d'une déclaration du général Beynet à M. Young, premier secrétaire de la légation britannique, à la suite d'une conversation téléphonique avec le général Oliva-Roget au soir du 29 mai. Également AE, X, Syrie-Liban, Note sur les événements de mai 1945 à Damas, 8/611945. Tous les témoins, anglais et français, ont effectivement entendu les premiers coups de feu à 19 h 15 le 29 mai.

45. MEC, *Shone Papers*, p. 12-13 ; FRUS, 1945, vol. 8 (Near East), p. 1115.

46. *Shone Papers, Ibidem.*
47. C. Catroux, *Dans la bataille..., op. cit.*, p. 211.
47 bis. Comte de Lagarde à l'auteur, 9/7/1982, Colonel Valluy à l'auteur, 26/4/1982, Comte de Lagarde à l'auteur, 17/7/1982.
47 ter. Comte de Lagarde à l'auteur, 9/7/1982 et 17/7/1982.
48. Ch. de Gaulle, *Le Salut, op. cit.*, p. 190.
49. *Idem*, p. 191.
50. W. Churchill, *Second World War, op. cit.*, vol. 6, p. 491.
51. Ch. de Gaulle, *Le Salut, op. cit.*, p. 192.
52. L. Woodward, *op. cit.*, vol. 4, p. 335.
52 bis. SHAT 230/Kl, C.R. du général Oliva-Roget, général cdt.sup. à cdt. RTSS, 31/5/45, 23 h 35, et BPM 2 n° 14095/3, 1/6/45, 1'h.
53. Ch. de Gaulle, *Le Salut, op. cit.*, p. 193-194.
54. MEC, *Shone Papers, op. cit.*, p. 17-19. Voir également FRUS, 1945, vol. 8, p. 1131-1133, Report by Minister Wadsworth to the US Secretary of State, 2/6/45. Et AE, X, Syrie-Liban (Dépêches du général Beynet), les très nombreux rapports de civils et de militaires français qui n'ont eu la vie sauve que grâce à la protection britannique.
55. AE, X, Syrie-Liban, Procès-verbal de la réunion franco-britannique tenue le 21 août 1945 à Alep, 22/8/1945.
56. Ch. de Gaulle, *Le Salut, op. cit.*, p. 194.
57. Duff Cooper, *op. cit.*, p. 354.
58. J. Vendroux, *Cette chance que j'ai eue, op. cit.*, p. 124.
59. G. Bidault, *D'une résistance à l'autre, op. cit.*, p. 105.
59 bis. Déclarations de Georges Bidault à l'auteur, 6/5/1982.
60. MVBZ, Londens Archief G 11, Syrië en Libanon, Doos 47, Ambassadeur de With à ministre des Affaires étrangères Van Kleffens, n° 3-197, 30/6/45.
61. Ch. de Gaulle, *Le Salut, op. cit.*, p. 181.
62. W. Churchill, *Second World War, op. cit.*, vol. 6, p. 492.
63. Parl. Deb., House of Commons, 5/6145.
64. W. Leahy, *I was there, op. cit.*, p. 441.
65. PREM 3 121/5, Winston Churchill to H. Truman, 3/6/45.
66. PREM 3 121/5, Truman to Winston Churchill, n° 60, 6/6/45.
67. *Idem*, Winston Churchill to Truman, n° 7/6/45.
68. FO 954/9, Winston Churchill to Law, 10/6/45.
69. FO 954/9, Winston Churchill to Sir A. Cadogan, 23/6/45.
70. *Ibidem*, FO to Ambassador, Paris, n° 1182, 28/6/45.
71. Lord Moran, *Struggle for survival, op. cit.*, p. 263.
72. Duff Cooper, *op. cit.*, p. 357.
73. FRUS, Potsdam, 1945, vol. 3, p. 136.
74. *Idem*, p. 315-319.
75. Ch. de Gaulle, *Le Salut, op. cit.*, p. 203-204.
76. *Idem*, p. 204-205.
77. *Idem*, p. 208.
78. *Idem*, p. 554.
79. CPA, MG26 J.13, MacKenzie King Diaries, 1945, 28/8/45, p. 827.
80. BM, Harvey Diaries / 56400, 13/8/45.
81. BDL, Attlee Papers, Bx 4 (Churchill), D. Cooper to C. Attlee, 25/10/45.
82. Ch. de Gaulle, *Le Salut, op. cit.*, p. 273.
83. Duff Cooper, *op. cit.*, p. 358.

CHAPITRE 17

1. Ch. de Gaulle, *Le Salut, op. cit.*, p. 274.
2. G. Bidault, *D'une résistance à l'autre, op. cit.*, p. 80.

3. NA St Dep. Office of European Affairs, Bx 13, Chipman, April 1946.
4. Ch. de Gaulle, *Le Salut, op. cit.*, p. 645.
5. *Le Monde*, 1-2/11/53.
6. W. Churchill, *Complete Speeches, op. cit.,* vol. 7, p. 7381.
7. Voir p. 28.
8. W. Churchill, *op. cit.*, vol. 7, p. 7485.
9. *Idem*, vol. 7, p. 7726.
10. *Ibidem.* Voir vol. 8, p. 7981.
11. *Idem*, vol. 8, p. 7982.
12. P. Galante, *Le Général, op. cit.*, p. 1322.
13. Voir p. 271.
14. R. Gary, *Life*, décembre 1958.
15. Rémy, *Dix ans avec de Gaulle* (Paris, France-Empire, 1971), p. 338.
15 bis. Ch. de Gaulle, *Lettres, notes et carnets*, 45-51 (Plon, Paris, 1983), pp. 318-19.
15 ter. M. Gilbert, *Never despair* (Heinemann, Londres, 1988), p. 545.
16. J.-R. Tournoux, *La Tragédie du Général* (Plon, Paris, 1967), p. 191.
17. *Idem*, p. 218.
17 bis. M. Gilbert, *op. cit.*, p. 1264.
17 ter. C. Moran, *The Struggle for survival, op. cit.*, p. 741.
18. Ch. de Gaulle, *Discours et Messages*, t. III, *Avec le Renouveau* (Plon, Paris, 1970), p. 60.
19. W. Churchill, *Complete Speeches, op. cit.*, vol. 8, p. 8687.
20. P. Lefranc, *Avec qui vous savez* (Plon, Paris, 1979), p. 50-51.
21. V. Walters, *Services discrets* (Plon, Paris, 1979), p. 254.
22. P. Galante, *op. cit.*, p. 130.
23. Ch. de Gaulle, *Mémoires d'espoir*, t. 1, *Le Renouveau* (Plon, Paris, 1970), p. 250.
24. P. Galante, *op. cit.*, p. 130.
25. Ch. de Gaulle, *Discours et Messages, op. cit.*, t. III, p. 180.
26. *Daily Mail*, 8/4/1960.
27. P. Galante, *op. cit.*, p. 135.
28. Interview de sir John Colville par l'auteur, 8/3/1979.
29. *Le Monde*, 26/I/1965.
30. M. Soames, *Clementine Churchill*, Penguin, Londres, 1981, p. 732.
31. *Ibid.*

Abréviations

ADM	Admiralty
AE	Affaires Étrangères
AMGOT	Allied Military Government in Occupied Territories
BDL	Bodleian Library, Oxford
BM	British Museum
BUL	Birmingham University Library
CAB	Cabinet papers, PRO
CCAC	Churchill College Archive Centre
CFLN	Comité Français de la Libération Nationale
CIGS	Chief of the Imperial General Staff (chef de l'état-major général)
CNF	Comité national français
CNR	Conseil National de la Résistance
CPA	Canadian Public Archives
EAM ELAS	Mouvements communistes révolutionnaires grecs
EDC	European Defence Community (Communauté européenne de défense)
FDR	Franklin D. Roosevelt library, Hyde Park, New York
FFI	Forces Françaises de l'Intérieur
FNC	French National Committee
FNSP	Fondation Nationale des Sciences Politiques, Paris
FO	Foreign Office (Ministère des Affaires étrangères britannique)
FS	Foreign Secretary (Ministre des Affaires étrangères)
GPRF	Gouvernement Provisoire de la République Française
LHCMA	Liddell Hart Centre for Military Archives, Londres
LSE	London School of Economics

MEC	Middle East Centre, Oxford
MI	Military Intelligence
MR	Map Room (voir FDR archives)
MRP	Mouvement Républicain Populaire
MVBZ	Ministerie Van Buitenlandse Zaken (Ministère des Affaires étrangères des Pays-Bas, La Haye)
NA	National Archives Washington
NATO	North Atlantic Treaty Organisation (O.T.A.N.)
OCM	Organisation Civile et Militaire
PM	Prime Minister
FRUS	Foreign Relations of the United States
PREM	Prime Minister's papers, PRO
PRO	Public Records Office, Londres
PSF	Private Secretary's File (voir FDR archives)
PWE	Political Warfare Executive
RPF	Rassemblement du Peuple Français
SHAEF	Supreme Headquarters, Allied Expeditionary Force
SHAT	Service Historique de l'Armée de Terre, Vincennes
SOE	Special Operations Executive
SSFA	Secretary of State for Foreign Affairs (voir FS)
STO	Service du Travail Obligatoire
UD	Utenriksdepartment (Ministère des Affaires étrangères de Norvège, Oslo)
URAS	Union Républicaine d'Action Sociale
X	Archives privées

Archives

CANADA

CPA   (Canadian Public Archives) Ottawa
               CPA/RG25 series A12 Canada House
               CPA/MG26 ... J13 Mackenzie King Diaries
               CPA/MG26 ... J4 Vol. 327, Ralston Diaries

ÉTATS-UNIS

NA   (National Archives) Washington DC
               State Department, War, OSS
FDR   (Franklin D. Roosevelt Library) Hyde Park, New York
               PSF Diplomatic, France
               Map Room / Special File

FRANCE

AE   (Affaires étrangères) Paris
               AE, CNF (1941-1943)
               AE, CFLN (1943-1944)
               AE, Dossiers Dejean et Massigli
               AE, X (d'après les dossiers du Ministère, en cours de reclassement)
FNSP   (Fondation Nationale des Sciences Politiques)
               Archive Daladier (1939-1940)
SHAT   (Service Historique de l'armée de Terre)
               État-major, Service des T.O.E. (1939-1940)
X   (Archives privées)

GRANDE-BRETAGNE

BBC	(British Broadcasting Corporation)
	Archives sonores
CAB	(Cabinet Papers) Londres
	CAB 99/3 (Supreme War Council), CAB 65, CAB 66, CAB 84
FO	(Foreign Office)
	FO 371 Political / France
	FO 954 Eden Papers
LHCMA	(Liddel Hart Centre for Military Archives)
	Alanbrooke and Ismay Papers
PREM	(Prime Minister's Papers)
	PREM 3
BDL	(Bodleian Library, Oxford)
	Attlee Papers
ADM	(Admiralty)
	ADM 199
BUL	(Birmingham University Library)
	Chamberlain Papers
BM	(British Museum)
	Harvey Diaries
LSE	(London School of Economics)
	Dalton Diaries
CCAC	(Churchill College Archive Centre, Cambridge)
	Spears Papers 1940
MEC	(Middle East Centre, Oxford)
	Spears Papers 1941-1945
	Shone Papers

PAYS-BAS

MVBZ	(Ministerie Van Buitenlandse Zaken) La Haye
	Londens Archief, Politieke Rapporten
	Londens Archief, Geheim Archief G2
	Londens Archief, Brandkastdossiers
	Londens Archief, Ned. Gezantschap te Londen 1937-1945

NORVÈGE

UD	(Utenriksdepartementet) Oslo
	Utenriksminister Trygve Lies Arkiv, UD u-25, 1940-1945

Bibliographie

Sur les relations de Gaulle-Churchill, les sources les plus importantes restent naturellement :

Ch. de Gaulle, *Mémoires de Guerre*, t. I à III (Plon, Paris, 1954-1959).

W.S. Churchill, *The Second World War*, vol. 1 à 6 (Cassell, Londres, 1948-1954).

Les écrits des principaux acteurs et témoins sont également très précieux.

Du côté britannique :

A. Bryant, *The Turn of the tide* et *Triumph in the West* (Collins, Londres, 1957-1959). (D'après le journal du maréchal Alanbrooke.)

L. Chandos, *Memoirs* (Bodley Head, Londres, 1962).

A.-D. Cooper, *Old Men forget* (RH Davis, Londres, 1953).

D. Dilks (Edit.), *Diaries of Sir Alexander Cadogan* 1938-1945 (Cassel, Londres, 1971).

A. Eden, *The Reckoning* (Cassell, Londres, 1965).

J. Harvey (Edit.), *War diaries of Oliver Harvey*, 1941-1945 (Collins, Londres, 1978).

H. Ismay, *Memoirs* (Heinemann, Londres, 1960).

H. Macmillan, *The Blast of War 1939-1945* (Macmillan, Londres, 1967).

C. Moran, *The Struggle for Survival* (Constable, Londres, 1966).

E.-L. Spears, *Assignment to Catastrophe*, vol. 1 and 2 (Heinemann, Londres, 1954).

— *Two Men who saved France* (Eyre and Spottiswoode, Londres, 1966).

— *Fulfilment of a mission* (Leo Cooper, Londres, 1977).

Ainsi que deux témoignages très importants :

J. Colville, *Footprints in Time* (Collins, Londres, 1976) et *Downing Street Diaries* (Hodder, Londres, 1985).

R.W. Thompson, *Churchill and Morton* (Hodder & Stoughton, Londres, 1976).

Du côté français :

Passy, *Souvenirs*, vol. 1 et 2 (Solar, Monte Carlo, 1947).

J. Soustelle, *Envers et contre tout*, vol. 1 et 2 (R. Laffont, Paris, 1947-1950).

T. d'Argenlieu, *Souvenirs de guerre* (Plon, Paris, 1973).

E. d'Astier, *Sept fois sept jours* (Gallimard, Paris, 1961).

E. Béthouart, *Cinq années d'espérance* (Plon, Paris, 1968).

G. Bidault, *D'une résistance à l'autre* (Presses du Siècle, Paris, 1965).

P. Billotte, *Le Temps des armes* (Plon, Paris, 1972).

Hettier de Boislambert, *Les Fers de l'espoir* (Plon, Paris, 1973).

R. Bouscat, *De Gaulle-Giraud, dossiers d'une mission* (Flammarion, Paris, 1967.

C. Bouchinet-Serreulles, *Nous étions faits pour être libres* (Grasset, Paris, 2000).

R. Cassin, *Les Hommes partis de rien* (Plon, Paris, 1975).

G. Catroux, *Dans la bataille de Méditerranée* (Julliard, Paris, 1949).

F. Coulet, *Vertu des temps difficiles* (Plon, Paris, 1967).

J.-L. Crémieux-Brilhac, *La France libre* (Gallimard, Paris, 1996).

A. Gillois, *Histoire secrète des Français à Londres* (Hachette, Paris, 1973).

A. Juin, *Mémoires*, vol. 2 (Fayard, Paris, 1960).

E. Larminat, *Chroniques irrévérencieuses* (Plon, Paris, 1972).

P. Lefranc, *Avec qui vous savez* (Plon, Paris, 1979).

Rémy, *Dix ans avec de Gaulle* (France Empire, Paris, 1971).

P. Reynaud, *Mémoires*, vol. 2 (Flammarion, Paris, 1963).

J. Vendroux, *Cette chance que j'ai eue* (Plon, Paris, 1974).

Et un article de Geoffroy de Courcel : « De Gaulle-Churchill » in *Revue de la France Libre*, n° 226, 1979.

H. Giraud, *Un seul but, la victoire* (Julliard, Paris, 1949), est intéressant mais très naïf.

H. de Kérillis, *De Gaulle Dictateur* (Beauchemin, Montréal, 1945), est à utiliser avec précaution.

E. Muselier, *De Gaulle contre le Gaullisme* (Chêne, Paris, 1946), est beaucoup trop partial pour être pris au sérieux.

Du côté américain :
M. Clark, *Calculated risk* (Harper, New York, 1950).
D. Eisenhower, *Crusade in Europe* (Heinemann, Londres, 1948).
C. Hull, *Memoirs* (Hodder & Stoughton, Londres, 1948).
W. Leahy, *I was there* (Gollancz, London, 1950).
R. Murphy, *Diplomats among Warriors* (Doubleday, New York, 1964).
R. Sherwood, *Roosevelt and Hopkins* (Harper, New York, 1948).
K. Pendar, *Adventures in Diplomacy* (Cassell, Londres, 1966), est férocement anti-de Gaulle, et très peu sûr en ce qui concerne la France.

Beaucoup d'histoires officielles et de recueils de documents se sont avérés très utiles pour cette étude, en particulier :
L.L Woodward, *British Foreign Policy in the Second World War*, HMSO, 1970, *Foreign Relations of the United States*, 1942-1945, State Dept, *Washington*, et *House of Commons*, Parliamentary Debates, 1930-1950.
Les livres écrits par des historiens et des journalistes britanniques, français ou américains sur de Gaulle ou sur Churchill avant, pendant et après la guerre sont bien trop nombreux pour être mentionnés ici.

Index

Table

collection tempus
Perrin

Déjà paru

31. *Les Templiers* – Laurent Daillez.
32. *Madame de Pompadour* – Évelyne Lever.
33. *La guerre en Indochine* – Georges Fleury.
34. *De Gaulle et Churchill* – François Kersaudy.

A PARAÎTRE

Le passé d'une discorde – Michel Abitbol.
Louis XV – François Bluche.
Histoire de Vichy – Jean-Paul Cointet.
Lawrence d'Arabie – Jacques Benoist-Méchin.
La bataille de Waterloo – Jean-Claude Damamme.

Imprimé en France sur Presse Offset par

BRODARD & TAUPIN

GROUPE CPI

La Flèche (Sarthe), le 26-02-2003

N° d'édition : 1779
N° d'impression : 17397
Dépôt légal : février 2003